文·化·文·創·006

# 逍遙之樂

## 傅佩榮談《莊子》

傅佩榮 著

# 逍遙之樂

## 目錄

# 外篇 177

雜篇 507

# 自序　逍遙自在的快樂

在先秦儒家與道家的經典中，篇幅最冗長、內容最駁雜、思想最深刻的，就是《莊子》。以篇幅來說，現行《莊子》版本共有三十三篇（內篇七、外篇十五、雜篇十一）。全書七萬多字，出自莊子及其後學之手。有些觀念與術語在不同脈絡中再三出現，不免讓人覺得冗長。其次，以內容來說，司馬遷在《史記・老子韓非列傳》說莊子「其學無所不闚」，可見莊子對當時各家各派的著作皆有所涉獵，他本人的作品固然秉承老子的啟發並且推陳出新，但是其中談到的奇聞軼事甚多，再以寓言的筆法表達，於是難免駁雜之譏。不過，學習《莊子》所側重的主要是思想，而這方面的深刻程度則讓人驚訝。

一般而言，道家思想給人「玄之又玄」的感覺，這不是因為老子故意說些抽象的話，而是因為他真正了解「有一個做為萬物之來源與歸宿的道」存在，依此可以從根本上化解在亂世中潛滋暗長的虛無主義。試想，如果沒有這樣的「道」存在，人生何異於南柯一夢？人生所有的成就與理想又何異於鏡花水月？換言之，沒有「道」，一切都是虛幻的，人生也只剩下無謂的熱情罷了！

老子說：「道大，天大，地大，人亦大。」（《老子》二十五章）這句話中的「人亦大」值得仔細考慮，因為由形體大小而論，人怎能與「天、地」並稱為大？因此，人的心靈成為關鍵。只有開發心靈能量，孕生獨特的智慧，才可覺悟人之大。《莊子》全書第一篇是〈逍遙遊〉，一開始就連續以三段大同小異的筆法，描寫「鯤之大，轉化為鵬之大，高飛至九萬里」，他所表述的其實是：「人」的生命容量有無限大的潛能，可以轉化提升，直到逍遙無待的境界。

一個杯子有多大？要看它能裝多少水。人的心靈有多大？要看他能否體悟「道」。這種體悟，顯然需要特別的修練。在老子看來，方法是虛與靜，亦即「致虛極、守靜篤」（《老子》十六章）。在莊子筆下，則進一步說明這種修練的初步成效是「形如槁木，心如死灰」（〈齊物論〉）。問題是：當身體與心智皆停止運作，人的生命不是隨之瓦解了嗎？情況恰恰相反，莊子認為這時人的「精神」反而展現了光明。他使用「靈台」、「靈府」、「真君」等極其高尚優雅的名詞來描寫這樣的精神，並且直接論斷「精神生於道」。人的「大」至此完全得到肯定。

《莊子》全書多次出現一段有關古人智慧的描述，他說：古人的智慧達到了頂點，「至矣，盡矣，不可以加矣」（〈齊物論〉）。這是怎樣的領悟，能讓莊子如此讚嘆？答案只有四個字：「未始有物」。簡而言之，莊子認為：只要領悟「從來不曾有物存在」，就代表抵達了至高智慧。但是，果真如此嗎？我研習西方哲學四十多年，明白西方哲學家所關懷的核心問題是：「為什麼是有而不是無？」因為「無」是萬物的根本真相，「有」反而造成各種困擾。體認了「無」，人生無所執著，心靈不受束縛，從此可以自在逍遙。我們依此可以判斷：莊子的聰明與悟性實屬不凡，而〈天下〉所描繪的莊子亦非虛語，就是「獨與天地精神往來」以及「上與造物者遊」。

「造物者」或「天地精神」，所指的都是「道」。道是萬物的來源與歸宿，同時，道又遍在一切。學習道家而能明白此理，人生各種複雜的難題不是可以迎刃而解了嗎？我在長期教學的過程中有些心得，現在嘗試以四句話總結道家（尤其是莊子）的思想：一，與自己要安；二，與別人要化；三，與自然要樂；四，與大道要遊。至於如何引申發揮這些要點，則在本書會有詳細的論述。

我詳解一系列儒道經典的最後一本即是《莊子》。不論其篇幅之冗長與內容之駁雜，《莊子》的深刻思想，是值得我們一生嚮往與時時品味的精神盛宴。

# 前言

老子與莊子是道家的代表人物。《老子》的內容極少，很難找到材料來發揮，《莊子》則不同。後代文人如李白、蘇東坡等，對《莊子》推崇備至；金聖歎更稱《莊子》為「六大才子書之第一本」，對後代的哲學與文學影響深遠。

## 學習《莊子》，從不同的角度看人生

在我們的成長過程中，學習道家思想的機會，比起儒家是較為難得的。

儒家思想對我們的社會及生活深具啟發作用，它的核心觀念是人性向善，擇善固執，止於至善。「善」是我與別人之間適當關係的實現，但是，天下人都可以稱為別人，對個人生命產生相當大的壓力。所以孔子被守門人形容為「知其不可而為之者也」，明知理想無法實現，還是努力去做，因為他的動力在內不在外。如果動力來自別人的要求，還可以推託，若是來自自己的真誠，力量由內而發，就無怨無悔。

所以學習儒家思想，會引發個人的使命感，將自己的生命與社會責任結合，一心要改善這個世界，深具淑世精神。除了對個人修養產生影響，進而使個人的生命安頓於社會。

然而，人到中年，如果只有儒家思維，會發現生命的格局有限，因此不禁讓人思考，古代中國是否有些思想能讓我們換個角度看人生，並在學習之後，對生命產生不同的理解，進而達到不同的境界？

我認為這個問題的答案就是「道家」。學習《莊子》，正能幫助我們從不同的角度看人生。

## 適合學道家的三種人

歷來學者認為，有三種人適合學道家。

第一種，是年紀很大、經歷人生各種考驗，將喜怒哀樂、生老病死都看透的人。他們學習道家，一學就會，因為有生命經驗做為對照。老子就是其中之一。

第二種，是失意的人，有很高的才華，但懷才不遇。失意之人常處於逆境，長久下來也可得到許多體會。

有些人說自己失意，其實是正常的，因為並無特殊才能。如此直接的批評看似無情，但讀過

《莊子》後，你會發覺像莊子這樣的人不得志，才真的是失意。

學道家就像寒天飲冰水，點滴在心頭，人生短暫，生命可貴，愈早覺悟愈好，不要存有幻想。就這點看來，莊子實是第二種人的代表人物。

第三種，是特別聰明的人，知道人生在世，有機會就要學習道家。所謂聰明，就是要懂得變通。正如孔子說交朋友有四種層面，第一是可與共學（一起學習）；第二是可與適道（有共同的理想、志同道合，攜手走上人生正途）；第三是可與立（一起在社會上立足，堅持某些原則，在這原則上建立自己的人生）；第四是最難的，可與權（一起商量）。「權」指的是通權達變，而智慧的用意，正是在於能夠變通。譬如，遇到一座山擋在前面，變通的方法是繞道而行，而非愚公移山。

因此學習道家，要先把以前的觀念暫時擱置，才能欣賞莊子思想的美好。

## 道家與其他學派的不同

要領略莊子思想的精妙，首先要理解道家與其他學派究竟有何不同。

司馬遷的父親司馬談所論之六家（儒、道、墨、法、名、陰陽）要旨，其中儒道兩家最為重要。

墨家則在儒家之後，主要批判儒家所重視的禮樂，主張薄葬、節用、非樂。這種主張出發點很好，因為資源有限，往者已矣，不如重視生者。但墨家高尚的情操將使得人生壓力沉重，生活過於刻苦。莊子就在〈天下〉評議墨子「腓無胈、脛無毛」（大腿沒有肉、小腿沒有毛）。

墨家還講天志，天有意志，並且用鬼神來製造人的恐懼，要人做好事；兼愛，則要人平等的愛人，對自己的親人與其他人平等看待。但這個理念違背人性，在實際生活中根本無法實踐，使得墨家學說難以推廣。

法家思想是儒道兩派的合流。荀子是儒家代表人物之一，但荀子的思想是拼湊的，主要是想擺脫儒家具有主宰意志的天（孔子說：「五十而知天命。」，孟子說：「天將降大任於是人也。」），而借用道家有運行規律的天（自然的天地），主張人要能理解自然，而後利用自然。儒道兩派思想的差別就在「天」與「道」的概念，但這卻使得荀子的思想偏離了儒家。

荀子最有名的學生韓非與李斯，是儒家意外教出的法家代表人物。李斯後來成為秦始皇的宰相，法家思想雖然可以造就秦始皇，卻無法維持秦朝的國祚。

司馬談是孔子傳《易經》的第十代弟子，屬儒家，而司馬遷的哲學觀受父親的影響，因為韓非著作中有〈解老〉與〈喻老〉兩篇，所以《史記》有〈老子韓非列傳〉，並未把韓非列在荀子之後。

名家的代表人物是惠施、公孫龍，兩人在《莊子》中出現多次，且惠施還是莊子的朋友，但名家注重名詞辯論，令人口服心不服，對人生毫無幫助。

陰陽家到漢朝的讖緯之學大放異彩，從自然界的異象尋找天人感應的軌跡。

儒家對人的啟示是：對自己要「約」，對別人要「恕」，對自然界要「儉」，對超越界要「敬」。這四方面已包含人生的整體，而一個好的哲學，就是要對人生提出全面性的見解。

道家的莊子提出的精采主張則是，第一，與自己要「安」。孔子被形容為「知其不可而為之」，莊子則強調自己「知其不可奈何而安之若命」。命就是遭遇，當大勢所趨，非個人力量可以左右時，就要視為自己的命運，安於其間，不要螳臂擋車。《莊子》書中有許多形不全的人，依然活得很快樂。

第二，與別人要「化」。化就是忘記許多不必要的東西，「外化而內不化」是外在與人同化，不刻意與別人不同，內心則與道同在。

第三，與自然要「樂」。「天地有大美而不言」，天地有全然的美妙而不說出來，人要欣賞自然之美不必外求，身旁就有，最重要的是有沒有欣賞的眼光。

第四，與道同「遊」。哲學家的理想便是把人間變天堂，讓人活著就能獲得身心的安頓，因此道家希望人能理解，「道」在萬物之中，是無所不在的。猶如魚在江湖中忘卻一切，如果人可以把自己當魚，把「道」當做江湖，明白一切從「道」而來，與人相處時，忘卻一切人為的身分與角色，就不會感覺生命的孤單，不但能與人相通，甚至與萬物都能相通。

# 對莊子的初步認識

為了對《莊子》有基本的認識，我們先來談談莊子這個人。

莊子，原名莊周，字子休，戰國時代宋國蒙縣人，生卒年約在西元前三六八年至二八八年之間。商朝被周朝所滅，後代被封在宋，做為前朝的後裔，在當代是很委屈的，且曾四次被當做別國的戰場。孟子與莊子同時，《孟子》書中揠苗助長、守株待兔的故事主角就是宋國人。但孔子的祖先也是宋國王室的人，本可以繼位當王，但讓位給他的兄弟，後代遷往魯國。

莊子的生活特色之一是「窮」。他的學問與口才極好，惠施即便做過宰相，在與莊子辯論時卻完全不是對手；參不透莊子言論的公孫龍，在〈秋水〉中被魏國公子魏牟嘲笑，與莊子相比只是井底之蛙，還得小心別淪為邯鄲學步。由這些故事可以知道，以莊子的才華要出仕是易如反掌，但他覺得做官一旦遇到改朝換代，一不小心就連命也沒了；又或者像是惠施，因為做過梁惠王的宰相，勞累過度，比莊子早死了將近二十年，所以莊子才一再拒絕任官的機會。

莊子另一個生活特色是「快樂」。與顏淵的窮困「人不堪其憂，回也不改其樂」相同，都因為心中有快樂的來源，不受世俗的影響。

# 領略《莊子》原典之美

《莊子》一書的寫作方式，寓言占了十分之九，借重古人的話占了十分之七，隨機應變的話則時時出現。所以在《莊子》中出現許多人物，有些是真實的，像孔子就是莊子最常借他之口表達自己思想的人；也有許多假託的人物出現於寓言故事中，這使他的寫作方式顯得特別不受拘束。

在司馬遷筆下，莊子是個小角色，《史記》有〈老子韓非列傳〉，因為其中也談到了莊子與申不害，所以又可稱為〈老莊申韓列傳〉。司馬遷說莊子「著書十餘萬言，大抵率寓言也。作〈漁父〉、〈盜跖〉、〈胠篋〉，以詆訿孔子之徒，以明老子之術。畏累虛、亢桑子之屬，皆空語，無事實。」這樣的判斷並非全無根據，但是卻局限於浮面觀察，對莊子並不公平。〈漁父〉、〈盜跖〉、〈胠篋〉都在《莊子》的〈外篇〉和〈雜篇〉，但〈內篇〉才是《莊子》思想的精華所在，司馬遷無疑錯過莊子最精采的思想。

但他說莊子「其學無所不闚」，倒很符合事實。當時所能找到的書，莊子都閱讀了，並吸收各家精華，在他的書中提出批判，但這也造成他的書很難讀懂。尤其書中有許多通假字，增加閱讀的困難。我是參考了許多專家的研究，才得以清楚理解莊子的思想，尤其是白話翻譯部分，我要求自己每一個字都有著落，每一個字的注解都融會貫通在白話翻譯中。

文字的使用，會因時間的遞衍，造成一字多義的現象，然而古人在說話的當下，必定只有一個意思，所以解經時有兩方面要注意，第一，是以經解經，我們把《莊子》當成經典，同一句話在不同的地方出現時，要掌握原文思想的一貫性；有些地方或許因作者並非一人，所以還有可以研究之處。第二，是經典與經驗配合。古人也是先有經驗，再將經驗提煉之後寫成文章，後代雖然看不見他們的經驗，但可以回到我們自身的經驗加以驗證。

時空雖造成經驗的差異，但思想卻可以相通，這也是我們閱讀經典時，常覺「於我心有戚戚焉」的緣故。

現在我們所閱讀的《莊子》版本，原文將近七萬字，共有三十三篇，是晉代郭象所刪定的。這三十三篇又分為〈內篇〉七篇，〈外篇〉十五篇，〈雜篇〉十一篇。

郭象是晉朝學者，魏晉重視清談，《老》、《莊》、《易》是他們談論的話題，號稱「新道家」，儒家的經典反而被忽略。在社會動亂時，「名士少有全者」，清談可以毫無邊際，自然減少被政治迫害的機會。因此郭象注《莊子》，有些是反映當代的思想，而莊子本人的思想，如同後代注解《論語》中孔子的思想一樣，並未完全被掌握。

〈內篇〉是《莊子》一書思想的核心所在，這七篇的篇名：〈逍遙遊〉、〈齊物論〉、〈養生主〉、〈人間世〉、〈德充符〉、〈大宗師〉、〈應帝王〉，建議大家能夠念熟。

〈外篇〉是莊子思想的延伸發揮，推廣其實用範圍，但還有一些值得商榷之處，可能並非完全為莊子所寫，其思想內容大致與〈內篇〉一致，至於少部分矛盾之處，也會於解讀中指出；〈外篇〉

共十五篇，所占篇幅較多，各篇思想較少承啟關係，可以分別獨立欣賞。在其中可以讀到許多批判儒家與墨家的觀念，幫助我們從不同角度來省思世人的作為，但不必因而產生憤世嫉俗的想法。此外，最為人知的是〈秋水〉與〈知北遊〉，表現了近似〈內篇〉的水平。〈達生〉則有豐富的寓言故事，生動有趣。

〈雜篇〉則有任意發揮的傾向，有可能是他的後學所加，但主旨並未偏離莊子太遠，許多學者認為〈雜篇〉中的〈讓王〉、〈盜跖〉、〈說劍〉、〈漁父〉這四篇是後人偽作，此說尚無定論，可供參考。〈天下〉做為全書壓軸，也是研究先秦學術思想史的必讀之作。

我們現今所閱讀的莊子版本，是魏晉時代才編成的，所以後代研究《莊子》的人，有可能把某些注解摻入原文。以上是部分專家學者曾思考並提出的問題。因此，《莊子》一書應是由莊子本人、莊子的學生，與早期研究莊子思想的人共同完成。

讀《莊子》時，建議讀者先理解白話翻譯之後，再回頭與原文相應，找出原典之美，避免被古文與現代字詞的差異所困。各篇結束時，再對其要旨稍作說明，應有助於理解其意。掌握哲學家真正的思想，自然可以理解莊子逍遙自在的快樂。

# 內篇

# 逍遙遊

## 第一

〈1・1〉

**北冥有魚，其名為鯤（ㄎㄨㄣ）。鯤之大，不知其幾千里也。化而為鳥，其名為鵬。鵬之背，不知其幾千里也。怒而飛，其翼若垂天之雲。是鳥也，海運則將徙於南冥。南冥者，天池也。**

〈白話〉

北海有一條魚，名字叫鯤。鯤的體型龐大，不知有幾千里。牠變化為鳥，名字叫鵬。鵬的背部寬闊，不知有幾千里。牠奮起高飛時，雙翅張開有如天邊的雲朵。這隻巨鳥，在海風大作時，就會遷徙到南海去。南海，是一個天然的大池。

〈解讀〉

許多人分析莊子，說他寫書的目的，正是在敘述他自身的生命體驗。

人的生命有各種限制，像是無法選擇出生的時代、社會；也有本能、衝動、欲望，各種心想而事不成的狀況，面對這麼多壓力，還能夠過得自在快樂嗎？〈逍遙遊〉做為《莊子》的第一篇，讓人光看篇目，心情就很放鬆。

「逍遙」與「遊」要分開解釋。「逍遙」是形容人很自在，沒有特定的目的，就像被風吹著，沒有非要去這裡或那裡。根據研究，人生的煩惱痛苦，來自「有明確的目的」，以致眼前所做的事成為一種手段。譬如中學生讀書的痛苦來自「以考上大學為目的」，讀書反成為手段，自然很難體會讀書的樂趣。如果我們做任何事，能從事件本身發現目的，而非為明確目的而將事件視為手段，並從中安頓自己，如此才能逍遙。「遊」這個概念，我們常說遊玩、遊戲，在古文中可以和「游泳」的「游」相通。人的生命有許多限制，無法自由自在，所以莊子以「游」來形容人的生命像魚在水中優游，十分自在。

莊子擅長說寓言，其目的不只為了啟發我們的想像力，也為了展示他卓越不凡的見解。在此，藉寓言說明《老子》二十五章的「道大、天大、地大、人亦大」。「道」做為萬物的來源與歸宿，所以人能理解它的大。天無不覆蓋、地無不承載，其大也是可以被眾人認可的。然而人的大，並非從外型來決定，而是指人的心有無限可能性，其容量無可限制，就如同西方有句諺語，「海洋比陸地大，天空比海洋更大，人的心比天空還要大」。人心可以思考整個宇宙萬物，所以比陸地、海洋、天空還大，一般人的心如果只在小地方計較，是無法稱其為大的。莊子這段寓言在說明：人的心可以轉化提升。

人的幼年是依賴期，就像魚（鯤）要依賴水；成長之後就像鳥（鵬），鳥要依賴空氣，空氣充滿各處，比水的限制更少，相對而言就更自由了。鯤「化而為鳥」，表示萬物有可能相互轉化，因為它們的根源皆是「道」。這兩者的差別是：鯤不能脫離水，鵬要靠風來飛行；鵬的逍遙程度顯然較高。莊子描述大鵬鳥的大，令人難以想像，更特別的是，牠飛到九萬里的高空之後，就完全不費力氣。古人對大氣的浮力並沒有研究，只是憑經驗觀察，覺得在高空盤旋的老鷹，不須像麻雀般費力的振翅，就能自由翱翔。莊子的寓言是要告訴我們，人的生命可以提升、轉化到一種最高的層次（由鯤到鵬），完全不費力氣就可以像大鵬鳥般很自在的盤旋空中。

另外要注意的是，大鵬鳥是向南方飛的。《易經》中的離卦在南方，南方代表光明，因為古代君王從北向南看，太陽的光明與溫暖，象徵熱力的來源。

「不知其幾千里」，表示無可想像，就是要破除我們的一般見聞，讓想像力得以自由發揮，不必勉強在既有的經驗中尋找。人的生命可以提升與轉化，顯示道家對人類生命的極度尊重與肯定，不像儒家說沒有志向的人便是「小人」。所以，好的哲學談到君子，必定是從身、心轉向精神的層面。莊子說「身如槁木，心如死灰」，如果人的生命活動不想被身與心所限制，希望精神能夠發展，就需取捨。

原文中，「怒而飛」的「怒」是奮起。其翼若「垂天之雲」，指的是「天邊的雲朵」，「垂」代表「邊」，即是現在說的「邊陲」。「北冥」與「南冥」固然可以譯為「北海」與「南海」，但不宜因而忽略「冥」字的意思：溟（ㄇㄧㄥˊ）漠無涯，引申為荒遠無邊的境界，非世人所知所見。經由「冥」的接引，或許離「道」不遠。

## 〈1・2〉

**《齊諧（ㄒㄧㄝˊ）》者，志怪者也。《諧》之言曰：「鵬之徙於南冥也，水擊三千里，摶（ㄅㄛˊ）扶搖而上者九萬里，去以六月息者也。」野馬也，塵埃也，生物之以息相吹也。天之蒼蒼，其正色邪（ㄧㄝˊ）？其遠而無所至極邪？其視下也，亦若是則已矣。**

### 〈白話〉

《齊諧》，是一本記載怪異事件的書。這本書上說：「當大鵬要往南海遷徙時，水面激起三千里波濤，牠拍翅盤旋而上，飛到九萬里的高空。牠是乘著六月颳起的大風而離開的。」野馬似的空中游氣，四處飛揚的塵埃，都是活動的生物被大風吹拂所造成的。天色蒼蒼，那是天空真正的顏色嗎？還是因為遙遠得看不到盡頭的結果？從天空往下看，也不過是像這樣的情況吧！

### 〈解讀〉

大鵬起飛靠的是六月大風所激起的波濤。當時用的是周曆，六月是夏曆八月，夏秋之交。三千里波濤與九萬里高空的意象，我們大可不必費心想像，因為莊子經常語不驚人死不休。最重要的是時機與客觀條件配合，才可成就壯舉。

仰望天空，其色深藍，自有一種永恆幽靜的趣味。莊子卻能逆向運思，從天空往下看，並且認為所見類似；如此一來，世間萬物也同樣值得欣賞了。心靈隨著大鵬高飛而提升，體悟也將異於平地所知。太空人從太空所見的地球，充滿美麗的色彩，但是莊子的時代並無從太空往下看的經驗，他掌握了「有距離才會有美感」的原則，發出這樣的感觸，所以方東美先生常說莊子是太空人。我們也應多練習從不同的角度看事情，如果能從永恆及無限來看自己的處境，更能幫助我們跳脫狹窄的範圍。這也是學習道家能幫助人化解執著最大的理由。

「摶」扶搖是鳥拍翅膀，有些版本做「搏」，但這樣便成原地打轉，所以還是用「摶」較恰當。

〈1・3〉

**且夫水之積也不厚，則其負大舟也無力。覆杯水於坳（ㄠ）堂之上，則芥為之舟，置杯焉則膠，水淺而舟大也。風之積也不厚，則其負大翼也無力。故九萬里，則風斯在下矣，而後乃今培（ㄆㄡˊ）風，背負青天而莫之夭閼（ㄧㄢ）者，而後乃今將圖南。**

〈白話〉

再說，積存的水不夠深，它就無力承載大船。倒一杯水在低窪之處，只有小草可以當船；放上杯子就著地不動了，這是水淺而船大的緣故。積存的風不夠大，它就無力承載巨翅。所以，大鵬飛到九萬里的高空，才算抵達風的上方，然後才可以乘著風力，背靠著青天完全沒有任何阻礙，然後才可以開始飛向南方。

〈解讀〉

這一段是以比喻說明大鵬為何要飛得那麼高。先是用水、大船、小草與杯子，說明大小是相對的，但也說明沒有任何事可以心存僥倖，沒有準備工夫，就少了可以憑藉的風力。今人使用「培風」一詞，常指準備階段的努力，而原文則是指此一階段之後的「憑風」或「乘風而行」。「夭」是夭折，「閼」是停止，代表阻礙。

〈1．4〉

蜩（ㄊㄧㄠˊ）與學鳩笑之曰：「我決起而飛，搶榆枋（ㄈㄤ）而止，時則不至而控於地而已矣，奚以之九萬里而南為？」適莽蒼者，三飡（ㄘㄢ）而反，腹猶果然；適百里者，宿舂（ㄔㄨㄥ）糧；適千里者，三月聚糧。之二蟲又何知！

〈白話〉

蟬與小鳥譏笑大鵬說：「我們一縱身就飛起來，碰到榆樹、枋樹就停下來，有時飛不高，落在地上也就是了，何必要升到九萬里的高空，再往南飛去呢？」前往近郊的人，只要帶著三餐，回來時肚子還是飽飽的；前往百里之遠的地方，就要準備過夜的糧食；前往千里之遙的地方，就要累積三個月的糧食。這兩個小東西又知道些什麼呢？

## 〈解讀〉

「蜩」是蟬，〈達生〉裡還有一個「承蜩丈人」的故事。前往近郊、百里之遠、千里之遠，所準備的食物不成數學上的比例，是因為要到千里之遠，途中恐怕還有走走停停、發生戰爭的可能。二「蟲」並非指昆蟲，而是蟬與小鳥。大鵬對於蟬與小鳥的譏笑，可能根本聽不到，即使聽到了也不會在乎。但是以下幾段，說故事的莊子要發表高見了。

## 〈1．5〉

**小知不及大知，小年不及大年。奚以知其然也？朝菌不知晦朔（ㄕㄨㄛˋ），蟪（ㄏㄨㄟˋ）蛄（ㄍㄨ）不知春秋，此小年也。楚之南有冥靈者，以五百歲為春，五百歲為秋；上古有大椿（ㄔㄨㄣ）者，以八千歲為春，八千歲為秋，此大年也。而彭祖乃今以久特聞，眾人匹之，不亦悲乎！**

## 〈白話〉

小知識比不上大知識，小壽命比不上大壽命。怎麼知道是這樣的呢？朝生暮死的菌蟲不明白什麼是一天的時光；春生夏死、夏生秋死的寒蟬不明白什麼是一年的時光。這些屬於小壽命。楚國南方有一棵冥靈樹，以五百年為春季，五百年為秋季；上古時代有一棵大椿樹，以八千年為春季，八千年為秋季。這些屬於大壽命。彭祖活了八百歲，到現在還以長壽特別知名，一般人與他相比之下，不會覺得悲哀嗎？

## 〈解讀〉

朝菌、蟪蛄、冥靈、大椿的存在期限（年），有短有長，因而能覺察的範圍（知），也有小有大。這些都是自然界的客觀事實，無所謂「及與不及」的比較問題。但是，從人的角度來看，就會進行比較了。

比起彭祖，眾人難免覺得悲哀。莊子不是羨慕長壽，而是提醒我們不必悲哀，因為知與年齡的限制有關，活一天的壽命，自然無法得知一年的內容。就像你沒有離開過台灣，就不知道台灣有多小；蜩與小鳥，當然無法理解大鵬鳥的世界，也無從評斷。人若不想局限自己的視野，不妨用更高的觀點看世界。就像北京天壇，如果站在平面上，是無法看出它的美，一定要像老鷹一樣，把觀點轉成從天上往下看，才能發現天壇的美。

「朝菌不知晦朔，蟪蛄不知春秋」已被用來形容一個人見識短淺。「冥靈」另有一說是靈龜，但此處採用靈樹，是因為後面所談的大椿樹，都是可以用年輪來計算年齡。

## 〈1・6〉

**湯之問棘（ㄐㄧˊ）也是已：「窮髮之北，有冥海者，天池也。有魚焉，其廣數千里，未有知其修者，其名為鯤。有鳥焉，其名為鵬，背若泰山，翼若垂天之雲，摶扶搖羊角而上者九萬里，絕雲氣，負青天，然後圖南，且適南冥也。斥鴳（ㄧㄢˋ）笑之曰：『彼且奚適也？我騰躍而上，不過數仞而下，翱（ㄠˊ）翔蓬蒿（ㄏㄠ）之間，此亦飛之至也，而彼**

且奚適也？』」此小大之辯也。

## 〈白話〉

商湯詢問棘，得到這樣的說法：「在草木不生之地的北方，有一片廣漠無涯的大海，是個天然大池。那裡出現一條魚，魚身寬達幾千里，沒有人知道牠有多長。牠的名字叫鯤。那裡出現一隻鳥，名字叫鵬，牠的背像泰山那麼高，雙翅有如天邊的雲朵。牠拍翅盤旋上升，直到九萬里的高空，凌越雲氣，背靠青天，然後飛向南方，準備前往南海。水澤邊的麻雀譏笑大鵬說：『牠要飛到哪裡去呢？我一跳躍就飛起來，不到幾丈高就落下，在蓬蒿草叢中翱翔，這也是飛行的絕技啊！牠還要飛到哪裡去呢？』」這就是格局小與格局大之間的分別。

## 〈解讀〉

莊子除了「寓言」之外，還有「重言」，也就是借重古人或名人之言來說明事理。這些重言「如有巧合，純屬偶然」。商湯這一段內容，即是一個例子。

本段先後出現的魚與鳥，雖沒有明白說明鳥是魚變成的，但因為莊子分段說明一個故事，所以承接「化而為鳥」，可知鳥是魚變成的。

「湯」是商朝開國之君，「棘」原名夏棘或夏革，是湯的大夫。「窮髮」的「髮」是毛，代表草木，「窮」在《易經》中作「極」，所以窮髮是草木不生處。小大之「辯」是分辨之意。

麻雀如果不譏笑大鵬鳥，彼此不妨各安其性；大鵬鳥不須回應，因為莊子會為牠代勞。

## 〈1・7〉

故夫知效一官，行比一鄉，德合一君，而徵一國者，其自視也亦若此矣。而宋榮子猶然笑之。且舉世而譽之而不加勸，舉世而非之而不加沮（ㄐㄩˇ），定乎內外之分，辯乎榮辱之竟，斯已矣。彼其於世未數（ㄕㄨㄛˋ）數然也。雖然，猶有未樹也。夫列子御風而行，泠（ㄌㄧㄥˊ）然善也，旬有五日而後反。彼於致福者，未數數然也。此雖免乎行，猶有所待者也。若夫乘天地之正，而御六氣之辯，以遊無窮者，彼且惡（ㄨ）乎待哉！故曰：至人無己，神人無功，聖人無名。

## 〈白話〉

因此，那些才智可以擔任一個官職，行事可以造福一個鄉里，德行可以投合一位國君，以致能夠得到一國民眾信任的人，他們看待自己的態度也和小麻雀一樣了。宋榮子就嘲笑他們。對宋榮子而言，即使全世界的人都稱讚，他也不會特別振奮，即使全世界的人都責備，他也不會特別沮喪。他能確定內在自我與外在事物的分際，辨別榮耀與恥辱的界限，只需如此就可以做到這一點。這樣使他不會汲汲追求世間的成就。他的表現雖然不錯，還有尚未達到的境界。再者，像列子能夠乘著風勢而飛行，姿態輕巧美妙，過了十五天才回來。他對於圓滿幸福並未汲汲追求。這樣雖然免於步行之累，還是要等待風力的配合。如果有人能夠順應天地的常道，由此把握自然界的變化規律，再遨遊於無窮的境界，那麼他還要等待什麼呢？所以說：至人化解自我，神人化解功績，聖人化解名聲。

## 〈解讀〉

本段是前面七段的總結。才智可以擔任一個官職，行事可以造福一個鄉里，德行可以投合一位國君，以致能夠得到一國民眾信任的人，在一般人的標準，這已是人間的成就，但在莊子眼中，不過是小麻雀。有些人讀過《莊子》之後，性格變得十分狂妄，但莊子真正的目的並非嘲笑別人是小麻雀，而是當你在追求理想的過程中，被別人嘲笑時，不要在意，那些人只不過是小麻雀罷了。

世間所有的成就都有條件，也要付出相對的代價，值得思考之處就在：是否需要為這些外在成就付出代價？生命是可貴的，何不學大鵬鳥讓生命轉化？歷代讀《莊子》，大都參考郭象的注解「小大各適其性」，可惜這是一大誤解。莊子的寓言並非要人落實在個別的生物上，而是說明每個人的生命都有可能成為大鵬鳥，有些人卻自甘成為小麻雀，看到別人努力學習，認真修練，就嘲笑別人。

西方人也寫寓言，柏拉圖（Plato）《對話錄》記載蘇格拉底（Socrates）的思想，曾描述人們被反綁雙手雙腳，背對洞口，囚禁在地窖裡，身後點著蠟燭，照著移動的道具，光影投射在牆壁。蘇格拉底鬆開自己的束縛，回頭找光源，才發現映在牆上的只是道具的光影而已。他爬出洞口，卻在刺眼的陽光下，無法立刻張開眼睛，這才發現真實世界的一切。他滿心歡喜，想與人分享真實的世界，但當他從光明回到黑暗，跌跌撞撞的模樣讓地窖的人嘲笑「連地下的事物都分不清，說什麼真實的世界」，結果活活被打死。釋迦牟尼在菩提樹下悟道之後行乞佈道，同樣受到許多人嘲笑，但他仍然不忍心獨自解脫。哪一個聖賢不是如此？孔孟老莊也是在自己覺悟之後，苦口婆心告訴別人不要糟蹋自己的天性，浪費潛能，要往上走才會體悟更高的格局。

宋榮子，原名宋銒（ㄐㄧㄢ）或宋牼（ㄎㄥ），學說立場見〈天下〉。列子，原名列御寇，春秋時代鄭國思想家。他做到第一種境界，就是「重內輕外」，能確定內在自我與外在事物的分際，辨別榮耀與恥辱的界限，這樣就不會汲汲於外在的成就。第二種境界是與大自然配合，「六氣」是陰、陽、風、雨、晦、明，代表自然界，御風而行但仍需等待。第三種境界是順應天地的常道，把握自然界的變化規律，遨遊於無窮的境界，也就是無所等待。宋榮子可以在世間不受影響，列子可以配合自然界的條件，但真正的逍遙是「無待」。

許多人認為只要自己到達什麼情況就能快樂，其實未必如此。面對我們無法解決的事，全然接受它，一如莊子所說「知其不可奈何而安之若命」，才會得到真正的快樂。

至人、神人、聖人，都是莊子筆下的理想人格，其本體為一，而展現的功能各有精采之處。至人與自我對照，因為他已經是人類中修養最高的，所以不必區分你我，也就化解了自我。神人與功績對照，神代表神妙，雖然有功績，但是他化解了功績。聖人明明有名聲，得到眾人的掌聲，但他化解名聲，代表他超越了。所以，在人間與別人相處要能「化」，化解自我、化解功績、化解名聲。這三種人是莊子心目中理想的人，另外還有真人、天人。道家所謂自然，並非要人守住天生本有的樣子，真正理想的是至人、神人、聖人、真人、天人，要把生命所有的潛能都發揮出來，身與心之外，還要發揮精神的層面，才能成為這五種人之一。

〈1．8〉

堯讓天下於許由，曰：「日月出矣，而爝（ㄐㄩㄝˊ）火不息，其於光也，不亦難乎！時雨降矣，而猶浸灌，其於澤也，不亦勞乎！夫子立而天下治，而我猶尸之。吾自視缺然，請致天下。」許由曰：「子治天下，天下既已治也，而我猶代子，吾將為名乎？名者，實之賓也，吾將為賓乎？鷦（ㄐㄧㄠ）鷯（ㄌㄧㄠˊ）巢於深林，不過一枝；偃（ㄧㄢˇ）鼠飲河，不過滿腹。歸休乎君，予無所用天下為！庖人雖不治庖，尸祝不越樽（ㄗㄨㄣ）俎（ㄗㄨˇ）而代之矣。」

〈白話〉

堯要把天下讓給許由，他說：「日月都出來了，而燭火還不熄滅，靠燭火來光照世界，不是很困難嗎？及時雨都降下了，而人還要澆水灌溉，靠澆水來潤澤作物，不是很勞累嗎？先生一旦即位，天下立刻大治，而我還占著這個位子。我自覺能力不夠，請允許我把天下讓給你。」許由說：「你治理天下，天下已經安定了。這時我還要取代你，我是為了名義嗎？名義，只是實物的表徵。我是為了表徵嗎？小鳥在濃密樹林裡築巢，所需要的不過是一根樹枝；土撥鼠到大河邊喝水，所需要的不過是裝滿一個肚子。你請回去，算了吧！我要天下沒什麼用！廚師即使不肯下廚去料理祭品，負責祭神與執禮的人也不會越過酒樽俎案去代替他的職務。」

## 〈解讀〉

莊子提出至人、神人、聖人三種典範，接著藉許多故事與「重言」具體說明，人如何可以達成這些理想。

許由，在傳說中是堯的老師，堯有自知之明，想要讓賢。但俗語說，只有狀元學生，沒有狀元老師，而且老師也不見得喜歡為官。堯尊重老師，以日月和及時雨來稱呼老師。許由不願越俎代庖，因為堯已經平治天下。他自比為「鷦鷯」、「偃鼠」，是為了宣示自己對外物的依賴極少。小鳥在濃密樹林裡築巢，所需要的不過是一根樹枝；土撥鼠到大河邊喝水，所需要的不過是裝滿一個肚子，可見人活在世上，所需要的資源很有限。他又自比為「尸祝」，肯定自己身分特殊。因為在古代社會，宗教的負責人提供人心靈的希望，幫助人跨越死亡的界線，地位比政治領袖更崇高。所以許由表明他能夠過極其簡單的生活，但對自己的志向又有極高的價值認同，表示他十分了解自己，這是重內輕外的觀點。莊子又反覆舉出例證，藉以說明區分「內外」的觀念。

「名者，實之賓也」，名義是客人，實質是主人，人當然應該當主人而非客人。活在世上做自己，避免被別人慫恿。「致」是讓，「致仕」是表示一個人不為官了。

世人給予堯舜很高的評價，但在莊子筆下，仍有許多對他們的批評。孔子在《論語》中也兩度提及「修己以安百姓」、「博施濟眾」，「堯舜其猶病諸」，「病」代表遺憾。要讓天下的人男有分、女有歸、各安性命實在太困難了，即使窮畢生之力也達不到。儒家是「知其不可而為之」，道家則鼓勵人不要這麼辛苦，「知其不可奈何而安之若命」。我受道家啟發，努力讓時間用在我真正可以發揮的地方，選擇了之後，盡力去做，因為時間就是生命，用生命去做的事，就會全力以赴。

## 〈1・9〉

肩吾問於連叔曰：「吾聞言於接輿（ㄩˊ），大而無當（ㄉㄤˋ），往而不反。吾驚怖其言，猶河漢而無極也，大有逕庭，不近人情焉。」連叔曰：「其言謂何哉？」曰：「藐姑射（ㄧㄝˋ）之山，有神人居焉。肌膚若冰雪，淖（ㄔㄨㄛˋ）約若處子；不食五穀，吸風飲露；乘雲氣，御飛龍，而遊乎四海之外；其神凝，使物不疵（ㄘˊ）癘（ㄌㄧˋ）而年穀熟。吾以是狂而不信也。」

### 〈白話〉

肩吾請教連叔說：「我聽過接輿談話，內容廣博而不著邊際，任意引申而不再回頭。我既驚訝又害怕，覺得他的言論像銀河一樣遼闊無窮，簡直過分誇張，不近人之常情啊！」連叔說：「他說些什麼呢？」肩吾說：「在遙遠的姑射山上，住著一位神人，他的肌膚有如凝雪，柔美有如處女；他不吃五穀，只是吸清風、飲甘露；他乘著雲氣，駕御飛龍，遨遊於四海之外。他的心神凝定，就能使農作物不受災害，造成五穀豐收。我認為他說的話是唬人的，所以都不相信。」

〈解讀〉

肩吾、連叔也許真有其人，但事蹟不可考。接輿，楚國狂人，原名陸通。莊子擅長借真人之口講虛構的話，接輿在《論語》中也出現過，嘲笑孔子，這段故事在〈人間世〉中描述得更為完整。

「神人」有完美的形貌，取用天然資源，來去自由自在。在莊子筆下應該是中性的人，因為他綽約若處子。若要幫助人間，只需「其神凝」，一個意念就夠了。

「逕」是門外的路，「庭」是門內的庭院，「大有逕庭」是指過分誇張。

〈1・10〉

連叔曰：「然！瞽（ㄍㄨˇ）者無以與乎文章之觀，聾者無以與乎鐘鼓之聲。豈唯形骸有聾盲哉？夫知亦有之。是其言也猶時女（ㄖㄨˇ）也。之人也，之德也，將旁礡（ㄅㄛˊ）萬物以為一。世蘄（ㄑㄧˊ）乎亂，孰弊弊焉以天下為事！之人也，物莫之傷，大浸稽天而不溺，大旱金石流、土山焦而不熱。是其塵垢粃（ㄅㄧˇ）糠，將猶陶鑄堯、舜者也，孰肯以物為事！」

〈白話〉

連叔說：「是啊！對瞎子，沒辦法給他看五彩的美觀；對聾子，沒辦法給他聽鐘鼓的樂聲。哪裡只是身體上有聾有瞎呢？心智上也有啊！這種話就是針對你而說的。神人啊，他的能力啊，將會包容萬物，混同為一體。世人只期望天下太平，神人怎麼會勞勞碌碌把治理天下當成一回事呢！神人啊，外物不能傷害他，洪水滔天不會使他溺斃，嚴重的旱災溶化了金石、燒焦了土山，也不會使他燠熱。他發揮一點剩餘無用的力氣，就可以造就堯、舜那樣的功業，他哪裡肯把世間的俗務當成一回事呢！」

## 〈解讀〉

從形骸的聾盲，到心智的聾盲，是一個轉捩點。只有認清此一狀況，才有機會啟迪心智，所以連叔對肩吾點出他心智上的盲點。

「包容萬物，混同為一體」，是道家核心的觀念，「道」做為萬物的來源與歸宿，所以萬物是平等的。神人已由「重內輕外」提升到「有內無外」，已無內外之分，亦即「旁礴萬物以為一」。從「整體為一」的觀點來看，人間的相對價值就很容易化解了。

「世蘄乎亂」的「亂」，與「治」互訓，所以說，世人只期望天下太平。

## 〈1・11〉

**宋人資章甫（ㄈㄨˇ）而適諸越，越人斷髮文身，無所用之。堯治天下之民，平海內之政。往見四子藐姑射之山，汾水之陽，窅（ㄧㄠˇ）然喪其天下焉。**

## 〈白話〉

宋國人運禮冠到越國去販賣，但是越國人的習俗是剪光頭髮、身上刺青，根本用不著禮冠。堯治理天下百姓，安定國家政事之後，前往遙遠的姑射山，亦即位於汾水北邊的那一座山，會見四位先生，渾然忘記了自己的天下。

## 〈解讀〉

越人生活在現代的浙江附近，靠水過著接近原始狀態的生活，刺青與斷髮肖似水中生物，避開水神的威脅，根本不需禮冠這種文明社會的產物。這是尚未開化的生活，而莊子借此強調反璞歸真的意義。

「四子」有的說是「許由、齧缺、王倪、被衣」（見〈天地〉）四人；有的說是堯所體驗的四境：「一本、二迹、三非本非迹、四非非本迹」。前者並無確證，後者顯得玄想過度，但此段重點在於堯能「喪其天下」，道家主張無為而治，就是認為人可能一廂情願，愈治愈亂。

## 〈1．12〉

**惠子謂莊子曰：「魏王貽（ㄧˊ）我大瓠（ㄏㄨˋ）之種，我樹之成而實五石（ㄉㄢˋ）。以盛水漿（ㄐㄧㄤ），其堅不能自舉也。剖（ㄆㄡˇ）之以為瓢（ㄆㄧㄠˊ），則瓠落無所容。非不**

呺（ㄏㄠ）然大也，吾為其無用而掊（ㄆㄡˇ）之。」莊子曰：「夫子固拙於用大矣。宋人有善為不龜（ㄐㄩㄣ）手之藥者，世世以洴（ㄆㄧㄥˊ）澼（ㄆㄧˋ）絖（ㄎㄨㄤˋ）為事。客聞之，請買其方百金。聚族而謀曰：『我世世為洴澼絖，不過數金。今一朝而鬻（ㄩˋ）技百金，請與之。』客得之，以說吳王。越有難，吳王使之將。冬與越人水戰，大敗越人，裂地而封之。能不龜手，一也，或以封，或不免於洴澼絖，則所用之異也。今子有五石之瓠，何不慮以為大樽而浮乎江湖，而憂其瓠落無所容？則夫子猶有蓬之心也夫！」

## 〈白話〉

惠子對莊子說：「魏王送給我大葫蘆的種子，我把它栽植成長，結出的葫蘆有五石的容量。用它來裝滿水，則它不夠堅固，無法負荷本身的重量。把它剖開做成瓢，它又寬大得沒有水缸容得下。這葫蘆不可說不大，我卻因為它沒有用而打碎它。」莊子說：「先生真是不善於使用大東西啊！宋國有人擅長調製不讓手龜裂的藥物，世世代代都以漂洗絲絮為職業。有一位客人聽說這事，願意出一百金購買他的藥方。他召集全家人來商量說：『我們世世代代漂洗絲絮，所得不過數金而已；現在一旦賣出藥方就可以賺到一百金，就賣給他吧！』客人拿了藥方，便去遊說吳王。正好越國興兵來犯，吳王派他擔任將領，冬天與越人在江上作戰，結果大敗越人，並因而得到封地做為獎賞。能夠不讓手龜裂，所用的藥方是一樣的；但是有人獲賞封地，有人不得不繼續漂洗絲絮，這是因為所用之處不同啊！現在你有五石大的葫蘆，為什麼不綁在身上當成腰舟，讓自己浮游於江湖之上，卻還要擔心水缸容不下它呢？可見先生的心思還是不夠通達啊！」

## 〈解讀〉

惠子原名惠施，曾任魏惠王（亦即梁惠王。魏自河東遷大梁，故有二名）的宰相。惠施是莊子之友，其思想見〈天下〉。惠施曾為官，又是名家代表，與莊子的對話，必有可取之處。葫蘆的話題，開始時隱喻莊子的思想言論大而無當，毫無用處，而莊子的回答對有用與無用，做了深刻的說明。人學習經典，表面上沒什麼具體的效果，但能夠幫助進行更長遠與更開闊的思考。

「用大」的方式有二：一是小物用於大處，譬如不龜手之藥使人功成名就；二是大物用於大處，譬如大葫蘆使人浮於江湖。莊子熟知世間趨利避害的技巧，借此引導惠子明白：真正要「用大」，必須先化解「有蓬之心」。「蓬」是雜草，孟子也說山徑無人行走，會因雜草叢生而被阻斷，我們的觀念也應經常疏通，避免執著與盲點。

## 〈1·13〉

惠子謂莊子曰：「吾有大樹，人謂之樗（ㄕㄨ）。其大本擁（ㄩㄥˇ）腫而不中繩墨，其小枝卷曲而不中規矩。立之塗，匠者不顧。今子之言，大而無用，眾所同去也。」莊子曰：「子獨不見狸狌（ㄕㄥ）乎？卑身而伏，以候敖（ㄠˊ）者；東西跳梁，不避高下；中於機辟（ㄅㄧˋ），死於罔罟（ㄍㄨˇ）。今夫斄（ㄌㄧˊ）牛，其大若垂天之雲。此能為大矣，而不能執鼠。今子有大樹，患其無用，何不樹之於無何有之鄉，廣莫之野，彷徨乎無為其側，逍遙乎寢臥其下。不夭斤斧，物無害者，無所可用，安所困苦哉！」

## 〈白話〉

惠子對莊子說：「我有一棵大樹，人們稱它為樗。它的樹幹臃腫而不合於繩墨；它的樹枝捲曲而不合於規矩。就是把它種在路旁，木匠也不屑一顧。現在你所說的話，內容廣博而毫無用處，大家都會棄之不顧的。」莊子說：「你難道沒有看過野貓與黃鼠狼嗎？牠們彎曲身子埋伏起來，等著要抓出遊的小動物；東跳西躍地追捕，不管位置是高是低；最後卻中了機關，死在陷阱中。再看那犛牛，牠的身軀大得像天邊的雲朵。這可以說是夠大了，但卻沒辦法捉老鼠。現在你有一棵大樹，擔心它沒有用，那麼為何不把它種在空虛無物的地方，廣闊無邊的曠野，再無所事事地徘徊在樹旁，逍遙自在地躺臥在樹下。它不會被斧頭砍伐，也不會被外物傷害，沒有任何可用之處，又會有什麼困難苦惱呢？」

## 〈解讀〉

惠子認為莊子的話「大而無用」；莊子則以「狸狌」說明有用難免帶來禍患。這也是莊子對大自然細心觀察的結果，可以舉出許多像樗、野貓、黃鼠狼與犛牛的例子。

「無用」在此是依據世間價值觀所作的判斷，大樹正是因為無用，所以沒有困苦。至於人的無用，則需要經過「無待」這一關，才可以發揮大用，否則像野貓與黃鼠狼，因為有所求，自然會被設計而中了機關。

莊子有用無用的判準在「安全的生存」，人生所追求的就是最後一句「安所困苦哉」！所以學道家可以化解憂鬱症，不計較瑣碎的小事。更詳細的故事請參見〈山木〉，莊子與學生上山拜訪朋友，途經一棵大樹，大樹因為無用而免於被砍伐；而朋友家的鵝，卻因為有用而保住性命。所以學習應掌握重點，以免學了《莊子》之後更加困惑。

**總結本篇要旨**

本篇莊子三度描寫大鵬寓言，意在肯定人可以憑藉修行而成其大。由此上承老子所說的「道大，天大，地大，人亦大」。人若成其大，則有望成為至人、神人、聖人，抵達無待之境而自在逍遙，也化解了世俗所在意的有用無用之爭。

# 齊物論 第二

〈2・1〉

南郭子綦（ㄑㄧˊ）隱几（ㄐㄧˇ）而坐，仰天而噓，荅（ㄉㄚˊ）焉似喪其耦（ㄡˇ）。顏成子游立侍乎前，曰：「何居乎？形固可使如槁木，而心固可使如死灰乎？今之隱几者，非昔之隱几者也？」子綦曰：「偃，不亦善乎，而問之也！今者吾喪我，女知之乎？女聞人籟而未聞地籟，女聞地籟而未聞天籟夫！」

## 〈白話〉

南郭子綦靠著桌子坐著，抬頭向天、緩緩吐氣，神情漠然好像忘了自己。顏成子游侍立在旁，請教他說：「這是怎麼一回事？形體固然可以讓它如同槁木，難道心神也可以讓它如同死灰嗎？您今天靠桌而坐的神情，與從前靠桌而坐的神情不一樣啊！」南郭子綦說：「偃，你問得正好！今天我做到忘了自己，你知道嗎？你聽說過人籟，卻不曾聽說過地籟；即使聽說過地籟，也沒有聽說過天籟吧！」

## 〈解讀〉

「齊物論」有兩種解釋。一是將「齊」當作動詞，齊一；「物論」是討論萬物究竟是如何，意即有關萬物究竟是如何的說法都是相同的。第二個說法比較正確，「齊」是平等的，齊物論是「主張萬物是平等的」。「萬物平等」對人而言，一是指外在世界沒有貴賤之分；另一方面是在提醒，人的世界有各種是非毀譽，人難免被稱讚或批判，但是，誰有資格稱讚或批判別人呢？被稱讚或批判的人該如何回應呢？一般人都很執著，聽到別人說：「張三在背後批評你」，會煩惱得晚上睡不著覺，猜想各種可能的因素；有智慧的人，會向別人說清楚；最高的智慧是當作沒聽到。因為人是會改變的，同一個人能說你好，也能說你不好，誰有能力杜天下悠悠之口？如果都把心思放在別人身上，就很容易疲累。

再者，誰都希望別人的批評是正面的，一旦聽到負面的評價，就會有所顧忌，自然綁手綁腳，很難做自己。但做自己不代表沒有修養，有話直說、毫不在乎他人的感受。該怎麼判斷其中區別，是一個挑戰。所以莊子的「齊物論」很難理解，但非常重要。

南郭子綦是一個虛構的人物，他的樣子很特別。「隱」是靠著，古代的桌子不像現在那麼高，坐臥是連在一起的。「槁木死灰」是重點，身如槁木，是身體的欲望衝動都被消解了；心如死灰，是指不再起心動念。這並非指行屍走肉，而是人必須經過身與心的修練，才能出現「精神」。「精」代表單純、純粹；「神」代表神妙無比。人有身與心的作用，對精神自然構成拖累、阻礙。現代人所談的「身、心、靈」是配合西方的研究，莊子也使用「靈臺」、「靈府」，但並不單獨使用「靈」這個字。南郭子綦告訴學生他做到忘了自己，代表他正在修行。

「籟」是指透過竹管發出的聲音。現在我們說「天籟」，是指非常好聽的音樂，但是莊子所說的天籟並非如此，在下一段會詳細解說；人籟是指說話或演奏音樂；地籟是指大地所發出的聲音，像風聲、雨聲。人發出聲音都有一定的目的，有詮釋的空間，所以在聽課或欣賞音樂時，總會擔心聽錯或聽不懂而造成壓力。因此，學習需要有方法，慢慢浸潤，像水流濕，火就燥；雲從龍，風從虎，多聽幾遍，熟悉之後，思維方式才會慢慢調整。人在聽到風聲雨聲這些地籟時，並不會企圖去了解它的意思，天籟則是最難說明白的。

## 〈2・2〉

子游曰：「敢問其方。」子綦曰：「夫大塊噫（ㄧ）氣，其名為風。是唯無作，作則萬竅怒呺（ㄏㄠˊ）。而獨不聞之翏（ㄌㄧㄠˊ）翏乎？山林之畏佳（ㄓㄨㄟ），大木百圍之竅穴，似鼻，似口，似耳，似枅（ㄐㄧㄢ），似圈，似臼（ㄐㄧㄡˋ），似洼（ㄨㄚ）者，似汙者。激者，謞（ㄒㄧㄠ）者，叱（ㄔˋ）者，吸者，叫者，譹（ㄏㄠˊ）者，宎（ㄧㄠˇ）者，咬者。前者唱于而隨者唱喁（ㄩㄥˊ），泠（ㄌㄧㄥˊ）風則小和（ㄏㄜˋ），飄風則大和，厲風濟則眾竅為虛。而獨不見之調（ㄊㄧㄠˊ）調，之刁（ㄉㄧㄠ）刁乎？」子游曰：「地籟則眾竅是已，人籟則比（ㄅㄧˋ）竹是已，敢問天籟。」子綦曰：「夫吹萬不同，而使其自己也。咸其自取，怒者其誰邪？」

## 〈白話〉

子游說：「請問其中的道理。」子綦說：「大地吐出的氣息，名字叫風。這風不發作則已，一發作則萬物的竅孔都怒號起來。你難道沒聽過狂風呼嘯的聲音嗎？山陵中高低錯綜的形勢，百圍大樹上的大小竅穴：有的像鼻子，有的像嘴巴，有的像耳朵，有的像瓶罐，有的像瓦盆，有的像石臼，有的像深池，有的像淺窪。發出聲音時，有的像湍水沖激，有的像羽箭離弦，有的像喝叱，有的像吸氣，有的像吶喊，有的像嚎哭，有的像呻吟，有的像哀嘆。前面的風嗚嗚地唱著，後面的風呼呼地和著。小風則小和，大風則大和；強風吹過之後，所有的竅孔都寂靜無聲。你難道沒有看見這時草木還在搖搖擺擺的模樣嗎？」子游說：「這樣說來，地籟是眾多竅孔所發出的聲音，人籟是從簫管所吹出的聲音。請問天籟是什麼呢？」子綦說：「風吹萬種竅孔，聲音各自不同，但都是由竅孔自己去發聲。一切都是自己造成的，使它們發聲的還有誰呢？」

## 〈解讀〉

古代認為風是大地在吐氣，風吹時，會根據樹的形狀、大小、樹身的竅孔而發出不同的聲音，這是「地籟」。「天籟」是指自己如此，根據當時的條件，條件成熟就發出聲音，條件不夠就無法發出聲音。聽時不必去理解與分辨高下，只需隨順一切的條件，回到萬物本身，不去問背後的主宰。所以天籟的重點不在發出的聲音，而在聽的主體，也就是不用感官和心去聽，而是用「氣」去聽。氣是一切生成變化的基本元素，氣聚則生，氣散則死，只問條件是否成熟。意即：不聽就是聽，聽就是不聽，讓一切回歸它本身，自己如此，何必問這是地籟或人籟呢？了解這個道理就是天籟。

這是學《莊子》最難的地方，要跳脫人類的規則、自然的規律，超脫這一切之上，不作判斷。南郭子綦神情漠然好像忘了自己，就是在此刻不特意去下判斷，順其自然接受發生的一切，這就是「天籟」。天籟需超越比較之心，化解因果觀念，並且由「所聽的聲音」轉變為「能聽的主體」，只有透過個人的覺悟，才能明白天籟之意。

所覺悟者，在此是兼指萬物之不齊與萬物之齊。從不齊來看，有人籟、地籟、天籟，從齊來看，這一切都是天籟；從不齊來看，雙胞胎也有不一樣的地方，從齊來看，白人、黑人也都是人。當我們從兩面去看，才能化解人所設定的差異，很多時候這些差異是不必要的，只會製造困擾。不過，人生總會經歷過這種區分，如果太早跟中學生說不要在意功課好不好，他也不知道人生該奮鬥些什麼，反而容易得憂鬱症。就像蛹之生，為了減低蛹掙扎的痛苦而把繭剪破，反使牠無法健全發展，蛻化成美麗的蝴蝶。每個人覺悟的時間不同，教育最好的方法是循循善誘。

〈2・3〉

大知閑閑，小知閒（ㄐㄧㄢˋ）閒。大言炎炎，小言詹詹。其寐也魂交，其覺也形開，與接為構，日以心鬥。縵者、窖（ㄐㄧㄠˋ）者、密者。小恐惴惴（ㄓㄨㄟˋ），大恐縵縵。其發若機栝，其司是非之謂也；其留如詛盟，其守勝之謂也；其殺若秋冬，以言其日消也；其溺之所為之，不可使復之也；其厭也如緘（ㄐㄢ），以言其老洫（ㄒㄩˋ）也；近死之心，莫使復陽也。喜怒哀樂，慮歎變慹（ㄓˊ），姚佚（ㄧˋ）啟態；樂出虛，蒸成菌。日夜相代乎前，而莫知其所萌。已乎，已乎，旦暮得此，其所由以生乎！

〈白話〉

大知識廣博通達，小知識精細分明；大言論疏淡平凡，小言論喋喋不休。人們睡覺時心思紛擾，醒來後形體不安，與外界事物糾纏不清，每天鉤心鬥角。有人善於偽裝，有人心機深沉，有人思慮細密。小恐懼提心弔膽，大恐懼失魂落魄。他們發動攻擊時，好像射出利箭，專門針對別人的是非來下手；他們按兵不動時，好像賭咒發誓，要求每一次都非勝不可；他們精神衰頹，好像季節步入秋冬，一天天的消沉下去；他們耽溺於自己的所作所為，沒有辦法回復本性；他們頭腦閉塞，好像被箱子封住，愈來愈老朽枯竭；像這種接近死亡狀態的心，是無法讓它恢復生機了。他們時而欣喜，時而憤怒，時而悲哀，時而快樂，時而憂慮，時而嘆息，時而反覆，時而恐懼，時而輕浮，時而放縱，時而張狂，時而作態；這些表現就像聲樂從虛孔中發出，又像菌類由地氣蒸發而成。它們儘管日日夜夜不停地輪流出現，卻不知道是從哪裡萌生的。算了吧，算了吧，一切都是偶然如此，大概這就是它們出現的緣由了！

〈解讀〉

莊子在這一段說明，人如果未經身與心的修練過程，最後的結果就是如此紛擾不安。他對人間的細節描述十分精細，對人類認知與情緒的了解鞭辟入裡，我們平常只說「喜、怒、哀、樂」四種情緒，但他一口氣說出「喜怒哀樂，慮歎變慹，姚佚啟態」十二種，由此可見莊子對人的觀察細膩。這裡所說的知識和言論的大小，是針對問題的大小，譬如要講人生的整體，幾句話就能表達；要談頭髮的結構，就必須說得很精細。大言論如孔子所說：「道不同不相為謀」，一句話就說完，所以顯得疏淡平凡；但若是小言論，就要分析什麼是「為謀」等等，顯得喋喋不休。

「近死之心，莫使復陽也」是提醒每一個人都必須從內在產生活下去的力量，而非由外在來支撐。許多時候，我們或許出於關切，或許出於個人的善意，想幫助他人，但若當事人的內在沒有燃起熱情與對自己的了解，身邊的人再怎麼努力，都是白費力氣，甚至可能事與願違。

「旦暮得此」的「旦」是早上，「暮」是晚上，可以解釋為偶然得之。莊子認為他寫這本書，百年千年之後若有人理解，對他而言是「旦暮遇之」，即使跨越千年如同一朝一夕。人在提出一種理想時，是無法要求立刻被理解的，司馬遷也說自己寫《史記》是要「藏之名山，傳之其人」，孔子也說過「莫我知也夫」。要了解孔子、莊子這樣偉大的心靈，是有難度的，或許有人讀了《莊子》之後，覺得《論語》很容易，但能真正了解孔子「朝聞道，夕死可矣」的人卻不多。心靈的轉向是需要機緣而勉強不來的，要不斷學習和思考，然後慢慢接近。所以莊子也不著急，把自己的思想寫下來，以等待未來能夠了解的人。

## 〈2．4〉

非彼無我，非我無所取。是亦近矣，而不知其所為使。若有真宰，而特不得其朕（ㄓㄣˋ）。可行已信，而不見其形，有情而無形。百骸、九竅、六藏（ㄗㄤˋ）、賅（ㄍㄞ）而存焉！吾誰與為親？汝皆說（ㄩㄝˋ）之乎？其有私焉？如是皆有為臣妾乎？其臣妾不足以相治乎？其遞相為君臣乎？其有真君存焉！如求得其情與不得，無益損乎其真。一受其成形，不亡以待盡。與物相刃相靡，其行盡如馳，而莫之能止，不亦悲乎！終身役役而不見其成功，苶（ㄋㄝˊ）然疲役而不知其所歸，可不哀邪！人謂之不死，奚益！其形化，其心與之然，可不謂大哀乎？人之生也，固若是芒乎？其我獨芒，而人亦有不芒者乎？

### 〈白話〉

沒有外在的一切，就顯不出我的存在；沒有我的存在，也無法肯定外在的一切。這兩者其實關係密切，只是不知是誰造成這樣的對立狀態。好像有個「真宰」存在，可是又找不到它的跡象。它的運作效果十分真確，可是看不到任何形象，它是真實而無形可見的。百骸、九竅、六臟都齊備於人的身體，我與哪一個部分比較親近呢？你全都喜歡嗎？還是有所偏愛呢？這樣看來，它們都像是臣妾嗎？而臣妾沒有辦法互相管理嗎？還是它們輪流扮演君臣呢？或者有個「真君」存在啊！無論我們是否了解它的實際情況，都不會增加或減少它的真實性。人承受形體而出生，就執著於形體的存在，直到生命盡頭。它與外物互相較量摩擦，追逐奔馳而停不下來，這不是很可悲嗎？終身勞苦忙碌，卻看不到什麼成功；疲憊困頓不堪，卻不知道自己的歸宿；這不是很悲哀嗎？這種人就算是不死，又有什麼好處！他的身體逐漸耗損衰老，心也跟著遲鈍麻木，這還不算是大悲哀嗎？人生在世，真是這樣茫然嗎？還是只有我一個人茫然，而別人也有不茫然的嗎？

## 〈解讀〉

這一段是要人了解相對的情況，「彼」跟「我」是相對的。究竟有沒有自我和真正的主宰呢？西方有一種說法：世界是由「我」與「非我」組成的。莊子也有類似的說法。「真宰」是指「道」；「真君」是指「自我」。「道」是萬物的來源與歸宿，所以萬物在道之中，「不識廬山真面目，只緣身在此山中」，人無法奢望用感官去理解「道」。

莊子用「有情而無形」來描寫「道」，因為道的運作效果十分真確，可是看不到任何形象，它真實但無形可見。用「精神」來代表真君，代表人的主體，無論人是否了解自我，都無法改變人的真實性。所有身心的作用，必須透過修練，讓心往上將精神層面展現出來，這樣生命才會有方向。形體會慢慢衰老，我們的心如果也因此跟著耗損，人的生命終將與物「相刃相靡」，莊子連續提到「悲」、「哀」、「大哀」，用意在此。

莊子從〈逍遙遊〉開始，描寫鯤變成大鵬鳥，一飛九萬里，顯示一種「大」的氣象，回應老子所說的「道大、天大、地大、人亦大」。人的偉大，在道家看來，並非行善避惡，而是讓心靈開闊。人原本就來自於道，卻執著於自我，隨著知識與恐懼的出現，與人競爭鬥爭，才與道脫離；人要透過身心的修練以展現精神，精神出現之後，才能與道結合，如此就能自在逍遙。

〈2．5〉

夫隨其成心而師之，誰獨且無師乎？奚必知代？而心自取者有之，愚者與有焉！未成乎心而有是非，是今日適越而昔至也。是以無有為有。無有為有，雖有神禹且不能知，吾獨且奈何哉！夫言非吹也，言者有言，其所言者特未定也。果有言邪？其未嘗有言邪？其以為異於鷇（ㄎㄡˋ）音，亦有辯乎？其無辯乎？道惡（ㄨ）乎隱而有真偽？言惡乎隱而有是非？道惡乎往而不存？言惡乎存而不可？道隱於小成，言隱於榮華。故有儒墨之是非，以是其所非而非其所是。欲是其所非而非其所是，則莫若以明。

〈白話〉

如果追隨自己心中的成見，以它為老師，那麼誰會沒有老師呢？何必要明白變化之理呢？從自己心中去找就有了，愚人也一樣有的啊！如果說心中沒有成見，卻有是非觀念，這就好像說今天去越國而昨天已經抵達了一樣，這是把沒有的當成有。把沒有的當成有，就算是神智如大禹也不能理解，我又有什麼辦法呢！人們發言，並非風聲吹過；發言的人有所論述，只是論述的內容尚未定案。它們真的有所論述嗎？還是不曾有過論述呢？他們以為自己的發言與雛鳥的叫聲不同，這兩者有分別嗎？還是沒有分別呢？道如何會被隱蔽，以致出現真偽的呢？言論如何會被隱蔽，以致出現是非的呢？道如何會去任何地方而不存在的？言論如何會存在而有說不通的？道被小有見識的人物所隱蔽，言論被巧飾浮華的詞句所隱蔽。因此才有儒家、墨家的是非之爭，他們互相肯定對方所否定的，並否定對方所肯定的。如果要肯定對方所否定的，並否定對方所肯定的，那還不如以清明的心去觀照一切。

## 〈解讀〉

「師心自用」這句成語源自於本段，人如果以成見為師，就無法繼續學習。

除了人類之外，道存在與否，對萬物而言是沒有差別的。恐龍的一生並無意義的問題，因為意義是「理解的可能性」，如果沒有理性，根本就無須理解。人有理性，企圖去了解與敘述「道」，而討論需要概念化，就非有「名稱」不可。人的社會不斷進步，出現各種言論，而人無法親身經歷所有的事物，即使親身經歷，也需要別人的解釋。西方有一種說法：凡是你所見到的，都不是真的，譬如魔術。當隱蔽出現時，對道而言，是有「真偽」；對言論而言，是有「是非」。是非有時是出自立場觀點之不同，有時是由於語詞使用之疏忽，有時是因為現實利害之衝突，有時則只是源於意氣之爭而已。所以我們強調道是「究竟真實」，「真」是恆真的，而「偽」是虛幻、根本就不存在的。

道是無所不在的，而言論是沒有說不通的。莊子在此批判儒家與墨家，因為他們的主張太具體了，儒家重視禮樂，墨家輕視禮樂，在道家看來，有所主張就有所隱蔽，還不如以清明的心去觀照一切，不要陷入是非之爭。與其判斷彼此的不同，不如先從整體去理解。老子說「見小曰明」、「自知者明」、「知常曰明」。「明」就是覺悟，從整體去覺悟，因為只要從局部來看，人總是會有所遮蔽，所以道家主張從道來看一切，「道」代表整體。這段就連接到《老子》第一章的「道，可道，非常道；名，可名，非常名」。莊子喜歡用寓言、重言（藉重古人的話）、卮（ㄓ）言（隨機應變的話）隨說隨掃，就是避免讓言論成為一種障礙。

〈2·6〉

物無非彼，物無非是。自彼則不見，自是則知之。故曰，彼出於是，是亦因彼。彼是方生之說也。雖然，方生方死，方死方生；方可方不可，方不可方可；因是因非，因非因是。是以聖人不由，而照之於天，亦因是也。是亦彼也，彼亦是也。彼亦一是非，此亦一是非，果且有彼是乎哉？果且無彼是乎哉？彼是莫得其偶，謂之道樞。樞始得其環中，以應無窮。是亦一無窮，非亦一無窮也。故曰，莫若以明。以指喻指之非指，不若以非指喻指之非指也；以馬喻馬之非馬，不若以非馬喻馬之非馬也。天地一指也，萬物一馬也。

〈白話〉

萬物互相形成「彼此」：萬物沒有不是彼的，也沒有不是此的，從彼那一面就看不見此這一面，從此這一面才會了解自己。所以說，彼是由於此的對待而出現的，此也是因著彼的對待而形成的。彼與此是相對而生的，不過，它們同時並起也同時幻滅，同時幻滅也同時並起；同時可以成立也同時不能成立，同時不能成立也同時可以成立。順著說它們是，也要順著說它們非；順著說它們非，也要順著說它們是。所以聖人不採取上述觀點，而以自然之理來照明這一切，也就是順著狀況去做啊！此也是彼，彼也是此；彼也有一套是非，此也有一套是非。真的有彼此之分嗎？真的沒有彼此之分嗎？使彼此不再出現互相對立的情況，就稱為道的樞紐。掌握了樞紐，才算掌握住圓環的核心，可以因應無窮的變化。「是」也是一個無窮的系列，「非」也是一個無窮的系列。所以說，不如以清明的心去觀照一切。用手指來說明手指不是手指，不如用非手指來說明手指不是手指；用馬來說明馬不是馬，不如用非馬來說明馬不是馬。天地其實就是一根手指，萬物其實就是一匹馬。

## 〈解讀〉

這一段提出「彼此」的概念，「彼」是對方，「此」是這一方，這兩個概念是相對的，也是同時出現的。「彼」與「此」是互相對立而生的指涉詞，兩者相反又相需，譬如一個母親生了孩子，「母子」的名稱就同時出現了。在語言表達上是如此，在是非判斷上也是如此。能夠化解分別心，才可把握道樞，並展現前面所謂的「以明」，以清明的心觀照一切。

莊子特別注意名家對當時的人的影響，名家代表惠施與公孫龍都在《莊子》中出現。所以在談到言論時，提出「指」與「馬」這兩句話，可用「共相」與「個體」的關係來解釋。譬如，用馬（共相，普遍的馬概念）來說明馬（個體，如白馬）不是馬，不如用非馬（如牛）來說明馬（個體）不是馬。因為後者一目了然，省去名詞的糾纏與詭辯的嫌疑。就像「白馬非馬」這句話，說對了一半，白馬不等於馬，但白馬依然屬於馬。莊子希望人們不要陷於名詞之爭，所以說「天地一指也，萬物一馬也」，天地代表大，萬物代表多。但從整體來看，天地不過像一根手指那麼小，沒有大小問題；萬物也不過是一匹馬，沒有多少問題。大小多少都是相對的觀念，都因比較而來，例如人活到一百歲可說長壽了，但無法與活到八百歲的彭祖相比；一個小孩活了半年就夭折，卻比朝生暮死的菌蟲長壽。因此莊子希望能夠化解這些爭論。

## 〈2．7〉

道行之而成，物謂之而然。惡（ㄨ）乎然？然於然。惡乎不然？不然於不然。物固有所然，物固有所可。無物不然，無物不可。可乎可，不可乎不可。故為是舉莛（ㄊㄧㄥˊ）與楹，厲與西施，恢詭（ㄍㄨㄟˇ）譎（ㄐㄩㄝˊ）怪，道通為一。其分也，成也；其成也，毀也。凡物無成與毀，復通為一。唯達者知通為一，為是不用而寓諸庸。庸也者，用也；用也者，通也；通也者，得也。適得而幾矣。因是已，已而不知其然，謂之道。勞神明為一而不知其同也，謂之朝三。何謂朝三？狙（ㄐㄩ）公賦芧（ㄒㄩˋ），曰：「朝三而暮四。」眾狙皆怒。曰：「然則朝四而暮三。」眾狙皆悅。名實未虧而喜怒為用，亦因是也。是以聖人和之以是非而休乎天鈞，是之謂兩行。

## 〈白話〉

路是人們走過才形成的，萬物是人們稱呼才是如此的。為什麼說是？是有是的道理；為什麼說不是？不是有不是的道理。萬物本來就有是的道理，萬物本來就有可的道理。無一物不是，無一物不可。可有可的道理，不可有不可的道理。因此之故，像樹枝與屋樑，醜人與西施，以及各種誇大、反常、詭異、奇特的現象，從道看來都是相通為一體的。有所分解，就有所生成；有所生成，就有所毀滅。所以萬物沒有生成與毀滅，還會再度相通為一體的。只有明理的人知道萬物相通為一體，因此不再爭論而寄託於平庸的道理上。平庸，就是平常日用的；平常日用的，就是世間通行的；世間通行的，就是把握住關鍵的。能到把握關鍵的地步，就接近道了。這正是順著狀況去做，達到此一階段而不知其中緣故，就叫做道。人們費盡心思去追求一體，卻不知萬物本來就是相同的。這就叫做「朝三」。什麼是朝三呢？有一個養猴子的人拿栗子餵猴子，說：「早上三升，晚上四升。」猴子聽了都很生氣。他改口說：「那麼早上四升，晚上三升吧！」猴子聽了都很高興。名與實都沒有改變，而應用之時可以左右猴子的喜怒，這也是順著狀況去做啊！所以聖人能夠調和是非，讓它們安頓於自然之分，這就叫做「兩行」：是非並行而不衝突。

## 〈解讀〉

路是人們走過才形成的，萬物是人們稱呼才是如此的，就像《老子》第一章說：「無名，萬物之始；有名，萬物之母。」而「道通為一」（從道看來都是相通為一體的）這句話必須謹慎加以理解，才不致造成思考上的混亂。舉例而言，一個人在修行之前，見山是山、見水是水；修行之後，見山還是山、見水還是水，但其實是經過見山不是山，見水不是水的過程，也就是必須知道山如何不是山，水如何不是水。在提出一種理論之前，要能知道它的反面是什麼，才能完整的陳述；也就是必須經過正與反的步驟，才能超越到另一層次的肯定而不會執著。

對於萬物，要分辨「實」與「名」。所有的是非判斷都是相對的，你認定一物為非，只是由於觀點不同；即使大家都認定它為非，它在「實」方面依然存在。譬如有一個人做錯事，天下人都說他錯了，他也真的錯了，但他依然活著，就是一個實在。再就實而言，雖然有分、有成、有毀，但根本上是「通為一」的，而這正是「道」所提供的觀點。

道是一個整體，所以莊子要我們不要任意判斷別人的是非，因為這樣別人也可以評論我們的是非。如果非要評論是非，就要知道自己的限制，才不會執著於自己的立場。

「天鈞」就是天均，是自然之分，也就是一物應有的分量。莊子使用許多以「天」合成的語詞，意在強調「自然」（自己如此）或「本然」（本來如此）。「兩行」意在強調兩邊都有自己的是非，不互相排斥，也都行得通。

〈2·8〉

古之人，其知有所至矣。惡乎至？有以為未始有物者，至矣，盡矣，不可以加矣。其次以為有物矣，而未始有封也。其次以為有封焉，而未始有是非也。是非之彰也，道之所以虧也。道之所以虧，愛之所以成。果且有成與虧乎哉？果且無成與虧乎哉？有成與虧，故昭氏之鼓琴也；無成與虧，故昭氏之不鼓琴也。昭文之鼓琴也，師曠之枝策也，惠子之據梧也，三子之知幾乎，皆其盛者也，故載之末年。唯其好之也，以異於彼，其好之也，欲以明之彼，非所明而明之，故以堅白之昧終。而其子又以文之綸終，終身無成。若是而可謂成乎？雖我亦成也；若是而不可謂成乎？物與我無成也。是故滑疑之耀，聖人之所啚（ㄅㄧˇ）也。為是不用而寓諸庸，此之謂以明。

## 〈白話〉

古代的人，他們的知識抵達頂點了。抵達什麼樣的頂點呢？有些人認為根本不曾有萬物存在，這是到了頂點，到了盡頭，無法增加一分了。其次，有些人認為有萬物存在，但是萬物之間未曾區分。再其次，有些人認為萬物之間有區分，但是未曾有誰是誰非的爭論。是非一旦彰顯，就造成道的虧損。道因而有了虧損，偏好也因而有了成就。真的有成就與虧損嗎？真的沒有成就與虧損嗎？有成就與虧損，這表現在昭文彈琴上；沒有成就與虧損，這表現在昭文不彈琴上。昭文擅長彈琴，師曠擅長舉杖擊節，惠子擅長據梧論辯，這三個人的才智都相當傑出，也都各有所成，所以事蹟被人記載下來。正因為他們所愛好的異於眾人，又想把自己所愛好的讓別人明白，別人不可能明白而勉強他們明白，結果就會像惠子一樣，一輩子抱著無人能懂的堅白論。而昭文的兒子只會承襲父親的技藝，以致終身都沒有成就。像他們這樣可以說是有成就嗎？那麼即使是平凡的我也有所成就了。像他們這樣還不能說是有成就嗎？那麼萬物與我也都無所成就了。所以，迷亂世人的炫耀行為，是聖人所鄙視的。因此，不再爭論而寄託於平庸的道理上，這就叫做：以清明的心去觀照一切。

〈解讀〉

在這一章中，「未始有物」是最難理解的。明明在我們經驗的世界中，到處都有東西存在，為何莊子說，古人最高的智慧是理解「根本不曾有萬物存在過」？答案是：萬物的本質是虛幻的，充滿變化，從結果來看，什麼都沒有；從開始來看，什麼都還沒出現，所以說根本不曾存在過。能領悟到「道」，自然就能領悟這個道理，那就是最高的智慧。能夠領悟從來都沒有萬物存在過，自然對萬物充滿變化毫不在意，因為已找到根源，那就是「道」。因此道家跟佛教的觀念可以互通，既然「根本不曾有萬物存在」，人就不須執著。其次，有些人認為有萬物存在，但是萬物是一個整體，未曾區分貴賤高低。再其次，有些人認為萬物之間有區分，但是未曾有誰是誰非的爭論。第四等是區分了是非，但是因為道是一個整體，是非一旦彰顯，有了區分，就會造成道的虧損。

偏好會帶給人成就，就像許多人在運動方面表現傑出而有了成就，但卻因此凸顯別人缺乏這方面的表現。我們不看別人的專長成就，自然就不會對比出自己的缺乏。這篇舉出幾位在音樂上表現傑出，也都各有所成，所以事蹟被人記載下來的少數菁英。但是在莊子看來，尋常百姓的生活反而是一種幸福，過於傑出的人，最後並不一定能夠長久。因為他們所愛好的異於眾人，又想把自己所愛好的讓別人明白，別人不可能明白而勉強他們明白，結果就會像惠施一樣，一輩子抱著無人能懂的「堅白論」。有關「堅白論」，可參考公孫龍的說法。公孫龍的生平活動約在公元前三二五至二五〇年，與荀子、鄒衍同時，曾做〈堅白論〉一文，大意為一塊堅白石，它的堅、白、石是各自分離的，亦即性、色、質互不相關，不可同時被感知。而人的感覺一一分離，無法使用單一感官來確定所看見的是什麼，譬如視覺可以感知到白（那是白色）、石（那是石頭），觸覺可以感知到堅（那是堅硬的）、石（那是石頭），所以堅、白、石要同時成立，需要幾種感官加上意識的判斷，以及對概念的定義才能成立。惠施與公孫龍被列為「名家」，因為強調名言之辯，接近今日所謂精於邏輯、語言及辯論的人。

這篇最重要的觀念是：古人最高的智慧，是能夠領悟從來不曾有萬物存在過。從這句話可看出莊子的思想已達到西方哲學最高的智慧。西方兩千多年的哲學，主要問的就是：為什麼是有而不是無？（Why is there something rather than nothing?）如果萬物是「無」，比較好解釋，因為將來都將歸於無，但為何現在是「有」呢？所以學《莊子》就要從有是非，提升到不因是非而影響自己，大家相安無事，再往上提升到領悟「道」是一個整體，從整體來看，別人就是自己，譬如坐捷運看到別人有座位，就像自己有座位一樣。

## 〈2・9〉

今且有言於此，不知其與是類乎？其與是不類乎？類與不類，相與為類，則與彼無以異矣。雖然，請嘗言之：有始也者，有未始有始也者，有未始有夫未始有始也者。有有也者，有無也者，有未始有無也者，有未始有夫未始有無也者。俄（ㄜˊ）而有無矣，而未知有無之果孰有孰無也。今我則已有謂矣，而未知吾所謂之其果有謂乎？其果無謂乎？夫天下莫大於秋豪之末，而大（ㄊㄞˋ）山為小；莫壽乎殤（ㄕㄤ）子，而彭祖為夭。

天地與我並生，而萬物與我為一。既已為一矣，且得有言乎？既已謂之一矣，且得無言乎？一與言為二，二與一為三。自此以往，巧歷不能得，而況其凡乎！故自無適有，以至於三，而況自有適有乎？無適焉，因是已！

## 〈白話〉

譬如現在有人在這裡說了一番話，不知道這番話與別人說的是相同呢？還是不同？不管相同或不同，既然同樣都是說話，彼此就沒有差別了。雖然如此，還是讓我試著說說。宇宙有它的「開始」，還有它的「尚未有開始」的階段，更有它的「尚未有『尚未有開始』」的階段。宇宙有「有」的狀態，也有「無」的狀態，還有「尚未有無」的狀態，更有「尚未有『尚未有無』」的狀態。忽然間出現了有與無，但不知道這個有與這個無，究竟誰是有誰是無。現在我已經說了一番話，但不知道我所說的這一切，真的有說嗎？還是真的沒有說？天下沒有比秋天兔毛尖端更大的東西，而泰山還算小呢；天下沒有比夭折的嬰兒更長壽的人，而彭祖還算短命呢。天地與我一起存在，萬物與我合為一體。既然合為一體，還能有話說嗎？既然說了合為一體，還能沒有話說嗎？合為一體，與說「合為一體」這句話，加起來就是二；二與一加起來就是三。由此推演下去，就是善於計算的人也數不清楚，何況是普通人呢？所以，從無到有，已經推算出三了，何況是從有到有呢？不要再追逐這些問題了，順著狀況去做就對了。

## 〈解讀〉

這一段配合上一段「未始有物」的觀念，「始」與時間有關，「無」與空間有關。即使是莊子也無法說明萬物是如何產生的，推論到最後，完全無法想像。《老子》第一章說：「無名，萬物之始；有名，萬物之母。」「無名」代表萬物的始源，是思想無法企及的階段；「有名」代表萬物的母體。有「母」表示必有「子」，也就是萬物配合名稱一一呈現。

「有」與「無」是很抽象的概念，我們平常會指稱「這個東西」與「那個東西」，如果用「有無」來表達，既然已經說出「無」，就不可能真的是「無」了。真的是無，就無法說出「無」這個名稱了，這是涉及思考時概念化的問題。

大小多少都是相對的，對細菌而言，秋毫之末也很大；如果從遠處看，泰山也很小；從永恆來看，活一年或一百年，都只是一瞬間，但如果要細究的話，每一個時間單位又可以切分為許多單位。希臘時代有一個詭辯，如果讓烏龜先走一步，人稱飛毛腿的阿奇里斯永遠也追不上牠。雖然事實上他一跨步就追上，但因為理論上，距離之間是由許多點所構成的，而點不占空間，所以有無限的點，人無法在有限的時間中，跨過無限的點，所以阿奇里斯與烏龜之間只要有距離，就永遠追不上。這就像「飛矢不動」，飛行中的箭是不動的，因為它在某一個時間點上是不動的，就像電視畫面的停格。這就是詭辯。

「天地與我並生」的「生」代表時間，也代表存在；「萬物與我為一」的「一」代表空間，萬物與我成為一個整體。所以西方談到莊子，說他是密契主義者，亦即人與萬物密接契合，形成一個整體，譬如信徒在禱告時，有一段時間會與禱告的對象合為一個整體，忘記自己，同時也忘記了煩惱，那一剎那心中會充滿喜悅與和諧，也就是合一的狀態。人類煩惱的源頭就是「有自己」，如果時時記得自己，就會與禱告的對象對立區分。體驗到萬物與我是一個整體，可以讓我們在繼續生活下去時，化解得失成敗的心態。所以莊子描述一些人腳斷了之後，就把腳當成泥土般丟棄，而毫不覺得可惜。

《老子》四十二章說：「道生一，一生二，二生三，三生萬物。萬物負陰而抱陽，沖氣以為和。」但是莊子與老子不同，他透過語言來表達。本來不可思議的道，當我說出它的名稱時，道就生一了；可說的道與我所說的道就成為二了；這兩者合起來稱為二，與本來的道就稱為三了，如此下去無法計算，萬物由此產生。所以，從無到有，已經推算出三了，何況是從有到有呢？不要再追逐這些問題了，順著狀況去做就對了。由此可見，莊子有一段時間與當時的名家糾纏不清，莊子在寫作時，難免會想到這些人始終沒有理解真實的道。

〈2・10〉

夫道未始有封，言未始有常，為是而有畛（ㄓㄣˇ）也。請言其畛：「有左，有右，有倫，有義，有分，有辯，有競，有爭，此之謂八德。」六合之外，聖人存而不論；六合之內，聖人論而不議；《春秋》經世先王之志，聖人議而不辯。故分也者，有不分也；辯也者，有不辯也。曰：「何也？」「聖人懷之，眾人辯之以相示也。故曰：辯也者有不見也。」夫大道不稱，大辯不言，大仁不仁，大廉不嗛（ㄑㄢˇ），大勇不忮（ㄓˋ）。道昭而不道，言辯而不及，仁常而不成，廉清而不信，勇忮而不成。五者圓而幾向方矣。故知止其所不知，至矣。孰知不言之辯，不道之道？若有能知，此之謂天府。注焉而不

**滿，酌焉而不竭，而不知其所由來，此之謂葆光。**

## 〈白話〉

道本來是沒有疆界的，言語本來是沒有定論的，為了爭一個「是」字，就有了分界。讓我來說說這些分界：「有持左，有持右，有談論，有評議，有區分，有辨別，有強說，有對辯。這是八種各有所得的表現。」對於天地之外的事，聖人存察於心而不談論；對於天地之內的事，聖人談論而不評議；對於記載先王事蹟的《春秋》史書，聖人評議而不爭辯。因為這是在區分中有所不分；在爭辯中有所不辯。要問「這是怎麼回事？」「聖人包容萬事萬物，眾人則靠爭辯事物來互相誇耀。所以說，爭辯的人總有未見之處。」大道不須說明，大辯不須言語，大仁不須偏愛，大廉不須謙讓，大勇不須逞強。道，說得清楚就不是道；言，要靠爭辯就有所不及；仁，有固定對象就不能周全；廉，自命清高就不近人情；勇，逞強鬥狠就不能成功。這五者全都把握住，就差不多走上正確的路了。所以，一個人知道在自己所不知的地方停下來，他的知識就達到頂點了。誰能知道不須言語的辯論，不須說明的道呢？如果有人能夠知道，這就叫做「天府」——自然的寶庫。無論注入多少水都不會滿溢，無論倒出多少水都不會枯竭，但又不知這種能力是怎麼來的。這就叫做「葆光」——含藏光明。

## 〈解讀〉

道家主張在道之後就會出現言語，就像老子說「道可道」，後面必定接「名可名」，這就是道家的思考方式。道本來是沒有疆界的，言語本來是沒有定論的，為了爭一個「是」字，會產生持左、持右（代表某種立場）、談論、評議、區分、辨別、強說、對辯八種分界。莊子認為對於天地之外的事，因所知有限，聖人存察於心而不談論；對於天地之內的事，如日月星辰山川河嶽，談論就好，但不應評論這裡多一座山，那裡少一條河；對於記載先王事蹟的《春秋》史書，聖人評議而不爭辯，因為爭辯代表已經有了立場。

大道不須說明，因為道無所不在；大辯不須言語，而是需要行動，直接拿出證據；大仁不須偏愛，就像老子所說「天地不仁，以萬物為芻狗；聖人不仁，以百姓為芻狗」。「芻狗」是用稻草紮成的狗，祭祀時放在供桌上讓人祭拜，祭拜完就被丟在路邊，讓人當柴燒。意思是天地萬物有其興盛衰亡的時機，人也有得意失意的時刻，該上台時盡量發揮，該下台時不要戀棧。瞭解這個道理之後，心胸自然十分開闊。廉可以克服物欲，大廉不須謙讓，自命清高就不盡人情；勇足以顯示魄力，大勇不須逞強。這裡的「大」並非一般的層次，而是最高的境界。莊子使用仁、廉、勇並無邏輯上的連貫性，不須特別在意。

莊子強調道是根本智慧，人們靠言語去討論與彰顯道。誰能知道不須言語的辯論，不須說明的道呢？能夠知道的人，了解道像自然的寶庫（《莊子》中出現的「天」，大多做「自然」來理解），無論注入多少水都不會滿溢，無論倒出多少水都不會枯竭，像大海一樣，可以包容一切。道的這種能力不知由何而來，只能說是含藏光明。「葆光」的「葆」作「寶」，就是藏起來。如同《老子》五十八章所說：「光而不耀、和光同塵。」「葆光」是內斂其明，而事實上是光的總源，一旦放射出來，可以普照萬方。

〈2．11〉

故昔者堯問於舜曰：「我欲伐宗、膾（ㄎㄨㄞˋ）、胥（ㄒㄩ）敖，南面而不釋然。其故何也？」舜曰：「夫三子者，猶存乎蓬艾之間。若不釋然，何哉？昔者十日並出，萬物皆照，而況德之進乎日者乎！」

## 〈白話〉

從前，堯問舜說：「我想討伐宗、膾、胥敖三國，每當上朝時總是耿耿於懷，這是什麼緣故呢？」舜說：「這三個小國的君主，就好像生存在蓬蒿艾草之中，你又何必放在心上呢？以前十個太陽一起出現，萬物都獲得照耀，何況是德行比太陽更偉大的您呢！」

## 〈解讀〉

《莊子》中喜歡顯示舜比較聰明，宇宙萬物是一個整體，對不順服的小國何必在意呢？也許用一些懷柔政策，自然會漸漸歸服。文中舜認為堯的德行應該可以包容異己。

〈2．12〉

齧（ㄋㄧㄝˋ）缺問乎王倪（ㄋㄧˊ）曰：「子知物之所同，是乎？」曰：「吾惡乎知之？」「子知子之所不知邪？」曰：「吾惡乎知之？」「然則物無知邪？」曰：「吾惡乎知之？雖然，嘗試言之：庸（ㄩㄥˊ）詎知吾所謂知之非不知邪？庸詎知吾所謂不知之非知邪？且吾嘗試問乎女：民溼寢則腰疾偏死，鰌（ㄑㄧㄡ）然乎哉？木處則惴（ㄓㄨㄟˋ）慄恂（ㄒㄩㄣˊ）懼，猨（ㄩㄢˊ）猴然乎哉？三者孰知正處？民食芻豢（ㄏㄨㄢˋ），麋鹿食薦，蝍（ㄐㄧㄝˊ）且（ㄑㄩ）甘帶，鴟（ㄔ）鴉耆（ㄕˋ）鼠，四者孰知正味？猨猵（ㄅㄧㄢ）狙以為雌，麋與鹿交，鰌與魚游。毛嬙（ㄑㄧㄤˊ）、麗姬人之所美也，魚見之深入，鳥見之高飛，麋鹿見之決驟，四者孰知天下之正色哉？自我觀之，仁義之端，是非之塗，樊然殽（ㄧㄠˊ）亂，吾惡能知其辯！」齧缺曰：「子不知利害，則至人固不知利害乎？」王倪曰：「至人神矣！大澤焚而不能熱，河漢沍（ㄏㄨˋ）而不能寒，疾雷破山風振海而不能驚。若然者，乘雲氣，騎日月，而遊乎四海之外，死生無變於己，而況利害之端乎！」

## 〈白話〉

齧缺問王倪說：「先生知道萬物相同之理，真是如此嗎？」王倪說：「我怎麼會知道呢？」齧缺又問：「先生知道自己不知道嗎？」王倪說：「我怎麼會知道呢？」齧缺再問：「那麼萬物都是無知的嗎？」王倪說：「我怎麼會知道呢？雖然這樣，我試著說說其中的道理。怎麼知道我所說的知道不是不知道呢？怎麼知道我所說的不知道不是知道呢？且讓我來問你：人睡在潮溼的地方，就會罹患腰痛，甚至半身不遂，泥鰍也會這樣嗎？人住到樹上，就會擔心害怕，猿猴也會這樣嗎？這三者，誰知道真正舒服的住處是哪裡？人吃肉類，麋鹿吃青草，蜈蚣喜歡吃小蛇，貓頭鷹與烏鴉喜歡吃老鼠；這四者，誰知道真正可口的味道是什麼？猵狙與雌猿交配，麋與鹿作伴，泥鰍與魚共游。毛嫱、麗姬是眾人欣賞的美女，但是魚見了她們就潛入水底，鳥見了她們就飛向高空，麋鹿見了她們就迅速逃跑；這四者，誰知道天下真正悅目的美色是什麼？在我看來，仁義的頭緒、是非的途徑，都是紛雜錯亂，我怎麼能知道其中的分辨呢？」齧缺繼續問說：「先生不知道利害的分辨，難道至人也不知道利害的分辨嗎？」王倪說：「至人神妙極了！山林焚燒，不能使他燠熱；江河結凍，不能使他寒冷；迅雷劈裂高山，狂風掀動大海，不能使他驚恐。這樣的至人，乘著雲氣、騎著日月，遨遊於四海之外。連死生都不能影響他，何況是利害的頭緒呢？」

## 〈解讀〉

齧缺問王倪說：「先生知道萬物相同之理，真是如此嗎？」他所要問的是，萬物是否是一個整體。王倪連續三次回答：「我怎麼會知道呢？」即使他知道，也不能說；最後又說：「怎麼知道我說的知道，不是不知道呢？怎麼知道我說的不知道，不是知道呢？」一個人認為自己知道，換另一個人或許認為他不知道；一個人認為自己不知道，換另一個人或許認為他知道。就像蘇格拉底說：「我只知道一件事，就是我是無知的。」就是這句話，使他成為全雅典最有智慧的人。神諭說蘇格拉底最有智慧，因為只有他一人知道自己無知。

莊子從幾個問題入手：誰知道真正舒服的住處是哪裡？誰知道真正可口的味道是什麼？誰知道天下真正悅目的美色是什麼？魚當然認為最美的是另一條魚，鳥當然認為最美的是另一隻鳥，莊子提醒人不要太主觀，淪於人類中心主義。以人為標準所做的價值觀是相對的，仁義的頭緒、是非的途徑，對萬物都是不公平的。

儒家與道家不同，儒家是人文主義，要為人著想，每一個人都有相同的價值，所以孟子說不可以率獸食人；孔子聽到家中馬廄失火，不關心馬而關心人，這是標準的儒家。但道家認為萬物有它自己的標準，不要從人來限制它。英國哲學家巴克萊（George Berkeley）認為，存在就是被知覺。一個人從北極回來，雖然我沒去過，但因為相信他，所以我肯定北極存在。那麼深山裡的百合花，沒有人發覺，它存在嗎？答案是存在，因為它被上帝知覺，由此可見西方人的思想無法離開宗教的啟示。

人有意識能力，因此宇宙萬物的存在若以人為標準，只要沒有人知道某物的存在與消失，那麼它的意義與價值就無法得到肯定，所以何不從萬物本身來思考？道家就是要打破人類中心主義，從萬物本身的價值出發，尤其是美的價值。美代表值得欣賞，欣賞的主體是人，人透過修練，學會從道的觀點來看，則萬物無一不美，無一沒有被欣賞的條件。所以〈知北遊〉說：「天地有大美而不言。」「大美」就是無限的美、全然的美，它不用說話也說不出來，人一說就被限制住了。道家並非破壞人的價值觀，而是要擴張人的價值觀，讓人不要局限在人類狹隘的世界，而看不見萬物本身也充滿了道的力量。

莊子筆下的「至人」，不是真實存在的人，而是化解了自己的一種精神狀態、一種境界。他用自然界的山林焚燒、江河結凍、迅雷劈裂高山、狂風掀動大海做為比喻，這些外在的驚人現象，象徵戰國時代戰爭的殘酷等不穩定的狀態。對已經抵達精神修練境界的人，因為內心既開闊又自在，情緒就能不受影響。至於乘著雲氣、騎著日月，遨遊於四海之外，是指與自然界配合，倒不是什麼神奇的境界，不必太過執著。

〈齊物論〉的主要觀點是：化解人類中心的價值觀，從萬物本身去看待萬物的平等性。在道家的作品中，很容易從自然界獲得深刻的啟示，像「疾雷破山風振海」一語，使文字在莊子筆下顯得虎虎生風，這在儒家的作品則不易見到。道家要人不要過於看重外在的成敗得失，亦即不辨利害，而把注意力轉向內在。就像槓桿原理，過度重視外在具體成就的人，自然會忽略內心的修養。最重要的是，經由理解而領悟，人生真正的快樂在內不在外，因而不必過度重視外在的變化。最後是有內無外（所以不會感覺冷熱或驚恐），由此再到冥合萬物，可以逍遙而遊。

〈2・13〉

**瞿鵲子問乎長梧子曰：「吾聞諸夫子：『聖人不從事於務，不就利，不違害，不喜求，不緣道，無謂有謂，有謂無謂，而遊乎塵垢之外。』夫子以為孟浪之言，而我以為妙道之行也。吾子以為奚若？」**

〈白話〉

瞿鵲子問長梧子說：「我聽孔子談過：『聖人不做勉強的事，不貪圖利益，不躲避禍害，不喜歡妄求，不排斥常道。無言如同有言，有言如同無言。進而遨遊於塵俗世界之外。』孔子認為這些都是空泛的無稽之談，而我卻認為這是領悟了道的精妙才有的表現。您認為如何？」

**〈解讀〉**

瞿鵲子、長梧子都是虛構的人。孔子在戰國時代已是儒家的代表，莊子在此借孔子之口說明領悟了道精妙的境界。這是他的「重言」手法，就是借重知名的古人來表達自己的觀點。

**〈2．14〉**

長梧子曰：「是黃帝之所聽熒（ㄧㄥˊ）也，而丘也何足以知之！且女（ㄖㄨˇ）亦大早計，見卵而求時夜，見彈而求鴞（ㄒㄧㄠ）炙。予嘗為女妄言之，女以妄聽之，奚？旁日月，挾宇宙，為其脗（ㄨㄣˇ）合，置其滑（ㄍㄨˇ）涽（ㄏㄨㄣ），以隸相尊？眾人役役，聖人愚芚（ㄊㄨㄣˊ），參萬歲而一成純。萬物盡然，而以是相蘊。予惡乎知說（ㄩㄝˋ）生之非惑邪！予惡乎知惡死之非弱喪而不知歸者邪！麗之姬，艾封人之子也。晉國之始得之也，涕泣沾襟。及其至於王所，與王同筐床，食芻豢，而後悔其泣也。予惡乎知夫死者不悔其始之蘄（ㄑㄧˊ）生乎？夢飲酒者，旦而哭泣；夢哭泣者，旦而田獵。方其夢也，不知其夢也。夢之中又占其夢焉，覺而後知其夢也。且有大覺而後知此其大夢也，而愚者自以為覺，竊竊然知之。君乎，牧乎，固哉！丘也與女皆夢也，予謂女夢亦夢也。是其言也，其名為弔詭。萬世之後而一遇大聖知其解者，是旦暮遇之也。」

〈白話〉

長梧子說：「這番話連黃帝都會感到困惑，孔子又怎能明白呢！你也未免操之過急，才看到雞蛋就想要有報曉的公雞，才看到彈弓就想要有烤熟的鳥肉。現在我為你姑且說一說，你也姑且聽一聽，如何？聖人能夠依傍日月，懷抱宇宙，與萬物密切相合，排除是非紛亂，化解尊卑差異。眾人勞勞碌碌，聖人昏昏沉沉，揉合古今無數變化而成為精純的一體；萬物皆是如此，都可以聚集在此。我怎麼知道貪生不是迷惑呢？我怎麼知道怕死不是像幼年流落在外而不知返鄉那樣呢？麗姬是艾地邊疆官的女兒，晉國剛迎娶她的時候，她哭得眼淚沾溼衣襟；等她進了王宮，與晉王同睡在舒適的大床上，同吃著美味的大餐，這才後悔當初不該哭泣。我怎麼知道死去的人不後悔自己當初努力求生呢？一個人，晚上夢見飲酒作樂，早上起來卻悲傷哭泣；晚上夢見悲傷哭泣，早上起來卻打獵作樂。人在夢中，不知道自己在做夢，在夢中還要問夢的吉凶如何，醒來後才知道是在做夢。要有大清醒，然後才知道這是一場大夢。但是愚人自以為清醒，好像自己什麼都知道，整天君啊，臣啊，真是淺陋極了！孔子與你，都是在做夢；我說你在做夢，這也是在做夢。這些荒誕怪異的話，就稱為『弔詭』。如果在萬世之後才遇到一位大聖人能明白這個道理，也就好像眼前立刻就會遇到一樣啊！」

〈解讀〉

長梧子一開始回答的重點在於：學習要循序漸進，而一般人無法看到這麼遠，自然無法領悟道的精妙。聖人因為有整體觀，所以可以化解差異。聖人的昏昏沉沉，是因為不在意區分，不去計較。「弱喪」是幼年離家的意思，道家對生死的看法是，人活著就像年輕時離家在外，因此死亡就是回家。這是很自然的現象，所以不必帶有任何情緒，「視死如歸」一語即出於此，但莊子原來的用意，並無在戰場上不怕死的意思。所以當麗姬進了王宮後才後悔不該哭泣，人在世時竭力不願死亡，死後可能會發現自己的愚昧。人生就如一場大夢，常在事後才有恍然大悟的感覺。

「旦暮遇之」的說法令人感動。莊子認為人不要執著於時間，只需把自己的領悟寫下來，同時代的人不了解，如果萬年之後遇見知音，也就好像是眼前立刻遇到一樣。有人認為既然莊子如此瀟灑，為何還需要寫書呢？他就是等著千百年之後，有人可以了解他，這種心情像司馬遷一樣。然而《莊子》中仍有許多關鍵性的概念未被正確了解，如「未始有物」、「魚快樂嗎？」等等。

莊子使用「弔詭」代表荒誕怪異的話，現在則用以表示「似是而非」的情況。

## 〈2．15〉

「既使我與若辯矣，若勝我，我不若勝，若果是也？我果非也邪（ㄧㄝˊ）？我勝若，若不吾勝，我果是也？而果非也邪？其或是也，其或非也邪？其俱是也，其俱非也邪？我與若不能相知也。則人固受其黮（ㄉㄢˋ）闇（ㄢˋ），吾誰使正之？使同乎若者正之，既與若同矣，惡能正之？使同乎我者正之，既同乎我矣，惡能正之？使異乎我與若者正之，既異乎我與若矣，惡能正之？使同乎我與若者正之，既同乎我與若矣，惡能正之？然則我與若與人俱不能相知也，而待彼也邪？化聲之相待，若其不相待，和之以天倪，因之以曼衍，所以窮年也。何謂和之以天倪？曰：是不是，然不然。是若果是也，則是之異乎不是也亦無辯；然若果然也，則然之異乎不然也亦無辯。忘年忘義，振於無竟，故寓諸無竟。」

〈白話〉

「假設我同你辯論，你勝過我，我沒法勝過你，那麼你真的對嗎？我真的錯嗎？我勝過你，你沒法勝過我，那麼我真的對嗎？你真的錯嗎？是一人對，一人錯嗎？還是兩人都對，或者兩人都錯呢？我與你是不能互相了解了。人都被偏見所遮蔽，那麼我要請誰來裁判呢？請與你意見相同的人來裁判，既然與你意見相同，怎麼能夠裁判？請與我意見相同的人來裁判，既然與我意見相同，怎麼能夠裁判？請與你我的意見都不同的人來裁判，既然與你我的意見都不同，怎麼能夠裁判？請與你我的意見都相同的人來裁判，既然與你我的意見都相同，怎麼能夠裁判？如此看來，我與你與別人也都不能互相了解了，那麼還要期待誰呢？辯論是非的聲音是互相對立才形成的，要想化解這樣的對立，就要以『天倪』——自然的分際——來調和，順應無窮的變化，然後可以安享天年。以自然的分際來調和，是怎麼回事？就是：是與不是一樣，對與不對一樣。是如果真的是，那麼是與不是的差別就不須爭辯了；對如果真的對，那麼對與不對的差別也不須爭辯了。忘掉生死，忘掉是非，讓一切都止息於無窮，也長處於無窮。」

## 〈解讀〉

這一段是要說明兩個人辯論時，是找不到裁判的，連打球時所找的裁判也是勉強找的。我認識一位具有國際裁判資格的老師，但外號叫「愛國裁判」。當裁判是十分困難的事，若秉公處理，說不定就無法見容於本鄉本地，最後無容身之地。

在現實生活上也是如此，人難免為了某些利益而成幫結派，忽略了本身的職責，這在學術界也很難避免。學道家有時要避開一些誘惑，就是從整體來看，許多事無須計較，但是否因此而喪失了鬥志，就得自己去覺悟了。

在這一段中「若」、「而」都是代表「你」；《莊子》中的「忘」，是代表超越或化解。

## 〈2・16〉

**罔兩問景（ㄧㄥˇ）曰：「曩（ㄋㄤˇ）子行，今子止；曩子坐，今子起；何其無特操與？」景曰：「吾有待而然者邪？吾所待又有待而然者邪？吾待蛇蚹（ㄈㄨˋ）蜩（ㄊㄠˊ）翼邪？惡（ㄨ）識所以然？惡識所以不然？」**

## 〈白話〉

影子旁邊的陰影，問影子說：「剛才你走動，現在你停止；剛才你坐著，現在你站著；怎麼這麼沒有獨立自主的個性呢？」影子說：「我有所等待，才會這樣的嗎？我所等待的又有所等待，才會這樣的嗎？我的等待，就像蛇靠腹下鱗皮爬行與蟬靠雙翼起飛一樣嗎？我怎麼知道何以如此？怎麼知道何以不如此？」

**〈解讀〉**

影子不能脫離形體，形體又靠其他力量維持生存，依此類推，可以設想「人」是影子，那麼他依附的形體是什麼？然後，這個形體還可以被設想為影子（這時人就變成「罔兩」了），繼續思索下去，到底這個宇宙中什麼是真正的實體，還真不容易找到。每一個人後面都有人在操縱，有所求就有所待，完全無所求，才能無所待，這是真正的理想，也讓人有獨立自主的個性。萬物都有所待，所待者為「道」，所以要如何齊物呢？讓萬物都一視同仁，也只有從道來看，萬物才能平等。

## 〈2・17〉

**昔者莊周夢為胡蝶，栩（ㄒㄩˇ）栩然胡蝶也。自喻適志與（ㄩˊ）！不知周也。俄（ㄜˊ）然覺，則蘧（ㄑㄩˊ）蘧然周也。不知周之夢為胡蝶與？胡蝶之夢為周與？周與胡蝶則必有分矣。此之謂物化。**

**〈白話〉**

從前莊周夢見自己變成蝴蝶，真是一隻自在飛舞的蝴蝶，十分開心得意！不知道還有莊周的存在。忽然醒過來，發現自己就是一個僵臥不動的莊周。不知道是莊周夢見自己變成蝴蝶呢？還是蝴蝶夢見自己變成莊周呢？莊周與蝴蝶一定各有自然之分。這種夢境所代表的，就稱為物我同化。

## 〈解讀〉

這一段話聽起來很簡單，其實很深刻。每個人都會做夢，不知道是莊周夢見自己變成蝴蝶呢？還是蝴蝶夢見自己變成莊周呢？最重要的是，蝴蝶屬於大自然，人也屬於大自然，但莊周與蝴蝶一定各有自然之分，所分在哪裡呢？就在於唯有人可以透過修養與覺悟，體驗到人與萬物是一個整體。人本來與動物都是萬物之一，如果人因此而每天吃喝玩樂，都照本能生活，最可怕的不在成為禽獸，而是變成「禽獸不如」。所以，人的珍貴之處在可以「大」，道大、天大、地大、人亦大。人如果沒有往上提升、開闊視野、包容萬物、體驗到道，這是糟蹋了人的潛能呀！

「物我同化」代表人與萬物是一個整體，然而這只是一個層面，另一個層面是，莊子喜歡說真人、至人、神人、天人、聖人五種人。既然說真人，就代表一般人是假人；既然說神人，就代表一般人一點都不神奇。普通人需要修練，才能加上這些字，也才是莊子所追求的目標。所以學習道家並非只是遵循自然，活完自然的壽命，還要透過修練，才有機會脫穎而出。一方面避免把人類的價值觀加在萬物之上，以致於不能欣賞萬物；另一方面要設法悟道，往上提升，掌握這個方向，莊子的思想才能由此開展。

儒家要人修練產生德行，道家則要人修練產生智慧。

## 總結本篇要旨

感官讓人迷惑於現象，理性使人執著於自我。「形如槁木」與「心如死灰」是修行過程，由此擺脫相對的知見與價值，回歸「道通為一」的整體。此時的體驗是「天地與我並生，而萬物與我為一」，進而可以領悟至高智慧：未始有物。在道之中，萬物平等，而人依然有所不同，有其悟道的可能性。

# 養生主 第三

〈3·1〉

**吾生也有涯，而知也無涯。以有涯隨無涯，殆已。已而為知者，殆而已矣。為善無近名，為惡無近刑。緣督以為經，可以保身，可以全生，可以養親，可以盡年。**

## 〈白話〉

我的生命是有限的，而知識卻是無限的，以有限去追隨無限，一定疲累得很。既然如此，還要汲汲於求知，那就只能疲累不堪了。善於養生的，不會贏得長壽的虛名；不善於養生的，也不會走到傷殘的地步。順著虛靜的自然之理，以此為原則，將可以保護身體，可以保全天性，可以培養活力，可以安享天年。

## 〈解讀〉

〈養生主〉可理解為養生的原則。人的知包含資訊、知識與智慧。一般人都有好奇心，每天都在接收世界所發生的新奇事情，從電視與網路新聞所得到的只能說是資訊；知識是經過系統化的，而道家要追求的是智慧，智慧必定與道有關，因為它是整體與根本的理解。莊子認為我的生命是有限的，而知識卻是無限的，會隨著時間而增加內容，以有限去追隨無限，一定疲累得很。求知如果變成欲望，就會扭曲生命的正常發展。

「為善」與「為惡」在此是針對養生而言。善於養生的，不會贏得長壽的虛名，否則每個人都來問養生的方法，自然要疲累不堪了。「養親」是養新，是培養活力。

## 〈3・2〉

**庖（ㄆㄠˊ）丁為文惠君解牛，手之所觸，肩之所倚，足之所履，膝之所踦（ㄧˇ），砉（ㄏㄨㄚ）然嚮然，奏刀騞（ㄏㄨㄛˋ）然，莫不中音，合於《桑林》之舞，乃中《經首》之會。文惠君曰：「譆（ㄒㄧ），善哉！技蓋（ㄏㄜˊ）至此乎？」**

## 〈白話〉

有一名廚師，替文惠君支解牛隻。他手所接觸的，肩所依靠的，腳所踩踏的，膝所抵住的，無不嘩嘩作響；刀插進去，則霍霍有聲，無不切中音律；既配合《桑林》舞曲，又吻合《經首》樂章。文惠君說：「啊！好極了！技術怎能達到這樣的地步呢？」

## 〈解讀〉

庖丁與文惠君都是虛構人物。《桑林》：因商湯禱於桑林，而有《桑林》之舞樂。《經首》：堯時作《咸池》樂章，《經首》為其名。

## 〈3．3〉

庖丁釋刀對曰：「臣之所好者道也，進乎技矣。始臣之解牛之時，所見無非牛者；三年之後，未嘗見全牛也；方今之時，臣以神遇而不以目視，官知止而神欲行。依乎天理，批大郤（ㄒㄧˋ），導大窾（ㄎㄨㄢˇ），因其固然。技經肯綮（ㄑㄧㄥˋ）之未嘗，而況大軱（ㄍㄨ）乎！良庖歲更刀，割也；族庖月更刀，折也。今臣之刀十九年矣，所解數千牛矣，而刀刃若新發於硎（ㄒㄧㄥˊ）。彼節者有間而刀刃者無厚，以無厚入有間，恢恢乎其於游刃必有餘地矣。是以十九年而刀刃若新發於硎。雖然，每至於族，吾見其難為，怵（ㄔㄨˋ）然為戒，視為止，行為遲，動刀甚微，謋（ㄏㄨㄛˋ）然已解，如土委地。提刀而立，為之四顧，為之躊躇滿志，善刀而藏之。」文惠君曰：「善哉！吾聞庖丁之言，得養生焉。」

## 〈白話〉

這名廚師放下刀，回答說：「我所愛好的是道，已經超過技術層次了。我最初支解牛時，所見到的都是一整隻牛；三年之後，就不曾見到完整的牛了；以現在的情況而言，我是以心神去接觸牛，而不是用眼睛去看牛，感官作用停止而心神充分運作。依照牛自然的生理結構，劈開筋肉的間隙，導向骨節的空隙，順著牛本來的構造下刀。連經脈相連、骨肉相接的地方都沒有碰到，何況是大骨頭呢！好廚師每年換一把刀，因為是用刀割肉；普通的廚師每月換一把刀，因為是用刀砍骨頭。如今我這把刀已經用了十九年，支解過數千頭牛，而刀刃還像剛從磨刀石上磨過一樣。牛的骨節之間有空隙，而我的刀刃薄得沒有什麼厚度；以沒有厚度的刀刃切入有空隙的骨節，自然寬綽而有活動的餘地了。所以用了十九年，刀刃還像新磨過的一樣。雖然如此，每當遇到筋骨交錯的部分，我知道不好處理，都會特別小心謹慎，目光集中，舉止緩慢，然後稍一動刀，牛的肢體就分裂開來，像泥土一樣散落地上。我提刀站立，環顧四周，意態從容而志得意滿，然後把刀擦乾淨收藏起來。」文惠君說：「好啊！我聽了廚師這一番話，懂得養生的道理了。」

## 〈解讀〉

莊子在書中多次描寫人的瀟灑神情，其中最突出的就是庖丁「提刀而立，為之四顧，為之躊躇滿志」。從他的意態從容而志得意滿，提醒我們：任何一種技術的從業人員，都有可能提升到化境，抵達「道」的層面，因此不必區分貴賤，社會需要各種行業。

庖丁解牛已經從技術提升到藝術的境界，解牛時把握了牛的自然結構，「以神遇而不以目視」，才可把握其條理。說得落實些，就是把握同一物類的共同要素，或者從感官所得的具象中抽出普遍的本質。有人把牛比喻為社會，人在社會行走，要做到「游刃有餘」而不與人糾纏不清，首先就要「依乎天理，因其固然」。「天理」是自然的條理，所以每一頭牛都具備相同的結構；「因其固然」是指每一頭牛又有高矮胖瘦的本來特性，所以對牠們要有個別的認識。人在社會上要先懂得人情世故，現在通稱「潛規則」，也稱底層結構，歷代都相似；但也需要明白每一個行業不同的特性。庖丁能夠進入這種化境，因為他沒有欲望，安分地做好自己的工作，也不在乎別人如何得到利益。人如果有欲望，就很難看得開。

如果能掌握「依乎天理，因其固然」，並在做事時小心謹慎，順著形勢去做，自然能化繁為簡，舉重若輕，這就是養生的道理。

## 〈3・4〉

**公文軒見右師而驚曰：「是何人也？惡（ㄨ）乎介也？天與，其人與？」曰：「天也，非人也。天之生是使獨也，人之貌有與也。以是知其天也，非人也。」澤雉十步一啄，百步一飲，不蘄畜乎樊中。神雖王，不善也。**

## 〈白話〉

公文軒看到右師，驚訝地說：「這是什麼人？為什麼只有一隻腳？這是自然的，還是人為的？」接著又說：「這是自然的，不是人為的。自然將他生成一隻腳，而人的身體應該有兩隻腳。所以知道這是自然的，不是人為的。」水澤區的野雞，走十步才能啄到一口食物，走百步才能喝到一口水，可是牠們不希望被養在籠子裡。養在籠子裡的野雞，神態雖然旺盛，但並不愉快。

## 〈解讀〉

「右師」原是古代官名。「介」是一足，通常是受刖刑的結果，不過，一足既然成為事實，只要接受而不介意，也就與自然的無異了。「命運」就是遭遇，凡是已經發生的事，通稱為遭遇。條件成熟就發生，已經發生的事實，也可以說是自然的，因為過去許多條件都是自然而然所產生的，人只要接受就是了。

澤雉的比喻很清楚，但是人要效法並不容易。人生如何又神態旺盛，又精神愉快呢？澤雉在自然的情況下，活得很愉快，但人經手之後，雖無覓食的壓力，卻失去愉快。所以「自然」是讓人接受一切，「人為」是人會用自己的標準去作為。

## 〈3・5〉

老聃（ㄉㄢ）死，秦失弔之，三號（ㄏㄠˊ）而出。弟子曰：「非夫子之友邪？」曰：「然。」「然則弔焉若此，可乎？」曰：「然。始也吾以為其人也，而今非也。向吾入而弔焉，有老者哭之，如哭其子；少者哭之，如哭其母。彼其所以會之，必有不蘄言而言，不蘄哭而哭者。是遁天倍情，忘其所受，古者謂之遁天之刑。適來，夫子時也；適去，夫子順也。安時而處順，哀樂不能入也，古者謂是帝之縣（ㄒㄩㄢˊ）解。」指窮於為薪，火傳也，不知其盡也。

## 〈白話〉

老聃死了，秦失去弔唁，哭了幾聲就出來。老聃的弟子說：「你不是我們老師的朋友嗎？」秦失說：「是啊！」弟子又說：「就這樣弔唁他，可以嗎？」秦失說：「可以的。原來我以為他是至人，現在知道不是。剛才我進去弔祭，有老年人在哭，好像哭自己的孩子一樣；有年輕人在哭，好像哭自己的母親一樣。這些人的感觸會這麼深，一定是老聃使他們情不自禁地稱頌，情不自禁地痛哭啊。這樣做是在逃避自然、違背真實，忘記了人所稟受的是什麼。古人稱此為：逃避自然所帶來的懲罰。你的老師偶然來到世間，是應時而生；又偶然離開世間，是順命而死。安於時機並且順應變化，哀樂之情就不能進入心中。古人稱此為：解除了自然的倒懸。」用油脂當薪火，油脂燒完了，火卻可以傳下去，不知它何時窮盡。

## 〈解讀〉

老聃即老子，生平難考，其思想見〈天下〉。秦失表面上批評老聃不能算是至人，其實是借題發揮，勸人避開「遁天之刑」，以求抵達「帝之縣解」。秦失認為老子讓生者情不自禁的哀悼，是逃避自然、違背真實，忘記了人所稟受的是什麼，因為道家主張所有的人都從道而來，應時而生，順命而死，都是偶然。原文「安時而處順，哀樂不能入也」十分典雅，但要了解之後，才能知道道家所強調的虛靜。

「薪盡火傳」的「薪」是比喻人的形體，「火」是指人的心神所領悟的智慧，這也是所有老師上課的心境。這才符合「養生」的真正意旨。

## 總結本篇要旨

養生的原理是什麼？以「庖丁解牛」為例，人在世間行走，猶如以利刃解牛，要做到依乎「天理」（自然的條理）與因其「固然」（本來的結構），然後才可以遊刃有餘，令這把刀用了十九年而毫無損傷。因此，培養自己具備透視整體的眼光，再以「安時而處順」的心態去面對挑戰，就可以安其天年。

# 人間世 第四

〈4・1〉

顏回見仲尼，請行。曰：「奚之？」曰：「將之衛。」曰：「奚為（ㄨㄟˋ）焉？」曰：「回聞衛君，其年壯，其行獨。輕用其國，而不見其過。輕用民死，死者以國量（ㄌㄤˋ）乎澤若蕉，民其無如矣。回嘗聞之夫子曰：『治國去之，亂國就之，醫門多疾。』願以所聞思其則，庶幾其國有瘳（ㄔㄡ）乎！」

〈白話〉

顏回拜見孔子，向他辭行。孔子問他：「要去哪裡？」顏回說：「準備去衛國。」孔子又問：「去做什麼？」顏回說：「我聽說衛國的國君正當壯年，行事獨斷。治理國家十分輕率，卻不知道自己的過錯。輕易就讓百姓送死，為國事而死的人滿山遍野有如亂麻，人民都走投無路了。我曾聽老師說過：『治理好的國家可以離開，混亂中的國家可以前往，醫生門前才會有很多病人。』我希望能以自己所學，想出治國辦法，這樣衛國或許還有救吧！」

## 〈解讀〉

〈養生主〉注重個人修練，〈人間世〉則強調投入人間。孔子是師，顏回是徒，這兩位儒家師生在莊子筆下另有一番面目，對話及情節當然也是虛構的。孔子說過：「危邦不入，亂邦不居。」（《論語．泰伯》）與莊子在此所述「治國去之，亂國就之」相反，因為莊子想藉孔子之口說出自己的理想，所以孔子在此篇化身成為高瞻遠矚的人而勸誡顏回。「醫門多疾」是本文重點，病人需要醫生，醫生也不能沒有病人。

## 〈4．2〉

仲尼曰：「譆，若殆往而刑耳！夫道不欲雜，雜則多，多則擾，擾則憂，憂而不救。古之至人，先存諸己，而後存諸人。所存於己者未定，何暇至於暴人之所行！且若亦知夫德之所蕩而知之所為出乎哉？德蕩乎名，知出乎爭。名也者，相軋也；知也者，爭之器也。二者凶器，非所以盡行也。且德厚信矼（ㄑㄤ），未達人氣；名聞不爭，未達人心。而彊以仁義繩墨之言術暴人之前者，是以人惡有其美也，命之曰菑（ㄗ）人。菑人者，人必反菑之。若殆為人菑夫。且苟為悅賢而惡（ㄨˋ）不肖，惡（ㄨ）用而求有以異？若唯無詔，王公必將乘人而鬥其捷。而目將熒之，而色將平之，口將營之，容將形之，心且成之。是以火救火，以水救水，名之曰益多。順始無窮，若殆以不信厚言，必死於暴人之前矣！」

〈白話〉

孔子說：「唉！你去了恐怕會受到刑罰。道是不宜雜亂的，雜亂就會多事，多事就會煩擾，煩擾就會引起禍患，引起禍患就無法救治了。古代的至人，先求端正自己，再去端正別人。自己還沒有站穩，哪有時間去揭露暴君的作為！再說，你也知道德行敗壞、智巧外露的原因吧？德行敗壞是因為好名，智巧外露是因為好爭。好名，就會互相傾軋；智巧，則是爭鬥的工具。這兩者都是兇器，不可推行於世。再說，一個人德行深厚、誠懇老實，卻尚未得到別人的認同；不務虛名、與世無爭，卻尚未得到別人的了解；這時如果堅持在暴君面前暢談仁義規範這一套言論，那就等於用別人的缺點來彰顯自己的優點。這樣就叫做害人。害人者，別人一定反過來害他，你恐怕會被別人所害啊。再說，衛君如果喜愛賢能而厭惡不肖之徒，又何必等你去提出不同看法呢？你除非不發一語，否則一開口勸諫，衛君必定抓住你說話的漏洞，展開他的辯才。那時，你的目光轉為迷惑，臉色變得和緩，說話瞻前顧後，容貌顯得恭順，內心也準備遷就他了。這樣一來，就像用火救火，用水救水，可以叫做愈幫愈過分。你開始時順著他，以後就永遠如此了。你如果尚未取得信任就直言不諱，一定會慘死在暴君面前啊！」

〈解讀〉

戰國時代君權獨大，國君一念之間，就可以決定臣民的生死。孔子提醒顏回不應輕易冒險，所考慮的包括道、德與智、君臣互信、衛君性格等。從原則談到個案，加上下一段還有舉例證明，正是一篇示範論述。

道是一個整體，所以做任何事，應判斷在這個整體中的相關時機與條件，時機條件不成熟，人所用的力量將白白浪費，生命也平白犧牲。道家並不反對儒家淑世的精神，但依然要強調智慧判斷。所以孔子提醒顏回注意整體條件是否成熟，應「知其不可奈何而安之若命」，而非「知其不可而為之」；釐清自己在社會中立足的基礎，對於條件尚未成熟的事，能順應並安於自己的處境，就能保全性命。

「名過其實」會使德行敗壞，接受虛名，自然在道德上產生虧欠，代表這個人不夠實在；與人爭鬥時，各種智巧紛紛出籠，「好名與智巧」這兩者都是凶器。人與人之間必須先有認同與了解，才能進行批評或鼓勵，否則目的將很難達成，何況是在君與臣權力不對等的關係下，更須小心為之。莊子虛擬君臣對話的內容，生動如在現場觀察。人在勸諫時，往往如莊子所描述的，剛開始理直氣壯，一旦長官抓住部屬說話的漏洞，展開他的辯才時，人們自然目光轉為迷惑，臉色變得和緩，說話瞻前顧後，容貌顯得恭順，內心也開始準備遷就他，這樣的結果只能說是愈幫愈忙了。

## 〈4．3〉

「且昔者桀（ㄐㄝˊ）殺關龍逢，紂殺王子比干，是皆修其身以下傴（ㄩˇ）拊（ㄈㄨˇ）人之民，以下拂其上者也，故其君因其修以擠之。是好名者也。且昔者堯攻叢、枝、胥敖，禹攻有扈。國為虛厲，身為刑戮。其用兵不止，其求實無已。是皆求名實者也，而獨不聞之乎？名實者，聖人之所不能勝也，而況若乎？雖然，若必有以也，嘗以語我來。」

## 〈白話〉

「再說，以前夏桀殺了關龍逢，商紂殺了王子比干。這二人勤於修身，愛護百姓，但由於居下位而拂逆上位，所以君主就利用他們的修養來加害他們。這是好名的結果。再說，以前堯攻打叢、枝、胥敖，禹攻打有扈，使這些國家變為廢墟、百姓滅絕，國君也被殺害，這是因為他們不斷用兵，貪得無厭。這些都是求名好利的結果。你難道沒有聽說過，名與利，連聖人都無法超越，何況是你呢？雖然如此，你一定有你的想法，不妨說來聽聽。」

## 〈解讀〉

關龍逢與比干被殺害，是為了完成「好的臣子」之美名（好名），君王於是利用這個弱點，最後，他們的性命也無法再去完成更高的價值；四國被滅，不斷用兵，貪得無厭則是因為「求實」。莊子認為名利是社會群體所製造的，名利再怎麼可貴，也比不上生命，甚至會妨礙個體自我的心靈修養，如果為名利而犧牲，當然是本末倒置。

聖人不能勝過名實的誘惑嗎？莊子在此是借孔子之口說不能，所以未必構成「聖人」概念的混淆。不過「聖人」概念在《莊子》中，確實有雙重含意。道家說「聖人無名」（聖人化解名聲），因為聖人的目的是為百姓服務，所以名聲對他不構成誘惑，然而英國哲學家休謨（David Hume）說過：「一個人做好事，目的不是為了別人的稱讚；但如果有人稱讚，又何必拒絕呢？」這使得社會上的人，尤其是年輕人會更願意做好事。所以在因果關係上，不須一刀兩斷。人做事總會有動機，或為名，或為利，但名利如果做為自然的結果而不是目的，就不會構成困擾。休謨主要是針對康德（Immanuel Kant）「義務論」所提到的「做好事是出於事情本身是應該做的，而非為了好的結果而做」而言，譬如到醫院探病，是因為「朋友」住院，對朋友本來就有這個義務，而非任何「朋友」之外的其他因素。康德的思想是很高尚，但很難落實於人間，休謨的思想則較為平實。

「叢、枝、胥敖」，在〈齊物論〉寫成「宗、膾、胥敖」，可能是形誤（「枝」原是「快」）以及音近（「快」與「膾」，「叢」與「宗」），《莊子》書中這類情形不少。

## 〈4・4〉

顏回曰：「端而虛，勉而一，則可乎？」曰：「惡！惡可！夫以陽為充孔揚，采色不定，常人之所不違，因案人之所感，以求容與其心。名之曰日漸之德不成，而況大德乎！將執而不化，外合而內不訾（ㄗˇ），其庸詎可乎？」「然則我內直而外曲，成而上比。內直者，與天為徒。與天為徒者，知天子之與己皆天之所子，而獨以己言蘄乎而人善之，蘄乎而人不善之邪？若然者，人謂之童子，是之謂與天為徒。外曲者，與人之為徒也。擎（ㄑㄧㄥˊ）跽（ㄐㄧˋ）曲拳，人臣之禮也。人皆為之，吾敢不為邪？為人之所為者，人亦無疵（ㄘ）焉，是之謂與人為徒。成而上比者，與古為徒。其言雖教謫

（ㄓㄜˊ）之實也，古之有也，非吾有也。若然者，雖直而不病，是之謂與古為徒。若是則可乎？」仲尼曰：「惡！惡可！太多政，法而不諜。雖固，亦無罪。雖然，止是耳矣，夫胡可以及化！猶師心者也。」

〈白話〉

顏回說：「我外表端莊而內心謙虛，努力行事而意志專一，這樣可以嗎？」孔子說：「不，怎麼可以呢！衛君剛猛之氣流露於外，性情浮誇又喜怒無常，一般人都不敢違逆他。他也藉此壓抑別人的規勸，只求自己稱心快意。這種人，即使每天用小德去感化他，都不能成功，何況立刻搬出大德呢！他將固執己見而不肯改變，表面同意而內心另有盤算。你的想法怎麼行得通呢？」顏回又說：「既然如此，那麼我就保持內直而外曲，並且處處引用古人之言。所謂內直，是向自然看齊。向自然看齊的人，知道天子與自己都是自然所生的，那麼自己說的話還要在乎別人喜歡或不喜歡嗎？像這樣做，人們會說我是天真的兒童，這叫做向自然看齊。所謂外曲，是向人們看齊。參見君王時，拱手、跪拜、鞠躬、曲膝，是做臣子的禮節。別人都這麼做，我敢不這麼做嗎？做別人都做的事，別人也沒有什麼挑剔，這叫做向人們看齊。至於處處引用古人之言，是向古人看齊。這些言詞雖然有教導督責的內容，不過都是古人說的，並非我想出來的。像這樣，即使直言勸諫也不會被詬病。這叫做向古人看齊。這樣做可以嗎？」孔子說：「不，怎麼可以呢！你用的方法太多，並且方法正確而關係不夠親密。雖然過於拘泥，不過還可以免罪。雖然如此，也只能做到這個地步了，怎麼談得上感化君主呢！你還是執著於自己的成見啊。」

〈解讀〉

顏回提出的三法是「與天為徒」、「與人為徒」、「與古為徒」，三者配合使用，行走世間足以保身。但若想成功勸諫君主，則尚無把握，畢竟那是有所求也有所待的事。

「與天為徒」無法成功，是因為雖然顏回認定天子與自己都是自然所生的，所以不分彼此身分角色的差異，目的都是為了服務百姓，但國君不見得認同這樣的觀念。「與人為徒」是依循人間的禮儀，「與古為徒」是處處引用古人的話。

這裡應注意的重點是「方法正確而關係不夠親密」，談的仍是彼此的信任關係。儒家對「善」的定義是「我與別人之間適當關係的實現」，具體實現的方法是「內心感受要真誠，對方期許要溝通，社會規範要遵守」。這與此處顏淵所說的「內直、外曲、成而上比」有異曲同工之妙，社會規範也都是自古以來逐漸累積而成的。莊子以「外化而內不化」來說明人在社會上如何自處，即使外表與人同化，內心仍然明白自己的原則，不受外在成敗得失變化的影響。

〈4．5〉

顏回曰：「吾無以進矣，敢問其方。」仲尼曰：「齋，吾將語（ㄩˋ）若。有而為之，其易邪？易之者，皞（ㄍㄠ）天不宜。」顏回曰：「回之家貧，唯不飲酒不茹葷者數月矣。如此則可以為齋乎？」曰：「是祭祀之齋，非心齋也。」回曰：「敢問心齋。」仲尼曰：「若一志，無聽之以耳而聽之以心；無聽之以心而聽之以氣。耳止於聽，心止於符。氣也者，虛而待物者也。唯道集虛。虛者，心齋也。」顏回曰：「回之未始得使，實自回也；得使之也，未始有回也，可謂虛乎？」夫子曰：「盡矣！吾語（ㄩˋ）若：若能入遊其樊而無感其名，入則鳴，不入則止。無門無毒，一宅而寓於不得已，則幾矣。」

〈白話〉

顏回說：「我沒有更好的想法了，請問該怎麼辦呢？」孔子說：「你先齋戒，我再告訴你。有所用心去做事，難道容易成功嗎？這麼容易就成功，就不合乎自然之理了。」顏回說：「我家境貧寒，已經幾個月不喝酒、不吃葷了。這樣可以算是齋戒嗎？」孔子說：「這是祭祀方面的齋戒，不是心的齋戒。」顏回說：「請問什麼是心的齋戒？」孔子說：「你心志專一，不要用耳去聽，要用心去聽；不要用心去聽，要用氣去聽。耳只能聽見聲音，心只能了解現象。至於氣，則是空虛而準備回應萬物的。只有在空虛狀態中，道才會展現出來。空虛狀態，就是心的齋戒。」顏回說：「我在不懂這個道理以前，肯定自己真的存在；懂得這個道理之後，發現自己未曾存在。這樣可以說是空虛狀態嗎？」孔子說：「非常透澈了。我告訴你，你可以進入世間的樊籠遊玩，不再為虛名所動；意見能被接納，你就發言；意見不被接納，你就緘默。沒有執著也沒有成見，一顆心就寄託在『不得已』上，這樣就差不多了。」

## 〈解讀〉

在社會上工作，許多人都想用心做事，而且集眾人之力總會成功，但莊子此處卻說用心做事而成功是違背自然之理，違背自然的規則只會造成災難。

「心齋」的「齋」不是空無一物，而是心志專一，如同老子的修養方法「致虛極，守靜篤」，虛並非指空虛，而是單純；「一志」是專心於一個目標，只要針對這個目標努力，化解對結果的執著，這也正是修養的過程。如果在修行時，一開始就要求什麼都不想，最後可能走火入魔，因此我們說眼觀鼻、鼻觀心，並非真的什麼都不想。

「心齋」與「聽」有關，因為人的知識來源主要靠聽聞。但是以耳、以心、以氣這三個階段，又表示不是一般的聽聞與理解，而是要以「虛」來超越之。能夠「虛」而覺悟到「未始有回」，也就是忘我，才算達成目的。只談虛是不夠的，必須虛而待物，好比杯子裝滿了水就無法再裝其他東西，只有隨時保持空的狀態，才有可能裝進任何東西。道家的目的在提醒人要悟道，「唯道集虛」，心先維持空虛的狀態，道才能展現出來，因為道無所不在，只要心保持空虛狀態，自然發現萬物無一不值得欣賞。人如果在內心執著於一物，即使此物中有道，也會受到遮蔽而無法展現。顏回不愧是聞一知十，領悟了「未始有物」、「未始有回」的道理，自然柔軟而隨順，在任何情況下不會堅持非要如何不可，因為「我」並沒有一個特定的本質可以把握，人就在「道」裡，因此不必再執著。

「不得已」是莊子常用之語，亦是其思想中一個重要的觀念，表示在客觀條件成熟前，不得不如此，這是順應自然之意。在主觀方面不但要去除成見，也要培養把握「不得已」的智慧。

「不得已」並非一般所說的不情願或勉強，而是要懂得人情世故，人間的困難也在於如何判斷條件是否成熟，譬如人在說話之前，要判斷自己的意見是否能夠被接受。人生無法事事盡如人意，人人心想事成也會天下大亂，所以我們要去了解狀況，才能隨順各種條件，這就是不得已。

## 〈4・6〉

「絕迹易，無行地難。為人使易以偽，為天使難以偽。聞以有翼飛者矣，未聞以無翼飛者也；聞以有知知者矣，未聞以無知知者也。瞻彼闋（ㄑㄩㄝˋ）者，虛室生白，吉祥止止。夫且不止，是之謂坐馳。夫徇（ㄒㄩㄣˋ）耳目內通而外於心知，鬼神將來舍，而況人乎！是萬物之化也，禹、舜之所紐也，伏戲、几蘧（ㄑㄩˊ）之所行終，而況散焉者乎！」

## 〈白話〉

「要消除走過的足跡很容易，要走路而不留足跡則很困難。要遵行世人的吩咐，很容易做到；要依循自然的安排，就很難做到了。只聽說有翅膀才能飛，沒聽說無翅膀也能飛的；只聽說有知識才能領悟，沒聽說無知識也能領悟的。你看看眼前的空間，空虛的房間才會展現出光明，吉祥也將聚集於空虛之心。不僅吉祥聚集於此，還會進一步達到所謂的『坐馳』—身體坐著而心神四處遨遊。只要使耳目感官向內溝通，把心思巧智排除在外，那麼鬼神也會來依附，何況是人呢？這是順應萬物變化的法則，禹、舜治理天下之所本，伏羲、几蘧所奉行的也不過是如此，何況是一般人呢？」

## 〈解讀〉

走路時要不留足跡，唯有踩著別人的足跡行走，用心觀察，別人如何我也如何，也就是「外化」。道家反對人特立獨行、標新立異，這麼做將給自己帶來麻煩。遵循別人的意見，會讓當事者保留抗議和抱怨的權利，好比大學生填志願，只有將近三分之一的人是依循自己的志願，等到書讀得不順利，就把責任歸咎於出主意的父母。

本文談到有易有難，有聞有未聞，重點在於：難者與未聞者才是我們要體認的。無知識也能悟道則需要靠體驗，譬如人沒有美的觀念，依然會被美所感動，因為人有感受力。康德說：「美是一種無目的的目的性。」聽音樂前不能先有賺錢或獲取知識的目的，但聽完音樂，身心舒暢，一切都恰到好處，自然合於目的性。

《易經・豐卦》指出豐盛到一定的程度，自然會產生陰影。「虛室生白」提醒我們：空虛的房間才會展現出光明，吉祥也將聚集於空虛之心。此處的吉祥是指無煩惱的狀態，並非得到某種好處，一般人所說的吉祥，是實現內心的欲望，代表有所欲求，就有所等待，如此則不符合莊子「無待」的精神了。

「坐馳」有正反兩種解釋：身體坐著，心神是因自由而遨遊，還是因追逐而奔馳？一樂一苦，孰是孰非？整體而言，正面解法較宜，因為心齋產生虛室生白，身體坐在狹小的房間，但精神不受局限而四處遨遊。心思巧智是與人互動的結果，把耳目從注意外在世界收回，沉思冥想而傾聽自己內心的聲音，如此鬼神也會來依附，更何況是人？外在隨順，內心覺悟而心思清明。本段意在說明無心而為，順其自然。

## 〈4・7〉

葉公子高將使於齊，問於仲尼曰：「王使諸梁也甚重。齊之待使者，蓋將甚敬而不急。匹夫猶未可動也，而況諸侯乎！吾甚慄之。子常語諸梁也曰：『凡事若小若大，寡不道以懽（ㄏㄨㄢ）成。事若不成，則必有人道之患；事若成，則必有陰陽之患。若成若不成而後無患者，唯有德者能之。』吾食也執粗而不臧（ㄗㄤ），爨（ㄘㄨㄢˋ）無欲清之人。今吾朝受命而夕飲冰，我其內熱與！吾未至乎事之情，而既有陰陽之患矣。事若不成，必有人道之患，是兩也。為人臣者不足以任之，子其有以語我來！」

## 〈白話〉

葉公子高將要出使齊國，他請教孔子說：「楚王派我出使，任務十分重大。齊國對待使者，總是表面恭敬而辦事拖延。要催促一個老百姓都不容易，何況是諸侯呢！我很惶恐。先生曾對我說過：『任何事不論大小，很少有不合正道而得到好結果的。事情如果沒辦成，一定有人事懲處的禍患；事情如果辦成，一定有陰陽失調或憂勞成疾的禍患。不論事情辦成或辦不成都沒有後患的，只有有德的人可以做到。』我平常飲食粗糙不求精美，家裡連廚房的伙夫都不須尋求清涼。可是現在我早上接到出使的命令，晚上就要喝冰水解熱，我真是憂心如焚啊！我尚未接觸到真正的事務，就已經出現陰陽失調的禍患了。而事情如果沒辦成，一定還有人事懲處的禍患。這兩者加起來，做臣子的實在承受不了。先生請來指點我吧！」

〈解讀〉

人道之患與陰陽之患無法兩免，因此形成兩難的困境，正如我們常見在群體中有責任感的人，因為事情辦成而陰陽失調或憂勞成疾。

「有德者」並非儒家所謂「具有道德修養的人」。在此，「德」與「得」通，有德者代表體道有得，並且能夠自得的人，也就是保存了道所給人的本性與稟賦，完全不受後天外在環境的影響，以致於影響自己天生從道得來的條件。所以有德者接近莊子所說的聖人。

梁啟超先生受到「飲冰」二字的啟發，文集命名為《飲冰室全集》，即表示藉由寫作來抒發淑世的熱情。

〈4．8〉

仲尼曰：「天下有大戒二：其一，命也，其一，義也。子之愛親，命也，不可解於心；臣之事君，義也，無適而非君也，無所逃於天地之間。是之謂大戒。是以夫事其親者，不擇地而安之，孝之至也；夫事其君者，不擇事而安之，忠之盛也。自事其心者，哀樂不易施乎前，知其不可奈何而安之若命，德之至也。為人臣子者，固有所不得已。行事之情而忘其身，何暇至於悅生而惡死！夫子其行可矣！丘請復以所聞：凡交近則必相靡以信，遠則必忠之以言。言必或傳之。夫傳兩喜兩怒之言，天下之難者也。夫兩喜必多溢美之言，兩怒必多溢惡之言。凡溢之類妄，妄則其信之也莫，莫則傳言者殃。故法言曰：『傳其常情，無傳其溢言，則幾乎全。』」

## 〈白話〉

孔子說：「天下有兩大戒律：一是命，一是義。子女愛父母，這是自然之命，也是人心所不可解除的；臣子侍奉國君，這是人群之義，無論任何國家都不能沒有國君，這在天地之間是無可逃避的。這叫做大戒律。所以子女奉養父母時，無論任何處境都讓他們覺得安適，這就是孝的極致。臣子侍奉國君時，無論任何事情都讓他覺得妥當，這就是忠的典範。從事內心修養的人，不受哀樂情緒波動的影響，知道這些是無可奈何的，就坦然接受為自己的命運，這就是德的極致。做臣子與做子女的，本來就有其不得已之處。只要按實際狀況去行事，忘記自身的利害，哪裡還有空閒貪生怕死呢？你儘管去做就是了。我再把自己聽到的告訴你：『兩國交往時，鄰近的一定要靠信用來維持關係，遠隔的一定要靠言詞來表現誠意。』言詞必須有人去傳達。傳達雙方喜怒的言詞，是天下一大難事。雙方歡喜時，必定多說美上加美的話；雙方憤怒時，必定多說惡上加惡的話。但是多說的話總是近似虛構，虛構的話讓人無法相信；一旦無法相信，傳話的人就遭殃了。所以古代的格言說：『要傳平實的話，不要傳那些多餘的話，大概就可以保全自己了。』」

## 〈解讀〉

「命」是自然的戒律，有如天生注定如此。人是所有生物中，因生理因素而有最長的幼兒依賴期。幼兒從小就知道，父母的快樂是自己幸福的來源，由此產生兩種結果，一是子女順著天性希望父母快樂，這是孝順的來源；負面的影響則是孩子在五歲以前，因為父母的不當言行造成心理障礙，導致成年後必須求助於心理醫師。「義」是人群的規範，不如此社會便陷於混亂。人類是群聚的團體，需要有人領導，《易經》在乾、坤二卦之後，隨即在屯卦提出需要有領導者，否則對內不能凝聚民心，對外不能抗拒外侮。前者要求「孝」，後者要求「忠」，莊子則以「德」來消解壓力，只要按實際狀況去行事，忘記自身的利害，儘管去做，「知其不可奈何而安之若命」，足以代表莊子思想對人間世的態度。

有關溢美及溢惡之言的評論，今日讀來仍深具啟發性。雙方關係交惡時，連《易經・睽卦》都說：「如豕負塗，載鬼一車」，幾乎都往負面去猜想對方的心意。

## 〈4・9〉

「且以巧鬥力者，始乎陽，常卒乎陰，大至則多奇巧；以禮飲酒者，始乎治，常卒乎亂，大至則多奇樂。凡事亦然，始乎諒，常卒乎鄙（ㄅㄧˇ）；其作始也簡，其將畢也必巨。言者，風波也；行者，實喪也。夫風波易以動，實喪易以危。故忿設無由，巧言偏辭。獸死不擇音，氣息茀（ㄈㄨˊ）然，於是並生厲心。剋核大至，則必有不肖之心應之，而不知其然也。苟為不知其然也，孰知其所終！故法言曰：『無遷令，無勸成，過度益也。』遷令勸成殆事，美成在久，惡成不及改，可不慎與！且夫乘物以遊心，託不得已以養中，至矣。何作為報也？莫若為致命，此其難者。」

## 〈白話〉

「再說，用智巧角力的人，開始時手段光明，最後常常使用陰謀，到了極點就詭計百出；按禮節喝酒的人，開始時中規中矩，最後常常言行失常，到了極點就放縱享樂。凡事都是如此，開始時像城鎮，最後常常演變成曠野；事情開始時很簡單，將要結束時變得龐大艱巨。言語即是風波，傳達言語則有得失。風波容易產生動盪，得失容易帶來危險。所以忿怒的發作沒有別的原因，都是由於巧言狡辯。野獸將死時，尖聲亂叫，怒氣騰騰，同時生出害人的惡念。凡事逼迫太過分時，別人就會興起反常的報復之心，而你自己還不知道怎麼回事。如果連自己都不知道怎麼回事，誰知道你將會遭到什麼禍害！所以古代格言說：『不要改變君主的命令，不要強求任務之達成，過度的言詞是多餘的。』改變君命，勉強成事，都會有危險。做成好事要靠長期經營，做成壞事要改也來不及。豈可不謹慎！再說，順著萬物的自然狀態，讓心神自在遨遊；把一切寄託於不得已，由此涵養內在自我；這就是自處的最高原則了。那麼，要怎麼做才對呢？最好是能夠確實傳達君命，這就是困難的地方。」

## 〈解讀〉

與人競爭時，經常如莊子所說，剛開始是君子，最後總是詭計百出。所以了解規則後，就放手去做，不要先君子後小人，人如果忽略行為的趨勢，結果往往一發不可收拾。

這段話顯示莊子深知「言語風波」的困擾，風波本身已經不易解決，還會愈演愈烈，造成大患。人在世間只是過客，如果沒有合宜的目標，就可能在人際關係上造成僵局。道家認為人需悟道，日常生活所發生的一切只不過是表面的波浪，而大海的本體是不變的。上上之策還是遊心與養中，能夠如此，還有什麼困難的事？心與中都是內在可以掌握的，是可以修練的，可以改變外在相對的困難。

專家認為「始乎諒，常卒乎鄙」的「諒」字應為「諸」，「諸」與「都」通，指城鎮；「鄙」則指鄉野。

## 〈4．10〉

顏闔將傅衛靈公太子，而問於蘧（ㄑㄩˊ）伯玉曰：「有人於此，其德天殺。與之為無方，則危吾國；與之為有方，則危吾身。其知適足以知人之過，而不知其所以過。若然者，吾奈之何？」蘧伯玉曰：「善哉問乎！戒之，慎之，正女身哉！形莫若就，心莫若和。雖然，之二者有患。就不欲入，和不欲出。形就而入，且為顛為滅，為崩為蹶（ㄐㄩㄝˊ）；心和而出，且為聲為名，為妖為孽。彼且為嬰兒，亦與之為嬰兒；彼且為無町（ㄊㄧㄥ）畦（ㄑㄧˊ），亦與之為無町畦；彼且為無崖（ㄧㄞˊ），亦與之為無崖；達之，入於無疵。」

## 〈白話〉

魯國人顏闔應聘為衛靈公太子的老師，他請教蘧伯玉說：「現在有一個人，天性刻薄。如果順著他去做壞事，就會危害到我的國家；如果勸說他去做好事，就會危害到我自己。他的智力只能知道別人的過錯，而不知道別人為什麼會有過錯。像這樣的人，我該怎麼辦？」蘧伯玉說：「你問得很好！要小心，要謹慎，先端正你的言行啊！外表上不如遷就，內心裡最好寬和。雖然這樣，這兩種態度還會有後遺症。所以遷就不要太過分，寬和不要太明顯。如果外表上遷就得太過分，自己也會跟著喪失立場，並且崩潰失敗；如果內心裡寬和得太明顯，自己也會跟著博取聲名，並且招致禍害。他如果像個嬰兒，你就伴同他像個嬰兒；他如果像個無威儀的人，你就伴同他像個無威儀的人；他如果像個無拘無束的人，你就伴同他像個無拘無束的人。能做到這一步，就不會有毛病被責怪了。」

## 〈解讀〉

顏闔是魯國賢人。衛靈公太子應是指蒯（ㄎㄨㄞˇ）聵（ㄎㄨㄟˋ）。蘧伯玉是衛國大夫。以真實人物為虛構對話的角色，正是莊子擅長的手法。譬如《莊子》中描寫管仲年老時，齊桓公詢問是否能由鮑叔牙接任相職，管仲認為鮑叔牙一旦發現別人的過錯，就終身不忘，因而無法協調上下，所以不建議由他接任宰相的職位。不過莊子說故事通常是為了凸顯自己的見解，與事實是否相符則無從查考。

「形就」與「心和」是處事方法，運用起來還是要「順而化之」。在亂世與困境中，能做到「無疵」已經不容易了。

〈4．11〉

「汝不知夫螳蜋乎？怒其臂以當車轍，不知其不勝任也，是其才之美者也。戒之，慎之，積伐而美者以犯之，幾矣。汝不知夫養虎者乎？不敢以生物與之，為其殺之之怒也；不敢以全物與之，為其決之之怒也。時其飢飽，達其怒心。虎之與人異類而媚養己者，順也；故其殺者，逆也。夫愛馬者，以筐盛矢，以蜄（ㄓㄣˋ）盛溺。適有蚊虻（ㄇㄥˊ）僕緣，而拊（ㄈㄨˇ）之不時，則缺銜毀首碎胸。意有所至而愛有所亡。可不慎邪！」

〈白話〉

「你沒見過那螳螂嗎？牠奮力舉起手臂來抵擋車輪，不知道自己的力氣無法勝任，還以為自己本領高強呢。要小心，要謹慎，你如果總是炫耀自己本領高強而去觸犯他，那就危險了。你沒見過那養虎的人嗎？不敢拿活的動物給老虎，怕牠殺生時會發怒；不敢拿完整的動物給牠，怕牠撕扯時會發怒。觀察牠飢餓的時刻，懂得牠喜怒的心情。老虎與人不同類，卻會取悅飼養牠的人，這是因為能順著牠的性情；如果牠傷害人，則是因為違逆了牠的性情。愛馬的人用竹筐裝馬糞，用大貝殼裝馬尿。碰到有蚊虻叮咬馬身時，突然出手為牠撲打，結果馬受到驚嚇，就會咬斷勒口、掙脫籠頭、毀壞胸帶。他的本意是愛馬，結果卻適得其反，怎能不謹慎呢！」

## 〈解讀〉

這裡使用三個比喻，代表顏闔的是螳螂、養虎者、愛馬者，而代表太子的是車轍、虎、馬。前者扮演老師，後者扮演學生，這樣的教育工作不但苦多樂少，並且希望渺茫。車輪是毫不講情義的；老虎雖會取悅飼養牠的人，但違逆牠的性情時仍會傷人。蘇格拉底曾自比為蚊虻，而雅典則是千里馬，但因為太老太胖了，蘇格拉底認為自己有責任叮咬牠，讓牠警覺而繼續往前跑。但愛馬的人如果突然出手，只會使馬受到驚嚇。

從這三個比喻也可以看出，莊子對當時的君主持保留態度，因為戰國時代各地都有戰事，大臣必須完全服從君命，這與民主時期的領袖需要為民謀福利，情況完全不同。

## 〈4・12〉

匠石之齊，至乎曲轅，見櫟（ㄌㄧˋ）社樹。其大蔽數千牛，絜（ㄐㄧㄝˊ）之百圍，其高臨山十仞而後有枝，其可以為舟者旁十數。觀者如市，匠伯不顧，遂行不輟。弟子厭觀之，走及匠石，曰：「自吾執斧斤以隨夫子，未嘗見材如此其美也。先生不肯視，行不輟，何邪？」曰：「已矣，勿言之矣！散木也。以為舟則沉，以為棺槨則速腐，以為器則速毀，以為門戶則液樠，以為柱則蠹（ㄉㄨˋ）。是不材之木也，無所可用，故能若是之壽。」匠石歸，櫟社見夢曰：「女（ㄖㄨˇ）將惡（ㄨ）乎比予哉？若將比予於文木邪？夫柤（ㄘㄨ）梨橘柚果蓏（ㄌㄨㄛˇ）之屬，實熟則剝，剝則辱。大枝折，小枝泄。此以其能苦其生者也。故不終其天年而中道夭，自掊（ㄆㄡˇ）擊於世俗者也。物莫不若是。且予求無所可用久矣，幾死，乃今得之，為予大用。使予也而有用，且得有此大也邪？且也若與予也皆物也，奈何哉其相物也！而幾死之散人，又惡知散木？」匠石覺而診其夢。弟子曰：「趣取無用，則為社何邪？」曰：「密！若無言！彼亦直寄焉，以為不知己者詬（ㄍㄡˋ）厲也。不為社者，且幾有翦乎？且也彼其所保與眾異，而以義譽之，不亦遠乎？」

## 〈白話〉

有一個名叫石的木匠，前往齊國，到了曲轅，看見一棵被奉為社神的櫟樹。這棵樹的樹蔭可以遮蔽幾千頭牛，量一量樹幹有數百尺粗。樹梢高達山頭，樹身數丈以上才分生枝幹。枝幹可以做成小船的就有十幾根。觀賞的人群擠得像市集一樣，木匠卻不瞧一眼，繼續往前走。弟子仔細把這棵樹看個夠，然後趕上木匠說：「自從我拿起斧頭，隨老師學藝以來，未曾見過木材有這麼好的。老師不肯看一眼，繼續往前走，為什麼呢？」木匠說：「算了，不要說它了！那是沒有用的散木。用它做船會沉，做棺材很快就會腐爛，做器具很快就會毀壞，做門窗會流出汁液，做梁柱會生蛀蟲。那是不成材的樹木，沒有一點用處，所以能夠這麼長壽。」木匠回家後，夜裡夢見櫟樹說：「你要拿我與什麼相比呢？你要拿我與有用的文木相比嗎？像山楂、梨、橘、柚之類的瓜果，果實熟了就會被摘下，摘下就會被扭折。大枝被折斷，小枝被拉走。這就是因為有才能而讓自己受苦，以致無法過完自然的壽命，在中途就夭折了，這是自己招引世俗的打擊。萬物無不如此。再說，我期許自己無用已經很久了，曾經幾乎被砍伐。現在我能保全自己，這就是我的大用。如果我是有用之材，能長得這麼大嗎？並且你與我都是萬物中的一物，何苦要互相對立競爭呢！你這個離死期不遠的散人，又怎麼知道散木是怎麼回事呢？」木匠醒來，把夢告訴弟子。弟子說：「它意在求得無用，為什麼還要做社樹呢？」木匠說：「安靜，別說了。它特別寄託於社神，就是要讓不了解它的人去批評。如果不做社神，難道要被砍伐嗎？如此，它用來自保的方法與眾不同，你只從外表來度量，不是離題太遠了嗎？」

## 〈解讀〉

人類控制了某些自然生物的命運，此處莊子是以人的眼光界定木之有用無用。散木因為無用所以存活千百年，那就是它的大用了。

櫟樹扮演社神（古代的土地神），代表一種「有用」，即使它意在求得「無用」，但卻招來「不知己者」批評，但是若不如此，可能早就被人砍伐了。兩相權衡，什麼是正確的選擇已很清楚。木匠的弟子確實應該緘默，以免成為那個「不知己者」，也就是不知社樹的人。

凡存在的都是「物」，所以一往平等，在道中是相通的。「相物」是互相把對方看成物，如此將出現主客對立的問題；若以對方為物，就會視之為工具或手段，考慮其是否有用，則形成對立競爭的緊張關係。

## 〈4・13〉

**南伯子綦遊乎商之丘，見大木焉有異：結駟千乘（ㄕㄥˋ），隱將芘（ㄅㄧˋ）其所藾**

（ㄌㄞˋ）。子綦曰：「此何木也哉！此必有異材夫！仰而視其細枝，則拳曲而不可以為棟梁；俯而視其大根，則軸解而不可以為棺槨；咶（ㄕˋ）其葉，則口爛而為傷；嗅之，則使人狂酲（ㄔㄥˊ）三日而不已。子綦曰：「此果不材之木也，以至於此其大也。嗟（ㄐㄧㄝ）乎神人，以此不材！」宋有荊氏者，宜楸（ㄑㄧㄡ）柏桑。其拱把而上者，求狙猴之杙（ㄧˋ）者斬之；三圍四圍，求高名之麗者斬之；七圍八圍，貴人富商之家求樿（ㄔㄢˊ）傍（ㄆㄤˊ）者斬之。故未終其天年，而中道之夭於斧斤，此材之患也。故解之以牛之白顙（ㄙㄤˇ）者，與豚之亢（ㄍㄤ）鼻者，與人有痔病者，不可以適河。此皆巫祝以知之矣，所以為不祥也。此乃神人之所以為大祥也。

## 〈白話〉

南伯子綦到商丘去遊玩，看見一棵大樹與眾不同。一千輛四馬共拉的大車，都可以隱蔽在它的樹蔭下。子綦說：「這是什麼樹啊？它一定有特別的材質吧！」抬頭看它的樹枝，則捲曲而不能用來做梁柱；低頭看它的樹幹，則木心裂開而不能用來做棺材；舔舔它的葉子，嘴巴就潰爛受傷；聞聞它的氣味，人就大醉三天還醒不過來。子綦說：「這真是不成材的樹，所以才能長得這麼高大。唉，神人就是要用這種不成材之物啊！」宋國荊氏之地，適合種植楸樹、柏樹、桑樹。樹幹有一握兩握粗的，要做綁猴子木樁的人把它砍走；有直徑三尺四尺粗的，要做高大屋棟的人把它砍走；有直徑七尺八尺粗的，貴人富商之家要尋找整塊棺木的人把它砍走。所以這些樹木都無法活到自然的壽命結束，而半途夭折於刀斧之下。這是有用之材的禍患。所以古代祭祀時，凡是白額頭的牛、鼻孔上翻的豬以及生痔瘡的人，都不可用來投河祭神。巫祝都知道，這些是不吉祥的。而神人正好因此認為這些是最吉祥的。

## 〈解讀〉

莊子經常以「終其天年」描寫人類以外的生物，意思是有生之物皆有自然之分。但是，這些生物不能終其天年，責任其實在於人類，因為「有用無用」的判斷標準正是人類定的。如果沒有讀過《莊子》，恐怕無用的人只會怨天尤人，還是無法快樂。

神人與凡人不同，所需要的正好相反，所以可以顛覆「有用」與「吉祥」之類的觀念。「拱把而上」原是兩握、一握，但白話翻譯為「一握兩握粗的」，這是遷就一般人的說話習慣。

## 〈4・14〉

**支離疏者，頤隱於齊（ㄐㄧˇ），肩高於頂，會撮（ㄘㄨㄛ）指天，五管在上，兩髀（ㄅㄧˋ）為脅。挫鍼治繲（ㄒㄧㄝˋ），足以餬口；鼓筴（ㄘㄜˋ）播精，足以食十人。上徵武士，則支離攘臂於其間；上有大役，則支離以有常疾不受功；上與病者粟，則受三鍾與十束薪。夫支離其形者，猶足以養其身，終其天年，又況支離其德者乎！**

## 〈白話〉

支離疏這個人，頭低縮在肚臍下面，雙肩高過頭頂，髮髻朝著天，五臟都擠在背上，兩腿緊靠著肋旁。他替人縫衣洗衣，收入足以餬口；又替人簸米篩糠，收入足以養活十人。官府徵兵，他大搖大擺在徵兵場所閒逛；官府徵工，他因為身有殘疾而不必勞役；官府救濟病患時，他可以領到三鍾米與十捆柴。形體殘缺不全的人都可以養活自己，享盡自然的壽命，何況那些不以德行為意的人呢！

**〈解讀〉**

莊子書中有些形體殘缺不全的人。「支離疏」顧名思義，就是身體顯得支離破碎，這個名字已經相當誇張，他的際遇更是難以想像。他成功的祕訣是「支離其形」而順其自然，完全不把身體形貌放在心上，只是安分地活著。

「支離其德」指忘德，也就是不以德為德，所以不會驕傲或自誇，也不會引來他人的嫉妒。如此可以免除世間的相對規範，更容易自在逍遙。

## 〈4．15〉

孔子適楚，楚狂接輿遊其門曰：「鳳兮鳳兮，何如德之衰也？來世不可待，往世不可追也。天下有道，聖人成焉；天下無道，聖人生焉。方今之時，僅免刑焉。福輕乎羽，莫之知載；禍重乎地，莫之知避。已乎，已乎，臨人以德；殆乎，殆乎，畫地而趨。迷陽迷陽，無傷吾行；吾行郤曲，無傷吾足。」山木，自寇也；膏火，自煎也。桂可食，故伐之；漆可用，故割之。人皆知有用之用，而莫知無用之用也。

## 〈白話〉

孔子在楚國時，楚國狂人接輿走過他的門前唱著：

「鳳凰啊！鳳凰啊！德行怎麼衰敗了？要來的不可期待，已去的不可追回。天下有道，聖人可以成就教化；天下無道，聖人可以保全性命。當今之世，只求免於遭受刑戮。幸福比羽毛還輕，不知如何把握；災禍比大地還重，不知如何避開。算了吧，算了吧，不要逢人就展示德行；危險啊，危險啊，到處去招惹別人注意。收斂些，收斂些，不要妨礙我行走；繞個彎，繞個彎，不要傷害我的腳。」

山木做成斧柄，斧反過來砍伐山木；油膏可以點火，火反過來燃燒油膏。桂樹皮可以吃，所以被砍伐；漆樹枝可以用，所以被切割。世人都知道有用的好處，而不知道無用的好處。

## 〈解讀〉

楚國狂人接輿曾出現於《論語・微子》：「鳳兮鳳兮，何德之衰？往者不可諫，來者猶可追。已而已而，今之從政者殆而！」莊子此文較長，可能加入不少他自己的想法。

莊子對孔子採肯定的態度，稱孔子為「鳳凰」，是鳥類中高貴華麗者，顯示他為人中之龍，不可多得。「德行為何衰敗」是指孔子急著為天下人做事，知其不可而為之。能說這些話的是真正了解孔子的人，孔子的學生反而並不了解他，所以他在《論語・憲問》說過：「莫我知也夫！」或許顏淵可以了解孔子，但是他比孔子早死，孔子為此深表遺憾，甚至說：「天喪予！」（《論語・先進》）。《論語・憲問》還曾描述過一位荷蕢者，身上挑著竹簍，經過孔子在衛國寄宿之地。孔子擊磬，荷蕢者聽到說：「有心哉，擊磬乎！」他從孔子的擊磬聲，聽出孔子感嘆沒有人了解他。這位荷蕢者勸孔子不必理會別人是否了解自己。因此，儒道兩家雖然道不同不相為謀，但智慧的高度卻相同，所以能夠互相了解。

莊子在書中提到孔子時大多持肯定態度，因為道家肯定「真實」，人的真實包含真誠在內，孔子推行真誠，只可惜孔子的學生代代相傳，很多人已忘了真誠，滿口仁義道德，卻未能以真誠做為言行的內在基礎。於是，即使在社會上宣傳教化，自己卻達不到教化的要求，就成了莊子嚴格檢驗與批判的對象。儒家受道家批判是很委屈的，道家講真實，真實對人而言就是真誠，道家並未批評孔孟的人格，他們批評的是缺乏真誠的假仁假義者、甚至是不仁不義者。〈胠篋〉也說：「竊鉤者誅，竊國者為諸侯，諸侯之門而仁義存焉。」諸侯能夠把權力利益分封給人，得到好處的人就會歌功頌德，但這些是出於利害考慮，也是虛偽的。

最後，山木做成斧柄，斧反過來砍伐山木；油膏可以點火，火反過來燃燒油膏。桂樹皮可以吃，所以被砍伐；漆樹枝可以用，所以被切割，都是說明孔子一心服務人群，卻反過來被人群所傷害。然而，莊子的「無用」觀念並非否定世間的一切「有用」，而是要化解因為執著於「有用」而帶來的困擾與危險，正如接輿之歌勸人不要露德（臨人以德）、露跡（畫地而趨），而要努力韜光（迷陽）、晦跡（郤曲），而〈人間世〉從顏淵願意幫衛國國君做事開始，談到孔子與顏淵的對話，到最後楚狂接輿對孔子的批評，形成一幅完整的畫面，其內容充分驗證了莊子對人間世有深刻的理解與關懷。

**總結本篇要旨：**

人間多患難，而化解之道在於改變國君的心態。但任何改變的方法都有所不足，唯有靠學習者修養自己，抵達虛而待物的「心齋」之境。具體表現是「知其不可奈何而安之若命」。在人間，不能不分辨有用與無用，但結果是：有用往往自陷困境，而無用卻能長保平安。

# 德充符 第五

〈5・1〉

魯有兀（ㄨˋ）者王駘（ㄊㄞˊ），從之遊者，與仲尼相若。常季問於仲尼曰：「王駘，兀者也，從之遊者與夫子中分魯。立不教，坐不議，虛而往，實而歸。固有不言之教，無形而心成者邪？是何人也？」仲尼曰：「夫子，聖人也，丘也直後而未往耳。丘將以為師，而況不若丘者乎！奚假魯國，丘將引天下而與從之。」常季曰：「彼兀者也，而王先生，其與庸亦遠矣。若然者，其用心也獨若之何？」仲尼曰：「死生亦大矣，而不得與之變；雖天地覆墜，亦將不與之遺；審乎無假而不與物遷，命物之化而守其宗也。」

〈白話〉

魯國有一個被砍去一腳的人，名叫王駘；跟他學習的弟子人數，與孔子門下差不多。常季請教孔子說：「王駘是個被砍去一腳的人，跟他學習的人，與先生門下弟子，在魯國居然各占一半。他站不教誨，坐不議論，但弟子們空虛前往卻充實歸來。難道真有不用言語的教導，超脫形式而靠心靈感化的嗎？這是什麼樣的人呢？」孔子說：「這位先生是聖人，我還來不及前往請教。我都要拜他為師，何況是那些不如我的人呢？何止是魯國，我要帶領天下人去跟他學習。」常季說：「他是個獨腳的人，還能勝過先生，那麼他與一般人的差距就更遠了。像這樣的人，他的用心有什麼獨特之處呢？」孔子說：「死生也算是大事了，而他完全不受影響；即使天崩地裂，他也不會跟著起伏。他處於無所假借的狀態，因而不隨萬物轉移；他洞徹萬物的變化，而能守住自己的根本。」

## 〈解讀〉

〈德充符〉舉出一些妥善保存本性與稟賦的人，描述他們在日常行動中所展示的驗證。王駘是虛構人物，「駘」有「愚笨」之意。凡人眼中的愚笨，在道家可能代表智慧。

孔子推崇王駘為聖人，但對聖人的描述，顯然合乎莊子所定的規格。我們常說，千古艱難唯一死。死亡是人無法提前體驗的，就像絕對的黑暗一樣，會令人無可想像與無所適從，但能夠超越死生問題的人則完全不受影響。莊子形容死亡就像回家，因而沒有什麼可以恐懼的。孟子也說過：「萬物皆備於我矣，反身而誠，樂莫大焉。」人只要反省自己，發現自己做到真誠，我已充實完備，因此不必它求，自然得到快樂。這與此處「處於無所假借的狀態」，有異曲同工之妙。其實人只要活著，就有使我們活著的現實條件。儒道在談人生修練時，都主張外在的食衣住行之條件，並非決定我們快樂的理由，所以孔子稱讚顏淵：「一簞食、一瓢飲、在陋巷，人不堪其憂，回也不改其樂。」人不受外在資源限制，當然內心享有更多自由，因為不須花時間在賺取金錢與安排生活條件上。「虛而往，實而歸」是代表找到好的老師，空虛前往卻充實歸來，目前我們還在使用這樣的說法。

〈5・2〉

常季曰：「何謂也？」仲尼曰：「自其異者視之，肝膽楚越也；自其同者視之，萬物皆一也。夫若然者，且不知耳目之所宜，而遊心乎德之和。物視其所一而不見其所喪，視喪其足猶遺土也。」常季曰：「彼為己，以其知得其心，以其心得其常心。物何為最之哉？」仲尼曰：「人莫鑒於流水而鑒於止水，唯止能止眾止。受命於地，唯松柏獨也正，在冬夏青青；受命於天，唯舜獨也正，在萬物之首，幸能正生，以正眾生。夫保始之徵，不懼之實，勇士一人，雄入於九軍。將求名而能自要者，而猶若是，而況官天地，府萬物，直寓六骸，象耳目，一知之所不知，而心未嘗死者乎！彼且擇日而登假，人則從是也。彼且何肯以物為事乎！」

〈白話〉

常季說：「這是什麼意思呢？」孔子說：「從事物相異的一面去看，身體內肝與膽的分別，也像楚國與越國那麼遙遠；從事物相同的一面去看，萬物都是一體。像王駘這樣的人，連耳目適宜何種聲色都不知道，只是讓心神遨遊於全德的境界。他視萬物為一個整體，而看不到任何缺失。他看待自己失去的那隻腳，就像掉在地上的一塊泥土。」常季說：「他只是修養自己，經由智力去把握主導自我的心，再經由主導自我的心去把握普遍相通的常心。人們為什麼都歸向他呢？」孔子說：「沒有人會用流水來映照自己，而要用止水來映照自己，只有靜止能保住一切來照之物。樹木之命得自於地，卻唯有松柏獨自昂然挺立，在冬夏都一樣枝葉長青；人類之命得自於天，卻唯有舜獨自端正品德，可以做為群倫的表率，幸而他能夠端正自己，然後才能端正眾生。能夠保全本來天性的，內心就無所畏懼。勇士但憑自己一個人，也敢大膽闖入千軍萬馬之中。為了追求名譽而有所成就的人，尚且能夠如此，何況是那統合天地，含藏萬物，以六骸為木偶，以耳目為假象，打通知與不知，內心又不隨生死而變化的人呢？他是隨時都可以提升到玄遠之境的人，所以人們要跟隨他。他又怎麼肯把外物當一回事呢！」

## 〈解讀〉

一般人習慣「自其異者視之」，王駘則「自其同者視之」，而這一點，正是體道的重要關鍵。由此可以領悟「萬物皆一」，萬物都來自於道，萬物也都「存在」，既然來源相同，所以萬物是相通的。由此看來，一足與一土無異，人與土亦無別。

「以其知得其心，以其心得其常心」的「知」是認知作用；「心」是認知作用的主體；「常心」則是化解主體限制之後，能與眾人相通之心，是體道之後的虛靜狀態，所以用「止水」比喻。王駘就是把握了這個道理，安靜下來之後，形成了一個磁場，使學生也深受感染。松柏與舜，在樹木與人類中已達到最高境界，如此才能成為標準，使其他同類藉以衡量自己有無偏差。

人是社會性的動物，一般人沒有特別的修練，所以追求可見的利益。孔子也說過：「君子喻於義，小人喻於利。」；勇士追求名譽，正是這裡所說的「勇士一人，雄入於九軍」。此外還有追求智慧的人，亦即體道之人。體道之人統合天地、含藏萬物，是因為從整體來看，一切都在道中。連死生也是相通的，所以不會隨之變化，可以產生安定的力量。王駘就是已經達到這種境界的人，可以成為一般人參照的標準，孔子才會說要跟隨他學習。

「物何為最之哉」，以及《易經．坤卦大象傳》：「地勢坤，君子以厚德載物。」其中的「物」，是指「人」，而非萬物。人再怎麼有德行，也不能把物體包容在身上，所以「物」是指眾人。大地的形勢順應無比，君子因而厚植自己的道德來承載萬物，意即培養德行，因而可以包容眾人。「最」是指眾人聚集在一起。

## 〈5．3〉

申徒嘉，兀者也，而與鄭子產同師於伯昏無人。子產謂申徒嘉曰：「我先出則子止，子先出則我止。」其明日，又與合堂同席而坐。子產謂申徒嘉曰：「我先出則子止，子先出則我止。今我將出，子可以止乎？其未邪？且子見執政而不違，子齊執政乎？」申徒嘉曰：「先生之門，固有執政焉如此哉？子而說子之執政而後人者也。聞之曰：『鑑明則塵垢不止，止則不明也。久與賢人處則無過。』今子之所取大者，先生也，而猶出言若是，不亦過乎？」子產曰：「子既若是矣，猶與堯爭善。計子之德，不足以自反邪？」申徒嘉曰：「自狀其過以不當亡者眾；不狀其過以不當存者寡。知不可奈何而安之若命，唯有德者能之。游於羿（ㄧˋ）之彀（ㄍㄡˋ）中，中央者，中地也；然而不中者，命也。人以其全足笑吾不全足者眾矣，我怫（ㄈㄨˋ）然而怒；而適先生之所，則廢然而反。不知先生之洗我以善邪？吾與夫子遊十九年矣，而未嘗知吾兀者也。今子與我遊於形骸之內，而子索我於形骸之外，不亦過乎？」子產蹴（ㄘㄨˋ）然改容更貌曰：「子無乃稱。」

## 〈白話〉

申徒嘉是個被砍去一腳的人，他與鄭國大夫子產一起在伯昏無人門下學習。子產對申徒嘉說：「我先出去，你就等一下再走；你先出去，我就等一下再走。」第二天，兩人又在同一屋裡同席而坐。子產對申徒嘉說：「我先出去，你就等一下再走；你先出去，我就等一下再走。現在我要出去，你可以等一下再走嗎？還是你做不到呢？你看到我這個執政大人也不迴避，你與執政大人相等嗎？」申徒嘉說：「老師門下，有像你這樣的執政大人嗎？你得意自己的執政地位而看不起別人。我聽說：『鏡子明亮，則塵垢不會堆積；塵垢堆積，則鏡子不會明亮。長期與賢人相處，就不會有過錯。』現在你應該推崇的是老師，而你還說出這麼自大的話，不是太過分了嗎？」子產說：「你已經弄成殘廢了，還想與堯這樣的聖人來比較誰更好。你衡量自己的德行，還不夠讓你反省的嗎？」申徒嘉說：「辯護自己的過錯，認為自己不該死的人很多；不辯護自己的過錯，認為自己不該活的人很少。知道事情無可奈何，就坦然接受為自己的命運，這只是有德者才做得到。走進后羿弓箭射程的中央，一定被射中；但是有人沒被射中，這是命。許多人因為自己雙腳俱全就嘲笑我雙腳不全，總是讓我憤怒不已；自從來到老師這裡，我就怒氣全消地回去了。不知老師是如何引導我走上善途的？我追隨老師已經十九年了，他從來不知道我是獨腳的人。現在你與我一起學習內在的修養，而你卻由外在的形貌來批評我，不也太過分了嗎？」子產聽了，立刻改變臉色，慚愧地說：「請你不要再說了。」

〈解讀〉

申徒嘉是假託之名。子產，原名公孫喬，鄭國大夫。伯昏無人，看名字就知道是虛構人物。子產認為自己是執政大臣，不屑與身體有殘疾的申徒嘉同行，子產拜師應該是重視內在的修養，卻仍重視有形的外在，這也是一般人常有的觀念與作風，實在有待改善。

人在犯錯時還認為自己無辜，這有兩種情況，一種是承認自己有錯，但因為有更高的理想無法達成而自認委屈；另一種是與他人比較之下，譬如犯罪時，別人有錢請律師辯護而脫罪，自己沒錢請不起律師而需坐牢，感覺十分委屈。

「知不可奈何而安之若命」是莊子的重點思想之一，也是「有德者」的特徵。

〈5．4〉

魯有兀者叔山無趾，踵見仲尼。仲尼曰：「子不謹前，既犯患若是矣。雖今來，何及矣！」無趾曰：「吾唯不知務而輕用吾身，吾是以亡足。今吾來也，猶有尊足者存，吾是以務全之也。夫天無不覆，地無不載，吾以夫子為天地，安知夫子之猶若是也！」孔子曰：「丘則陋矣！夫子胡不入乎？請講以所聞。」無趾出。孔子曰：「弟子勉之！夫無趾，兀者也，猶務學以復補前行之惡，而況全德之人乎！」無趾語老聃曰：「孔丘之於至人，其未邪？彼何賓賓以學子為？彼且蘄以諔（ㄐㄠ）詭幻怪之名聞，不知至人之以是為己桎梏邪！」老聃曰：「胡不直使彼以死生為一條，以可不可為一貫者，解其桎梏，其可乎？」無趾曰：「天刑之，安可解？」

〈白話〉

魯國有個被砍去一隻腳的人，叫做叔山無趾。他去請見孔子。孔子說：「你以前不謹慎，已經遭到禍患，落得這種下場。現在雖然來找我，又怎麼來得及呢！」無趾說：「我因為不懂事，行動魯莽草率，以致失去了腳。現在我來這裡，是因為人生還有比腳更尊貴的東西，我想努力保全它。天沒有不覆蓋的，地沒有不承載的；我把先生當成天地，哪裡知道先生是這樣的啊！」孔子說：「是我太淺陋了。先生何不進來？我想再說說我所知道的。」無趾轉身離開了。孔子說：「弟子們努力啊！無趾是個獨腳人，還想努力學習，以彌補過去所做的錯事，何況是想要保全德行的人呢！」無趾對老聃說：「孔子還沒有達到至人的境界吧？他為什麼常常來向你求教呢？他期望博得奇異怪誕的名聲，竟不知道至人把名聲當作自己的枷鎖呢！」老聃說：「你為什麼不直接讓他把死與生看成一體，把可與不可看成一致，解開他的枷鎖，這樣或許行得通吧？」無趾說：「這是自然加給他的刑罰，怎麼能夠解開呢？」

〈解讀〉

本篇連續出現三位兀者，他們是古代受到刖刑被斷足或斷趾的人。既是受罰，當然有錯，不過錯在誰就不得而知了。莊子特別喜歡用「形不全」的人彰顯心神世界（尊足）的意義，人生在世，保全內在的自我比保全腳更重要。兀者雖為形不全，尚知努力補過，至於形全之人，則更應追求德全之境，全德之人即是就此而言。

叔山無趾分別與孔子及老聃談話，而對孔子的評價甚差。不過儒家對於名聲的追求，並非如莊子筆下所形容的只是喜歡出名而已。《論語》中提及：「君子疾沒世而名不稱焉；君子去仁，惡乎成名？」因此，成名必定以真誠行善為主，對社會有所貢獻。

人在世間最難做到的，是「把死與生看成一體」。一般人總是悅生惡死，譬如〈養生主〉老耽死時，秦失祭弔，看到這麼多人悲傷，就認為老耽在世時照顧太多人，引起別人報恩的念頭。佛家所謂「業」，並非只是為惡，行善也算是，因為你行善之後，被幫助的人希望你永遠再來輪迴，好讓他們有機會報恩，結果讓你無法進入涅槃的境界。所以行善的最高境界應該是「為善不欲人知」，既不引起他人報恩的想法，自己又能解脫自在。

其次難以做到的是「把可與不可看成一致」，意即別人贊不贊同我，都視為一致。人活著時很難不受別人的影響，同一群人現在支持你，但下一次可能反對你。選舉時也一樣，這次選你，下次不選你，民意如流水是很自然的事。「天刑之」指的是自然的力量，像孔子這樣追求名聲，所以到七十歲才從心所欲不踰矩，表示在七十歲之前從心所欲就有機會踰矩。所謂「天刑之」的「天」固然代表自然界的力量，不過也隱含了幾分神祕難解的性格。如果真的「安可解」，豈不成了宿命論？

## 〈5・5〉

魯哀公問於仲尼曰：「衛有惡人焉，曰哀駘（ㄊㄞˊ）它（ㄊㄨㄛˊ）。丈夫與之處者，思而不能去也。婦人見之，請於父母曰：『與為人妻，寧為夫子妾』者，十數（ㄕㄨㄛˋ）而未止也。未嘗有聞其唱者也，常和（ㄏㄜˋ）人而已矣。無君人之位以濟乎人之死，無聚祿以望人之腹。又以惡駭天下，和而不唱，知不出乎四域，且而雌雄合乎前，是必有異乎人者也。寡人召而觀之，果以惡駭天下。與寡人處，不至以月數，而寡人有意乎其為人也；不至乎期（ㄐㄧ）年，而寡人信之。國無宰，而寡人傳國焉。悶然而後應，氾而若辭。寡人醜乎，卒授之國。無幾何也，去寡人而行。寡人卹（ㄒㄩˋ）焉若有亡也，若無與樂是國也。是何人者也？」

## 〈白話〉

魯哀公問孔子說：「衛國有個面貌醜陋的人，叫做哀駘它。男人與他相處，會思慕他而不肯離去。女人見了他，使向父母請求說：『與其做別人的妻，寧可做他的妾。』這樣的女人有十幾個，並且還在增加之中。不曾聽說他倡導什麼，只是常常附和別人而已。他沒有統治者的權位可以拯救別人的性命，也沒有聚斂的財富可以填飽別人的肚子。面貌奇醜無比，只知附和而不能倡導，智力不足以顧及身外之事，然而女人男人都親近他；這樣的人一定有異於常人的地方啊。我召他前來，一看之下，果然長得奇醜無比。但是，我們相處不到一個月，我就很欣賞他的為人；不到一年，我就很信任他。正好國家沒有主政的大臣，我就把國事委託給他。他卻悶聲不響沒有回應，又泛泛説些推辭的話。我覺得很沒面子，終於還是把國事交託給他。沒有多久，他離開我走了。我感覺悵然若失，好像沒有人可以與我共享一國的歡樂。這是個什麼樣的人呢？」

## 〈解讀〉

哀駘它這位醜人，沒有「權勢、利祿、容貌、口才、知識」，卻能吸引眾人歸向他，這真是令人百思不解。但或許正因為如此，才能使與他相處的人肯定自己的存在價值。

魯哀公親自見識了哀駘它的魅力，但仍然不解其中緣由，所以請教孔子。從莊子的敘述看來十分誇張，但其中值得注意的是他善於聆聽，很少回應，可見聆聽就是對他人最大的鼓勵與安慰。同時，他從不爭權奪利，國君給他權位他也不拒絕，但最後還是離去，毫不戀棧，反而讓人悵然若失。本來國君是希望與他共享榮華，人在得意時很怕無人可以分享成就，必須有不嫉妒你的好朋友，才可以放心傾訴，所以魯哀公特別覺得遺憾。

老子說：「天下皆知美之為美，斯惡矣」，古人所謂的「惡」常是指醜。至於寡人「醜」乎，則是「慚愧」的意思。

## 〈5・6〉

**仲尼曰：「丘也嘗使於楚矣，適見㹠（ㄊㄨㄣˊ）子食於其死母者。少焉眴（ㄒㄩㄢˋ）若，皆棄**

之而走。不見己焉爾，不得類焉爾。所愛其母者，非愛其形也，愛使其形者也。戰而死者，其人之葬也不以翣（ㄕㄚˋ）資；刖（ㄩㄝˋ）者之屨（ㄐㄩˋ），無為（ㄨㄟˋ）愛之。皆無其本矣。為天子之諸御：不爪翦，不穿耳；取妻者止於外，不得復使。形全猶足以為爾，而況全德之人乎！今哀駘它未言而信，無功而親，使人授己國，唯恐其不受也，是必才全而德不形者也。」哀公曰：「何謂才全？」仲尼曰：「死生、存亡、窮達、貧富、賢與不肖、毀譽、飢渴、寒暑，是事之變、命之行也。日夜相代乎前，而知不能規乎其始者也。故不足以滑（ㄍㄨˇ）和，不可入於靈府。使之和豫，通而不失於兌（ㄉㄨㄟˋ）。使日夜無郤（ㄒㄧˋ），而與物為春，是接而生時於心者也。是之謂才全。」「何謂德不形？」曰：「平者，水停之盛也。其可以為法也，內保之而外不蕩也。德者，成和之修也。德不形者，物不能離也。」哀公異日以告閔子曰：「始也吾以南面而君天下，執民之紀而憂其死，吾自以為至通矣。今吾聞至人之言，恐吾無其實，輕用吾身而亡吾國。吾與孔丘非君臣也，德友而已矣！」

## 〈白話〉

孔子說：「我曾經到楚國去，碰巧看見一群小豬在剛死的母豬身上吸奶，一會兒突然驚慌起來，全都離開母豬跑走了。這是因為小豬覺得母豬不像原來的樣子，與自己不是同類的東西了。小豬愛母親，不是愛母親的形體，而是愛那使形體活動的內在力量。戰死沙場的人，不用武器上的裝飾品陪葬；被砍斷腳的人，沒有理由愛惜他的鞋子；這都是因為失去了根本。侍奉天子的女人，不剪指甲，不穿耳洞；娶妻的男人只能在外服役，不能再侍奉天子。形體完整的人，已有如此殊遇，何況是保持完整德行的人呢！現在哀駘它不說話就能讓人信任，不立功就能讓人親近，別人委託國事給他，還唯恐他不接受。這一定是才全而德不形的人。」哀公問：「什麼叫做『才全』？」孔子說：「死生、存亡、窮達、貧富、賢與不肖、毀譽、飢渴、寒暑，這些都是事物的變化、命運的流轉。就像白天黑夜在我們眼前交替出現，而我們的智力無法測知其緣由。所以，一切遭遇都不足以擾亂和諧，也不能進入內在世界。使內心保持愉悅，通達萬物而不失其真實。無論日夜，時時刻刻都與萬物相推移，相互配合好像四時源自心中一樣。這就叫做『才全』。」哀公接著問：「什麼是『德不形』呢？」孔子說：「平，是水靜止時的完美狀態。它可以做為測量標準，內在持守而外表不動盪。德，就是保持和諧的那種修養。有德而不表露於外，萬物自然不能離他而去。」哀公過幾天把這番話告訴閔子騫，然後說：「從前我以國君之位治理天下，執掌法紀而憂慮百姓的生死，我自以為最懂治理之道。現在我聽到至人的言論，才擔心自己沒有真實的修養，會輕舉妄動使國家陷於滅亡。我與孔子，不是君臣，而是以德相交的朋友啊！」

## 〈解讀〉

莊子用生動的筆法描寫小豬愛母親並非愛牠的形體，而是愛那使形體活動的內在力量。莊子經常強調國君所見的都不是真正的人，官場上大多是作戲的人，每一個人都在扮演他的角色，因而喪失其內在的力量。哀駘它知道自己很醜，沒有什麼可以損失的，所以從不刻意去討好任何人，對國君而言，他除了做一個真誠的人，也把國君當成真正的人來互動，這樣反而使國君恢復自己是人的常態現象。相反的，其他大臣因為有所求，言語自然諂媚阿諛，當然不會真誠了。

「形全」是身體保持自然的完整狀態。形全者受到肯定，何況是德全者。「全德之人」就是追求德全的人。「才全」是面對一切處境，不放棄也不干擾內心的和諧，仍能不失其「真實」。「才」指保持真實的能力而言，沒有脫離自己真實的狀態。因此，才全是由形全提升到德全的關鍵。莊子用「死生、存亡、窮達、貧富、賢與不肖、毀譽、飢渴、寒暑」八種狀況說明才全，如果只能用一個詞來說明，那就是「遭遇」，也就是人無論遭遇如何，要視之為自然的現象，就像白天黑夜在我們眼前交替出現，人的智力是無法推知的，也不須擔憂。人一旦得意，稍遇挫折就很容易失意；人在失意時，稍有幸運，自然珍惜。所以不要刻意去推論，譬如想知道窮人為何快樂？如果用理智推估是因為窮，結果一試之後才發現上當，這就是人的自以為是。

「德不形」是德全者的特色之一，不以自己的優勢給人壓力，即是「不形」。讓人看不出跡象，似有若無，正是順其自然的極致表現。如果一個德全者在國君面前顯示自己的清高，難免對國君形成壓力。

至人是達成最高境界的人。前面才批評孔子，此處又把孔子當成至人。

「內保之而外不蕩也」很重要。莊子強調外化而內不化，內心與道同在，所以不管任何遭遇，都不會影響到內心的平靜，這樣的境界要靠修練才能達到。

## 〈5．7〉

闉（ㄧㄣ）跂（ㄑㄧˊ）支離無脤（ㄕㄣˋ）說（ㄕㄨㄟˋ）衛靈公，靈公說（ㄩㄝˋ）之，而視全人：其脰（ㄉㄡˋ）肩肩。甕（ㄨㄥˋ）㼜（ㄧㄤ）大癭（ㄧㄥˇ）說齊桓公，桓公說之，而視全人：其脰肩肩。故德有所長而形有所忘。人不忘其所忘而忘其所不忘，此謂誠忘。故聖人有所遊，而知為孽，約為膠，德為接，工為商。聖人不謀，惡（ㄨ）用知？不斲（ㄓㄨㄛˊ），惡用膠？無喪，惡用德？不貨，惡用商？四者，天鬻（ㄩˋ）也。天鬻者，天食（ㄙˋ）也。既受食於天，又惡（ㄨ）用人！有人之形，無人之情。有人之形，故群於人；無人之情，故是非不得於身。眇（ㄇㄧㄠˇ）乎小哉，所以屬於人也；謷（ㄠˊ）乎大哉，獨成其天。

## 〈白話〉

有一個人叫做闉跂支離無脤（跛腳、駝背、兔唇），前去遊說衛靈公；衛靈公很喜歡他，而看到正常人，反而覺得他們的脖子太瘦長了。另有一個人叫做甕㼜大癭（脖子上長了大瘤），前去遊說齊桓公；齊桓公很喜歡他，而看到正常人，反而覺得他們的脖子太瘦長了。所以，只要德行上有過人之處，形體上就會被人遺忘。人如果不僅忘記容易忘記的形體，還能忘記不容易忘記的德行，那就叫做「真忘」。因此，聖人有遨遊的本事，就會把智力視為禍根，把約法視為膠漆，把取得當作爭鬥，把技巧當作圖利。聖人不設謀，哪裡用得到智力？不散亂，哪裡用得到膠漆？不喪失，哪裡用得到取得？不售貨，哪裡用得到圖利？做到這四者，就是天育。天育就是由自然來養育。既然由自然來養育，又哪裡用得到人為的手段呢！他有人的形體，而沒有人的情感。有人的形體，所以與人群共處；沒有人的情感，所以是非不能影響他。渺小啊，就是那使他屬於人的部分！偉大啊，唯有那使他保全自然的部分。

## 〈解讀〉

蘇格拉底有點像莊子筆下形不全而德全之人。雖然他的外表乏善可陳，但一開口說話，就充滿智慧而吸引人跟隨他。

莊子的「德」，並非儒家所指的道德仁義之類；當然，他批評儒家時，也會採取儒家的用法。在道家看來，「德」是萬物「得之於道」者，因此萬物皆有其德（得也），人也不例外。因此，人的「德」是指其天生的自然狀態而言。如此看來，人的形體也是自然狀態，但是「品頭論足」就有問題了，而世人如何可能不啟動心念去妄議是非長短呢？因此，「德」就超過形的層次，轉到心的狀態了。換言之，保持心的自然狀態，才是德。在白話翻譯時，雖使用「德行」一詞，但不可忘記這個根本的意思。

「誠忘」是指真忘。由本段可知莊子對「忘」的肯定，才說忘形之後還要能忘德，才是真忘，譬如衛靈公與齊桓公之所以忘形，是因為他們遇到兩位忘德的人。

## 〈5・8〉

惠子謂莊子曰：「人故無情乎？」莊子曰：「然。」惠子曰：「人而無情，何以謂之人？」莊子曰：「道與之貌，天與之形，惡（ㄨ）得不謂之人？」惠子曰：「既謂之人，惡得無情？」莊子曰：「是非吾所謂無情也。吾所謂無情者，言人之不以好惡內傷其身，常因自然而不益生也。」惠子曰：「不益生，何以有其身？」莊子曰：「道與之貌，天與之形，無以好惡內傷其身。今子外乎子之神，勞乎子之精，倚樹而吟，據槁梧而瞑。天選子之形，子以堅白鳴。」

### 〈白話〉

惠子對莊子說：「人難道是無情的嗎？」莊子說：「是的。」惠子說：「人如果無情，怎麼可以稱為人？」莊子說：「道給了容貌，自然給了形體，怎麼可以不稱為人？」惠子說：「既然稱為人，又怎麼可以無情呢？」莊子說：「你說的不是我所謂的無情。我所謂的無情，是說人不要讓好惡之情傷害到自己的天性，就是要經常順應自己如此的狀態，而不要刻意去養生。」惠子說：「不刻意去養生，怎麼能夠保全身體呢？」莊子說：「道給了容貌，自然給了形體，不要讓好惡之情傷害到自己的天性。現在你放縱你的心神，消耗你的精力，倚著樹幹就高談闊論，靠著桌子就閉目昏睡。自然給了你形體，你卻以堅白之論來到處張揚！」

〈解讀〉

大自然給人形體，是指人生下來之後，身體慢慢成長；道給人容貌，是指人有屬於人的容貌，由道而來。動物也有身體，但容貌與人不同。這說明人的生命需要自然界的條件，同時也需要道的安排。

莊子與惠施所說的無情不同。莊子說的無情並非沒有正常的情感作用，而是不讓情感「內傷其身」，也就是向內傷到自己的天性。惠施則依據常識來立論，所謂「人非草木，孰能無情？」連動物都有情緒及情感表現，何況是人？他的觀點反映了一般人的想法，譬如刻意養生，保全身體。

有關「堅白」的理論。一種說法是指「堅白石」之論，詳見〈齊物論〉〈2・7〉；另一種說法是指「堅白石」與「白馬非馬」這兩者的簡稱。白馬非馬，在白馬不「等於」馬的字面意義是成立的，但不能說白馬不「屬於」馬。這類涉及邏輯與名言的爭辯，在莊子看來，對於領悟「道」有害無益。不過，邏輯與語言哲學也有一定的功用，但其目的是助人澄清思慮，而不是讓人陷於無謂的爭論。

〈德充符〉在說明一個人保存天性與稟賦之後，所得的驗證。我們手腳健全的人最重要的是不要以形體為憑藉，或者過於重視有形可見的形體。保存天性與稟賦也代表不過分向外追求，保持內心的平靜，如〈德充符〉〈5・2〉孔子所說：「人莫鑑於流水而鑑於止水，唯止能止眾止。」

**總結本篇要旨**

學習道家的關鍵，在於明辨「道」與「德」。道是萬物的來源與歸宿，德是萬物得之於道者，亦即萬物的「本性與稟賦」。人若保持本性與稟賦，就不會在意身體方面的缺陷（如老、殘、弱）與世俗方面的不足（如貧、賤、無用）。能夠順其自然而保持和諧，即是「德充」，而其「符」，則是驗證，可由本篇觀之。

# 大宗師 第六

〈6・1〉

知天之所為，知人之所為者，至矣！知天之所為者，天而生也；知人之所為者，以其知之所知以養其知之所不知，終其天年而不中道夭者，是知之盛也。雖然，有患。夫知有所待而後當，其所待者特未定也。庸詎知吾所謂天之非人乎？所謂人之非天乎？且有真人而後有真知。何謂真人？古之真人，不逆寡，不雄成，不謨（ㄇㄛˊ）士。若然者，過而弗悔，當而不自得也。若然者，登高不慄，入水不濡，入火不熱，是知之能登假於道者也若此。古之真人，其寢不夢，其覺無憂，其食不甘，其息深深。真人之息以踵，眾人之息以喉。屈服者，其嗌（ㄧˋ）言若哇。其耆（ㄕˋ）欲深者，其天機淺。

〈白話〉

知道自然的作為，又知道人的作為，這種人已經達到極致了！知道自然的作為的人，就明白一切都是源於自然；知道人的作為的人，就會以他所知的部分去保養他所不知的部分，使自己能夠活完自然的壽命而不在中途死亡，那就是智力的精采表現了。雖然如此，但還是有考驗。知識需等待其他條件配合，才可獲得證實，而其他條件卻是不確定的。怎麼知道我所謂的自然的不是人為的，我所謂的人為的不是自然的呢？再說，有真人出現，然後才有真知存在。什麼叫做真人？古代的真人不拒絕寡少，不炫耀成就，不從事圖謀。像這樣的人，錯過時機而不後悔，趕上時機而不得意。像這樣的人，登高不恐懼，入水不浸溼，蹈火不燠熱，因為他的智力能夠提升到道的層次，才有如此的表現。古代的真人，睡覺時不做夢，醒來後沒煩惱。他飲食不求甘美，呼吸特別深沉。真人的呼吸直達腳跟，眾人的呼吸只靠咽喉。呼吸不順暢的人，咽喉發聲好像打結一樣。嗜好及欲望太深的人，他天賦的領悟力就很淺了。

## 〈解讀〉

「大宗師」是「道」，但道十分抽象，所以在〈大宗師〉經常出現「真人」，因為真人是以道為基礎，與道同在，來自於道，也回歸於道。所以他的表現與眾不同，是一個真正的人。一般人忽視根本，生活中只為了壓力而應付別人的要求，只是扮演某種角色，談不上真正的人。

「天」是《莊子》中最難解的概念之一。一方面，天在古代是主宰萬物的至高力量，所以人間的天子具有主宰力量；另一方面，天與地合稱天地，代表宇宙或自然界整體，譬如天時代表自然的規律。主宰代表有意志可以操縱，但規律是必然的，自然的就是必然的，並無任何主宰，它就是這樣運作。因此，天的主宰性與自然界的規律性之間，雖有緊張關係，但仍須統合在一起。而莊子的做法，是重規律性而輕主宰性，但他偶爾也會提到天的主宰性，像《老子》六十七章說的：「天將救之，以慈衛之。」天要幫助一個人，就會讓這個人變得慈愛。這樣的慈愛像天一樣，可以包容一切。明白「天」的這兩種特性，並知道莊子心中的分寸，才能理解他的思想。

以「自然」一詞來譯「天」，意思是指自然界或大自然。在此必須知道，莊子也使用「自然」一詞，但意思是「自己而然」或「自己如此」。自己如此，即是自然的、天然的，是來自於「天」這個大自然的「安排」，而這個「安排」與人為的意念及設計無關。譬如「天機」的意思就是天賦的領悟力。古代的概念，一個詞隨著時間的遞衍，會產生許多豐富含意，所以更需謹慎分辨。「真人」與凡人有許多不同之處，本段側重描寫其超越「嗜欲」（包括生理上與情緒上）的能耐，下一段會進一步談到其他特質。

## 〈6・2〉

古之真人，不知說（ㄩㄝˋ）生，不知惡（ㄨˋ）死；其出不訢（ㄒㄧㄣ），其入不距；翛（ㄒㄧㄠ）然而往，翛然而來而已矣。不忘其所始，不求其所終；受而喜之，忘而復之。是之謂不以心捐道，不以人助天，是之謂真人。若然者，其心志，其容寂，其顙（ㄙㄤˇ）頯（ㄎㄨㄟˊ）；淒然似秋，煖（ㄒㄩㄢ）然似春，喜怒通四時，與物有宜而莫知其極。故聖人之用兵也，亡國而不失人心；利澤施乎萬世，不為愛人。故樂通物，非聖人也；有親，非仁也；時天，非賢也；利害不通，非君子也；行名失己，非士也；亡身不真，非役人也。若狐不偕、務光、伯夷、叔齊、箕（ㄐㄧ）子、胥餘、紀他（ㄊㄛ）、申徒狄，

**是役人之役，適人之適，而不自適其適者也。**

## 〈白話〉

古代的真人，不懂得去喜愛生命，也不懂得去厭惡死亡；他施展才能時不會過度張揚，獨居自處時不會過度隱藏；只是從容地去那兒，又從容地來這兒而已啊。他既不探問自己的起源，也不尋求自己的歸宿；對任何遭遇都欣然接受，無所牽掛而回復本來的狀態。這就是所謂的不用心思去損害道，不用人為去輔助自然。這就是所謂的真人。像這樣的人，他的心思陷於遺忘，容貌顯得淡漠，額頭特別寬大；他淒冷時像秋天，溫暖時像春天，喜怒與四時相通，隨著事物而表現合宜，以致無法探知他的究竟。所以，聖人指揮作戰時，能消滅敵國卻又不會失去人心；以恩澤加於後代萬世而不是因為偏愛世人。因此，快樂不與萬物相通的，不是聖人；有所偏愛的，不是仁人；等待時機的，不是賢人；無法明辨利害的，不是君子；為了名聲而失去自我的，不是讀書人；犧牲生命但失去本性的，不是可以治理別人的人。像狐不偕、務光、伯夷、叔齊、箕子、胥餘、紀他、申徒狄等，都是被別人驅使，讓別人安適，而不能使自己安適的人。

## 〈解讀〉

喜愛與厭惡會使人感情用事，會帶來偏差的認知，誤以為喜愛的優於厭惡的。事實上，一切都來自於道，並無優劣的問題。人類社會總會需要人的才能，但在施展時要適可而止，不要有捨我其誰、非我不可的觀念。所以老子書中有「慈、儉、不敢為天下先」的三寶，其中「不敢為天下先」是指：當事情仍然需要有人去做，不過只有在非你不可時，你領先而做，所有的人就不會排斥你。當你是被推舉出來，不是自己非要不可的，自然成為眾人的領袖；然而，如果是自己爭取的，就會引來別人的批評與嫉妒。

理想主義旁邊住著虛無主義，因為當一個人理想太高，發現與現實落差很大，就會落入偏差的思考，走向另一種極端，認為一切都不值得關懷。所以任何事都不宜偏激，就像獨居自處時不會過度隱藏，是比較理想的生活方式。因為沒有非如何不可的預設，便能從容、欣然面對一切遭遇。因為道是一個整體，所以人不必用自己的心思去區分；面對自然界，也不宜過度以人為中心去特別保護某些生物。真人深不可測的原因，是他本來就沒有特別要如何的心思，我們何必刻意去猜測？本文對「真人」的描寫，已涉及「處世」的態度，「自適其適」是我們可以努力的目標。

狐不偕，是「堯時賢人，不受堯讓，投河而死」；務光，「湯讓天下不受，自負石沉於廬水」；伯夷、叔齊抗議周武王伐紂，後不食周粟而死；箕子、胥餘，「漆身為厲（ㄌㄞˋ），被（ㄆㄧ）髮佯狂」；紀他，「聞湯讓務光，恐及乎己，遂將弟子蹈於窾水而死」；申徒狄，聽說紀他之事，「因以踣（ㄅㄛˊ）河」。莊子有〈讓王〉篇，意在強調不要讓人知道有自己當王的能力，就可以避免這種困擾。

「故聖人之用兵也」這段文字可能是由別處錯入，因為上下文都在描述「真人」，不宜加入這一段。「不忘其所始」的忘是「志」；「其心志」的志，應該是「忘」，這可能是傳抄之間所發生的錯誤。

## 〈6・3〉

古之真人，其狀義而不朋，若不足而不承；與（ㄩˋ）乎其堅而不觚（ㄍㄨ）也，張乎其虛而不華也；邴（ㄅㄧㄥˇ）邴乎其似喜乎，崔乎其不得已乎；滀（ㄔㄨˋ）乎進我色也，與乎止我德也；厲乎其似世乎，謷乎其未可制也；連乎其似好閉也，悗（ㄨㄢˇ）乎忘其言也。以刑為體，以禮為翼，以知為時，以德為循。以刑為體者，綽（ㄔㄨㄛˋ）乎其殺也；以禮為翼者，所以行於世也；以知為時者，不得已於事也；以德為循者，言其與有足者至於丘也，而人真以為勤行者也。故其好之也一，其弗好之也一。其一也一，其不一也一。其一與天為徒，其不一與人為徒，天與人不相勝也，是之謂真人。

## 〈白話〉

古代的真人，神態高雅而不給人壓力，看來好像不夠卻又無所增益；有所堅持而沒有稜角，心胸開闊而不浮華；舒舒暢暢好像很高興，行事緊湊好像不得已；他的振作，鼓勵人上進；他的安頓，引導人順服；他的威嚴，好像泰然自若；他的豪邁，無法加以限制；他說話徐緩，好像喜歡隱藏；他心不在焉，忘了自己要說的話。他以刑罰為身體，以禮儀為羽翼，以知識為時宜，以德行為順應。以刑罰為身體的人，對一切都明察秋毫；以禮儀為羽翼的人，藉此在世間行走；以知識為時宜的人，做事出於對不得已的考慮；以德行為順應的人，是說他就像有腳的人都可以爬上小山丘一樣，而世人還真以為他是勤行不懈的人呢。宇宙萬物，你喜歡它，它是合一的；你不喜歡它，它也是合一的。體驗到合一時，它是合一的；體驗到不合一時，它也是合一的。體驗到合一時，是指與自然相處；體驗到不合一時，是指與人相處。自然與人不相衝突。能做到這一點的，就叫做真人。

## 〈解讀〉

人不執著，自然會瀟灑而神態自若，但很難做到不給人壓力。人主要是因為有一個自我在與人比較，才會造成壓力，要化解自我並不容易。《論語》中形容孔子：溫而厲，威而不猛，恭而安。一般人溫和之後難以嚴肅，威則易猛，恭謹則往後坐立不安，由此可見孔子有很高的情緒智商。每一個人都有自己的專長，所以不須互相比較。本文對「真人」的描寫用了許多「乎、似、若」，是為了提供讀者想像的空間，因為沒有合適的語詞可以準確把握此種境界。

「以刑為體……而人真以為勤行者也」該段受到專家質疑，因為立場接近法家。但是除了「以刑為體」四字，其餘各句並未背離莊子思想。而「以刑為體」可指依刑罰來安排身體活動，亦即要設法免於刑罰，因而「對一切都明察秋毫」，也就是知道做什麼事情會犯錯，會有什麼後果，自然就會特別留意，在第一步時就小心謹慎。人在世間行走，像鳥靠雙翼飛行，《易經‧履卦》特別說明禮儀的重要，上九元吉，強調一路遵守禮儀，最後自然會有好的結果。學過《易經》的人一聽就懂，這樣的傳統經典幾乎已經成為文化理念的基礎，所以值得一學，我對《易經》的心得是：不學一定不會，學了不一定會，學會終身受用。

德行來自於心得，人認真做該做的事，做久了就有自己的心得。「其一也一，其不一也一」，這句話讀來頗有禪意，但在莊子筆下卻清晰分辨為兩個既對立又統一的層次，也就是人與自然各有它的範圍，但是又在整體之中。能領悟這種「既對立又統一」的關係，並且肯定「天與人不相勝也」，確實是高明的智慧。

「義而不朋」的「義」是「峨」，所以作「高雅」解。「朋」是「憑」，所以作「給人壓力」解。

## 〈6・4〉

死生，命也；其有夜旦之常，天也。人之有所不得與，皆物之情也。彼特以天為父，而身猶愛之，而況其卓乎！人特以有君為愈乎已，而身猶死之，而況其真乎？泉涸（ㄏㄜˊ），魚相與處於陸，相呴（ㄒㄩ）以溼，相濡以沫，不如相忘於江湖。與其譽堯而非桀也，不如兩忘而化其道。夫大塊載我以形，勞我以生，佚我以老，息我以死。故善吾生者，乃所以善吾死也。夫藏舟於壑（ㄏㄨㄛˋ），藏山於澤，謂之固矣！然而夜半有力者負之而走，昧者不知也！藏小大有宜，猶有所遯（ㄉㄨㄣˋ）。若夫藏天下於天下而不得所遯，是恆物之大情也。特犯人之形而猶喜之。若人之形者，萬化而未始有極也，其為樂可勝計邪？故聖人將遊於物之所不得遯而皆存。善夭善老，善始善終，人猶效之，又況萬物之所係而一化之所待乎！

## 〈白話〉

死與生，是命中注定的，就像黑夜與白晝一直在交替，是個自然現象。人對這些事情是無法干預的，而這正是萬物的實際狀況。人們認為自然是給予自己生命的父親，而全心愛慕它，何況是對那卓然獨立的道呢？人們認為有國君勝過無國君，而捨身效忠他，何況是對那真實無比的道呢？泉水乾涸了，幾條魚一起困在陸地上，互相吹氣來溼潤對方，互相吐沫來潤澤對方，這實在不如在江湖中互相忘記對方。與其稱頌堯而批評桀，不如忘記兩者而一起融合於道中。天地用形體讓我寄託，用生活讓我勞苦，用老年讓我安逸，用死亡讓我休息。所以，那妥善安排我的生命的，也將妥善安排我的死亡。把小船藏在山谷裡，把山藏在大澤裡，可以說是牢固了。然而半夜有個大力士把它背走，糊塗的人還不知道呢！藏小物與藏大物即使各得其宜，還是會遺失。如果把天下藏在天下裡，使它無從遺失，那才是萬物恆存不變的真實情況。如今偶然獲得人的形體，就很高興；像人這樣的形體，千變萬化而沒有窮盡，那麼快樂還能數得完嗎？所以聖人要遨遊於萬物都無從遺失的地方，而與萬物共存。對於能夠妥善安排少年、老年、開始、終結的人，人們都會效法他；何況是對於萬物賴以維繫、一切變化所憑藉的道呢？

## 〈解讀〉

哲學家解釋經驗只能就生死之間，亦即現世這一段來加以說明，因此，莊子認為人的生死，猶如氣的聚散，是自然的現象。自然不等於道，因為道是萬物的來源與基礎，是我們掌握一切的關鍵。在重要性上高於天（即是自然）與君（統治人間）的，只有道。與其為生死煩惱，或者在人間求福，「不如相忘於江湖」，「江湖」正是比喻道。所以人要自己選擇生命的態度。從整體來看，每一件事的出現都有支持它出現的理由，只從局部來解釋是不夠的。

「夫大塊載我以形……乃所以善吾死也。」這段話也出現在稍後子來的對話中，可能是錯簡重出。「藏山於澤」的景況是因為水面遼闊，完全看不出山在澤中。「夜半有力者負之而走」，意指在不知不覺中，造化之力已在遷移一切。代表人間一切都可得可失，無論做多少嚴密的防護，終究還是無能為力。

## 〈6．5〉

夫道，有情有信，無為無形；可傳而不可受，可得而不可見；自本自根，未有天地，自古以固存；神鬼神帝，生天生地；在太極之先而不為高，在六極之下而不為深，先天地生而不為久，長於上古而不為老。狶（ㄒㄧ）韋氏得之，以挈（ㄑㄧㄝˋ）天地；伏戲得之，以襲氣母；維斗得之，終古不忒（ㄊㄜˋ）；日月得之，終古不息；堪坏（ㄆㄟ）得之，以襲崑崙；馮夷得之，以遊大川；肩吾得之，以處大（ㄊㄞˋ）山；黃帝得之，以登雲天；顓（ㄓㄨㄢ）頊（ㄒㄩ）得之，以處玄宮；禺（ㄩˊ）強得之，立乎北極；西王母得之，坐乎少廣，莫知其始，莫知其終；彭祖得之，上及有虞，下及五伯（ㄅㄚˋ）；傅說（ㄩㄝˋ）得之，以相（ㄒㄧㄤˋ）武丁，奄有天下，乘東維，騎箕尾，而比於列星。

## 〈白話〉

道：有真實有驗證，無作為無形跡；可以心傳而不可口授，可以體悟而不可看見；自己為本，自己為根，在沒有天地之前，自古以來一直存在；造就了鬼神，造就了上帝，產生了天，產生了地；在太極之上而不以為高，在六合之下而不以為深，先天地存在而不以為久，比上古年長而不以為老。狶韋氏得到它，用來統御天地；伏羲氏得到它，用來調和陰陽；北斗星得到它，永不改變方位；日月得到它，永不改變運行；堪坏（山神）得到它，用來盤踞崑崙；馮夷（河神）得到它，用來遨遊大川；肩吾（山神）得到它，用來坐擁泰山；黃帝得到它，用來登上雲天；顓頊（玄帝）得到它，用來進駐玄宮；禺強（北海神）得到它，立足於北極；西王母得到它，坐鎮於少廣山，無人知其始終；彭祖得到它，上起有虞氏，下至五霸，活了八百年；傅說得到它，輔佐殷高宗統一天下，然後乘著東尾星，騎著箕尾星，躋身於眾星之列。

## 〈解讀〉

道家與儒家不同之處，在於儒家以人為中心，從人的標準去看一切，很容易錯失美感。道家不以人為中心，以道為中心，所有的一切都在道的整體之中。譬如從時間來看，我們把它拉長，萬物都在生滅變化，看起來在興起，其實也在走向結束，領悟了這一點，便對人間的起起落落，不再執著；從空間來看，人再怎麼活動也都在一個整體之中，所以沒有成敗得失可言。你看別人的得意，如果沒有我們的失意，怎麼襯托他的得意呢？你在某個地方失意，說不定換個地方就得意了，而全都看開之後，就超越了得意失意。如能掌握這個重點，連生死都可以看開。因此最重要的是，學過道家之後能產生全面的美感，萬物無一不可欣賞。未學道家之前，總覺得美是人間規定的，就像梵谷在生前，他的心願只是把畫賣出去，以換得下一幅畫的顏料，死後卻價值連城，這是相對的美。學了道家之後，眼界拓寬了，不再受限於人的標準。人的標準在莊子看來，就像泉水乾涸了，幾條魚困處在陸地上，「相呴以濕，相濡以沫」，但終究「不如相忘於江湖」。人所見的是相對的價值，而道家說的是絕對價值，整個天地無一不美，生活才能產生逍遙自在的趣味。學習道家需要記住這些重點，否則進入原文之後會覺難以跟上莊子的步調，因為他對文字的掌握靈活無比，讀者很容易像走入迷宮一樣，找不到出路。

本文前半段對「道」的描述至為緊要。道，有真實有驗證，表示這個真實是可驗證的，萬物不在嗎？它看起來存在；萬物存在嗎？它又一直在變化。如果沒有道，就什麼都不能談。無作為無形跡，道沒有任何作為，一如「天籟」咸其自取，怒者其誰？莊子喜歡用「怒」字，像逍遙遊中的「怒而飛」，代表振作，一股氣帶來力量。而道可心傳不可口受，所說的都要「隨說隨掃」，不要執著於任何一個字、一句話。關鍵在於「自本自根」四字。自本自根者，自己是自己的原因，所以沒有理由不「永遠存在」，並且必定是其他一切存在之物的源頭。這與西方哲學探討上帝時的說明雷同，上帝是「自因」，別的東西是「他因」，所以莊子的智慧可與西方哲學並駕齊驅。他在〈齊物論〉就說明古人最高的智慧就是領悟「從來都沒有東西存在過」，因為萬物都在變化之中，所以不能說它存在。「神鬼神帝……長於上古而不為老。」該段都是從「自本自根」推論出來的。道是起始也是終結，在始與終之間的變化只是過渡的階段或短暫的片刻，所以「悟道者」的作為與一般人大異其趣。

後半段說明體驗到道會有何效果。包含天地、陰陽、日月、河神、海神、星辰都得到基礎與根源，才有宇宙萬物的產生。「狶韋氏得之」以下的一段資料，夾雜古代神仙傳說，用以形容道的效應，這十三種人與物，因為體悟了道而在自己的位置上發揮效應，足以證明萬物由道而來。因此不必拘泥其語。順道一提，此處出現的「太極」與《易經》無關。

〈6．6〉

南伯子葵問乎女偊（ㄐㄩˇ）曰：「子之年長矣，而色若孺子，何也？」曰：「吾聞道矣。」南伯子葵曰：「道可得學邪？」曰：「惡（ㄨ）！惡可！子非其人也。夫卜梁倚有聖人之才而無聖人之道，我有聖人之道而無聖人之才。吾欲以教之，庶幾其果為聖人乎！不然，以聖人之道告聖人之才，亦易矣。吾猶守而告之，參日而後能外天下；已外天下矣，吾又守之，七日而後能外物；已外物矣，吾又守之，九日而後能外生；已外生矣，而後能朝徹；朝徹，而後能見獨；見獨，而後能無古今；無古今，而後能入於不死不生。殺生者不死，生生者不生。其為物，無不將也，無不迎也，無不毀也，無不成也。其名為攖（ㄧㄥ）寧。攖寧也者，攖而後成者也。」南伯子葵曰：「子獨惡（ㄨ）乎聞之？」曰：「聞諸副墨之子，副墨之子聞諸洛誦之孫，洛誦之孫聞之瞻明，瞻明聞之聶許，聶許聞之需役，需役聞之於（ㄨ）謳（ㄡ），於謳聞之玄冥，玄冥聞之參寥，參寥聞之疑始。」

## 〈白話〉

南伯子葵問女偊說：「你年紀很大，面色卻像孩童一樣，這是什麼緣故呢？」女偊說：「我體悟了道。」南伯子葵說：「道可以學得會嗎？」女偊說：「不行，怎麼可以呢？你不是合適的人選。卜梁倚有聖人的才幹而沒有聖人的祕訣。我有聖人的祕訣，而沒有聖人的才幹。我想教他，或許他可以真的成為聖人啊！即使做不到，把聖人的祕訣告訴有聖人才幹的人，也較為容易。我必須以具體持守的方式來告訴他。持守三天以後，就能遺忘天下；已經遺忘天下了，我繼續持守，七天以後就能遺忘萬物；已經遺忘萬物了，我又繼續持守，九天以後就能遺忘生命；已經遺忘生命了，然後能夠透徹通達；透徹通達了，然後能夠看見一個整體；看見一個整體了，然後能夠沒有古今之分；沒有古今之分了，然後能夠進入不死不生的境地。使生命死亡的力量，本身是不會死的；使生命產生的力量，本身是不會生的。道對於萬物沒有什麼不相送，沒有什麼不相迎，沒有什麼不毀壞，沒有什麼不成全。這又叫做『攖寧』。所謂攖寧，就是在一切變化紛擾中保持寧靜。」南伯子葵問：「你又是從哪兒得到體悟的？」女偊說：「我得之於副墨（書本）之子，副墨之子得之於洛誦（背誦）之孫；洛誦之孫得之於瞻明（見理明白）；瞻明得之於聶許（聽理清楚）；聶許得之於需役（具體實行）；需役得之於於謳（詠唱歌謠）；於謳得之於玄冥（悠遠寂靜）；玄冥得知於參寥（浩渺空虛）；參寥得之於疑始（似始非始）。」

## 〈解讀〉

本篇所描寫的是體道與修練的過程，天下指人間，天地指自然界。本文前半段的體道過程，共有七個步驟，依序是：外天下，外物，外生，朝徹，見獨，無古今，不死不生。前三者都使用的「外」字，有「遺忘」，也有「超越」之意，亦即可以不受干擾、置之度外。從「朝徹」以後，不再談持守幾天，因為人的悟道無法以工夫衡量。「見獨」是「見一」，亦即領悟「萬物為一體」。「不死不生」是描寫無死無生的永恆狀態，因為與道合一了。看到一個整體之後，何必區分你我，但人生最難的即是看到一個整體。萬物充滿變化，方生方死，方死方生，而道是永恆的。

本文後半段的習道順序有九，值得我們一一省思。萬物沒有離開道，順著自然發展，所以沒有悟道的問題。而人類則不然，可以悟道，卻也可以離開道，以致於造成各種複雜離奇的現象。莊子的目的在於希望人可以領悟到，我們所擁有的一切，不要以為是自己的。有某一方面的才幹，但不要以為是自己所擁有的，而是「不得已」，因為一切條件均已成熟，自然可以無心而為，不求特定目的，也就對於成敗、得失、毀譽不那麼在意。莊子在亂世體悟這個道理，而我們生在今世，各方面條件已經理想多了，讓我們有選擇的自由，可以決定自己的生活，相較之下，實在幸福多了。

〈6．7〉

子祀、子輿、子犁、子來四人相與語（ㄩˋ），曰：「孰能以無為首，以生為脊，以死為尻（ㄎㄠ）；孰知死生存亡之一體者，吾與之友矣！」四人相視而笑，莫逆於心，遂相與為友。俄而子輿有病，子祀往問之。曰：「偉哉，夫造物者將以子為此拘拘也。」曲僂（ㄌㄡˊ）發背，上有五管，頤隱於齊（ㄐㄧˋ），肩高於頂，句（ㄍㄡ）贅指天，陰陽之氣有沴（ㄌㄧˋ），其心閒而無事，跰（ㄅㄧㄢˊ）躚（ㄒㄧㄢ）而鑑（ㄐㄧㄢˋ）於井，曰：「嗟乎！夫造物者又將以予為此拘拘也。」子祀曰：「女（ㄖㄨˇ）惡（ㄨˋ）之乎？」曰：「亡（ㄨˊ），予何惡！浸假而化予之左臂以為雞，予因以求時夜；浸假而化予之右臂以為彈，予因以求鴞炙；浸假而化予之尻以為輪，以神為馬，予因以乘之，豈更駕哉！且夫得者，時也；失者，順也。安時而處順，哀樂不能入也，此古之所謂縣（ㄒㄩㄢˊ）解也，而不能自解者，物有結之。且夫物不勝天久矣，吾又何惡焉！」

## 〈白話〉

子祀、子輿、子犁、子來在一起談話，說：「誰能把『無』當作頭，把『生』當作脊樑，把『死』當作尾椎；誰能明白死生存亡是一個整體；這樣的人，我才要同他交往。」四個人相視而笑，內心契合，於是結為朋友。不久，子輿生病了；子祀前去探望，說：「偉大啊，造物者竟然把你弄成這副蜷曲的樣子。」子輿彎腰駝背，五臟擠在背部，臉頰藏在肚臍下，雙肩高過頭頂，髮髻朝著天空，氣血錯亂不順。但是他心情悠閒而若無其事，蹣跚走到井邊，照見自己的身影，說：「哎呀！造物者竟然要把我弄成這副蜷曲的樣子。」子祀說：「你討厭這副樣子嗎？」子輿說：「不，我怎麼會討厭呢？假使把我的左臂變成公雞，我就用牠來報曉；假使把我的右臂變成彈丸，我就用它來打鳥再烤了吃；假使把我的尾椎變成車，把我的心神變成馬，我就乘坐這輛馬車，難道還要找別的車馬嗎？再說，有所得，是靠時機；有所失，就要順應。安於時機並且順應變化，哀樂之情就不能進入心中。這是古人所說的解除倒懸。那些不能自行解除的人，是被外物束縛住的。再說，外物不能勝過自然的造化，那是由來已久的啊，我又討厭什麼呢！」

## 〈解讀〉

萬物皆由「道」而來，因此「道」可以稱為「造物者」。我們如果以「道」這個詞來表達，顯得十分抽象，因此就依據萬物都有一個來源，而使用「造物者」這個名稱。造物者是萬物的起源與歸宿，是一切變化背後的支撐力量。關於造物者是否具有「位格」（能運思、能感受、能抉擇的主體），則答案是：所謂位格，是對應於有位格的人而展現的，如此與人才可以互動，而人也才可以與造物者同遊。至於造物者本身，當然是超越位格的。並且，即使造物者被人描述為好像具有位格，其位格的運作模式也無法測度，甚至神祕難解。因此，面對造物者的作為，譬如一個人的身體發生任何變化，子輿只能以「安時而處順」來回應，不會有任何堅持，不會認為必定要如何。除此之外還能有什麼辦法呢？時下有些人對自己的外表不滿意，花許多力氣整型美容，即是無法理解這個道理。在莊子思想中，「安時而處順，哀樂不能入也」的觀念頗具代表性。

## 〈6．8〉

**俄而子來有病，喘喘然將死。其妻子環而泣之。子犁往問之，曰：「叱（ㄔˋ）！避！無**

怛（ㄉㄚˊ）化！」倚其戶與之語曰：「偉哉造化！又將奚以汝為？將奚以汝適？以汝為鼠肝乎？以汝為蟲臂乎？」子來曰：「父母於子，東西南北，唯命之從。陰陽於人，不翅於父母。彼近吾死而我不聽，我則悍矣，彼何罪焉？夫大塊載我以形，勞我以生，佚我以老，息我以死。故善吾生者，乃所以善吾死也。今大冶鑄金，金踊（ㄩㄥˇ）躍曰：『我且必為鏌鋣（ㄧㄝˊ），』大冶必以為不祥之金。今一犯人之形而曰：『人耳，人耳，』夫造化者必以為不祥之人。今一以天地為大鑪，以造化為大冶，惡乎往而不可哉！」成然寐，遽（ㄐㄩˋ）然覺。

## 〈白話〉

不久，子來生病，呼吸急促好像快要死了，他的妻子兒女圍在床邊哭泣。子犁前去探望，對他的家人說：「去，走開！不要驚動將要變化的人。」他倚在門邊對子來說：「偉大啊，造化的力量！又要把你變成什麼？把你送往何處？把你變成鼠肝嗎？把你變成蟲臂嗎？」子來說：「依父母與子女的關係，不論要子女去東西南北，他們都唯命是從。陰陽二氣與人的關係，無異於父母。它們要求我死，而我不聽從，那是我忤逆不孝，它們有什麼錯呢？天地用形體讓我寄託，用生活讓我勞苦，用老年讓我安逸，用死亡讓我休息。所以，那妥善安排我的生命的，也將妥善安排我的死亡。現在有個鐵匠在煉鐵，鐵塊跳起來說，『我一定要做鏌鋣劍』，鐵匠一定認為這是不吉祥的鐵。現在偶然獲得人的形體，就說『我是人，我是人』，造物者一定認為這是不吉祥的人。現在就以天地為大熔爐，以造化為大鐵匠，又有哪裡去不得呢！」子來說完話，悄無聲息地睡著，又清清爽爽地醒來。

子來是悟道者，然而妻子兒女在他生病時圍在床邊哭泣，足以證明悟道是個人的事。

## 〈解讀〉

造物者所展示的是「造化」的力量，就力量的運作而言，無異於大自然的作為。因此，「造物者」本身可用來描寫道，「造化」可用以描寫大自然的變化。這兩者的關係是雙重的，一方面好像「體」與「用」；另一方面則是「能」與「所」，也就是仍有能生者（主動之因）與所生者（被動之果）的差別，因此不可視為等同。

「陰陽」二氣代表自然界中兩種「相反相成」的力量。可以指稱大自然本身，也可以指稱其中運作的力量。陰陽二氣對人而言，無異於父母。《老子》四十二章也說：「道生一，一生二，二生三，三生萬物。萬物負陰而抱陽，沖氣以為和。」一代表元氣，是一切的始元；二代表陰氣與陽氣；三代表陰氣與陽氣，以及它們所產生的和氣。陰陽以某種比例造成的一種穩定狀態，稱為和氣。

莊子喜歡說：「夫大塊載我以形，勞我以生，佚我以老，息我以死。」元人劉靜修曾寫：「茫茫大塊洪爐裡，何物不寒灰？古今多少，荒煙廢壘，老樹遺台。泰山如礪，黃河如帶，等是塵埃。不須更嘆，花開花落，春去春來。」，其中「泰山如礪，黃河如帶」這種眼界，正是從《莊子》所得的靈感。或許有人認為，體悟一切的變化，會不會因而導致消極的態度？這種可能性的確無法排除，然而莊子是要人從相對變化的世界中悟道，不以對我們是否有利與個人的評價標準，去面對和觀察萬物，然後不再執著，因此能認識萬物的真實，跳脫人的思考框架去欣賞萬物本身，由此產生美感，進而珍惜眼前所擁有的一切。

## 〈6・9〉

子桑戶、孟子反、子琴張三人相與友，曰：「孰能相與於無相與，相為於無相為；孰能登天遊霧，撓挑無極，相忘以生，無所終窮？」三人相視而笑，莫逆於心，遂相與友。莫然有間，而子桑戶死，未葬。孔子聞之，使子貢往待事焉。或編曲，或鼓琴，相和而歌曰：「嗟來桑戶乎！嗟來桑戶乎！而已反其真，而我猶為人猗（ㄧ）！」子貢趨而進曰：「敢問，臨尸而歌，禮乎？」二人相視而笑曰：「是惡知禮意！」子貢反，以告孔子，曰：「彼何人者邪？修行無有，而外其形骸，臨尸而歌，顏色不變，無以命之。彼何人者邪？」孔子曰：「彼遊方之外者也，而丘遊方之內者也。外內不相及，而丘使女往弔之，丘則陋矣！彼方且與造物者為人，而遊乎天地之一氣。彼以生為附贅縣（ㄒㄩㄢˊ）疣，以死為決𤴯（ㄏㄨㄢˋ）潰癰（ㄩㄥ）。夫若然者，又惡知死生先後之所在？假於異物，託於同體；忘其肝膽，遺其耳目；反覆終始，不知端倪；芒然彷（ㄈㄤˊ）徨乎塵垢之外，逍遙乎無為之業。彼又惡能憒（ㄎㄨㄟˋ）憒然為世俗之禮，以觀眾人之耳目哉！」

## 〈白話〉

子桑戶、孟子反、子琴張三人結交為友時，說：「誰能在不相交往中互相交往，在不相幫助中互相幫助？誰能登上青天在雲霧裡遨遊，在無極之境迴旋；忘記了生命，沒有窮盡終結？」三人相視而笑，內心契合，於是結交為友。平靜過了一段時日，子桑戶死了，尚未下葬。孔子聽到這個消息，就派子貢去幫忙喪事。孟子反與子琴張二人，一個編竹簾，一個敲著琴，一起唱著歌說：「哎呀，桑戶啊！哎呀，桑戶啊！你已回歸真實，而我還是人啊！」子貢上前說：「請問對著屍體唱歌，合乎禮嗎？」這二人相視而笑，說：「你哪裡知道禮的意思？」子貢回去後，把所見所聞告訴孔子，並且說：「他們是什麼樣的人呢？不用禮儀來修養德行，而把形體表現置之度外，對著屍體唱歌，臉色絲毫不變。真是沒法描述。他們是什麼樣的人呢？」孔子說：「他們是遨遊於世俗之外的人；我是遨遊於世俗之內的人。外與內是不相干的，我還派你去弔喪，是我太淺陋了！他們正與造物者作伴，遨遊於天地大氣之中。他們把生看成多餘的贅瘤，把死看成膿瘡潰破一般。像這樣的人，又怎麼知道死生好壞的區別呢？在他們看來，生命只是假借不同的物質，寄託在同一個身體上。忘記在內的肝膽，也排除在外的耳目；生命的開始與結束是反覆相接的，不知道什麼是真正的頭緒。自在地徘徊於塵世之外，並逍遙於無事之始。他們又怎能慌亂地遵行世俗的禮儀，表演給眾人觀看呢！」

## 〈解讀〉

莊子喜歡批判當時擁有許多追隨者的儒家，但他對儒家思想並非完全反對。

孔子自知是「遊方之內」的人，同時也了解「遊方之外」是怎麼回事。由此可見，他是一位稱職的老師。當然，這些都出於莊子的構思。方內與方外代表世俗之內與世俗之外，目前我們還在引用這二詞，這也說明了儒家與道家的不同。子桑戶、孟子反、子琴張三人有相同的生命態度，也達到彼此相視而笑、莫逆於心的高度默契，所以在面臨死亡時彼此這樣對待，就不會有任何情緒反應。但是他們身旁的親友並沒有這種覺悟，貿然要他們接受，也是強人所難。

其實，道家真正的目的是要我們「外化而內不化」，雖然境界極高，卻是我們可以努力的目標。外表不標新立異，也不好高騖遠，但內心與道同在，不因成敗得失而影響自己的情緒。如此可避免學習道家之後，表現出驚世駭俗的態度，與身旁的人格格不入。

子桑戶之死被稱為「反其真」。若死亡為回歸真實，活著豈不是處在虛幻世界中？重點在於：真實的本身（或稱「絕對真實」）即是「道」，那麼活著除了學道、體道、行道之外，其他一切都是不切實際的事。「把生看成多餘的贅瘤，把死看成膿瘡潰破一般……生命只是假借不同的物質，寄託在同一個身體上。」這段話對一般人而言或許很難接受，但從整體來看，會發現這樣的說法其實很合理。「假借」與「寄託」是莊子經常使用的語詞，意在提醒我們不受外在條件所束縛。

〈6．10〉

子貢曰：「然則夫子何方之依？」孔子曰：「丘，天之戮民也。雖然，吾與汝共之。」子貢曰：「敢問其方？」孔子曰：「魚相造乎水，人相造乎道。相造乎水者，穿池而養給；相造乎道者，無事而生定。故曰：魚相忘乎江湖，人相忘乎道術。」子貢曰：「敢問畸人？」曰：「畸人者，畸於人而侔（ㄇㄡˊ）於天。故曰：天之小人，人之君子；人之君子，天之小人也。」

## 〈白話〉

子貢說：「那麼，老師要歸向哪一邊呢？」孔子說：「我啊，是自然所懲罰的人。雖然如此，我要與你共同努力。」子貢說：「請問有什麼方法？」孔子說：「魚在水中相處合適，人在道中相處合適。在水中相處合適的，在池塘中游動就供養充足了；在道中相處合適的，閒居無事就性情安定了。所以說，魚在江湖中可以互相忘記，人在道術中可以互相忘記。」子貢說：「請問什麼是奇人？」孔子說：「奇人，是異於眾人而合於自然者。所以說，自然之小人，正是眾人之君子；眾人之君子，正是自然之小人。」

## 〈解讀〉

莊子筆下的孔子有「知其不可而為之」的作風，似乎那是天性使然，所以可稱之為「天之戮民」，天是自然，在人則為天性。但是天性如此，又怎麼可能化解？這也是莊子必須深思及回答的問題。

「魚相忘乎江湖，人相忘乎道術。」是莊子書中深具特色的語句。魚在水中「穿池而養給」，是一句很生動的描述，魚在水中相處合適，所以在水中安然地游來游去。人也一樣，如果在道中相處合適，閒居無事，性情就安定了。然而人總在相對的情況下，才發現什麼是幸福，譬如地震時，我們才會感覺不地震多好，正如西方所說：「沒有新聞就是好新聞。」（No news is good news）因此，人在閒居時不必擔心生活太無聊，只要把心定下來，平常心即是道，練習「萬物靜觀皆自得」，品味與體會這一剎那，自然有一種永恆的趣味。不要小看每一剎那，因為每一天都在變化，如果五年不曾到台北，這五年間光是街道與建築物的改變就很大了，何況是更長遠的時間。

「道術」兩個字合用時，要注意「術」是道的應用，「道」是指道的本身。畸人是自然之君子，是超越一般人的，因為一般人要成為君子，需要讀書修練，如此將脫離自然的狀態，所以說：「自然之小人，正是眾人之君子；眾人之君子，正是自然之小人。」

## 〈6．11〉

顏回問仲尼曰：「孟孫才，其母死，哭泣無涕，中心不戚，居喪不哀。無是三者，以善處喪蓋魯國，固有無其實而得其名者乎？回壹怪之。」仲尼曰：「夫孟孫氏盡之矣，進於知矣。唯簡之而不得，夫已有所簡矣。孟孫氏不知所以生，不知所以死；不知就先，不知就後。若化為物，以待其所不知之化已乎。且方將化，惡知不化哉？方將不化，惡知已化哉？吾特與汝，其夢未始覺者邪！且彼有駭形而無損心，有旦宅而無情死。孟孫氏特覺人哭亦哭，是自其所以乃。且也相與吾之耳矣，庸詎知吾所謂吾之乎？且汝夢為鳥而厲乎天，夢為魚而沒於淵。不識今之言者，其覺者乎？其夢者乎？造適不及笑，獻笑不及排，安排而去化，乃入於寥天一。」

## 〈白話〉

顏回問孔子說：「孟孫才的母親死了，他哭泣時不落淚，心中不憂戚，居喪不哀痛。沒有這三點，卻以善於處喪在全魯國聞名。難道真有這種無實而有名的人嗎？我覺得很奇怪！」孔子說：「孟孫才做到居喪的極致了，他比知道如何居喪的人更深一層。他的特點是分辨生死而無所得，但已依循世俗而有所分辨了。孟孫才不知道生是為了什麼，不知道死是為了什麼；不知道生與死是孰先孰後。它以順應變化為原則，等待他所不知道的變化出現而已。再說，現在即將變化，怎麼知道不變化的是什麼？現在未曾變化，怎麼知道已變化的是什麼？我與你都是做夢而未曾醒過來的人啊！再說，孟孫才以為有軀殼的更換而沒有心神的減損，有形體的轉化而沒有真正的死亡。他只是覺得別人哭他也要哭，所以就這麼表現出來了。再說，人們互相稱呼自己為『我』，但怎麼知道我所說的我是什麼呢？再說，你夢為鳥就飛上高天，夢為魚就沉入深淵，不知道正在談話的我們，是清醒的，還是在做夢？人們在忽然適意時，是來不及笑的；一旦笑了，是來不及安排的；接受安排而順應變化，就會進入空虛自然的整體中。」

## 〈解讀〉

孟孫才活在世間就依循世間的規則，但又不為規則所困。他忠於自己的覺悟，但又不完全忽視眾人，所以表現自有特色，在本文中，孔子彷彿成了他的知音。孟孫才在魯國居喪，做到極致，是因為了解生命的變化而順應這樣的變化，不會刻意為了世俗人們的眼光而表現哀戚。但是人要完全做到是有困難的，因為人是有記憶的，會引發自然的情感，再者，他的母親也許會希望他悲傷哭泣。因此，道家的思想影響後代，造成什麼結果呢？以竹林七賢排名第一的阮籍為例，他在母親過世時不依儒家之禮守喪，照樣吃飯喝酒，但每次想到母親時，一哭就吐血，母親出殯時也一樣，這樣的表現不免矯枉過正。《孟子》中記載滕文公父親過世，他請教孟子如何守喪的問題，孟子要他遵循古禮，五月居廬。諸侯前來弔喪時，滕文公哭得十分傷心，使得弔者大悅，讚許滕文公的表現合乎孝道。但是儒家強調的還是真誠的情感，如果沒有真誠的情感，只為了得到別人的稱許，就不是儒家的主張了。

「人們互相稱呼自己為『我』，但怎麼知道我所說的我是什麼呢？」因為人不可能沒有對象而自稱為「我」，但是人口中所說的我，究竟是指身體的我，還是精神的我？或許人真的從未細察過。「寥天一」也是莊子特有的詞，「寥」是空虛，「天」是自然，「一」代表整體。

〈6．12〉

意而子見許由，許由曰：「堯何以資汝？」意而子曰：「堯謂我：汝必躬服仁義而明言是非。」許由曰：「而奚來為軹（ㄓˇ）？夫堯既已黥（ㄑㄧㄥˊ）汝以仁義，而劓（ㄧˋ）汝以是非矣，汝將何以遊夫遙蕩恣（ㄗˋ）睢（ㄙㄨㄟ）轉徙之塗乎？」意而子曰：「雖然，吾願遊於其藩。」許由曰：「不然。夫盲者無以與乎眉目顏色之好，瞽者無以與乎青黃黼（ㄈㄨˇ）黻（ㄈㄨˊ）之觀。」意而子曰：「夫無莊之失其美，據梁之失其力，黃帝之亡其知，皆在鑪捶之間耳。庸詎知夫造物者之不息我黥而補我劓，使我乘成以隨先生邪？」許由曰：「噫！未可知也。我為汝言其大略：吾師乎！吾師乎！䪡（ㄐㄧ）萬物而不為義，澤及萬世而不為仁，長於上古而不為老，覆載天地、刻彫眾形而不為巧。此所遊已。」

## 〈白話〉

意而子去見許由，許由說：「堯教給你什麼？」意而子說：「堯對我說：你一定要實行仁義，並且明辨是非。」許由說：「你還來這裡做什麼？堯既然已經用仁義在你臉上刺青，又用是非割去你的鼻子，你又怎麼能夠遨遊於縱散、放任、變化多端的大路上呢？」意而子說：「雖然如此，我還是想要在它的邊緣遨遊。」許由說：「辦不到的。盲人無從欣賞眉目容顏之美好，瞎子無從欣賞彩色錦繡的華麗。」意而子說：「無莊不顧自己的美貌，據梁放棄自己的力氣，黃帝忘記自己的知識，他們三人都是經過鍛鍊才成功的。怎麼知道造物者不會消除我臉上的刺青，修補我被割去的鼻子，讓我恢復完整之身，來追隨先生呢？」許由說：「喔！這也無法確知。我為你講個大概吧：我的老師啊！我的老師啊！它毀壞萬物而不算是暴戾，澤被萬代而不算是仁慈，生於上古而不算是年老，覆天載地、雕塑眾生而不算是巧藝。這就是所要遨遊的境地。」

## 〈解讀〉

許由認為一旦入門跟錯老師，就沒有體悟大道的希望。文中，莊子把堯舜當成儒家眼中的聖君，但他們的教導有如讓人受刑，無法像道家一樣逍遙。意而子則想經由「鑪捶」（鍛鍊）

再重新出發，並期待造物者也許可以恢復他的完整之身，從這一點可以看出意而子聰明之處。許由允其所請。

「吾師乎」所指的是「道」，正是本篇〈大宗師〉所名者。後續的四句描述皆為「對立之統一」，旨在化解世人的偏見，以求超脫「仁義是非」的相對價值觀，然後可以回歸於道的究竟真實。西方有哲學家說：「上帝不是有智慧的，不是有生命的，因為祂是智慧本身，祂是生命本身。」這話可以用來說明莊子想表達的意思。如果說人有智慧，又說上帝也有智慧，難道兩者只是程度上的差別嗎？說人有生命，但是人的生命會結束，那麼說上帝有生命，難道祂的生命也會結束？因此，只有解釋為「上帝是智慧與生命的本身」，才可以理解上帝，也才可以理解道。

〈6．13〉

顏回曰：「回益矣。」仲尼曰：「何謂也？」曰：「回忘仁義矣。」曰：「可矣，猶未也。」他日，復見，曰：「回益矣。」曰：「何謂也？」曰：「回忘禮樂矣！」曰：「可矣，猶未也。」他日，復見，曰：「回益矣！」曰：「何謂也？」曰：「回坐忘矣。」仲尼蹴然曰：「何謂坐忘？」顏回曰：「墮肢體，黜（ㄔㄨˋ）聰明，離形去知，同於大通，此謂坐忘。」仲尼曰：「同則無好也，化則無常也。而果其賢乎！丘也請從而後也。」

## 〈白話〉

顏回說：「我有進步了。」孔子說：「怎麼說呢？」顏回說：「我忘記仁義了。」孔子說：「不錯了，但還不夠好。」過了幾日，顏回又去見孔子，說：「我有進步了。」孔子說：「怎麼說呢？」顏回說：「我忘記禮樂了。」孔子說：「不錯了，但還不夠好。」過了幾日，顏回又去見孔子，說：「我有進步了。」孔子說：「怎麼說呢？」顏回說：「可以坐忘了。」孔子驚訝地問：「什麼是坐忘？」顏回說：「擺脫肢體，除去聰明；離開形骸，消解知識，同化於萬物相通的境界，這樣就叫坐忘。」孔子說：「能同，就沒有什麼偏私；能化，就沒有什麼執著。你真是了不起啊！我也希望隨你一起努力。」

## 〈解讀〉

本文提到忘的順序是忘仁義，忘禮樂，然後坐忘。仁義是較為普遍、也較為抽象的原則或理想，禮樂是較為具體、也較為落實的操作或規範；至於坐忘，則是針對自我，再化解形與知的作用，等於「忘己」，然後可以「同於大通」。許多專家以為應該先忘禮樂再忘仁義，這點可供參考。不過，由於一般人忘仁義較易，忘禮樂較難，而忘記自我更是難上加難，所以我認為不必更改其順序。「忘」並非忘記，而是超越、化解，道家思想正是要提醒人們超越人類中心主義，這也是道家的主要觀點。

孔子最後說「請從而後」，實在是一位很有風度的老師。這一點倒是符合真實孔子的表現。《論語》也記載孔子對顏淵說：「用之則行，舍之則藏，惟爾與我有是夫。」由此可見，孔子與顏淵相差三十歲，但是他將顏淵的修養與自己相提並論，所以我們可以合理的推論，如果顏淵的壽命與孔子相當，他的成就有可能超越孔子。弟子不必不如師，否則一代將不如一代。師生對話中值得一提的是「不錯，但是不夠」，這種觀念值得我們學習。

〈6．14〉

**子輿與子桑友，而霖雨十日，子輿曰：「子桑殆病矣！」裹飯而往食（ㄙˋ）之。至子桑之門，則若歌若哭，鼓琴曰：「父邪！母邪！天乎！人乎！」有不任其聲而趨舉其詩焉。子輿入，曰：「子之歌詩，何故若是？」曰：「吾思夫使我至此極者而弗得也。父母豈欲吾貧哉？天無私覆，地無私載，天地豈私貧我哉？求其為之者而不得也。然而至此極者，命也夫！」**

〈白話〉

子輿與子桑是朋友，接連下了十天大雨，子輿說：「子桑恐怕要餓得生病了。」於是帶飯去給他。子輿到了子桑家門口，聽到像唱歌又像哭泣的聲音，彈著琴唱說：「父親啊！母親啊！天啊！人啊！」聲音有氣無力，急促地唱出這些詩句。子輿走進屋內，說：「你唱詩句，為什麼這個樣子？」子桑說：「我在想是誰讓我落到了這個地步，但想不出來。父母難道會希望我貧困嗎？天無私地覆蓋一切，地無私地承載一切，天地難道會單單讓我貧困嗎？我想找出是誰該負責，但找不到。那麼，我落到這個地步，就當它是命吧！」

**〈解讀〉**

子輿以為子桑在抱怨，然而他們這種人是不會也不屑抱怨的，因為他們以無為頭，以生為脊椎，以死為尾椎，明白「死生存亡」是一個整體，所以他要問子桑：「何故若是？」

子桑回答，對於找不出原因的遭遇，可以歸之於「命」。不過，人的貧困真的找不出原因嗎？莊子生於戰國亂世，或許面對許多無可奈何的狀況，不是我們可以理解的。

**總結本篇要旨**

大宗師就是「道」。悟道者為真人，真人的表現無異於神人與至人，是莊子筆下的完美典型。本篇對「道」的描述，得自老子真傳，尤其「自本自根」一詞可謂畫龍點睛。中間論及悟道七關，由「外天下」到「不死不生」，值得省思。悟道者相忘乎道術，彼此為友，則相視而笑，莫逆於心。

# 應帝王

第七

〈7．1〉

齧（ㄋㄝˋ）缺問於王倪，四問而四不知。齧缺因躍而大喜，行以告蒲衣子。蒲衣子曰：「而乃今知之乎？有虞氏不及泰氏。有虞氏其猶藏仁以要人，亦得人矣，而未始出於非人。泰氏其臥徐徐，其覺于于；一以己為馬，一以己為牛。其知情信，其德甚真，而未始入於非人。」

〈白話〉

齧缺向王倪請教，四次發問，四次的回答都是不知道。齧缺因此高興得跳了起來，前去告訴蒲衣子。蒲衣子說：「你現在知道了吧？有虞氏比不上泰氏。有虞氏還存著仁義之念，想藉此收服人心；他也確實得到了人心，但未曾超越那失去人性的狀態。泰氏安穩地睡去，懵懂地醒來；隨別人稱自己為馬，隨別人稱自己為牛。他的知識確實可靠，他的天賦十分真實。並且未曾陷入那失去人性的狀態。」

## 〈解讀〉

〈應帝王〉有兩種解釋，一種是悟道之後，人可以做自己生命的主宰；一種是應付人間的帝王。莊子應該是指第一種情況。算命是預測人的未來，人總會對自己的未來好奇，〈應帝王〉的部分內容談論到這個話題，是前面幾篇所未見的。

由〈天地〉可知，齧缺的老師是王倪，王倪的老師是被衣，而被衣即是蒲衣子。有虞氏是舜，泰氏是伏羲氏。王倪的「四不知」，在〈齊物論〉是有關「同是，所不知，物無知，利害」的，可供參考。

「非人」，是指失去人性的狀態。因此，未始出於非人與未始入於非人，就是一劣一優了。莊子批判堯舜禹湯這些人間帝王，主要是因為他們提倡仁義，結果反而使社會風氣敗壞。社會風氣不好，究竟是因為人先失去人性中自然的狀態，所以帝王們提倡仁義，抑或是帝王提倡仁義造成了人心敗壞？比較合理的說法應該是互為因果。固然有人不行仁義，但堯舜太側重仁義，會使人懷疑是否不行仁義有什麼好處。表面上行仁義的人，看起來總是吃虧，於是反而引發人去嘗試，變成更多的人想不行仁義。

## 〈7・2〉

**肩吾見狂接輿。狂接輿曰：「日中始何以語女？」肩吾曰：「告我：君人者以己出經式義，庶人孰敢不聽而化諸？」狂接輿曰：「是欺德也。其於治天下也，猶涉海鑿（ㄗㄨㄛˋ）**

河而使蚊負山也。夫聖人之治也，治外乎？正而後行，確乎能其事者而已矣。且鳥高飛以避矰（ㄗㄥ）弋之害，鼷（ㄒㄧ）鼠深穴乎神丘之下以避熏鑿之患，而曾（ㄗㄥ）二蟲之無知？」

## 〈白話〉

肩吾去見狂人接輿。狂人接輿說：「那一天中始對你說了些什麼？」肩吾說：「他告訴我：做國君的，只要自己制定禮儀法規並照著實行，老百姓誰敢不聽從歸化呢？」接輿說：「這是扭曲人的自然之性啊！以這種方式治理天下，就像越過大海去開鑿一條河，或者讓蚊子背負一座山。聖人治理時，要由外在約束人嗎？他是先求端正自己，然後再行動，不干涉有能力的人發揮才幹而已啊。再說，鳥會高飛以躲避羅網弓箭的傷害，鼷鼠會在層層山丘下深掘洞穴，以躲避煙熏挖鑿的禍患，難道你不知道這兩種動物的做法嗎？」

## 〈解讀〉

狂人是指狂妄的人，眼高於頂，並且說話不必負責。

孟子與莊子同時，但兩人的筆法不同。孟子最多說挾泰山以超北海是困難的，但說為長者折枝（「枝」通「肢」，為長者勞動手腳）卻做不到，那是不為也，非不能也。而莊子則用「涉海鑿河而使蚊負山」，發揮了更大的想像力。莊子說帝王應該「正而後行，確乎能其事者而已矣」，這是一種標準的「無為而無不為」，關鍵在於「無心而為」，不存刻意的目的。

德是天賦所得，亦即自得之性，就是人的自然之性，從道而來的。過多的人為設計將扭曲人的天性，這是「欺德」。鳥與鼠依其本能，努力求生；人除了求生之外，還需要保全本性。莊子習慣把「蟲」的用法擴大其範圍，此段說鳥與鼠，即用「二蟲」來代表。

## 〈7．3〉

**天根遊於殷陽，至蓼（ㄌㄠˇ）水之上，適遭無名人而問焉，曰：「請問為天下。」無名人曰：「去！汝鄙人也，何問之不豫也？予方將與造物者為人，厭，則又乘夫莽眇（ㄇㄠˇ）之鳥，以出六極之外，而遊無何有之鄉，以處壙埌（ㄌㄤˋ）之野。汝又何帠（ㄧˋ）以治天下感予之心為？」又復問，無名人曰：「汝遊心於淡，合氣於漠，順物自然而無容私焉，而天下治矣。」**

## 〈白話〉

天根去殷山南面遊玩，走到蓼水岸邊，剛好碰見無名人，就問他說：「請教你治理天下的方法。」無名人說：「走開！你真是鄙陋的人啊，怎麼會提出這麼不愉快的問題呢？我正要與造物者作伴同遊，滿意了之後，再乘著虛無縹渺的鳥，飛出天地四方之外，遨遊於無何有之鄉，處在廣闊無邊的原野中。你又何必用治理天下這種事來擾亂我的心呢？」天根又再問了一次，無名人說：「你讓心思安靜下來，讓精神無動於衷，然後順著萬物本來的樣子，不去妄自作為，這樣天下就治理好了。」

## 〈解讀〉

無名人是莊子虛構的人，西方神話也出現過這樣的角色：有一個人去挑戰巨人，巨人問他的名字，他說自己是無名人。後來巨人的眼睛被刺瞎，同伴來救他，問他被誰所傷，他回答「Nobody」。無名人對治理天下的方法毫無興趣，因為天下若真的需要治理，也只會治絲益棼、愈理愈亂。但他禁不起天根一問再問，還是回答了。

本文展現了有為與無為之間的對照，目的是「天下治矣」。然而有為的結果是我們在歷史上所見的，無為則從未普遍實施過。或許這不僅僅是統治者一人的修養所能決定的。莊子的思想即使無法用來治天下，也可以為個人提出自處之道。

「順物自然」的「自然」是指「自己而然」，或萬物本來的樣子，也就是未經人工改變的狀態。「遊心於淡，合氣於漠」的「心」代表心思，「氣」代表精神的狀態。「淡漠」也是莊子的用語，代表安靜無為。

## 〈7・4〉

陽子居見老聃，曰：「有人於此，嚮疾彊（ㄑㄧㄤˊ）梁，物徹疏明，學道不勸（ㄐㄩㄢˋ）。如是者，可比明王乎？」老聃曰：「是於聖人也，胥易技係，勞形怵（ㄔㄨˋ）心者也。且也虎豹之文來田，猨（ㄩㄢˊ）狙（ㄐㄩ）之便（ㄆㄧㄢˊ）來藉。如是者，可比明王乎？」陽子居蹴然曰：「敢問明王之治。」老聃曰：「明王之治：功蓋天下而似不自己，化貸萬物而民弗恃；有莫舉名，使物自喜；立乎不測，而遊於無有者也。」

〈白話〉

陽子居去見老聃，說：「如果有一個人，行事敏捷果斷，辨理透澈明達，學道孜孜不倦。這樣的人可以與明王相比嗎？」老聃說：「與聖人比起來，這種人是知識上沒有定見、肢體上受到束縛，落得形體勞累、心神不安罷了。再說，虎豹因為身上的花紋，招來了獵人；猿猴因為行動的敏捷，被人套上繩索。像這樣的人，能與明王相比嗎？」陽子居臉色尷尬，說：「請問明王是怎樣治理的？」老聃說：「明王治理時，功勞廣被天下，卻好像與自己無關；教化普施萬物，而百姓不覺得有所依賴；擁有一切但不能描述，使萬物可以自得而喜；立足於神妙不測的地位，遨遊於虛空無有之境。」

〈解讀〉

莊子在書中對老聃從不批評，因為他以老子為師。

虎豹與猿猴的比喻十分生動。《易經・革卦》說：「大人虎變，其文炳也；君子豹變，其文蔚也」，可見其色彩斑爛，引人矚目；而猿猴在當時也是被人抓來表演用的，顯示有特殊才幹的人實在活得辛苦。

問的是「明王」，答的是「聖人」，在此已有「內聖外王」的觀念。「明王」的「明」字，可以參考老子所謂的「知常曰明」、「見小曰明」、「自知者明」等詞語，表示它與智慧的覺悟有關。明王之治結果是「功成事遂，百姓皆謂我自然」。

## 〈7．5〉

鄭有神巫曰季咸，知人之死生、存亡、禍福、壽夭，期以歲月旬日若神。鄭人見之，皆棄而走。列子見之而心醉，歸，以告壺子，曰：「始吾以夫子之道為至矣，則又有至焉者矣。」壺子曰：「吾與汝既其文，未既其實，而固得道與？眾雌而無雄，而又奚卵焉？而以道與世亢（ㄎㄤˋ），必信，夫故使人得而相汝。嘗試與來，以予示之。」明日，列子與之見壺子。出而謂列子曰：「嘻！子之先生死矣，弗活矣，不以旬數矣！吾見怪焉，見溼灰焉。」列子入，泣涕沾襟以告壺子。壺子曰：「鄉（ㄒㄧㄤˋ）吾示之以地文，萌乎不震不止，是殆見吾杜德機也。嘗又與來。」明日，又與之見壺子。出而謂列子曰：「幸矣，子之先生遇我也。有瘳（ㄔㄡ）矣，全然有生矣，吾見其杜權矣。」列子入，以告壺子。壺子曰：「鄉吾示之以天壤，名實不入，而機發於踵。是殆見吾善者機也。嘗又與來。」

## 〈白話〉

鄭國有一位神巫，名叫季咸；他能測知人的死生、存亡、禍福、壽夭，卜算出年月日，準確如神。鄭國人看到他，都紛紛走避。列子見到他，卻很崇拜，回去告訴壺子說：「原先我以為先生的道術最高深了，現在又看到更了不起的。」壺子說：「我教過你表面的虛文，還未談到真實的部分，你就以為自己明白道了嗎？全是雌鳥而沒有雄鳥，又怎麼會產卵呢？你用表面的虛文與世人周旋，一定會想要凸顯自己，這樣就讓人有機會算出你的命運。你試著請他來，替我看看相。」第二天，列子帶著季咸來見壺子。見過面出去後，季咸對列子說：「唉！你的先生快要死了，活不了了，不會超過十天！我看他神色有異，呼吸像溼灰一般沉重。」列子進入屋內，哭得眼淚沾溼了衣襟，把這個消息告訴壺子。壺子說：「剛才我顯示給他看的是地象，是不動不止的陰靜狀態。他大概是看我閉塞住自得的生機了。再請他來看看。」第二天，列子又帶季咸來了。季咸見了壺子後，出去對列子說：「真是幸運，你的先生正好遇到我。有救了，全然有生氣了，我看見他閉塞的生機開始活動了。」列子進屋把這個消息告訴壺子。壺子說：「剛才我顯示給他看的是天地相通之象，名與實都不存於心，一線生機從腳跟發出。他大概是看到我生機發動了。再請他來看看。」

### 〈解讀〉

「神巫」用以形容占卜算命的人靈驗如神。有一句諺語說：「窮算命，富燒香。」人在有欲望時，自然很容易接受心理暗示而被猜出來。占卜之事並非全屬虛妄，但因吉凶禍福全依世俗價值觀決定，就使占卜與人的心靈修養之間，產生對立關係。譬如，占出不幸的遭遇，就會使人悲傷嗎？列子「泣涕沾襟」，如此反應正好證明他學道未成。

## 〈7·6〉

**明日，又與之見壺子。出而謂列子曰：「子之先生不齊，吾無得而相焉。試齊，且復相**

之。」列子入，以告壺子。壺子曰：「鄉（ㄒㄧㄤˋ）吾示之以太沖莫勝，是殆見吾衡氣機也。鯢（ㄋㄧˊ）桓之審為淵，止水之審為淵，流水之審為淵。淵有九名，此處三焉。嘗又與來。」明日，又與之見壺子。立未定，自失而走。壺子曰：「追之！」列子追之不及。反，以報壺子曰：「已滅矣，已失矣，吾弗及已。」壺子曰：「鄉吾示之以未始出吾宗。吾與之虛而委蛇（ㄧˊ），不知其誰何，因以為弟靡，因以為波流，故逃也。」然後列子自以為未始學而歸。三年不出，為其妻爨（ㄘㄨㄢˋ），食豕如食人。於事無與親，雕琢復朴（ㄆㄛˊ），塊然獨以其形立。紛而封哉，一以是終。

## 〈白話〉

第二天，列子又帶季咸來，季咸見了壺子後，出去對列子說：「你的先生動靜不定，我無法為他看相。等他平靜下來，我再看吧。」列子進屋把這句話轉告壺子。壺子說：「剛才我顯示給他看的是太虛無跡之象。他大概是看到我神情平衡的生機了。鯨魚盤旋之處形成深淵，止水之處形成深淵，流水之處形成深淵。深淵有九種情況，我在此顯示了三種。再請他來看看。」第二天，兩人又來見壺子。季咸還未站定，就慌忙逃走了。壺子說：「快去追他。」列子追出去，已經來不及了。他回來報告壺子，說：「不見蹤影了，不知去向了，我追不到他。」壺子說：「剛才我顯示給他看的是完全不離本源的狀態。我以空虛之心隨順他，使他不知我究竟是誰，一下以為我順風而倒，一下以為我隨波逐流，所以立刻逃走了。」經過這次事件，列子才明白自己什麼也沒學會，就告辭回家，三年不外出。幫助妻子燒火做飯，餵豬像是伺候人一樣。對於世間事物毫不在意，拋棄雕琢而回歸樸素，超然獨立於塵世之外，在紛擾的人間守住本性，終身如此。

〈解讀〉

壺子對季咸，四見而四變（地文，杜德機；天壤，善者機；太沖莫勝，衡氣機；未始出吾宗），太虛無跡表示外貌或神情可以千變萬化，而內在真我不動如山，最後使季咸「自失而走」，由此可見內在修養確實可以產生極大的功效。因此，人在算命時如果表情淡漠，讓算的人看不出你的情緒，恐怕就很難算準了。一般人算命時表情急切，別人說三句話，其中一句與事實相符，就完全信服了。

列子後來回家在日常生活中修行自己，終於見證了「平常心是道」的原則。在古代，比較準確的說法是「順其自然就是道」。其中應注意的是「虛與委蛇」語出於此，是「隨順自然」的意思，與現在「隨意敷衍」的用法不同。

〈7・7〉

**無為名尸，無為謀府，無為事任，無為知主。體盡無窮，而遊無朕。盡其所受乎天而無見得，亦虛而已。至人之用心若鏡，不將不迎，應而不藏，故能勝物而不傷。**

〈白話〉

不要占有名聲，不要暗藏謀略，不要承擔責任，不要運用智力。體會無窮無盡的變化，遨遊於無跡無象的境界。完全活出自然賦予自己的本性，而忘記有所見與有所得，只是讓自己空虛而已。至人的用心就像鏡子一樣，對外物的來去，既不迎也不送，只反映而不留存，所以能夠承受萬物變化而沒有任何損傷。

〈解讀〉

本文一連四個「無為」，看似消極，其實是要消解世俗的困擾。最重要的是「不要刻意」，如果心存刻意，而結果與預期不同時，就會造成壓力。經過此一消解，才可能轉移方向，積極活出人的天性。由此可知，一消一長，只看方向是否正確而已。「用心若鏡」的比喻十分生動，鏡子必須平而明，人心也應平靜而覺悟，至人的不凡之處在此。

〈7・8〉

南海之帝為儵（ㄕㄨˋ），北海之帝為忽，中央之帝為渾沌。儵與忽時相與遇於渾沌之地，渾沌待之甚善。儵與忽謀報渾沌之德，曰：「人皆有七竅以視聽食息，此獨無有，嘗試鑿之。」日鑿一竅，七日而渾沌死。

## 〈白話〉

南海的帝王是儵，北海的帝王是忽，中央的帝王是渾沌。儵與忽時常在渾沌的土地上相會，渾沌待他們非常和善。儵與忽想要報答渾沌的美意，就商量說：「人都有七竅，用來看、聽、飲食、呼吸，唯獨渾沌他什麼都沒有，我們試著為他鑿開。」於是，一天鑿開一竅，七天之後渾沌就死了。

## 〈解讀〉

莊子常在一篇結束時用一個小故事做總結，譬如〈逍遙遊〉用惠施與莊子討論大樹的有用與無用；〈齊物論〉用「莊周夢蝶」；〈秋水〉用「魚快樂嗎？」。

儵與忽，描寫行動迅速，代表積極有為。渾沌則是未分的混同狀態，因此他待人非常和善。人皆生而有七竅，自小就脫離了渾沌，因為用感官去分辨，自然會有欲望，而這個世界大都是「物以稀為貴」。大家都想求功名利祿、榮華富貴，自然爭權奪利產生困難與煩惱。

小孩的渾沌包含無知，是一種過渡階段，總是會長大的，經由適當的修行與覺悟，修行之前「見山是山，見水是水」，修行過程「山不是山，水不是水」，此時開始分辨。最後「見山還是山，見水還是水」。結果是與剛開始時相同，但是此時已知何謂「山不是山，水不是水」，便已跳脫常識的判斷了。當人說這是「山」時，只是山的概念，並非真正的山，但一般人還是稱之為山，就像孩子不懂火會燙傷人，但只要經歷一次就知道火是什麼，火與燙的感受自然連結。

與沒爬過山的人分享爬山的經驗，是空洞而無意義的，但與爬過山的人分享，自然能引起共鳴。經過莊子的開導，世人也可以漸漸回復渾沌之心。

**總結本篇要旨**

人不能脫離世間而生活，那麼應該採取什麼態度呢？莊子的立場是無心而為與用心若鏡。「無心而為」是指：順物自然而無容私焉，任何作為都不必懷有刻意的目的。若非如此，連看相算命的人都可以眩惑我們。「用心若鏡」則可以勝物而不傷。這是兩不相傷，天人相洽。渾沌之喻提醒人守住本性與稟賦，便可一切具足。

# 外篇

# 駢拇

## 第八

〈8·1〉

駢（ㄆㄢˊ）拇枝指，出乎性哉！而侈於德。附贅縣（ㄒㄩㄢˊ）疣，出乎形哉！而侈於性。多方乎仁義而用之者，列於五藏哉！而非道德之正也。是故駢於足者，連無用之肉也；枝於手者，樹無用之指也；多方駢枝於五藏之情者，淫僻於仁義之行，而多方於聰明之用也。是故駢於明者，亂五色，淫文章，青黃黼（ㄈㄨˇ）黻（ㄈㄨˊ）之煌煌非乎？而離朱是已。多於聰者，亂五聲，淫六律，金石絲竹黃鐘大呂之聲非乎？而師曠是已。枝於仁者，擢（ㄓㄨㄛˊ）德搴（ㄑㄢ）性以收名聲，使天下簧鼓以奉不及之法非乎？而曾、史是已。駢於辯者，纍（ㄌㄟˊ）瓦結繩竄句，遊心於堅白同異之間，而敝跬（ㄎㄨㄟˇ）譽無用之言非乎？而楊、墨是已。故此皆多駢旁枝之道，非天下之至正也！

〈白話〉

腳趾相連成四趾，手指分歧成六指，這是出於天生的啊！但是卻比應得的多些。身上長出多餘的肉瘤，這是出於形體的啊！但是卻比天生的多些。想盡辦法推廣仁義來應用，還將其展示比擬為五臟啊！但卻不是道德的正途。因此，腳趾並生，是連著沒有用的肉；手指分歧，是長著沒有用的指。想盡辦法在五臟的實況之外增加東西，是過分偏激地推行仁義，並且過分浮濫地使用聰明。因此，超過正常目明的人，攪亂五色、混淆文采，那華麗刺繡的多采多姿不是如此嗎？像離朱就是這樣的人。超過正常耳聰的人，攪亂五聲、混淆六律，那金石絲竹與黃鐘大呂的樂聲不是如此嗎？像師曠就是這樣的人。超過正常行仁的人，矯飾扭曲天生的本性，用以沽名釣譽，那使天下人敲鑼打鼓去奉行不相干的規範，不是如此嗎？像曾參、史鰌就是這樣的人。超過正常辯才的人，堆砌詞藻、穿鑿文句，在堅白與同異之類的詭辯中打轉，那用盡心力去敘述毫無用處的言論，不是如此嗎？像楊朱、墨翟就是這樣的人。以上所說都是多餘的偏差做法，而不是天下最正當的途徑啊！

## 〈解讀〉

「駢拇枝指」是「腳趾相連成四趾，手指分歧成六指」，代表與天生的五根腳趾和手指相比，不是多出來就是缺少，是自然產生的；而道家批評儒家的推行仁義，以及過多的耳聰目明（明、聰、仁、辯），就像是刻意多出來的東西，徒增困擾。

道家講「道德」，用法上始終有他的觀點，道代表根本，德代表萬物本來的樣子。

離朱，是黃帝時人，「百步見秋毫之末」，代表他的眼力好。師曠，是晉國樂師，「善音律，能致鬼神」。曾參行仁，他極盡孝道，但父親始終不疼愛他；史鰌行義，他是衛靈公的大夫，不斷進諫，最後被殺。楊朱主張為我，拔一毛以利天下而不為，天下人這麼多，幫也幫不完，但是毫毛是我的，損失了就不再長了。所以楊朱是不管別人，只顧自己開心就好。墨翟主張兼愛，正好與楊朱相反，摩頂放踵，利天下而為之。巧合之處在孟子與莊子都批評楊朱與墨翟，可見孟子說當時天下的言論「不歸楊，則歸墨」，代表孟子有危機意識，因為楊墨代表兩種極端，而一般人學習偏好走極端，以凸顯自己的特色，學習儒家中庸之道反倒顯得溫和，並無特出之處。

「五色」是青、黃、赤、白、黑。「五聲」是宮、商、角、徵、羽。「六律」是黃鐘、大呂、姑洗、蕤賓、無射、夾鐘。

## 〈8・2〉

彼至正者，不失其性命之情。故合者不為駢，而枝者不為跂（ㄑㄧˊ）；長者不為有餘，短者不為不足。是故鳧（ㄈㄨˊ）脛（ㄐㄧㄥˋ）雖短，續之則憂；鶴脛雖長，斷之則悲。故性長非所斷，性短非所續，無所去憂也。意仁義其非人情乎！彼仁人何其多憂也？且夫駢於拇者，決之則泣；枝於手者，齕（ㄏㄜˊ）之則啼。二者，或有餘於數，或不足於數，其於憂一也。今世之仁人，蒿（ㄏㄠ）目而憂世之患；不仁之人，決性命之情而饕（ㄊㄠ）貴富。故意仁義其非人情乎！自三代以下者，天下何其囂（ㄒㄧㄠ）囂也？且夫待鉤繩規矩而正者，是削（ㄒㄩㄝˋ）其性也；待繩約膠漆而固者，是侵其德也；屈折禮樂，呴（ㄒㄩˇ）俞仁義，以慰天下之心者，此失其常然也。天下有常然，常然者，曲者不以鉤，直者不以繩，圓者不以規，方者不以矩，附離不以膠漆，約束不以纆（ㄇㄛˋ）索。故天下誘然皆生，而不知其所以生；同焉皆得，而不知其所以得。故古今不二，不可虧也。則仁義又奚連連如膠漆纆索而遊乎道德之間為哉？使天下惑也！

〈白話〉

所謂最正當的途徑，就是不失去性命的真實。因此合在一起的不算是並生，分歧而出的不算是多餘。長的不算是有餘，短的不算是不足。所以鴨腳雖短，接長了牠就會煩惱；鶴腳雖長，折斷了牠就會悲傷。因此，本性長的不要折斷，本性短的不要接長，這樣就沒有什麼可憂愁的。或許仁義不是人的真實吧！不然那些仁人為什麼有這麼多憂愁呢？再說，腳趾相連的人，如果割開兩趾，他會哭泣；手指分歧的人，如果咬斷一指，他會哀啼。這兩種人，一種多於應有之數，一種少於應有之數，但是他們的憂愁卻是一樣的。當前的仁人，總是愁眉不展，擔憂世間的禍患；不仁的人，又離棄性命的真實去貪求富貴。這樣看來，或許仁義不是人的真實吧！不然從夏商周三代以來，天下怎麼如此擾攘多事呢！再說，要靠鉤、繩、規、矩來矯正的，都是削損了本性；要靠繩索、膠漆來固定的，都是侵害了原狀；以彎腰屈膝來推行禮樂，以和顏悅色來勸導仁義，藉此撫慰天下人心的，都是違背了常態。天下萬物都有它們的常態。這常態就是：曲的不用靠彎鉤，直的不用靠繩墨，圓的不用靠圓規，方的不用靠方矩，附著不用靠膠漆，約束不用靠繩索。所以天下萬物欣欣向榮地生長，卻不知道自己憑什麼生長；莫名其妙地獲得，卻不知道自己憑什麼獲得。所以古代與今天並無分別，一切都不能減損絲毫。那麼仁義又為什麼連續不斷像膠漆繩索一樣，摻雜在道與德之間的領域呢？這將使天下人感到迷惑啊！

## 〈解讀〉

〈駢拇〉主要談的是人一定要活得快樂，不失其「性命之情」。「性命之情」是本書常用的術語，意指「性命的真實狀態」。性是生來所具，命是客觀及現成的條件；因此，對於天生的駢拇枝指，不必過於憂愁。但仁義卻是後天所製造的駢拇枝指，無異於庸人自擾。由此更應警覺的是，儒家推行仁義原本是出於人性，由內而發，所以覺得快樂，但後代的學者卻因曲解仁義為純屬外加的枷鎖而憂愁。「道」是萬物的來源與歸宿，「德」是萬物得之於道者，因此道（究竟的真實）與德（一般的、相對的真實）之間，原本沒有隔閡。既然如此，那些推行仁義，想要藉此聯繫道與德的人，豈不是自尋煩惱？

人的快樂有兩種，一種是相對的，一種是絕對的。相對的是每天有不同的欲望，人們想辦法去滿足。到最後會發現口味愈來愈重，需要愈來愈強的刺激，於是疲於奔命。絕對的快樂是用減法，損之又損以致於無為，這是道家的做法，所有外在的一切都不重要，人也不需要依賴它們就可以很快樂。這就是本文的立場，只是以較犀利的文筆來表達。

莊子與孟子都用過「囂囂」一詞，莊子說的是喧譁、熱鬧的樣子，所以會構成困擾，而孟子則說行仁義則可以囂囂，是自在得意的樣子，語詞相同，但意思有別。

## 〈8・3〉

**夫小惑易方，大惑易性，何以知其然邪？自虞氏招仁義以撓天下也，天下莫不奔命於仁**

義。是非以仁義易其性與？故嘗試論之，自三代以下者，天下莫不以物易其性矣。小人則以身殉利，士則以身殉名，大夫則以身殉家，聖人則以身殉天下。故此數子者，事業不同，名聲異號，其於傷性以身為殉，一也。臧與穀二人相與牧羊，而俱亡其羊。問臧奚事，則挾筴（ㄘㄜˋ）讀書；問穀奚事，則博塞以遊。二人者，事業不同，其於亡羊均也。伯夷死名於首陽之下，盜跖（ㄓˊ）死利於東陵之上。二人者，所死不同，其於殘生傷性均也。奚必伯夷之是而盜跖之非乎？天下盡殉也。彼其所殉仁義也，則俗謂之君子；其所殉貨財也，則俗謂之小人。其殉一也，則有君子焉，有小人焉；若其殘生損性，則盜跖亦伯夷已，又惡（ㄨ）取君子小人於其間哉！

〈白話〉

小的迷惑使人改變方向，大的迷惑使人改變本性。怎麼知道是這樣的呢？自從虞舜標舉仁義來帶動天下，天下的人無不為了仁義而拚命奔走，這不是用仁義來改變人們的本性嗎？所以現在要試作申論。從夏、商、周三代以來，天下的人無不為了外物而改變本性。小人為了利益而犧牲生命，士人為了名譽而犧牲生命，大夫為了家族而犧牲生命，聖人為了天下而犧牲生命。這幾種人，所做的事情不同，獲得的名聲也有別，但是他們在損傷本性、犧牲生命方面，卻是一樣的。男僕與小孩結伴去牧羊，結果兩人的羊都走失了。問男僕在做什麼？他說是手持竹簡在讀書；問小孩在做什麼？他說是擲骰子在玩遊戲。這兩個人，所做的事情不同，但是失去羊卻是一樣的。伯夷為了名而死在首陽山下，盜跖為了利而死在東陵山上；這兩個人，赴死的理由不同，但是殘害生命、損傷本性卻是一樣的。何必要認為伯夷是對的而盜跖是錯的呢？天下的人都在犧牲生命啊！犧牲是為了仁義，就被世俗稱為君子；犧牲是為了財物，就被世俗稱為小人。他們犧牲生命是一樣的，卻有的被稱為君子，有的被稱為小人。如果就殘害生命、損傷本性看來，則盜跖也和伯夷一樣，又如何在他們之間區分君子與小人呢！

## 〈解讀〉

本文以男僕與小孩去牧羊的故事，說明無論是因為手持竹簡在看書，或是擲骰子在遊戲而讓羊走失，結果都是一樣的。人活在世間，最珍貴的是不損傷本性與生命。所以，一般人為利，讀書人為名，大夫為家，聖人為天下，最後都造成了損傷。可見衡量如何才是恰到好處，得靠智慧來判斷。

舜是奉行仁義的人，所在之處自然人群聚集，三年成都，所以堯把天下讓給他。所謂「殘生傷性」，是指為了外在目的而疲於奔命，使自己勞累不堪，最後甚至犧牲了生命。外在目的有「利、名、家、天下」等等，因此「小人、士、大夫、聖人」都陷於同樣的困境，也就是「天下盡殉也」。小人是沒有立志的人，與君子相對，所圖的是直接的利益。讀書人會為名而犧牲生命，譬如獲得某些獎項及專業的肯定。值得注意的是，他是以名做為目的或做為手段。人並非想得名就有機會如願，有些人出名是時機促成，尤其現在最普遍的做法是在網路上張貼自拍的影片，或是參加比賽得獎，引發公眾討論。不過對當事人而言，出名之後是福是禍，難有定論，譬如英國的蘇珊大嬸，本來是一個平凡的人，但參加歌唱比賽脫穎而出，引起大家關注，造成得失之心，最後決賽沒有奪冠差點崩潰。也許一路平凡，對她反而比較好，這也是難有定論。又如同大夫與聖人，為家為天下忙碌，但他們都為了外在目的，而忽略生命本身才是最重要的價值。

《呂氏春秋》中記載，甯越小時家境極苦，後聽從別人的建議而努力讀書，十多年後變成老師，生活也獲得改善。這種故事發生在每個時代，只要專長是社會上少數人所擁有的，都有成功的機會。但莊子並不讚許這種行為。儒家認為富貴只要得之有道，或者有德者得之，還是可以造福百姓，但道家卻覺得談到仁義，就會傷害本性。

我們固然不必執著於「君子」、「小人」這一類世俗的名稱，但是若要做到「活著，卻不為任何外在目的而犧牲」，卻不是一件容易的事。人的本性也許正包含了「可以自由選擇目的」的能力，並且，犧牲也未必不能「適可而止」。

莊子將盜跖與伯夷相比較，正是提醒我們要超越對善惡的判斷，不要以為求利就比求名差，而須以平常心看待。目前我們仍認為〈外篇〉許多材料不是出於莊子之手，只有像〈秋水〉、〈知北遊〉這些展現大格局的篇章，較符合莊子之意。所以閱讀時，最好對照莊子的全盤觀點來看，避免斷章取義，學到偏差的想法。

〈8・4〉

且夫屬其性乎仁義者，雖通如曾、史，非吾所謂臧也；屬其性於五味，雖通如俞兒，非吾所謂臧也；屬其性乎五聲，雖通如師曠，非吾所謂聰也；屬其性乎五色，雖通如離朱，非吾所謂明也。吾所謂臧者，非所謂仁義之謂也，臧於其德而已矣；吾所謂臧者，非所謂仁義之謂也，任其性命之情而已矣；吾所謂聰者，非謂其聞彼也，自聞而已矣；吾所謂明者，非謂其見彼也，自見而已矣。夫不自見而見彼，不自得而得彼者，是得人之得而不自得其得者也，適人之適而不自適其適者也。夫適人之適而不自適其適，雖盜跖與伯夷，是同為淫僻也。余愧乎道德，是以上不敢為仁義之操，而下不敢為淫僻之行也。

〈白話〉

再說，把仁義當成本性的目標，即使像曾參、史鰌那樣傑出，也不是我所謂的善；把五味當成本性的目標，即使像俞兒那樣傑出，也不是我所謂的善；把五聲當成本性的目標，即使像師曠那樣傑出，也不是我所謂的聰；把五色當成本性的目標，即使像離朱那樣傑出，也不是我所謂的明。我所謂的善，不是指仁義，只是善待自己所得的一切而已；我所謂的善，不是一般所說的仁義，只是隨順性命的真實而已；我所謂的聰，不是要能聽見別人，只是要聽見自己而已；我所謂的明，不是要能看清別人，只是要看清自己而已。看清別人而看不清自己，得到別人的肯定而得不到自己的肯定，這是讓別人有所得而不能讓自己有所得，讓別人得到安適而不能讓自己得到安適。讓別人得到安適而不能讓自己得到安適，那麼即使盜跖與伯夷的作為有別，也同樣是邪惡不正的。我面對道與德而自覺慚愧，所以往上說，不敢奉行仁義的操守，往下說，不敢從事邪惡的行為。

## 〈解讀〉

俞兒是古代善於辨別美味的人，與易牙齊名。

本段清楚定義善是「善待自己所得的一切」，就是指人對於自己到目前為止的遭遇，都能善待之而「隨順性命的真實」。人的聰與明，要用在聽見自己與看清自己，回到自己的生命裡面，向內而不要向外，向外就容易受外面的接引、受外在的影響，意即與其「適人之適」不如「自適其適」，為了讓別人得到安適而委屈自己，是很難持久的。孔子也說過：「既來之，則安之。」別人的說法可以參考，但不要太在意別人的眼光，這也是莊子所說的「外化而內不化」，外表與別人同化，就不會有太多的尷尬，不特立獨行，以免與大家格格不入，但內心與道同在，便能隨遇而安，在任何地方都很自在。

莊子批評盜跖與伯夷兩人的作為皆無法自適其適，但從儒家觀點看來，盜跖做壞事的確很難得到安適，而伯夷做好事應該可以得到安適，這是合理的，因為儒家主張人性向善，對清高而願意犧牲之人有很清楚的評價，所以孟子才會把伯夷尊為聖人之中最為清高的。孔子也說伯夷：「求仁而得仁，又何怨？」因此伯夷行善是心安的，至於盜跖是否心安？還有進一步探討的機會。

「臧」是「善」的意思，一般人常說「臧否人物」，就是批評別人的好壞，不過批評久了，有可能流於尖酸刻薄。我們還是要區分好壞，但須清楚自己的立場。任何判斷都有既成的標準，對於被批評的人不見得公平，所以儒家希望我們先反省自己，《論語・憲問》中孔子曾勸導子貢：「子貢方人，子曰：賜也賢乎哉，夫我則不暇。」

本段談到自聞、自見、臧於其德、任其性命之情等，都算符合道家的想法，但文中最後二句結語被專家評為「有取巧居中，苟容於世之嫌」。〈外篇〉有不少內容值得商榷，此其一例也。不過，「往上說，不敢奉行仁義的操守，往下說，不敢從事邪惡的行為」，這樣的結論還算公平，代表兩方面都不要刻意去做。

**總結本篇要旨**

天生萬物，各有其性，也各有其命。人有理智與自由，因此可能自作聰明，為自己增加各種人間的價值，結果反而喪失了性命的真實狀況。真正的善，不是仁義，而是善待自己所得的一切，亦即保存性命的原貌，不為任何外在的目的而有所犧牲，進而可以自適其適。

# 馬蹄

第九

〈9．1〉

馬，蹄可以踐霜雪，毛可以禦風寒，齕（ㄏㄜˊ）草飲水，翹（ㄑㄧㄠˊ）足而陸，此馬之真性也。雖有義臺路寢，無所用之。及至伯樂，曰：「我善治馬。」燒之，剔之，刻之，雒（ㄌㄨㄛˋ）之。連之以羈馽（ㄓˊ），編之以皁（ㄗㄠˋ）棧，馬之死者十二三矣；飢之，渴之，馳之，驟之，整之，齊之，前有橛（ㄐㄩㄝˊ）飾之患，而後有鞭筴（ㄘㄜˋ）之威，而馬之死者已過半矣。陶者曰：「我善治埴（ㄓˊ）。圓者中規，方者中矩。」匠人曰：「我善治木。曲者中鉤，直者應繩。」夫埴、木之性，豈欲中規矩鉤繩哉？然且世世稱之曰：「伯樂善治馬，而陶、匠善治埴、木。」此亦治天下者之過也。吾意善治天下者不然。彼民有常性，織而衣，耕而食，是謂同德；一而不黨，命曰天放。

〈白話〉

馬，蹄可以踩踏霜雪，毛可以抵擋寒風，餓了吃草，渴了喝水，高興了就舉起蹄子跳來跳去，這是馬的真實本性。即使給牠高台大屋，也沒有什麼用處。等到伯樂出現，說：「我很會訓練馬。」於是為馬烙印、剪毛、削蹄、套上絡頭，再用繩索把牠們串連在一起，關進木棚做的馬槽中，這時已經有十分之二三的馬死去了；然後又讓這些馬餓著、渴著、疾行、奔跑、排整、列齊，前有銜勒的痛苦，後有鞭策的威脅，這時馬已經死了一大半了。陶工說：「我很會整治陶土，圓的合乎圓規，方的合乎方矩。」木工說：「我很會整治木材，彎的合乎曲鉤，直的合乎準繩。」陶土與木材的本性，難道是想要合乎圓規、方矩、曲鉤、準繩嗎？然而世世代代的人都稱讚說：「伯樂很會訓練馬，陶工、木工很會整治陶土與木材。」治理天下的人所犯的過錯也是如此。我認為善於治理天下的人不會這麼做。百姓有他們一貫的本性，織布而穿，耕田而食，這是說大家都處在共同的狀態。渾然一體而沒有偏私，就叫做效法自然。

## 〈解讀〉

所謂「世有伯樂，然後有千里馬」，原是一句人人傳頌的美言，但是讀到此段描寫，不免調整觀點，從馬的角度來重新思考，此例可明顯看出道家不以「人」為中心的立場。馬有自然的天性，然而因為伯樂要區分馬的好壞，激發其潛能，反而使許多馬慘死，對馬實在是一種災難。馬訓練了之後，要烙印、剪毛、削蹄、套上絡頭，還要限制牠的自由，為人所用。我們也可以引伸，有些人是千里馬，所以也為人所用，而為人所用，就要有很大的犧牲。

本段用三種比喻，伯樂識馬、陶工整土、木匠治木，來說明治理天下的人，雖然有遠大的目標，卻因此導致百姓無法做到無私，因而造成貧富不均，以及各種不平等的現象。莊子主張人在自然的狀態下，可以過得比較自在，但是人類社會無法始終維持在小國寡民、科技不發達的狀態，所以道家要面臨的課題是：科技或文明的發展，是否也是出於人性的能力？因為人原本就具有聰明才智，無法限制其發展，完全不用是不可能的，所以之後〈天下〉提到「有機械者，必有機事；有機事者，必有機心」，然而，機心不也是一種本能？也就是說人的本能，是否也包含使用自己的聰明以提高生產效率、改善生活？如果是，又該如何判斷誰才是違背本能的？所以，要人無知無欲是與事實不符的，一旦開發聰明之後，就要確定一個方向，亦即明白〈齊物論〉所說的「未始有物」，使一切成就都不會干擾內心的平靜，這也是最高的理想。

「同德」是大家皆未失去所得，所以都處於共同狀態。「天放」是「放天」的倒語，因為這裡談到「善治天下者」，其表現應是仿效自然。

## 〈9・2〉

故至德之世，其行填填，其視顛顛。當是時也，山無蹊隧，澤無舟梁；萬物群生，連屬其鄉；禽獸成群，草木遂長。是故禽獸可係羈而游，烏鵲之巢可攀援而闚（ㄎㄨㄟ）。夫至德之世，同與禽獸居，族與萬物並。惡乎知君子小人哉！同乎無知，其德不離；同乎無欲，是謂素樸。素樸而民性得矣。及至聖人，蹩（ㄅㄧㄝˊ）躠（ㄙㄚˋ）為仁，踶（ㄉㄧˋ）跂（ㄑㄧˋ）為義，而天下始疑矣。澶（ㄔㄢˊ）漫為樂（ㄩㄝˋ），摘辟（ㄅㄧˋ）為禮，而天下始分矣。故純樸不殘，孰為犧尊！白玉不毀，孰為珪（ㄍㄨㄟ）璋！道德不廢，安取仁義！

性情不離，安用禮樂！五色不亂，孰為文采！五聲不亂，孰應六律！夫殘樸以為器，工匠之罪也；毀道德以為仁義，聖人之過也。

〈白話〉

所以，在至德的時代，百姓行動從容，目光專一。那時候，山上沒有路徑通道，水澤沒有船隻橋樑；萬物眾生，不分鄉里；禽獸成群，草木茂盛。因此禽獸可以讓人牽著遊玩，鳥鵲的巢可以任人爬到樹上去窺探。在至德的時代，百姓與禽獸同居，與萬物共處，哪裡知道什麼君子小人呢！天天真真地無知，就不會離開原始的狀態；老老實實地無欲，就叫做單純實在。能夠單純實在，百姓就會保持本性了。等到聖人出現，用盡心力去行仁，到處奔走去行義，於是天下人開始疑惑了；製作縱情的音樂，規定繁瑣的禮儀，於是天下人開始分裂了。所以說，完整的樹木不被砍伐，誰能做出雕飾的酒樽！潔白的玉石不被毀壞，誰能製成珪璋玉器！不拋棄道與德，怎麼用得著仁義！不離開本性與真情，怎麼用得著禮樂！五色不被攪亂，誰能調和文采！五聲不被混淆，誰能應和六律！砍伐原木來作器物，那是工匠的罪過；摧毀道與德來推行仁義，那是聖人的過錯。

〈解讀〉

「至德之世」近似西方對伊甸園的描寫，世間一片祥和，「萬物並育而不相害」。「行動從容，目光專一」的神態，我們可以從小孩子的舉止中發現。孟子也說舜居深山中，「與木石居，與鹿豕游」，與莊子所描寫的狀態接近，關鍵在於人們「無知無欲」。但是，人的本性難道不包括「有知有欲」在內？

由「及至聖人」一語，可知「聖人」已不再是〈逍遙遊〉中與「至人、神人」並列的理想類型了。這一段還是強調聖人的刻意有為，造成天下動亂。

「蹩躠」為仁，「踶跂」為義，四字都從足，說明四處奔走的忙碌。「性情」一詞在古代多做「情性」。情是真情，性是本性。

「毀道德以為仁義，聖人之過也」在翻譯時，還是要把道與德分開，道是究竟真實，而德是人由道所得的本性與稟賦，並非一物，連用「道德」二字，容易與仁義等道德行為混淆。

## 〈9・3〉

夫馬，陸居則食草飲水，喜則交頸相靡，怒則分背相踶（ㄉㄧˋ），馬知已此矣。夫加之以衡扼，齊之以月題，而馬知介倪、闉（ㄧㄣ）扼、鷙（ㄓˋ）曼、詭銜、竊轡（ㄆㄟˋ）。故馬之知而能至盜者，伯樂之罪也。夫赫胥氏之時，民居不知所為，行不知所之，含哺而熙，鼓腹而游，民能以此矣。及至聖人，屈折禮樂以匡天下之形，縣（ㄒㄩㄢˊ）跂（ㄑㄧˋ）仁義以慰天下之心，而民乃始踶跂好知（ㄓˋ），爭歸於利，不可止也。此亦聖人之過也。

## 〈白話〉

馬，平常在陸地上吃草喝水，高興起來就彼此交頸摩擦，生氣時就背對背相踢相踏，馬所知道的僅止於此。等到加上了車衡頸扼，裝上了額前佩飾，馬就知道啃壞車輗、曲頸脱軛、抗拒車蓋、吐出勒口、咬斷轡頭。所以馬能知道這麼多詭詐的花樣，都是伯樂的罪過啊。在上古赫胥氏的時代，人們安居而不知該做什麼，走路而不知該去哪裡，口中含著食物在嬉戲，肚子吃得飽飽在遊玩，人們所做的僅止於此。等到聖人出現，費心制作禮樂來匡正天下人的行為，努力推行仁義來撫慰天下人的心情，然後人們開始汲汲於求知，爭相牟利而停不下來。這也是聖人的過錯啊。

## 〈解讀〉

動物在被人刻意訓練之後，為了恢復自然的狀態，也會耍弄心機。後面的章節會提到，儒家推崇周公制禮作樂，如同幫猴子穿上禮服，猴子因為根本不需要，絕對會想辦法立刻脫掉或撕碎。道家對人在自然狀態的描述，幾乎像孩童時期天真的表現。「含哺而熙，鼓腹而游」就是我們還是孩童時很深刻的記憶。出遊時沒有目的，就不會有壓力。阿爾卑斯山的登山步道也有一塊牌子，上面寫著，「慢慢走，欣賞呀！」類似此種意境。

赫胥氏是上古帝王，時代與行事皆不可考。依此文看來，應是假託的人物。聖人以為禮樂與仁義是人們所需要的，殊不知竟有莫大的後遺症。然而，我們能想像赫胥氏的時代嗎？

## 總結本篇要旨

馬是萬物之一，有它自身的性與命，但是從人的角度來判斷，就要設法讓它變得有用。結果呢？善於馴馬的伯樂會淘汰一半以上的劣馬。儒家所謂的聖人，為了治理百姓而製作禮樂，倡言仁義，結果呢？人們脫離了道與德，苦不堪言。道是根源，德是本性，人實在不必刻意作為而自尋煩惱。

# 胠篋

第十

〈10·1〉

將為胠（ㄑㄩ）篋（ㄑㄧㄝˋ）探囊發匱之盜而為守備，則必攝緘（ㄐㄧㄢ）縢（ㄊㄥˊ），固扃（ㄐㄩㄥ）鐍（ㄐㄩㄝˊ），此世俗之所謂知也。然而巨盜至，則負匱揭篋擔囊而趨，唯恐緘縢扃鐍之不固也。然則鄉之所謂知者，不乃為大盜積者也？故嘗試論之，世俗之所謂知者，有不為大盜積者乎？所謂聖者，有不為大盜守者乎？何以知其然邪？昔者齊國鄰邑相望，雞狗之音相聞，罔罟（ㄍㄨˇ）之所布，耒（ㄌㄟˇ）耨（ㄋㄡˋ）之所刺，方二千餘里。闔四竟之內，所以立宗廟社稷，治邑屋州閭鄉曲者，曷嘗不法聖人哉？然而田成子一旦殺齊君而盜其國，所盜者豈獨其國邪？並與其聖知之法而盜之。故田成子有乎盜賊之名，而身處堯、舜之安；小國不敢非，大國不敢誅，十二世有齊國。則是不乃竊齊國，並與其聖知之法，以守其盜賊之身乎？

## 〈白話〉

為了防備那些撬箱子、掏袋子、開櫃子的盜賊，一定要綁好繩索，關緊鎖鈕，這是世俗所謂的聰明。但是大盜一來，背起櫃子、舉起箱子、挑起袋子就跑，唯恐繩索與鎖鈕不牢固。那麼剛才所謂的聰明人，不正是為大盜積累財物嗎？因此讓我們來試做申論。世俗所謂的智者，有誰不是為大盜積累財物的呢？所謂的聖者，有誰不是為大盜看守財物的呢？怎麼知道是這樣的？從前在齊國，鄰近的村里彼此相望，雞鳴狗叫之聲彼此相聞，撒網捕魚的範圍、犁鋤耕種的面積，方圓兩千餘里。全國國境之內，用心設立宗廟社稷、管理各級行政區域的，何嘗不是取法於聖人的制作呢？然而，田成子一旦殺了齊君，竊占了他的國家，所盜走的難道只是他的國家嗎？是連他聖智的法度也一起盜走了。所以田成子雖有盜賊的惡名，卻處在像堯、舜一樣安穩的環境。小國不敢批評他，大國不敢討伐他，子孫十二代都統治著齊國。這不正是竊占了齊國，又連他聖智的法度一起拿走，用來保護身為盜賊的自己嗎？

## 〈解讀〉

「胠篋」是撬開箱子，「胠」就是去，通假字。本篇說明人想盡辦法防備箱子被撬開，最後箱子仍舊會被整個抬走。道家有一句名言，出現在本篇後續的章節中：「竊鉤者誅，竊國者為諸侯，諸侯之門而仁義存焉。」名利其實是相對的，聖王認真治理國家，製作良好的器物制度，但是，一旦盜賊四起，只要有人成功奪走天下，聖王所有的成就都必須拱手讓人，而過去努力建立的法度則成為奪取者的保護傘，並在分封諸侯之後，許多人照樣對他歌功頌德，這就是成王敗寇。

周朝初行封建時，把齊封給姜太公，把魯封給周公。姜太公問周公將如何治理魯國，周公說：「尊尊，親親。」（尊敬有德之人與親近有親戚關係的人）。姜太公認為魯國必將難逃國勢衰弱的命運。姜太公治理齊國的原則是「舉賢而上功」，只要有能力、有功勞的人，就受到重用。但周公說：「後世齊國必有劫殺之君。」結果齊國傳了二十四世，雖然還是名為齊國，卻換了血統，其緣由為齊國大夫陳恆（田成子常）弒君（齊簡公），時值春秋末期魯哀公十四年。孔子曾為此進諫魯哀公率兵討伐，但魯哀公卻袖手旁觀結果不了了之（《論語．憲問》）。魯國則傳了三十二世，雖是弱國，尚可苟延殘喘，但因重視道德，一直無法強盛，世事總是很難兩全其美，正如今日經營家族企業，講究關係則很難賺錢，但若晉用專業經理人，又恐公司被篡奪，是一樣的道理。

「邑屋、州閭、鄉曲」是古代按人口計算的行政區域之名。「邑」有三十六名男丁，「屋」有三名男丁。「州」有二千五百家，「閭」有二十五家。「鄉」有一萬二千五百家，「曲」則與「鄉」合稱「鄉曲」，指稱鄉下地區。

## 〈10．2〉

嘗試論之，世俗之所謂至知者，有不為大盜積者乎？所謂至聖者，有不為大盜守者乎？何以知其然邪？昔者龍逢斬，比干剖，萇（ㄔㄤˊ）弘胣（ㄊㄨㄛ），子胥靡，故四子之賢而身不免乎戮。故跖（ㄓˊ）之徒問跖曰：「盜亦有道乎？」跖曰：「何適而無有道邪？夫妄意室中之藏，聖也；入先，勇也；出後，義也；知可否，知也；分均，仁也。五者不備而能成大盜者，天下未之有也。」由是觀之，善人不得聖人之道不立，跖不得聖人之道不行；天下之善人少而不善人多，則聖人之利天下也少而害天下也多。故曰：「脣竭則齒寒，魯酒薄而邯鄲（ㄉㄢ）圍，聖人生而大盜起。」掊（ㄆㄡˇ）擊聖人，縱舍盜賊，而天下始治矣。夫川竭而谷虛，丘夷而淵實。聖人已死，則大盜不起，天下平而無故矣。

## 〈白話〉

讓我們來試作申論。世俗所謂最高明的智者，有誰不是為大盜積累財物的呢？所謂最高明的聖者，有誰不是為大盜看守財物的呢？怎麼知道是這樣的？從前關龍逄被斬首，比干被剖心，萇弘被車裂，子胥被沉屍江中，以這四個人的賢能，卻無法免於殺身之禍。所以大盜跖的徒弟問他說：「盜也有道嗎？」跖說：「怎麼能沒有道呢？大膽猜測屋中有寶藏，這是聖明；入內時領先，這是勇敢；退出時殿後，這是義氣；判斷進退時機，這是智謀；分贓公平，這是仁恩。不具備這五項條件而能成為大盜，那是天下不曾有過的。」由此看來，善人不懂得聖人之道就無法立足，盜跖不懂得聖人之道就無法橫行。天下的善人少而不善人多，那麼聖人有利於天下的少，而有害於天下的多。所以說：「去掉嘴唇，牙齒就寒冷；魯國的酒味變薄，趙國邯鄲就遭到圍困。聖人出現，大盜就興起了。」只有打倒聖人，釋放盜賊，天下才能安定。河川枯竭時，山谷才顯得空曠；丘陵夷平時，深淵才顯得充實；聖人死了，大盜就不會興起，天下也就太平無事了。

〈解讀〉

關龍逢被夏桀所殺，比干被商紂所害，萇弘被周靈王所殺，伍子胥被吳王夫差所害，可見每個時代都有這種慘事。

「盜亦有道」，是指「聖（明）、勇、義、智、仁」，其實與「聖人之道」無異。換言之，推廣聖人之道後，天下善人少而惡人多。為何遵行同樣的途徑（道），卻有相反的作為？關鍵在於動機，還是在於途徑本身？答案是：這種聖人之道本身就有問題，亦即偏離了人的自然本性。

「唇亡齒寒」是春秋時代的成語，常用來描述「晉侯假道於虞以伐虢」這一段史實。虢與虞的命運，正如唇亡而齒寒，其間有明確的因果關係。「魯酒薄而邯鄲圍」的背景是戰國時代，楚宣王因為魯恭王送的酒太薄，乃發兵攻魯；楚國與趙國本來有盟約，但梁惠王見楚國無暇救趙，才有機會出兵圍攻邯鄲。這也是在講因果關係。

老子說：「法令滋彰，盜賊多有。」聖人製作法令，於是有人被迫成為盜賊。另一種情形是聖人把制度、財貨都保護好、包裝好，就等著大盜來取，所以會說只有打倒聖人、釋放盜賊，天下才能安定。這一段主要在講聖人與盜賊只不過是名稱的不同，聖人一變可以為盜賊，盜賊一變可以為聖人。他們具備同樣的能力，而這些條件使他們可以成為聖人，也可以成為大盜。《厚黑學》一書也引用這段話告訴世人，不要以為做壞事的都是壞人，其實他們與好人具有一樣的能力，做好做壞只在一念之間。

〈10．3〉

聖人不死，大盜不止。雖重聖人而治天下，則是重利盜跖也。為之斗斛（ㄏㄨˊ）以量之，則并與斗斛而竊之；為之權衡以稱之，則并與權衡而竊之；為之符璽（ㄒㄧˇ）以信之，則并與符璽而竊之；為之仁義以矯之，則并與仁義而竊之。何以知其然邪？彼竊鉤者誅，竊國者為諸侯，諸侯之門而仁義存焉。則是非竊仁義聖知邪？故逐於大盜，揭諸侯，竊仁義，并斗斛權衡符璽之利者，雖有軒冕之賞弗能勸，斧鉞（ㄩㄝˋ）之威弗能禁。此重利盜跖而使不可禁者，是乃聖人之過也。

〈白話〉

聖人如果不死，大盜就不會消失。雖然是借重聖人來治理天下，卻等於對盜跖大為有利。聖人制定斗斛做為量器，大盜就連斗斛一起偷走；制定權衡做為天秤，就連權衡一起偷走；制定符璽做為信物，就連符璽一起偷走；制定仁義做為教具，就連仁義一起偷走。怎麼知道是這樣呢？偷竊腰帶上的帶鉤的人會被處死，偷竊國家的人卻成為諸侯，而諸侯家裡的仁義多得很呢。這難道不是偷竊了仁義聖智嗎？所以追隨大盜、掠奪諸侯、偷竊仁義，以及用斗斛、權衡、符璽來圖利的人，即使有高官厚爵的賞賜也無法勸阻，即使有嚴刑峻法的威脅也無法禁止。這種對盜跖大為有利而無法禁絕他們的情況，正是聖人的過錯啊！

## 〈解讀〉

「聖人不死，大盜不止」，是《莊子》中最偏激的論斷之一，專家學者推論這應該不是莊子本人的想法。事實上，後代往往並無聖人，而大盜依然不止。

「竊鉤者誅，竊國者為諸侯」，這是沉痛的感慨，也反應出當時政治與人權的不理想狀況。不過對於治理天下的官吏而言，誰是天子倒不怎麼在意，只要自己有官做就好。有些人面對改朝換代則無法忍受，譬如王國維至今投湖而死的真正原因還不得而知，但有人說他是因為年輕時曾得到滿清皇帝的召見與重視，對讀書人而言是人生大事，但後來的軍閥對他的輕視，以及對清末皇帝的鄙視，讓他覺得活在世間只差一死而已。明末的讀書人也有終身隱姓埋名的，而他們後世一兩代的人，生下來就已經是清朝，哪裡還會有什麼不平？過去對日抗戰八年，事過境遷，新生代也逐漸淡忘了，更何況人間所有的恩怨要如何計算？我在美國讀書時，曾問過日本同學，日本人為何要打中國人？他回答我，元朝時中國人為何要攻打日本？元朝確實曾想攻打日本，只不過颱風阻止了這場戰爭。所以人間要分辨誰代表正義的化身，有實際的困難。

這一段也是〈盜跖〉的前奏，當大盜的好處，就是等到成功時一切都得到合理說明，連人都成為正人君子了；萬一輸的時候，損失也不大，因為成功的人本來就不多。所以莊子嘲笑禹治水時累得大腿沒有肉，小腿沒有毛，實在太辛苦了。一旦大盜成功奪得天下，聖王所有的努力只能拱手讓人。

儒家認為強盜不好，道家卻認為無法分辨強盜，譬如朱元璋是平民出身，他的對手陳友諒失敗後就什麼也不是，但朱元璋取得天下，後代子孫繼續為天子；又譬如陳勝、吳廣在看到秦始皇出巡的盛大場面時，就誇下海口：「彼可取而代之。」雖然革命沒有成功，但至少死後留名，而當時許多活得比他們久的人，卻沒沒無聞。所以此處言論反映了亂世的真實情況，對我們讀書人的意義是，一方面要認清事實，另一方面則要思考應該如何是好。依上述例子來看，這是歷史上客觀的事實，莊子在此加以分析；當說到應該如何時，就各有立場加以分辨。

## 〈10・4〉

故曰：「魚不可脫於淵，國之利器不可以示人。」彼聖人者，天下之利器也，非所以明天下也。故絕聖棄知，大盜乃止；擿（ㄓˊ）玉毀珠，小盜不起；焚符破璽，而民朴（ㄆㄡˇ）鄙；掊（ㄆㄡˇ）斗折衡，而民不爭；殫（ㄉㄢ）殘天下之聖法，而民始可與論議。擢亂六律，鑠（ㄕㄨㄛˋ）絕竽（ㄩˊ）瑟，塞（ㄙㄜˋ）瞽（ㄍㄨˇ）曠之耳，而天下始人含其聰矣；滅文章，散五采，膠離朱之目，而天下始人含其明矣；毀絕鉤繩而棄規矩，攦（ㄌㄧˋ）工倕（ㄔㄨㄟˊ）之指，而天下始人有其巧矣。故曰：「大巧若拙。」削（ㄒㄩㄝ）曾、史之行，鉗楊、墨之口，攘棄仁義，而天下之德始玄同矣。彼人含其明，則天下不鑠矣；人含其聰，則天下不累矣；人含其知，則天下不惑矣；人含其德，則天下不僻矣。彼曾、史、楊、墨、師曠、工倕、離朱者，皆外立其德，而以爚（ㄩㄝˋ）亂天下者也，法之所無用也。

## 〈白話〉

所以說：「魚不能離開深淵，國家的利器不可顯示給人看。」所謂聖人那一套，是治理天下的利器，不是拿來給天下人看的。因此，排除聖明、放棄智巧，大盜才會消失；丟掉玉石、毀壞珠寶，小盜就不會出現；焚燒信符、打破印璽，百姓就純樸天真；劈開斗斛、折彎權衡，百姓就不會爭執；完全破除天下的聖人法度，才可以與百姓談論事情。攪亂六律，銷毀竽瑟，塞住師曠的耳朵，然後天下人才可保住自己的聽覺之聰；消除文采，解散五色，黏住離朱的眼睛，然後天下人才可保住自己的視覺之明；割壞鉤繩，廢棄規矩，折斷工倕的手指，然後天下人才可保住自己的十指之巧。所以說：「高明的機巧看來就像笨拙一樣。」消除曾參、史鰌的善行，鉗住楊朱、墨翟的利口，摒棄仁義，然後天下人的天賦才會玄妙齊一啊。人們保住自己的目明，天下就沒有殘缺之形；人們保住自己的耳聰，天下就沒有難聽之聲；人們保住自己的智力，天下就沒有迷惑之事；人們保住自己的天賦，天下就沒有邪僻之行。像曾參、史鰌、楊朱、墨翟、師曠、工倕、離朱等人，都是把自己的天賦展示出來，藉以擾亂天下的。這些對正道都是沒有用的。

## 〈解讀〉

「魚不可脫於淵，國之利器不可以示人」出自《老子》三十六章。魚若離水，無以為生；國之利器如果示人，必將引起爭鬥。其目的是要使國君顯得深不可測，這也就是我們常說的「天威難測」。《老子》十九章則有「絕聖棄智，民利百倍」與「絕巧棄利，盜賊無有」二句，在此約省為「絕聖棄知，大盜乃止」。

本段重點在於一個「含」字，保住原有天賦，不向外表現，以免引起比較競爭之心。人類社會難免有一些傑出人士，但當他們表現傑出之後，就會造成別人的壓力。人在某一方面是天才，但在其他方面難免有所限制，而且還很可能出乎意料之外。譬如耳朵特別靈敏的人，眼睛可能看不清；善於繪畫的人，辨音可能有困難。但是他們的專長與成就造成標準之後，天下就大亂了。譬如有則新聞提到，一個媽媽說自己的孩子很會讀書，但進到美國哈佛大學之後，老師問他雞有幾隻腳？他回答六隻，因為他從小只看過超市的雞腳，一盒有六隻。因此，我們不必把傑出人才的表現視為標準，對許多事都知道一點，有本事也不要太突出，才是平衡的人生。

〈10・5〉

子獨不知至德之世乎？昔者容成氏、大庭氏、伯皇氏、中央氏、栗陸氏、驪（ㄌㄧˊ）畜（ㄒㄩˋ）氏、軒轅（ㄩㄢˊ）氏、赫胥氏、尊盧氏、祝融氏、伏戲（ㄒㄧ）氏、神農氏，當是時也，民結繩而用之，甘其食，美其服，樂其俗，安其居，鄰國相望，雞狗之音相聞，民至老死而不相往來。若此之時，則至治已。今遂至使民延頸舉踵曰：「某所有賢者。」贏糧而趣之，則內棄其親，而外去其主之事，足迹接乎諸侯之境，車軌結乎千里之外。則是上好知之過也。

## 〈白話〉

你難道不知道上古至德的時代嗎？從前有過容成氏、大庭氏、伯皇氏、中央氏、栗陸氏、驪畜氏、軒轅氏、赫胥氏、尊盧氏、祝融氏、伏羲氏、神農氏，在那個時代，百姓以結繩來記事，飲食香甜，服飾美好，習俗歡樂，居處安適，鄰國彼此相望，雞鳴狗叫的聲音也相互聽得到，而百姓活到老死卻不相往來。像這樣的時代，就是真正的太平了。現在竟然弄到讓百姓伸長脖子踮起腳跟說：「某地有個賢人。」於是擔起糧食前去投奔，結果對內遺棄了自己雙親，對外不顧自己君主的事業，足跡出入於諸侯的國境，車軌往來於千里之外的遠方。這是在上位的人喜歡智巧所造成的過錯啊。

## 〈解讀〉

文中的十二氏都是古代帝王，先後順序有不同說法，不過此處主要的用意是描述上古至樂的世界。「結繩」是以結繩記事，因為當時尚未發明文字，《易經》的八卦即由此產生，約定好繩結的方式代表陰陽兩爻，部落的人到任何前人留下記號的地方，就知道有何意義。文字發明之後，由文字所構成的世界可以脫離現實處境，正如莊子描寫的時代，讓我們充滿想像，但也很容易使人在他的世界中沉迷，往而不返。譬如，過去的我喜歡閱讀金庸的武俠小說，書中的人名我都記得，但是自己同班同學的名字卻記不清楚。結繩記事使人回到與別人單純的關係，只有從繩結中看見有事情發生，才知道吉凶禍福，但不會有文字描述，因為一旦記錄誰是好人、誰是壞人，就需界定「好」的定義為何，人間就開始變得複雜了；因為懂得如何做表面工夫，但內心卻缺乏真誠，虛偽就產生了。

飲食香甜代表任何食物都美味，不追求奇特，而能甘於平淡。服飾美好表示舒適就好，不去羨慕別人的名牌衣物。人在習俗歡樂中，創造共同的回憶，但是現代社會變化快速，每過一段時間，街道的容貌就不同，很難尋找過去的歷史軌跡。居處安適象徵人不用羨慕別人的豪宅，人所需要的並不多。「鷦鷯巢於森林，不過一枝；偃鼠飲河，不過滿腹」（〈逍遙遊〉），形容生動，與《老子》八十章所提的「甘其食，美其服，安其居，樂其俗」可以相應。

「民至老死不相往來」依今日人際間的頻繁往來程度，是難以想像的事。但人在往來時，容易互相比較，比較就是痛苦的開始，譬如同一個社區，只要有人考上明星學校，鄰居之間就會開始比較；又或者某些人會故意誇大一些故事，引起別人的羨慕。凡是引述自身之外的事而引人羨慕的，都是無法安頓自己生命的人，所以與人交往必須相互欣賞，才有意義。

## 〈10．6〉

上誠好知而無道，則天下大亂矣。何以知其然邪？夫弓弩畢弋機變之知多，則鳥亂於上矣；鉤餌網罟罾（ㄗㄥ）笱（ㄍㄡˇ）之知多，則魚亂於水矣；削（ㄒㄩㄝ）格羅落罝（ㄐㄩ）罘（ㄈㄡˊ）之知多，則獸亂於澤矣；知詐漸毒頡（ㄒㄧㄝˊ）滑解垢堅白同異之變多，則俗惑於辯矣。故天下每每大亂，罪在於好知。故天下皆知求其所不知而不知求其所已知者，皆知非其所不善而不知非其所已善者，是以大亂。故上悖日月之明，下爍（ㄕㄨㄛˋ）山川之精，中墮四時之施；惴（ㄓㄨㄟˋ）耎（ㄖㄨㄢˇ）之蟲，肖翹之物，莫不失其性。甚矣夫好知之亂天下也！自三代以下者是已，舍夫種種之民而悅夫役役之佞（ㄋㄧㄥˋ）；釋夫恬淡無為而悅夫啍（ㄊㄨㄣ）啍之意，啍啍已亂天下矣。

## 〈白話〉

在上位的人若是喜歡智巧而不顧正道，天下就會大亂了。怎麼知道是這樣呢？弓箭、鳥網、機關這些智巧太多，鳥在天空受到驚嚇就會亂飛；釣餌、魚網、竹簍這些智巧太多，魚在水中受到驚嚇就會亂游；竹籬、羅網、獸檻這些智巧太多，野獸在山澤裡受到驚嚇就會亂跑；智巧詐欺、鉤心鬥角、顛倒錯亂、詭詞強辯、堅白同異這些花樣太多，世俗百姓受到驚嚇，就會在分辨事理上陷於迷惑了。於是天下昏昏大亂，罪過就在於喜歡智巧。所以，天下人都知道要追逐他所不知道的，卻不知道要探索他所已經知道的；都知道要責怪他所認為不好的，卻不知道要責怪他所認為好的，因此才會造成大亂。於是，在上遮蔽了日月的光明，在下摧毀了山川的精華，在中破壞了四季的運行；無足的爬蟲、微小的飛蟲，無不失去了本性。因為喜歡智巧而擾亂天下，情況實在太嚴重了！從三代以來都是如此，捨棄淳厚的百姓而欣賞狡黠的佞人；撇開恬淡無為的原則而喜歡諄諄多言的教化。諄諄多言已經擾亂天下了。

## 〈解讀〉

有時候，人很容易忽略老朋友，而努力結交新朋友，其實，新朋友在別人眼中也是他的舊朋友，很快就會陷入重複而乏味。

「求其所不知」是指向外追逐新知識，不但永無止境，並且得到愈多就愈迷惑，正如《老子》二十二章所說的：「少則得，多則惑。」又譬如去看畫展時，一天的時間只欣賞一幅，自然可以深入了解；如果同時看完幾百幅畫，肯定頭昏腦脹。「求其所已知」是指向內探索，從了解自己的本性與天賦開始，是自我安頓的必經之途。人生的快樂就在於了解自己，知道自己的性向如何、得到什麼會快樂、失去什麼會痛苦、自己欲望的限度何在。如果對自己沒有這樣的認識，不免被別人牽著鼻子走、被社會的議論與風尚所影響。今日的社會雖然複雜，卻是修練自己的好時機，要做到面對誘惑而不動心，是很大的挑戰。

「非其所不善」是常見的表現，但是結果可能造成人與人互相責怪；「非其所已善」則是檢討自己是否存有偏見與執著，是否需要調整個人的價值觀。

**總結本篇要旨**

「聖人不死，大盜不止。」本篇批判儒家所謂的聖人，可謂不遺餘力。聖人以仁義禮樂來治理天下，大盜學會了這套方法，就會不擇手段來取得天下，然後也以仁義禮樂做為號召。那麼，不如回到「小國寡民」（《老子》八十章）的原始社會吧！在古代有「至德之世」，可供我們緬懷。

# 在宥

第十一

〈11．1〉

聞在宥（ㄧㄡˋ）天下，不聞治天下也。在之也者，恐天下之淫其性也；宥之也者，恐天下之遷其德也。天下不淫其性，不遷其德，有治天下者哉！昔堯之治天下也，使天下欣欣焉人樂其性，是不恬也；桀之治天下也，使天下瘁（ㄘㄨㄟˋ）瘁焉人苦其性，是不愉也。夫不恬不愉，非德也。非德也而可長久者，天下無之。人大喜邪？毗（ㄆㄧˊ）於陽；大怒邪，毗於陰。陰陽並毗，四時不至，寒暑之和不成，其反傷人之形乎！使人喜怒失位，居處無常，思慮不自得，中道不成章。於是乎天下始喬詰（ㄐㄧㄝˊ）卓（ㄓㄨㄛˊ）鷙（ㄓˋ），而後有盜跖、曾、史之行。故舉天下以賞其善者不足，舉天下以罰其惡者不給；故天下之大不足以賞罰。自三代以下者，匈匈焉終以賞罰為事，彼何暇安其性命之情哉！

## 〈白話〉

只聽說保存寬待天下，沒聽說管理統治天下。所以要保存，是為了擔心天下人放縱他的本性；所以要寬待，是為了擔心天下人改變他的天賦。天下人都能不放縱本性、不改變天賦，哪裡還用治理天下呢！從前堯治理天下時，使天下人都很高興，以保有自己的本性為樂，這樣就不安靜了；桀治理天下時，使天下人都很憂愁，以保有自己的本性為苦，這樣就不愉快了。不安靜與不愉快，都不是天賦的常態。不合常態而可以維持長久，天下沒有這樣的事。人過於歡喜呢？會傷及陽氣；過於憤怒呢？會傷及陰氣。陰陽二氣都受損，四季就將失序，寒暑就無法調和，這樣反而傷害了人的身體啊！進而使人喜怒失常、生活不安、思慮沒有結果、做事亂了分寸。於是天下開始出現狡黠乖戾的風氣，然後才有盜跖、曾參、史鰌等人的行為。如此一來，用盡天下之力來獎賞善人也嫌不足，用盡天下之力來懲罰惡人也嫌不夠；亦即，天下雖大，卻不足以做到賞善罰惡。從三代以來，都在喧嚷著要做到賞善罰惡，他們哪有時間安頓自己性命的真實處境呢！

## 〈解讀〉

在宥是指「保存」與「寬待」。西方有「存在主義」，「在」就是在那裡，不要去干擾它，自然就保存了；「宥」是寬待，就是能容忍與接受。管理與統治因為有特別的設計，對現狀是一種干擾，保存與寬待則是肯定現有的情況。日本學者研究道家之後，認為道家才是真正在談「人性本善」，因為道家主張，保存是為了不使人放縱本性，寬待是為了不使人改變天賦，如此，天下就無事了。儒家則不同，孟子說：「飽食煖衣、逸居而無教，則近於禽獸。」禽獸「含哺而熙，鼓腹而游」，在莊子眼中與人無異，但在孟子看來，則無法接受這樣的人。所以儒家不講人性本善，而是講向善，向善的力量來自於真誠，真誠需要教育配合，否則人無法得知善的內容。

不過嚴格說來，道家也不是提倡人性本善，因為這涉及對「善」的定義。西方兩千多年的哲學史，也只有盧梭（Jean-Jacques Rousseau）有過人性本善的想法，他的《社會契約論》（或譯為《民約論》）對法國大革命影響深遠。他主張在古老的時代，人並無善惡的問題，惡來自私有財產。因為我多你就少，你多我就少，人為了得到更多的私有財產，就產生了競爭。所以就產生問題了。所以西方認為惡與社會是一起發展的，如果不談宗教，這樣的說法是可以理解的。但若是從宗教的觀點來看，惡是出於人的原罪，根源是人的驕傲。驕傲與私心是同源的，我比你好，我要勝過你，甚至我要與神比較。所以，若與儒家相比，道家只是較傾向於人性自然論，維持自然狀態就不會有問題。「德」與「性」並舉，代表那是天賦所得，天賦的常態，或原有的狀態等。

堯鼓勵人做好事，因而覺得快樂，但必須有人在受苦，才會讓你有機會做好事；相反的，如果沒有人在受苦，你沒有機會做好事，豈不是就不快樂了？桀治理天下時，人們為了保存本性而痛苦，其結果與人做好事得到快樂所受的干擾，是相同的。就像父母親為了使孩子快樂而不斷買玩具給他，一旦造成孩子的期待，希望落空時就會痛苦，這可能使孩子無法過平常的生活。與其想辦法賞善罰惡，不如不要分辨善惡，更不如各自安頓性命之情。只是依這種邏輯所預設的人類社會，早已離我們遠去了。

古人對陽與陰的觀察，是從陽光照射山脈而來的，陽光所及處是陽，陽光未及處是陰。由觀察自然界，而推論到人的世界之動與靜、光明與黑暗、生與殺。如果人的情緒受到過度干擾，便會失去平衡。人的欲望無窮，無論是賞善罰惡，最後都難以滿足。只要人沒有從動機上找到根源，不清楚自己的目的，就很難安頓自己的生命，正如人為了滿足生活的便利與需求，破壞自然生態的平衡，後果自是不堪設想。

〈11・2〉

而且說（ㄩㄝˋ）明邪（ㄧㄝˊ）？是淫於色也；說聰邪？是淫於聲也；說仁邪？是亂於德也；說義邪？是悖於理也；說禮邪？是相於技也；說樂邪？是相於淫也；說聖邪？是相於藝也；說知邪？是相於疵（ㄘ）也。天下將安其性命之情，之八者，存可也，亡可也；天下將不安其性命之情，之八者，乃始臠（ㄌㄨㄢˊ）卷愴（ㄔㄨㄤˋ）囊而亂天下也。而天下乃始尊之惜之，甚矣天下之惑也！豈直過也而去之邪？乃齊（ㄓㄞ）戒以言之，跪坐以進之，鼓歌以儛（ㄨˇ）之，吾若是何哉？故君子不得已而臨蒞天下，莫若無為。無為也而後安其性命之情。故貴以身於為天下，則可以託天下；愛以身於為天下，則可以寄天下。故君子苟能無解其五藏（ㄗㄤˋ），無擢其聰明；尸居而龍見（ㄒㄧㄢˋ），淵默而雷聲，神動而天隨，從容無為而萬物炊累（ㄌㄟˇ）焉。吾又何暇治天下哉？

## 〈白話〉

再說，喜歡明嗎？是沉溺於彩色；喜歡聰嗎？是沉溺於聲音；喜歡仁嗎？是擾亂了常態；喜歡義嗎？是違反了常理；喜歡禮嗎？是助長了技巧；喜歡樂嗎？是助長了耽溺；喜歡聖嗎？是助長了才藝；喜歡智嗎？是助長了挑剔。天下人如果能安頓性命的真實狀態，那麼這八種喜歡是可有可無的。天下人如果不能安頓性命的真實狀態，那麼這八種喜歡就會互相干擾、糾纏不清，造成天下大亂。天下人竟然還開始尊敬它們、愛惜它們，天下人的迷惑實在太過分了！人們哪裡會因為事過境遷就放棄這些喜歡呢？他們還虔誠齋戒來談論，正襟危坐來勸導，唱歌跳舞來讚美，我對這些又能怎麼辦呢？所以君子不得已而統治天下時，最好是沒有作為。沒有作為，然後可以安頓天下人性命的真實狀態。所以，重視自身超過天下的人，就可以把天下委託給他；珍惜自身超過天下的人，就可以把天下交付給他。所以，君子如果能不放縱他的本能欲望，不炫耀他的耳目聰明，安居不動而活力展現，沉靜緘默而聲勢浩大，心神出入而順乎自然，從容無為而萬物聚積。我又何必需要治理天下呢？

## 〈解讀〉

文中八種喜歡是「明、聰、仁、義、禮、樂、聖、知」。由上下文可知，仁會影響常態，義會影響常理，禮助長了繁複的儀式技巧，聖助長了多才多藝。這四者提醒我們莊子看待價值的特定觀點，尤其是「聖」字，並非儒家指稱的聖賢之聖。但是人如果無法安頓自己，自然便會向外追求，總希望自己能在某一方面勝過他人，如此就造成了區分。老子在談「知」的時候，提到三種，第一種就是「區分」，區分會帶來比較，比較是痛苦的開始；因為有痛苦，所以第二種是「避難」，提前防範；最後一種是「啟明」，從整體來看，沒有什麼避難的問題，因為避開小的難，也許未來有更大的災禍。因此，如果不得已需要統治天下，莊子的建議是不要刻意去表揚哪一種特別的行為，如此才能使百姓得到安頓。

「貴以身於為天下」一語，類似《老子》十三章的「貴以身為天下」。這樣的人可以寄託天下，因為他們一定是無為的。重視自己的人，不願意過度勞累，天下是天下人的天下，掌握大原則，任用賢良的大臣，無須事必躬親。這樣的政治領袖，才能從容。安居不動但能展現內心的活力，譬如透過閱讀、欣賞藝術品，內心自覺的程度會愈來愈高。沉靜緘默但內心充滿力量，儒家也強調真誠是一種力量。從以上足見道家並非真正的清靜無為，而是動靜搭配。

本章仍然強調「不得已」，也就是內心必須保持清醒，任何事不是非你不可，然而一旦非做不可，就需考慮各種條件的配合。這也是道家學說中，在實踐時比較困難的判斷。

## 〈11・3〉

崔瞿（ㄐㄩˊ）問於老聃曰：「不治天下，安臧人心？」老聃曰：「汝慎無攖（ㄧㄥ）人心。人心排下而進上，上下囚殺，淖（ㄔㄨㄛˋ）約柔乎剛彊（ㄑㄧㄤˊ），廉劌（ㄍㄨㄟˋ）彫琢，其熱焦火，其寒凝冰。其疾俛（ㄈㄨˇ）仰之間而再撫四海之外。其居也淵而靜，其動也縣（ㄒㄩㄢˊ）而天。僨（ㄈㄣˋ）驕而不可係者，其唯人心乎！昔者黃帝始以仁義攖人之心，堯、舜於是乎股無胈（ㄅㄚˊ），脛（ㄐㄧㄥˋ）無毛，以養（ㄧㄤˋ）天下之形，愁其五藏（ㄗㄤˋ）以為仁義，矜其血氣以規法度。然猶有不勝也，堯於是放讙（ㄏㄨㄢ）兜（ㄉㄡ）於崇山，投三苗於三峗（ㄨㄟˊ），流共工於幽都，此不勝天下也。夫施（ㄧˋ）及三王而天下大駭矣。下有桀、跖，上有曾、史，而儒墨畢起。於是乎喜怒相疑，愚知相欺，善否（ㄆㄧˇ）相非，誕信相譏，而天下衰矣；大德不同，而性命爛漫矣；天下好知，而百姓求竭矣。於是乎釿（ㄧㄣˊ）鋸制焉，繩墨殺（ㄕㄞˋ）焉，椎鑿決焉。天下脊脊大亂，罪在攖人心。故賢者伏處大山嵁（ㄓㄢˋ）巖之下，而萬乘之君憂慄乎廟堂之上。今世殊死者相枕也，桁（ㄏㄥˊ）楊者相推也，形戮者相望也，而儒墨乃始離跂攘臂乎桎梏之間。意，甚矣哉！其無愧而不知恥也甚矣！吾未知聖知之不為桁楊椄槢（ㄒㄩㄝˊ）也，仁義之不為桎梏鑿（ㄗㄨㄛˋ）枘（ㄖㄨㄟˋ）也，焉知曾、史之不為桀、跖嚆（ㄏㄠ）矢也！故曰：絕聖棄知，而天下大治。」

## 〈白話〉

崔瞿問老聃說：「不去治理天下，怎能使人心變好？」老聃說：「你要謹慎，不可擾亂人心。人心排斥卑下而爭求上進，在上進與卑下之間憔悴不堪，柔弱想要勝過剛強，稜角在雕琢中受傷，躁進時熱如焦火，退卻時冷若寒冰。變化速度之快，頃刻間可以往來四海之外。沒事時，安靜如深淵；一發動，遠揚於高天。激盪驕縱而難以約束的，就是人心吧！從前黃帝開始用仁義來擾亂人心，堯舜接著努力，勞累得雙股無肉、兩腿無毛，來養活天下人的身體，想盡辦法來推廣仁義，費盡心血來制定法度。然而還是有治理不好的地方。於是堯把讙兜放逐到崇山，把三苗驅逐到三峗，把共工發配到幽都，這就是他治理不好的情況啊！到了三代帝王，天下已經大亂了。在下有夏桀、盜跖之流，在上有曾參、史鰌之輩，而儒家、墨家也都出現了。然後，喜悅的與憤怒的互相猜疑，愚笨的與聰明的互相欺騙，善良的與邪惡的互相批評，虛偽的與誠實的互相嘲笑，天下風氣從此衰敗了；共同的天賦分歧，原有的性命也散亂了；天下人都愛好智巧，百姓之間也糾纏不清了。於是，拿出斧鋸來制裁，搬出繩墨來規範，取出錐鑿來處罰。天下紛紛大亂，罪過就在於擾亂人心。所以賢者隱居於高山深岩之下，而萬乘之君憂慮恐懼於朝廷之上。當今之世，身首異處的屍體到處堆積，鐐手銬腳的犯人互相推擠，受刑傷殘的罪人舉目皆是，而儒家墨家這才開始在枷鎖之間努力奮鬥。哎，太過分了！他們不覺慚愧又不知羞恥，實在太過分了！我怎麼知道聖明與智巧不是鐐銬上用來鎖緊的栓木，仁與義不是枷鎖上用來套人的洞孔，我怎麼知道曾參、史鰌不是夏桀、盜跖的先驅呢！所以說：排除聖明，放棄智巧，天下就太平了。」

## 〈解讀〉

本文前段對人心的描寫既生動又恐怖，不過把這種狀況歸咎於黃帝的作為，其實是一種寓言手法。儒家談到人心情感的變動，只說：「喜怒哀樂之未發謂之中，發而皆中節謂之和。」（《中庸》）但人的情感豈只是喜怒哀樂？談到人的情緒反應，莊子在〈齊物論〉中一口氣就說了十二種，可見他對人心狀態的了解特別完整。

老聃是莊子十分佩服的博大真人。「真人」是莊子想像中的理想人格表現，所以一談到「真人」就是「其寢不夢，其覺無憂」。因此這一段安排崔瞿與老耽的對話，可以接續上一段談人心的複雜多變。

堯舜治理天下時，標舉仁義做為努力的目標，而這目標是落在人間的相互比較，所以即使再怎麼努力，天下也有無法治理好的地方。莊子在此，其實是把社會的動亂都歸咎於人心的問題，人心安定，一切都定了。這一段強調人類社會的價值是相對的，說哪一方面好，自然凸顯另一方面的不好，區分的結果，使社會趨向兩個極端，而大多數的人其實身處在灰色地帶。

儒家與墨家一再受到批判，反映了這兩派是當時的顯學。亂世中的顯學，正如孔子所說的「邦無道，穀，恥也」（《論語‧憲問》），國家不上軌道而做官領俸祿，就是恥辱。因此，孔子對於此處莊子的批判，恐怕也是無可奈何的。

〈11‧4〉

黃帝立為天子十九年，令行天下，聞廣成子在於空同之山，故往見之，曰：「我聞吾子達於至道，敢問至道之精。吾欲取天地之精，以佐五穀，以養民人；吾又欲官陰陽，以遂群生，為之奈何？」廣成子曰：「而所欲問者，物之質也；而所欲官者，物之殘也。自而治天下，雲氣不待族而雨，草木不待黃而落，日月之光益以荒矣。而佞人之心翦翦者，又奚足以語至道？」

## 〈白話〉

黃帝在位做了十九年天子，政令通行天下。他聽說廣成子住在空同山上，特地前去拜訪。他說：「我聽說先生已經抵達至道的境界，請問至道的精華是什麼。我想要擷取天地的精華，用來助長五穀，養育人民；我還想要掌握陰陽，用來化育一切生命，那麼要如何做呢？」廣成子說：「你所要詢問的，是萬物的實質；你所要掌握的，是萬物的末節。自從你治理天下以來，雲氣還沒有凝聚就下雨，草木還沒有枯黃就凋謝，日月的光輝愈來愈黯淡了。你這種心胸淺陋的佞人，又哪裡有資格談論至道呢！」

## 〈解讀〉

至道是最高的道理，就道家而言可以說是「整體」。既然已經是一個整體，就沒有作為的空間，愈是有所作為，只會使現實愈複雜，造成各種後遺症。所以人類過於自作聰明、過於干擾自然來滿足人類的欲望，結果造成自然的災難。

「空同山」又稱崆峒山。廣成子是假託之名。「十九年」有其特殊含意，譬如庖丁解牛所用的刀也是十九年。在十九年中，技可進於道；亦可解讀為抵達某一界限，必須更上一層樓。

## 〈11．5〉

**黃帝退，捐天下，築特室，席白茅，閒居三月，復往邀之。廣成子南首而臥，黃帝順**

下風膝行而進，再拜稽（ㄑㄧˇ）首而問曰：「聞吾子達於至道，敢問，治身奈何而可以長久？」廣成子蹶（ㄐㄩㄝˊ）然而起，曰：「善哉問乎！來，吾語女至道。至道之精，窈（ㄧㄠˇ）窈冥冥；至道之極，昏昏默默。無視無聽，抱神以靜，形將自正。必靜必清，無勞女形，無搖女精，乃可以長生。目無所見，耳無所聞，心無所知，女神將守形，形乃長生。慎女內，閉女外，多知為敗。我為女遂於大明之上矣，至彼至陽之原也；為女入於窈冥之門矣，至彼至陰之原也。天地有官，陰陽有藏。慎守女身，物將自壯。我守其一，以處其和。故我修身千二百歲矣，吾形未嘗衰。」黃帝再拜稽首曰：「廣成子之謂天矣！」

〈白話〉

黃帝回去後，放棄天下，蓋一間別室，鋪上潔白的茅草，在裡面清靜地住了三個月，然後再去拜訪廣成子。廣成子朝南躺著，黃帝從下方跪著前進，再拜叩頭，問說：「聽說先生已經抵達至道的境界，請問：如何修身，才可以活得長久？」廣成子迅速坐起來說：「問得好啊！來，我告訴你至道是什麼。至道的精華，幽深而無狀；至道的極致，蒙昧而無聲。不要看不要聽，讓精神安靜，形體就會自己端正。一定要安靜，一定要清淨，不要勞累形體，不要耗費精力，這樣就可以長生。眼無所見，耳無所聞，心無所知，讓你的精神保住形體，形體就可以長生。持守你內在的精神，封閉你外在的感官，智巧多了就會失敗。我帶你登上光明之地，抵達那至陽的源頭；我帶你跨入幽深之門，抵達那至陰的源頭。天地各有主宰，陰陽各有職分，只要謹慎持守你自己，萬物都會自行成長。我守住一體，藉此處於和諧之中，所以我修身一千二百歲了，我的形體還沒有衰老。」黃帝再拜叩頭說：「廣成子可以說是與自然合一了。」

## 〈解讀〉

黃帝這一次問的是如何「活得長久」，而不是如何「治理天下」，算是回到根本的問題。精神代表心的作用，莊子認為精神的出現是經過「身如槁木，心如死灰」，也就是「心齋」後才出現的。當人在懸崖邊，面對一片迷霧，看不清楚前面的一切時，要不要縱身一躍？也許前面是萬丈深淵，一躍而下會粉身碎骨，這是一個嚴酷的考驗，人生至此，是需要冒險的。齊克果（S. Kierkegaard）就用這樣的比喻，說明人需要由感性境界、倫理境界，再提升到宗教境界。人在面臨抉擇時，並沒有明確的梯子讓你按部就班，循序漸進照著往上爬，許多時候就是一個轉折，譬如要追求世間的榮華富貴，還是從事自身的修練？為了修練自己，也許需要放棄各種享受，一旦放棄，也許就錯過這一生的精采。許多人不願退出現實的舞台，因為知道立刻會有人補位，然而人到了一定時間，就不得不離開社會所給的舞台，退休之後如何讓自己不衰老，端看是否懂得建構自己的舞台。

莊子提醒我們不要用身與心來看世界，那樣永遠只能看到相對的世界，必定有所限制，譬如問能活多久、能做多少事，都是有限的。但如果把眼光轉向自己的內在世界，放棄外在成就之後，才發現內在的充實，以及這一生真正值得追求的目標。此道理近似所謂「眾裡尋他千百度，驀然回首，那人卻在燈火闌珊處。」「那人」是真正的自我，往外找找不著；「回首」就是自覺；「燈火闌珊」代表還不是很清楚，仍須努力使之更明朗，也就是所謂的自我修練。

「至道」是指至高的道，或是純一無瑕的道。「至陽」與「至陰」的用法與此類似，但是陰陽並舉，是指稱兩種相對相成的力量或是「氣」。推究其「原」，依然是道，代表萬物的來源與歸宿。「守其一以處其和」的「一」指「道」，「和」指「德」而言。文中以「天」字形容廣成子，代表他與自然合而為一了。

〈11·6〉

**廣成子曰：「來！余語女：彼其物無窮，而人皆以為有終；彼其物無測，而人皆以為有極。得吾道者，上為皇而下為王；失吾道者，上見光而下為土。今夫百昌皆生於土而反於土。故余將去女，入無窮之門，以遊無極之野。吾與日月參光，吾與天地為常。當我，緡（ㄇㄣˊ）乎！遠我，昏乎！人其盡死，而我獨存乎！」**

〈白話〉

廣成子說：「來！我告訴你。那至道無窮無盡，但人們都以為它有終端；那至道無邊無際，但人們都以為它有界限。獲得我至道的人，最好的可以成為古皇，最差的可以成為今王；錯失我至道的人，最好的還能看見其光耀，最差的就化為塵土了。現在萬物都是來自塵土又回歸塵土。所以我要離你而去，跨入無窮無盡的領域，遨遊於無邊無際的曠野。我與日月一起發光，我與天地同樣長久。別人朝我而來，我茫然無知啊！別人離我而去，我渾然不覺啊！人最後都會死亡，只有我獨自存在啊！」

## 〈解讀〉

人生活在陸地上，其實並不知道海洋的遼闊，必須真的來到大海上，才能領略它的一望無際。所以我們可以用海來想像「道」，實際上，「道」遠比海洋更為無邊無際。

文中的「皇」是上古至德之世的領袖，「王」也不失為後代的理想領袖。

錯過「道」的人，從虛無來，也向虛無而去。人的生命從表面上看，確實是從「空」中來，向「空」中去。方東美先生是我的老師，他曾在生病中寫過幾首詩，其中一首開頭是「我自空中來，還向空中去」。不過詩中的「空」是佛教意義的空，「真空妙有」，空不是虛無，而是含有無限的可能性。如道家所說的「無」是無形無狀，因此不能賦予任何名稱。沒有研習過道家的人，會以為「無」是消極的，就是虛無主義。我莫名其妙地出現，莫名其妙地活著，最後莫名其妙地走了。這種虛無主義的感受，在生活中的小細節也能窺知一二，譬如朱自清的散文〈匆匆〉所描寫的：「太陽他有腳啊，輕輕悄悄地挪移了；我也茫茫然地跟著旋轉。」人生就像這樣茫茫然。如果不學道家，人從無中來，生命可能以蕭條作結，成了虛無主義；學習道家之後，就會明白道之無窮無盡、無邊無際，因此沒有什麼好憂慮的。〈大宗師〉提到：「善吾生者，乃所以善吾死也。」（那妥善安排我生活的，也將妥善安排我的死亡。）死亡並不可怕，因為莊子認為出生有如小時候離家，死亡有如回家，因此人不必恐懼死亡，只需珍惜自然的生命，安其天年。

「今夫百昌皆生於土而反於土」描寫的是有形體的萬物，無不來自大地又回歸大地。但隨後則是專就人的心靈或精神而述。與形體死亡相對的，「也許」真有一種精神狀態是永遠存在的，關鍵在於這樣的精神狀態，不會像宗教界所謂的「靈魂」一樣，自動在人死之後繼續存在，而必須經由修練的過程，才可「得道」。這種修練過程，可以落實為神仙家或道教的方術，也可以扣緊老子與莊子的思想主旨，將它理解為智慧的覺悟。

人的生命因為能夠悟道，才稱其為「大」，這是道家思想的關鍵。人活著時就要以悟道為目標，若未悟道，就會四處追求，好像缺少什麼似的；一旦悟道之後，每一剎那都與道合一，每一剎那都是永恆且圓滿的，那種快樂也不必特別向任何人述說，如人飲水，冷暖自知。因此，道家強調在今生悟道是十分入世的思想，因為道家不談來世，人生在什麼時代、什麼社會，就坦然接受，化解所有的煩惱，珍惜現在所有的一切。在道家看來，儒家強調每天的奮鬥，包含修德行善，其實都離開了自己的生命，因為沒能讓人「自適其適」，而是「適人之適」。

至於死後的世界是否真有不死的靈魂，沒有人拿得出證據，也就無法驗證。所以道家具有宗教向度，卻不必變成一種具體的宗教。

〈11．7〉

雲將東游，過扶搖之枝而適遭鴻蒙。鴻蒙方將拊（ㄈㄨˇ）髀（ㄅㄧˋ）雀躍而遊。雲將見之，倘然止，贄（ㄓˋ）然立，曰：「叟（ㄙㄡˇ）何人邪？叟何為此？」鴻蒙拊髀雀躍不輟，對雲將曰：「遊！」雲將曰：「朕願有問也。」鴻蒙仰而視雲將曰：「吁（ㄒㄩ）！」

雲將曰：「天氣不和，地氣鬱結，六氣不調，四時不節。今我願合六氣之精以育群生，為之奈何？」鴻蒙拊髀雀躍掉頭曰：「吾弗知！吾弗知！」雲將不得問。又三年，東遊，過有宋之野，而適遭鴻蒙。雲將大喜，行趨而進曰：「天忘朕邪？天忘朕邪？」再拜稽（ㄑㄧˇ）首，願聞於鴻蒙。

## 〈白話〉

雲將到東方遊玩，經過扶搖神木的枝頭，恰巧遇上了鴻蒙。鴻蒙正拍著腿，像麻雀一樣跳躍玩耍。雲將看見他，就停了下來，站在一邊，說：「老先生是什麼人？老先生在做什麼？」鴻蒙拍著腿，像麻雀一樣跳個不停，對雲將說：「玩耍啊！」雲將說：「我想向你請教。」鴻蒙抬頭看著雲將說：「嗯！」雲將說：「天氣不和順，地氣展不開，六氣不協調，四季又失序。現在我想聚合六氣的精華，用來養育萬物，應該怎麼做呢？」鴻蒙拍著腿，像麻雀一樣跳著，轉過頭去說：「我不知道！我不知道！」雲將沒法再問了。過了三年，雲將再到東方遊玩，經過宋國的郊野，恰巧又遇上了鴻蒙。雲將高興極了，快步走向前去，說：「天忘記了我嗎？天忘記了我嗎？」再拜叩首，希望鴻蒙指教他。

## 〈解讀〉

「我不知道！」這句話經常在莊子筆下出現，但真是不知道嗎？或許是他認為你的問題還沒有沾到邊。因此說自己不知道，相對於提問的人，代表即使說出來也無法領悟。

「雲將」代表雲的主帥，「鴻蒙」代表自然元氣，「扶搖」是東方神木，「六氣」是陰陽風雨晦明。雲將尊稱鴻蒙為「天」，除了表示至高敬意，也肯定鴻蒙代表與自然合一的狀態。

〈11．8〉

鴻蒙曰：「浮遊不知所求；猖狂不知所往；遊者鞅掌，以觀無妄。朕又何知？」雲將曰：「朕也自以為猖狂，而民隨予所往；朕也不得已於民，今則民之放也！願聞一言。」鴻蒙曰：「亂天之經，逆物之情，玄天弗成；解獸之群，而鳥皆夜鳴；災及草木，禍及止蟲。意（一），治人之過也。」雲將曰：「然則吾奈何？」鴻蒙曰：「意，毒哉！僊（ㄒㄢ）僊乎歸矣。」雲將曰：「吾遇天難，願聞一言。」鴻蒙曰：「意，心養。汝徒處無為而物自化。墮爾形體，吐爾聰明，倫與物忘；大同乎涬（ㄒㄧㄥˇ）溟。解心釋神，莫然無魂。萬物云云，各復其根。各復其根而不知，渾渾沌沌，終身不離；若彼知之，乃是離之。無問其名，無闚其情，物故自生。」雲將曰：「天降朕以德，示朕以默。躬身求之，乃今也得。」再拜稽首，起辭而行。

〈白話〉

鴻蒙說：「到處遊玩，不知道追求什麼；隨意行動，不知道要去哪裡；遊玩的人自在得意，觀看的範圍無邊無際。我又知道什麼呢？」雲將說：「我也自以為是隨意行動，但百姓卻跟著我走；我也是不得已才治理百姓，現在百姓卻依賴我。希望得到你的指教。」鴻蒙說：「擾亂自然的常規，違背萬物的常態，自然造化就無法成功；獸群紛紛離散，飛鳥夜夜哀鳴；災害波及草木，禍患殃及昆蟲。這應該是你治理人民的過錯啊。」雲將說：「那麼，我該怎麼做呢？」鴻蒙說：「唉，何苦呢！你還是起來回去吧。」雲將說：「我好不容易才遇到天，希望得到一點指教。」鴻蒙說：「唉，心要修養。你只須沒有作為，萬物就將自行變化。放下你的形體，拋棄你的聰明，與外物相互忘記，與自然之氣合而為一。解除心思，鬆開精神，茫茫然無知無覺。萬物紛紜眾多，各自回歸根本。各自回歸根本而不知怎麼回事，就會渾渾沌沌，再也不會離開根本。一旦知道是怎麼回事，就會離開根本。不必詢問它的名稱，不必察看它的真相，萬物本來就是自行生長的。」雲將說：「天賜給我充實的狀態，教導我靜默的妙用。我親身追求的答案，現在總算得到了。」再拜叩首，起身告辭而去。

## 〈解讀〉

經過了三年，鴻蒙終於回答雲將的問題了。「猖狂」的原意是「無心」，與現在的用法迥異，在此是指隨意行動，沒有特定目的。道家認為人活著不須有刻意的目的，所以，每個人要設法自得其樂。如果人一定要完成什麼目的，在道家看來是過於辛苦。

現在，如果我們碰到一個人，問他有什麼目標呢？對方如果回答「沒什麼目標」，大家都會覺得他沒什麼出息。這人能怎麼辦呢？如果他已經年老而退休了那還好，如果是年輕人，大家都會替他擔心，然而在道家看來，其實是不需要如此。人如果活著，且還活得好好的，就不需要問別人該做什麼，每個人都要設法自得其樂。

一個領導者會讓百姓跟隨，一定是因為百姓認為他可以為大家帶來快樂。問題在於為什麼要讓人相信你能帶給人快樂？這是領導者要負責回答的問題。所以莊子在〈讓王〉提及「讓別人作王」，被讓的人心想：讓我作王？我居然讓你以為我想當王，實在太可恥了！我必定是做了某些事、擁有某些名聲，才會讓你有這種想法，所以這些人都活不下去，紛紛自殺身亡。《莊子》後幾篇有些言論說得直接，譬如描寫舜就像羊肉有腥味，會吸引螞蟻。誰教舜德行好，百姓認為他會帶給自己幸福，所以就跟著他，讓他因此疲倦不已。

人們會依據生活所需，改變自然狀態，而這也是自然災禍的來源，獸群、飛鳥、草木、昆蟲當然也逃脫不了。「只須沒有作為，萬物就將自行變化」，正如現代環保的口號：「只要給地球喘息的機會，它就會自己復原。」這也是莊子思想具有前瞻性之處。

「涬溟」是自然元氣的未分狀態。《老子》十六章說：「致虛極，守靜篤。萬物並作，吾以觀復。夫物芸芸，各復歸其根。」道家認為人都會有好奇心，有求知的天性，而有知就會有欲，偏差的知會帶來偏差的欲。因此道家並非真的主張無知無欲，而是要人注意正確的知，並引發正確的欲。但是，有時候正確的知也是主張不要求知，不必去知道的態度。「物故自生」，萬物是自行成長的，道也是「自本自根」，不知道是誰使它生長的。

最後說雲將「再拜叩首，起身告辭」，此處顯然有違莊子的筆法。道家既已主張「放下你的形體，拋棄你的聰明，與外物相互忘記，與自然之氣合而為一」，就不可能刻意製造人間的差異。不過，於此也不需要太挑剔，或許只是寫出來讓細心的人去察覺的。

「解心釋神，莫然無魂」，此處要注意「心、神、魂」三個概念，莊子認為人的心有各種狀態，如果沒有修練，就會變成各種欲望的主導，我的心想這個、想那個，所以這樣的心要讓它變成死灰，就是「解心」。「神」在莊子筆下都是好的意思，就是精神，讓精神可以放鬆開來，不要再綑住它。而「無魂」則是描寫茫茫然無知無覺的樣子，並非指稱什麼特定的狀態。

## 〈11．9〉

世俗之人，皆喜人之同乎己，而惡人之異於己也。同於己而欲之，異於己而不欲者，以出乎眾為心也。夫以出乎眾為心者，曷（ㄏㄜˊ）常出乎眾哉！因眾以寧所聞，不如眾技眾矣。而欲為人之國者，此攬乎三王之利而不見其患者也。此以人之國僥倖也。幾何僥倖而不喪人之國乎！其存人之國也，無萬分之一；而喪人之國也，一不成而萬有餘喪矣。悲夫，有土者之不知也。夫有土者，有大物也。有大物者，不可以物物；而不物物，故能物物。明乎物物者之非物也，豈獨治天下百姓而已哉！出入六合，遊乎九州，獨往獨來，是謂獨有。獨有之人，是之謂至貴。

## 〈白話〉

世俗的人都喜歡別人與自己相同，而厭惡別人與自己不同。與自己相同的，就願意接納，與自己不同的，就不願意接納，這是一心想要超出眾人。一心想要超出眾人的，何嘗真正超出眾人呢！靠著眾人支持來肯定自己的見解，還不如讓眾人各自發揮才幹。想要治理國家的人，如此就是只看到三代帝王的政績，而沒有見到它的後患。這樣治理國家是憑著僥倖，有多少人是憑著僥倖而不亡國的呢！這樣能保住國家的，不到萬分之一；而失去國家的，就算要亡一萬次也救不了一次。可悲啊！擁有領土的人竟然不知道這一點。擁有領土的人，就擁有廣大萬物；擁有廣大萬物的人，不可以主宰萬物；而不去主宰萬物，才能夠主宰萬物。明白了主宰萬物的並非萬物，這樣的人豈止有能力治理天下百姓而已呢！他可以出入天地四方，遨遊天下九州，獨往也獨來，稱為獨一無二。獨一無二的人，可以稱之為至為尊貴。

## 〈解讀〉

「物物」是指把物當成物來役使，也就是主宰操縱之，意即如果把萬物當成萬物，就不會從整體來看，而是從分別來看，所以會去役使它。不去主宰萬物，就是任物自化，才是真正主宰了萬物。「物物者之非物也」，因為主宰萬物的是「道」，而道當然不是萬物之一。道是整體，而萬物全在道裡面。

「獨有之人」是體道之人。因為道是一，所以他成了獨，譬如唐朝詩人陳子昂所寫的〈登幽州臺歌〉：「前不見古人，後不見來者，念天地之悠悠，獨愴然而涕下。」但是，如果體道之人不只一位，他們能否合稱為「獨」？這是對莊子的提問。有時候人也不妨看看身邊，也許一樣有體道之人，自己並非如此絕對的孤單。

莊子也說「獨與天地精神往來」（〈天下〉），在這一句話中，必須先明白何謂「精神」。精神用在天地之後，象徵那是使天地成為天地的力量，也就是「道」。只有我與道來往，別人都跟「萬物」來往。與萬物來往將不斷的消長生滅，與道來往則可以不死不生。不生所以不死，不死因為它不生。如果有生、養，則後面就有失去。落在相對的層次，也就很難體會到

「道」的究竟真實了。

〈11．10〉

大人之教，若形之於影，聲之於響。有問而應之，盡其所懷，為天下配。處乎無響，行乎無方。挈（ㄑㄧㄝˋ）汝適復之撓（ㄋㄠˊ）撓，以遊無端；出入無旁，與日無始；頌論形軀，合乎大同，大同而無己。無己，惡乎得有有！睹有者，昔之君子；睹無者，天地之友。

〈白話〉

大人的教化，就像形體會有影子，聲音會有回響一樣。有問就有答，用盡所有的一切，與天下的需求配合。他們獨處時寂靜無聲，行動時變化無常。帶領萬物回到自動狀態，以遨遊於無窮的領域；出出入入而無定向，與日並存而無開端。容貌身軀，合乎萬物同化的境界；萬物同化以致忘了自己。忘了自己，怎麼還會有物！能看出有物的，那是從前的君子；能看出無物的，那是天地的朋友。

〈解讀〉

「大人」為體道之人，也可以指聖人或至人。

人要能靜若處子，才有機會動如脫兔。處子是安靜而單純的小女孩，並無複雜的事情可以胡思亂想。行動在敏捷有效之前，要能安靜而耐得住寂寞。

「睹有者」，就會有所為；「睹無者」，就會無所為，然後才能與天地為友。古人說最高的智慧是領悟「從來都沒有東西存在過」，即「未始有物」。一旦說有東西存在，就會執著於「有」，而和「無」不同。有東西與無東西其實是同一件事，本來就沒有什麼東西存在過。莊子在〈天下〉有一些精采的語句，如「獨與天地精神往來，而不敖倪於萬物。不譴是非，以與世俗處」、「上與造物者遊，而下與外死生無終始者為友」，都是描寫悟道者外化而內不化的境界。「無己」的「無」在《莊子》中可以作「忘」來理解。

〈11．11〉

賤而不可不任者，物也；卑而不可不因者，民也；匿而不可不為者，事也；麤（ㄘㄨ）而不可不陳者，法也；遠而不可不居者，義也；親而不可不廣者，仁也；節而不可不積者，禮也；中而不可不高者，德也；一而不可不易者，道也；神而不可不為者，天也。故聖人觀於天而不助，成於德而不累，出於道而不謀，會於仁而不恃，薄於義而不積，應於禮而不諱，接於事而不辭，齊於法而不亂，恃於民而不輕，因於物而不去。物者莫足為也，而不可不為。不明於天者，不純於德；不通於道者，無自而可；不明於道者，悲夫！何謂道？有天道，有人道。無為而尊者，天道也；有為而累者，人道也。主者，天道也；臣者，人道也。天道之與人道也，相去遠矣，不可不察也。

## 〈白話〉

雖然低賤但不能不放任的，是萬物；雖然卑微但不能不順應的，是百姓；雖然瑣碎但不能不操持的，是世事；雖然粗疏但不能不陳述的，是法則；雖然遙遠但不能不憑藉的，是義理；雖然親近但不能不推廣的，是仁愛；雖然有節但不能不演練的，是禮儀；雖然中和但不能不提升的，是天賦；雖然合一但不能不變化的，是大道；雖然神妙但不能不運作的，是自然。因此，聖人觀察自然而不助長；成就天賦而不勞累；符合大道而不謀畫；推行仁愛而不依恃；實踐義理而不積累；回應禮儀而不避諱；處理世事而不辭讓；遵守法則而不妄為；依賴百姓而不輕視；順從萬物而不放棄。萬物不需要我們有所作為，但是本身又不能不有所作為。不明白自然的人，無法保持天賦純粹；不覺悟大道的人，沒有任何作為可行；不明白大道的人，真是可悲啊！什麼叫做道？有自然之道，也有人之道。無所作為而受到尊崇的，是自然之道；有所作為而勞累不堪的，是人之道。位居主宰的，是自然之道；位居臣下的，是人之道。自然之道與人之道之間的差距實在太遠了，不可不分辨清楚。

## 〈解讀〉

部分學者認為本段摻雜了儒家及法家思想，但是細究其基本立場，其實並未背離《莊子》後學的引申，亦即對「道、德、天」這三個關鍵概念，仍有其一貫的理解。《老子》二十五章提及：「人法地，地法天，天法道，道法自然。」其中的天與地，代表自然萬物，而「自然」則是代表「自己如此的狀態」，人取法地是因為人靠山吃山，靠水吃水。地取法天，是說天時春夏秋冬，有這樣的天時，就有這樣的地利。至於天為何如此，則是道所安排的。道法自然是說萬物保持自己如此的狀態，其中就有道。

本文談到「物、民、事、法、義、仁、禮、德、道、天」十個概念，雖亂而有序。總結部分特別指出「天、德、道」三者的相互關係，不可不察。道家不可能不把「道」放在最高的位置，說「天」時，仰望天空，感官會有對象可觀察，但是「道」是無形無象的。所以「道」在道家的位階最高，而儒家則是以「天」為最高位階，所以孔子五十而知天命、六十而順天命。

現今的社會需要道家思想，才能明白減法的原則，但這也是道家最容易被誤解的觀點，以為無為就是什麼事都不做，或者放任不管。在此強調的是「外化而內不化」，當條件成熟時，就順勢而為，意即「不得已」；內心則無論外在遭遇如何變化都不受干擾。目前的社會很難超越這兩點，其實十年後，現在在乎的一切都改變了，一時的成敗得失實在無足輕重。

**總結本篇要旨**

治理天下時，如果有所作為，那麼不論為善為惡，結果都會帶來災難。何以如此？因為「人心」一旦受到挑撥，就會像捅開的蜂窩，後患無窮。萬物皆生於土而反於土，依循自然規律，人為何不能因而忘記自己，不要刻意有所作為呢？本篇認為：有為將帶來痛苦。但人類可能回復到原始社會嗎？

# 天地

第十二

〈12．1〉

天地雖大，其化均也；萬物雖多，其治一也；人卒雖眾，其主君也。君原於德而成於天。故曰：「玄古之君天下，無為也，天德而已矣。」以道觀言，而天下之君正；以道觀分，而君臣之義明；以道觀能，而天下之官治；以道汎觀，而萬物之應備。故通於天者，道也；順於地者，德也；行於萬物者，義也；上治人者，事也；能有所藝者，技也。技兼於事，事兼於義，義兼於德，德兼於道，道兼於天。故曰：「古之畜天下者，無欲而天下足，無為而萬物化，淵靜而百姓定。」《記》曰：「通於一而萬事畢，無心得而鬼神服。」

〈白話〉

天地雖然廣大，變化卻是均勻的；萬物雖然繁多，條理卻是一致的；百姓雖然為數甚眾，領導他們的則是君主。君主依據的是天賦，而成就的是自然。所以說：「遠古時代的君主治理天下，無所作為，只是依循自然與天賦而已。」從道的觀點來看名稱，天下的君主就會得到肯定；從道的觀點來看分際，君臣的職責就會得到闡明；從道的觀點來看才幹，天下的官員就會發揮功能；從道的觀點來廣泛看待一切，萬物的對應都是完備無缺的。所以，在上與天相通的，是道；在下與地相順的，是德；在萬物中運作的，是義；治理百姓所要做的，是事；才幹有所專精的，是技。技要合於事，事要合於義，義要合於德，德要合於道，道要合於天。所以說：「古代養育天下的人，沒有欲望而天下自己滿足，沒有作為而萬物自己化成，沉默寂靜而百姓自己安定。」古書上說：「覺悟了一體，萬事都能成就；無心於獲得，鬼神也會佩服。」

## 〈解讀〉

莊子一談到「天地」就代表大，談到「萬物」就代表多，這段思想詳見〈齊物論〉〈2・6〉。本文前半段至「而萬物之應備」，合乎本書一貫的說法，所以「德」是指天賦所得，「天」是指自然，而「道」的地位可以籠罩全局。後半段列出「技、事、義、德、道、天」六者之間以下承上的關係，就值得商榷了。譬如，同一段中出現「天」與「天、地」，並且天的位階明顯列在道與德之上，在理解上頗有困難。道是根源，德是來自於道，如果將道與天配合，德與地配合，如此道與德變成相對的，就不是道家的看法了。

「義」是宜的意思，《易經・乾卦》：「乾。元亨利貞。」說的最清楚。元者，善之長也。亨者，嘉之會也。利者，義之和也。貞者，事之幹也。其中談到「利物，足以和義」，就是維持一切適宜，足以協調義行。

「以道汎觀，而萬物之應備」，從道的觀點來廣泛看待一切，萬物的對應都是完備無缺的，這句話經常被人引用。

〈12．2〉

夫子曰：「夫道，覆載萬物者也，洋洋乎大哉！君子不可以不刳（ㄎㄨ）心焉。無為為之之謂天，無為言之之謂德，愛人利物之謂仁，不同同之之謂大，行不崖異之謂寬，有萬不同之謂富，執故德之謂紀，德成之謂立，循於道之謂備，不以物挫志之謂完。君子明於此十者，則韜乎其事心之大也，沛乎其為萬物逝也。若然者，藏金於山，藏珠於淵，不利貨財，不近貴富；不樂壽，不哀夭；不榮通，不醜窮；不拘一世之利以為己私分，不以王天下為己處顯，顯則明。萬物一府，死生同狀。」

〈白話〉

先生說：「道是覆蓋及承載萬物的，多麼浩瀚廣大啊！君子不可以不敞開心胸。沒有作為而成功的，叫做自然；沒有作為而顯示的，叫做天賦；愛護眾人照顧萬物的，叫做仁恩；把不同意見化為相同的，叫做大度；行動毫不標新立異的，叫做寬闊；容納各種不同事物的，叫做富有；保持原有天賦的，叫做綱紀；天賦得以完成的，叫做安立；順從大道而行的，叫做齊備；不因外物而扭曲志向的，叫做完滿。君子明白這十種道理，則心量之大將寬闊無比，萬物歸向也將勢不可擋。像這樣的人，把黃金藏於大山中，把明珠藏於深淵下；不重視財物，不追求富貴；不以長壽為樂，不以短命為悲；不以通達為榮，不以窮困為恥；不把舉世的利益收攬為自己私有，不把稱王天下當成自己的顯耀，顯耀就會暴露在外。萬物是一個整體，死生並沒有差別。」

**〈解讀〉**

本段及下一段開頭的「夫子」，有老子、孔子、莊子三種說法，不妨視之為寓言中的一位先生。

在此提及「天、德、仁、大、寬、富、紀、立、備、完」十個概念，可供參考但不必深究，因為缺少系統上明確的完整性，顯然是莊子後學的讀書心得，所以不須強記。讀書需要注意的是系統，一旦找到系統，就可以得其環中，以應無窮。值得留意的是開頭提及的「道」可以籠罩全局，所以不失本書立場。也正因此，「天」指自然，「德」指天賦狀態。道家的立場就是不要引發人的欲望，才不會活得這麼累。「萬物一府，死生同狀」是莊子的名言。

**〈12．3〉**

**夫子曰：「夫道，淵乎其居也，漻（ㄌㄡˊ）乎其清也。金石不得，無以鳴。故金石有聲，不考不鳴。萬物孰能定之！夫王德之人，素逝而恥通於事，立之本原而知通於神，故其德廣。其心之出，有物採之。故形非道不生，生非德不明。存形窮生，立德明道，非王**

德者邪！蕩蕩乎！忽然出，勃然動，而萬物從之乎！此謂王德之人。視乎冥冥，聽乎無聲。冥冥之中，獨見曉焉；無聲之中，獨聞和焉。故深之又深而能物焉；神之又神而能精焉。故其與萬物接也，至無而供其求，時騁而要其宿，大小、長短、修遠，各有其具。」

〈白話〉

先生說：「道，安靜如深淵，澄澈如清水。金與石沒有它的配合，也將無從響起。所以，金與石可以發出聲音，不敲則不響。誰能確定萬物如何感應呢？實現天賦的人，純真行動而不屑於通曉俗務，堅守源頭而智力可以覺悟神妙的境界，如此他的天賦得以盡量發揮。他的心思若要運作，是因為外物有所求。所以，形體若沒有大道，就不能出生；出生若沒有天賦，就不能彰顯。保存形體而活完一生，堅守天賦而彰顯大道，不是實現天賦的人嗎！廣大無比啊！不知不覺就出現了，無聲無息就行動了，萬物都跟著他走！這就稱為實現天賦的人。看過去一片昏暗，聽起來毫無聲響。一片昏暗之中，只有他見到了光明；毫無聲響之中，只有他聽到了和音。所以，在無比深遠之處，卻有東西存在；在無比神妙之境，卻有真實存在。因此他與萬物交往時，一無所有卻能供應萬物的需求，自在放任卻能成為萬物的歸宿。大小、長短、遠近，各得其宜。」

〈解讀〉

「王德」是「旺盛其德」，意指「實現天賦」。依據道家的立場，「道」代表究竟真實，是一切的起源與歸宿。「德」是道賦予每一物的天賦。只有人會面臨「是否實現天賦」的問題。奇妙之處在於，一旦實現天賦，人將成為道的化身。《老子》五十一章有「道生之，德畜之，物形之，器成之」的說法。

「能物」與「能精」，猶如「有物」與「有精」。「物」是指不確定的某物，「精」則是指某物的真實性。《老子》二十一章有「恍兮惚兮，其中有物；窈兮冥兮，其中有精」的說法，可供參考。毫無聲響與一片昏暗代表虛無，而只有道家在一片虛無中看見光明，也就是從所有變化中，理解「道」做為萬物的來源與歸宿。所以道家的學說是為了化解存在上的虛無主義。人活在世界上，死亡與衰老是人的威脅，但學習道家之後就不必害怕了。雖然我們是從文字上學習，但需要超越文字，提升到沉思的境界，如此才能夠從虛無中看見光明。就像莊子常說的，如果沒有道，為何我們有限的生命會在世間出現呢？笛卡兒（René Descartes）說：「我思故我在」，即使如此，人的生命依然有限，如今他已經不在世間，所以他的另外一句話「我在故上帝在」，才能說明人這短短的生命能夠存在的理由，這是他的偉大之處。西方經常用信仰的方式來解決類似的問題。如果人不學道家，又沒有信仰，最後只能落入虛無主義，活著時巧取豪奪，死之後又不能帶走什麼。

人的生命與路邊的小花相比，在時間上當然相對較長，但若與永恆相比，不過是一瞬間之後的虛無。所以一朵花存在，一定有它存在的理由，由此才能發展出莊子的「審美境界」。道的光輝透過世間一切存在之物顯現出來，因此人何須擔心生命的消長？生命沒有開始也沒有結束，只有在活著的時候能否覺悟道、覺悟根源的問題。

## 〈12・4〉

黃帝遊乎赤水之北，登乎崑崙之丘而南望，還（ㄒㄩㄢˊ）歸，遺其玄珠。使知（ㄓˋ）索之而不得，使離朱索之而不得，使喫詬（ㄍㄡˋ）索之而不得也。乃使象罔，象罔得之。黃帝曰：「異哉，象罔乃可以得之乎？」

## 〈白話〉

黃帝到赤水北邊去遊玩，登上崑崙山向南眺望，不久要回去時，發現遺失了玄珠。他派知去找，沒有找到；派離朱去找，沒有找到；派喫詬去找，也沒有找到。他再派象罔去找，象罔找到了。黃帝說：「奇怪啊！象罔才可以找到嗎？」

## 〈解讀〉

本篇是簡短的寓言。「玄珠」，玄妙的寶珠，用來比喻「道」。「知」，有才智的人，「離朱」，有銳利眼光的人，「喫詬」，行動迅速的人，他們分別使用思考、眼力、行動，卻找不到遍在萬物的道。所有的才能都是針對世俗的需要而訓練，只能解決一些相對的問題。象罔（又作罔象），即是無象，不著形跡，也無所用心，如此才可與道相應。

## 〈12．5〉

堯之師曰許由，許由之師曰齧（ㄋㄧㄝˋ）缺，齧缺之師曰王倪，王倪之師曰被（ㄆㄧ）衣。堯問於許由曰：「齧缺可以配天乎？吾藉王倪以要（ㄧㄠ）之。」許由曰：「殆哉圾（ㄐㄧˊ）乎天下！齧缺之為人也，聰明睿知，給數以敏，其性過人，而又乃以人受天。彼審乎禁過，而不知過之所由生。與之配天乎？彼且乘人而無天。方且本身而異形，方且尊知而火馳，方且為緒使，方且為物絯（ㄏㄞˋ），方且四顧而物應，方且應眾宜，方且與物化而未始有恆。夫何足以配天乎？雖然，有族，有祖，可以為眾父，而不可以為眾父父。治，亂之率也，北面之禍也，南面之賊也。」

### 〈白話〉

堯的老師是許由，許由的老師是齧缺，齧缺的老師是王倪，王倪的老師是被衣。堯請教許由說：「齧缺可以擔任天子嗎？我想透過王倪去邀請他。」許由回答說：「這樣恐怕會危害天下啊！齧缺的為人，聰明睿智、機警敏捷；他稟賦過人，又能以人力去成就自然。他懂得怎樣防堵過失，卻不知道過失從何而生。要他擔任天子嗎？他將會依憑人力而摒棄自然。他將會以自己為本位而區分人我，將會看重智巧而急著應用，將會被小事所役使，將會被外物所牽絆，將會四處張望應接不暇，將會事事苛求完美，將會隨著外物變化而不能保持常態。他哪裡有資格擔任天子呢？雖然如此，有族人聚集，就有一族的宗主，他可以擔任一族之主，卻不可以擔任天下之主。治理是動亂的起因，是人臣的災難，也是君主的禍害。」

## 〈解讀〉

堯與許由固然真有其人，另外三位則不可考。文中的對話與互動，應該是莊子的傑作。相關內容可參考〈齊物論〉與〈應帝王〉。依照輩份來看，齧缺是許由的老師，但是許由對這位老師的批評卻相當直率，顯示道家真正做到了「弟子不必不如師，師不必賢於弟子」。這種師生關係的合理性，在於眾人皆「以道為師」。

重點在於「他懂得怎樣防堵過失，卻不知道過失從何而生」一語，人如果沒有找到過失的源由，即使補救過失，也無法避免下一次的過失。希臘哲學家赫拉克利特（Heraclitus）說：「人的性格就是他的命運」，唯有透過學習，才有辦法慢慢修改注定的過錯。莊子於此主張：「刻意」只會為天下帶來災害。

## 〈12・6〉

堯觀乎華。華封人曰：「嘻，聖人！請祝聖人，使聖人壽。」堯曰：「辭。」「使聖人富。」堯曰：「辭。」「使聖人多男子。」堯曰：「辭。」封人曰：「壽、富、多男子，人之所欲也。女（ㄖㄨˇ）獨不欲，何邪？」堯曰：「多男子則多懼，富則多事，壽則多辱。是三者，非所以養德也，故辭。」封人曰：「始也我以女為聖人邪，今然君子也。天生萬民，必授之職。多男子而授之職，則何懼之有！富而使人分之，則何事之有！夫聖人鶉（ㄔㄨㄣˊ）居而鷇（ㄎㄡˋ）食，鳥行而無彰；天下有道，則與物皆昌；天下無道，則

**修德就閒。千歲厭世，去而上僊（ㄒㄧㄢ），乘彼白雲，至於帝鄉；三患莫至，身常無殃，則何辱之有！」封人去之，堯隨之，曰：「請問。」封人曰：「退已！」**

## 〈白話〉

堯到華地遊覽，華地的封疆官員對他說：「啊，聖人！讓我為聖人祝福。祝聖人長壽。」堯說：「不必了。」「祝聖人富有。」堯說：「不必了。」「祝聖人多生男子。」堯說：「不必了。」封疆官員說：「長壽、富有、多生男子，是大家都想要的，你卻不想要，為什麼呢？」堯說：「多生男子就多恐懼，富有就多麻煩，長壽就多屈辱。這三樣東西都不能用來涵育天賦，所以我要推辭。」封疆官員說：「本來我以為你是個聖人，現在知道你只是個君子。天地生養萬民，一定會授與職務。多生男子就分別授與職務，又有什麼好恐懼的！富有就讓別人來分享，又有什麼麻煩呢！聖人隨遇而安、飲食簡單，就像飛行的鳥不留痕跡。天下有道，就與萬物共同發展；天下無道，就在閒居中修養天賦。活了一千年，覺得夠久了，就離開人間登上仙境，乘著白雲飄到仙鄉。世人擔心的『老、病、死』三種禍患都不會降臨，自身常保無災無難，又有什麼屈辱呢！」封疆官員轉身離去，堯跟在後面說：「還想請教你。」封疆官員說：「你回去吧！」

## 〈解讀〉

對於「壽、富、多男子」，堯的態度是能免則免，以省去恐懼、麻煩與屈辱。這是某種智慧的表現，認定了多一事不如少一事。但是，封疆官員採取「順其自然」的立場，改消極為積極，使禍患化解於無形，顯然展現了更高的智慧。古代的封疆官員因為見多識廣，所以都很有智慧，就像儀封人曾說上天將以孔子為木鐸（《論語・八佾》）。還有個守門員形容孔子是「知其不可而為之」（《論語・憲問》），直到現在，我們還以此說明孔子的作風。

「聖人」與「君子」之分，在於前者順其自然而常保天賦，後者則有主觀的願望，因而容易受到外界的牽制。換言之，君子是從正面看，看見利與害；聖人則是從整體來看。

「去而上僊（仙），乘彼白雲，至於帝鄉」，是戰國晚期神仙家的口吻。當成寓言來看即可，並不違背莊子的思想。

學習道家一定要記得兩句話，一，道不等於自然界，二，道不等於人類。自然界不等於道，自然界是指天地萬物。老莊喜歡說自然界，是因為它不受人類的汙染，有其規則與規律，以致自然的就是必然的。人有理性能夠思考、學習、理解，進而可以自由選擇。人的自由選擇所面臨的問題是，如果有偏差的觀念，就會有偏差的欲望，就會造成偏差的行為。所以，人若學錯了觀念，欲望與行為都將偏離正道，最後的結果就是一個「亂」字。所以，雖然老莊在談自然界，其實是在談「道」。「以道汎觀，而萬物之應備」，從道的觀點來廣泛看待一切，萬物的對應都是完備無缺的。道無處不在，自然界的萬物都是有一定的條件，造成一定的結果，不是按照人的想法可以改變的。所以〈天地〉談天地萬物時的用意在此。

接著談人間，華封人與堯的對話，祝福他壽、富、多男子，而堯則一再拒絕。長壽易受辱、富有怕被搶奪、多男子不免紛爭。但儀封人勸堯轉個方向思考，有錢與更多人分享、多男子要他們多做事。由此可見，許多事轉個念，想法就不同了。

## 〈12・7〉

堯治天下，伯成子高立為諸侯。堯授舜，舜授禹，伯成子高辭為諸侯而耕。禹往見之，則耕在野。禹趨就下風，立而問焉，曰：「昔堯治天下，吾子立為諸侯。堯授舜，舜授予，而吾子辭為諸侯而耕。敢問，其故何也？」子高曰：「昔者堯治天下，不賞而民勸，不罰而民畏。今子賞罰而民且不仁，德自此衰，刑自此立，後世之亂，自此始矣。夫子闔行邪？無落吾事！」俋（ㄧˋ）俋乎耕而不顧。

### 〈白話〉

堯治理天下時，伯成子高被封為諸侯。等到堯讓位給舜，舜讓位給禹之後，伯成子高辭去諸侯之位，回家耕田。禹前去拜訪他時，他正在田地裡耕作。禹趕快走到下方，站好請教說：「以前堯治理天下時，你被封為諸侯。等到堯讓位給舜，舜再讓位給我，你就辭去諸侯之位，回家耕田。請問這是什麼緣故？」子高說：「以前堯治理天下，不用獎賞，人民自動向上；不必懲罰，人民自動敬畏。現在你施行賞罰，人民還是不行善，道德從此衰敗，刑罰從此確立，後世的禍亂也將從此開始了。你怎麼還不走呢？不要耽誤了我的耕作。」說完就低頭認真工作，不再理會禹了。

### 〈解讀〉

上文中，堯才被批評為「君子」，在本文則受到推崇，真是「比上不足，比下有餘」啊！

相形之下，禹的水平更低，而後代政治領袖則更不堪設想了。《論語．子路》記載子貢請教孔子「今之從政者何如？」時，孔子回答：「噫！斗筲之人，何足算也！」認為現今從政者的器識像是廚房裡的小用具，算得了什麼呢？由此可見，儒道兩家立場雖然不同，對政治人物的評價卻有異曲同工之妙。

伯成子高辭官耕田的身影，像是《論語．微子》中的長沮、桀溺、荷蓧丈人等。孔子質疑：「鳥獸不可與同群，吾非斯人之徒與而誰與？」說明我們沒有辦法與飛禽走獸一起生活，如果不同人群相處又要同誰相處呢？儒道二家的志趣不同，在此清楚呈現。

## 〈12．8〉

泰初有無，無有無名。一之所起，有一而未形。物得以生，謂之德；未形者有分，且然無間，謂之命；留動而生物，物成生理，謂之形；形體保神，各有儀則，謂之性。性修反德，德至同於初。同乃虛，虛乃大。合喙鳴；喙鳴合，與天地為合。其合緡（ㄇㄣˊ）緡，若愚若昏，是謂玄德，同乎大順。

## 〈白話〉

在最起始的時候，只是「無」存在，尚未出現「有」也尚未出現「名」；這就是「一」的由來，混同為一而尚未具體成形。萬物獲得它才可生成的，就叫做「德」；尚未具體成形的分為陰陽二氣，往來流通沒有空隙的，就叫做「命」；這種流通變動的過程，產生了萬物，萬物產生之時各有條理，就叫做「形」；形體保守著精神，各自有其規則，就叫做「性」。本性經過修養，回到原有的德；再由德推到極致，與最起始的狀態混同。混同才會空虛，空虛才會廣大。如此將可融合眾人之言；眾人之言一旦融合，就與天地相合。這種相合沒有任何痕跡，像是愚昧又像是昏沉；這就是最深奧的德，也等同於最大的順應了。

## 〈解讀〉

這一段十分重要，「道、德、命、形、性」一系列語詞，代表道家清楚說明人的生命如何出現，以及找到安頓的方法。以「在最起始的時候」開頭的是神話，因為一切都還沒形成，所以才要說明萬物是怎麼來的；而童話的開頭則是「很久很久以前」，因為那是說給小孩子聽的，如果說出時間，小孩子會問更多問題，童話不是歷史，所以只說很久以前，至於多久？也就不必過問了。

本段為莊子的萬物形成論。太初的「無」在有與名之前，也正是《老子》第一章：「道，可道，非常道。名，可名，非常名。無名，萬物之始；有名，萬物之母。」先是無名，而有名則是與萬物配合才產生的。「一」代表整體，還沒有區分，沒有形體出現，所以沒有名稱可說，就像《老子》二十五章：「吾不知其名，字之曰道」。其次，則是對於「德、命、形、性」的定義與描述，值得細讀深思。

萬物由道而得的，就是本性與稟賦，《老子》四十二章：「道生一，一生二，二生三，三生萬物。萬物負陰而抱陽，充氣以為和。」一代表元氣，是一切的始元；二代表陰氣與陽氣；

三代表陰氣與陽氣，以及它們搭配所產生的和氣。陰陽以某種比例造成的一種穩定狀態，稱為和氣。本文也表現類似的觀點。

往來流通沒有空隙的，就叫做「命」，也就是遭遇。我們常說因果報應，其實更精確的說法是「事出必有因」。因為所有的事情都不是突然發生的，所以人無法擺脫「命」，即使看似突然發生，也是過去所有的條件一路演變所造成的。所以，「命」是代表從原因到結果，緊密連結、環環相扣的遭遇，毫無自由揮灑的空間。道家的哲學與西方斯賓諾莎（**Baruch de Spinoza**）的哲學很接近，他是在荷蘭成長的猶太人，他的哲學被稱作「泛神論」，意即一切就是神，神就是一切。另外有一派哲學是「萬有在神論」。「是」與「在」不同，我們學道家就是要分辨「道在萬物」與「道是萬物」。道在萬物是對的，道是萬物是錯的，因為萬物充滿變化，而道從來不變，不受影響。斯賓諾沙說，萬物之中，人類以為自己有自由，其實依然是被決定的，並非真的有自由，就像許多人相信星座，就是相信人都會被先天的因素與後天的遭遇所左右，再決定現在的思考與選擇。

各種條理構成形體，所以馬就是馬，人就是人，不會有又是馬又是人的形體。中國古代有麒麟，代表吉祥物，但實際上是不存在的。從形到性，各自保有不同的規則，所以人的個別差異顯現在「性」上。因為人人不同，所以才要修練，讓人回到原有的德。回到原有的德之後，人才能回到初，而與道合一。

從「性修反德」開始，是人類特有的任務，因為只有人類才有可能偏離本性與遺忘天賦。「同乎大順」是指順於大道，與大道合一。讀本文要切記《老子》第一章的「玄之又玄，眾妙之門」。於此已經界定人的狀態是不圓滿的，所以人的本性要經過修養，回到原有的德。至於人為何不圓滿，前面的篇章已有許多說明，是人在社會化的過程中喪失了本性。唯有透過個人的修練，再把我們的本性與稟賦找回來，如此才能與道合一，稱之為「大順」。

## 〈12・9〉

**夫子問於老聃曰：「有人治道若相放，可不可，然不然。辯者有言曰：『離堅白，若縣（ㄒㄩㄢˊ）寓（ㄩˇ）。』若是則可謂聖人乎？」老聃曰：「是胥易技係勞形怵（ㄔㄨˋ）心者也。執留之狗成思，蝯（ㄩㄢˊ）狙（ㄐㄩ）之便自山林來藉。丘，予告若，而所不能聞與而所不能言。凡有首有趾無心無耳者眾；有形者與無形無狀而皆存者盡無。其動，止也；其死，生也；其廢，起也，此又非其所以也。有治在人，忘乎物，忘乎天，其名為忘己。忘己之人，是之謂入於天。」**

## 〈白話〉

孔子請教老子說：「有人在修養道術時，總是與大家背逆而行，把不可的說成可，不是的說成是。善辯的人還會說：『堅是堅，白是白，就像時間與空間之不同。』這樣的人可以稱做聖人嗎？」老聃說：「這是知識上沒有定見，肢體上受到束縛，以致形體勞累、心神不安的人啊。會捉狐狸的狗才會被人役使，猿猴因為行動敏捷才會被人從山林捕來。孔丘，我要告訴你的，是你無法聽到也無法說出的道理。有頭有腳而無心無耳的人很多，有形體的人能與無形無狀的道並存的，卻一個也沒有。人的動靜、生死、窮達，都不是自己安排得來的。一個人所能做的，是忘掉外物，忘掉自然，這樣叫做忘己。忘掉自己的人，可以說是與自然合一了。」

## 〈解讀〉

一般人有先入為主的觀念之後，自然入主出奴。所以，會說話不算什麼，重要的是會聽話及會思考。可惜的是，一般人較少思考無形無象的道。「治道」是指修養道術，所以看起來應該與眾不同，但是如果勉強求異，反而扭曲了自然狀態，庸人自擾。

莊子的建議是「忘」，有超脫及化解之作用。因此，忘己之人才可回歸自然。莊子談修養的七個境界：外物、外生、朝徹、見獨、無古今、不死不生，此處就談到「忘」，其實人有時候很難忘記自己，看見他人，就想到自己；看見別人發生什麼事，很容易聯想到自己與他之間的關係，如此就容易執著，容易對事情有某種程度的成見，難以超脫。

「有人治道若相放」的「放」字與「方」相通，意思是逆，因為方形的東西有稜有角，相互碰觸而不合。「執留之狗成思」的「留」是狐狸，「思」恐怕是「累」的誤刻。

## 〈12．10〉

**將閭葂（ㄇㄢˇ）見季徹曰：「魯君謂葂也曰：『請受教。』辭不獲命，既已告矣，未知中**

否。請嘗薦之。吾謂魯君曰：『必服恭儉，拔出公忠之屬而無阿（ㄜ）私，民孰敢不輯（ㄐㄧˊ）！』」季徹局局然笑曰：「若夫子之言，於帝王之德，猶螳蜋之怒臂以當車軼，則必不勝任矣！且若是，則其自為處，危其觀臺，多物將往，投跡者眾。」將閭葂覤（ㄒㄧˋ）覤然驚曰：「葂也汒（ㄇㄤˊ）若於夫子之所言矣。雖然，願先生之言其風也。」季徹曰：「大聖之治天下也，搖蕩民心，使之成教易俗，舉滅其賊心而皆進其獨志，若性之自為，而民不知其所由然。若然者，豈足堯、舜之教民，溟涬（ㄒㄧㄥˋ）然夷之哉？欲同乎德而心居矣。」

## 〈白話〉

將閭葂去見季徹，他說：「魯國國君對我說：『請你多指教。』我推辭，他不答應，我只好告訴他了。不知道對不對，我試著說給你聽聽。我對魯君說：『一定要做到恭敬節儉，提拔公正忠誠的人而沒有偏私，這樣人民怎麼敢不和睦呢！』」季徹聽了哈哈大笑，說：「像先生這番話，對於帝王應有的德行而言，就如同螳螂奮力舉起手臂來抵擋車輪，必定是不能勝任的。並且果真如你所說的去做，魯君自己就會處於危險的高位，因為前往歸附的人將會很多，其中虛有其表的人也一定不少。」將閭葂大吃一驚，說：「我對先生的話感到茫然不解。不過，還是想請先生說個大概的道理。」季徹說：「大聖人治理天下時，用的方法是放任民心，使他們成就教化、改變風俗，完全消除他們的害人念頭，而促成他們自得的志趣，就像是本性自動要這麼做，而他們並不知道何以如此。能做到這一步，又怎麼會推崇堯、舜的教化，茫茫然地跟隨在後呢？大聖人的目標是天下同德而內心安定。」

## 〈解讀〉

本文中，將閭葂的想法代表儒家，而季徹的說法代表道家。「螳臂擋車」在〈人間世〉也出現過，把國君比喻為「車」、「老虎」、「馬」。

「大聖」的「大」有超越平庸之意。相形之下，堯、舜顯得平庸了。大聖的作為正如《老子》十七章所言：「功成事遂，百姓皆謂：我自然。」（百姓都說我本來即是如此。）「不知其所以然」原是「自然」的妙用。

害人意念的發生，多半是因為欲望。所以真正好的統治者，要能讓百姓「自得其樂」，了解與道同在，一切從整體來看，不要因為相對價值而帶來痛苦。大家都回到從道而來之本來的狀態，內心自然安定，不會去羨慕別人。人最怕的就是有「羨慕別人」的感覺，其實平凡就是幸福，但需自己感受到這種幸福，而非經由別人提醒我們。

## 〈12·11〉

子貢南遊於楚，反於晉，過漢陰，見一丈人方將為圃畦（ㄑㄧˊ），鑿（ㄗㄨㄛˋ）隧而入井，抱甕（ㄨㄥˋ）而出灌，搰（ㄏㄨˊ）搰然用力甚多而見功寡。子貢曰：「有械於此，一日浸百畦，用力甚寡而見功多，夫子不欲乎？」為圃者卬（ㄤˊ）而視之曰：「奈何？」曰：「鑿木為機，後重前輕，挈（ㄑㄧㄝˋ）水若抽，數如泆（ㄧˋ）湯，其名為槔（ㄍㄠ）。」為圃者忿然作色而笑曰：「吾聞之吾師：『有機械者必有機事，有機事者必有機心。機心存於胸中，則純白不備；純白不備，則神生不定，神生不定者，道之所不載也。』吾非不知，羞而不為也。」子貢瞞然慚，俯而不對。有間，為圃者曰：「子奚為者邪？」曰：「孔丘之徒也。」為圃者曰：「子非夫博學以擬聖，於于以蓋眾，獨弦哀歌以賣名聲於天下者乎？汝方將忘汝神氣，墮汝形骸，而庶幾乎！而身之不能治，而何暇治天下乎！子往矣，無乏吾事。」子貢卑陬（ㄗㄡ）失色，項（ㄒㄩ）項然不自得，行三十里而後愈。

## 〈白話〉

子貢前往南方的楚國遊歷，返回晉國時，經過漢水南岸，看見一個老人在菜園裡工作。這老人鑿通一條地道到井邊，抱著甕進去裝水出來灌溉，花了許多力氣而效果不彰。子貢說：「現在有一種機械，每天可以灌溉一百塊菜園，用力很少而效果很大，老先生不想要嗎？」種菜老人抬起頭看著子貢說：「怎麼做到的？」子貢說：「削鑿木頭做成機器，後面重而前面輕，提水就像抽引一樣，快得像沸湯湧溢。這種機器叫做桔槔。」種菜老人怒形於色，然後譏笑說：「我聽我的老師說過：『使用機械的人，一定會進行機巧之事；進行機巧之事的人，一定會生出機巧之心。機巧之心存在於胸中，就無法保持純淨狀態；無法保持純淨狀態，心神就不安定；心神不安定的人，是無法體驗大道的。』所以，我不是不懂得使用機械，而是因為覺得羞恥才不用的。」子貢滿臉慚愧，低著頭不說話。過了一會兒，種菜老人說：「你是做什麼的？」子貢說：「我是孔子的弟子。」種菜老人說：「那不就是以博學來比擬聖人，以浮誇來超群出眾，自唱哀歌走遍天下來換取名聲的人嗎？你應該忘記你的心神才智，毀棄你的形體作用，也許還可以接近大道。你連自己都修養不好，又怎麼有時間去治理天下呢？你走吧，不要耽誤了我的事。」子貢羞愧得面無人色，一副悵然若失的樣子，走了三十里的路才恢復過來。

## 〈解讀〉

本段即是有名的子貢見漢陰丈人。種菜老人口中的老師，代表道家人物。《老子》八十章提到：「小國寡民，使有什伯之器而不用，使民重死而不遠徙；雖有舟輿，無所乘之；雖有甲兵，無所陳之。使人復結繩而用之，甘其食，美其服，安其居，樂其俗。鄰國相望，雞犬之聲相聞，民至老死不相往來。」可見在老子的時代，已經知道機械的使用。道家不是不懂得機械利用那一套，而是擔心得不償失或因小失大，反而錯過體道的良機。

「有機械者必有機事，有機事者必有機心。」這句批評對今日科技時代雖是當頭棒喝，但人不可能不使用科技，只是要有新的思考，也就是在使用機械時不要執著，始終保持自己生命完整的主體性；在使用機械時努力減少機心，或者不讓機心氾濫到生活的每一方面。如果人的生命非依賴這些科技產品，少了電腦、少了手機就無法生活下去，就是過於執著了。但道家絕非要人脫離社會，與文明背道而馳，回到原始社會，它只是提醒人們「無心而為」，也就是使用科技但不要受其束縛，與世人使用相同的工具，但不會有「非」怎樣不可的念頭。人生許多事情無法預料，不能完全照著計畫走。所以道家是能與生活結合的，只不過任何學說都有自己的重點，我們在閱讀的時候，不要被枝節困住。

「忘汝神氣，墮汝形骸」再次提出「心齋」的觀念，使身如槁木，心如死灰，才能生出精神。精神生於道，惟道集虛。這是道家修練的基本原理。

〈12・12〉

其弟子曰：「向之人何為者邪？夫子何故見之變容失色，終日不自反邪？」曰：「始吾以為天下一人耳，不知復有夫人也。吾聞之夫子：『事求可，功求成。用力少，見功多者，聖人之道。』今徒不然。執道者德全，德全者形全，形全者神全；神全者，聖人之道也。託生與民並行，而不知其所之，汒（ㄇㄤˊ）乎淳備哉！功利機巧，必忘夫人之心。若夫人者，非其志不之，非其心不為。雖以天下譽之，得其所謂，謷（ㄠˊ）然不顧；以天下非之，失其所謂，儻（ㄊㄤˇ）然不受。天下之非譽，無益損焉，是謂全德之人哉！我之謂風波之民。」反於魯，以告孔子。孔子曰：「彼假修渾沌氏之術者也，識其一，不知其二；治其內，而不治其外。夫明白入素，無為復朴，體性抱神，以遊世俗之間者，汝將固驚邪？且渾沌氏之術，予與汝何足以識之哉！」

〈白話〉

子貢的弟子說：「剛才那個人是做什麼的？先生為何見了他就臉色大變，一整天都不能恢復呢？」子貢說：「起初我以為天下只有孔子是獨一無二的，不知道還有像這樣的人。我聽老師說過：『做事要求可行，功效要求可成。用的力氣少而獲得的功效多，就是聖人之道。』現在這個人卻不以為然，他認為掌握住道的人，天賦才會圓滿；天賦圓滿的人，形體才會圓滿；形體圓滿的人，精神才會圓滿；精神圓滿，才是聖人之道啊！寄託生命於世間，與眾人一起生活，但不知他往何處去，廣大無邊又淳厚完備啊！功利機巧是一定不會放在心中的。像這樣的人，不是他的志趣就不會去追求，不是他的心願就不會去行動。即使天下人都稱讚他，讓他獲得名聲，他也傲然不顧；即使天下人都指責他，讓他失去名聲，他也漠然不受。天下人的毀譽，對他沒有減少也沒有增加。這才是所謂的全德之人啊！我只能算是隨著風波起伏的人。」子貢回到魯國後，報告孔子這件事。孔子說：「他修習的是渾沌氏的道術，但是只知其一而不知其二，只注重內在修養而不能順應外在變化。如果真是明白一切而抵達純粹，無所作為而回歸原始，體察本性而抱持精神，然後再遨遊於世俗之間的人，又怎麼會讓你感到驚訝呢？再說，渾沌氏的道術，我與你又怎麼有辦法分辨呢！」

## 〈解讀〉

孔子說過：「欲速則不達，見小利則大事不成。」（《論語・子路》）代表人不能只見到小利，因為這樣成不了大事。所以這一段批評孔子的部分，只代表了莊子對儒家的看法。掌握住道的人，天賦圓滿之後，就不會太勞累，自然形體就圓滿；相反的，人如果覺得自己不夠，就會想這個、想那個，向外追求，結果就勞累了。人生病時，精神很難不受干擾，如果心思不須煩惱形體的問題，也就圓滿了。精神不是一般人能任意得到的，需要經過修練才能展現出來。

依子貢所說，種菜老人的境界近似〈逍遙遊〉所描寫的宋榮子：「舉世而譽之而不加勸，舉世而非之而不加沮。」這也是孔子說他只知其一而不知其二的緣故。一旦修成「渾沌氏之術」，是不會讓任何人感覺壓力或慚愧的，正如〈應帝王〉所謂的「中央之帝——渾沌」。種菜老人讓子貢感覺驚訝，表示他仍未做到道家「外化」的功夫。所以孔子也明白渾沌的境界，因為萬物是一個整體，所以不需要加以區分，也就不會有對立與比較的心。從事道家的修練，如果沒有經過深刻的修為，只能看到表面的熱鬧光景，而真正懂得的人，才會看門道。

我常遇見一些學習道家修練的人，喜歡提出一些問題，但是我自己並沒有修練的功夫，只是還能理解道家所說的境界，距離做到還差很遠。譬如，梁漱溟早期研究印度哲學，後來研究儒家，活到九十幾歲，修養極好。有位記者就問他：「你認為自己算不算聖人呢？」他說：「我不是聖人，但我知道聖人是什麼樣子。」一般人連聖人的樣子都無法分辨。孔子也一樣，他知道何謂「渾沌之術」，但自己還沒有修練到那種境界，只是能分辨誰修練到了，所以他說種菜老人還未修練到「外化」的功夫。不過，子貢經此一事，體認自己是「風波之民」，也算是小有收穫了。

讀《莊子》的困難之處在於他發明許多術語，都需要定義，定義之後，在別處出現時，又不見得完全適用。所以要分辨但不要執著，除非是要做學術研究，但最後也不見得有結論，因為各篇作者不見得是同一個人。

〈12・13〉

**諄（ㄓㄨㄣ）芒將東之大壑，適遇苑風於東海之濱。苑風曰：「子將奚之？」曰：「將之**

大壑。」曰：「奚為焉？」曰：「夫大壑之為物也，注焉而不滿，酌焉而不竭。吾將遊焉！」苑風曰：「夫子無意於橫目之民乎？願聞聖治。」諄芒曰：「聖治乎？官施而不失其宜，拔舉而不失其能，畢見其情事而行其所為，行言自為而天下化。手撓顧指，四方之民莫不俱至，此之謂聖治。」「願聞德人。」曰：「德人者，居無思，行無慮，不藏是非美惡。四海之內共利之之謂悅，共給之之為安；怊（ㄔㄠ）乎若嬰兒之失其母也，儻乎若行而失其道也。財用有餘，而不知其所自來，飲食取足，而不知其所從，此謂德人之容。」「願聞神人。」曰：「上神乘光，與形滅亡，此謂照曠。致命盡情，天地樂而萬事銷亡，萬物復情，此之謂混冥。」

〈白話〉

諄芒往東走向大海，在東海岸邊恰好遇到苑風。苑風問：「你要去哪裡？」諄芒說：「要去大海那兒。」苑風又問：「要做什麼呢？」諄芒說：「大海這種東西，灌注而不會滿溢，取用而不會枯竭。我要去遨遊一番。」苑風說：「先生不關心老百姓嗎？我想請教什麼是聖人之治。」諄芒說：「聖人之治嗎？施政設官各得其宜，拔舉人才各盡其能；充分了解情況，然後做好各自的事，做好各自的事，天下也自然上軌道了。這時只要揮揮手，以目示意，四方百姓沒有不贊同的。這就叫做聖人之治。」苑風說：「我想請教什麼是德人。」諄芒說：「所謂德人，安居時沒有意念，行動時沒有謀慮，胸中不存著是非與善惡。四海之內人人共利，他就喜悅；人人共享，他就心安。他悵悵然好像嬰兒失去了母親，茫茫然好像走路迷失了方向。財貨有餘，卻不知是從何而來的；飲食充足，卻不知是由何而生的。這就是德人的樣貌。」苑風說：

「我想請教什麼是神人？」諄芒說：「至高的神人駕馭光明，形體已被化解無遺，這叫做照徹空曠。將生命的真實完全展現，與天地同樂而沒有任何牽累，萬物也都回歸於真實。這叫做混同為深奧的一。」

## 〈解讀〉

古人總認為一般人是無法衡量大海的，因為它實在太大了，不受變化的影響，其他的自然景物則不然。譬如，麗江的雪山很有名，過去我看雪山的相片，山腰以上都是白雪覆蓋，非常美麗。等我有機會親自去看，才發現雪大半已經融化，連山頂都露出來了，讓人非常失望。湖泊也一樣，像是青海的湖面也慢慢縮小了。雖然現在科技發達，我們都知道海水每年都在上升，但古人所觀察的卻不同，總認為無論下多少雨，地面洪水為患，海水也不會升高；連續幾年旱災，海水也不會變低。

本文以「聖治、德人、神人」為焦點，分別描述愈來愈高的層次。「聖治」是聖人之治，代表仍有求治的心。「德人」讓一切安處於各自的「得」，以致於無所欠缺。「神人」則與道相合。

進一步說明，「聖人之治」亦即只要把對的人放在對的位置，揮揮手，以目示意，一切都上了軌道。而「德人」安居時沒有意念，行動時沒有謀慮，代表「無心而為」，沒有刻意的目的。「道」才是真正的母親，所以，德人雖然已是大人，但也只有找到根源時才能得到真正的安頓，不會像嬰兒失去母親般茫然。領導者本來應該指揮大家方向，但卻像失去了方向，因為「道」才是真正的方向。此處所說的「德人」不是指「道德」，而是指本性、稟賦。

有關神人的描述，可參考〈逍遙遊〉所說的寓言。「上神乘光，與形滅亡，此謂照曠」這種境界類似「朝徹」。莊子對神人有各種不同的描寫，要理解神人，必須先理解古代以「神」代表「神妙無比」。神人已經修練到與「道」合而為一。「逍遙遊」的「遊」所指的必然是精神，只有精神才可不受控制，才有機會逍遙；而身體會有飢渴需要滿足，因此有所等待，有所等待就無法真正逍遙。

道家鼓勵我們與自然同樂，此樂是指「隨遇而安」，在任何地方都覺得安適。任何事物發生或存在，都有它存在的理由，因此萬物都值得欣賞。在風景區、在家裡，甚至在垃圾堆中，都有可欣賞之物。我們習慣「整潔」才是美好的，看到垃圾堆時，是眼睛不習慣，但是別忘了，眼睛所見常常是不可靠的。

萬物復情的「情」是指「真實」，並非「感情」。

## 〈12・14〉

門無鬼與赤張滿稽觀於武王之師，赤張滿稽曰：「不及有虞氏乎！故離此患也。」門無鬼曰：「天下均治而有虞氏治之邪？其亂而後治之與（ㄩˊ）？」赤張滿稽曰：「天下均治之為願，而何計以有虞氏為！有虞氏之藥瘍（ㄧㄤˊ）也，禿而施髢（ㄊㄧˋ），病而求醫。孝子操藥以修慈父，其色燋（ㄐㄧㄠ）然，聖人羞之。至德之世，不尚賢，不使能；上如標枝，民如野鹿。端正而不知以為義，相愛而不知以為仁，實而不知以為忠，當而不知以為信，蠢動而相使，不以為賜。是故行而無迹，事而無傳。」

〈白話〉

門無鬼與赤張滿稽看到武王伐紂的軍隊。赤張滿稽說：「他比不上虞舜啊！所以才遭遇這干戈之禍。」門無鬼說：「是天下太平，虞舜才去治理呢？還是天下大亂，虞舜才去治理呢？」赤張滿稽說：「天下太平就符合了人民的心願，還需要虞舜做什麼？虞舜治療長頭瘡的病人時，禿了才給他裝假髮，就像病了才去求醫診治。孝子拿藥去治他慈父的病，弄得神色憔悴，聖人還是為他慚愧。在至德的時代，不推崇賢人，不任用能人。君主有如高處的樹枝，人民有如自在的野鹿。行為端正而不知那是義；相親相愛而不知那是仁；誠實待人而不知那是忠；言行相符而不知那是信；大家自動互相幫助，不以為那是恩賜。所以，行為不曾留下痕跡，事件也不曾傳到後代。」

〈解讀〉

莊子虛擬門無鬼與赤張滿稽的對話，將武王伐紂的事件和虞舜之治相對比，再進一步反思「是天下太平，虞舜才去治理呢？還是天下大亂，虞舜才去治理呢？」，就像現代醫學強調「預防重於治療」的觀念。孝子在父親病了之後四處求醫、神色憔悴，當然比不上事先預防父親生病。虞舜之治勝過武王之治，是大家熟悉的史評。不過比起至德之世，仍然差了一截。

「上如標枝」是說君主像高掛的樹枝，不去干擾人民；「民如野鹿」強調「自然」、「無心而為」。德行最大的特色就是要自然而為，不是刻意去做的。有心而為則偏離德行的意義。我們說話算話，並不是因為要得到別人的讚美，而是不守信連自己都覺得過意不去。「行為端正而不知那是義（正當性）；相親相愛而不知那是仁；誠實待人而不知那是忠；言行相符而不知那是信。」身處其間的人不覺得如何，但局外人一看就懂，這是需要長期的社會教化。有時候我走在路上，如果碰到開車的人不減速與我擦身而過、車內的垃圾順手就往外丟時，內心都會很難過，但在當下，似乎無能為力。

仁義忠信是我們比較常見的，但是「大家自動互相幫助，不以為那是恩賜」最難得。《聖經・路加福音》也有「善心的撒瑪黎雅人」的比喻。猶太人分好幾支，並不把撒瑪黎雅人當成自己的同宗。故事是有一個人被強盜打傷，但是他的宗人並不理他，因為大家都在旅行，害怕麻煩。這時，反而是撒瑪黎雅人去救他。耶穌藉這個故事說明「要愛你的近人」。「近人」就是在你身邊出現，正好需要你幫助的人。佛教所說的「無緣大慈」也就是這個意思。反過來，我的朋友（有緣）被打傷了，我去幫忙他，這是有緣小慈，因為朋友知道如何報答我們，但是陌生人受恩之後，則不知如何直接回報。所以我們要幫助別人，但是宗教所說的愛，不僅要愛陌生人，甚至要愛「仇人」，只是這種境界真的不容易做到。

最後說「行為不曾留下痕跡，事件也不曾傳到後代」是強調至德時代大家渾然成為一個整體，不分彼此，所以事蹟不會傳到後代。傳到後代的都是新聞，就像狗咬人不是新聞，人咬狗才是新聞。所以，歷史紀錄許多奇怪的事，後代的人看了之後卻得到「我們要更怪」的啟發，由此製造無盡的麻煩。

在至德之世，「義、仁、忠、信」這些品德，都是無心而為的結果，後代愈教育效果愈差。問題在於：至德之世為什麼會轉變為亂世呢？

## 〈12．15〉

孝子不諛其親，忠臣不諂其君，臣、子之盛也。親之所言而然，所行而善，則世俗謂之不肖子；君之所言而然，所行而善，則世俗謂之不肖臣。而未知此其必然邪？世俗之所謂然而然之，所謂善而善之，則不謂之道諛之人也。然則俗故嚴於親而尊於君邪？謂己道人，則勃然作色；謂己諛人，則怫（ㄈㄨˊ）然作色。而終身道人也，終身諛人也；合譬飾辭聚眾也，是終始本末不相坐。垂衣裳，設采色，動容貌，以媚一世，而不自謂道諛，與夫人之為徒，通是非，而不自謂眾人，愚之至也。知其愚者，非大愚也；知其惑者，非大惑也。大惑者，終身不解；大愚者，終身不靈。三人行而一人惑，所適者猶可致也，惑者少也；二人惑則勞而不至，惑者勝也。而今也以天下惑，予雖有祈嚮，不可得也。不亦悲乎！大聲不入於里耳，《折楊》、《皇荂（ㄏㄨㄚ）》，則嗑（ㄏㄜˊ）然而笑。是故高言不止於眾人之心；至言不出，俗言勝也。以二垂鍾惑，而所適不得矣。而今也以天下惑，予雖有祈嚮，其庸可得邪！知其不可得也而強之，又一惑也。故莫若釋之而不推。不推，誰其比憂！厲之人夜半生其子，遽取火而視之，汲汲然唯恐其似己也。

## 〈白話〉

孝子不阿諛自己的父母，忠臣不諂媚自己的國君；這是臣與子的精采表現。如果對父母所說的都同意，所做的都贊成，那就是世俗所謂的不肖子；如果對國君所說的都同意，所做的都贊成，那就是世俗所謂的不肖臣。但是，這樣就一定正確嗎？對世俗所同意的都同意，所贊成的都贊成，卻不會被稱為諂媚阿諛的人。難道世俗比父母更可敬，比國君更可尊嗎？聽到說自己諂媚別人，就勃然變色；聽到說自己阿諛別人，就忿然變色。然而，一輩子都在諂媚別人，一輩子都在阿諛別人；以善用比喻、修飾語詞來招攬群眾，正是前後操守無法一致的表現。穿上寬大衣裳，裝飾華麗色彩，露出動人容貌，以此討好舉世的人，卻不認為自己是在諂媚阿諛；與世俗之人為伍，一起同是同非，卻不認為自己是眾人之一，這真是愚蠢之至。知道自己愚蠢的，不是大愚蠢；知道自己迷惑的，不是大迷惑。大迷惑，終身不能理解；大愚蠢，終身不能覺悟。三人同行而有一人迷惑，還可以抵達目的地，因為迷惑的人少；如果有二人迷惑，那就怎麼辛苦也走不到目的地，因為迷惑的人多。現在則是天下人都迷惑了，我雖然公開昭示了方向，也幫不了大家。這不是很可悲嗎？高雅的音樂不被俚俗所欣賞，人們聽到《折楊》、《皇荂》等民間小調就開懷大笑。因此，高妙的言論不會在眾人心中停留；至理之言不出現，世俗之言充斥著。由於兩種論點不同而造成迷惑，結果無法抵達目的地。現在則是天下人都迷惑了，我雖然公開昭示方向，又怎麼幫得上忙呢？知道幫不上忙還勉強去做，又是一大迷惑。所以不如放開，不再追究。不去追究，還有誰會與我一起憂愁呢？醜女半夜生子，急著取火來照看，惶惶然唯恐孩子長得像自己。

## 〈解讀〉

儒家與道家都反對愚忠愚孝，如果完全接受父母與國君的話，則是世俗所謂的不肖子與不肖臣。但是，從另一觀點來看，一味隨俗從眾，與世浮沉，自然不是適當的做法。一輩子順從世俗，就是大迷惑、大愚蠢。然而，一個人不可能遺世而獨立，必須生活在世間，用世俗的方式生活，所以即使自己很清醒，也不能在心態上自以為超越了世俗。

本文頗有莊子自述心情的意味。他看到世人的處境，「大惑者，終身不解；大愚者，終身不靈」，然後承認光靠自己一人實在幫不上忙。〈天下〉說莊子：「以天下為沉濁，不可與莊語。」也就是他認為天下人沉迷混濁，沒辦法同他們講正經的話。道家用「天下人都迷惑」對世界下判斷，所以我解讀老子思想的重點時，第一項就是「天下大亂」。天下大亂不僅是指戰禍，還包括觀念上的偏差，一般人有偏差的觀念，就帶來偏差的欲望和行動，後果不堪設想。所以道家希望人們有正確的觀念，就是「覺悟」，但是一般人不容易理解正確的觀念，所以老子說人最好是「無知無欲」，以避開這些後果。

天下人都迷惑，只靠一個人的努力是不夠的。一般人是自己迷惑，卻希望下一代能夠清醒。所以莊子用「厲之人」的寓言，醜女半夜生子，急著取火來照看，惶惶然唯恐孩子長得像自己，就是說明這種心態。孟子也有類似的說法，「賢者以其昭昭，使人昭昭；今以其昏昏，使人昭昭。」（《孟子‧盡心下》）。耶穌也說瞎子領瞎子，最後都掉到深淵裡。就像《世說新語》裡說的：「盲人騎瞎馬，夜半臨深池。」險得不得了。人生其實就是充滿危險，因為每天都在變化。人生問題，就像孔子說的「人之生也直，罔之生也幸而免。」我們如果沒有真誠而還能活著，其實都是靠「僥倖得免」。有人並沒有學習儒家，並未在德行上努力，但還是活得好好的，譬如中國歷史上經歷各種戰亂，死傷無數，今天我們都活下來了，可見我們的祖先躲過多少危險。但是，我們不得不問，這樣活下來的意義何在？

莊子也藉由「厲之人」的寓言自我解嘲：他的作品流傳後世，不也陷於「知其不可得也而強之」的迷惑中？換言之，有所作為便會迷惑，除非忘掉自己的美醜。孩子生了就順其自然，如此而已。

「大聲」指雅樂，如《咸池》、《六英》。《折楊》、《皇荂》則是古代的民間歌曲。此段還有一個特殊的用法在「終身道人也，終身諛人也」，這句話中的「道」為導，解作諂媚。所以「道腴之人」是指諂媚阿諛的人。

## 〈12・16〉

百年之木，破為犧尊，青黃而文之，其斷在溝中。比犧尊於溝中之斷，則美惡有間矣，其於失性一也。跖與曾、史，行義有間矣，然其失性均也。且夫失性有五：一曰五色亂目，使目不明；二曰五聲亂耳，使耳不聰；三曰五臭薰鼻，困惾（ㄗㄨㄥˋ）中顙（ㄙㄤˇ）；四曰五味濁口，使口厲爽；五曰趣舍滑（ㄍㄨˇ）心，使性飛揚。此五者，皆生之害也。而楊、墨乃始離跂自以為得，非吾所謂得也。夫得者困，可以為得乎？則鳩鴞（ㄒㄧㄠ）之在於籠也，亦可以為得矣。且夫趣舍聲色以柴其內，皮弁（ㄅㄧㄢˋ）鷸（ㄕㄨˋ）冠，搢

（ㄐㄢ）笏（ㄏㄨˋ）紳修以約其外。內支盈於柴柵，外重（ㄔㄨㄥˊ）纆（ㄇㄛˋ）繳，睆（ㄨㄢˇ）睆然在纆繳之中而自以為得，則是罪人交臂歷指，而虎豹在於囊檻（ㄐㄧㄢˋ），亦可以為得矣。

〈白話〉

百年之樹，砍下來做成祭祀用的酒樽，以青色與黃色畫上花紋；剩餘的斷木就被丟棄在溝中。酒樽與溝中斷木相比對，美醜是有差別的，但是由喪失本性來看，卻是一樣的。盜跖與曾參、史鰌相比對，行為的好壞是有差別的，然而喪失本性卻是相同的。喪失本性有五種情況：一是五色亂目，使人眼睛看不清楚；二是五聲亂耳，使人耳朵聽不明白；三是五臭薰鼻，使人鼻塞難以呼吸；四是五味濁口，使人味覺大受損傷；五是取捨迷亂心思，使人本性浮動。這五種都是人生的禍患。而楊朱、墨翟還在標新立異，自以為有所得，但這不是我所說的得。有所得的人反而受困，可以算是得嗎？那麼，斑鳩與貓頭鷹被關在籠子裡，也可以算是得了。再說，讓取捨、聲色的念頭塞住內心，讓皮帽、羽冠、玉板、寬帶、禮服的裝飾拘束外形，裡面堆滿了柵欄，外面是重重繩索的束縛，眼睜睜地困處在繩索之中還自以為有所得，那麼犯人被反綁雙手、夾住十指，虎豹被關在籠子裡，也可以算是得了。

〈解讀〉

這一段是提供我們如何看待道家所說「天下大亂」的問題，也就是人是怎麼喪失本性的。

同一棵樹，比較好的木料用來做祭祀用的酒器；用剩的、比較差的就丟在溝中。雖然最後結局不同，但兩者喪失本性卻是一樣的。重點在於同一棵樹，本來是樹（樸），卻因外在目的而被雕琢了。所謂喪失本性，就是沒有讓生命自然發展，為了外在的目的而扭曲。所以接著說盜跖、曾參、史鰌，雖然行為好壞有差別，同樣都是喪失本性。前述也提過百姓為利、讀書人為名、大夫為家、聖人為天下，皆有所犧牲。就喪失本性而言，沒有人有資格去嘲笑別人。

接著引申發揮老子的思想，以「眼、耳、鼻、舌、心」為本性是否受到干擾的考量，其中又以心最為關鍵。《老子》十二章曾說：「五色令人目盲；五音令人耳聾；五味令人口爽。馳騁畋獵，令人心發狂；難得之貨，令人行妨。是以聖人為腹不為目，故去彼取此。」以前面四種感官能力來說，花樣愈多，麻煩愈大，還不如單純清靜，愈少花樣就愈符合自然的狀態，亦即不會失去本性。心的情況在原則上並無不同，只要減少內在的意念與外在的裝飾，看起來自然些，就是有所得了。所謂「形如槁木，心如死灰」的境界就是如此，換言之，「不失其性」即是得。

莊子指出，世人認為有所得反而是被困，如果被困即是有所得，那麼斑鳩與貓頭鷹被關在籠子裡，也可以算是得了，因為牠們得到「籠子」。就像人賺錢，但金錢是枷鎖，枷鎖可以是黃金、鑽石、鐵鍊或木頭做的。就像住進幾億元的房子，如果內心沒有覺悟，還是住在牢籠裡。許多在社會上有名望、有地位的人，每天坐豪華的轎車、盛裝打扮在各種場合出現，如果內心沒有覺悟，一樣是被困在外表的裝飾之中。

楊朱、墨翟被孟子批評得最多，但在《莊子》中也批評他們，足以證明曾有人說「楊朱」與「莊子」是同一個人，其實是不合適的。

## 總結本篇要旨

從「道」的角度看來，萬物沒有缺憾。人若悟道，萬物成為一個整體，死生也不足為意。此時，人與天地同樂，有如復歸於渾沌，無機巧也無機心。但是，這不表示要否定人間價值，而是隨物而化，對「壽、富、多男子」也能欣然接受。「上如標枝，民如野鹿」，一片自在祥和。然而，使人「失性」的機會太多了，可不慎乎？

# 天道

## 第十三

〈13．1〉

天道運而無所積，故萬物成；帝道運而無所積，故天下歸；聖道運而無所積，故海內服。明於天，通於聖，六通四辟於帝王之德者，其自為也，昧然無不靜者矣。聖人之靜也，非曰靜也善，故靜也；萬物無足以鐃（ㄋㄠˊ）心者，故靜也。水靜則明燭鬚眉，平中準，大匠取法焉。水靜猶明，而況精神！聖人之心靜乎！天地之鑒也，萬物之鏡也。夫虛靜恬淡寂漠無為者，天地之平而道德之至。故帝王聖人休焉。休則虛，虛則實，實者倫矣。虛則靜，靜則動，動則得矣。靜則無為，無為也則任事者責矣。無為則俞俞；俞俞者憂患不能處，年壽長矣。夫虛靜恬淡寂漠無為者，萬物之本也。明此以南鄉（ㄒㄧㄤˋ），堯之為君也；明此以北面，舜之為臣也。以此處上，帝王天子之德也；以此處下，玄聖素王之道也。以此退居而閒遊江海，山林之士服；以此進為而撫世，則功大名顯而天下一也。靜而聖，動而王，無為也而尊，樸素而天下莫能與之爭美。夫明白於天地之德者，此之謂大本大宗，與天和者也；所以均調天下，與人和者也。與人和者，謂之人樂；與天和者，謂之天樂。

〈白話〉

自然之道的運行是不停滯的，所以萬物生成；帝王之道的運行是不停滯的，所以天下歸順；聖人之道的運行是不停滯的，所以海內欽服。明白自然之道，通曉聖人之道，又能兼顧時空條件、把握帝王品性的人，就會在自處時昏昏昧昧，讓一切歸於清靜。聖人保持清靜，不是因為清靜是好事，所以要清靜，而是因為萬物都不足以擾亂他的內心，所以他會清靜。水面靜止時，可以清楚照見鬍鬚眉毛，水的平面也合乎測量標準，可以讓大工匠取法。水面靜止時還會顯得明亮，又何況是人的精神呢！聖人的心是清靜的，可以做為天地的明鑑，萬物的明鏡。至於虛靜、恬淡、寂寞、無為，則是天地的本來樣貌，也是道與德的真實內涵。所以帝王與聖人都止息於此。止息才可虛空，虛空才可充實，充實才可完備。虛空才可清靜，清靜才可活動，活動才可自得。清靜才可無所作為，無所作為才可讓官員各盡其責。無所作為才可自在愉悅；自在愉悅的人不受憂患所困，年壽自然長久。虛靜、恬淡、寂寞、無為，是萬物的本來樣貌。明白這個道理而面向南方，就是堯這樣的君王；明白這個道理而面向北方，就是舜這樣的大臣。以這個道理來處於上位，是帝王天子的品性；以這個道理來處於下位，是玄聖素王的途徑。以這個道理來退居閒游於江海之上，則山林中的隱士也都佩服；以這個道理來進而安撫人間，則功名顯揚，統一天下。靜止時成為聖人，活動時成為帝王，無所作為卻受到尊崇，保持原始單純而天下無人可以與他媲美。明白天地的真實狀態，就是理解了大根本大宗主，可以與自然和諧相處；以此協調天下，可以與人們和諧相處。與人們和諧相處，稱為人間之樂；與自然和諧相處，稱為自然之樂。

## 〈解讀〉

〈天道〉與〈天地〉類似，多處談到「道」。此處的「天」為自然界。天地是萬物生存活動的場所，所以代表自然界。我們也能用「天」來代表「天地」，因為它具有涵蓋性。

自然之道、帝王之道、聖人之道的分類不夠清楚，因為帝王與聖人都是統治者，但《老子》書中的聖人是「悟道的統治者」，而帝王與悟道並無必然的關係。所以把自然、帝王與聖人並列，容易造成混淆。

「聖人保持清靜，不是因為清靜是好事，所以要清靜，而是因為萬物都不足以擾亂他的內心，所以他會清靜。」這句話說得很好。保持清靜不是為了什麼目的，而是因為外在的一切都被看透了，所以不受影響。譬如，孟子的學生問他，如果出任齊國的卿相，大權在握，會不會動心呢？孟子說，我四十歲就不動心，但不動心有兩種：一種是告子的不動心，隨時提醒自己、壓制自己；一種是孟子的不動心，設法修練自己做該做的事，外面如何變化，那是次要的，這兩者是儒家的分辨。而道家的分辨是無論萬物如何變化，都來自於道，就像海浪，雖然波濤洶湧，但海水不增不減。所以聖人看到外在的變化，並不覺得自己有什麼特別需要改變之處，因此內心不受干擾。

「水靜猶明，而況精神」是很美的句子，代表人的精神平穩時，一樣能夠照亮萬物。相反的，人一旦執著，就不容易平靜。聖人的心是平靜的，能夠看出世間一切變化的背後是「道」。「虛靜、恬淡、寂寞、無為」這四個詞是連在一起出現的，所以一個人在做事之前，要能夠先虛靜，知道一切作為最後都要停下來。

「玄聖素王」是指一個人的內在修養抵達高明的聖人境界，而外在身分並非帝王，譬如孔子因為有帝王之德而無帝王之位，被後人稱為「素王」。本文並列「天道、帝道、聖道」，天道是一切的本源，聖道與帝道的關係已顯現「內聖外王」的架構，不過「內聖外王」的說法到〈天下〉才正式使用。一個人有聖人的修養，但缺乏帝王的位置，就無法成就功業；有帝王的位置，卻缺乏聖人的修養，則對百姓們不見得好，偏偏歷代君王大都如此。

「六通四辟」是指六合（上下四方）通達，四時（春夏秋冬）開展，兼含空間與時間的因素。「德」字在此指品性或真實狀態。

儒家強調相對性，要求自己有一番特定的作為，所以儒家主張「對自己要約、對別人要恕、對物質要儉，對神明要敬」。道家則講究智慧，重視整體觀，所以要換一個字，「與自己要安、與別人要化、與自然要樂，與大道要遊（逍遙遊）」，在此用「與」字比較適當。萬物順著自然之道、帝王之道、聖人之道變化不已，共同的方向就是讓「精神」能夠出現，所以才說「水靜猶明，而況精神」。精神要出現，需要虛靜、恬淡、寂寞、無為。「虛靜」是《老子》十六章說過的「致虛極，守靜篤」；「恬淡」是對一切看得開，沒有非如何不可；「寂」代表沒有聲音，「寞」是態度超然，所以「寂寞」二字表示「很自在」。如果常思考別人如何對我，自己應該如何回應，就表示仍有分別對立之心，然而寂寞是在一個整體之中，就像道本來就是一個整體，沒有與之相對者，所以人悟道之後就明白，沒有什麼非如何不可的，所以說「無為」。因此，「無心而為」就是按照別人的要求去做自己該做的事，但不要有刻意的目的。沒想清楚的話，無為會成為一種懶惰的行為，就像晚上看電視這種重複而乏味的事情，只需要動手按遙控器，廣告一到就換台，哪一台都好，隨遇而安，逆來順受。不過這也算是另一種修練，不採取一定的立場，就是不讓自己情緒激動，不是沒有感情，而是太上忘情，能夠因化解而超然。人一有感情就有得失成敗之心，因而看不清楚真相。

## 〈13．2〉

莊子曰：「吾師乎，吾師乎！整（ㄐㄧ）萬物而不為戾，澤及萬世而不為仁，長於上古而不為壽，覆載天地、刻雕眾形而不為巧。此之謂天樂。故曰：『知天樂者，其生也天行，其死也物化。靜而與陰同德，動而與陽同波。』故知天樂者，無天怨，無人非，無物累，無鬼責。故曰：『其動也天，其靜也地，一心定而王天下；其鬼不祟，其魂不疲，一心定而萬物服。』言以虛靜推於天地，通於萬物，此之謂天樂。天樂者，聖人之心，以畜天下也。」

## 〈白話〉

莊子說：「我的老師啊！我的老師啊！它毀壞萬物而不算是暴戾，澤被萬代而不算是仁慈，生於上古而不算是長壽，覆天載地、雕塑眾生而不算是巧藝。這就是所謂的自然之樂。所以說：『體會自然之樂的人，活著能與自然順行，死時能與萬物俱化，靜止時與陰氣同歸沉寂，活動時與陽氣同步奔波。』所以體會自然之樂的人，沒有自然災難，沒有人間怨恨，沒有外物牽累，沒有鬼神責怪。所以說：『他活動時就像天，靜止時就像地，一心安定而平治天下；他身體沒病痛，精神不疲乏，一心安定而萬物順服。』這是說，要把虛靜之心推到天地，普及萬物，這樣就是所謂的自然之樂。自然之樂，就是聖人存心用來養育天下的。」

## 〈解讀〉

「吾師乎」一段曾見於〈大宗師〉，出自許由之口，在此則明指為莊子曰，描述自然之樂所體會的境界。莊子把道當成老師，道是一個整體，所以在時間變化中萬物毀壞了也不算暴戾，照顧萬物也不算仁愛，因為在整體之中，沒有這些問題。

學習莊子的思想並非要背一些名言佳句，也不是非要修練什麼，而是要練習在做任何事之前能夠安靜，跳開自己再來看自己的處境，不要說我非怎麼樣不可，這是第一步。第二步是接受現實的情況，譬如搭飛機時，有時在登機截止前一分鐘趕上，有時則差一分鐘無法登機，但只要有一些道家的修為，也就沒有非怎麼樣不可。許多事過了之後會發現船過水無痕，正如「本來無一物，何處惹塵埃」。

「其鬼不祟，其魂不疲」，「鬼魂」在此應是「魂魄」。古人相信人有三魂七魄，分別指稱人的精神與身體。

## 〈13・3〉

夫帝王之德，以天地為宗，以道德為主，以無為為常。無為也，則用天下而有餘；有為也，則為天下用而不足。故古之人貴夫無為也。上無為也，下亦無為也，是下與上同德。下與上同德則不臣。下有為也，上亦有為也，是上與下同道。上與下同道則不主。上必無為而用天下，下必有為為天下用。此不易之道也。故古之王天下者，知雖落天地，不自慮也；辯雖雕萬物，不自說（ㄩㄝˋ）也；能雖窮海內，不自為也。天不產而萬物化，地不長而萬物育，帝王無為而天下功。故曰：莫神於天，莫富於地，莫大於帝王。故曰：帝王之德配天地。此乘天地，馳萬物，而用人群之道也。

## 〈白話〉

帝王的品性，要以天地做為根本，以道與德做為主導，以無為做為法則。無為，則治理天下綽綽有餘；有為，則被天下所用還唯恐不足。所以古人看重無為。如果在上位的無為，在下位的也無為，那就是下與上品性相同，下與上品性相同，則不合臣道。如果在下位的有為，在上位的也有為，那就是上與下途徑相同，上與下途徑相同，則不合君道。在上位的一定要無為才可治理天下，在下位的一定要有為才可被天下所用。這是不變的原則。所以古代統治天下的人，智力雖然涵蓋天地，不會自行謀劃；辯才雖然遍及萬物，不會自行述說；能力雖然冠絕海內，不會自行作為。天不生產而萬物自行變化，地不生長而萬物自行繁衍，帝王無為而天下自行上軌道。所以說：沒有比天更神奇的，沒有比地更富有的，沒有比帝王更偉大的。所以說：帝王的品性可以與天地相匹配。這就是隨順天地、應和萬物、治理人群的途徑啊。

〈解讀〉

道是根源，是究竟真實，德是人從道所得的天性與稟賦。人一有為，則將無法讓人滿意。本文以「上無為」與「下有為」對舉，說明君臣之道，與前述的堯「明此以南鄉」與舜「明此以北面」，似乎有些矛盾，但就「明此」來說，是指明白「虛靜、恬淡、寂寞、無為」的道理，這並不表示在實際做法上，南向與北面不可分工合作。換言之，一旦有了「上下」之分，就不可能大家都無為了，老莊的無為在此指的是分層負責。

天地無私，才能讓萬物自行變化繁衍而成就天地的功能，如果天有私心非長這個不可、地有私心非長那個不可，那麼沒有被指定的該怎麼辦？帝王也是如此，如果主其事者有私心，在職權之內動手腳，讓自己得利而他人受害，那就天下大亂了。因此這一段最主要的觀念是「莫神於天，莫富於地，莫大於帝王」。

許多專家認為，由此段開始的三大段，直到「非上之所以畜下也」，不能代表老莊思想的原貌，此說法可供參考。

〈13．4〉

**本在於上，末在於下；要在於主，詳在於臣。三軍五兵之運，德之末也；賞罰利害，五**

刑之辟，教之末也；禮法度數，形名比詳，治之末也；鐘鼓之音，羽旄（ㄇㄠˊ）之容，樂之末也；哭泣衰（ㄘㄨㄟ）絰（ㄉㄧㄝˊ），隆殺（ㄕㄞˋ）之服，哀之末也。此五末者，須精神之運，心術之動，然後從之者也。末學者，古人有之，而非所以先也。君先而臣從，父先而子從，兄先而弟從，長先而少從，男先而女從，夫先而婦從。夫尊卑先後，天地之行也，故聖人取象焉。天尊，地卑，神明之位也；春夏先，秋冬後，四時之序也；萬物化作，萌區有狀；盛衰之殺（ㄕㄞˋ），變化之流也。夫天地至神，而有尊卑先後之序，而況人道乎！宗廟尚親，朝廷尚尊，鄉黨尚齒，行事尚賢，大道之序也。語道而非其序者，非其道也；語道而非其道者，安取道哉！

## 〈白話〉

本源處於上位，末端處於下位。簡要在於君主，詳盡在於臣下。三軍武器的使用，是德行的末端；賞罰利害，施以刑責，是教化的末端；講究禮法，詳察形名，是政治的末端；鐘鼓的聲音，羽毛的舞動，是音樂的末端；哭哭啼啼，披麻戴孝，穿上各級喪服，是哀悼的末端。這五種末端表現，要靠運用精神、動用心術，然後才可辦成。這種末端之學，古人早就有了，但不視之為根本。君在先而臣在後，父在先而子在後，兄在先而弟在後，長在先而少在後，男在先而女在後，夫在先而婦在後。有尊卑有先後，這是天地運行的方式，所以聖人取法於此。天尊地卑，是神明的位列；春夏先，秋冬後，是四時的次序。萬物化育生長，萌芽之初即各有不同；盛衰起伏的階段，依照變化而流轉。天地是最為神奇的力量，還有尊卑先後的順序，何況是人間的途徑呢！宗廟推崇的是血親，朝廷推崇的是位尊，鄉黨推崇的是年長，辦事推崇的是賢能，這是大道的順序。談論道而否定它的順序，就是否定了道；談論道而否定了道，又要用道做什麼！

## 〈解讀〉

本段的重點在於任何事都有本源與末端。「五兵」是「弓、殳、矛、戈、戟」；「五刑」是「劓、墨、刖、宮、大辟」。「刑名」又可作「形名」，以名責實，求名實相符，藉此穩定人間秩序；「五末」是「德、教、治、樂、哀」，都是失去本源之後的末端表現，也就是無法掌握根源，只能計較細節，而一般人也只能看到這些細節。文中說明這五種末端表現，要靠運用精神、動用心術，才可辦成，文中的「精神」又非〈內篇〉「精神生於道」的精神，而是一般所說的「傷神」。〈外篇〉之所以稱為「外篇」，原因之一即是所使用的語詞不夠精確。

有關尊卑高下的問題，《易經．繫辭》第一句就是「天尊地卑，乾坤定矣」，尊卑、高下其實是一種自然的狀態。人群總要有人帶頭做事，但帶頭做事一定要有某種能力，而只有能力卻沒有德行，是無法讓人心服的。每一個人的能力不同，所能做的事情不同，有德行的人做為領導者，才能夠讓人心服，因為只有在德行上才是人人平等的。

談到大道的順序，孟子也說過，一個社會要靠三種秩序才能維持安定：序爵、序齒、序德。序爵，只要是公眾事務或官場上，都要按照職務階級，視角色位階不同，在自己的職務範圍內發揮；序齒，在鄉里則要看年紀，譬如聚餐，自然是年紀大的坐首位；序德，「德」代表教化，社會上有關禮儀方面的活動，譬如婚禮、喪禮、成年禮，要以有德者來主持。若社會只靠一種秩序維持，譬如泛政治主義，就是只靠爵位，任何地方、任何事都是官位大的來做，如此，社會容易失去平衡，因為為官者很容易出問題，也經常出問題，導致社會動盪不安。莊子更進一步分為四種，宗廟推崇血親，因為是家族；朝廷推崇位尊，鄉黨推崇年長，這兩點和儒家一樣；辦事推崇賢能，因為在此要講究效率。

〈13・5〉

是故古之明大道者，先明天而道德次之，道德已明而仁義次之，仁義已明而分（ㄈㄣˋ）守次之，分守已明而形名次之，形名已明而因任次之，因任已明而原省次之，原省已明而是非次之，是非已明而賞罰次之，賞罰已明而愚知處宜，貴賤履位，仁賢不肖襲情，必分其能，必由其名。以此事上，以此畜下，以此治物，以此修身，知謀不用，必歸其天，此之謂太平，治之至也。故《書》曰：「有形有名。」形名者，古人有之，而非所以先也。古之語大道者，五變而形名可舉，九變而賞罰可言也。驟而語形名，不知其本也；驟而語賞罰，不知其始也。倒道而言，迕（ㄨˇ）道而說者，人之所治也，安能治人！驟而語形名賞罰，此有知治之具，非知治之道。可用於天下，不足以用天下。此之謂辯士，一曲之人也。禮法數度，形名比詳，古人有之。此下之所以事上，非上之所以畜下也。

## 〈白話〉

因此，古代闡明大道的人，都要先闡明自然，接著才是道與德；道與德闡明了，接著才是仁義；仁義闡明了，接著才是職分；職分闡明了，接著才是形名；形名闡明了，接著才是材用；材用闡明了，接著才是審察；審察闡明了，接著才是是非；是非闡明了，接著才是賞罰；賞罰闡明了，而後愚笨與聰明的人各得其所，賢良與不肖的人各依其實，一定要區分他們的才能，一定要根據他們的名分。用這個道理來侍奉君主，教化百姓，治理外物，修養自己，不用任何智謀，一定要回歸自然；這就叫做太平，是治理的最高境界。所以古書上說：「有形有名。」以名責實的形名，古人早已有了，但不置於優先的地位。古代談論大道的人，經過五個階段才可以舉出形名，經過九個階段才可以論及賞罰。直接談到形名，是不知根本；直接談到賞罰，是不知起源。顛倒大道而發言，違反大道而談論的人，只能被人統治，又怎能統治別人！直接談到形名賞罰，只是懂得治理的工具，而不懂得治理的原則；可以被天下所用，卻不足以統治天下。這種人叫做辯士，只有一技之長。禮法制度、形名詳察，古人早就有了；這些是臣下用來侍奉君主的，而不是君主用來教化臣下的。

## 〈解讀〉

本文的九個層次，依序是「天，道德，仁義，分守，形名，用任，原省，是非，賞罰」。其中，「天」指自然；「道德」指道與德，有別於後續的仁義，皆符合莊子思想。下一段批判形名與賞罰，等同質疑法家的立場。

「太平」指完全平定的狀態。此名在後代有廣泛的應用，譬如漢順帝時的《太平經》、張角所創的太平道、清代的太平天國等。

本文第一句說，闡明大道的人，都要先闡明自然，自然代表本然的狀態，但後面出現了「道德」二字，如何和前面的「大道」區分？顯然在概念上不夠精確。

有關形名，我的解釋是：無形則無名，有形則有名，正如《老子》第一章：「無名，萬物之始；有名，萬物之母。」萬物之始因為無形所以無名，萬物之母因為有形所以有名，由此可知，「有」、「無」並非難以理解的神祕概念。

形名與賞罰只不過是「用」，要懂得背後的真實。人與人之間也是一樣，有其客觀的規矩。最後一句是提醒君王，不要執著於形名與賞罰，最重要的是要掌握「道」，才能一層層推衍下去。所以，道家思想也影響了法家，法家思想能在道家中找到一些啟發。

「辯士」一詞，是莊子首先使用的，所以，希臘時代有一個學派稱之為「智者學派」（the Sophists），但我在翻譯時，就直接採用莊子的「辯士學派」，這樣比較貼切，因為此派講究的是辯論的技巧，而不是真正的愛智。

## 〈13・6〉

昔者舜問於堯曰：「天王之用心何如？」堯曰：「吾不敖無告，不廢窮民，苦死者，嘉孺子而哀婦人，此吾所以用心已。」舜曰：「美則美矣，而未大也。」堯曰：「然則何如？」舜曰：「天德而出寧，日月照而四時行，若晝夜之有經，雲行而雨施矣！」堯曰：「膠膠擾擾乎！子，天之合也；我，人之合也。」夫天地者，古之所大也，而黃帝、堯、舜之所共美也。故古之王天下者，奚為哉？天地而已矣。

### 〈白話〉

從前舜請教堯說：「天子的用心是怎樣的？」堯說：「我不怠慢孤苦無依的人，不拋棄窮困潦倒的人，哀悼死者，善待孩童，同情婦女。這就是我的用心所在。」舜說：「好固然好，但還不夠宏大。」堯說：「那麼應該怎樣呢？」舜說：「天生成而地平靜，日月照耀而四季運行，就像晝夜自有常軌，雲飄過而雨降下。」堯說：「我真是擾攘多事啊！你，合於自然；我，合於人間。」說到天地，古人認為是宏大的，而黃帝、堯、舜都共同讚美。所以古代統治天下的人，要像什麼呢？只要像天地就可以了。

### 〈解讀〉

堯與舜的對話是虛擬的，聽來似乎堯代表儒家，而舜代表道家，所以舜的境界較高，因為更接近道；事實上，在《論語・泰伯》中提到「唯天為大，唯堯則之」，顯示儒家並非忽略「天」。不過，雙方對天的認知仍然各有所重。舜說：「天生成而地平靜，日月照耀而四季運行，就像晝夜自有常軌，雲飄過而雨降下。」就是讓一切本來是如何就自然去發展，為政者刻意照顧某些人，但總有照顧不到之處，這種情形一定會持續下去，因此不如從根本去化解這種情況。譬如有人窮困潦倒，有人孤苦無依，要怎麼去化解？如果只是靠後天去救濟，那真是太辛苦了，並且不見得會有效果。

司馬遷在《史記》中形容堯「其仁如天，其智如神」，堯是天子，天無不覆；耶穌也說：「天降雨給義的人，也給不義的人。」誰也不必奢望天會區分好人壞人，因為它是無所不覆蓋的。其智如神，因為神是遍在各個地方，不受身體的限制，所以神知道一切。因此，古代說：堯天舜日。重點在於不要刻意做什麼，一旦刻意就是「有心」，有心而為難免掛一漏萬。

〈13．7〉

孔子西藏書於周室。子路謀曰：「由聞周之徵藏史有老聃者，免而歸居，夫子欲藏書，則試往因焉。」孔子曰：「善。」往見老聃，而老聃不許，於是繙（ㄈㄢ）六經以說。老聃中其說，曰：「大（ㄊㄞˋ）謾，願聞其要。」孔子曰：「要在仁義。」老聃曰：「請問，仁義，人之性邪？」孔子曰：「然。君子不仁則不成，不義則不生。仁義，真人之性也，又將奚為矣？」老聃曰：「請問，何謂仁義？」孔子曰：「中心物愷（ㄎㄞˇ），兼愛無私，此仁義之情也。」老聃曰：「意，幾乎後言！夫兼愛，不亦迂乎！無私焉，乃私也。夫子若欲使天下無失其牧乎？則天地固有常矣，日月固有明矣，星辰固有列矣，禽獸固有群矣，樹木固有立矣。夫子亦放德而行，循道而趨，已至矣；又何偈（ㄐㄝˊ）偈乎揭仁義，若擊鼓而求亡子焉？意，夫子亂人之性也！」

## 〈白話〉

孔子想把自己編修的書籍，存藏於魯國西邊的周王室。子路建議說：「我聽說周王室的典藏官，有一位叫老聃的，已經離職回家了。老師想要藏書，不妨去請教他。」孔子說：「好。」孔子前往拜訪老聃，而老聃不同意他這麼做。於是孔子引述六經，想要說服老聃；老聃打斷他的話，說：「太冗長了，我只想聽要點。」孔子說：「要點在於仁義。」老聃說：「請問，仁義是人的本性嗎？」孔子說：「是的。君子不仁就無法成就為君子，不義就無法立足發展。仁義確實是人的本性，此外還有什麼可以做的呢？」老聃說：「請問：什麼叫做仁義？」孔子說：「內心和樂，兼愛無私，這是仁義的真實表現。」老聃說：「噫，後面這句話很危險！談兼愛，不是太迂腐了嗎？說無私，其實還是有私心。先生是想讓天下人不要失去養育嗎？那麼，天地本來就有常軌，日月本來就有光明，星辰本來就有行列，禽獸本來就會群居，樹木本來就會成長。先生只要依循天賦常態去走，順著自然途徑前進，就可以達到目的了。又何必拚命提倡仁義，好像敲著鼓去追趕逃跑的人呢？噫，先生擾亂了人的本性啊！」

## 〈解讀〉

魯國位於山東半島，洛陽相對於魯國，是在西邊。六經，依〈天運〉所云：「丘治詩、書、禮、樂、易、春秋六經。」

「兼愛無私」本是美事，但在老子看來，兼愛不僅迂腐而且勞苦不堪，無私若是存有目的，則仍難免於私心。所謂「兼愛」就是一律平等的愛。譬如我坐在車上，兩位老婦人上車，一位是我的母親，一位是陌生人，若要平等的愛，卻只能讓出一個位置，難道要對她們說，妳們猜個拳吧？如此，我的母親一定難過，好不容易把我撫養長大，居然要她和別人猜拳；另一位老婦人一定也很驚訝，明明不認識這個年輕人，居然要求她和他媽媽猜拳？依「兼愛」界說仁義，又肯定這是人之本性，是一廂情願的想法。事實上，儒家也沒有如此天真的想法。因此，與其說莊子批判儒家，不如說他批判的是這種想法。儒家原來也講究真誠，卻因為提倡仁義，最後流於虛偽，淪為一種口號。所以，刻意去做，反而損傷本性。

這一段的重要之處在於老子與孔子的對話，孔子把「仁義」說成是人的本性，要理解為「做到仁義是人性的要求」。如果仁義是人的本性，為何只有君子才能做到？老子是哲學家，所以立刻要求澄清概念，否則說了半天，完全沒有交集。孔子回答：「內心和樂，兼愛無私。」但老子認為太難做到了，如果一個人很無私，又希望別人知道他無私，那就有私心了。

〈13・8〉

士成綺見老子而問曰：「吾聞夫子聖人也。吾固不辭遠道而來願見，百舍重趼（ㄐㄢˇ）而不敢息。今吾觀子，非聖人也，鼠壤有餘蔬，而棄妹，不仁也！生熟不盡於前，而積斂無崖。」老子漠然不應。士成綺明日復見，曰：「昔者吾有刺於子，今吾心正卻（ㄒㄧˋ）矣，何故也？」老子曰：「夫巧知神聖之人，吾自以為脫焉。昔者子呼我牛也而謂之牛，呼我馬也而謂之馬。苟有其實，人與之名而弗受，再受其殃。吾服也恆服，吾非以服有服。」士成綺雁行避影，履行遂進而問：「修身若何？」老子曰：「而容崖然，而目衝然，而顙（ㄙㄤˇ）頯（ㄎㄨㄟˊ）然，而口闞（ㄎㄢˋ）然，而狀義（ㄜˊ）然。似繫馬而止也。動而持，發也機，察而審，知巧而覩於泰，凡以為不信。邊竟有人焉，其名為竊。」

〈白話〉

士成綺拜訪老子，問他說：「我聽說先生是聖人，所以不管路途遙遠，也想來看看您；走了一百天，腳底長了厚繭都不敢休息。現在我看先生，卻不是個聖人。老鼠洞裡還有剩菜，卻棄之不顧，這是不仁；生熟食物已經用不完了，還要不停地聚斂。」老子神情漠然，沒有回應。士成綺第二天又來，說：「昨天我譏笑您，今天我感覺有些心虛，這是什麼緣故呢？」老子說：「巧智神聖這樣的人，我自認為可以免了。昨天你叫我牛，我就稱作牛；你叫我馬，我就稱作馬。如果真有其實，別人給我相符的名稱而我不接受，就是雙重罪過。我的行為一向是如此，我不是存心這麼做的。」士成綺側著身體，躡步向前，再問：「要怎麼修身呢？」老子說：「你的面色高傲，雙目凸顯，額頭外露，口張欲說，身形高聳。好像奔馳的馬被繫住。想動又強自忍住，發作就疾如放矢，考察則力求詳細，智巧而顯出驕態。這些都是矯揉造作。邊境有這樣的人，他的名字叫做小偷。」

〈解讀〉

老子是我行我素，還是順其自然？他是極端的自我中心，還是抵達無我之境？這個問題值得深思。他口中的士成綺在世間到處可見，亦即矯揉造作之人不在少數。他們因為欺世盜名，被稱為「竊」。這世間本來就有兩種人，一種很有企圖心，充滿作為；另一種就像老子，一切放下之後，因為沒有利害關係，也不想圖謀什麼，許多事情就看得很透澈。

〈13．9〉

**老子曰：「夫道，於大不終，於小不遺，故萬物備。廣廣乎其無不容也，淵乎其不可測也。形德仁義，神之末也，非至人孰能定之！夫至人有世，不亦大乎，而不足以為之累。天下奮棅（ㄅㄧㄥˇ）而不與之偕（ㄒㄧㄝˊ）；審乎無假而不與利遷，極物之真，能守其本。故外天地，遺萬物，而神未嘗有所困也。通乎道，合乎德，退仁義，賓（ㄅㄧㄣˋ）禮樂，至人之心有所定矣！」**

〈白話〉

老子說：「談到道，再大也不會窮盡它，再小也不會遺漏它，所以萬物都在它裡面。廣大啊，它無所不包；淵深啊，它不可測量。刑罰、德惠、仁愛、正義，都是精神的末跡，若不是至人，誰能確定它這些！至人擁有天下，天下不是很大嗎？卻不足以成為他的負擔。天下人爭奪權柄，他不會同流合汙；他處於無所假借的狀態，因而不隨萬物轉移；他窮究事物的真相，能夠把握住根本。所以他超越天地，遺忘萬物，而精神未嘗有任何困擾。貫通大道，配合天賦，辭退仁義，擯棄禮樂；至人的心有其安定之處。」

**〈解讀〉**

莊子的內容中，只要與「道」有關的章節，都很重要，所以要特別留意這一段的內容。「道」是萬物的來源與歸宿，所以，人不要去注意變化多端的萬物，而要與「道」同在。

莊子談到「人」，有「真人、至人、神人、天人」。儒家也說「聖人」，因為儒家主張人性向善，所以擇善固執到止於至善需要修養德行。道家的聖人從老子開始，都是講究智慧、悟道的統治者，《老子》八十一章有二十四章出現「聖人」這個詞，可見聖人在老子心中頗具份量。《莊子》也用聖人的概念，就是「聰明」，因為道家講究智慧。但「聖人」一詞出現在《莊子》中與儒家有關的篇章，就說聖人是有問題的，因為其講究仁義，造成困擾。真人代表正面的意義，它的反面是假人，表示人會虛偽、調節自己以應付別人。至人是指最高境界的人，但並沒有具體說明內容。神人是指他所造成的效果神奇無比。天人中的「天」是指自然，所以天人就是自然的人。莊子用這五種方式來說明人的五種表現，可見人能夠透過某種修練以達到這樣的境界。雖然表現不同，其實境界是一樣的，所以這裡的「至人」與其他四種人的境界是相通的。

本文兩次談到「神」。由「神之末」可以得知神有本末，「末」是指應用；至人保住神之本，因此可以確定其末。由「神未嘗有所困」可知，一般人的神常為外物所困。聖人之所以特別，是因為他「心」有所定。心與神（精神）之間的關係值得玩味。

「審乎無假而不與利遷」的「審」是「處」，處在何種狀態；「利」是「萬物」。「通乎道，合乎德，退仁義，賓禮樂」，則是道家的基本立場。

## 〈13・10〉

世之所貴道者，書也。書不過語，語有貴也。語之所貴者，意也，意有所隨。意之所隨者，不可以言傳也，而世因貴言傳書。世雖貴之哉，猶不足貴也，為其貴非其貴也。故視而可見者，形與色也；聽而可聞者，名與聲也。悲夫！世人以形色名聲為足以得彼之情。夫形色名聲果不足以得彼之情，則知者不言，言者不知，而世豈識之哉！桓公讀書於堂上，輪扁斲（ㄓㄨㄛˊ）輪於堂下，釋椎（ㄔㄨㄟˊ）鑿（ㄗㄨㄛˊ）而上，問桓公曰：「敢問：公之所讀者，何言邪？」公曰：「聖人之言也。」曰：「聖人在乎？」公曰：「已死矣。」曰：「然則君之所讀者，古人之糟魄已夫！」桓公曰：「寡人讀書，輪人安得議乎！有說則可，無說則死！」輪扁曰：「臣也以臣之事觀之。斲輪，徐則甘而不固，疾則苦而不入，不徐不疾，得之於手而應於心，口不能言，有數存焉於其間。臣不能以喻臣之子，臣之子亦不能受之於臣，是以行年七十而老斲輪。古之人與其不可傳也死矣，然則君之所讀者，古人之糟魄已夫！」

## 〈白話〉

世人認為道可貴，是因為書本的記載，書本不過是語言而已，所以語言是可貴的。語言可貴之處在於意義，意義有它的根據。意義的根據不能靠談論來傳遞，而世人卻因為重視言論而傳述成書。世人雖認為書本可貴，其實並不是那麼可貴，因為他們認為可貴的並不是真正可貴的部分。所以，眼睛可以看見的，是形狀與顏色；耳朵可以聽見的，是名稱與聲音。可悲啊！世人以為靠形狀、顏色、名稱、聲音就可以掌握意義的真實根據。靠形狀、顏色、名稱、聲音實在不足以掌握意義的真實根據。所以，懂的人不說，說的人不懂；那麼世人又要從何處去認清這一點呢？齊桓公在堂上讀書，輪扁在堂下做車輪。輪扁放下錐鑿，上堂去問桓公說：「請教大人：大人所讀的是什麼人的言論？」桓公說：「聖人的言論。」輪扁說：「聖人還活著嗎？」桓公說：「已經死了。」輪扁說：「那麼大人所讀的，不過是古人糟粕罷了！」桓公說：「寡人讀書，做輪子的人怎麼可以隨便議論！說得出理由就算了，說不出理由就處你死罪。」輪扁說：「我是從我做的事來看。做輪子，下手慢了就會鬆動而不牢固，下手快了就會緊澀而嵌不進。要不慢不快，得之於手而應之於心。有口也說不出，但是這中間是有奧妙技術的。我不能傳授給我兒子，我兒子也不能從我這裡繼承，所以我七十歲了還在做輪子。古人與他們不可傳授的心得都已經消失了，那麼君上所讀的，不過是古人的糟粕罷了。」

## 〈解讀〉

古代所說的「意義」，是指人的言論有沒有真實做為依據，就像人類的歷史是靠文字記載，但是我們讀多了歷史，反而倍覺困擾，因為記載的人必定採取某種觀點，至於主角有沒有做那些事，卻變得模糊了。譬如，管仲被孔子的弟子批評，但孔子為他辯護，至於管仲做了什麼事我們無從確定，只知道許多評論。管仲自己的想法為何？他認為誰的評論比較接近事實？答案沒有人知道。所以，孔子做《春秋》而亂臣賊子懼，孔子自己說：「知我者，其惟春秋乎；罪我者，其惟春秋乎。」孔子的意思是說：我透過書寫，在《春秋》中用一個字說某人的行為好，說某人的行為壞，因而看書的人也知道我的想法。但立場觀點與我不同的人，也是透過閱讀來責怪我呀！儒家的基本立場是主張人性向善，所以透過歷史記載，做好事的人，讓讀者知道此人做好事會留下紀錄，所以應該做好事。壞人做壞事，看見歷史紀錄也會心生警惕。不過，被後代的人批評，當事人未必在意，譬如《世說新語》裡有一個愛喝酒的人，名叫張翰，別人勸他戒酒才能成就功名、為後代所稱頌，他卻說：「使我有身後名，不如即時一杯酒。」

讀書要設法「去其糟粕而得其精華」，亦即藉由語文資料領悟原始的意義根據。不過，人生的經驗與心得，即使親如父子也無法繼承，還是要由自己去體會。莊子在此貶低教育的作用，提醒人不可迷信書本。所有靠工具顯示出來的，都將被工具所限制，而無法說明真實的意義。如果我們閱讀一本最好的經典，以為那就是「道」，這樣反而阻隔了「道」。所以佛教說：「言語道斷。」強調「不可思議」不可說！不可說！說出來的只是方便法門。講究智慧的學問，都有類似的特色。「知者不言，言者不知」見於《老子》五十六章。不過，老子的五千言也算是言，我們亦不可執著於其中。

讀《莊子》一定會提到桓公讀書的故事，文字是「載體」，關鍵在於是否能通其心意，所以不必太在意哪一句背不出來，而是要看心意是否相通。《莊子》中說悟道的朋友以無為首，以生為脊，以死為尻，知生死存亡一體也，所以能相視而笑，莫逆於心。莊子也常說得月忘指，得魚忘筌，得意忘言。禪宗著名典籍《指月錄》所說的意思也一樣，我用手指指月亮，看到月亮之後就要忘記手指。手指只是工具，月亮才是重點。得魚之後，也要把魚簍忘了。得到意義之後，也要把言語忘了。

莊子在每一篇結束前，喜歡用一篇寓言故事總結。所以，學習莊子時，如果有些地方不太懂，其實也沒關係，像這篇故事所說的，最重要的是掌握到根本。道是萬物的來源與歸宿，是一個整體，所以人學道之後的改變，是明白一切既然在整體之中，也就沒有得失成敗的問題，不會像學了其他學派之後，汲汲營營，好像非做什麼不可，充滿壓力。但也不是消極避世，而是能夠無心而為，做我該做的事，而不要有刻意的目的，隨時注意各種條件的變化，找一條適合自己的路去走。

**總結本篇要旨**

本篇談天道，一併述及帝道與聖道，並且肯定黃帝、堯、舜等人的作為。其中描寫的聖人是以道為師、得享「天樂」的，不但享受自然之樂，也能蓄養天下萬民，抵達「太平」之境。唯獨對於孔子之標舉仁義，仍有未安。至於「桓公讀書」之喻，則提醒我們要崇本抑末，以求親自驗證悟道之妙。

# 天運

## 第十四

〈14・1〉

「天其運乎？地其處乎？日月其爭於所乎？孰主張是？孰維綱是？孰居無事推而行是？意者其有機緘（ㄐㄢ）而不得已邪？意者其運轉而不能自止邪？雲者為雨乎？雨者為雲乎？孰隆施是？孰居無事淫樂而勸是？風起北方，一西一東，有上彷徨。孰噓吸是？孰居無事而披拂是？敢問何故？」巫咸祒（ㄔㄠ）曰：「來！吾語女。天有六極五常，帝王順之則治，逆之則凶。九洛之事，治成德備，監照下土，天下戴之，此謂上皇。」

〈白話〉

「天在運行嗎？地在靜止嗎？日月在爭奪位子嗎？誰在主導這些？誰在維繫這些？誰會閒著無事來推動這些？或者是有機關操縱而不得不如此？或者是順勢運轉而自己停不下來？雲是為了降下雨來嗎？雨是為了蒸氣成雲嗎？誰在興雲降雨？誰會閒著無事樂於做這樣的事？風從北方吹來，忽東忽西，在天空飄動，誰在吐氣成風？誰會閒來無事而搧動起風？那麼請問這些是什麼緣故？」巫咸祒說：「來，我告訴你。自然界有上下四方的六極，以及金木水火土的五常，帝王順應這些就天下太平，違逆這些就禍亂叢生。九州聚落的事務都治理有成、功德圓滿；上位者的光輝照臨人間，受到天下人擁戴，這就是最古的上皇之治。」

## 〈解讀〉

天、地、日、月代表大自然。《易經・乾卦》象曰：「天行健，君子以自強不息。」我們在研究《易經》時，了解「天行健」的天是指天體。古人相信天圓地方，太陽、星星、月亮因為每天都出現，所以是圓形的軌道；現代人能夠環遊世界，但古人無法度大海、越高山，人向東南西北四方走去，無法繞一圈回來，所以相信地是平的、是方的。

這一段用自然界的變化來反襯人在行動時都存有目的。人在做事時因為有目的，行動就成為手段，行動變成手段就會產生壓力，因為不見得可以達成目的，人生的痛苦大多由此而來。莊子要說明大自然的一切沒有人在操縱，也沒有浪費時間的問題。

巫咸祒為所有的問題作答了。「六極」是上下四方，或說「六合」。「五常」是五行，就是五種運行的元素。本文以「雲、雨、風」的循環與運行，描寫自然界「自己如此」的狀態。「上皇」只是順天應人，不必有什麼用心的作為。「閒來無事」也不必有什麼設計與目的，依循自然的規則，也不用刻意推動什麼人間的功業。

說道是「自本自根」，就像西方哲學家所說的「上帝」就是「自因」，自己是自己的原因。莊子也不懂西方哲學，他只是思考到最深刻的境界，才會說：道除非不存在，否則應該是

「自本自根」。萬物都不是自本自根，而是從道而來，所以充滿變化，而這些變化除非是虛幻的，否則必然有一個根源，而這個根源必定是自己為本，自己為根，永遠不變，那就是道。這時候與西方對照，才發覺莊子實在厲害，他的智慧媲美西方哲學在探討一切的變化之後，說出一個「神」或「上帝」是自因，做為自因一定永遠存在，不存在的話，就不可能是別的東西的原因，萬物根本不可能出現。

〈14・2〉

商大（ㄊㄞˋ）宰蕩問仁於莊子。莊子曰：「虎狼，仁也。」曰：「何謂也？」莊子曰：「父子相親，何為不仁？」曰：「請問至仁。」莊子曰：「至仁無親。」大宰曰：「蕩聞之，無親則不愛，不愛則不孝。謂至仁不孝，可乎？」莊子曰：「不然。夫至仁尚矣，孝固不足以言之。此非過孝之言也，不及孝之言也。夫南行者至於郢（ㄧㄥˇ），北面而不見冥山，是何也？則去之遠也。故曰：『以敬孝易，以愛孝難；以愛孝易，而忘親難；忘親易，使親忘我難；使親忘我易，兼忘天下難；兼忘天下易，使天下兼忘我難。』夫德遺堯、舜而不為也，利澤施於萬世，天下莫知也，豈直太息而言仁孝乎哉！夫孝悌仁義忠信貞廉，此皆自勉以役其德者也，不足多也。故曰：『至貴，國爵并焉；至富，國財并焉；至願，名譽并焉。』是以道不渝。」

## 〈白話〉

宋國的太宰蕩請教莊子什麼是仁。莊子說：「虎狼也有仁的表現。」太宰問：「怎麼說呢？」莊子說：「虎狼父子相親，怎麼不是仁呢？」太宰說：「請問什麼是至仁？」莊子說：「至仁無所親近。」太宰說：「我聽說，沒有親近，就不關愛，不關愛就不孝順。說至仁不孝順，可以嗎？」莊子說：「不只是這樣的。至仁是最高境界，孝順實在不足以說明它。你所說的親愛並未超過孝順，而是還算不上孝順。譬如，向南走的人，到達郢都之後，就看不見北方的冥山了，為何如此？因為離得太遠了。所以說：『用恭敬來行孝容易，用愛心來行孝較難；用愛心來行孝容易，行孝時忘記雙親較難；行孝時忘記雙親容易，行孝時使雙親忘記我較難；行孝時使雙親忘記我容易，我同時忘記天下人較難；我同時忘記天下人容易，使天下人同時忘記我較難。』不在意堯舜的德行而無所作為，恩澤推加於萬世而天下不知。又怎麼會讚嘆仁與孝呢？所謂孝、悌、仁、義、忠、信、貞、廉，都是人們勉強用來奴役天賦的，並不值得稱許。所以說：『最尊貴的人，拋棄了國家的爵位；最富有的人，拋棄了國家的財貨；最顯榮的人，拋棄了名聲與讚譽。』因此大道是長存不變的。」

## 〈解讀〉

本段的重要性在於詮釋「孝」的意義，足以代表莊子對於「孝」的態度。

「虎狼，仁也」，禽獸莫不有仁，有些動物甚至會養育其他動物的小生命。從人類的角度看虎狼是猛獸，但牠們一樣會養育幼兒，相親相愛，這不也是「仁」的表現？古代有武則天，現代則有人為了保險金，不惜用子女的生命來交換，這種情形用「禽獸不如」來形容也不為過。仁只是生物本能的偏愛表現，人又怎能自限於仁？

商的後裔封在宋，所以翻譯為宋國的太宰。太宰繼續發問是想知道「至仁」，也就是有別於其他生物而專屬於人類的特色何在，因為只有人「可能」修成「至仁」之境。道家所說的「仁」是指「偏愛」，唯有如此，才能理解《老子》第五章中「天地不仁，以萬物為芻狗」的意義。但是莊子認為以孝順來說明「至仁」過於執著，是背道而馳。

「用恭敬來行孝容易，用愛心來行孝較難」的觀念是標準的儒家思想。遺憾的是，現在中學的教科書，仍然沒有把子游問孝時，孔子回答：「今之孝者，是謂能養，至於犬馬皆能有養，不敬，何以別乎？」的意思說明清楚。這句話真正的意思，是把為人子女對父母的奉養與犬馬對人所提供的服務做比較，如果孝順父母時，內心缺乏敬意，就無法和犬馬對人的服侍區隔了。而教科書所說的觀念，是把人對自己父母的奉養與對犬馬的餵養做比較，實在曲解了孔子的意思。用愛心來行孝，即是子夏問孝時，孔子所回答的：「色難，有事弟子服其勞，有酒食先生饌，曾是以為孝乎？」最能清楚加以說明。俗話說：「久病床前無孝子。」父母年紀大，需要子女陪同就醫，這時就得看子女臉色了。所以，在孝順父母時，要保持和悅的臉色，真是一件難事。因為人若真的愛一個人，一看到他，無論心情如何，臉上的表情一定很好。

「行孝時忘記雙親較難」，家裡有國中生的人最能體會這句話，小孩在房間使用電腦和朋友聊天，只要父母一出現，立刻把電腦關掉，這就是小孩很難忘記父母是父母，要把父母當朋友而無話不談，真是不容易。不過，同樣的，「行孝時使雙親忘記我較難」，我們小時候不也常在大人商量事情時被支開，這就是父母很難忘記孩子是孩子，總覺得有些事情不需要讓孩子知道。「我同時忘記天下人較難」，這句話最典型的故事是「父子騎驢」，無論做什麼，只要天下人出現任何一種聲音，我們都會受到干擾。父母子女在一起相處時，都會做個樣子給別人看，不在乎別人是很難的。最高層次當然是「使天下人同時忘記我較難」，也就是當我行孝時，別人完全看不出來我在行孝，也就是一家人相處，已經沒有誰孝不孝順的問題，和和樂樂就像魚在水裡，完全不記得魚的大小，忘記就是代表超越。

所以，莊子講孝順的六個境界是「敬，愛，忘親，使親忘我，兼忘天下，使天下兼忘我」。儒家看似只談到前面兩個境界，做到恭敬與愛心，至於後面四個境界就不去說了，最後二步則抵達最富道家特色的至孝或至仁。但是，如果用孟子「真誠」的概念來說，就可以化解以上的疑慮，因為人真誠就不在乎別人怎麼說，一切由內而發，人的真誠就是真實，人的真實也就是真誠，此點與道家是沒有矛盾的。因此，真實的人不被「孝、悌、仁、義、忠、信、貞、廉」役使，自有內心的尊貴，所以一切爵位、財貨、名聲與讚譽都不能對他們加以綑綁。

〈14・3〉

北門成問於黃帝曰：「帝張《咸池》之樂於洞庭之野，吾始聞之懼，復聞之怠，卒聞之而惑；蕩蕩默默，乃不自得。」帝曰：「汝殆其然哉！吾奏之以人，徵之以天，行之以禮義，建之以太清。四時迭起，萬物循生；一盛一衰，文武倫經；一清一濁，陰陽調和，流光其聲；蟄（ㄓˊ）蟲始作，吾驚之以雷霆；其卒無尾，其始無首；一死一生，一僨（ㄈㄣˋ）一起；所常無窮，而一不可待。女故懼也。」

## 〈白話〉

北門成請教黃帝說：「您在廣漠的原野上演奏《咸池》樂章。我開始聽時覺得恐懼，繼續聽著覺得鬆懈，最後聽完覺得迷惑。心神恍惚，無話可說，不再是平常的自己了。」黃帝說：「你這樣就差不多了。我依照人情來演奏，順應自然來發揮，配合禮義來進行，展現出最清明的原始境界。四時相繼出現，萬物依序而生；有盛有衰，分合存亡；有清有濁，陰陽調和；樂聲流動而廣播。蟄蟲剛剛甦醒，我用雷霆之聲來驚動牠們。這種樂聲，結束時沒有終點，開始時沒有起點；有時消逝有時出現，有時倒下有時站起；變化無窮而全然不可預期，所以你感覺恐懼。」

## 〈解讀〉

北門成聆聽《咸池》後產生「懼、怠、惑」三種感覺，本段先談懼。由於習於人間之事，乍聽雷霆之聲，不知下一步何去何從，所以懼。其次，鬆懈的理由是音樂不給人壓力，而迷惑是因為不知最後該怎麼辦。通過這三個階段之後，黃帝認為北門成已經進入他的音樂世界了。

黃帝先說明他順應現有的條件，從人情、自然、禮義再回到最原始的狀態，因為這樣，所以變化無窮而全然不可預期，讓人感覺恐懼。

一般《莊子》版本中，在「建之以太清」之下，尚有「夫至樂者，先應之以人事，順之以天理，行之以五德，應之以自然，然後調理四時，太和萬物」這三十五字。歷代專家指出，此為郭注誤入正文。

〈14．4〉

「吾又奏之以陰陽之和，燭之以日月之明；其聲能短能長，能柔能剛，變化齊一，不主故常；在谷滿谷，在阬（ㄎㄥ）滿阬；塗郤（ㄒㄧˋ）守神，以物為量。其聲揮綽，其名高明。是故鬼神守其幽，日月星辰行其紀。吾止之於有窮，流之於無止。子欲慮之而不能知也，望之而不能見也，逐之而不能及也；儻然立於四虛之道，倚於槁梧而吟。知困乎所欲慮，目窮乎所欲見，力屈乎所欲逐，子既不及已夫！形充空虛，乃至委蛇（ㄧˊ）。女委蛇，故怠。」

〈白話〉

「我又用陰陽的協調來演奏，用日月的光明來燭照。樂聲可短可長，可柔可剛，變化有一定規律，又能推陳出新；流到山谷就充滿山谷，流到深坑就充滿深坑；塞住空隙，守住精神，與外物完全相順。樂聲悠揚，節奏明朗。因此，鬼神安處於幽冥之中，日月星辰各依軌道運行。我的樂聲停歇於有窮之處，卻流動於無止之境。你想要思索卻無法了解，想要觀察卻無法看見，想要追逐卻無法趕上。茫茫然站在四方空虛的大路上，倚靠著枯木而吟唱。想要了解，思索已經用完；想要看見，目光已經窮盡；想要追逐，力氣已經衰竭；覺得自己趕不上了！形體顯得空洞虛無，到了隨順外物的地步。你隨順外物，所以會感覺鬆懈。」

## 〈解讀〉

本段接著談怠，已經超越人間的範圍了。對於樂聲「不能知，不能見，不能及」，放下這些感官心思的運作，才可空虛委蛇，入於怠。這種鬆懈看似消極，其實是轉向智慧的必經之途，也就是與日常生活產生隔絕，準備回到原始的狀態。「空虛」是沒有任何堅持，「委蛇」是順從。

## 〈14．5〉

「吾又奏之以無怠之聲，調之以自然之命。故若混（ㄏㄨㄣˋ）逐叢生，林樂（ㄩㄝˋ）而無形，布揮而不曳，幽昏而無聲。動於無方，居於窈冥；或謂之死，或謂之生；或謂之實，或謂之榮；行流散徙，不主常聲。世疑之，稽於聖人。聖也者，達於情而遂於命也。天機不張而五官皆備。此之謂天樂，無言而心說（ㄩㄝˋ）。故有焱（ㄧㄢˋ）氏為之頌曰：『聽之不聞其聲，視之不見其形，充滿天地，苞裹六極。』女欲聽之而無接焉，而故惑也。樂也者，始於懼，懼故祟；吾又次之以怠，怠故遁；卒之於惑，惑故愚；愚故道，道可載而與之俱也。」

## 〈白話〉

「我又用無所鬆懈的樂聲來演奏，以自己如此的固定規律來調和。所以樂聲混然相逐，叢然並生，繁複合會而不著形跡，散播揮灑而毫不停滯，幽深昏暗而無聲可聞。動時不知去向，止時悠遠蒙昧；或以為是消逝，或以為是出現，或以為是真實，或以為是顯耀。任意流行散從，沒有固定的聲調。世人感到疑惑，就向聖人詢問。所謂聖，是指明白真實情況，隨順應有之命。自然本性不必活動而五官的功能已經具備，這就叫做自然之樂，無言而心中喜悅。所以神農氏稱頌它說：『聽不到它的聲音，看不見它的形象；它充滿天地之間，包含上下四方在其中。』你想聽卻沒有途徑，所以會迷惑。這種樂聲，開始時使人恐懼，恐懼得好像會有禍患；我接著使人鬆懈，鬆懈得好像遭到遺棄；我最後再使人迷惑，迷惑得好像愚笨無知；而愚笨，就好像道一樣了。這樣才可以與道並存啊！」

## 〈解讀〉

本段最後談惑。由惑到愚，再由愚到道；只有回歸原點，才可能與道（究竟真實）合而為一。有焱氏（神農氏）的稱頌即是針對道而言。以音樂來描述道，確有雅意。

本文所界說的「聖」是「達於情而遂於命」。「情」是真實情況；「命」是自然之命，也就是自己如此的固定規律。智慧是關鍵，無智慧則不成聖人，這是道家的基本立場。

莊子在這裡藉著音樂演奏想要說明的是，人在覺悟道的過程，一開始會感到恐懼，因為約定俗成的「俗」，讓人在群體中不必考慮與人不同的問題，一旦開始面對差異，就會有孤獨的感覺。但這種孤獨也會帶來鬆懈，因為不需要花時間應付別人。久而久之，還是會產生困惑，究竟何去何從？最後當然是要回到「道」裡去。

## 〈14・6〉

孔子西遊於衛，顏淵問師金曰：「以夫子之行為奚如？」師金曰：「惜乎，而夫子其窮哉！」顏淵曰：「何也？」師金曰：「夫芻狗之未陳也，盛以篋（ㄑㄧㄝˋ）衍，巾以文繡，尸祝齋戒以將之。及其已陳也，行者踐其首脊，蘇者取而爨（ㄘㄨㄢˋ）之而已；將復取而盛以篋衍，巾以文繡，遊居寢臥其下，彼不得夢，必且數眯（ㄇㄧˇ）焉。今而夫子，亦取先王已陳芻狗，取弟子遊居寢臥其下。故伐樹於宋，削（ㄒㄩㄝ）迹於衛，窮於商周，是非其夢邪？圍於陳蔡之間，七日不火食，死生相與鄰，是非其眯邪？夫水行莫如用舟，而陸行莫如用車。以舟之可行於水也，而求推之於陸，則沒世不行尋常。古今非水陸與？周魯非舟車與？今蘄（ㄑㄧˊ）行周於魯，是猶推舟於陸也，勞而無功，身必有殃。彼未知夫無方之傳，應物而不窮者也。」

## 〈白話〉

孔子往西遊歷，到了衛國。顏淵請教太師金說：「我老師這次的遊歷，您以為會怎樣呢？」太師金說：「可惜了，你的老師會陷於困境啊！」顏淵說：「為什麼？」太師金說：「芻狗還沒有用來祭祀時，裝在竹筐裡，蓋著錦繡手巾，主祭者還要先齋戒再接送它。等到祭祀過後，路上行人踩踏它的頭與背，撿草的人把它拿去當柴燒了。如果有人把它收拾起來，再裝在竹筐裡，蓋上錦繡手巾，起居睡臥都在它旁邊；那麼這個人不做夢就算了，不然一定惡夢連連。現在你的老師，也是收拾起先王祭祀用過的芻狗，聚集弟子們起居睡臥在它旁邊。所以，他在宋國樹下講學，樹被砍倒；到了衛國，事蹟都被抹殺；他在商地與周地都陷於困境，這不是他做的夢嗎？後來，他被圍困於陳國與蔡國之間，七天不能生火煮飯，瀕臨死亡邊緣；這不是他的惡夢嗎？在水上前行最好用船，在陸上前進最好用車。以為船在水上可以前行，就把它推上陸地，那麼一輩子也走不了幾步。古代與現代相比，不就是水與陸嗎？周朝與魯國相比，不就是船與車嗎？現在希望把周朝的制度推行於魯國，就好像把船推到陸上行走，不但徒勞無功，自己還一定會遭殃。他不懂得變遷流轉，順應外物而永無窮盡的道理。」

## 〈解讀〉

魯國靠海，所以孔子向西遊於衛，但旁人單憑他平日的主張與言論，就推斷他會發生困難。

「芻狗」是用草紮成的狗。古代祭祀時，放上祖先的牌位之後，旁邊還會放幾隻草紮成的狗陪祭，象徵伺候祖先，如我們所說「效犬馬之勞」。祭祀之後，芻狗就淪為垃圾了。這一段對芻狗的描述是很標準的說法。《老子》第五章有云：「天地不仁，以萬物為芻狗。聖人不仁，以百姓為芻狗。」王弼注解老子時有一個疏漏，就是把芻狗當成草和狗。他應該是沒有看到這一段，又太年輕，只活了二十三歲。天地不仁是說天地沒有任何偏私，花該開就開，該落就落，興衰有時，天地不會不捨，所以萬物有如芻狗。莊子此處則以芻狗為喻，所指的是過時而無用的觀念與制度。

本段是道家對儒家的批判，非常生動。但孟子稱述孔子是聖之時者，這個「時」是指時機。孟子把聖人分為四種，第一種是清（清高）者，第二種是和（隨和）者，第三種是任（負責）者，第四種是時者，當清則清，當和則和，當任則任，完全配合時宜。但是在《莊子》中，孔子卻處處被人說成不合時宜，實在冤枉，其實是因為孔子的弟子們只學到表面，所以落人口實。表面指的是外在的禮樂與制度、規矩與形式。孔子最主要的生活來源是幫人辦喪禮，他的學生也學會了辦喪事的規則，但不見得會有真誠的情感。孔子幫人辦喪事時，從沒有吃飽過，因為他有真誠的情感。墨家比儒家稍晚，他們批評孔子的學生聽到有人過世，就很高興，因為吃飯的機會來了，這代表孔子的學生繼續為人辦喪事，但行禮如儀，已經沒有真誠的情感了。所以莊子筆下批評孔子的地方，都應該由孔子的學生負責。孔子是非常真誠的，孟子也說：「誠者，天之道；思誠者，人之道。」想要真誠，是人應該走的路。而儒家的弟子們，偏偏就沒有表現出真誠，正好被墨家、道家看穿。這是哲學史上最大的悲劇。所以孔子才會說沒有人了解他，孟子說他不是好辯，而是不得已。

「伐樹於宋」是孔子曾在宋國一棵大樹下為弟子講學，而宋國司馬桓魋憎恨孔子，就在他們離去後，砍了這棵大樹。「削迹於衛」是衛國當權派討厭孔子，設法抹殺他的事蹟。宋國是商朝遺民受封之地，所以又稱為商地。「尋常」的「尋」為八尺，「常」為倍尋（一丈六尺）。

## 〈14．7〉

「且子獨不見夫桔（ㄐㄧㄝˊ）槔（ㄍㄠ）者乎？引之則俯，舍之則仰。彼，人之所引，非引人者也。故俯仰而不得罪於人。故夫三皇五帝之禮義法度，不矜於同而矜於治。故譬三皇五帝之禮義法度，其猶柤（ㄓㄚ）梨橘柚邪！其味相反而皆可於口。故禮義法度者，應時而變者也。今取猨（ㄩㄢˊ）狙（ㄐㄩ）而衣（ㄧˋ）以周公之服，彼必齕（ㄏㄜˊ）齧（ㄋㄧㄝˋ）挽裂，盡去而後慊（ㄑㄧㄝˋ）。觀古今之異，猶猨狙之異乎周公也。故西施病心而矉（ㄆㄧㄣˊ）其里，其里之醜人見而美之，歸亦捧心而矉其里。其里之富人見之，堅閉門而不出；貧人見之，挈（ㄑㄧㄝˋ）妻子而去走。彼知矉美而不知矉之所以美。惜乎，而夫子其窮哉！」

### 〈白話〉

「再說，你難道沒看過抽水的桔槔嗎？牽引它，它就俯下去；放開它，它就仰上來。它是被人牽引，而不是牽引人，所以俯仰都不會得罪人。所以，三皇五帝的禮儀法度，不在乎是否相同，而在乎治理有成。所以，要比喻三皇五帝的禮儀法度，可以說就像山楂、水梨、橘子、柚子一樣，味道有別但都很可口。所以，禮儀法度是隨著時代在變化的。現在如果給猿猴穿上周公的衣服，牠一定咬破撕裂，全部剝掉才高興。觀察古今的差異，就好像猿猴與周公之不同。所以，西施因為心痛而皺起眉頭；鄉里中的醜女見她樣子很美，回去後也捧著心皺起眉頭；鄉里的富人見到她，緊閉門扉不出來；窮人見到她，帶著妻子兒女遠遠避開。醜女知道皺起眉頭很美，卻不知道皺起眉頭為什麼很美。可惜了，你的老師會陷於困境啊！」

## 〈解讀〉

孔子曾回答子張說：「殷因於夏禮，所損益可知也；周因於殷禮，所損益可知也；其或繼周者，雖百世可知也。」（《論語．為政》）損益所指的就是配合時機的需要而調整，所以本文批評儒家不知變通，實在冤枉。

「三皇」是燧人氏、伏羲氏、神農氏。「五帝」是黃帝、顓頊、帝嚳、帝堯、帝舜。這些都算是古代，但是把古今之異比擬為「猨狙之異乎周公」，未免過度誇張；以「西施」的故事來比喻孔子為「醜人」，亦嫌刻薄。不知這位魯國的太師金是何居心？或者，只有他才了解孔子的居心？

## 〈14．8〉

孔子行年五十有一而不聞道，乃南之沛見老聃。老聃曰：「子來乎？吾聞子，北方之賢者也，子亦得道乎？」孔子曰：「未得也。」老子曰：「子惡乎求之哉？」曰：「吾求之於度數，五年而未得也。」老子曰：「子又惡乎求之哉？」曰：「吾求之於陰陽，十有二年而未得也。」老子曰：「然，使道而可獻，則人莫不獻之於其君；使道而可進，則人莫不進之於其親；使道而可以告人，則人莫不告其兄弟；使道而可以與（ㄩˋ）人，則人莫不與其子孫。然而不可者，無它也，中無主而不止，外無正而不行。由中出者，不受於外，聖人不出；由外入者，無主於中，聖人不隱。名，公器也，不可多取。仁義，先王之蘧（ㄑㄩˊ）廬也，止可以一宿（ㄒㄡˇ）而不可久處。覯（ㄍㄡˋ）而多責。」

〈白話〉

孔子五十一歲了，還不懂得道是什麼，於是去南方的沛地拜訪老聃。老聃說：「你來了啊！我聽說你是北方的賢人，你也領悟了道嗎？」孔子說：「尚未領悟。」老聃說：「你是怎麼尋求的？」孔子說：「我從典章制度中尋求，花了五年還未領悟。」老子說：「接著，你又是怎麼尋求的？」孔子說：「我從陰陽變化中尋求，花了十二年還未領悟。」老子說：「對的。如果道可以奉獻，那麼人們無不拿來奉獻君主；如果道可以敬呈，那麼人們無不拿來敬呈父母；如果道可以告訴別人，那麼人們無不拿來告訴兄弟；如果道可以送給別人，那麼人們無不拿來送給子孫。然而這一切都不可能，原因不是別的，就是：心中若無主宰，則道不會停留；外在若無印證，則道不會運行。由心中發出的，如果外在沒有順應作用，聖人就不會展示；由外在進入的，如果心中沒有主導力量，聖人就不會留存。名銜，是天下共有之物，不可以多取。仁義，是先王的旅舍，只可以住一晚，而不可久留；形跡為人所見，就會多犯過錯。」

〈解讀〉

孔子求道的方法是「度數」與「陰陽」，先看經典材料，再看自然界的變化。度數是維繫人間秩序的規範，陰陽是左右自然界變化的原則，兩者互相搭配，「不可多取，不可久處」，再回歸於究竟真實，才有可能領悟大道。

道不是禮物，無法用來送人。前面提到桓公讀書的故事，古代聖人的話也只是糟粕，真正的精華，像做輪子的工匠，需要「得之於手，應之於心」，當心裡有數，但無法說出來，就知道差不多了，就像看電視節目教人做菜，隨意幾下，總是很可口，但是自己主廚，材料都對，味道就是不對，這就是無法言說的祕訣，必須實際操作才能有所體悟。

老子所說的「由中生者」與「由外入者」，顯然是指內與外之對應與互動。由內而發的，必須可以「應物」；由外而入的，必須自己先有一個主導力量。心中若沒有主宰，就算道來了，人也不知道它來了，即使覺悟了一樣東西，也不知道那是真的，因為內心是放空的，道來了又去，也就談不上悟道的智慧了。內心真誠希望體驗道，但是外在事物沒有順應與驗證，卻只看到人類世界的操作，道也無法展示出來。所以，讀書的重點是內心要先有問題，才能知道哪些話是對你說的，也才能讓閱讀形成對話，讓書本的「糟粕」重新展現其精華，若沒有問題便不會有答案，即使答案出現也不知道那是正確的答案。

一本書對每個人有不同的展示，要看閱讀的人心中是否預設了問題，同一本書，年輕時所體悟的與年老時所體悟的不會相同。當內心有所體悟卻不知是否為「道」，就需要靠實踐，一旦驗證了，內心自然產生悟道的喜悅。譬如，常覺得與人相處好心沒有好報，那是因為內心常存著別人應該如何順應自己的想法。如果有一天，能不堅持別人一定要依循自己內心的想法，發現別人的反應改變了，與過去有所不同，這時所學習的就得到外在的應證了。外在所聽得的話，如果內心沒有主宰，就無法落實在心中，因此內外皆要互相配合。不要執著於名銜、仁義，尤其做事時不要存著刻意的目的，而要讓人循線找到形跡，判斷時機與條件是否成熟。條件成熟了，與人說什麼話，做什麼事都是順其自然，也就是「不得已」。這是道家的基本觀點，掌握住之後，就會發現隨處都是成長的機會，每一句話驗證之後，就發現理解更透澈了。

學道家不能只看文字，即使把莊子全背起來也是沒用的。小時候背誦經典，長大後對文言文會感到親切，容易領略意義，但若與經驗脫節，恐怕一輩子都無法理解。尤其是《老子》、《莊子》，有些是寓言，背下來反而不好，像本文批評孔子「行年五十有一而不聞道」，別忘了孔子五十而知天命。若從莊子的角度去理解孔子，肯定會造成困難。

〈14．9〉

「古之至人，假道於仁，託宿於義，以遊逍遙之墟，食（ㄙˋ）於苟簡之田，立於不貸之圃。逍遙，無為也；苟簡，易養也；不貸，無出也。古者謂是采真之遊。以富為是者，不能讓祿；以顯為是者，不能讓名；親權者，不能與人柄。操之則慄，舍之則悲，而一無所鑒，以闚（ㄎㄨㄟ）其所不休者，是天之戮民也。怨、恩、取、與、諫、教、生、殺八者，正之器也，唯循大變無所湮（ㄧㄣ）者為能用之。故曰：『正者，正也。』其心以為不然者，天門弗開矣。」

## 〈白話〉

「古代的至人，只是向仁借路，向義借宿，以便遨遊於逍遙的境界，取食於簡陋的田地，處身於不施與的園圃。逍遙，就無所作為；簡陋，就容易養活；不施與，就沒有耗費。古人稱此為採取真實之後的得道之行。認為財富可貴的人，不能把利祿讓給人；認為顯耀可貴的人，不能把名聲讓給人；熱中權力的人，不能把權柄讓給人。他們抓著這些就緊張害怕，放開了又難過悲哀，完全無法看清自己不斷追逐的是什麼。這就是自然所懲罰的人。怨、恩、取、與、諫、教、生、殺這八種做法，是導正的工具。只有順著自然的變化而無所停滯的人，才可以使用它們。所以說：『導正，就是使人合乎正道。』內心不能如此肯定的，自然之門就不會開啟。」

## 〈解讀〉

要理解莊子筆下五種人，就要記得：至人、真人、神人、天人都是好的，聖人是有好有壞，是儒家用的就有問題，是道家用的就沒有問題。前面四種人許多表現是可以相通的，相當類似。至人以仁、義做為方法，而非目的，這與儒家不同。儒家講究「殺身成仁、捨生取義」，但道家把仁義當作方便法門。方便就用，不方便就不用，也就是不被仁義所限制。

逍遙、簡陋、不施與為採取真實之後的得道之行。「采（採）真之遊」指得道之行，「真」字必與「道」相連，因為道是究竟真實。

財富、顯貴、權力是一般人熱中的，「操之則慄，舍之則悲」用以描寫熱中「名、利、權、位」的人，可謂入木三分。因為在乎這些，於是人的情緒就被控制。一旦走錯路，就淪為自然所懲罰的人，也就是天之戮民。

接著說明「怨、恩、取、與、諫、教、生、殺」這八種做法，是導正的工具。有些人施恩給他，就能導正他；有時收買一個人並非只靠給與，而是讓他付出，因為人被需要時，也會產生重要感；反之，常接受別人的幫助，自己也會有無足輕重之感。所以，只有順著自然的變化而無所停滯的人，才可以使用這八種方法，運用之妙，存乎一心。要成為真正的領導者，這八種方法都要學會，學會對不同的人，用不同的方法，這麼一來，統治天下就沒有問題了。如果認為自己只靠「溫良恭儉讓」就能統治天下，其實是一點希望都沒有。所以，千萬不要認為莊子不了解人心，其實他對人的了解十分深刻。「天門」是自然之門，是通往大道的。

〈14・10〉

孔子見老聃而語仁義。老聃曰：「夫播（ㄅㄛ）糠眯（ㄇㄧˇ）目，則天地四方易位矣；蚊虻（ㄇㄥˊ）噆（ㄗㄢˋ）膚，則通昔不寐矣。夫仁義憯（ㄘㄢˇ）然乃憤吾心，亂莫大焉。吾子使天下無失其朴，吾子亦放風而動，總德而立矣，又奚傑然若負建鼓而求亡子者邪？夫鵠不日浴而白，烏不日黔而黑。黑白之朴，不足以為辯；名譽之觀，不足以為廣。泉涸（ㄏㄜˊ），魚相與處於陸，相呴（ㄒㄩˇ）以濕，相濡以沫，不若相忘於江湖。」

〈白話〉

孔子拜訪老聃時談論仁義。老聃說：「飛揚的米糠掉進眼睛，天地四方看來位置都變了；蚊虻叮咬到皮膚，讓人整夜都無法入睡。仁義作祟而擾亂我的心，沒有比它更大的禍害了。你只須使天下人不失去淳樸的本性，你自己也順著習俗去行動，把握天賦來處世，又何必費盡力氣好像敲著大鼓去追那逃走的人呢？天鵝不必天天洗澡，自然潔白；烏鴉不必天天浸染，自然漆黑。黑白是天生的，不值得辯論；名聲是表面的，不值得推廣。泉水乾涸了，幾條魚一起困在陸地上。互相吐氣來溼潤對方，互相吐沫來潤澤對方，這實在不如在江湖中互相忘記對方。」

〈解讀〉

本段以播糠、蚊虻比喻仁義對人造成的困擾，十分生動。問題在於孔子的時代背景，如何可能回歸原始，無所作為？老子的本意是不要提倡仁義，避免因此而產生區分所帶來的緊張。「泉涸」一段已見於〈大宗師〉，在現實上人早已離開江湖了，因此不免在見面時，「相呴以濕、相濡以沫」，但別忘了最高目標仍是大家「相忘於江湖」。

〈14・11〉

**孔子見老聃歸，三日不談。弟子問曰：「夫子見老聃，亦將何規哉？」孔子曰：「吾**

乃今於是乎見龍！龍，合而成體，散而成章，乘乎雲氣而養乎陰陽。予口張而不能嗋（ㄒㄝˊ），予又何規老聃哉？」子貢曰：「然則人固有尸居而龍見，雷聲而淵默，發動如天地者乎？賜亦可得而觀乎？」遂以孔子聲見老聃。老聃方將倨堂而應，微曰：「予年運而往矣，子將何以戒我乎？」子貢曰：「夫三皇五帝之治天下不同，其係聲名一也。而先生獨以為非聖人，如何哉？」老聃曰：「小子少進！子何以謂不同？」對曰：「堯授舜，舜授禹。禹用力而湯用兵，文王順紂而不敢逆，武王逆紂而不肯順，故曰不同。」老聃曰：「小子少進！余語女三皇五帝之治天下。黃帝之治天下，使民心一，民有其親死不哭，而民不非也。堯之治天下，使民心親，民有為（ㄨㄟˋ）其親殺（ㄕㄞˋ）其殺（ㄕㄞˋ）而民不非也。舜之治天下，使民心競，民孕婦十月生子，子生五月而能言，不至乎孩而始誰，則人始有夭矣。禹之治天下，使民心變，人有心而兵有順，殺盜非殺，人自為種而天下耳。是以天下大駭，儒、墨皆起。其作始有倫，而今乎婦，女何言哉！余語女，三皇五帝之治天下，名曰治之，而亂莫甚焉。三皇之知，上悖日月之明，下睽山川之精，中墮四時之施。其知憯（ㄘㄢˇ）於蠣（ㄌㄧˋ）蠆（ㄔㄞˋ）之尾，鮮規之獸莫得安其性命之情者，而猶自以為聖人，不可恥乎？其無恥也！」子貢蹴蹴然立不安。

## 〈白話〉

孔子拜訪老聃回來之後，整整三天不講話。弟子問他說：「老師去拜訪老聃，可曾提出什麼規勸呢？」孔子說：「我到現在才在那兒見到了龍！龍，合起來成為一個整體，散開來成為錦繡文章，駕著雲氣，翱翔於天地之間，我張著口不能合攏，我又有什麼可以規勸老聃的呢？」子貢說：「難道真有安居不動而活力展現，沉靜緘默而聲勢浩大，發動起來有如天地那樣無所不包的人嗎？我也可以去看他嗎？」於是他以孔子的名義去拜訪老聃。老聃正坐在大堂上接待他，輕聲說：「我年紀老邁了，你有什麼指教嗎？」子貢說：「三皇五帝治理天下各不相同，而聲名相繼卻是一樣的。只有先生認為他們不是聖人，這是什麼緣故呢？」老聃說：「年輕人，上前一點！你為什麼說他們各不相同？」子貢回答說：「堯讓位給舜，舜讓位給禹，禹用力治水而湯用兵討伐，文王順從商紂而不敢違逆，武王違逆商紂而不肯順從。所以說他們各不相同。」老聃說：「年輕人，上前一點！我來告訴你，三皇五帝是怎麼治理天下的。黃帝治理天下，使民心淳一，人民有雙親過世而不哭的，但是大家並不認為不對。堯治理天下，使民心相親，人民為了孝親而對別人有差別待遇，但是大家並不認為不對。舜治理天下，使民心競爭，孕婦十個月生產，孩子生下五個月就會說話，不滿周歲就懂得分辨別人，於是人開始有短命早死的。禹治理天下，使民心多變，人各懷心機，刀兵順勢而出，殺盜賊不算殺人，人們自成族群爭奪天下，於是天下人大為驚慌，儒家、墨家紛紛興起。這些治理開始時還有秩序，現在卻背道而馳，你有什麼話說呢！我告訴你，三皇五帝治理天下，名義上說是治理，其實是作亂莫此為甚！三皇的治理，在上遮蔽了日月的光明，在下摧毀了山川的精華，在中破壞了四季的運行。他們的心智比蠍子的尾端還要惡毒，以致連微小的動物都無法安頓其性命的真實狀態，這樣的人還自以為是聖人，不是可恥嗎？真是無恥啊！」子貢驚惶得站都站不穩。

## 〈解讀〉

《史記》的〈孔子世家〉與〈仲尼弟子列傳〉都曾記載孔子問禮於老子，得到不少教訓。

孔子形容老子像龍一樣，本文也有類似的說法，談到孔子拜訪老子之後因為太震撼，三天不說話。孔子所學的都是古代的經典，一路傳遞下來，而道家則是老子自己覺悟出來的，不是全以傳統為依據，所以西方學者提到道家，說它具有「革命性」。我多年前在美國讀書時，看到有人以「革命性」形容道家，內心十分困惑，道家主張不爭、無為、順從，怎麼會有革命性？後來才發現，道家把天換成道，天變成天地的天，是相對的，而道是絕對的道；孔子以前的天是絕對的天，天生萬物，老子卻說道生萬物。所以，西方人研究中國學問時有個好處，旁觀者清。但西方人所說的革命不是為了革命而革命，而是說天的最根本意涵被忽略了，所以百姓才會說上有天，而人間有天子。問題是人間的帝王如果不做好事，百姓就會抱怨天，《詩經》就有許多內容在抱怨天，譬如《詩・小雅・正月》：「民今方殆，視天夢夢。」天本來是正義的，但天子失德，所以天也就被連累了。天的超越性被天子所影響，所以老子認為，如果深入探討根源，天不應該被人所影響，才提出「道」。因此，孔子向老子請教，聽了他的話之後，自然如雷貫耳，因為他得到的智慧，不再是從人類相對的天之下尋找出路。

孔子的學生平日接受他的教導，所以天真地以為孔子能夠規勸老子，不知人外有人，天外有天。而孔子的回答也生動地描繪出好學的可愛之處。請教別人沒什麼可恥的，強不知以為知才是可恥。孔子在莊子筆下「不懂，就請教人」的形象，反而符合一般人的需要。

孔子用龍形容老子的偉大很貼切，就像如果你是杯子，用來裝水，千萬不要以為自己就知道水是什麼，因為你還沒見到大海。所以孟子才會說：「觀於海者難為水，遊於聖人之門難為言。」（對於看過大海的人，很難告訴他什麼是水；在聖人門下聽過聖人的話，要再向他說什麼言論已經很難了。）所以，孔子非常謙虛地說明，自己怎麼可能向老子規勸呢？

子貢是孔子門下的高材生，他很不服氣，當然他能說出「尸居而龍見，雷聲而淵默，發動如天地者」的描述也不簡單。

本段以「三皇五帝」指稱春秋時代以前的政治領袖，所以舉例時可以從黃帝直到周武王。子貢與老聃的對話內容，代表儒家與道家對這些先王的評價。

黃帝、堯、舜、禹的治理，分別是使民心「一，親，競，變」，成效是每況愈下。老聃認為統治者方面要負主要與唯一的責任，這一點值得商榷。究竟是因為在上位者的治理方式導致人民的改變，還是因為百姓的狀況，使得統治者必須採用某些方式去治理？堯舜好心治理天下，結果造成天下大亂，還是天下亂了之後，堯舜才去治理？當然是亂了才需要治，但是這個問題就像雞生蛋、蛋生雞循環不已。「一」代表整體，在整體中就沒有比較。兩個人才能相親，代表人與人之間已經不同。到舜的時候，為分出高下競爭就出現了，於是父母開始給孩子壓力，殊不知孩子的聰明各有方向。

「殺盜非殺」一語曾見於《荀子・正名》與《墨子・小取》，可見此為戰國時代的一般觀念。問題在於，誰決定什麼人是「盜」？再者，「殺盜非殺」若可成立，所有做過壞事的人不是喪失人權了嗎？而誰又不曾做過壞事？在這樣的觀點下，人何須改過？譬如，宋朝學者因為要對抗當時社會盛行的佛學，所以各個武裝起來，隨時要批評佛學與道家，反而顯得過於狹隘；清朝時的學者就批評宋朝學者「以理殺人」。任何人被判死刑，背後都有不為人知的故事，都還能為他做些辯護，但「以理殺人」卻是先界定什麼是「人」的道理。假設先主張孝順才是一個人，那麼，不孝順就不是人；然後，我殺了一個不孝順的人，等於我沒有殺人。一個人在「理」上被殺，死了之後不會有人幫他辯護，他的委屈就是不被當成人，所以他被殺是活該。這也正是清代學者戴震說的：「酷吏以法殺人，後儒以理殺人，浸浸乎捨法而論理，死矣，更無可救矣。」其他的原因造成殺人還情有可原，但因為不忠、不義、不孝而被殺，是毫不留情。在這樣的社會下，要處決一個人，先為他安個罪名，這個罪名不見得是因為他做了什麼事，只因為他不合乎什麼理，就不合於人的資格，所以該殺，就類似此處所說的殺盜非殺。

莊子把儒家與墨家放在一起批評，是要告訴子貢歷史的演變並非儒家所說的版本。本來在談黃帝時還算好，但正因為黃帝想要治理天下，於是有心而為，想要以人力改變自然，所以造成災害，這才是莊子欲批評之處。

## 〈14・12〉

孔子謂老聃曰：「丘治《詩》、《書》、《禮》、《樂》、《易》、《春秋》六經，自以為久矣，孰知其故矣；以奸者七十二君，論先王之道而明周、召（ㄕㄠˋ）之迹，一君無所鉤用。甚矣夫！人之難說也，道之難明邪？」老子曰：「幸矣，子之不遇治世之君也！夫六經，先王之陳迹也，豈其所以迹哉！今子之所言，猶迹也。夫迹，履之所出，而迹豈履哉！夫白鶂（ㄋㄧˋ）之相視，眸子不運而風化；蟲，雄鳴於上風，雌應於下風而化。類自為雌雄，故風化。性不可易，命不可變，時不可止，道不可壅（ㄩㄥ）。苟得於道，無自而不可；失焉者，無自而可。」孔子不出三月，復見，曰：「丘得之矣。烏鵲孺，魚傅沫，細要者化，有弟而兄啼。久矣夫，丘不與化為人！不與化為人，安能化人！」老子曰：「可，丘得之矣！」

##〈白話〉

孔子對老聃說：「我研究詩、書、禮、樂、易、春秋六經，自以為很久了，已經熟知其中的內容。我拿這些學問晉見七十二位國君，講解先王的道理，闡明周公、召公的事蹟，竟然沒有一位國君願意採納。真是太難了！是這些人難以說服，還是道理難以發揚？」老子說：「真是幸運啊，你沒有遇上治世的國君！所謂六經，不過是先王的陳舊的足跡，哪裡是足跡的根源呢？現在你所談的，也好像是足跡。所謂足跡，是鞋子踩出來的，難道足跡等於鞋子嗎？雌雄白鶂互相注視，眼珠不必轉動就自然受孕；蟲子，雄的在上風處叫，雌的在下風處應，就自動受孕；物種各有雌雄，所以會受孕生育。本性不可更動，命定不可改變，時間不可停留，大道不可阻塞。如果體會了道，沒有什麼行不通的；如果錯失了道，怎麼都行不通。」孔子閉門不出三個月，再去拜訪老子說：「我明白了。烏鴉與喜鵲孵化而生；魚類濡沫而生；蜂類蛻化而生；弟弟出生，哥哥就失寵啼哭。已經很久了，我沒有與造化做朋友！沒有與造化做朋友，又怎麼能夠教化別人！」老聃說：「可以了。孔丘體會到了。」

##〈解讀〉

春秋時代有一百多個國家，孔子見了一大半的國君，並告訴他們周朝的理想。一般的國君並非不想做好，但是春秋時代許多國家彼此競爭，一旦採用儒家的仁政，講究禮儀，不強調用兵，萬一打敗仗怎麼辦？大國能互相抗衡，不敢疏忽；小國被兼併只是時間早晚的問題，很難嘗試，他們會想反正來日無多，推行仁政也沒用，所以難以做到儒家的理想。就像戰國時代滕國也有心行仁政，但國家太小，力量太弱，兩大之間難為小，靠攏一國就會被另一國併吞。孟子只能告訴滕文公，與百姓一起奮鬥，到時候一起犧牲也值得。但是，每個人都希望就自己能力範圍之內過好日子，讓所有的一切能有保存與發展的機會，這是儒家思想無法解決的問題。如此看來，儒家實行仁政的理想只能用在統一的周朝，至少會比較溫和，沒有大國併吞小國的問題。但也不要奢望法家能解決治國問題，法家只適合秦國這樣的大國，強盛之後勝過別人，太小的國家行法家依然力量有限。道家不鼓勵人往儒家所提倡的方向發展，但也解決不了現實問題，只能分析一路發展下來走到今天的結果，但也無法恢復和諧的局面，這也是為什麼道家只適合少數的個人，覺悟了之後能安頓自己。要用在治理國家，只能像《老子》八十章所提，小國寡民即可。

孟子引述孔子說：「道二，仁與不仁而已。」行仁政就稱王天下，不行仁政就滅亡，仁者無敵。一個領袖行仁政，由於人性向善，所以我們自然跟著他走。這是儒家的觀點，不能說它有錯。同樣的，依道家觀點來看，人也只有兩條路，就是順從道，讓萬物各自按自己的本性去生活，不要干擾它；如果錯失了道，想要用人的方法，就是絞盡腦汁，也不可能把事情做好。

「履」與「迹」的比喻提醒人在閱讀書籍時，要回歸真實世界。在此，所謂的真實世界是指自然界「自己如此」的狀態。孔子的體會是就自然界「卵生、溼生、化生、胎生」而言，各行其道而不可妄分優劣。所謂「與化為人」是指「任其自化」，順其自然即可。造化就是自然的演變。「以奸者七十二君」的「奸」，是子張問干祿的「干」。

**總結本篇要旨**

如果真有天籟，則本篇所描寫的黃帝演奏《咸池》可以做為代表。它使聽者體驗「懼、怠、惑」。懼使人難以安於現實，怠使人陷入心靈空虛，惑使人由愚可以悟道。接著，孔子面對老子時受到的教訓與啟發，在本篇說得既生動又深刻。在莊子筆下，儒家似乎只能甘拜下風。另外，有關「孝」的六境可謂神來之筆。

# 刻意

第十五

〈15・1〉

刻意尚行，離世異俗，高論怨誹（ㄈㄟˇ），為亢而已矣；此山谷之士，非世之人，枯槁赴淵者之所好（ㄏㄠˋ）也。語仁義忠信，恭儉推讓，為修而已矣；此平世之士，教誨之人，遊居學者之所好也。語大功，立大名，禮君臣，正上下，為治而已矣；此朝廷之士，尊主彊（ㄑㄧㄤˇ）國之人，致功并兼者之所好也。就藪（ㄙㄡˇ）澤，處閒曠，釣魚閒處，為無而已矣；此江海之士，避世之人，閒暇者之所好也。吹呴呼吸，吐故納新，熊經鳥申，為壽而已矣；此道引之士，養形之人，彭祖壽考者之所好也。若夫不刻意而高，無仁義而修，無功名而治，無江海而閒，不道引而壽，無不忘也，無不有也。澹然無極而眾美從之。此天地之道，聖人之德也。

〈白話〉

砥礪心志，崇尚品行，超脫現實，言論不滿，只是追求高傲而已；這是山林之士，是憤世嫉俗的人，是形容枯槁、不畏犧牲的人所喜好的。滿口仁義忠信，行為恭儉辭讓，只是追求修身而已；這是治世之士，是實施教誨的人，是在各地講學的人所喜好的。談論大功勞，建立大名聲，制定君臣禮儀，匡正上下關係，只是追求治國而已；這是朝廷之士，是尊君強國的人，是成就功業、兼併敵國的人所喜好的。依傍於山澤，棲身於曠野，終日悠閒垂釣，只是追求逃避而已；這是江海之士，是逃避世俗的人，是閒暇隱逸的人所喜好的。練習呼吸，吐出濁氣吸入新氣，像熊一樣直立，像鳥一樣伸展，只是追求長壽而已；這是練功之士，是保養形體的人，是彭祖那樣高壽的人所喜好的。如果不砥礪心志而能高尚，沒講求仁義而能修身，沒建立功名而能治國，沒置身江海而能閒遊，不練習導引而能長壽；什麼都沒有，又什麼都有。淡泊到了極點，而一切的美好卻隨之而來。這是天地的大道，是聖人的表現。

## 〈解讀〉

本文共提到五種人，經莊子簡單的分類，分別是山谷之士（山林之士）、平世之士（治世之士）、朝廷之士、江海之士、道引之士（練功之士）。人總是有所追求，這五種人所追求的分別是「亢、修、治、無、壽」。「亢」代表高傲、「修」代表修身、「治」代表能夠治國、「無」代表能夠化解人間的各種困難，最後「壽」代表可以長壽。

進一步解釋，第一種人是山林之士，追求高傲，就是想超過一般人，不與人同流合汙，所以選擇隱居山林、憤世嫉俗，莊子常常提到這樣的人，亦是形容枯槁、不畏犧牲的人所喜好的典型。第二種人是治世之士，是在各地講學的人所喜好的典型，也是儒家的代表。第三種人是朝廷之士，追求治國的他們最適合當官，是尊君強國、成就功業、兼併敵國的人所喜好的典型，與後來的法家理念近似。第四種人是江海之士，江海之士和山林之士乍看之下皆為隱逸之士，但仍有所區隔：山林之士是因為追求高傲、憤世嫉俗而選擇隱逸；江海之士則比較接近孔子在《論語・公治長》曾說的「道不行，乘桴浮於海」，人逃避世俗而來到江海上，與人間脫離了，這類人是閒暇隱逸的人所喜好的典型。第五種人是練功之士，保養形體、追求長壽，是像彭祖那樣高壽的人所喜歡的典型。

「不刻意而高」這五句，都是期許人減少對外在及有形條件的依賴，外表上與別人無異，內心卻可以抵達各種境界。所以才說「無不忘（無）也，無不有也」，什麼都沒有又什麼都有，外化而內不化，這就是聖人的表現。這是很難達到的境界，通常人一旦設立外在的目標，整個生命都跟著投入了，以致於別人一看就能把每個人清楚分類。其實萬事萬物各有境界，鐘鼎山林亦各有天性，切記不要以為只有一種選擇，譬如有個人喜歡治國，卻苦無機會，又誤以為自己只有這條路可走，這個人此生不就虛度了？又譬如有個人喜歡隱逸山林，偏偏受到許多現實的干擾，這樣一來該如何是好？

所以每一種境界都可以是追求的目標，但不能被外面的條件所限制。相反的，要做到根據外面的條件，不露行跡地達到所追求的目標，因為真正的境界在內而不在外，於外過著與別人無異的生活，不要有太多外在的表現，不必讓別人知道自己在做什麼工夫、往那裡去修行，於內則與所追求的境界同在，這是道家修養的基本目標。

## 〈15・2〉

故曰：夫恬惔（ㄊㄢˋ）、寂漠、虛無、無為，此天地之平而道德之質也。故曰：聖人休焉，休則平易矣，平易則恬惔矣。平易恬惔，則憂患不能入，邪氣不能襲，故其德全而神不虧。故曰，聖人之生也天行，其死也物化，靜而與陰同德，動而與陽同波；不為福先，不為禍始；感而後應，迫而後動，不得已而後起。去知（ㄓˋ）與故，循天之理。故無天災，無物累，無人非，無鬼責。其生若浮，其死若休。不思慮，不豫謀。光矣而不耀，信矣而不期。其寢不夢，其覺無憂。其神純粹，其魂不罷（ㄆㄧˊ）。虛無恬惔，乃合天德。

## 〈白話〉

所以說：恬淡、寂寞、虛無、無為，這是天地的平準，也是道與德的實質。所以說：聖人放下一切，放下一切就顯得平凡單純，平凡單純就顯得恬淡了。平凡單純而恬淡，則憂患不能進入，邪氣不能侵襲，所以能使天賦保持完整而精神亦不虧損。所以說：聖人活著能與自然順行，死時能與萬物俱化，靜止時與陰氣同歸沉寂，活動時與陽氣同步奔波；不做幸福的起因，不做禍患的開始；有所感而後回應，有所迫而後行動，不得已而後興起。拋開智力與巧計，順從自然的規律。所以說，沒有自然災難，沒有外物拖累，沒有別人抱怨，沒有鬼神責怪。生時有如浮遊，死時有如休息。沒有深思熟慮，沒有預先籌劃。光亮而不耀眼，守信而不執著。睡覺時不做夢，醒來後沒煩惱。精神潔淨純粹，身體從不疲乏。如此虛無恬淡，才合乎自然秉賦。

## 〈解讀〉

本文多句取自〈天道〉，可以對照參考。文中的聖人又恢復了正面的身分，成為道家的典型之一。

恬淡、寂寞、虛無、無為，這是天地的平準，也是道與德的實質。恬淡是沒有太多欲望，平平淡淡的。寂寞不是平常所說的一個人很寂寞、沒有人陪，「寂」是《老子》裡所提到的道的狀態，寂兮寥兮，代表安靜、寂靜；「寞」代表漠不關心、不受干擾。「虛無」是指一切不放在心上，好像沒有東西一樣。「無為」就是無心而為，也沒有特別要做的事。「此天地之平而道德之質也」，解讀寫成「道與德」而非原文的「道德」，是因為若就「道德」一詞來看，大多數人會聯想到仁義、行善，但此處原文字義是天地的平準，也是道與德的實質。

「聖人休焉」，用休息的休，意即放下一切。聖人放下一切就顯得平凡單純，平凡單純就顯得恬淡。人有憂患，是因為想得太複雜，人有煩惱，是因為欲望太多。關於欲望，莊子在〈應帝王〉談到季咸很會看相，但壺子告訴列子，有所追求就會讓別人看穿你的欲望，相由心生，別人很容易看透你心中所有的祕密。由此看來，如能平凡單純而恬淡，便沒有憂患也沒有邪氣，能使天賦保持完整而精神也不虧損。

「聖人之生也天行，其死也物化」，與自然順行，年紀幾歲就幾歲，在什麼處境就配合；與萬物俱化，沒什麼好擔心的，因為死亡和出生是一體的兩面，是氣的聚與散。「靜而與陰同德，動而與陽同波」，在《易經》裡，陽代表活動力，陰代表受動力。活動是可以製造各種動作，要活動和陽氣一起奔波，要安靜和陰氣一起安穩。如何判斷現在是陽或陰、條件是否成熟，其實很難，因為每個人的判斷都不同，有些人只看現在，有些人看得長遠。如果只看現在，現在下了判斷就該即刻去活動，但在長遠看來反而造成許多複雜的後果。過去以為是條件成熟而為，後來發現未必如此，經過幾次經驗，往後行事思慮會更迅速完備。無論如何，在考慮這些因素時，難免需要經驗的累積，如此總比完全忽略條件而一意孤行妥當。

「不為福先，不為禍始」，不做幸福的起因，不做禍患的開始，就是盡量不要答應要給別人什麼，就不會有開端。譬如希臘哲學家柏拉圖，自己張貼一張演講公告，要告訴大家什麼是「善」，很多人跑去聽，結果大家聽了半天聽不懂，因為柏拉圖都在講數學，他的理由是「不懂數學怎麼可能知道什麼是善」？柏拉圖認為思想超越感官的範圍，數學是抽象的學問，1 2 3是抽象的東西，你抓不到也摸不著1 2 3，就像「長方形」、「圓形」並不存在，存在的是「長方形的東西」、「圓形的東西」，所以談這種數學，必須超越與離開現實世界上具體的東西。想追求人生的幸福也是一樣，要先有抽象的能力，不要限囿在具體的狀態，因為現實中具體的東西充滿變化，今天得到了，明天可能失去，得到了就高興，失去了就難過，如此哪有幸福可言。所以不要給別人幸福，更不要給別人災難，就不會成為幸福的起因、禍患的開始。「感而後應，迫而後動，不得已而後起」，這裡要注意「不得已」的概念，請參考〈人間世〉〈4・5〉。

「去知與故，循天之理。故無天災，無物累，無人非，無鬼責」，莊子常常提到的鬼神其實就是我們的祖先，他們以前也是人，只是現在變成鬼神，但比人更有力量，因為鬼神不再具有固定的身體，不受限制。「其生若浮，其死若休。不思慮，不豫謀」，意即不一定要規畫什麼，譬如規畫課程，排定下次什麼時候上課、要上什麼內容，但到時候誰知道有什麼突發狀況。

「光矣而不耀，信矣而不期。其寢不夢，其覺無憂」，聖人的精神潔淨純粹，身體從不疲乏，但現實不太可能做到，因為身體累了總要休息。至於精神潔淨純粹，就是道家教我們的單純，心思單純就沒有煩惱。守信而不執著，進一步來解釋，好比孟子說的「大人者，言不必信，行不必果，惟義所在。」（《孟子・離婁下》）意思同樣是不能夠執著。如果現在答應一件事，規定自己將來一定要實踐說話的內容，但中間那段時間的落差，可能發生任何事，卻只因為先前已經答應了，不管中間發生任何事都該守信，如此未免太執著。譬如我買一把獵槍，朋友向我借，我答應下個月借給他，就這個月之間，他患了憂鬱症有自殺傾向，試問時間到了，我該守信嗎？借了之後萬一他自殺怎麼辦？我當然不能為了守信用而不管他自不自殺，這就是言不必信。理解言跟信之間有落差，這是儒家不得了的智慧。行不必果，即做事不必有結果，譬如幫人蓋房子，蓋了一半才知道這房子是要製毒品的，因此我只蓋一半便不蓋了，也就是沒有結果。惟義所在，道義就是正當性。可見儒家思想的活潑與充滿彈性，與守信而不執著的莊子思想相通，如此虛無恬淡，才合乎自然秉賦。

〈15・3〉

故曰，悲樂者，德之邪；喜怒者，道之過；好惡者，心之失。故心不憂樂，德之至也；一而不變，靜之至也；無所於忤（ㄨˇ），虛之至也；不與物交，淡之至也；無所於逆，粹之至也。故曰，形勞而不休則弊，精用而不已則勞，勞則竭。水之性，不雜則清，莫動則平；鬱閉而不流，亦不能清；天德之象也。故曰：純粹而不雜，靜一而不變，淡而無為，動而以天行，此養神之道也。夫有干越之劍者，柙（ㄒㄧㄚˊ）而藏之，不敢用也，寶之至也。精神四達並流，無所不極，上際於天，下蟠（ㄆㄢˊ）於地，化育萬物，不可為象，其名為同帝。純素之道，唯神是守；守而勿失，與神為一；一之精通，合於天倫。野語有之曰：「眾人重利，廉士重名，賢士尚志，聖人貴精。」故素也者，謂其無所與雜也；純也者，謂其不虧其神也。能體純素，謂之真人。

〈白話〉

所以說：悲哀與快樂，是違背了天賦；喜悅與憤怒，是偏離了大道；愛好與厭惡，是迷失了人心。所以，心中無憂無樂，是天賦的最高表現；專一而不變化，是清靜的最高表現；無所牴觸，是空虛的最高表現；不與外物交接，是淡泊的最高表現；無所違逆，是純粹的最高表現。所以說：形體勞累而不休息就會困頓，精力用盡還不停止就會疲乏，疲乏之後就枯竭了。水的本性，不含雜質就會清澈，不去攪動就會平靜，但是閉塞而不流動，也不會清澈；這是自然所賦與的現象。所以說：純粹而不混雜，專一而不變化，淡泊而無所作為，行動時順著自然；這是保養精神的途徑。就像擁有吳國、越國的寶劍，收藏在劍匣裡，不敢輕易使用，因為那是最珍貴的寶物。精神四通八達，無所不至，上接於天，下及於地，化育萬物，不見跡象；它的功用是與上帝一樣的。純粹樸素的道，只有精神可以保守住它；保守住它而不喪失，就會使精神變得專一；專一就能與真實相通，然後合乎自然的規則。俗話說：「普通的人看重利益，廉潔的人看重名譽，賢人看重志節，聖人看重真實。」所以，樸素的意思，是說它沒有摻雜質；純粹的意思，是說它不虧損精神。能夠實踐純粹樸素的道，就稱為真人。

## 〈解讀〉

對莊子來說，悲哀與快樂都是違背天賦，喜悅與憤怒都偏離了大道，愛好與厭惡是迷失了人心，所以不要羨慕別人的喜和樂，因為喜怒哀樂都是情緒的波動，喜久了之後就不喜了，樂久了就樂極生悲，更不要對什麼處境有特別的愛好或厭惡。平凡人正因為有喜怒哀樂，把這些情緒當成人生的全部，但是情緒碰到極端就回來，回來之後沒有相對的防護措施，到一個程度就容易陷入情緒的黑洞。

有本改編成電影的原著小說《邱吉爾的黑狗》（*Churchill's Black Dog*），黑狗指的是憂鬱症，邱吉爾中學時代就知道自己將來要拯救英國，所以看到英國陷入災難，別人都難過，他自己卻很興奮，好像國家沒有災難便不能凸顯他的偉大，問題在於執著於成為一個偉人需要多少犧牲？正如同邱吉爾之於大半生如影隨形的憂鬱症，但天下有誰能做到真正的放下執著？雖然不難理解莊子所謂不要干擾別人的喜怒哀樂，但難免覺得哀與怒這些負面的情緒不是很好，尤其常聽某人勸別人不要生氣，看開一點，但一旦真的看開之後，快樂也會跟著消失了。如此說來，何必偏好喜跟樂，而排斥哀跟怒？所以，不要對什麼有特別的愛好，也不要對什麼有特別的厭惡。

莊子接著談到心中無憂無樂，是天賦的最高表現。表面上當然可以跟別人一起同樂，譬如幫朋友慶生，事實上也知道朋友又老了一歲，但是自己心中可以無憂無樂。專一而不變化，是清靜的最高表現。不變化並非代表不適應外面的改變，而是不受干擾。知道自己要什麼，聽到別人說這個好、那個好，自己可以不受影響，這就是一種修練。無所牴觸是空虛的最高表現，我本身空虛，任何人講的話我聽到都不會覺得牴觸。

不與外物交接，是淡泊的最高表現。不是孤僻而不與外物交接，而是交接而不受干擾，與別人來往不受干擾就是不與他交接，無所違逆就是純粹的最高表現。形體勞累而不休息就會困頓，精力用盡還不停止就會疲乏，疲乏之後就枯竭了。水的本性，不含雜質就會清澈，不去攪動就會平靜，但是閉塞而不流動，也不會清澈，這是自然所賦予的現象。文中對水的觀察十分透澈，譬如在一缸從水井打上來的水中放入明礬，過一會兒雜質沉澱，水變得很清澈，但一攪動後就開始混雜了。所以說：純粹而不混雜，專一而不變化，淡泊而無所作為，行動時順著自然；這是保養精神的途徑。純粹、淡泊、自然，就好像擁有吳國、越國的寶劍，收藏在劍匣裡，不敢輕易使用，因為那是最珍貴的寶物。其中「干越之劍」的「干」，是吳國的干溪，「越」是越國的越山，皆出產名劍。

文中說到精神的功用是與上帝一樣的，把精神推崇到如此高的地步，代表莊子思想的特色，就是勇敢告訴世人什麼叫精神。而一般哲學家多不願細究，只談身跟心，身就是身體，有形可見；心就是心智，代表會思想的腦袋。莊子偏偏說形如槁木、心如死灰，才會出現精神。此精神生於道，並非來自於自己，而是來自於自己的修練。換句話說，每個人都有精神，但是精神並不呈現，它的存在不是像身體或心智一樣，而是需要個人對身心加以修練到形如槁木、心如死灰，不受身心的各種本能、欲望所干擾。精神出現之後，也就是個人經過修練之後，通體透明，身體沒有欲望，心思沒有執著，不會去分辨，也不會去計較。所以沒有什麼可以的，也沒有什麼不可以的；沒有非要怎麼樣，也沒有非不要怎麼樣。此處與孔子說過的「無可無不可」（《論語．微子》）意思相通，我沒有要怎麼樣，也沒有不要怎麼樣，一切視情況而定。這並非牆頭草，而是一種高瞻遠矚。我不屬於我自己有限的生命，也不屬於這個時代與社會，我的生命獨立出一種精神，可以和神明相通，也可以跟宇宙萬物溝通，不受制於此時此地。

這是孔子高明的地方，孔子曾公開說沒有人了解他，是有道理的。一般人都認為儒家怎麼可以說「無可無不可」？應該去做官、造福社會才是。但當碰到亂世，有官也不能做，所以孔子五十五歲辭官，周遊列國，他沒有一定要怎麼樣，也沒有一定不要怎麼樣，代表他的智慧到達一個程度，已不只是智慧，而是展現一種精神，精神不再屬於我自己，而是屬於整個宇宙，它的作用和上帝一樣，不受限制，完全自由。「同帝」的字面意思是「與上帝相同」，所指的是德合天地，功參造化。人的精神可以達到此一境界，方法則是純素之道。所以當孔子說「無可無不可」的時候，我認為他已經抵達莊子逍遙的境界。

莊子的逍遙遊不是身體在遊，也不是心智很聰明的遊，而是因為看到身心的作用對人來說是不可缺少的，但是也對人構成了限制，只能做某一個時代、某一個社會裡的某一種人，有各種身分與角色不能突破。但精神可以讓人突破所有的限制，變成純粹的精神，沒有古今的差別。〈大宗師〉提及外天下、外物、外生、朝徹、見獨、無古今，最後不死不生，七個層次到最後都要靠精神，沒有古代與現代之別，代表你和古代的人可以完全相通，純粹樸素的道，只有精神可以保守住它；保守住它而不喪失，就會使精神變得專一；專一就能與真實相通，然後合乎自然的規則。

俗話說：「普通的人看重利益，廉潔的人看重名譽，賢人看重志節，聖人看重真實。」聖人所貴的「精」是「真實」，而道即是究竟真實。本文的聖人是道家的聖人，所以看重真實。所以，樸素的意思，是說它沒有摻入雜質；純粹的意思，是說它不虧損精神。能夠實踐純粹樸素的道，就稱為真人，這裡提到真人、聖人，很多觀念都是相通的。

**總結本篇要旨**

「刻意」為立定心志要做成某些事。凡是設定目的的人都將有所期待。唯聖人可以做到「德全而神不虧」，他的表現與真人無異，可以恬淡無為，守住精神。

# 繕性

第十六

〈16．1〉

繕性於俗學，以求復其初；滑（ㄍㄨˇ）欲於俗思，以求致其明；謂之蔽蒙之民。古之治道者，以恬養知。生而無以知為也，謂之以知養恬。知與恬交相養，而和理出其性。夫德，和也；道，理也。德無不容，仁也；道無不理，義也；義明而物親，忠也；中純實而反乎情，樂也；信行容體而順乎文，禮也。禮樂遍行，則天下亂矣。彼正而蒙己德，德則不冒。冒則物必失其性也。

〈白話〉

用世俗的學問來改善本性，以求回復原始狀態；用世俗的想法來調理欲望，以求獲得清明狀態；這種人稱為蔽塞愚昧的人。古代修道的人，以恬淡涵養智慧；智慧生成而不去利用，稱為以智慧涵養恬淡。智慧與恬淡互相涵養，和順與條理就會從本性展現出來。所謂的德，就是和順；道，就是條理。德沒有不包容的，那就是仁；道沒有無條理的，那就是義；義明白展現而外物得以親近，那就是忠；內心純樸實在而回歸真實情感，那就是樂；表現於言行舉措而合乎節文，那就是禮。只靠禮與樂的推行，天下就大亂了。每個人努力改正而接受自己的德，有了德就不會帶來混亂，一混亂，則萬物必定會喪失自己的本性。

## 〈解讀〉

本文對「仁、義、忠、樂、禮」所作的界說，可以推源於德與道。莊子對德與道的描述，有其根據，譬如〈德充符〉談到「德者，成和之修也」（德，就是保持和諧的那種修養）；〈秋水〉談到「知道者必達於理」（了解道的人，必定通達條理）。可見德是天賦所具，道是究竟真實；這兩點我們要常記於心。所以儒家的仁與義是來自於真誠，道家的仁與義也是來自於根源，不過此處並沒有刻意強調真實，因為對道家而言，並沒有不真實的可能性。

這一段最末寫到「禮樂遍行」後，出現了混亂。其實從原文看起來，從德、道，到仁、義、忠、樂與禮，其中並無突然出現造成巨大轉變的關鍵，然而，仔細推敲再三便不難發現，招致天下混亂是因為「只」推行禮樂，而忽略它的來源與根據——德與道。所以人要改善本性不能只靠禮樂，禮樂只是最後的階段，重要的是要回到根源，回歸德與道。

## 〈16．2〉

**古之人，在混芒之中，與一世而得澹漠焉。當是時也，陰陽和（ㄏㄜˋ）靜，鬼神不擾，四時得節，萬物不傷，群生不夭，人雖有知，無所用之，此之謂至一。當是時也，莫之**

為而常自然。逮德下衰，及燧人、伏戲（ㄒㄧ）始為天下，是故順而不一。德又下衰，及神農、黃帝始為天下，是故安而不順。德又下衰，及唐、虞始為天下，興治化之流，澆淳散朴，離道以善，險德以行，然後去性而從於心。心與心識，知而不足以定天下，然後附之以文，益之以博。文滅質，博溺心，然後民始惑亂，無以反其性情而復其初。

## 〈白話〉

古代的人，處在渾沌蒙昧之中，世間的人全都淡漠無為。那個時候，陰陽和諧寧靜，鬼神不來侵擾，四時合乎節序，萬物不受傷害，眾生沒有夭折，人們雖有智力卻無處可用。這叫做最高的合一狀態。那個時候，無所作為而一切都是自己如此。等到天賦本性開始墮落，就有燧人氏、伏羲氏出來治理天下，只能順應自然而無法維持合一狀態。天賦本性繼續墮落，就有神農氏、黃帝出來治理天下，只能安定天下而無法順應自然。天賦本性又再繼續墮落，就有唐堯、虞舜出來治理天下，大興教化之風，使人心由純樸變為澆薄，以作為偏離大道，以行動損害天賦，然後捨棄本性而順從人心。心與心交相往來，即使有所知也不足以安定天下；於是再添上文飾，加上博學。文飾泯滅了質樸，博學陷溺了心智；然後人民才感覺迷惑與混亂，無法再回歸性命的真實狀態而恢復本來的樣子了。

## 〈解讀〉

本文追溯人類墮落的過程，關鍵在於三次「德下衰」。但為何出現第一次的「逮德下衰」，則沒有答案。談到墮落，人的生命依現在的情況來看，的確讓人不太滿意。人類墮落的觀念古今中外皆有，古代西方談人類墮落觀時，會配合整個宇宙的變化來說，虛構出一種循環：人類本來是和諧的，宇宙本來是和諧的，後來因為有所區分，產生混亂，最後又回到和諧，是為一個循環。但莊子不那麼樂觀，他認為即使墮落到最後，也不可能回到最初的合一狀態。

古代的人處在渾沌蒙昧之中，世間的人全都淡漠無為，這是最原始的情況。古人雖然也有腦袋、也會思考，但無處可用，是因為在最高的合一狀態，大家皆無所作為，不需要花腦筋。「德」是天賦本性，而不是教化所推崇的道德。這種德與「質」一致，也是人之「初」，是超越善惡之分的自然狀態。

從最開始的合一，經第一個人開始使用機械，就有機心，後面就混亂了。等到第一次天賦本性開始墮落，就有燧人氏、伏羲氏出來治理天下。這時候還算順應自然，但狀態就不再是合一了。天賦本性繼續第二度的墮落，這回有神農氏、黃帝出來治理天下，只能安定天下而無法順應自然。接著天賦本性又再繼續第三度的墮落，就有唐堯、虞舜出來治理天下，心與心交相往來，人便開始懂得計較，鉤心鬥角即由此而來，再添上文飾泯滅了質樸、博學陷溺了心智，人民感到迷惑與混亂，便再也無法回歸性命的真實狀態而恢復本來的樣子。三度墮落造成堯舜以後的混亂，一直到現在——至少到莊子那個時代，天下都是混亂的狀況。

〈16．3〉

由是觀之，世喪道矣，道喪世矣，世與道交相喪也。道之人何由興乎世，世亦何由興乎道哉！道無以興乎世，世無以興乎道，雖聖人不在山林之中，其德隱矣。隱故不自隱。古之所謂隱士者，非伏其身而弗見也，非閉其言而不出也，非藏其知而不發也，時命大謬也。當時命而大行乎天下，則反一無迹；不當時命而大窮乎天下，則深根寧極而待；此存身之道也。古之存身者，不以辯飾知，不以知窮天下，不以知窮德，危然處其所而反其性，已又何為哉！道固不小行，德固不小識。小識傷德，小行傷道。故曰：正己而已矣。樂全之謂得志。古之所謂得志者，非軒冕之謂也，謂其無以益其樂而已矣。今之所謂得志者，軒冕之謂也。軒冕在身，非性命也，物之儻來寄也。寄之，其來不可圉（ㄩˇ），其去不可止。故不為軒冕肆志，不為窮約趨俗，其樂彼與此同，故無憂而已矣。今寄去則不樂，由是觀之，雖樂，未嘗不荒也。故曰：喪己於物，失性於俗者，謂之倒置之民。

〈白話〉

由此看來，世間失去了道，道也失去了世間。世間與道互相失去了，得道之人如何興起世間，世間又如何興起道呢？道無從興起世間，世間無從興起道，就算聖人不藏在山林之中，他的作為表現一樣會被隱沒啊！隱藏，本來不是自己要隱藏的。古代所謂的隱士，不是伏匿身體而不出現，不是收斂言論而不說話，不是掩藏智力而不表露，而是時機與命運完全不對啊！如果時運得以配合，他在天下全面推行道，就會回歸合一境界而不露形跡；如果時運無法配合，他在天下到處走不通，就守住根本、安頓源頭，耐心等待下去。這是保存自己的方法。古代保存自己的人，不用巧辯去裝飾智力，不用智力去困擾天下，不用智力去困擾天賦，屹然獨處於世間而回歸自己的本性，他還有什麼要做的呢！道本來就不靠有限的行動，天賦本來就不靠有限的知識；有限的知識會傷害天賦，有限的行動會傷害道。所以說：只要端正自己就可以了。樂於保全自己，就是得志。古人所謂得志，不是指高官厚祿，而是說心中的快樂已無法增加。現在所謂得志，正是指高官厚祿。高官厚祿加在身上，不是本性之命，而是外物偶然來寄託。寄託的東西，來時不能抗拒，去時無法阻止。所以，不因為高官厚祿而放縱心意，不因為窮困潦倒而遷就世俗；前者與後者的快樂是一樣的，所以只是沒有憂愁而已。現在，寄託的東西失去了就不快樂，這樣看來，即使在快樂時也不會沒有慌亂啊！所以說：在外物中喪失自己，在世俗中迷失本性，就稱為本末倒置的人。

## 〈解讀〉

讓道與世間這兩者互相失去，都可惜。因為世間失去了道，對世間來說好比失去根源，變成無源之水，最後難逃枯竭，又好比脫離了根源之後，到處漂流，沒有方向，不知所歸。道失去了世間，道也會覺得遺憾，因為如果沒有人悟道，或是悟道的人的道不被世間所理解，也是很遺憾的。

如果對方沒有一顆可貴的心，道家的智慧何必勉強去說？這是道家的主張，由此可知道家並非完全出世、不管人間如何，它也是很熱心的，但又知道熱心幫助別人沒用，必須等到條件成熟，等到需要被幫助的那個人自己願意來修、來學，才有用。

道無從興起世間，世間無從興起道，就算聖人不藏在山林之中，在人間行走，別人也不拿他當一回事。隱藏，本來不是自己要隱藏的，而是因為時機與命運完全不對，這個說法儒家、道家都可以接受。如果時運得以配合，他在天下全面推行道，就會回歸合一境界而不露形跡；如果時運無法配合，他在天下到處走不通，就守住根本、安頓源頭，耐心等待下去，這是保存自己的方法。這觀點正好說明，人要常常想到外化而內不化，外化，就是指我順應這個時代，時機不成熟，就不要講話，因為話講出來沒用，沒用之後變成廢話，反而被人嘲笑。就如本文對「隱士」的描寫，歸結於「時命大謬」，再推源於世間無道。莊子本人就是一個例子。西方有類似的思想，柏拉圖對話錄記載蘇格拉底正是為了將真理傳達給世人，因此送了性命，與莊子的說法有異曲同工之妙，這段故事在〈逍遙遊〉〈1・7〉有更詳細的描述。

本文提到即使是聖人，也需要判斷時機。聖人就算外化成外在言行都和別人一樣，但內心絕對不化、不受外面干擾。如果外在言行與人相同，內心也隨俗從眾，外化內也化，就沒有所謂聖人的問題了。所以聖人的特色就是莊子說過的朝三暮四，朝四暮三，三加四等於七，四加三等於七，原理是一樣的，無論外在遭遇是三或四，完全不干擾聖人內在的安靜，內心永遠與道結合。所以，此處歸結到一個重點：只要端正自己就可以了。

樂於保全自己，就是得志。古人所謂得志，不是指高官厚祿，而是說心中的快樂已無法增加。這種觀點儒家也有，孟子說過人生有三樂，當大官、做大事並不在其中，而是內心合乎道義，因而很自在，到處都很愉快，所以心中的快樂無法增加。然而，莊子所處時代的「得志」，正是指高官厚祿，直到今日還是如此。「軒冕」，指的是高官厚祿。「軒」是車子，「冕」是帽子，車子加上帽子，就是高官厚祿。當看到別人升官發財，哪個人不羨慕？就連升官發財的人也認為自己得志，嘴巴都闔不攏，好不得意。道家思想就是要人明白，高官厚祿加在身上不是本性之命，而是外物偶然來寄託。這回輪到你了，現在該你發了，但這其實代表以前發的不是你，將來發的也不見得是你。就像有的行業正好當令，一發不可收拾，過了之後，換別的行業蓬勃發展了。這些在世間追求名和利的人，只是碰巧遇到，不是你發就是別人發。所以你發了，有什麼好得意的？等到別人發的時候，你又有什麼好難過的？

「其來不可圉」的「圉」是抗拒。所以寄託的東西，來時不能抗拒，去時無法阻止。人要發財的時候擋也擋不住，但當窮困的時候，想去追逐錢就麻煩了。有一句很有道理的話，人有兩隻腳，錢有四隻腳，怎麼追得上？但當情勢倒過來，換四隻腳追兩隻腳，你想不接受也難。所以時運到的時候，不要高興，接受就是了；時運走了，也不要難過，接受就是了。

所以，不因為高官厚祿而放縱心意，不因為窮困潦倒而遷就世俗。類似的話孟子也說過：「富貴不能淫，貧賤不能移，威武不能屈。」（《孟子．滕文公下》），孟子的特別之處，是強調無憂而已，也就是不要追求快樂，無憂就好了。說到無憂，我們就想起孔子說的「智者不惑，仁者不憂，勇者不懼」（《論語．子罕》）。仁者不憂，是因為真誠、坦蕩蕩，所以沒有憂愁；而小人常計較，才會得到、失去都煩惱。

許多人談到儒家與道家，以為這兩個學派的思想針鋒相對，其實到最高層次都是相通的。正如前述，兩派對快樂的看法一致，得意相較於失意時，只差沒有憂愁而已。寄託的東西失去了就不快樂，如此看來，即使在快樂時也很難不慌亂。正如孔子說的：「未得之也，患不得之，既得之，患失之，茍患失之，無所不至矣。」（《論語‧陽貨》）一個人得不到的時候，害怕不得之；一旦得到，又開始害怕失去；因為害怕失去，什麼事都做得出來。這類的人很可悲，因為他完全被外物所控制，為了得到一個外在的目的，無所不為，沒有任何原則。譬如賺錢，只要能夠讓他達到賺大錢這個目的，讓自己的生命變成賺錢的工具，賺到最後連命都沒有了，在外物中喪失自己，在世俗中迷失本性，這是何等可悲又本末倒置。

## 總結本篇要旨

本篇談到改善本性，由此而「復其初」，但方法可能錯了。自古及今，步步墮落，從「至一」到「順而不一」，又到「安而不順」，再到「不安而亂」，無法回復原狀。最後談到「古之得志者」，讓人警惕。本篇「復其初」一語常被宋朝學者借用，但意思大不相同。

# 秋水

## 第十七

〈17．1〉

秋水時至，百川灌河。涇（ㄐㄧㄥ）流之大，兩涘（ㄙˋ）渚（ㄓㄨˇ）崖之間，不辯牛馬。於是焉河伯欣然自喜，以天下之美為盡在己。順流而東行，至於北海，東面而視，不見水端。於是焉河伯始旋其面目，望洋向若而嘆曰：「野語有之曰，『聞道百，以為莫己若者』，我之謂也。且夫我嘗聞少仲尼之聞，而輕伯夷之義者，始吾弗信。今我睹子之難窮也，吾非至於子之門則殆矣，吾長見笑於大方之家。」

〈白話〉

秋天的雨水隨著季節來臨，千百條溪流一起注入黃河，河面水流頓時寬闊起來，使兩岸及沙洲之間遠遠望去，連對面是牛是馬都無法分辨。於是黃河之神河伯得意洋洋，以為天下所有的美好全在自己身上了。他順著水流向東而行，到了北海，朝東邊看過去，卻看不見水的盡頭。這時河伯才改變原先得意的臉色，望著海洋對北海之神若感嘆說：「俗話說：『聽了許多道理，就以為沒人比得上自己。』這就是說我了。而且我曾經聽人鄙薄孔子的見識，而輕視伯夷的義行，起初我不相信；現在我總算目睹了你的難以窮盡的廣大。我要是不到你這裡來就糟了，我將永遠被有道之士看笑話了。」

## 〈解讀〉

河伯與北海若的對話，共有七段，本文為首段，藉由河伯的發現，說明開闊心胸，由大觀小的重要。河伯就是河神，又名馮夷，已見於〈大宗師〉。這裡把河、海虛擬成能與人溝通的人物。河伯一開始的得意是可以理解的，在沒見到海之前，確實沒有看過比他更廣大的。這一段對「廣大」的描寫十分生動，即從河這邊看過去，無法分清對岸是牛是馬，可見河面的寬度難以想像。但是當他碰到海之後，發現沒有邊，立刻改變自己的態度，承認海神的偉大。

從河神的言論可以得知，當時人們認為孔子的學識廣博，伯夷、叔齊的義行崇高。伯夷、叔齊本來是孤竹國王子，因為不想當國君，就逃到西邊的諸侯國，稱作周。而後周武王順天應人，對商朝發起革命，但伯夷、叔齊認為商朝已統治了六百多年，不應該革命。於是周武王革命成功之後，兩人就不再吃周朝的糧食，最後餓死於首陽山。司馬遷寫《史記・列傳》，第一篇就是〈伯夷叔齊列傳〉，公開感佩其義行。

所以本段說明河伯發現，不要以為看到的、聽到的，就是真的，因為學問也好、仁義也罷，都是比較得來的。人外有人，天外有天，人生境界有多高，根本無法想像。他見了北海若之後的感嘆，顯示了真誠之心，想要尋求究竟真實。缺少真誠之心與反省能力，卻不肯向人請教，才會見笑於「大方之家」。

「且夫我嘗聞少仲尼之聞」，「少」就是把他看得少；「而輕伯夷之義」，「輕」代表把他看輕，皆為動詞。「大方之家」的「方」指道，「家」指人，即有道之士。

〈17・2〉

北海若曰：「井蛙不可以語（ㄩˋ）於海者，拘於虛也；夏蟲不可以語於冰者，篤於時也；曲士不可以語於道者，束於教也。今爾出於崖涘（ㄙˋ），觀於大海，乃知爾醜，爾將可與語大理矣。天下之水，莫大於海，萬川歸之，不知何時止而不盈；尾閭泄之，不知何時已而不虛；春秋不變，水旱不知。此其過江河之流，不可為量數。而吾未嘗以此自多者，自以比形於天地，而受氣於陰陽，吾在於天地之間，猶小石小木之在大山也。方存乎見少，又奚以自多！計四海之在天地之間也，不似礨（ㄌㄟˇ）空之在大澤乎？計中國之在海內，不似稊（ㄊㄧˊ）米之在太倉乎？號物之數謂之萬，人處一焉；人卒九州，穀食之所生，舟車之所通，人處一焉；此其比萬物也，不似豪末之在於馬體乎？五帝之所連，三王之所爭，仁人之所憂，任士之所勞，盡此矣！伯夷辭之以為名，仲尼語（ㄩˋ）之以為博。此其自多也，不似爾向之自多於水乎？」

〈白話〉

北海若說：「井底之蛙不可以同牠談海，因為牠受到空間的拘束；夏天的蟲不可以同牠談冰，因為牠受到時間的限制；偏狹之士不可以同他談道，因為他受到禮教的束縛。現在你離開河流看到了大海，總算知道自己的醜陋，這才可以同你談談大道的條理啊。天下的水，沒有比海更大的，所有的河流都注入它，不知何時停止，卻又不會滿溢；它從尾閭流洩，不知何時停止，卻又不會乾涸。春天秋天都沒有變化，水災旱災也沒有影響。它的廣大超過江河的流水，無法以數量計算。但是我從未因此就以為自己了不起，我知道自己的形體寄託於天地而氣息得自於陰陽；我存在於天地之間，就好像小石頭、小樹木存在於大山之中。這麼渺小的存在，又怎麼會以為自己了不起！這樣算起來，四海存在於天地之間，不是像螞蟻洞存在於大湖泊中嗎？中國存在於四海之內，不是像小米粒存在於大穀倉裡嗎？世間物種的數目以萬來計，人只是其中之一；人群聚集成九州，使五穀得以生長，舟車得以通行，個人也只是其中之一。個人與萬物相比較，不是像一根毫毛在馬身上一樣嗎？五帝所禪讓的，三王所爭奪的，仁人所憂慮的，俠士所勞苦的，全都可以由此看透。伯夷辭讓爵位以取得名聲，孔子講述六經以顯示淵博，這些都是自以為了不起，不是像你以前也以河水而自以為了不起嗎？」

## 〈解讀〉

本文一開始講三個例子，以井蛙、夏蟲、偏狹之士，分別代表空間、時間、禮教的限制。井底之蛙的典故即出於此，這是受到空間的限制；夏蟲活不過冬天，不曾見過冰，怎麼同牠談冰？這是受到時間的限制；偏狹之士受到禮教的束縛，要怎麼同他談道？這是受到禮教的限制。禮教的束縛一般指儒家的教化，儒家的禮教廣泛周延，從出生、成年、結婚、死亡，每一個生命重要的階段全部安排好，假如以為這樣規規矩矩過日子就好了，又要如何談道？譬如，告訴一位從小拚命念書、守各種規矩、以為這就是人生一切的人，守禮教只是外在行為的規範，還有另一種精神上的境界有待突破，他可能難以接受。同別人講述他經驗中未經歷過的事，對方很難接受，這就是限制。所以，人要時常反省自己是否為井蛙、夏蟲、偏狹之士。

人要知道自己的限制，才有希望，正如河伯離開河流，看到了大海，總算知道自己的醜陋，才可以進一步談談大道的條理。「大理」，大道的條理，亦即究竟真實所顯示的規則。尾閭，又名沃焦，古人認為海水由此流洩，這只是古代的一種地理觀念，至於尾閭在什麼地方，就無須查證了。所以天下的水沒有比海更大的，但是海神從未因此就以為自己了不起，他知道自己的形體寄託於天地，氣息得自於陰陽。天地與陰陽是古人的觀念，天地是萬物生長、發展的範圍，所以天地是最大的；陰陽是力量，代表氣，陰氣與陽氣，陽氣是主動的，陰氣是受動的，兩者配合之後才能產生變化。

「我存在於天地之間，就好像小石頭、小樹木存在於大山之中。」這是極出色的比喻。海在天地裡是這麼渺小的存在，從天地來看四海，從四海來看中國，從萬物來看人類，從人類來看個人，誰還會以為自己了不起？所以海神很有自知之明，我們亦應明白如果得意、如果以為自己了不起，就特別容易感覺失意。譬如，一戶平常人家，平時沒有熱鬧，就沒有寂寞的問題；但如果以前很熱鬧，賓客絡繹不絕，一旦回歸平常，就變得寂寞了。

世間物種的數目以萬來計，「萬物」一詞來自於《易經・繫辭傳》，對陽爻陰爻的計算，達到一萬一千五百二十，所以稱為萬物是有根據的。先說人類只是萬物之一，再說個人只是人群之一，個人與萬物相比較，不是像一根毫毛在馬身上一樣嗎？既然個人的位置那麼微不足道，又何必在乎自己做什麼事呢？所以接著說五帝所禪讓的，三王所爭奪的，仁人所憂慮的，俠士所勞苦的，全都可以由此看透。就是說一個人在一個時代裡，努力做什麼事，其實是很渺小的，根本動搖不了宇宙春、夏、秋、冬的規則，也無法改變人類社會一定的運作模式。

海神接著又談到伯夷跟孔子的表現，都是自以為了不起，就像以前的河伯一樣。「不似爾向」的「向」，就是指河伯以前的情況。所以人不要被一時一地某種現象所困惑，雖然有時仍然很難免於評斷比較大小，但若將眼界放寬，這些根本不是問題。第一段說明開闊心胸，由大觀小的重要，就是要人不要比較大小。莊子在〈逍遙遊〉以寓言說明個人雖小，但人的心可以轉化提升；老子亦說：「道大、天大、地大、人亦大。」人的大不是相對的大小，而是可以和「道、天、地」並列的。

〈17．3〉

河伯曰：「然則吾大天地而小豪末，可乎？」北海若曰：「否。夫物，量無窮，時無止，分（ㄈㄣˋ）無常，終始無故。是故大知觀於遠近，故小而不寡，大而不多，知量無窮。證嚮（ㄒㄧㄤˋ）今故，故遙而不悶，掇（ㄉㄨㄛˊ）而不跂（ㄑㄧˋ），知時無止。察乎盈虛，故得而不喜，失而不憂，知分之無常也。明乎坦塗，故生而不說（ㄩㄝˋ），死而不禍，知終始之不可故也。計人之所知，不若其所不知；其生之時，不若未生之時；以其至小求窮其至大之域，是故迷亂而不能自得也。由此觀之，又何以知豪末之足以定至細之倪！又何以知天地之足以窮至大之域！」

〈白話〉

河伯說：「那麼，我把天地看成大，把毫毛看成小，可以嗎？」北海若說：「這樣也不對。以萬物來說，體積各有大小，時序各有長短，得與失無法規定，始與終沒有開端。因此，有大智慧的人，對遠近看得清楚，所以體積小而不以為少，體積大而不以為多，他知道體積各有大小。對古今見得明白，所以長壽而不以為無趣，短命而不以為不足，他知道時序各有長短。對盈虧看得仔細，所以得到而不以為欣喜，失去而不以為憂愁，他知道得失無法規定。對生死見得透澈，所以活著不以為是快樂，死時不以為是災難，他知道始與終是沒有開端的。計算人所知道的，比不上他所不知道的；人活著的時間，比不上他未曾活著的時間。以極其渺小的生命去探索極其龐大的領域，難怪會陷於迷惑混亂而無法安然自得啊！由此看來，又怎麼知道毫毛可以確定最小的度量！又怎麼知道天地可以窮盡最大的領域！」

〈解讀〉

河伯與北海若對話的首段，說明開闊心胸，由大觀小的重要性。本文是第二段，進一步指出大小之分，亦不必要。以萬物來說，量（體積）、時（時序）、分（得失）、終始（始終），皆是相對的判斷，取決於看事物的角度，所以不必相互比較，更不必自尋煩惱。

長壽不以為無趣，雖然人長壽之後，身體功能變差，來日無多了，不過每天都是新的一天，愈老愈容易感覺到生命的價值。生命不在於還有幾年可活，而在於能不能把握現在。短命而不以為不足，如果只能活二、三十歲，還想再多活幾年，這也不必要，因為做了多少事，和有沒有真實地過自己的人生是兩回事。認真過完每一天，就無須區分長短的問題。

對盈虧看得仔細，其實得到有時候也就是失去，譬如，努力工作賺到了錢，但失去了時間，有的人還失去了健康。所以得到而不以為欣喜，失去而不以為憂愁，因為得失無法規定。

對生死見得透澈，所以活著不以為是快樂，死時不以為是災難，因為始與終是沒有開端的，就像死亡不一定是結束。西方人研究宗教時，很喜歡把死亡說成通道，死亡只是另一個生命的開始。「坦塗」是生命必經之途，亦包括生死在內。

計算人所知道的，比不上他所不知道的，這是一句很實在的話。古代如此，現代更是。一個人活著的時間，比不上未曾活著的時間，以極其渺小的生命，去探索極其龐大的知識領域，難怪會陷於迷惑混亂，而無法安然自得。希臘時代一位哲學家談到有關神的問題，他說：第一，人的生命太短暫，如果能活久一點，慢慢研究就能很透澈。第二，是神這個概念太模糊，所以用短暫的生命，去研究這麼模糊的問題，不會有什麼答案。他的說法，後人要反駁也無從反駁，要證明也無從證明。

〈17・4〉

河伯曰：「世之議者皆曰：『至精無形，至大不可圍。』是信情乎？」北海若曰：「夫自細視大者不盡，自大視細者不明。故異便，此勢之有也。夫精，小之微也；垺（ㄈㄨˊ），大之殷也。夫精粗者，期（ㄐㄧ）於有形者也；無形者，數之所不能分也；不可圍者，數之所不能窮也。可以言論者，物之粗也；可以意致者，物之精也；言之所不能論，意之所不能察致者，不期精粗焉。是故大人之行，不出乎害人，不多仁恩；動不為利，不賤門隸；貨財弗爭，不多辭讓；事焉不借人，不多食乎力，不賤貪污；行殊乎俗，不多辟異；為在從眾，不賤佞諂；世之爵祿不足以為勸，戮恥不足以為辱；知是非之不可為分，細大之不可為倪。聞曰：『道人不聞，至德不得，大人無己。』約分之至也。」

## 〈白話〉

河伯說：「世間議論的人都說：『最精細的東西沒有形體，最廣大的東西不可界定範圍。』這是真實的情況嗎？」北海若說：「從小物的觀點來看大物，沒有辦法看得完整；從大物的觀點來看小物，沒有辦法看得清楚。兩者各有其便，這是情勢使然。所謂精細，是指小之中最小的；龐大，是指大之中最大的。所謂精細與粗大，都一定是有形的東西。無形的東西，不能用數量來區分；不可界定範圍的東西，不能用數量來窮盡。可以用言語來談論的，是粗大的事物；可以用意念來傳達的，是精細的事物；至於言語所不能談論，意念所不能傳達的，就不屬於精粗的領域了。所以大人的作為，不存著害人之心，也不表揚仁慈恩惠；行動不為了利益，也不看輕守門僕役；不爭奪財貨，也不鼓勵辭讓；凡事不借重別人的力量，也不標榜勞苦自己；不鄙夷貪汙的舉動；行事與流俗不同，也不稱許乖僻怪異；作為順從眾人的要求，也不輕視奉承諂媚的話。世間的高官厚祿不足以使他振奮，刑罰與恥辱也不足以使他蒙羞。他知道是與非並沒有定論，小與大也沒有標準。我曾聽說：『有道之人沒有名聲，至高的德一無所得，大人化解了自己。』這就是安於本分所達到的最高境界啊！」

**〈解讀〉**

河伯第三度提問，是就精粗之物皆為有形，亦皆為相對而言，再由此推到無形的層次，最終的目的，還是為了消解比較的心。河伯先前提到的問題，都是就自然界來說，後面再延伸到人的世界，從這一問開始，就扣緊人的世界，牽涉到人間各種判斷。

從小的東西看大的東西，譬如，一隻跳蚤在兔子身上，牠覺得自己像在叢林裡面，永遠看不清楚兔子長什麼樣子。人也一樣，不識廬山真面目，是因為身在此山中。從小看大，沒辦法看得完整；從大看小，也沒辦法看得清楚，譬如，人看得到細菌嗎？

所謂精細與粗大，都一定是有形的東西，然後再談到無形，就是要我們不要拘限於有形的對象。無形的東西，不可以說它有多長、多高、多寬，因為沒有衡量的標準。

人類使用言語，一定要用明確的概念去指涉所描寫的事物，可以直接說的就說了，不能直接說的就用比喻。譬如，孔子見老子之後，向學生說他見到龍了，因為孔子的學生周圍，沒有像老子這樣的人，所以只能用比喻幫助他人意會。至於言語所不能談論，意念所不能傳達的，就不屬於精粗的領域了。這裡說到言語和意念都沒用，是本段重點。

「大人」是指修行到一定高度的悟道之人，所以大人的作為，不存著害人之心，也不表揚仁慈恩惠，因為一表揚就產生區別了。在此特別注意「不爭奪財貨，也不鼓勵辭讓」兩句，一般人懂得第一句，不見得懂第二句；不爭奪財貨，可以做到，但是也不鼓勵辭讓，該你拿的，還是要拿，不拿的話，別人會覺得如此特立獨行，是不是有別的動機？除非別人已經知道你是坦坦蕩蕩的。這個論點孟子說得最好，不是你該拿的，一毛錢不要，叫一介不取；該你拿的，整個天下給你也不嫌多，譬如，堯把天下給了舜，舜會嫌多嗎？他是替老百姓拿的。這是儒家的思想；莊子則是兩邊都不走極端。

凡事不要借重別人的力量，然後把功勞歸於自己；也不要標榜勞苦自己，要其他人什麼都別做。這幾段話值得思索。做事隨遇而安，要看條件是否成熟；盡量在事情做成之後，不要讓別人有突兀的感覺，譬如，這個錢是我該拿的，拿了沒有人覺得奇怪，不拿反而變成奇怪的事。道家不喜歡製造讓人驚訝的事，最好是行其所無事，它也反對刻意，就像有些人刻意玩弄法律，有些人刻意遵守法律，其實都太刻意，已經失去了原始的智慧。

不鄙夷貪汙的舉動；一般人都覺得貪汙不好，齊桓公、鮑叔牙、管仲的故事就是一個典型例子；鮑叔牙幾次為管仲的過錯緩頰，人一生中真的很難遇到像鮑叔牙這樣的朋友，但我們至少能學到：發現一個人有過錯時，先不要責怪，而要先問原因。行事與流俗不同，但也絕不要乖僻怪異或標新立異，也就是不要讓別人一眼就看出你有何不同；當然也不應同流合汙，亦即沒有做到內不化的修行。即使天下的人都稱讚，也不會讓自己更振奮；即使天下的人都批評，也不會讓自己更沮喪。外面別人怎麼對待，我內心不受干擾，並且能夠盡量同情理解每一個人的情況，這就是內不化。老子有三寶，第一寶就是慈愛，悟道之後，道是母親，道生萬物，一種米養百種人，每一個人都不一樣，怎麼規定哪一種人才好呢？所以人要有包容的心，像母親對待子女一樣，這是本段的意旨。

〈逍遙遊〉提到：「至人無己、神人無功、聖人無名。」可以對照本段結論，有道之人沒有名聲，至高的德一無所得，「德」就是「獲得」的「得」。之前談到至人無己，這裡則是大人無己（大人化解了自己），代表在《莊子》中有些詞是相通的。體道之人看似不辨善惡，其實是因為體道而超越了善惡之分，其表現無跡可尋，這是安於本分所達到的最高境界。

## 〈17．5〉

河伯曰：「若物之外，若物之內，惡（ㄨ）至而倪貴賤？惡至而倪小大？」北海若曰：「以道觀之，物無貴賤。以物觀之，自貴而相賤。以俗觀之，貴賤不在己。以差觀之，因其所大而大之，則萬物莫不大；因其所小而小之，則萬物莫不小。知天地之為稊（ㄊㄧˊ）米也，知豪末之為丘山也，則差數覩矣。以功觀之，因其所有而有之，則萬物莫不有；因其所無而無之，則萬物莫不無。知東西之相反而不可以相無，則功分定矣。以趣觀之，因其所然而然之，則萬物莫不然；因其所非而非之，則萬物莫不非。知堯、桀之自然而相非，則趣操覩矣。」

## 〈白話〉

河伯說：「那麼從一物的外表，或者從一物的內在，要依據什麼來分辨貴賤？依據什麼來界定大小呢？」北海若說：「從道的立場來看，萬物沒有貴賤之分。從萬物的立場來看，是以自己為貴而互相賤視。從世俗的立場來看，貴賤都不由自己決定。從差別的角度來看，順著一物大的一面而說它大，那麼萬物沒有不大的；順著一物小的一面而說它小，那麼萬物沒有不小的。由此知道天地就像一粒小米，也知道毫毛就像一座山丘，然後可以看出萬物差別的距離了。從功用的角度來看，順著一物所有的去使用它，那麼萬物沒有無作用的；順著一物所無的去廢棄它，那麼萬物沒有有作用的。由此知道東方西方互相對立而不可以彼此缺少，然後可以界定萬物功能的分際了。從取向的角度來看，順著一物所肯定的去加以肯定，那麼萬物沒有不受肯定的；順著一物所否定的去否定它，那麼萬物沒有不被否定的。由此知道堯與桀都肯定自己而否定對方，然後可以看出萬物取向的操持了。」

## 〈解讀〉

河伯在第四度提問中，提出貴賤、大小的問題。前面談的都是大小，由此開始討論貴賤。由其後的說明可知，只有人會分辨貴賤，在人的世界之外，其實沒有貴賤的問題。本文有六個觀察立場，依序為「道，物，俗，差，功，趣」，依此來分辨萬物的價值。後三者又似為前三者的引申。譬如，呼應「俗」的為「趣」；「趣」為取向，即人生的價值取向，所以隨後以「堯、桀」為例。

現在談六個觀察立場，第一，從道來看。「以道觀之，物無貴賤。」這句話經常被引用。萬物既然都是由道所生，哪裡有貴賤之分呢？每樣東西都一定有其作用、有其存在的必要，沒有任何東西是可有可無的。西方也有類似的觀念，稱為自然界不跳躍，而是連續的，譬如，這邊有一朵花，把花拿掉，這個地方就會有空氣，不會因此變成真空，空氣充滿在每個地方，不可能有某個地方斷裂了。

第二，從萬物的立場來看，是以自己為貴而互相賤視。如果人問狗，哪種動物最好？狗當然回答是狗，你看貓多貪吃；問貓，貓當然回答是貓，你看老鼠多卑微。每一種動物都認為自己最好，人也一樣，平常也許不明顯，一旦與別人比較，都認為自己最好。

第三，從世俗的立場來看，貴賤都不由自己決定。什麼叫世俗立場？現在流行什麼都不是人可以決定的，譬如，人的衣著隨著風潮而改變，世俗的立場與時尚即是風潮。

第四，從差別的角度來看。這裡講差別，前文說中國像一粒米，現在更誇張，說天地像一粒米。然而從整個宇宙來看，地球真的是小得不得了。

第五，從功用的角度來看，順著一物所有的去使用它，那麼萬物沒有無作用的。相反的，順著一物所無的去廢棄它，那麼萬物沒有有作用的。譬如錢幣，銅板和紙幣哪一樣好？大家當然要紙幣。但是在荒島上，銅板絕對比紙幣更重要，荒島上沒有超商，拿紙幣沒人要。銅板是硬的，磨一磨變成鋒利的刀子，可以割開椰子。所以，每一物一定有它的用處。由此可知，東方西方互相對立而不可彼此缺少，然後才可以界定萬物功能的分際了。

第六，從取向的角度來看。一般講「取向」是指價值取向。堯當然認為自己要照顧百姓；桀也不認為自己有什麼錯，人生不享受要做什麼？由此可知堯與桀都肯定自己而否定對方，因此就變成不同的兩個取向。

這段話是從六個角度來分辨萬物的價值，最重要的是「以道觀之，物無貴賤」。學習道家若能掌握這句話，便能懷有一種平等的心，對萬物加以欣賞，不是從自己的角度與標準，而是從「萬物本身是什麼」加以了解。如此就不會說花比草漂亮，這是人類的判斷；也不要覺得我們的文化比別人好，這都是自貴而相賤。

此處尚有一點值得注意，即是相對而成的概念，譬如，東方與西方，我們不能說東方而沒有西方，也不能說西方而沒有東方。在講「以趣觀之」的時候，以堯和桀為例，純粹是人類社會所謂的善惡，莊子想說明的重點是不要作區分。讀《莊子》時，有很多時候別太執著，因為他的分類不是窮盡的。所謂窮盡，就是沒有遺漏，讓所分的類平等。然而分類窮盡很難，一定要有明確的標準，也不能在分類的時候，某一類占的比例特別多，另外一類特別少，那就不成比例了。所以，《莊子》中雖然經常出現分類，其實並非平等的分類，這一點需特別理解。譬如，以道觀之，物無貴賤，是從整體統合來看的，其他的都在這個標準之下，物無貴賤。接著用物、俗、差、功、趣，都是在物無貴賤之下，是人本身以相對的標準去分，就不是一個平等的位階了。

## 〈17・6〉

「昔者堯、舜讓而帝，之、噲（ㄎㄨㄞˋ）讓而絕；湯、武爭而王，白公爭而滅。由此觀之，爭讓之禮，堯、桀之行，貴賤有時，未可以為常也。梁麗可以衝城，而不可以窒穴，言殊器也；騏（ㄑㄧˊ）驥（ㄐㄧˋ）驊（ㄏㄨㄚˊ）騮（ㄌㄧㄡˊ），一日而馳千里，捕鼠不如狸狌，言殊技也；鴟（ㄔ）鵂（ㄒㄧㄡ）夜撮蚤，察豪末，晝出瞋（ㄔㄣ）目而不見丘山，言殊性也。故曰，蓋師是而無非，師治而無亂乎？是未明天地之理，萬物之情也。是猶師天而無地，師陰而無陽，其不可行明矣。然且語而不舍，非愚則誣也。帝王殊禪，三代殊繼。差其時，逆其俗者，謂之篡夫；當其時，順其俗者，謂之義之徒。默默乎河伯，女惡知貴賤之門，小大之家？」

〈白話〉

「從前堯、舜因為禪讓而傳承帝位，燕王噲、子之卻因為禪讓而導致亡國，商湯、周武王靠爭奪而稱王，楚國白公卻因爭奪而死亡。由此看來，爭奪與禪讓的體制，堯與桀的所為，是貴是賤要看時機，不可一成不變。棟梁可以衝撞城門，卻不可以堵塞小洞，這是因為器用不同；騏驥驊騮可以一日奔馳千里，但是捕捉老鼠的本事不如野貓與黃鼠狼，這是因為技能不同；貓頭鷹晚上能抓跳蚤，看清毫毛，但是大白天卻張著眼睛也看不到山丘，這是因為本性不同。所以說，為什麼只取法是而忽略非，只取法治而忽略亂呢？這是不明白天地的條理、萬物的實況啊！就好像取法天而忽略地，取法陰而忽略陽，很明顯是行不通的。然而人們還是一直這樣說，若不是愚昧無知就是有心欺騙了。帝王的禪讓彼此不同，三代的繼承各有差別。不合時機、違逆民情的，被稱為篡位獨夫；合乎時機、順應民情的，被稱為仁義之士，別再說了，河伯，你怎麼會了解貴賤的區別，小大的分辨呢？」

〈解讀〉

本文延續並發揮第四問，就不同的「器，技，性」（器代表器用；技代表技能；性代表本性），說明萬物各有其長短，不必妄分貴賤優劣，關鍵在於：用得其「時」。本段多了「時」的概念，「時」就是時機，適當的時候。莊子強調「不得已」，道家的智慧就在於如何判斷時機成熟，條件足夠就去做一件事。所以承接前文來談學道之後，怎麼排除各種相對的區分，而讓萬物特殊的作用和能力都表現出來。

燕王噲想學堯禪讓給舜，便把國君的位子禪讓給宰相子之，但是燕王的兒子卻不服。堯把位子禪讓給舜，是因為他把兩個女兒嫁給了舜，舜成了他的女婿，兒子們發現舜的德行好，又是小舅子，所以一家和諧；然而燕王噲缺乏判斷能力，貿然做出禪讓之舉，反而導致內亂。此事件與莊子同時，在文中被列入「昔者」，可知本篇為莊子後學所作。

所以，燕王噲、子之因為禪讓而導致亡國；商湯、周武王靠爭奪而稱王，商湯滅了夏桀，周武王滅了商紂，楚平王之孫白公（名勝），卻因爭奪而死亡。有人因為爭而成王，有人因為爭而死亡，由此看來，爭奪與禪讓的體制，堯與桀的所為，是貴是賤要看時機，不可一成不變，這也是時機的重要。當然，也不可能只看時機，還要考量動機。如果人存心做壞事，即使時機成熟，也不能得到肯定。如果說不能怪夏桀、商紂本人，只是他們時機不對，那麼別人在不同的時機，做這麼壞的事也沒有惡果，這種觀念也很難令人接受。

「騏驥驊騮」代表千里馬，是非常好的馬，以人而言，就是人中之龍。只取法是而忽略非，只取法治而忽略亂，就好像取法天而忽略地，取法陰而忽略陽，都是行不通的，也就是對於是非、治亂、天地、陰陽都要兩面兼顧。

## 〈17・7〉

河伯曰：「然則我何為乎，何不為乎？吾辭受趣（ㄑㄩˇ）舍，吾終奈何？」北海若曰：「以道觀之，何貴何賤，是謂反衍；無拘而志，與道大蹇（ㄐㄧㄢˇ）。何少何多，是謂謝施；無一而行，與道參（ㄘㄣ）差（ㄘ）。嚴乎若國之有君，其無私德；繇（ㄧㄡˊ）繇乎若祭之有社，其無私福；汎汎乎其若四方之無窮，其無所畛（ㄓㄣˇ）域。兼懷萬物，其孰承翼！是謂無方。萬物一齊，孰短孰長？道無終始，物有死生，不恃其成。一虛一滿，不位乎其形。年不可舉，時不可止。消息盈虛，終則有始。是所以語大義之方，論萬物之理也。物之生也，若驟若馳，無動而不變，無時而不移。何為乎，何不為乎？夫固將自化。」

### 〈白話〉

河伯說：「那麼，我應該做什麼，不應該做什麼呢？我在推辭與接受，爭取與捨棄之間，又應該怎麼辦呢？」北海若說：「從道的觀點看來，無所謂貴無所謂賤，這稱之為漫無邊際；所以不要拘束你的心志，而要與道相符合。無所謂少無所謂多，這稱之為漫無原則；所以不要執著你的行動，而要與道相搭配。要嚴肅端正像一國的國君，沒有偏私的恩惠；要悠遠超然像祭祀的社神，沒有偏私的福祐；要廣大普遍像四方之無限延伸，沒有辦法加以限制。包容了萬物，還要扶助誰呢？這稱之為漫無偏向。萬物是齊一的，誰是短的誰是長的？道無始無終，而萬物有生有死，不可依賴自己的成就。有時空虛有時盈滿，沒有固定不移的形體。歲月不可留住，時間不可停止。消滅、成長、充實、空虛，結束之後又再開始。這樣就是講大道的原則，談萬物的條理。萬物的生長，有如快馬奔馳，一舉一動都在改變，無時無刻不在遷移。應該做什麼，不應該做什麼？一切都會自己變化的。」

##〈解讀〉

河伯第五次提問，談到出處進退，海神則回答要了解「反衍，謝施，無方」，由此與道並行。「出處進退」的「出」是出去；「處」是處在什麼環境，亦即安定下來；「進」是往前，「退」是往後。這些牽涉到人在實際上的選擇。

道是一個整體，在整體裡，不受拘束，漫無邊際，沒有貴賤，就沒有什麼事情一定更高尚，也沒有什麼事一定更卑微。前面與道符合，後面與道搭配，接著，要嚴肅端正像一國的國君，沒有偏私的恩惠，即是《老子》第五章所說的：「天地不仁，以萬物為芻狗；聖人不仁，以百姓為芻狗。」有偏私的恩惠，只對少數幾個人好，另外一些人就會覺得你對他不好。如能從整體來看，就不會偏愛。

要悠遠超然，像祭祀的社神，沒有偏私的福祐。人們常常覺得是我的祖先，就應該庇佑子孫，但是社神是土地神，不會因為誰拜多了就保護誰，而是看一個人公不公正，善不善良。這問題其實在柏拉圖時代已經有過討論：人做了一件事情，神喜歡，所以就是好事，或者人做了一件好事，神就一定會喜歡？結論是：只要做好事，神一定要喜歡，如果神不喜歡，那神一定有問題。好不好在內不在外，好事的標準，以蘇格拉底來說，是符合良心的事，也就是真誠。一個人真心去做，沒有任何利害觀念，就是好事，神就會喜歡；神如果不喜歡，就違反了神的本性，因為神應該是公正的、有智慧的，知道一個人做事是否憑良心。所以東西方都一樣，想到神佛時，不要存有僥倖心理，要像社神一樣公正，沒有偏私的福祐。

古時候的人認為天圓地方，四方無限延伸。古代交通不便，人們過不了高山，渡不了大海，又因為不知地球是圓的，只知當時順著一個方向走，沒有人回來過，於是認為四方是平的，並且漫無邊際。

最後，把應該不應該，看成是會自己變化，重點在於：要去悟道。怎麼悟道呢？文中反覆強調，道就是整體，包含一切在內，在這個整體裡面，如果規定應該做什麼，就是執著；不應該做什麼，也是執著，要視情況而定。慢慢擺脫私心、擺脫有限偏狹的觀點，外在和時代一起發展，別人怎麼做，我怎麼做，別人喜怒哀樂，我也喜怒哀樂，不過並不干擾自己內在的世界，成敗得失亦不受影響，這就是外化而內不化。

文中有些詞比較特別，譬如，反衍，是漫無邊際；謝施，是漫無原則；無方，是漫無偏向。反衍、謝施、無方這些詞，離開原文的話，沒有人知道在說什麼，這就是學習莊子困難之處。漫無邊際、漫無原則、漫無偏向，意思都非常接近，重點在於「漫無」兩個字，就是不要執著。所以最後說「無動而不變，無時而不移」，都是變化，正如《易經》的「易」，就是變化。如果不能隨著變化的趨勢，而調整自己的心態，只有自討苦吃，給自己帶來許多無謂的煩惱。然而，以「自化」來解答河伯的疑問，似乎仍有所不足，所以會有接下來的第六問。

## 〈17·8〉

河伯曰：「然則何貴於道邪？」北海若曰：「知道者必達於理，達於理者必明於權，明於權者不以物害己。至德者，火弗能熱，水弗能溺，寒暑弗能害，禽獸弗能賊。非謂其薄之也，言察乎安危，寧於禍福，謹於去就，莫之能害也。故曰，天在內，人在外，德在乎天。知夫人之行，本乎天，位乎得；蹢（ㄉㄧˊ）躅（ㄓㄨˊ）而屈伸，反要而語極。」曰：「何謂天？何謂人？」北海若曰：「牛馬四足，是謂天；落馬首，穿牛鼻，是謂人。故曰，無以人滅天，無以故滅命，無以得徇（ㄒㄩㄣˋ）名。謹守而勿失，是謂反其真。」

## 〈白話〉

河伯說：「那麼，道有什麼可貴的呢？」北海若說：「了解道的人，必定通達條理，通達條理的人必定明白權宜，明白權宜的人不會因為外物而傷害自己。保存至高天賦的人，火不能燒傷他，水不能淹沒他，嚴寒酷暑不能損傷他，飛禽走獸不能侵害他。這不是說他敢於接近這些東西，而是說他能夠明察安危，善處禍福，謹慎進退，因此什麼也不能傷害他。所以說，自然存於內心，人為表現在外，天賦就安立於自然之中。了解人的行動是本於自然而處於天賦之中，就可以在進退時屈伸自如，回歸根本而體悟源頭了。」河伯說：「什麼是自然？什麼是人為？」北海若說：「牛馬生來就有四隻腳，這叫做自然，給馬頭套個勒，給牛鼻穿個孔，這叫做人為。所以說：不要以人為去摧毀自然，不要用智巧去破壞命定，不要為貪得而追逐名聲。謹守這些道理而不違失，這叫做回歸真實。」

## 〈解讀〉

本文包含河伯第六次與第七次提問。第六問河伯提出，既然一切皆可「自化」，又何必珍惜道呢？其間的區別在於：是否知「道」。「自化」可以分為兩種：其一是不知「道」而聽其自化；其二是知「道」而順其自化。前者蒙昧而後者清明，後者更可由清明入於狀似蒙昧。至此已可化被動為主動，孕生道家特有的智慧之樂。

道有什麼可貴的？這是很好的問題。北海若回答：「了解道的人，必定通達條理」，「條理」就是每樣東西都有它固定的道理，一定有各種條件使它存在，它的特色是與萬物都能搭配，是生態的一部分。接著，了解條理就知道權宜，「權」就是要適宜、要變化，而非一成不變。明白權宜的人，不會因為外物而傷害自己，外在環境如何，我能隨遇而安，因為有權宜就不會受傷害，譬如，了解同樣的一個作為，過去可以做，現在不一定可以做，在那裡可以做，在這裡不一定可以做，即是權宜。

一般人可能會受到火、水、寒暑、飛禽走獸的傷害，但是莊子認為把天生的稟賦保存好，就像赤子一般，飛禽走獸、毒蛇猛獸都不能傷害他，老子亦有類似的觀念。然而，此處並非指接近這些都不會受到傷害，而是說能夠明察安危，善處禍福，謹慎進退，因此什麼也不能傷害他。換句話說，並非有什麼百毒不侵、刀槍不入的本事，而是巧妙避開了。所以，人為表現在外，按照人為的方式、社會的規範與別人來往，不要讓別人覺得特別怪異；但是自然存於內心，我的本性與稟賦就安立在我的自然裡面，意即外化而內不化。

最後，講到整體還要講到源頭，莊子的比喻是，強風吹過，太陽照射，河水也不會乾，因為他有源頭活水。莊子認為悟道能讓人活在世界上，永遠沒有枯竭之感。所以，不要刻意強調年紀大小，身體健康等各種觀念，只要活著的那一剎那，就有源頭活水，這才是真正悟道的表現，這是第六個問題的答案。

第七問像是附錄，為整個問答集作扼要的總結，北海若用最簡單的比喻，讓河伯理解什麼是自然？什麼是人為？結論是「反其真」，回歸真實之道。

## 〈17・9〉

夔（ㄎㄨㄟˊ）憐蚿（ㄒㄧㄢˊ），蚿憐蛇，蛇憐風，風憐目，目憐心。夔謂蚿曰：「吾以一足趻（ㄔㄢˇ）踔（ㄓㄨㄛˊ）而行，予無如矣。今子之使萬足，獨奈何？」蚿曰：「不然。子不見夫唾者乎？噴則大者如珠，小者如霧，雜而下者不可勝數也。今予動吾天機，而不知其所以然。」蚿謂蛇曰：「吾以眾足行，而不及子之無足，何也？」蛇曰：「夫天機之所動，何可易邪？吾安用足哉！」蛇謂風曰：「予動吾脊脅而行，則有似也。今子蓬蓬然起於北海，蓬蓬然入於南海，而似無有，何也？」風曰：「然，予蓬蓬然起於北海而入於南海也，然而指我則勝我，鰌（ㄑㄧㄡ）我亦勝我。雖然，夫折大木，蜚（ㄈㄟ）大屋者，唯我能也。故以眾小不勝為大勝也。為大勝者，唯聖人能之。」

## 〈白話〉

獨腳的夔羨慕多腳的蚿，蚿羨慕蛇，蛇羨慕風，風羨慕目，目羨慕心。夔對蚿說：「我用一隻腳跳著走路，我是沒有辦法啊。現在你用這麼多腳走路，究竟是怎麼做到的？」蚿說：「不是這樣的。你沒見過吐唾沫的人嗎？他噴出來的唾沫，大的像珠子，小的像細霧，混雜而下，數都數不清。現在我只是發動自然能力來走路，卻不知為什麼會這樣。」蚿對蛇說：「我用這麼多腳走路，卻還趕不上沒有腳的你，為什麼呢？」蛇說：「自然能力所發動的方式，怎麼可以改變呢？我何必用到腳啊！」蛇對風說：「我鼓動背與胸來走路，還是像有腳一樣。現在你呼呼地從北海颳起，又呼呼地吹入南海，卻好像沒有痕跡，為什麼呢？」風說：「是的。我呼呼地從北海颳起，再吹入南海，然而，人們用手指擋我就勝過了我，用腳踢我也勝過了我。可是要折斷大樹、吹垮大屋，只有我做得到。這是放棄許多小的勝利，來追求大的勝利。完成大的勝利的，只有聖人能夠做到。」

## 〈解讀〉

蚿就是蜈蚣之類的蟲子，蜈蚣有很多腳，獨腳的夔羨慕多腳的蚿；蚿則羨慕沒有腳卻行動更快的蛇；蛇則羨慕行動更快更自由的風。但是，風羨慕眼睛，因為眼睛一看，說東方就東方，說西方就西方，風再怎麼吹，也沒視線所及、眼波流轉來得快。然而，眼睛又羨慕心，因為眼睛只能看到眼前的東西，心卻可以打破時空的限制。

獨腳的夔羨慕多腳的蚿，蚿卻表示「只是發動自然能力來走路，卻不知為什麼會這樣」。

「天機」是自然的能力，亦即天賦即有，無法解釋也不須解釋。譬如，馬跑的時候，牠也不知道自己這隻腳跨出來之後，別的腳怎麼配合；人若硬要學馬去跑，要四肢著地，互相協調，協調不好就學不成了。蚿羨慕蛇，但蛇也是用自然能力所發動的方式行動，怎麼可以改變呢？如果覺得蛇沒有腳，給牠裝幾隻腳，蛇反而走不動。風可以把人吹倒，但風再大也不可能把一隻手指吹斷；人的腳踏出去，風也擋不住。風雖然可以對付大面積的事物，因為面積大受風力就重，但是風對於受力面小的事物，譬如手指，就毫無辦法，對於腳也沒辦法。這是放棄許多小的勝利，來追求大的勝利。完成大的勝利的，只有聖人能夠做到。

本段在說明一切按照自然安排，人不要問為什麼。一隻腳的生物，有一隻腳走路及生存的方式；很多腳的生物，也不能要求牠一次只用一隻；蛇沒有學過怎麼爬行，牠如果想得到遠方的食物，自然就學會了。所以不要羨慕別人，該是什麼，就做好自己的本份。

## 〈17．10〉

孔子遊於匡，宋人圍之數匝（ㄗㄚ），而弦歌不輟。子路入見，曰：「何夫子之娛也？」孔子曰：「來，吾語女。我諱窮久矣，而不免，命也；求通久矣，而不得，時也。當堯、舜而天下無窮人，非知得也；當桀、紂而天下無通人，非知失也；時勢適然。夫水行不避蛟（ㄐㄧㄠ）龍者，漁父之勇也；陸行不避兕（ㄙˋ）虎者，獵夫之勇也；白刃交於前，視死若生者，烈士之勇也；知窮之有命，知通之有時，臨大難而不懼者，聖人之勇也。由處矣！吾命有所制矣！」無幾何，將甲者進，辭曰：「以為陽虎也，故圍之；今非也，請辭而退。」

## 〈白話〉

孔子周遊到了匡城，宋國人把他的住所重重圍住，但他還是彈琴唱歌，終日不停。子路進入屋內，問說：「為什麼老師還這麼快樂呢？」孔子說：「過來，我告訴你。我避開窮困很久了，卻不能免，這是命定啊；尋求發達很久了，卻不能得，這是時運啊。在堯、舜的時代，天下沒有窮困的人，這不是因為他們智力卓越；在桀、紂的時代，天下沒有發達的人，這不是因為他們智力低劣。差別是由時勢碰巧如何所造成的。在水中行動不避開蛟龍，這是漁夫的勇敢；在陸上行走不避開野牛與老虎，這是獵人的勇敢；刀刃相交於眼前，卻視死如生，這是烈士的勇敢；知道窮困是由命定，知道發達要靠時運，遇到大的災難而不害怕，這是聖人的勇敢。子路，你稍安勿躁，我的命運自有定數。」沒過多久，一個帶著兵器的人進來，道歉說：「以為你是陽虎，所以才動員包圍。現在知道不是，特來致歉，並且要退兵了。」

## 〈解讀〉

「匡」是衛國的匡城。莊子在此處以宋人代替衛人，但重點在於後面這段虛擬的談話。

孔子周遊列國，發生這場被宋人團團圍住的誤會，事後證明是虛驚一場。故事的背景是，孔子帶了學生周遊列國，來到宋國匡，此處的百姓曾經發起暴動。陽貨，也就是陽虎，曾帶兵鎮壓殺了不少人，所以宋國人痛恨他。當時替陽貨駕車的叫做顏刻，顏刻這時替孔子駕車，外人看不見車內的人，只看到駕車的車伕。顏刻駕車載孔子進入匡城，指著一個地方說：「當初我們打進匡城，就是從這邊進去的。」這句話被旁人聽到，以為陽虎又來了，於是匡城的百姓立刻帶著兵器尋仇。所以孔子和學生們住進旅舍之後就被誤會，情勢非常緊張。傍晚，外面人聲鼎沸，衝突一觸即發，子路等幾名學生已經備戰，要保護老師。孔子卻在此時拿出琴來彈奏，外面的帶頭大哥帶刀進來了，見孔子在危急時還能彈琴唱詩，問清楚後，才知道弄錯人了。莊子虛擬了子路在孔子彈琴唱詩時的對話。

由孔子回答「我諱窮久矣，而不免，命也」，可見孔子也希望有富貴；孔子說過，「富而可求也，雖執鞭之士，吾亦為之。如不可求，從吾所好。」（《論語．述而》）如果可以求到財富的話，就算在市場擔任守門員也願意。但是，如果不能用正當的方式求得富貴，還是做自己認為該做的事，這就是孔子。堯、舜時代沒有窮困的人，桀、紂的時代沒有發達的人，這無關智力，差別是由時勢碰巧如何所造成的，也就是外在的條件會決定一個人的遭遇。本文亦談到四種勇敢，分屬於「漁父、獵夫、烈士、聖人」。孔子的處變不驚，代表聖人之勇，此非聖人的專利，任何人只要有心，都可以修養聖人之勇。

論語裡出現兩次「子畏於匡」。其中一次，孔子說：「文王既沒，文不在茲乎？天之將喪斯文也，後死者不得與於斯文也；天之未喪斯文也，匡人其如予何？」（《論語・子罕》）另外一次，顏淵第二天才趕上，避開了這場災難。孔子看到顏淵時滿心喜悅，對他說：「我以為你遇害了呢？」顏淵說：「老師您還活著，我怎麼敢死？」（《論語・先進》）但是顏淵不守信用，還是比老師先死了。但顏淵比孔子小三十歲，當時說這話合情合理，卻無法預測他的身體狀況與年齡無關。

## 〈17·11〉

公孫龍問於魏牟曰：「龍少學先王之道，長而明仁義之行；合同異，離堅白；然不然，可不可；困百家之知，窮眾口之辯，吾自以為至達已。今吾聞莊子之言，汒（ㄇㄤˊ）然異之。不知論之不及與，知之弗若與？今吾無所開吾喙，敢問其方。」公子牟隱机大息，仰天而笑曰：「子獨不聞夫埳（ㄎㄢˇ）井之蛙乎？謂東海之鼈曰：『吾樂與！吾跳梁乎井幹（ㄏㄢˊ）之上，入休乎缺甃（ㄓㄡˋ）之崖。赴水則接掖（ㄧㄝˋ）持頤（ㄧˊ），蹶泥則沒足滅跗（ㄈㄨ）。還（ㄒㄩㄢˊ）虷（ㄏㄢˊ）蟹與科斗，莫吾能若也。且夫擅一壑之水，而跨跱（ㄓˋ）埳井之樂，此亦至矣。夫子奚不時來入觀乎？』東海之鼈左足未入，而右膝已縶（ㄓˊ）矣。於是逡（ㄑㄩㄣ）巡而卻，告之海曰：『夫千里之遠，不足以舉其大；千仞之高，不足以極其深。禹之時，十年九潦（ㄌㄠˇ），而水弗為加益；湯之時，八年七旱，而崖不為加損。夫不為頃久推移，不以多少進退者，此亦東海之大樂也。』於是埳井之蛙聞之，適適然驚，規規然自失也。」

## 〈白話〉

公孫龍問魏牟說：「我從小就學習先王之道，長大後又明白仁義的行為。能把事物的同與異混合為一，把一物的堅硬與白色分離為二。不對的說成對，不可的說成可。為難百家的知識，駁倒眾人的辯論，我自以為是最通達事理的人了。現在我聽到莊子的言論，怪異得使我感覺茫茫然。不知是我的辯論比不上他，還是智力不像他這麼好？現在我張口不知該說什麼，所以想請教這是什麼道理。」魏牟靠著桌子長嘆一聲，仰天大笑說：「你難道沒有聽過坎井之蛙的故事嗎？淺井裡的一隻青蛙對東海來的大鱉說：『我真快樂呀！我一出來就可以在水井欄干上跳躍，一回去就可以靠著破磚邊上休息。跳到水裡，水就接住我的雙臂，托起我的兩腮；踩在泥上，泥就淹沒我的雙腳，蓋過我的腳背。回頭看看井裡的赤蟲、螃蟹與蝌蚪，沒有誰比得上我。再說，能夠獨占一坑水而盤踞一口淺井的快樂，這也算是最大的了。先生何不就請進來看看呢？』東海的大鱉左腳還沒有踏進井裡，右腳膝蓋就已經被絆住了。於是牠搖晃地退後幾步，告訴青蛙大海那邊的情形。牠說：『一千里的距離，不足以形容它的大；八千尺的高度，不足以說盡它的深。夏禹的時候，十年有九年水災，而海面並沒有因此上升；商湯的時候，八年有七年旱災，而水位並沒有因此下降。不隨著時間長短而有所改變，不因為水量多少而有所增減。這也是東海帶給我的大快樂啊！』坎井之蛙聽了之後，顯得神色驚慌，尷尬地不知所措。」

## 〈解讀〉

公孫龍已見於〈齊物論〉。公孫龍從小就學習先王之道，長大後又明白仁義的行為，代表他屬於儒家的傳統；能把事物的同與異混合為一，把一物的堅硬與白色分離為二，這是屬於名家傳統，代表他認為自己能把雙方的優點都掌握住。但他承認聽到莊子的言論，怪異得使他感覺茫茫然。公孫龍的反應不難想像，因為聽過莊子說道，卻不懂他在說什麼的人，確實會有完全對不上話的感受。魏牟為魏國公子。此處雖是魏牟在答話，但其實是莊子的代言人。坎井之蛙與東海之鼈的比喻生動有趣，生活中也不乏實例，只是大多數人不會認為自己是前者。

〈17．12〉

「且夫知不知是非之竟，而猶欲觀於莊子之言，是猶使蚊負山，商蚷（ㄐㄩˋ）馳河也，必不勝任矣。且夫知不知論極妙之言，而自適一時之利者，是非埳井之蛙與？且彼方跐（ㄘˇ）黃泉而登大皇，無南無北，奭（ㄕˋ）然四解，淪於不測；無東無西，始於玄冥，反於大通。子乃規規然而求之以察，索之以辯，是直用管闚天，用錐指地也，不亦小乎？子往矣！且子獨不聞夫壽陵餘子之學於邯（ㄏㄢˊ）鄲（ㄉㄢ）與？未得國能，又失其故行矣，直匍（ㄆㄨˊ）匐（ㄈㄨˊ）而歸耳。今子不去，將忘子之故，失子之業。」公孫龍口呿（ㄑㄩ）而不合，舌舉而不下，乃逸而走。

〈白話〉

「再說，你的智力不能了解是非的究竟，而想看清楚莊子的言論，這就好像讓蚊子去背一座山，讓馬蚿去渡一條河一樣，必定是無法勝任的。並且，你的智力不能體會最高妙的言論，卻得意於一時的口舌之利，這不正是坎井之蛙嗎？莊子正在下抵黃泉而上登蒼天，沒有南北之分，全面獲得解脫，進入高深莫測之境；沒有東西之分，出於玄遠幽深之處，回歸萬物相通的大道。你還瑣瑣碎碎地想要用察考與辯論來探求，這簡直就是用竹管去觀察天，用錐子去測量地，不是太渺小了嗎？你回去吧！你難道沒有聽過壽陵的少年去邯鄲學走路的故事嗎？他沒有學會別人的走路本事，又忘記了自己原來的走法，結果只好爬著回家。現在你還不走開，就會忘記你原有的技能，失去你本來的專長了。」公孫龍張口結舌無法作聲，慌慌張張地離開了。

## 〈解讀〉

「邯鄲學步」的典故出自於此。壽陵在燕國，邯鄲則是趙的國都。放棄自己的步法，去學習別國的步法，最後可能連走路都成問題。這個比喻並非指不要向別人學習，而是要先考慮自己的能力，並且注意方法與步驟。莊子的境界太高，一般人無法輕易體會；讓一個只具有一般水平的人去學莊子，不是覺得他痴人說夢，就是覺得自己領悟力太低，沒有一句話聽得懂，簡直沒辦法跟他溝通。

南北、東西，都是人為去分的，莊子強調回歸萬物相通的大道，也就是一個整體，不是局限於某一個小地方。一個學派的領袖、名家的代表，在莊子筆下被描述得如此狼狽不堪，這也是莊子擅長的諷刺手法之一。

## 〈17・13〉

**莊子釣於濮水，楚王使大夫二人往先焉，曰：「願以竟內累矣！」莊子持竿不顧，曰：**

「吾聞楚有神龜，死已三千歲矣。王巾笥（ㄙ）而藏之廟堂之上。此龜者，寧其死為留骨而貴乎？寧其生而曳尾於塗中乎？」二大夫曰：「寧生而曳尾塗中。」莊子曰：「往矣！吾將曳尾於塗中。」

## 〈白話〉

莊子在濮水邊釣魚，楚王派兩位大夫先去表達心意，說：「希望把國家大事託付給您。」莊子手持釣竿，頭也不回地說：「我聽說楚國有一隻神龜，已經死了三千年；楚王特地用竹箱裝著，手巾蓋著，保存在廟堂之上。這隻龜，是寧可死了，留下骨頭受到尊貴待遇呢？還是寧可活著，拖個尾巴在泥地裡爬呢？」二位大夫說：「寧可活著，拖個尾巴在泥地裡爬。」莊子說：「你們請回吧！我還想拖個尾巴在泥地裡爬呢！」

## 〈解讀〉

莊子家貧，曾經做過漆園吏。最後他發現在亂世裡面做一個小官，沒什麼意思，於是舉家遷至鄉下地方定居，可以免於戰亂，也省去了一些煩惱。但要養家餬口，就不能不事生產，於是沒有收入的莊子，出門經常帶彈弓打鳥，或是釣魚。

當時的政治人物都知道要拉攏讀書人，因此見聞廣博的莊子是一個重要的目標。莊子把人分二種，如果要榮華富貴，就要犧牲自由自在，並借事為喻，引發現代人所謂的「同理心」，讓兩位大夫設身處地來回答。只是不知兩位大夫被拒絕後，回去要如何向楚威王解釋了。

## 〈17・14〉

**惠子相（ㄒㄤˋ）梁，莊子往見之。或謂惠子曰：「莊子來，欲代子相。」於是惠子恐，搜於國中三日三夜。莊子往見之，曰：「南方有鳥，其名鵷（ㄩㄢ）鶵（ㄔㄨˊ），子知之乎？夫鵷鶵，發於南海而飛於北海，非梧桐不止，非練實不食，非醴泉不飲。於是鴟（ㄔ）得腐鼠，鵷鶵過之，仰而視之曰：『嚇（ㄏㄜˋ）！』今子欲以子之梁國而嚇我邪？」**

### 〈白話〉

惠子做梁國宰相時，莊子前去拜訪他。有人對惠子說：「莊子來這裡，是想取代你的宰相之位。」於是惠子大為驚慌，連著三天三夜在全國各地搜索莊子。莊子自己去見惠子，對他說：「南方有一種鳥，名叫鵷鶵，你知道嗎？鵷鶵這種鳥，從南海出發，飛向北海，途中不是梧桐樹就不棲息，不是竹子的果實就不吃，不是甘美的泉水就不喝。這時有一隻貓頭鷹抓著腐爛的老鼠，瞥見鵷鶵飛過，就抬頭望著鵷鶵大叫一聲：『嚇！』現在你想用你的梁國來嚇我嗎？」

### 〈解讀〉

綜觀《莊子》，惠子似乎是莊子唯一有名有姓的朋友，然而惠子卻為了梁國宰相之位懷疑莊子，實在令人失望。莊子也覺得有點委屈，他話說得直接，把自己比喻為鵷鶵此種鳳鳥，把梁國比喻為「腐鼠」，他自己是悟道的人，如果以為他想爭奪人世間的名利權位，真的是看錯了，也順道以此比喻教訓惠子。此時的梁國國君為梁惠王，孟子亦曾前往梁國晉見。可惜孟子與莊子沒有交往機會，或者即便是見了面，也「道不同，不相為謀」。

〈17．15〉

莊子與惠子遊於濠梁之上。莊子曰：「儵（ㄧㄡˊ）魚出游從容，是魚樂也。」惠子曰：「子非魚，安知魚之樂？」莊子曰：「子非我，安知我不知魚之樂？」惠子曰：「我非子，固不知子矣；子固非魚也，子之不知魚之樂，全矣。」莊子曰：「請循其本。子曰『汝安知魚樂』云者，既已知吾知之而問我。我知之濠上也。」

〈白話〉

莊子與惠子在濠水的橋上遊覽。莊子說：「白魚在水中，從容地游來游去，這是魚的快樂啊。」惠子說：「你不是魚，怎麼知道魚快樂呢？」莊子說：「你不是我，怎麼知道我不知道魚快樂呢？」惠子說：「我不是你，當然不知道你的情況；而你也不是魚，所以你不知道魚快樂，這樣就說完了。」莊子說：「還是回到我們開頭所談的。你說『你怎麼知道魚快樂』這句話時，你已經知道我知道魚快樂才來問我。我是在濠水的橋上知道的啊！」

## 〈解讀〉

人靠言語溝通，效果未必理想。那麼，人與萬物之間能否溝通？在莊子看來，答案是肯定的。魚是否樂或能否樂，是一回事；莊子的感覺又是另一回事。莊子只是說出自己的感覺，原本不必勉強別人同意，惠子卻執著於言語的真實根據，而忽略人的心靈能力未必得靠言語才可抵達真實。

辯論有一個規則，誰不說話就輸了，惠子最後沒說話，就輸掉了。要惠施如此好辯之人認輸，只有一種情況，就是他被別人指出自相矛盾之處。郭象是魏晉時代有名的學者，也是將《莊子》分為三十三篇的人，曾說過莊子了不起之處，在於他可以體驗萬物，惠施則不然，這個解釋就成為這一段話的標準答案。

莊子可以體驗萬物，心理學的說法即是「移情作用」，也就是把個人的感情投射到其他對象上，如同莊子把魚的狀態，用人類的情感加以描述。問題是和惠施講移情作用，根本行不通，因為他的專長是辯論，只問言辭有沒有根據、合不合邏輯，人類的同情體驗對他而言太過主觀。所以莊子的聰明之處在於，他並沒有與惠施談移情作用，而是找出惠施言辭上的自相矛盾。

我的理解是，惠施聽莊子說「魚真快樂」這句話時，就知道莊子知道魚快樂了，而後惠施講了「子非魚，安知魚之樂？」「我非子，固不知子矣；子固非魚也，子之不知魚之樂，全矣。」兩句話，前面說知道，後面說不知道，就被莊子指出自相矛盾，因此沒有第三句話。惠施也是個服輸的人，一旦被指出自相矛盾，就不再爭論不休。

假如我是惠施，和莊子一起上了一座橋，莊子說：「這是魚的快樂」，我不會問他：「你不是魚，你怎麼知道魚快樂？」，也不能問他：「為什麼？」我只能跟他說：「我不認為如此。」我如果說：「這是魚的痛苦」，莊子也不能問我說：「你不是魚，怎麼知道魚的痛苦？」這樣就陷入他自己的問題裡面了。所以碰到莊子這樣的人，最好他說東，你說西，彼此不要有交集，因為一旦有交集，就要分出誰對誰錯，莊子掌握所有對道的認識、對萬物的理解，連說話也是一樣，一般人不可能是他的對手。

人與人說話，話裡面就呈現高下。這段話兩千多年以來，沒有人說得完整，我們在此可以清楚地品味解釋，這也是學習的樂趣所在。

**總結本篇要旨**

本篇論述之精巧，可與〈齊物論〉並列佳構。七個問題層層深入，化解了競爭比較之心，也肯定了萬物各有其價值，最後聚焦於分辨天與人。人的智慧可分高下，有人悟道，也有人像井底之蛙。莊子借幾段寓言描述自己的境界，充分顯示了自信與自得之樂。最後則是「魚樂」之辯，但其真諦何在？值得仔細品味。

# 至樂

第十八

〈18．1〉

天下有至樂無有哉？有可以活身者無有哉？今奚為奚據？奚避奚處？奚就奚去？奚樂奚惡？夫天下之所尊者，富貴壽善也；所樂者，身安厚味美服好色音聲也；所下者，貧賤夭惡也；所苦者，身不得安逸，口不得厚味，形不得美服，目不得好色，耳不得音聲。若不得者，則大憂以懼，其為形也亦愚哉！夫富者，苦身疾作，多積財而不得盡用，其為形也亦外矣！夫貴者，夜以繼日，思慮善否，其為形也亦疏矣！人之生也，與憂俱生，壽者惛（ㄏㄨㄣ）惛，久憂不死，何之苦也！其為形也亦遠矣！烈士為天下見善矣，未足以活身。吾未知善之誠善邪，誠不善邪？若以為善矣，不足活身；以為不善矣，足以活人。故曰：「忠諫不聽，蹲循勿爭。」故夫子胥爭之以殘其形；不爭，名亦不成。誠有善無有哉？

## 〈白話〉

天下有至樂，還是沒有呢？有可以活命的方法，還是沒有呢？現在，該從事什麼又該保存什麼？該逃避什麼又該接受什麼？該取得什麼又該放棄什麼？該喜歡什麼又該厭惡什麼？天下人所看重的，是財富、顯貴、長壽、名聲；所喜愛的，是安逸、美食、華服、彩色、樂音；所鄙視的，是貧窮、卑賤、短命、詬辱；所苦惱的，是身體得不到安逸，口裡吃不到美食，外表穿不到華服，眼睛看不到彩色，耳朵聽不到樂音。如果得不到這些，就十分憂慮甚至害怕，這樣對待自己的生命，也太愚蠢了！富有的人，勞苦身體，辛勤工作，累積大量錢財而不能充分享用，這樣對待自己的生命，也太見外了！顯貴的人，夜以繼日，思索考慮決策的對錯，這樣對待自己的生命，也太疏忽了！人活在世間，與憂愁共生，長壽者煩惱特多，長期憂愁又死不了，何其痛苦啊！這樣對待自己的生命，也太遠離了！烈士受到天下人稱讚，可是卻無法活命。我不知道這種善是真善，還是真不善？如果說它是善，卻不能讓人活命；說它是不善，卻能讓人活下去。所以說：「忠誠的諫言不被接納，就自動退下不再爭辯。」像伍子胥就因為爭辯而殘害了自己的生命。如果他不爭辯，又得不到忠臣的名聲。那麼到底是有善，還是沒有呢？

## 〈解讀〉

〈至樂〉是最高的快樂，莊子思考了很多問題，對讀者來說是醍醐灌頂，寒天飲冰水點滴在心頭。人生在世，當然要追求快樂，莊子先講至樂，再講活命，有些人本來要追求至樂，結果命都保不住了；有些人則是只求活命，不要追求至樂。本文把兩個極端劃分出來。

接著四個問題：「該從事什麼又該保存什麼？該逃避什麼又該接受什麼？該取得什麼又該放棄什麼？該喜歡什麼又該厭惡什麼？」都是我們常做的選擇，但是選擇的時候，需要一個參考的標準，也就是價值觀，否則今天這樣選，明天那樣選，自相矛盾也不知道，選了之後又後悔，徒生困擾。

接著莊子分析世人的價值觀，以天下人「所尊、所樂、所下、所苦」為題材，說明依此對待自己的生命，其實是顛倒錯亂。接著他談到富有的人、顯貴的人，莊子雖然是公元前第四世紀到第三世紀的人，然而這些人的矛盾古今皆然。社會還是要有人來負責運作，只不過道家強調無為而治，不要太勞心勞力、機關算盡，而應順其自然，順著大勢所趨。

烈士是有名聲的人，受到天下人稱讚，卻無法活命。有名聲，但是活不下去；要活下去，就沒有這麼好的名聲，二選一。伍子胥因為爭辯而殘害了自己的生命，但如果他不爭辯，又得不到忠臣的名聲，這是兩難。那麼到底是有善，還是沒有呢？需要注意的是，文中的「善」字，不是善惡的善，而是讓別人稱讚的意思。結論亦點出若是無法活命、無法活得沒有憂愁，世間的一切價值都是虛幻的。

〈18・2〉

今俗之所為與其所樂，吾又未知樂之果樂邪，果不樂邪？吾觀夫俗之所樂，舉群趣者，誙（ㄎㄥ）誙然如將不得已，而皆曰樂者，吾未之樂也，亦未之不樂也。果有樂無有哉？吾以無為誠樂矣，又俗之所大苦也。故曰：「至樂無樂，至譽無譽。」天下是非果未可定也。雖然，無為可以定是非。至樂活身，唯無為幾存。請嘗試言之：天無為以之清，地無為以之寧。故兩無為相合，萬物皆化生。芒（ㄏㄨㄤ）乎芴（ㄏㄨ）乎，而無從出乎！芴乎芒乎，而無有象乎！萬物職職，皆從無為殖。故曰：「天地無為也，而無不為也。」人也孰能得無為哉？

### 〈白話〉

現在世俗之人有自己的作為以及自己的快樂，我也不知道這種快樂果真是快樂呢，還是其實並非快樂？我看世俗之人的快樂，都是群相趨附，好像堅定不移地追求不得不做的事，然後大家都說這是快樂。我看不出這是快樂，也看不出這是不快樂。真的有快樂，還是沒有呢？我把「無為」當成真正的快樂，而世俗之人卻認為那是很大的苦惱！所以說：「至高的快樂是解消了快樂，至高的聲譽是解消了聲譽。」天下的是非確實無法斷定。雖然如此，無為還是可以決定是非。要想達成至樂與保全生命，只有無為或許可以做到。我試著說明一下：天無為所以能清朗，地無為所以能安寧；這兩種無為互相配合，萬物得以變化生長。恍恍惚惚，甚至好像沒有來源！惚惚恍恍，甚至好像沒有形狀！萬物不斷化生，都是從無為繁衍出來的。所以說：「天地無所作為，而所有的一切又都是它們做成的。」我們這些人，誰能領悟無為的道理呢？

## 〈解讀〉

莊子所謂的「不得已」，原是指各種條件成熟之後，所形成的自然趨勢。所以，能夠依循不得已，是高明的作為。但是，文中所述與「俗之所樂」有關的「不得已」，則是受到群相趨附的影響，以致於身不由己跟著走，這可以從年輕人排了三天三夜的隊，只為了得到崇拜的明星一個簽名，得到證明；不只是小孩，大人也一樣，從過年開始搶福袋，一路到任何拍賣，人人都很衝動。

只有「無為」，才有可能達成「至樂、活身」的目標，因為這種無為，表面上無所作為，其實卻像天地一般，在自然狀態中做成了一切。然而，世俗之人卻認為這是極大的苦惱，如果無心而為、沒有刻意的目標或目的，那要往哪裡發展呢？

最高的快樂是解消的快樂，也就是不再追求任何快樂，才是最高的快樂，有所追求，就不再快樂。一個人有很好的名聲，一定是不把名聲當名聲，才能夠達到最高境界。〈逍遙遊〉也有「名者，實之賓也」的說法，主人是實，而名聲是客人，來來去去就不見了，並不重要。我就是我，名聲是外在的。

莊子以「天無為所以能清朗，地無為所以能安寧」為例，說明上天不可能是刻意的，如果刻意，一定捉襟見肘，這邊照顧一些人，那邊就損失一些人。有個故事說，一位母親有兩個兒子，一個賣傘，一個賣扇子，所以她老是煩惱，不管天氣怎麼變，總是有一個孩子委屈；不過若是倒過來想，不管天氣怎麼變，也總是有一個孩子順利。最後，道家的立場依舊回歸無心而為，這樣就避免了什麼都不做、完全放棄奮鬥的誤解。

〈18・3〉

莊子妻死，惠子弔之，莊子則方箕（ㄐㄧ）踞（ㄐㄩˋ）鼓盆而歌。惠子曰：「與人居，長子老身，死不哭亦足矣，又鼓盆而歌，不亦甚乎！」莊子曰：「不然。是其始死也，我獨何能無概然！察其始而本無生；非徒無生也，而本無形；非徒無形也，而本無氣。雜乎芒芴之間，變而有氣，氣變而有形，形變而有生，今又變而之死，是相與為春秋冬夏四時行也。人且偃（ㄧㄢˇ）然寢於巨室，而我噭（ㄐㄧㄠˋ）噭然隨而哭之，自以為不通乎命，故止也。」

〈白話〉

莊子的妻子死了，惠子去弔喪。這時莊子正蹲在地上，一面敲盆一面唱歌。惠子說：「你與妻子一起生活，她把孩子撫養長大，現在年老身死，你不哭也就罷了，竟然還要敲著盆子唱歌，不是太過分了嗎？」莊子說：「不是這樣的。當她剛死的時候，我又怎麼會不難過呢？可是我省思之後，察覺她起初本來是沒有生命的；不但沒有生命，而且沒有形體；不但沒有形體，而且沒有氣。然後在恍恍惚惚的情況下，變出了氣，氣再變化而出現形體，形體再變化而出現生命，現在又變化而回到了死亡，這就好像春夏秋冬四季的運行一樣。這個人已經安靜地睡在天地的大房屋裡，而我還跟在一旁哭哭啼啼。我以為這樣是不明白生命的道理，所以停止哭泣啊！」

〈解讀〉

本文可看出莊子對死亡的看法。孔子的學生說：「子於是日哭，則不歌。」（《論語・述而》）孔子只要哭過，他那一天就不唱歌，這證明唱歌代表快樂，哭代表哀傷。而莊子喪妻卻敲臉盆唱歌，這種舉止明顯違反常理，惠施對此頗有意見。

然而莊子卻說明，死亡只是氣在聚散過程中的一個階段，如同春夏秋冬四季的運行般自然。此處的順序最早是氣，氣變成形體，有形體之後才有生命，所以生命兩個字代表發展，把生命理解為成長的過程，生下來有身體，慢慢成長發展，然後才有現在的情況，最後到老了，就死亡了。讓人看到大的格局，這是道家的標準手法。莊子講到宇宙萬物的出現，因為古代科學不發達，所以喜歡用「恍恍惚惚」這類的言辭表示。時序有春夏秋冬，如同人有生老病死，有白天，就有黑夜，所以莊子對於生死，沒有任何情緒反應，只當成一個自然現象變化的過程，更把天地當成自己的家，由於回家是高興的事情，所以他敲臉盆唱歌，替亡妻助興。人活在世界上，最後回去的時候，才會發現自己從哪裡來。

冬季之後還有下一個春季，而死亡之後還有下一個生命嗎？如前所述，莊子把人的生命當成氣的變化，氣聚則生、氣散則死。氣是一種元素，宇宙萬物彼此是相通的。這個氣可以變成一棵樹，也可以變成一個人。過去的一個人，也許現在是一棵樹了，如同一朵花謝了之後，化作春泥又護花，但它不見得護下一朵花，也許是護別的樹或草，於是，整個宇宙是一個氣的變化。人活在世界上來自於萬物的供養，本來就與萬物相通，這是莊子思想的特色。但是，人的可貴在於這一生中能夠經過修練而使精神展現，因為精神的覺悟，使活著的每一剎那充滿至樂。莊子不是宗教家，不談死後的生命，因為沒有人可以證明。很多人設想死後的幸福，然而人死之後沒有身體，連音樂都不能聽，也沒有眼睛能夠看，那種狀態不是活著的人可以想像的。

所以道家無法談死亡，而是對人生經驗做全面的反省。大多數人只要談到人生經驗，都容易流於悲觀，一句「人生自古誰無死」，志氣就少了一半；再說「大江東去，浪淘盡，千古風流人物」，不免萬念俱灰；然而，道家的偉大之處在於，讓人知道一切都是氣的變化，化解人對死亡的感傷與恐懼，由此減少人對生命的執著與妄念。另一方面，既知死亡不可避免，只能設法在有生之年，多多體驗精神上的自在與逍遙。

## 〈18・4〉

**支離叔與滑介叔觀於冥伯之丘，崑崙之虛，黃帝之所休。俄而柳生其左肘，其意蹶（ㄐㄩㄝˊ）蹶然惡之。支離叔曰：「子惡之乎？」滑介叔曰：「亡，予何惡！生者，假借也，假之而生；生者，塵垢也。死生為晝夜。且吾與子觀化而化及我，我又何惡焉！」**

## 〈白話〉

支離叔與滑介叔一起到冥伯的丘陵、崑崙的荒野去觀賞風景，那是黃帝曾經休息過的地方。忽然間滑介叔的左臂上長出一個瘤，他好像有些吃驚，露出厭惡的表情。支離叔說：「你厭惡它嗎？」滑介叔說：「不，我怎麼會厭惡！生命，就是假託借用，由假託借用而出現了生命；這樣的生命，其實是塵土泥垢。

而死生的變化，就像晝夜的輪替一樣。現在我與你一起觀賞萬物的變化，而變化臨到了我身上，我又厭惡什麼呢！」

## 〈解讀〉

〈人間世〉的支離疏，是一個嚴重的畸形的人，所以「支離叔」三個字代表忘記形體，「滑介叔」代表忘記知識，取名皆有其用意。此二人是莊子所謂相視而笑、莫逆於心、已看透生死的朋友，如果對於身體的變化，長了腫瘤、頭髮掉光了覺得厭惡的話，就代表尚未悟道。這身臭皮囊只是暫借來用而已，至於是誰暫借呢？「精神」是莊子慣用的詞，所以，是精神假託借用的。以「假借」描寫生命，是說生命本身並非實體，沒有什麼自我可言。在伊斯蘭教義中，人活在世上都是暫時借用形體而活的。因此，人不必過於貪婪和執著。譬如，這學期借用這間教室上課，上完就走了，將來還有別人來上課，所以不要以為這是我們的。

以「塵垢」描寫生命，表示生命注定回歸大地，所以不必堅持要有什麼特定的價值。兩人一同觀賞風景，黃帝來過的地方，現在變成了一塊空曠的土地，看到萬物的變化，而變化現在降臨到我身上，又有什麼好厭惡的。當生命出現變化時，不必有情緒反應，更可以如同〈大宗師〉所云：「浸假而化予之左臂以為雞，予因以求時夜……」，深入體驗人生，對於死與生，也就了解順應而接受了。

## 〈18・5〉

莊子之楚，見空髑（ㄉㄨˊ）髏，髐（ㄋㄠˊ）然有形。撽（ㄒㄧˋ）以馬捶，因而問之曰：「夫子貪生失理，而為此乎？將子有亡國之事、斧鉞（ㄩㄝˋ）之誅，而為此乎？將子有不善之行，愧遺父母妻子之醜，而為此乎？將子有凍餒之患，而為此乎？將子之春秋故及此乎？」於是語卒，援髑髏，枕而臥。夜半，髑髏見夢曰：「子之談者似辯士，視子所言，皆生人之累也，死則無此矣。子欲聞死之說乎？」莊子曰：「然。」髑髏曰：「死，無君於上，無臣於下，亦無四時之事，從然以天地為春秋，雖南面王樂，不能過也。」莊子不信，曰：「吾使司命復生子形，為子骨肉肌膚，反子父母妻子閭里知識，子欲之乎？」髑髏深矉（ㄆㄣˊ）蹙（ㄘㄨˋ）頞（ㄜˋ）曰：「吾安能棄南面王樂而復為人間之勞乎？」

## 〈白話〉

莊子來到楚國，看見路邊有一副空的骷髏頭，形骸已經枯槁。莊子用馬鞭敲擊它，然後問說：「你是因為貪圖生存、違背常理，才變成這樣的嗎？還是因為國家敗亡、慘遭殺戮，才變成這樣的？還是因為作惡多端，慚愧自己留給父母妻子恥辱而活不下去，才變成這樣的？還是因為挨餓受凍的災難，才變成這樣的？還是因為你的年壽到了期限，才變成這樣的？」說完這些話，就拉過骷髏頭當作枕頭，睡起覺來。到了半夜，莊子夢見骷髏頭對他說：「你談話的方式像個辯士，你所說的那些都是活人的麻煩，死了就沒有這些憂慮了。你想聽聽死人的情形嗎？」莊子說：「好。」骷髏頭說：「人死了，上沒有國君，下沒有臣子，也沒有四季要料理的事，自由自在與天地並生共存；就算是南面稱王的快樂，也不能超過它啊！」莊子不相信，他說：「我叫司命官恢復你的形體，加給你骨肉肌膚，還給你父母妻子與鄉親故舊，你願意這樣嗎？」骷髏頭皺起眉，憂愁地說：「我怎能放棄南面稱王的快樂，再回人間去辛苦呢？」

## 〈解讀〉

戰國中期戰火頻仍，路有死骨沒人埋，或是埋了之後又被野狗挖出來，皆有可能。莊子質疑骷髏頭五個問題，反映了亂世之中使人致死的五種理由。第一，因為貪圖生存、違背常理，結果反而死得早。第二，國家敗亡、慘遭殺戮。第三，作惡多端，慚愧自己留給父母妻子恥辱，不如自殺。第四，挨餓受凍。第五，因為年壽到了期限。

莊子夢見骷髏頭對他說：「你談話的方式像個辯士。」辯士是指公孫龍、惠施這類人。骷髏頭進一步表示莊子所問的都是活人的憂慮，人死了之後，就只有一種結果，塵歸塵、土歸土，即使一個人好生惡死，也難逃最後的宿命。所以，骷髏頭反而認為死人的快樂勝過南面為王，他甚至還不願回到人間。希臘時代荷馬（Homeros）所寫的史詩〈伊里亞德〉有不同觀點，阿奇里斯說：「我寧可在人間做別人的奴隸，也不願意在陰間稱王。」他的年代比莊子早幾百年，反而認為活著真好，因為陽光和清水讓人活著有各種希望，一旦死了進入陰間，就不再有希望了。而本文強調死者之樂，已有使人好死惡生、矯枉過正之嫌。至於此處莊子設問所表現的好生惡死，應是故意為之，否則就違背了前述「死生為晝夜」的原則。

《聖經》提到：「一個人有很多財富，要像沒有財富的人那樣活著。」今天活在人間，要像將來死亡時沒有任何掛念般活著，但誰做得到呢？莊子真正的意思是，順著生命的發展，死了之後，不必羨慕那些想盡辦法苟且求生的人。簡單來說，一個人活在世上，能否只是單純地與別人來往？如果靠虛張聲勢，或是富貴名聲，算盡心機讓別人尊重，只能算是苟活。所以，純粹以一種最真誠、原始、素樸的方式做人，不要有其他的憑藉或條件與人來往，能做到這一點，就能擁有本文所說的快樂。

## 〈18・6〉

顏淵東之齊，孔子有憂色。子貢下席而問曰：「小子敢問，回東之齊，夫子有憂色，何邪？」孔子曰：「善哉女問！昔者管子有言，丘甚善之，曰：『褚（ㄔㄨˇ）小者不可以懷大，綆（ㄍㄥˇ）短者不可以汲深。』夫若是者，以為命有所成而形有所適也，夫不可損益。吾恐回與齊侯言堯、舜、黃帝之道，而重以燧人、神農之言。彼將內求於己而不得，不得則惑，人惑則死。且女獨不聞邪？昔者海鳥止於魯郊，魯侯御而觴之於廟，奏《九韶》以為樂，具太牢以為膳。鳥乃眩視憂悲，不敢食一臠，不敢飲一杯，三日而死。此以己養養鳥也，非以鳥養養鳥也。夫以鳥養養鳥者，宜栖（ㄑㄧ）之深林，遊之壇陸，浮之江湖，食之鰌（ㄑㄧㄡ）鯈（ㄊㄠˊ），隨行列而止，委蛇（ㄧˊ）而處。彼唯人言之惡聞，奚以夫譊（ㄋㄠˊ）譊為（ㄨㄟˋ）乎！《咸池》、《九韶》之樂，張之洞庭之野，鳥聞之而飛，獸聞之而走，魚聞之而下入，人卒聞之，相與還而觀之。魚處水而生，人處水而死。彼必相與異，其好惡故異也。故先聖不一其能，不同其事。名止於實，義設於適，是之謂條達而福持。」

〈白話〉

顏淵往東去了齊國，孔子露出憂愁的臉色。子貢離席上前問說：「學生大膽請教：顏回往東去了齊國，老師露出憂愁的臉色，為什麼呢？」孔子說：「你問得好！從前管子說過一句話，我深有同感，他說：『小袋子不可以裝進大東西，短繩子不可以汲取深井的水。』他這麼說，是因為人的命定條件有它的成型，形體能力也有它的限制，這些是無法增加或減少的。我擔心顏回會與齊侯談論堯、舜、黃帝的道理，再強調燧人氏、神農氏的言論。齊侯將以這些標準要求自己，可是又做不到，做不到就會迷惑；人一迷惑就會陷於死地。並且，你難道沒聽說過嗎？從前有隻海鳥飛到魯國郊外，魯侯把牠迎進太廟，送上好酒款待，為牠演奏《九韶》樂曲，宰殺牛羊豬做為膳食。海鳥卻目光迷離、神情憂戚，不敢吃一口肉，不敢喝一杯酒，結果三天就死了。這是用養自己的方法去養鳥，而不是用養鳥的方法去養鳥。如果用養鳥的方法去養鳥，就應該讓牠在深林中棲息，在沙洲上走動，在江湖上飛翔，啄食泥鰍小魚，隨著群鳥而居，自由自在生活。鳥就是討厭聽到人的聲音，為什麼還要弄得那麼喧鬧！像《咸池》、《九韶》這樣的樂曲，在廣闊的原野上演奏時，鳥一聽見就飛走，獸一聽見就跑開，魚一聽見就潛入水中；只有人們聽了，會圍繞起來欣賞。魚在水裡可以活，人在水裡就會死；魚與人本性不同，好惡自然也不同。所以古代聖人不要求人們具有一致的能力，或者做到同樣的事情；只要名與實相符，該做的都是適當的，就可以了。這就叫做通達順暢，使一切都配合得恰到好處。」

〈解讀〉

莊子筆下的顏淵，不但學問好、德行高，還是個行動派，到處去幫助別人。莊子對顏淵情有獨鍾，所以特別把他描繪成不同於儒家經典的形象。

「小袋子不可以裝進大東西，短繩子不可以汲取深井的水」是個比喻。問題在於，如何判斷你要勸化的人是否像小的袋子和短的繩子？也就是你提供的東西，別人可以消化嗎？有沒有可能容納，取決於一個人的命定條件和形體能力。形體能力不難理解，譬如，要一個身高不夠，身體也不壯的人，抬起一百公斤的東西，是強人所難。莊子在〈逍遙遊〉也說過：「水之積也不厚，則其覆大舟也無力。」其次，命定條件則是無法增加或減少的。一個人有什麼樣的命定條件，就會遭遇什麼樣的結果；一個人有什麼樣的形體能力，就有適合發展的方式與範圍。命與形看似天生注定，但並不表示人不能啟發智慧。道家了解人生的各種不公平，但是公平之處在於，每個人都需要啟發智慧，否則就算天生富貴、條件優越，照樣不見得快樂。

大多數人面對高標準，就不會要求自己，做不到就放棄了。孔子的學生冉有就曾表示：「非不說子之道，力不足也。」（《論語・雍也》）冉求覺得老師的道太好了，只是他的力量不夠。連孔子的學生也有這種想法，何況一般人聽到堯舜與湯這麼高深的道理，怎麼可能做得到？莊子描述齊侯有心達成高標準，卻做不到，做不到就會迷惑。一迷惑就會陷於死地，理想高而做不到，活著又有什麼意思。這也可能使顏淵陷於死地，因為他告訴君王那些做不到的事。

本文重點在於「這是用養自己的方法去養鳥，而不是用養鳥的方法去養鳥。」如同主人用養人的方式來養狗，把牠關在籠子裡面，讓牠穿衣服，都是違反本性。讓鳥在深林中休息，不只是森林而已。「深」是深淺的深，代表很大的樹林，讓牠隨著群鳥而居，自由自在生活。

莊子此處以魯侯比擬顏回，以海鳥比擬齊侯。魯侯要把最好的東西都給海鳥，如同顏回欲將最好的智慧都給齊侯。顏淵頗有「我本將心向明月，奈何明月照溝渠」的委屈。但是，齊侯豈有海鳥之自然本性？海鳥稟持天性，自由自在，齊侯可是胡作非為。因此，海鳥之喻脫離實際情形，獨立來看反而較有理趣。

本文對「無心而為」做了很好的解釋，不必要求每個人都有一致的能力，可以做到同樣的事情，大家順著自己的情況，讓實與名配合，而非一味追求虛名。這就叫做通達順暢，使一切都配合得恰到好處。

〈18・7〉

列子行食於道從，見百歲髑髏，攓（ㄑㄢ）蓬而指之曰：「唯予與女知，而未嘗死，未嘗生也。若果養乎？予果歡乎？」種有幾，得水則為𢇍（ㄐㄩㄝˊ），得水土之際則為蛙蠙（ㄅㄧㄣ）之衣，生於陵屯則為陵舄（ㄒㄧˋ），陵舄得鬱棲則為烏足，烏足之根為蠐（ㄑㄧˊ）螬（ㄘㄠˊ），其葉為胡蝶。胡蝶胥也化而為蟲，生於竈下，其狀若脫，其名為鴝（ㄐㄩ）掇（ㄉㄨㄛˊ）。鴝掇千日為鳥，其名為乾餘骨。乾餘骨之沫為斯彌，斯彌為食醯（ㄒㄧ）。頤輅（ㄌㄨˋ）生乎食醯，黃軦（ㄏㄨㄤˋ）生乎九猷，瞀（ㄇㄠˋ）芮（ㄖㄨㄟˋ）生乎腐蠸（ㄏㄨㄢ）。羊奚比乎不箰（ㄊㄨㄣˇ），久竹生青寧，青寧生程，程生馬，馬生人，人又反入於

**機。萬物皆出於機，皆入於機。**

## 〈白話〉

列子旅行時，坐在路邊吃飯，看到一個百年的骷髏頭，就拔去覆蓋的雜草，指著它說：「只有我與你知道，你不曾有過死，也不曾有過生。你真的憂愁嗎？我真的開心嗎？」物種由微小的幾而來，幾遇到水就長成斷續如絲的繼草，遇到水土交界之處就長成青苔。生在丘陵地上就長成車前草，車前草遇到糞土就長成烏足草。烏足草的根變成金龜子的幼蟲，葉子則變為蝴蝶。蝴蝶一會兒就變成小蟲，活在爐灶底下，形狀好像蛻了皮一樣，名叫鴝掇。鴝掇過了一千日就變成鳥，名叫乾餘骨。乾餘骨的唾沫變為斯彌，斯彌再變為蠛蠓。頤輅從蠛蠓生出來，黃軦從九猷生出來，瞀芮從黃甲蟲生出來。羊奚草與不長筍的老竹生出青寧蟲，青寧蟲生出大蟲，大蟲生出馬，馬生出人。人又回歸於最初的幾。萬物都來自於幾，又回到幾之中。

## 〈解讀〉

一般人講道家，本來以老、莊、列三人為代表。但是現存的《列子》，不是古代的原文版本。從《莊子》中推斷，莊子多次寫到列御寇，代表列子的時代應該在莊子前面，是很有名的人。魏晉時代張湛所注解的《列子》，是現在通行的版本，但大家都認為此非原始版本，而是後代編造。而今只能從《莊子》得知，列子在莊子筆下是個很聰明的人。

列子對髑髏說的話，表示人最後會發現自己不曾死也不曾生，因為死與生只是同一個變化中的階段及過程，在一個空間裡面，以循環的方式，互相演變而已；因此，死了不必憂愁，活著也毋須開心。列子認為只有他與髑髏知道這個奧祕，可見一般人還有待啟發智慧。

「種有幾」此段演變，代表古人素樸而粗糙的演化觀念。它說明了三種觀點：一，物種共同的來源為「幾」（極其微小之物）；二，演化由簡單趨於複雜，配合環境條件而出現變化；三，植物、動物與人之間的連續演變，突破了物種觀念，回到莊子思想的一貫主張，亦即一切都是氣的變化。英國達爾文（Charles Robert Darwin）也有類似觀念，他在一八五九年出版的《物種原始》（*On the Origin of Species*）中，談到生物的發展演化理論，有兩個原則：一，是只有一個系統，不能說同時出現了動物、植物與人；二，是從簡單到複雜。

「萬物皆出於機，皆入於機」，從最微小之物，慢慢變得複雜，到最後出現人了，人最後又變成最原始的細胞。人難以把握「氣」的變化，但重點不在於形體，因為莊子希望人應該形如槁木、心如死灰，不要在意有形的身體，而要注重身心的修練，展現出人的精神。學者把「機」理解為「無」或「自然」，雖然不違道家的主旨，但已經是擴大及延伸的詮釋了。

**總結本篇要旨：**

人間有最大的快樂嗎？像富貴、長壽、名聲，都要人付出代價，享受這些快樂的後遺症也很大。「無心而為」才是至樂。這種覺悟使人看透生死。本篇有「莊子妻死」與「見空骷髏」等章，助人深思。至於魯侯與海鳥之喻，以及列子的體悟之語，皆各有理趣。

# 第十九 達生

〈19・1〉

達生之情者，不務生之所無以為；達命之情者，不務命之所無奈何。養形必先之以物，物有餘而形不養者有之矣；有生必先無離形，形不離而生亡者有之矣。生之來不能卻，其去不能止。悲夫！世之人以為養形足以存生；而養形果不足以存生，則世奚足為哉？雖不足為而不可不為者，其為不免矣。夫欲免為形者，莫如棄世。棄世則無累，無累則正平，正平則與彼更生，更生則幾矣。事奚足棄而生奚足遺？棄事則形不勞，遺生則精不虧。夫形全精復，與天為一。天地者，萬物之父母也。合則成體，散則成始。形精不虧，是謂能移；精而又精，反以相天。

〈白話〉

明白生命的真實狀況的人，不會去追求生命所不需要的東西；明白命運的真實狀況的人，不會去追求命運所達不到的目標。保養形體一定要先具備物資，但是物資有餘而形體不能保養好的，有這樣的人啊；保全生命一定要先使它不脫離形體，但是形體尚未脫離而生命已經失落的，有這樣的人啊。生命來時不能拒絕，去時不能阻止。可悲啊！世人以為保養形體就足以保存生命，可是保養形體實在不足以保存生命，那麼世間還有什麼事情值得做呢？雖然不值得做，卻又不可不做，所做的不免就是為了形體了。如果想要避免為形體操勞，最好就是拋開世事。拋開世事就沒有拖累，沒有拖累就平心靜氣，平心靜氣就能與變化一起更新，能夠不斷更新就接近於道了。世事為何應該拋棄，生命為何應該遺忘？拋棄世事，則形體不勞累；遺忘生命，則精神不虧損。形體健全，精神充足，就與自然合而為一。天地是萬物的父母；兩者相合必形成物體，兩者離散就回歸原始。形體與精神不虧損，就能順應各種變化；修養了再修養，最後歸於隨順自然。

## 〈解讀〉

「明白生命的真實狀況的人，不會去追求生命所不需要的東西。」這句話一針見血，人常得到很多自己不見得需要的東西。近幾年提倡簡樸觀念，簡樸的意義就是兩句話：第一，不擁有不需要的東西，第二，東西用到壞為止。東西用到壞，代表珍惜它、對得起它，譬如，一雙鞋子買了沒有穿，最後丟掉了，就是可惜。好比每個人活在世上，不要學別人，要好好做自己，生命的能量如果沒有使用，這一生只能被別人照顧，什麼都不能發揮，也是浪費。

本文先談「生命」的真實情況，接著再談「命運」的真實情況。提到命運，就要想到「遭遇」。活著的人都有生命，但是每個人的遭遇，也就是命運，都不相同，所以不要追求命運所達不到的目標。

保養形體一定要先具備物資，有的人也許賺很多錢，想要保養自己的身體，結果，身體再怎麼保養，最後老了、走了，錢還剩下很多，即「物有餘而形不養者」。保全生命一定要先使它不脫離形體，但有的人身體還很健康卻已經走了，可能是意外，可能是疏忽，即「形不離而生亡者」。生命來的時候，不能拒絕，走的時候，也不能阻止。所以，有關人的生命問題，正如《聖經》提到的：「死亡就像小偷一樣，在你沒有準備好的時候就來了，永遠不能預測。」

拋棄世事，則形體不勞累；遺忘生命，則精神不虧損，重點還是一句「無心而為」。此處提到兩個層次，一個是形體、一個是精神。莊子並不主張死亡比較快樂，他強調的是形體健全，精神充足，即本文重點「形全精復」，做法則是「棄世遺生」。「更生則幾矣」的「幾」，指「接近於道」，由於道的境界不易以文字表述，所以莊子常是用「幾」字，留待讀者自行想像體會。

形體健全，精神充足，就能與自然合而為一。隨順自然不是什麼都不做，而是必須修養了再修養，才能做到。隨順自然可以達到兩個境界，第一，是像小孩子一樣，他們還不懂得區分，餓了就哭，累了就睡，沒有特別的意念，就能隨順自然。第二，生命慢慢成長後，有了知識，就有欲望，但仍要無心而為，繼續做該做的事，才能夠進行修練。小孩子就像見山是山、見水是水；人在修養之後見山還是山、見水還是水，但已經不一樣了。這時，我們已經知道什麼時候山不是山，水不是水。小孩子的天真是因為無知，好像什麼都不在意，其實是不懂得失成敗；老了之後的天真，也是心中毫無得失成敗，卻是因為透過智慧而看透了一切。兩者表現類似，其實有很大的差別。人生在世，要追求的是第二種境界，也就是修養了再修養的結果。

## 〈19．2〉

子列子問關尹曰：「至人潛行不窒，蹈火不熱，行乎萬物之上而不慄。請問何以至於此？」關尹曰：「是純氣之守也，非知巧果敢之列。居，予語女！凡有貌象聲色者，皆物也，物與物何以相遠？夫奚足以至乎先？是色而已。則物之造乎不形，而止乎無所化。夫得是而窮之者，物焉得而止焉！彼將處乎不淫之度，而藏乎無端之紀，遊乎萬物之所終始。壹其性，養其氣，合其德，以通乎物之所造。夫若是者，其天守全，其神無郤（ㄒㄧˋ），物奚自入焉！」

## 〈白話〉

列子問關尹說：「至人潛入水中不會窒息，踩在火上不會灼傷，行走於萬物之上也不會害怕，請問為什麼能達到這樣的境界？」關尹說：「這是靠著保守住純粹之氣，而不是用智力巧計或勇敢果決之類的辦法。請坐下，我來告訴你。凡是具有形象聲色的，都是物；物與物之間的差距怎麼會這麼大？他是憑什麼條件而處於萬物之前的？萬物所有的，只是形象聲色而已；而萬物是從沒有形象聲色之處產生的，並且將終止於無所變化的狀態。如果領悟這個道理而完全了解的話，萬物怎麼能夠妨礙他呢！他將停留在平常的處境中，隱藏於不露形跡的狀況裡，遨遊於萬物變化的過程中，整合他的本性，涵養他的氣，不離開他的天賦，由此與產生萬物的根源相通。像這樣的人，自然稟賦完整保全，精神狀態沒有缺陷，萬物要從哪裡去侵犯他呢！」

〈解讀〉

莊子在最後一篇〈天下〉提到關尹、老聃二人。老子在周朝擔任守藏室之史，退休之後騎青牛出函谷關，被守關的關尹認出而攔下，因為他知道老子是有學問、有智慧的人，因此有了《老子》這本書。本文列子問關尹的問題，當然是一種想像與傳聞，不是一般人所能理解的。就如同莊子說的，老虎、犀牛不能傷害有智慧的人，並非因為他勇敢，而是他設法讓自己不受傷害，簡單說來，有危險的地方，有智慧的人不會冒險前往。

本文談到「養其氣」，目的是要得到「純氣」。這種工夫依然不離智慧，就是領悟萬物皆由「不形」而來，並且止於「無所化」，才不會被貌象聲色所迷惑。達到此境界，才能「通乎物之所造」，可以「遊」也。形象聲色的來源是超越形象聲色的，並且將終止於無所變化的狀態。一般人的情緒容易受影響，心情本來一片漆黑，突然看到放煙火，就覺得很開心。至人就不受影響，放煙火或不放煙火，對他來說，沒有差別。人要修練真的不容易，因為大多數人喜歡人多熱鬧，人少了，就覺得特別淒涼，心情容易產生波動。所以「至人」如同「太上忘情」，是最高境界的人，「忘」不是忘記，而是能夠超越情緒，知道情緒的波動是外在條件所造成的結果，內心就不受干擾。

本文重點在於「壹其性，養其氣，合其德」；「性、氣、德」皆為自然所賦，而「壹、養、合」則是方法。道永遠不變，而萬物在變化之中，所以人處在變化的萬物中，要時時去想像萬物的根源與歸宿。意即活在世上，當看到變化時，過盡千帆皆不是，有如船過水無痕，不必難過傷心，變化本來就是高高低低，有熱鬧也有荒涼。如能了解變化之前和變化之後，就是智慧了。但同時，也要小心避免陷入一種虛幻的心態，因為看開之後，有可能產生兩個結果，第一，是為歡幾何，每天尋歡作樂，反正一切都空；第二，是浮生若夢，極度消極，那就什麼都不要做了。這兩個極端皆非道家本意，唯有「平常心是道」。

西方談變化時，常參考亞里斯多德（Aristotle）的觀點。他說變化有一個原則：從潛能到實現。一個小孩慢慢長大，代表他有長成大人的潛能。一棵樹，由種子長成樹苗，樹苗再長成大樹，代表它由潛能變成實現。所有的變化，都代表有潛能，並且正在實現。全部實現了，才是完美。從純粹哲學的觀點來看，萬物都在變化之中，代表萬物都不完美，真正完美的東西，已經完全實現，不需要變化了。如果一位老師懂得亞里斯多德的理論，說某個學生很有潛能，這不是稱讚，而是說他還差得很遠；說另一個學生沒什麼潛能，反而是最高的稱讚，因為他已經完全實現了。

「天守全」的「天」是自然，「天守」是自然稟賦。自然稟賦完整保全，精神狀態沒有缺陷，萬物無法侵犯他。一個人只有在缺乏的時候，才可能受到侵犯、受到外面的傷害；如果覺得足夠了，外面來來去去的，對自己而言只是光影而已。譬如，我不缺錢，現在要加薪，我不用高興，減薪，我也不用難過。這些只是外在的變化，不會干擾我。這不容易做到，通常人們得到正面的效果就很得意，反過來就很失意，所以人生常處在得意與失意之間。

〈19．3〉

「夫醉者之墜車，雖疾不死。骨節與人同而犯害與人異，其神全也。乘亦不知也，墜亦不知也，死生驚懼不入乎其胸中，是故遻（ㄨˋ）物而不慴（ㄓㄜˊ）。彼得全於酒而猶若是，而況得全於天乎？聖人藏於天，故莫之能傷也。復讎（ㄔㄡˊ）者不折鏌（ㄇㄛˋ）、干；雖有忮（ㄓˋ）心者不怨飄瓦，是以天下平均。故無攻戰之亂，無殺戮之刑者，由此道也。不開人之天，而開天之天。開天者德生，開人者賊生。不厭其天，不忽於人，民幾乎以其真。」

〈白話〉

「喝醉酒的人摔下車子，雖然受傷但不會摔死。骨骼關節與別人相同，受到的傷害卻不一樣，這是因為他的精神處於整合的狀態。乘車時沒有知覺，墜車時也沒有知覺，像死、生、驚慌、害怕之類的情緒都沒有進入他的心中，所以出了意外狀況並不感到害怕。藉著酒來保持精神整合的人尚且如此，何況是藉著自然來保持精神整合的人呢？聖人藏身於自然中，所以萬物沒有辦法傷害他。復仇的人不去折斷敵人的寶劍，心中有恨的人不去怪罪落在頭上的瓦片，能夠這樣，天下就太平安定了。所以，沒有戰爭的禍患，沒有殺戮的刑罰，都是由於這個道理啊。不要開啟人為的稟賦，而要開啟自然的稟賦。開啟自然，生出天賦本性；開啟人為，生出盜賊禍害。對自然不厭倦，對人為不疏忽，百姓大概就可以保住真實的一面了。」

〈解讀〉

喝醉酒的人精神好像處於整合的狀態，是因為自我意識比較模糊。人活在世界上，最大的痛苦，來自於自我意識太強，它就像一座圍牆，意識太強的話，就跟別人產生隔閡對立；有自我就有非我，常常想到我怎麼樣，別人一和我不一樣，就有壓力。所以在心理學上，往往提醒人，自我意識有時候表現自我防衛機制，總覺得別人說話針對我，我要去對抗，那就緊繃疲累了。喝酒會有一種效果，到半醉的時候，會放下警戒的心，自我與別人之間的分別比較模糊。很多人做生意一定要喝酒，因為意識清醒會斤斤計較。以「醉者」描寫一個人「神全」，意思是暫時失去一般人的知覺與情緒。人在遇到災難時，想像中的恐懼往往造成更大的傷害。如果能與自然相順，則在清醒時也可以神全。

「出了意外狀況並不感到害怕。藉著酒來保持精神整合的人尚且如此，何況是藉著自然來保持精神整合的人呢？」這叫「得權於天」，「天」就是自然。聖人藏身於自然中，所以萬物沒有辦法傷害他。別人覺得很累，他覺得不累；別人覺得很熱，他覺得不熱；別人覺得很冷，他覺得不冷，因為隨遇而安。隨遇而安不是空想，而是要實踐。譬如，到一個地方，看到別人以不同的方式生活，覺得不習慣，但習慣只是時間早晚的問題。一個人智慧高的話，適應的時間自然縮短，最好的方法，就是盡量去想五年、十年之後會如何，就不會計較當下。

鏌邪、干將，是古代寶劍之名。「復仇的人不去折斷敵人的寶劍」，簡單地說，復仇者不遷怒於寶劍，表示一事歸一事，萬物趨於單純，然後人間災難可以化解，這就是我們所要學習的。人最怕糾纏不清，也就是遷怒，但一般人經常會情緒轉移，難以避免，就像寶劍本身沒有問題，出問題的是復仇的意念；「心中有恨的人不去怪罪落在頭上的瓦片」，瓦片被風吹落，和我心中有恨去怪罪一個人，是兩回事，混在一起就複雜了。如能做到讓人生命盡量單純化，一事歸一事，天下就太平安定了。所以，沒有戰爭的禍患，沒有殺戮的刑罰，都是基於這個道理。有一部美國西部片，描述一名遊俠四處行俠仗義，他想回歸鄉野耕種，就住到一個老朋友家。這朋友有一個小男孩，很喜歡拿著木頭做的槍玩，遊俠便教他如何拔槍、瞄準。小孩子的媽媽看了不高興，他卻說：「槍沒有什麼好壞，要看用槍的人。」觀念和本段相通。

「開天者」的「天」，就是自然，也指稟賦或潛能。「開人者」的「人」是人為，人類各種自作聰明的設計。社會一定要分辨善惡，所以制定許多法律懲罰壞人。但是，法律規定愈細，違法的人就愈多，所以「賊生」。本段說明人若發揮智巧，就會造成困境，但是智巧不也是人的稟賦之一？

〈19．4〉

仲尼適楚，出於林中，見痀（ㄐㄩ）僂（ㄌㄡˊ）者承蜩（ㄊㄧㄠˊ），猶掇（ㄉㄨㄛˊ）之也。仲尼曰：「子巧乎，有道邪？」曰：「我有道也。五六月累丸二而不墜，則失者錙銖；累三而不墜，則失者十一；累五而不墜，猶掇之也。吾處身也，若厥株拘；吾執臂也，若槁木之枝。雖天地之大，萬物之多，而唯蜩翼之知。吾不反不側，不以萬物易蜩之翼，何為而不得！」孔子顧謂弟子曰：「用志不分，乃凝於神。其痀僂丈人之謂乎！」

## 〈白話〉

孔子到楚國去，經過一片樹林，看見一個彎腰駝背的老人在黏蟬，好像在地上撿東西一樣。孔子說：「您的技巧高明啊，有什麼訣竅嗎？」老人說：「我有訣竅。經過五、六個月的練習，我在竹竿頂上放兩顆彈丸而不會掉落，這樣去黏蟬就很少失手了；接著，放三顆彈丸而不會掉落，這樣失手的機會只有十分之一；等到放五顆彈丸而不會掉落，黏蟬就好像在地上撿東西一樣了。我站穩身體，像是直立的枯樹幹；我舉起手臂，像是枯樹上的枯枝。天地雖大，萬物雖多，我所察覺的只有蟬翼。我不會想東想西，連萬物都不能用來交換蟬翼，這樣怎麼會黏不到呢！」孔子回頭對弟子說：「用心專一而不分散，表現出來有如神明的作為。說的就是這位彎腰駝背的老人啊！」

## 〈解讀〉

黏蟬老人技巧高明，訣竅有二：一是長期的練習，就像有些人練輕功，剛開始穿鐵鞋，還要負重三十公斤，假使還能跑得動，將來卸去負重，鐵鞋換成布鞋，身輕如燕，很容易就翻過了牆；二是專注的心思，眼中只看到蟬翼，連萬物都不能用來交換，這才是重點。把握這兩點訣竅，學習任何技術，都可以「猶掇之也」，得心應手。

《孟子・告子上》也有類似故事。弈秋是全國最會下圍棋的人，他教兩個人下棋。第一個人專心致志，什麼都聽弈秋的話，老師教他怎麼擺譜，教他怎麼下，他就怎麼下。第二個人一心以為有鴻鵠將至，一面下棋，一面援弓準備射鳥。奕秋教同樣的內容，結果第一個人變成高手，第二個人還是什麼都沒學會，因為他下棋時心思不定。

不管任何老師，都強調學習要用心專一，這是一個意識問題。人的意識有無限可能，意識包括向外與向內，譬如，看到一隻鳥飛過去，這是向外的意識。但是人心中的意念就多了，會忍不住想，這什麼鳥？這鳥能飛多高？混雜各種複雜的幻想，外在讓人分心，內在又紛亂無法用心專一，最後什麼事都做不成。西方近代哲學中的現象學，亦強調意識。「intention」是意向性，意識的本質就是意向性。意向性就好像射箭的目標，當一個人開始思考時，思考有一個對象，這個對象就是人的意識所要針對的，如果沒有把對象弄清楚，以致於他針對的東西換來換去，最後什麼都學不會。所以意識本身，要有明確的焦點，才能夠進一步去掌握對象；沒有明確對象，就像射箭的人沒有明確目標。所以學習沒有祕訣，唯有專注，彷彿天地萬物都不存在。不是為了外在的目的，而是要考慮這件事值不值得做、該不該做。

老人說：「我站穩身體，像是直立的枯樹幹。」莊子喜歡以枯樹幹形容，形如槁木。「用志不分，乃凝於神」的「凝」與擬、疑通用，為「相似」之意，即所謂的「出神入化」、「鬼斧神工」。

〈19・5〉

顏淵問仲尼曰：「吾嘗濟乎觴（ㄕㄤ）深之淵，津人操舟若神。吾問焉，曰：『操舟可學邪？』曰：『可。善游者數能。若乃夫沒（ㄇㄛˋ）人，則未嘗見舟而便操之也。』吾問焉而不吾告，敢問何謂也？」仲尼曰：「善游者數能，忘水也。若乃夫沒人之未嘗見舟而便操之也，彼視淵若陵，視舟之覆猶其車卻也。覆卻萬方陳乎前而不得入其舍，惡往而不暇！以瓦注者巧，以鉤注者憚（ㄉㄢˋ），以黃金注者殙（ㄏㄨㄣ）。其巧一也，而有所矜，則重外也。凡外重者內拙。」

〈白話〉

顏淵請教孔子說：「我曾渡過一處叫做觴深的深淵，擺渡人划船的技術，靈巧如神。我問他：『划船可以學得會嗎？』他說：『可以。會游泳的人很快就學會了。如果是會潛水的人，即使沒有見過船也能立刻就划。』我問他其中緣故，他卻不告訴我。請問老師，他說的是什麼意思？」孔子說：「會游泳的人很快就學會，因為他忘記了水的存在；如果是會潛水的人，即使沒有見過船也能立刻就划，因為他把深淵看成丘陵，把翻船看成倒車。翻船倒車的各種狀況發生在眼前，他也不會放在心上；那麼他到任何地方不都是輕鬆自在嗎？用瓦片做賭注的人，技巧相當靈活；用帶鉤做賭注的人，就會心存恐懼；用黃金做賭注的人，就頭昏腦脹了。賭博的技巧是一樣的，但是有所顧忌，那是因為看重外物啊。凡是以外物為重的，內心就會笨拙。」

〈解讀〉

會游泳的人「忘水」，忘記水的存在；會潛水的人「視淵若陵」，無視於水。沒有在意水的特性，讓自己與水合一，如同魚不會淹死，如此划船就像駕車（甚至走路）一樣簡單。重點在於不放在心上，以平常心待之，做起來才會輕鬆自在。不過，在達到會游會潛的程度之前，苦練的過程還是不可缺少。

接著，文中以賭注說明，描寫生動，凡是以外物為重的，內心就會笨拙，因為賭注大小確實會影響心理，患得患失，最好還是避免。不過，「凡外重者內拙」的原則放諸天下而皆準。

「津人」就是擺渡的人。《論語》中提到孔子遣人去「問津」，即問渡口在哪裡。「若乃夫沒人」的「沒人」是沒在水裡的人，也就是潛水的人。

〈19．6〉

田開之見周威公，威公曰：「吾聞祝腎學生，吾子與祝腎游，亦何聞焉？」田開之曰：「開之操拔篲（ㄏㄨㄟˋ）以侍門庭，亦何聞於夫子！」威公曰：「田子無讓，寡人願聞之。」開之曰：「聞之夫子曰：『善養生者，若牧羊然，視其後者而鞭之。』」威公曰：「何謂也？」田開之曰：「魯有單（ㄕㄢˋ）豹者，巖居而水飲，不與民共利，行年七十而猶有嬰兒之色，不幸遇餓虎，餓虎殺而食之。有張毅者，高門縣（ㄒㄩㄢˊ）薄，無不走也，行年四十而有內熱之病以死。豹養其內而虎食其外，毅養其外而病攻其內。此二子者，皆不鞭其後者也。」仲尼曰：「無入而藏，無出而陽，柴立其中央。三者若得，其名必極。夫畏塗者，十殺一人，則父子兄弟相戒也，必盛卒徒而後敢出焉，不亦知乎！人之所取畏者，衽（ㄖㄣˋ）席之上，飲食之間，而不知為之戒者，過也！」

## 〈白話〉

田開之晉見周威公，威公說：「我聽說祝腎在學習養生，你與祝腎交往，也曾聽他說過什麼嗎？」田開之說：「我只是在老師門下做些清掃的工作，又能從他那兒聽到什麼呢！」威公說：「田先生不要謙讓，我很想聽聽。」田開之說：「我聽老師說過：『會養生的人，好像是在牧羊，要看準落後的羊揮鞭子。』」威公說：「『這話是什麼意思？』」田開之說：「魯國有一個人，名叫單豹，他住在岩洞裡，只喝清水維生，不與眾人爭利，活到七十歲，還有嬰兒般的容顏；他不幸遇到一隻餓虎，就被餓虎咬死吃掉了。另外有一個人，名叫張毅，凡是高門大宅的富貴人家，他無不奔走鑽營，結果活到四十歲就患內熱病而死。單豹修養內心，而老虎吃掉他的身體；張毅保養身體，而疾病由內部侵害他。這兩個人都是沒有鞭打落後的羊啊。」孔子說：「不要深入荒山到隱藏自己的地步，不要行走世間到顯揚自己的地步，要像枯木一樣處於兩者之間。若能領悟這三點，一定可以實現養生之名。對於危險的路段，如果知道十人中有一人被殺，那麼父子兄弟就會互相警惕，一定要多找些人然後才敢外出，這樣不也是明智嗎！但是，人最該害怕的，是在臥榻之上與飲食之間，卻又不知道對此警惕，實在是個過錯啊！」

## 〈解讀〉

這一段講到養生，重點在於不走極端。「會養生的人，好像是在牧羊，要看準落後的羊揮鞭子。」哪一隻羊落後，就去趕哪一隻羊，意即什麼地方有問題，就去治理什麼地方，如果缺乏運動，就做運動，缺少哪一種營養，就補充哪一種營養，不必盲從，只問自己需要什麼，保持均衡的發展，即為養生之道。單豹修養內心，而老虎吃掉他的身體；張毅保養身體，而疾病由內部侵害他。兩人失去性命，皆因為沒有及時矯正極端行為。

莊子借孔子說理。如果深入荒山，隱藏自己，深山老虎橫行，離人群太遠，別人救不了你；行走世間，人緣很好，到處拉關係，每天都有應酬，身體也受不了。人生在世不要求名，「要像枯木一樣處於兩者之間」，不要走極端。

古代常有盜賊，出門時知道某個路段很危險，十分之一的人會被殺，如果能找多一點人同行，強盜就不敢來了。意即知道危險，就去防備，代表道家重視判斷，也就是智慧。但是，人最該害怕的，是在臥榻之上與飲食之間，一個是色、一個是食，此二者會在不知不覺中趨於極端，傷及性命。

〈19．7〉

祝宗人玄端以臨牢筴（ㄘㄜˋ），說（ㄕㄨㄟˋ）彘曰：「汝奚惡死？吾將三月豢（ㄏㄨㄢˋ）汝，七日戒，三日齊（ㄓㄞ），藉白茅，加汝肩尻（ㄎㄠ）乎雕俎之上，則汝為之乎？」為彘謀，曰不如食以糠糟而錯之牢筴之中。自為謀，則苟生有軒冕之尊，死得於腞（ㄓㄨㄢˋ）楯（ㄕㄨㄣˇ）之上，聚僂之中則為之。為彘謀則去之，自為謀則取之，所異彘者何也？

## 〈白話〉

祭祀官穿著黑色禮服，來到豬圈，對著豬說：「你為什麼不想死呢？我花三個月的時間餵養你，然後守戒七天，作齋三天，再用白茅草做席位，把你的兩肩兩臀放在雕滿紋飾的供桌上，這樣你會願意嗎？」如果是為豬設想，會說那還不如餵牠吃糟糠，一直安置在豬圈裡。如果是為自己設想，那麼只要活著時享有富貴的尊榮，死後能裝在畫滿紋飾的棺材中與靈車上，就願意這麼做。為豬設想，會拒絕這麼做；為自己設想，卻同意這麼做。那麼，他與豬的差別到底是什麼？

## 〈解讀〉

把豬養大，目的是為了祭祀，如果讓牠活太久，對人而言，是種浪費。如果為豬設想，就該讓牠過平常日子，活久一點；但是人為自己設想時，卻希望活著享有富貴的尊榮，死後能裝在畫滿紋飾的棺材中與靈車上。考慮豬的遭遇時，人知道「與其成為祭品，不如活得平凡」；考慮人的遭遇時，卻因為「當局者迷」，反而不清楚應該如何判斷、做何選擇，證明人為自己設想，還不如替豬設想的周到。也許有些人認為自己想清楚了，主動選擇「與其活得平凡，不如成為祭品」，莊子對此大概也無話可說。

## 〈19．8〉

桓公田於澤，管仲御，見鬼焉。公撫管仲之手曰：「仲父何見？」對曰：「臣無所見。」公反，誒（ㄒㄧ）詒（ㄧˊ）為病，數日不出。齊士有皇子告敖者，曰：「公則自傷，鬼惡（ㄨ）能傷公！夫忿滀（ㄔㄨˋ）之氣，散而不反，則為不足；上而不下，則使人善怒；下而不上，則使人善忘；不上不下，中身當心，則為病。」桓公曰：「然則有鬼乎？」曰：「有。沉（ㄔㄣˊ）有履。竈有髻。戶內之煩壤，雷霆處之；東北方之下者，倍阿鮭蠪（ㄌㄨㄥˊ）躍之；西北方之下者，則泆陽處之。水有罔象，丘有峷（ㄕㄣ），山有夔，野有彷徨，澤有委蛇（ㄧˊ）。」公曰：「請問委蛇之狀何如？」皇子曰：「委蛇，其大如轂（ㄍㄨˇ），其長如轅，紫衣而朱冠。其為物也，惡聞雷車之聲，則捧其首而立。見之者殆乎霸。」桓公囅（ㄔㄣˇ）然而笑曰：「此寡人之所見者也。」於是正衣冠與之坐，不終日而不知病之去也。

### 〈白話〉

齊桓公在沼澤區打獵，管仲替他駕車。桓公見到了鬼，就拉著管仲的手說：「仲父看到什麼東西嗎？」管仲說：「我什麼也沒看見。」桓公回去之後，失魂落魄，生起病來，幾個月沒出門。齊國一位書生，名叫皇子告敖的，前來看望桓公，對他說：「您是自己傷到自己，鬼怎麼能傷到您呢！因憤怒而結聚的氣，如果向外發散而不收回，就會使人疲累不堪；如果往上升而不下沉，就會使人容易發怒；如果往下沉而不上升，就會使人容易忘記；如果不上升也不下沉，就會積在身體當中的心裡面，然後生病。」桓公說：「不過，有鬼存在嗎？」皇子告敖說：「有。汙泥中有履鬼；爐灶裡有髻鬼；門戶內擾攘之處，住著雷霆鬼；東北方牆下，有倍阿鮭蠪鬼在跳躍；西北方牆下，住著泆陽鬼。水裡有罔象鬼；丘陵上有峷鬼；山中有夔鬼；曠野有彷徨鬼；沼澤有委蛇鬼。」桓公說：「請問，委蛇鬼的形狀像什麼？」皇子說：「委蛇鬼，體型像車輪那麼大，身高像車轅那麼長，穿紫衣戴紅帽。這種東西，討厭聽到雷車的聲音，一聽到就拱著手站起來。看到他的人，將會成為霸主。」桓公聽了開懷大笑說：「這正是我所見到的。」於是整理好衣冠，與他坐著談話，沒過多久，病就不知不覺好了。

## 〈解讀〉

齊桓公稱管仲「仲父」，有兩個原因：第一，代表尊重他，把他當父執輩；第二，把他當叔叔，同樣是尊重他，因為管仲年紀比他大了一截。

人看到鬼往往會受到驚嚇，所以民俗上需要收驚。齊桓公於此的情形，類似所謂的疑心生暗鬼，即自己嚇自己，有沒有鬼的存在，還是個問題。皇子告敖首先談「氣」，認為氣應該不斷流通，否則將會影響身心健康。這是正確的養生觀念，因為人的身心狀態原是一個整體。

本文以鬼為喻，形容生動，人有疑惑不解開，就會造成問題。對桓公而言，皇子告敖是來開導他的，其開導的內容恐怕只是編造故事。皇子告敖談到的十種鬼，皆屬於古代的民俗信仰，大都依附在特定環境中，今日已不易深究其來源及樣貌，只需當成一種傳說即可。桓公所見的委蛇鬼，才是重點所在；至於是否真的「見之者殆乎霸」，或者只是皇子告敖為開導桓公心理困境的託詞，則不得而知。只需了解，他的目的是要解開桓公內心的疑惑。

「捧其首而立」的「捧」是拱，「首」跟手相通，拱著手站立。

〈19．9〉

**紀渻（ㄕㄥˇ）子為王養鬥雞。十日而問：「雞已乎？」曰：「未也，方虛憍（ㄐㄧㄠ）而恃氣。」十日又問，曰：「未也，猶應嚮景（ㄧㄥˇ）。」十日又問，曰：「未也，猶疾視而盛氣。」十日又問，曰：「幾矣，雞雖有鳴者，已無變矣，望之似木雞矣，其德全矣。異雞無敢應者，反走矣。」**

## 〈白話〉

紀渻子為齊王培養鬥雞。培養了十天，齊王就問：「雞可以上場了嗎？」紀渻子說：「還不行，牠現在只是姿態虛驕，全靠意氣。」過了十天，齊王又來問，紀渻子說：「還不行，牠對外來的聲音及影像，還會有所回應。」再過十天，齊王又來問，紀渻子說：「還不行，牠還是目光犀利、盛氣不減。」再過十天，齊王又來問，紀渻子說：「差不多了！別的雞雖然鳴叫，牠已經不為所動了。看起來像一隻木頭雞了。牠的天賦保持完整了。別的雞沒有敢來應戰的，一見到牠就回頭跑走了。」

## 〈解讀〉

紀渻子培養鬥雞，前後四十天，代表由外而內變化的四個階段：由虛張聲勢，回應外在，修練內在，到呆若木雞。最後更以「德全」描寫雞，保持了完全的天賦，自然可以勝過一般的對手。以全克分，以靜制動，對手再怎麼樣挑戰，我就是不回應，顯得莫測高深，如同小說中描述武功高強的人，外表看來常是平凡的老頭子，但一出手就見真章，修練到某種程度以後，已經化除了外表與人的差別，這正是外化的觀念，也是道家的手法。

## 〈19．10〉

孔子觀於呂梁，縣（ㄒㄩㄢˊ）水三十仞，流沫四十里，黿（ㄩㄢˊ）鼉（ㄊㄨㄛˊ）魚鱉之所不能游也。見一丈夫游之，以為有苦而欲死也，使弟子並流而拯之。數百步而出，被髮行歌而遊於塘下。孔子從而問焉，曰：「吾以子為鬼，察子則人也。請問：蹈水有道乎？」曰：「亡，吾無道。吾始乎故，長乎性，成乎命。與齊俱入，與汩（ㄇㄧˋ）偕出，從水之道而不為私焉。此吾所以蹈之也。」孔子曰：「何謂始乎故，長乎性，成乎命？」曰：「吾生於陵而安於陵，故也；長於水而安於水，性也；不知吾所以然而然，命也。」

## 〈白話〉

孔子在呂梁觀賞，只見瀑布有二十幾丈高，水花四濺奔騰，一流就是四十里，連黿、鼉、魚、鱉都無法在裡面游動。這時看到一個男子在游水，孔子以為是受了苦而想尋死的人，就叫弟子沿著水流設法救他。那人潛游幾百步的距離，才從水中出來，然後披頭散髮，唱著歌在堤岸下遊蕩。孔子跟過去問他說：「我以為你是鬼，仔細看了才知道是人。請教你：游水有訣竅嗎？」那人說：「沒有，我沒有什麼訣竅。我從現成處境開始，發展天賦本性，達成命定狀況。我與漩渦一起捲入水底，再與波浪一起湧出水面，順著水勢而不由自己安排，這就是我游水的方法。」孔子說：「什麼是從現成處境開始，發展天賦本性，達成命定狀況？」那人說：「我生在山地就安於山地，這是現成處境；成長於水中就安於水中，這是天賦本性；不知道我為什麼會這樣而還是變成這樣，這是命定狀況。」

## 〈解讀〉

孔子見這名泳者在水裡跟魚一樣，令人聯想到〈逍遙遊〉裡描述，有個人把衣冠帶到越國賣，根本賣不掉，因為越國人斷髮紋身。越國人靠水中的魚才能夠生存，所以常會下水打魚，頭髮太長游泳會有干擾，於是剪去頭髮；身上刺青，是為了讓自己看起來像魚的同類。

每個人都有現成處境，亦即既定的生存條件，在哪裡出生，在哪裡成長，順著現成的環境生存。以此為基礎及憑藉，可以進而發展天賦本性，沒有刻意做什麼事，就能達成特殊的命定狀況。順此而行，最自然的結果也會顯得神妙無比，如同孔子看待這位泳者一樣。所以本文重點在於「始乎故、長乎性、成乎命」，只要順著故、性、命表現出來，沒有刻意去改變自己的本性，或學習模仿他人，如此在別人看起來，舉手投足都很神奇。

## 〈19・11〉

梓慶削（ㄒㄩㄝˋ）木為鐻（ㄐㄩˋ），鐻成，見者驚猶鬼神。魯侯見而問焉，曰：「子何術以為焉？」對曰：「臣工人，何術之有！雖然，有一焉。臣將為鐻，未嘗敢以耗氣也，必齊（ㄓㄞ）以靜心。齊三日，而不敢懷慶賞爵祿；齊五日，不敢懷非譽巧拙；齊七日，輒然忘吾有四枝形體也。當是時也，無公朝，其巧專而外骨消，然後入山林，觀天性；形軀至矣，然後成見鐻，然後加手焉；不然則已。則以天合天，器之所以疑神者，其是與！」

### 〈白話〉

梓慶削木頭，製成野獸形狀的架子，可以用來掛鐘鼓的。鐘架做成後，見到的人都驚訝不已，好像那是鬼神所為。魯侯接見梓慶，問他說：「你是靠什麼祕訣做成的？」梓慶說：「我是一個工人，哪有什麼祕訣？雖然如此，還是有一點可說。我在準備做鐘架之前，向來不敢損耗氣力，一定要靠齋戒來平靜內心。齋戒三天，不敢存想獎賞爵祿；齋戒五天，不敢存想毀譽巧拙；齋戒七天，往往忘了自己還有身體四肢。這個時候，不再想到是為朝廷做事，只專注於技巧，而讓外來的顧慮消失，然後深入山林，視察樹木的自然本性；遇到形態軀幹適當的，好像看到現成的鐘架，這才動手加工；沒有這樣的機會，就什麼都不做。這是以自然去配合自然，做出的器物被人以為是鬼神所為，大概就是這個緣故吧！」

〈解讀〉

梓慶的準備工夫有三個階段，依序是：忘利、忘名、忘身。最早忘記的是具體的利益；接著忘了名聲、忘了別人的肯定或批評；最後齋戒七天，忘了身體四肢、忘了自己是誰、有什麼能力。到了這個階段，消除外來的顧慮，只專注於技巧，然後深入山林，視察樹木的自然本性，這是一大關鍵。梓慶看一塊木頭，好像看到裡面蘊含的動物形狀，彷彿有龍、老虎躍於枝幹上，就像庖丁的眼睛像X光一樣可以透視牛身。每棵樹各有各的輪廓脈絡與結構，遇到適當的，才動手加工。反之，沒有這樣的機會，就什麼都不做。

「以天合天」，即以自然去配合自然，用自然來觀察自然，讓心像鏡子一樣，所有東西經過他面前，能夠照見真相，以樹木的本性去配合鐘架的本性，製作之後就像是鬼斧神工了。

梓慶將本來應該是人工的作品，到最後變成天工，人類創作器物的巧妙，莫過於此。正如人們常說的巧奪天工，我做了跟沒做一樣，沒做就和做了一樣，大家都覺得恰到好處。康德說：「美是不含有目的，而又合乎目的性的。」亦即人先不要預設目的，但是做出來之後恰到好處，把人為的變成「本來就應該如此」，正是造化奇妙之處。所以，學藝術的人，能在《莊子》看到莊子的境界與觀點。故宮博物院也有類似的例子，譬如，「東坡肉石」，原本只是一塊普通的玉石，卻雕琢成一塊肉的樣子，教人看了產生食欲。又如同一塊玉，可以刻成觀音菩薩像，供人膜拜，又或者可以雕成栩栩如生的「翠玉白菜」。工藝之精美達到一種極致，這就是所謂的藝術品，但這種玉石可遇而不可求。

「疑神」與前述「痀僂者承蜩」故事中所出現的「乃凝於神」，意義是一樣的。

## 〈19・12〉

東野稷以御見莊公，進退中繩，左右旋中規。莊公以為造父弗過也。使之鉤百而反。顏闔遇之，入見曰：「稷之馬將敗。」公密而不應。少焉，果敗而反。公曰：「子何以知之？」曰：「其馬力竭矣，而猶求焉，故曰敗。」

### 〈白話〉

東野稷因為駕車技術而被衛莊公召見。他駕車時，前進後退都合乎準繩，左右旋轉也合乎規矩。莊公認為連古代駕車名家造父也比不上他，就讓他駕著馬車轉一百圈再回來。顏闔看到這種情景，就去見莊公說：「東野稷的馬要失足了。」莊公默不作聲。過了一會兒，果然馬匹失足而回。莊公說：「你是憑什麼知道？」顏闔說：「馬的力氣已經耗盡，可是還要強求，所以我說牠會失足。」

### 〈解讀〉

本文涵義只要按照常理判斷即可，並不難理解。為了表演，讓一匹馬跑一百圈再回來，這種技術需要配合實力，再怎麼好的技巧、怎麼高的智慧，沒有實力（如馬沒有好的體力）做為基礎，也是沒用的，此為重點所在。

造父是周穆王時代的善御者，曾為周王駕車立功，受封趙城，為趙國始祖。顏闔是魯國賢人，曾受聘到衛國輔佐太子，可參見〈人間世〉。不過這些人物的事蹟是否為莊子杜撰，則不可考。

**〈19．13〉**

**工倕旋而蓋規矩，指與物化而不以心稽，故其靈臺一而不桎（ㄓˋ）。忘足，屨（ㄐㄩˋ）之適也；忘要，帶之適也；知忘是非，心之適也；不內變，不外從，事會之適也；始乎適而未嘗不適者，忘適之適也。**

## 〈白話〉

工倕隨手畫個圓圈就可以合乎規矩，手指順著外物變化而不必思考計算，所以他的心神專一而沒有窒礙。忘了腳的存在，是鞋子造成的舒適；忘了腰的存在，是衣帶造成的舒適；理智上忘了是非，是心造成的舒適；沒有內在的變化，也沒有外在的盲從，是一切事情恰到好處所造成的舒適。從舒適開始，然後沒有任何情況會不舒適，那就是忘了舒適所造成的舒適。

## 〈解讀〉

「靈台」是指「心」而言，不是聲音也不是一般計較性的理智；在此說它「一而不桎」，表示它也可能「不一而桎」，所以修養是必要的。「忘適之適」，即是由根本上化解「有所求，必有所待」的狀況。「工倕旋而蓋規矩」的「蓋」是盍，合乎的意思。

## 〈19・14〉

有孫休者，踵門而詫子扁慶子曰：「休居鄉不見謂不修，臨難不見謂不勇；然而田原不遇歲，事君不遇世，賓於鄉里，逐於州部，則胡罪乎天哉？休惡遇此命也？」扁子曰：「子獨不聞夫至人之自行邪？忘其肝膽，遺其耳目，芒（ㄇㄤˊ）然彷徨乎塵垢之外，逍遙乎無事之業，是謂為而不恃，長而不宰。今汝飾知以驚愚，修身以明汙，昭昭乎若揭日月而行也。汝得全而形軀，具而九竅，無中道夭於聾盲跛蹇（ㄐㄢˇ）而比於人數，亦幸矣，又何暇乎天之怨哉？子往矣！」孫子出，扁子入。坐有間，仰天而歎。弟子問曰：「先生何為歎乎？」扁子曰：「向者休來，吾告之以至人之德，吾恐其驚而遂至於惑也。」弟子曰：「不然。孫子之所言是邪？先生之所言非邪？非固不能惑是。孫子所言非邪？先生所言是邪？彼固惑而來矣，又奚罪焉！」扁子曰：「不然。昔者有鳥止於魯郊，魯君說之，為具太牢以饗之，奏《九韶》以樂之。鳥乃始憂悲眩視，不敢飲食。此之謂以己養（ㄧㄤˋ）養鳥也。若夫以鳥養養鳥者，宜棲之深林，浮之江湖，食之以委蛇（ㄧˊ），則平陸而已矣。今休，款啟寡聞之民也，吾告以至人之德，譬之若載鼷以車馬，樂鴳（ㄧㄢˋ）以鐘鼓也，彼又惡（ㄨ）能無驚乎哉！」

## 〈白話〉

有一個名叫孫休的人，登門拜訪老師扁慶子說：「我住在鄉里，沒有人說我修養差；遭到危難，沒有人說我不勇敢；但是我耕種田地不曾遇上豐年，事奉國君不曾遇上盛世，被鄉里的人擯棄，被州郡的人放逐。我是什麼地方得罪了上天？為什麼會碰到這樣的命運？」扁子說：「你難道沒有聽過至人的做法嗎？他忘記在內的肝膽，排除在外的耳目，自在地徘徊於塵世之外，並逍遙於無為之始。這叫做有所作為而不居功，培養成長而不主導。現在你誇耀聰明來驚嚇愚人，修養德行來凸顯汙穢；到處張揚，好像舉著日月走在路上。你還能夠保全你的身體，擁有你的九竅，沒有半途損傷，變成耳聾、眼瞎、腳跛，還可以算是一個人，已經很幸運了。怎麼還有時間抱怨上天呢？你回去吧！」孫休走後，扁子進入屋內，坐了一會兒，仰天嘆了一口氣。弟子問他：「老師為什麼嘆氣呢？」扁子說：「剛才孫休來，我告訴他有關至人的作為，我擔心他聽了會受到驚嚇而陷於迷惑。」弟子說：「不會的。孫休所說的是對的嗎？老師所說的是錯的嗎？那麼錯的當然不可能使對的感到迷惑。孫休所說的是錯的嗎？老師所說的是對的嗎？那麼他原本就是因為迷惑才來的，又怎麼能怪罪別人呢？」扁子說：「不是這樣的。從前有隻鳥飛到魯國郊外，魯君很喜歡牠，就宰殺牛羊豬來餵食牠，安排演奏《九韶》來取悅牠。這隻鳥卻開始神情憂戚、目光迷離，不敢吃也不敢喝。這叫做用養自己的方法去養鳥。如果用養鳥的方法去養鳥，就應該讓牠在深林中棲息，在江湖上飛翔，自由自在啄食，那就平安無事了。現在孫休只是個孤陋寡聞的平民，我卻告訴他至人的作為，這就好比是用車馬來載運老鼠，用鐘鼓來取悅麻雀，他又怎能不受到驚嚇呢？」

## 〈解讀〉

孫休自認修養好，與別人相處愉快，能夠欣賞別人，遇事也出錢出力，但是他覺得自己的遭遇很差，命運不好。但個人修為再怎麼好，譬如，就連孔子也沒有碰上一個太平盛世，得一位賢明之君任用，讓他發揮抱負，但孫休卻不能理解，而有所抱怨。孫休「胡罪乎天哉？」一語，可見古人習慣把自己不幸的遭遇，歸罪於上天，對「天」仍保持傳統的觀念，也就是相信天能主宰人的遭遇，而人也有可能得罪天。很多人命運不好時，窮則呼天，痛則呼父母，原因就在這裡。在此，就不能把天視為自然了。

至人「為而不恃，長而不宰」，這是老子的觀念，出於《老子》第十章及五十一章，用以描寫「玄德」。「至人之德」的「德」，是稟賦或特性。至人並非天生如此，所以「德」是指修養的方法或作為表現。

孫休聽了之後就離開了，其實他沒有得到任何正面的建議，只是學到了不要以為應該有好的報應，自己能夠比別人聰明或比別人德行好，只是運氣不錯。若拿來炫耀會有更可怕的遭遇，現在還能勉強保住身體、保住生命，已經不錯了。

扁子最後引述「昔者有鳥」一小段，這段故事在〈至樂〉中更為完整，在此說明即使至人之德再怎麼美好，也未必適用於孫休。最後，用車馬來載運老鼠，用鐘鼓來取悅麻雀，他又怎能不受到驚嚇呢？換句話說，孫休這個人，一下被比喻成海鳥、一下變成老鼠、一下變成麻雀，都代表了一般人的處境。

## 總結本篇要旨

本篇寓言最多，亦廣為人知，如「丈人承蜩」、「津人操舟」、「呂梁泳者」、「梓慶削木」、「醉者駕車」、「呆若木雞」等，有的由技入藝，臻於化境；有的無心而為，順其自然；契機皆在由忘而化、由化而遊，以至「形全精復，與天為一」。至於「桓公見鬼」一章，則顯示出莊子的聞見之廣。

# 山木

## 第二十

〈20·1〉

莊子行於山中，見大木，枝葉盛茂，伐木者止其旁而不取也。問其故，曰：「無所可用。」莊子曰：「此木以不材得終其天年。」夫子出於山，舍於故人之家。故人喜，命豎子殺雁而烹之。豎子請曰：「其一能鳴，其一不能鳴，請奚殺？」主人曰：「殺不能鳴者。」明日，弟子問於莊子曰：「昨日山中之木，以不材得終其天年；今主人之雁，以不材死。先生將何處？」莊子笑曰：「周將處夫材與不材之間。材與不材之間，似之而非也，故未免乎累。若夫乘道德而浮遊則不然。無譽無訾（ㄗˇ），一龍一蛇，與時俱化，而無肯專為；一上一下，以和為量（ㄌㄧㄤˊ），浮游乎萬物之祖；物物而不物於物，則胡可得而累邪！此神農、黃帝之法則也。若夫萬物之情，人倫之傳，則不然。合則離，成則毀；廉則挫，尊則議，有為則虧，賢則謀，不肖則欺。胡可得而必乎哉！悲夫！弟子志之，其唯道德之鄉（ㄒㄧㄤˋ）乎！」

## 〈白話〉

莊子在山中行走時，看見一棵大樹，枝葉十分茂盛，伐木的人在樹旁休息，卻不加砍伐。莊子問他什麼緣故，伐木的人說：「這棵樹沒有任何用處。」莊子對弟子說：「這棵樹因為不成材，得以過完自然的壽命。」莊子一行人從山裡出來後，借住在朋友家中。朋友很高興，吩咐僮僕殺鵝來款待客人。僮僕請示說：「一隻鵝會叫，另一隻不會叫，請問該殺哪一隻？」主人說：「殺不會叫的那隻。」第二天，弟子請教莊子說：「昨天山中的樹木，因為不成材得以過完自然的壽命；現在主人的鵝，卻因為不成材而被殺。老師打算如何自處呢？」莊子笑著說：「我將處於成材與不成材之間。成材與不成材之間，看起來如此而其實不是如此，仍然無法避免受到拖累。如果能夠順應自然稟賦而與之遨遊，後果就不同了。沒有讚美也沒有詆毀，可以成龍也可以成蛇，隨著時勢變化，不作任何堅持。可以往上也可以往下，以和諧為考量，遨遊於萬物之初的境地，駕御萬物而不被萬物所駕御，如此又怎麼會受拖累呢！這是神農與黃帝的行為準則。至於萬物的實情、人倫的運作，卻不是這樣。有聚合就有分離，有成功就有失敗，銳利的會受挫折，崇高的會被議論，有所作為就有所虧損，傑出的會被利用，無用的會被欺負。如此又怎麼能加以肯定呢！可悲啊！弟子們記住，只有歸向自然稟賦，才是唯一的出路啊！」

## 〈解讀〉

所謂「直木先伐，甘井先竭」，是說人才都會為社會所用，而愈平凡、愈不成材的人，愈可以過完自然的壽命。聽起來好像希望人最好不要成材，但莊子又說：「我將處於成材與不成材之間。」意即成材有危險，我就不成材；不成材有危險，我就成材。重點在於，如何用智慧判斷各種條件是否成熟。「似之而非」，是說每一次都要視情況而定，因此未免過於被動，以致有所拖累。成不成材，是依據社會的判斷，到了不同的社會，標準又不一樣了。最好順應自然稟賦，與之遨遊，即「與道要遊」的觀念。

「物物而不物於物」，駕御萬物而不被萬物所駕御，這個觀念相當重要。善於利用身邊所有的條件，而不要倒過來被這些條件所利用，簡單地說，就是做到「舉重若輕」。譬如，看他人練舉重，即使很重的東西，因為練過，配合體型身材，能者就不難，但對於從事寫作的人來說，舉筆容易，舉重就難了。所以人只要善用身邊所有的條件，就能各有專長。

最後，「其唯道德之鄉乎」，可以理解為：歸向自然稟賦，就是回歸到整體裡面。道是究竟真實，德是相對的真實，此為道家的基本觀點。「道德」合稱，可以指自然稟賦，就是一切自然的狀況與條件。人回歸到整體裡面，尊重每一樣東西自然的條件。從整體來看，有聚就有散，有成就有敗。如果不看整體，只看一段時間，會發現有些人平步青雲，只看他上去，沒看他下來。這輩子努力奮鬥，就當好像沒做什麼事一樣，不要執著；並非不要努力，而是對於努力之後的成果，要看得開。人做過的事不等於這個人，做過的事只是外在的表現，內在的自我才能代表這個人。所以，談一個人的時候，外在的愈多，內在的恐怕愈少，外在的愈少，卻可能有更豐富的內在，這是相對的。

本文舉山木與鵝的對比為例，相當生動。這兩者沒有選擇餘地，人卻可以選擇，且不再消極不爭，而是要處在材與不材之間，代表道家主張與別人要「化」。不管怎麼化，我都是安全的，即外化而內不化，每一個人要就自己的處境來思考判斷。

〈20．2〉

市南宜僚見魯侯，魯侯有憂色。市南子曰：「君有憂色，何也？」魯侯曰：「吾學先王之道，修先君之業；吾敬鬼尊賢，親而行之，無須臾離居。然不免於患，吾是以憂。」市南子曰：「君之除患之術淺矣！夫豐狐文豹，棲於山林，伏於巖穴，靜也；夜行晝居，戒也；雖飢渴隱約，猶且胥疏於江湖之上而求食焉，定也；然且不免於罔羅機辟之患。是何罪之有哉？其皮為之災也。今魯國獨非君之皮邪？吾願君刳（ㄎㄨ）形去皮，洒心去欲，而遊於無人之野。南越有邑焉，名為建德之國。其民愚而朴，少私而寡欲，知作而不知藏，與而不求其報，不知義之所適，不知禮之所將，猖狂妄行，乃蹈乎大方。其生可樂，其死可葬。吾願君去國捐俗，與道相輔而行。」

〈白話〉

市南宜僚晉見魯侯，魯侯面色憂愁。市南子說：「您面色憂愁，是什麼緣故？」魯侯說：「我學習先王的理想，實踐先君的作為；我敬奉鬼神，尊重賢人，認真這麼做而沒有片刻懈怠。但還是無法避免禍患，我為此而憂心。」市南子說：「您消除禍患的技術太差了！以大狐與花豹來說，牠們棲息於山林中，隱藏在岩洞裡，可以算是安靜了；晝伏夜出，可以算是警惕了；即使飢渴難忍，還是要到遠離江湖的地方去找食物，可以算是鎮定了。儘管如此，還是無法避免羅網與機關的禍患。牠們有什麼過錯嗎？是那層皮招來的災難啊。現在魯國難道不是您的皮嗎？我希望您能挖空形體，拋棄外皮，洗滌心智，摒除欲望，進而遨遊於杳無人跡的曠野中。南越地區有個城市，名叫建德之國。那兒的百姓愚昧而純樸，少有私心與欲望，只知耕作而不知儲存，給與而不求回報，不知義要如何安排，也不知禮要如何實施，無拘無束而隨意行動，卻合乎自然的大原則。他們生時可以過得快樂，死時可以平安下葬。我希望您能放下國事、拋棄流俗，與大道並肩而行。」

## 〈解讀〉

魯侯說自己敬奉鬼神、尊重賢人，算是盡心盡力把責任的要求都做好了，但還是無法避免禍患。他口中的「先王」，是指較遠的祖先，如王季、文王；「先君」是指較近的周公、伯禽。在此，「道」是指理想目標，「業」是指具體作為。

市南子給魯侯的建議，聽起來像是幻想，又接著說建德之國，所建之德不是仁義，而是自然。小國寡民的原始社會，或許可以接近這裡的描寫。今日看到的一些原住民部落，能夠按照祖先留下來的方式生活，最重要的關鍵在於，沒有明顯的欲望去占據私有財產。西方有人分析人類的罪惡，主要來自於私有財產制。一有私產之後，就想要累積、增加，還要傳給子孫，最後淪為貪得無饜。

人活得不快樂，為什麼不放下呢？問題是放下之後，還能夠重新整理自己，讓自己有一個生活的原則嗎？很多人會抱怨，但是，一旦離開抱怨的環境之後，卻更痛苦了，因為連抱怨都沒得抱怨，這就是人生的難處。如果期許魯侯「與道相輔而行」，首先要考慮的是：如何說明這樣的道？待下一段加以分析。

〈20・3〉

君曰：「彼其道遠而險，又有江山，我無舟車，奈何？」市南子曰：「君無形倨（ㄐㄩ），無留居，以為君車。」君曰：「彼其道幽遠而無人，吾誰與為鄰？吾無糧，我無食，安得而至焉？」市南子曰：「少君之費，寡君之欲，雖無糧而乃足。君其涉於江而浮於海，望之而不見其崖，愈往而不知其所窮。送君者皆自崖而反，君自此遠矣。故有人者累，見有於人者憂。故堯非有人，非見有於人也。吾願去君之累，除君之憂，而獨與道遊於大莫之國。方舟而濟於河，有虛船來觸舟，雖有惼（ㄆㄢ）心之人不怒；有一人在其上，則呼張歙（ㄒㄧˋ）之；一呼而不聞，再呼而不聞，於是三呼邪，則必以惡聲隨之。向也不怒而今也怒，向也虛而今也實。人能虛己以遊世，其孰能害之！」

〈白話〉

魯侯說：「那個道，既遙遠又危險，還有山水阻隔，我沒有車與船，怎麼去得了呢？」市南子說：「您不要自恃尊貴，不要貪戀權位，這樣就算找到車子了。」魯侯說：「那個道，幽靜遙遠又不見人跡，我要與誰作伴呢？我沒有米糧，我沒有食物，怎麼到得了呢？」市南子說：「減少您的耗費，降低您的欲望，即使沒有糧食也會夠用。您接著就越過大江，飄流海上，直到望不見岸邊，再繼續向著不知邊際何在的地方前進。送行的人都從岸邊回去了，您也從此遠遠離開了。所以說，統治百姓的，會有拖累；受制於百姓的，會有憂愁。像堯就是既不統治百姓，也不受制於百姓。我希望解除您的拖累，取消您的憂愁，讓您獨自與大道在無有之國遨遊。譬如，合併的兩舟在渡河時，被一艘空船撞上了，就算是急躁的人也不會發怒；如果有一個人在這艘船上，那麼就會呼喊著要他避開；一次呼喊不聽，二次呼喊不聽，到了第三次呼喊時，就會罵出難聽的話了。剛才不發怒而現在發怒，是因為剛才船上無人而現在有人。人若能空虛自我而在世間遨遊，那麼誰能傷害他呢！」

## 〈解讀〉

魯侯的問題，代表一般人的考慮，未曾體道的人，會找出許多藉口來推拖。市南子要魯君不要自恃尊貴，不要貪戀權位，放下一切外在憑藉，讓自己變成一個平凡、平常的人，又要他減少耗費，降低欲望，這說明人活在世界上，需要的東西真的很少。讀到「送君者皆自崖而反，君自此遠矣！」這一句，心中不免茫然；還好市南子只是比喻，亦即人不必離群索居，但仍須努力「虛己以遊世」。

整段話最生動的是空船的比喻，人要練習把自己變成空船的狀態，碰到別人，別人也不覺得被你得罪，因為你是沒有人的空船。這不容易做到，因為人都好面子。重點在於，絕對不要以為自己有什麼了不起，或高高在上，而應該將身分地位都放在一邊，否則稍微跟別人處不來，就會製造複雜的問題。

## 〈20．4〉

**北宮奢為衛靈公賦斂以為鐘，為壇乎郭門之外。三月而成上下之縣（ㄒㄩㄢˊ）。王子慶忌見而問焉，曰：「子何術之設？」奢曰：「一之間，無敢設也。奢聞之：『既雕既琢，復歸於朴。』侗（ㄊㄨㄥˊ）乎其無識，儻（ㄊㄤˇ）乎其怠疑；萃乎芒乎，其送往而迎來；來者勿禁，往者勿止；從其彊（ㄑㄧㄤˊ）梁，隨其曲傳，因其自窮。故朝夕賦斂而毫毛不挫，而況有大塗者乎！」**

### 〈白話〉

北宮奢為衛靈公募款來製造編鐘，先在城門外設下祭壇。舉行設壇祭鐘的儀式之後三個月，就做成了上下兩層編鐘。王子慶忌見了就問他：「先生是用什麼方法來做成這件事的？」北宮奢說：「在一個整體裡面，不敢加進什麼方法。我聽說：『既雕刻又琢磨之後，還要回歸於純樸。』傻傻的好像沒有知識，怔怔的好像不會疑慮；在茫昧恍惚之中，送走離開的而迎接前來的；不拒絕前來的，不阻止離開的；順從那頑固反對的，放任那願意支持的，讓他們自然發展到底。所以，我雖然早晚都在募款，但別人感覺不到任何損失；我尚且如此，更何況是領悟大道的人啊！」

### 〈解讀〉

北宮奢為衛靈公募款來製造編鐘，三個月就辦到了；能募到很多資金，又把事情辦成，是很有辦法的人。王子慶忌便想知道他是怎麼辦到的，北宮奢則說：「在一個整體裡面，不敢加進什麼方法。」此處「整體」的觀念，即不去強調誰的責任，而是大家的事情，如此，要怎麼幫忙，或是要不要幫忙都無所謂。如果凸顯是某個人的事，別人自然會袖手旁觀，便少了群策群力的廣大支持。所以，北宮奢把百姓看成一個整體，不分彼此就沒有對立，沒有對立就沒有壓力。讓百姓覺得募款製鐘是一件自然的事。雕刻精美後還要化解，回到原始的狀態。一般東西雕刻之後就不能再回歸，但人可以。人可以受教育，經歷各種修練，最後化解外在。本文重點在於「賦斂」的方法，而主辦者「復歸於朴」，使一切都自然形成。

接著，順從堅決反對者，放任那願意支持的，也不去討論與辯論。推行任何事情，很難沒有人反對，如果一個政府做事，都先看有沒有人反對，那就永遠不要做了。這就是道家的態度，讓一切自然發展到底。所以，雖然早晚都在募款，但別人感覺不到任何損失，這是智慧，也就是做任何事，都要判斷，如何讓別人不覺得突兀，一切自然而然，好像本來就是如此。「大塗」即指大道，「道」與路有關，可以讓人走得通。北宮奢的做法已經合乎標準了。

〈20・5〉

孔子圍於陳、蔡之間，七日不火食。大公任往弔之，曰：「子幾死乎？」曰：「然。」「子惡死乎？」曰：「然。」任曰：「予嘗言不死之道。東海有鳥焉，名曰意怠。其為鳥也，翂（ㄈㄣ）翂翐（ㄓˋ）翐，而似無能；引援而飛，迫脅而棲；進不敢為前，退不敢為後；食不敢先嘗，必取其緒。是故其行列不斥，而外人卒不得害，是以免於患。直木先伐，甘井先竭。子其意者飾知以驚愚，修身以明汙，昭昭乎如揭日月而行，故不免也。昔吾聞之大成之人曰：『自伐者無功。』功成者墮，名成者虧。孰能去功與名而還與眾人！道流而不明居，得行而不名處；純純常常，乃比於狂；削跡捐勢，不為功名。是故無責於人，人亦無責焉。至人不聞，子何喜哉！」孔子曰：「善哉！」辭其交游，去其弟子，逃於大澤，衣（ㄧˋ）裘褐，食杼（ㄓㄨˋ）栗，入獸不亂群，入鳥不亂行。鳥獸不惡，而況人乎！

## 〈白話〉

孔子被圍困在陳國與蔡國交界的地方，七天不能生火做飯。太公任去慰問他說：「你快要餓死了吧？」孔子說：「是的。」太公任說：「你不喜歡死吧？」孔子說：「是的。」太公任說：「我來談一談不死的方法。東海有一種鳥，名叫意怠。這種鳥飛行緩慢，好像沒什麼本事；要靠別的鳥帶領才肯飛翔，要與別的鳥擠在一起才肯棲息；前進時不敢領先，後退時不敢落後；飲食時不敢先嚐，一定吃剩下的。所以牠在鳥群中不會受排斥，而人們終究無法傷害牠，因此可以避開禍患。挺直的樹木先被砍伐；甘美的水井先被汲乾。你有心於誇耀聰明來驚嚇愚人，修養品德來凸顯汙穢，到處張揚，好像舉著日月在走路，所以不能免於禍患。從前我聽領悟大道的人說過：『自誇的人沒有功績。』功業成就的會毀壞，聲名彰顯的會減損。誰能拋棄功業與聲名，回到與眾人相同的處境啊！大道普遍流行而不顯揚其地位，大德廣為流傳而不昭示其作用。純樸專一而恆常不變，像是不明事理的狂人；隱匿形跡，拋棄權勢，不追逐功名。因而對別人無所求，別人也對他無所求。至人沒沒無聞，你為什麼喜好名聲呢？」孔子說：「說得好啊！」於是辭別朋友，遣散弟子，逃到山林中。穿的是粗布衣服，吃的是杼栗野果；走入獸群，獸不亂跑；走入鳥群，鳥不驚飛。鳥獸都不討厭他，何況是人呢！

**〈解讀〉**

鳥在飛的時候，領先或殿後，最容易成為獵物。槍打出頭鳥，但飛在最後面的也容易被老鷹抓走，所以要飛在中間。不上不下、不前不後、不左不右，是求生之道。就像文中的意怠鳥，在鳥群中不受排斥，因為與其他鳥在一起時，牠不會飛在最前面，也不會搶東西吃，大家不會排斥牠，人們也無法傷害牠，因此可以避開禍患。「直木先伐」以下幾句，前述篇章中已有同樣的話，可見道家很在意人不要表現得太特殊，太特殊就會成為別人對付的對象，無法免於禍患。老子也說「自伐者無功」，一個人就算真有功勞，一旦自誇之後，別人就不會再稱讚。

至人對別人無所求，別人對他也無所求。一求別人就會有壓力，所以不求人就可以安於自己的狀況。更難做到的是不被別人所求，讓別人覺得你無用，回歸到自然的狀態。最後孔子辭別朋友，遣散弟子，逃到山林中。對鳥獸沒有任何傷害的心，所以鳥獸看到孔子，沒有感覺，因為孔子也是動物之一。

孔子與弟子確實曾經受困於陳、蔡之間，但是與太公任這番對話，代表道家對儒家的建議，顯然是虛構的。「大成之人」是指老子，引語見《老子》二十四章。老子是大成之人，孔子自然被比下去了。至人所要效法的是「道」與「德（得）」，這兩者皆是真實而自然的本源。「太公任往弔之」的「弔」並非弔喪的意思，孔子還活著，所以是指慰問。

〈20・6〉

孔子問子桑雽（ㄏㄨ）曰：「吾再逐於魯，伐樹於宋，削迹於衛，窮於商周，圍於陳蔡之間。吾犯此數患，親交益疏，徒友益散，何與？」子桑雽曰：「子獨不聞假人之亡與？林回棄千金之璧，負赤子而趨。或曰：『為其布與？赤子之布寡矣；為其累與？赤子之累多矣；棄千金之璧，負赤子而趨，何也？』林回曰：『彼以利合，此以天屬也。』夫以利合者，迫窮禍患害相棄也；以天屬者，迫窮禍患害相收也。夫相收之與相棄亦遠矣；且君子之交淡若水，小人之交甘若醴。君子淡以親，小人甘以絕，彼無故以合者，則無故以離。」孔子曰：「敬聞命矣！」徐行翔佯而歸，絕學捐書，弟子無挹（ㄧˋ）於前，其愛益加進。異日，桑雽又曰：「舜之將死，直泠（ㄌㄧㄥˊ）禹曰：『汝戒之哉！形莫若緣，情莫若率。緣則不離，率則不勞；不離不勞，則不求文以待形；不求文以待形，固不待物。』」

〈白話〉

孔子請教子桑雽說：「我兩次被魯國驅逐出境，在宋國樹下講學，連樹都被砍掉，在衛國的行跡被人消除，在商、周之地都沒有出路，在陳國與蔡國之間又受到圍困。我遭遇這麼多災難，親戚故舊日漸疏遠，弟子朋友日漸離散，為什麼會這樣呢？」子桑雽說：「你難道沒有聽過假國人逃亡的故事嗎？林回捨棄價值千金的璧玉，背著嬰兒逃走。有人問他：『你是考慮財貨嗎？嬰兒的財貨很少；你是考慮拖累嗎？嬰兒的拖累很多。捨棄千金璧玉，背著嬰兒逃難，為什麼呢？』林回說：『那是以利益結合，這是以本性相連。』以利益結合的，碰到窮困禍患就會互相拋棄；以本性相連的，碰到窮困禍患就會互相收容。互相收容與互相拋棄，兩者差得太遠了；再說，君子之間的交往平淡得像水一樣，小人之間的交往甜蜜得像酒一樣；君子平淡而能相親，小人甜蜜而易斷絕。不因利益而結合的，就不會因利益而分離。」孔子說：「我誠心接受你的指導。」於是慢慢步行，悠閒地走回去，從此終止講學，拋棄書籍。弟子不必向他行禮，但是敬愛之心日益增長。有一天，桑雽又說：「舜在臨死前，告誡禹說：『你要警惕啊！形體最好是隨順，情感最好是真誠。隨順就不會背離，真誠就不會勞累；不背離也不勞累，就不必找禮儀來安排形體的作為；不必找禮儀來安排形體的作為，當然也就用不著外物了。』」

## 〈解讀〉

在莊子筆下，孔子一再談到自己的患難，可見道家有鑑於此，深深引以為戒。

孔子兩次被魯國驅逐出境，第一次是魯昭公被驅逐到齊國，那時孔子三十五歲，也跟著昭公到了齊國，所以孔子年輕時在齊國待過兩年。但齊景公不敢用他，因為齊景公的宰相晏嬰，也就是有名的晏子，反對這件事。最後齊景公對孔子說：「我老了，沒辦法用你。」孔子才離開齊國；第二次是魯定公時，孔子五十五歲，雖做了官，但他的理想不能實現，最後離開魯國。《論語》談到與「在宋國樹下講學，連樹都被砍掉」相關的一段。桓魋是宋國的司馬，孔子批評過他，孔子跟學生在宋國邊境一棵大樹下講學，桓魋知道後，帶兵追殺，孔子接獲通報後，立刻帶著學生跑出宋國國境，桓魋追不上，一氣之下就把這棵大樹砍掉。「在衛國的行跡被人消除」，是指孔子既不幫南子這個夫人派，也不幫王孫賈這個大臣派。由於兩邊都不幫，最後他在衛國的行跡大家都不願意談。「在商、周之地都沒有出路」，商代表宋國，因為商朝的子孫封在宋國；周代表周朝，衛國、魯國都屬於周，所以講成商周；在陳國與蔡國之間又受到圍困。以上這些例子皆說明，孔子的遭遇不太理想。

林回捨棄價值千金的璧玉不要，卻背著嬰兒逃跑。嬰兒每天要喝奶，照顧起來很累，不免被拖累；林回卻認為以利益結合的，碰到窮困禍患時，就會互相拋棄，也就是即使再有錢，逃難時錢保不了你。然而，嬰兒是自己的孩子，是本性相連，以本性相連的，碰到窮困禍患時，就會互相收容，亦即現在養孩子很累，老了就有依靠。然而，如果孩子教育好，到老年的時候，子女是很可靠，但也不要忘記，要是沒教育好，小孩沒什麼本事，變成啃老族，把老本啃掉了，老的時候就很慘，所以這是教育的問題。此處提到「為其布與」，布代表財貨，古代講布、布帛這些，代表財物。

「君子之交淡若水，小人之交甘若醴」，這是常用的名言；但更重要的是下一句：「君子淡以親，小人甘以絕。」君子平淡而能相親，小人甜蜜而易斷絕。因為小人是因利益而結合，所以不因利益而結合的，就不會因利益而分離。孔子說：「我誠心接受你的指導。」顯示莊子很希望孔子改投道家門下，所以經常有如此一廂情願的想法。

最後一段話，也是道家的標準答案，其中提到形體隨順，情感真誠，可見莊子也是肯定儒家講求真誠的。

## 〈20．7〉

莊子衣（ㄧˋ）大布而補之，正緳（ㄐㄝˊ）係履而過魏王。魏王曰：「何先生之憊（ㄅㄟˋ）邪？」莊子曰：「貧也，非憊也。士有道德不能行，憊也；衣弊履穿，貧也，非憊也，此所謂非遭時也。王獨不見夫騰猿乎？其得柟（ㄋㄢˊ）梓豫章也，攬蔓其枝而王（ㄨㄤˋ）長其間，雖羿、蓬蒙不能眄（ㄇㄢˇ）睨（ㄋㄧˋ）也。及其得柘（ㄓㄜˋ）棘枳枸（ㄍㄡ）之間也，危行側視，振動悼慄，此筋骨非有加急而不柔也，處勢不便，未足以逞其能也。今處昏上亂相之間，而欲無憊，奚可得邪？此比干之見剖心徵也夫！」

## 〈白話〉

莊子穿著一件打了補釘的粗布衣服，用麻繩拴住腳上的破鞋，然後去見魏王。魏王說：「先生為什麼這樣委靡呢？」莊子說：「是貧窮，不是委靡啊。讀書人有道德理想而不能實踐，才是委靡；至於衣服破舊、鞋子穿孔，是貧窮，而不是委靡。這是所謂生不逢時啊。您難道沒有見過跳躍的猿猴嗎？當牠處在柟、梓、豫、章這些大樹上的時候，可以攀緣樹枝，往來自如，就算是后羿、蓬蒙這樣的神射手也不能小看牠。等到牠處在柘、棘、枳、枸這些多刺的樹叢中時，就要小心行動，瞻前顧後，還會害怕得發抖，這不是因為筋骨變得僵硬而不柔軟，而是所處的情勢不利，沒有辦法施展牠的才能啊。現在處在昏君亂臣的時代，要想不委靡，怎麼可能呢？像比干被紂王剖心而死，就是一個例證啊！」

## 〈解讀〉

這一段提到莊子自己的遭遇，魏王就是梁惠王，後來魏國遷都大梁，所以魏國就是梁國。春秋時代後期，最強盛的國家是晉國，晉國三個最重要的大夫叫韓、趙、魏，韓、趙、魏三家分晉，就構成戰國七雄裡的三個，可見原本晉國之強盛。三家之中，魏國認為自己最強，《孟子》即寫到，梁惠王自稱魏國「天下莫強焉」，天下沒有比魏國更強的國家了。莊子的朋友惠施，當過梁惠王的宰相。

莊子說：「我是貧窮，不是委靡。」哲學家喜歡澄清概念，貧窮是人窮志不窮，委靡是人窮志也窮。讀書人衣服破舊、鞋子穿孔，是貧窮，而不是委靡；有道德理想而不能實踐，才是委靡，即所謂生不逢時，亂世確實讓好人委屈，有志難伸。他接著以跳躍的猿猴比喻，所處的情勢不利時，就沒有辦法施展才能，處在昏君亂臣的時代，要想不委靡也難。莊子不怪自己，也不怪君王，而是怪這個時代。譬如，孟子見過梁惠王、齊宣王這些大國的國君，同他們談很多理想，卻沒人敢實現，因為一旦實行仁政，就不能靠武力，不能談富國強兵，而要實施井田制度、照顧百姓、少收稅收，國家就不夠富強，如此誰敢冒險？「處勢不便」的用法即出於此。

莊子先是承認自己是窮而不是憊，又說處在昏上亂相的今日，讀書人不可能不憊。由此可知他是又窮又憊。然而問題在於，憊是「士有道德不能行」，那麼此處所說的「不能行」，是他自己不願意行，還是環境所迫而不能行？答案若是自己不願，當然算是委靡；答案若是環境所迫，也算是委靡嗎？那麼，莊子為何在一開始時，不承認自己是委靡？「士有道德不能行」，道德是指道德理想，是念書人學習之後用來濟世的。這個用法比較接近儒家立場。如果是道家，則「行與不行」全在自己，又何憊之有？

## 〈20・8〉

孔子窮於陳蔡之間，七日不火食。左據槁木，右擊槁枝，而歌焱（ㄧㄢˋ）氏之風，有其具而無其數，有其聲而無宮角（ㄐㄩㄝˊ）。木聲與人聲，犁然有當於人之心。顏回端拱還（ㄒㄩㄢˊ）目而窺之。仲尼恐其廣己而造大也，愛己而造哀也，曰：「回，無受天損易，無受人益難。無始而非卒也，人與天一也。夫今之歌者其誰乎！」回曰：「敢問無受天損易。」仲尼曰：「飢渴寒暑，窮桎不行，天地之行也，運物之泄也，言與之偕逝之謂也。為人臣者，不敢去之。執臣之道猶若是，而況乎所以待天乎？」

### 〈白話〉

孔子被圍困在陳國與蔡國之間，七天沒有生火做飯。他左手靠著枯樹，右手敲著枯枝，唱起神農時代的歌謠，有敲擊的器具而沒有節奏，有歌聲而沒有音律，但是擊木聲與歌唱聲聽來很清楚，反映了唱歌者的心情。顏回恭敬地站著，轉過頭來看孔子。孔子擔心他推崇自己到太高的程度，愛護自己到哀傷的地步，就說：「回，不受自然的損害還算容易，不受人為的助益卻很難。沒有任何開始不也是結束的，人與自然是一個整體。現在唱歌的人是誰呢？」顏回說：「請問：不受自然的損害還算容易，這是什麼意思？」孔子說：「飢渴寒暑，窮困不通，都是天地的運行，萬物的流轉，就是說要隨著它們一起變化的意思。譬如做臣子的，不敢違逆君王之命。奉行臣子之道的尚且如此，更何況是對待自然呢？」

## 〈解讀〉

孔子被圍困在陳國與蔡國之間，七天沒有生火做飯。這段話第二次出現，代表莊子津津樂道於提醒儒家走投無路時，應該自我反省。此處描寫孔子靠著枯樹、拿著枯枝、打著拍子，唱一些古代歌謠，心情自然落寞。顏回對孔子心悅誠服，也是孔子最具代表性的學生。孔子看出他對自己的推崇與愛護，很不忍心，就說：「回，無受天損易，無受人益難。無始而非卒也，人與天一也。」後二句為本文重點所在，一物有開始必有結束；從永恆的眼光來看，開始即是結束，甚至可以說：萬物既無開始也無結束，因為萬物根本上並不存在。

「人與天一也」一語，是「天人合一」最早出現的說法。「天人合一」的「一」，要理解為整體，在此，顯然是指人與自然是一個整體。其實說「合一」，不如說「本來是一」，因為就自然而言，人並非可以與之相合的相對之物。不過，就人可能違逆自然而言，合一竟成了難得的理想境界。因為人根本就在自然裡面，人類再怎麼了不起，能離開自然界獨活嗎？所以人與自然界本來就是一個整體，是人自以為不同，才產生區隔，這種區分是觀念上的，事實上不能區分，人類終究屬於大自然。

再進一步看「更何況是對待自然」，就是人要把自然當成比國君更偉大、更有力量的主導。所以順著它，就可以不受自然的損害。做大臣的，對於國君給你的一切都接受，何況是上天給你的一切呢？亦即上天比起國君，更加偉大。孔子在此的說法，使他成為道家的代言人。

〈20・9〉

「何謂無受人益難？」仲尼曰：「始用四達，爵祿並至而不窮。物之所利，乃非己也，吾命有在外者也。君子不為盜，賢人不為竊，吾若取之，何哉？故曰：鳥莫知於鷾（ㄧˋ）鴯（ㄦˊ），目之所不宜處，不給（ㄐㄧˊ）視，雖落其實，棄之而走。其畏人也，而襲諸人間，社稷存焉爾！」「何謂無始而非卒？」仲尼曰：「化其萬物而不知其禪之者，焉知其所終？焉知其所始？正而待之而已耳。」「何謂人與天一邪？」仲尼曰：「有人，天也；有天，亦天也。人之不能有天，性也。聖人晏然體逝而終矣。」

〈白話〉

顏回說：「不受人的助益很難，是什麼意思？」孔子說：「初次被任用就順利發展，爵位俸祿源源不絕而來。這些外物的利益，不是出於我自己的努力，而是我的命運所帶來的外在成就。君子不肯做強盜，賢人不肯做小偷，我如果收取這些利益，又是為了什麼？所以說，鳥類之中沒有比燕子更聰明的，看到有不宜停留的地方，就不再看第二眼，即使掉落口中的食物，也捨棄不顧，立即飛走。燕子這麼怕人，卻又寄居人的屋舍，只是因為窩巢在那兒啊！」顏回說：「沒有任何開始不也是結束的，是什麼意思？」孔子說：「萬物一直在變化，卻不知道是如何替代更換的，怎麼知道它的結束？怎麼知道它的開始？只能認真地順應罷了。」顏回說：「人與自然是一個整體，是什麼意思？」孔子說：「有人為的一切，那是出於自然；有自然的一切，那也是出於自然。人為的一切不能保全自然，那是本性的問題。只有聖人能夠安然順應變化到極致。」

## 〈解讀〉

顏回再問：「不受人的助益很難，是什麼意思？」其實就是不受人間的影響。

很多人在社會上的成就，包括富貴，都是命運造成的。很多事不是誰的功勞，而是大勢所趨，正好碰上了。所以今天有富貴，不要以為是自己努力的，其實是各種條件配合的結果。所以外物的利益，不是出於自己的努力，而是命運所帶來的外在成就。君子不肯做強盜，賢人不肯做小偷，我如果收取這些利益，又是為了什麼？接著又以燕子為喻。鷾鴯鳥就是現在的燕子，燕子會在屋簷下結巢，但如果有人去抓牠，就立刻飛走不再回來了。所以「燕子這麼怕人，卻又寄居人的屋舍，只是因為窩巢在那兒啊！」因為燕子在屋簷下結巢，是為了小燕子。以燕子比喻君子對人間「若即若離」的態度，確實生動有趣。「雖落其實」的「實」，是食物的食，類似穀類的果實。「社稷」是鳥巢，就像人類的國家。

接著說「人為的一切是出於自然」，是因為人所做的一切，也是人性有條件去做出來的。

在此必須注意「自然」這個詞，在理解的時候，都是用英文的「nature」，而人性的英文即是「human nature」，也就是人的自然，統稱作自然。所以說：「人為的一切不能保全自然。」換句話說，一個人所做的任何事，一定出於人性，所以不可能有一個人做出來的事是違反人性的。一般人常說違反人性，是先規定人性應該孝順、應該如何，其實早已暗示了人性沒有什麼應不應該的問題，應不應該是後天的教育和修養，所提出的一種標準，如果人性應該孝順的話，不孝順的人就不是人嗎？他還是人，他不孝順，是因為沒受過教育，將來受教育之後，可以改過，所以孝順是出於人性。簡單來說，就是把人性當作某種能力，人能夠幫助別人，也能夠加害別人。幫助別人與加害別人都來自於人的能力，這能力就是天所給予的。一般人常說這個人做出禽獸不如的事，其實人本來就是禽獸之一，會做出禽獸不如的事，是很難想像的，那禽獸能做什麼事呢？禽獸也覺得奇怪，為什麼人類比禽獸還差呢？所以，這就說明人所做出來的一切，都是人性可能的範圍，由此可見，人為的一切，都是出於自然的。既然人的本性是來自於自然，為何會出問題？這是莊子必須面對的質疑。

道家不太喜歡設定善惡標準，因為善惡標準來自於社會，古代跟現代有不一樣的標準，所以，要分善惡就要先問是誰定的，這就是絕對的標準嗎？道家為什麼反對講仁義、講禮樂，因為講仁義禮樂，由外面定個標準出來，就變成標準客觀化了，此即問題所在。規定做一個人有那些標準，有些人沒有符合這些標準的話，就說他不算人，殺掉那個不算人的人，並沒有殺人，這種想法很可怕。戰國時代即有類似想法。在《荀子》裡面曾出現過「殺盜非殺」，把強盜抓起來殺了，不是殺人，因為他是強盜，強盜不等於人，所以我殺強盜，我沒殺人。這就等於以「理」、也就是一種觀念做為標準，忽略人生命真實的狀態。譬如，宋儒的「以理殺人」，可參〈天運〉〈14．11〉有相關的說明。

再回到「人之不能有天，性也」一語，可以把焦點置於「有天」與「順天」之別，強調人的本性只能順天而不能有天。但是，配合下一句所描述的，就知道人之所以不能有天（保全自然），其實是本性有問題，所以老莊反對學習之後得到錯誤的觀念。《老子》四十八章說：「為學日益，為道日損。損之又損，以致於無為。」如果要追求學問，每天增加一點，要追求道，每天減少一點。方式、方法完全不一樣。每天追求學問、追求知識的話，最後會進入一個語言文字的世界，與真實的世界完全脫節了。換句話說，就只剩下一些人所造成的觀念，而忘記了自己真誠的本性、真實的狀態，這是道家所擔心的。

## 〈20．10〉

莊周遊於雕陵之樊，覩一異鵲自南方來者，翼廣七尺，目大運寸，感周之顙（ㄙㄤˇ），而集於栗林。莊周曰：「此何鳥哉？翼殷不逝，目大不覩。」蹇（ㄐㄧㄢˇ）裳躩（ㄐㄩㄝˊ）步，執彈而留之。覩一蟬，方得美蔭而忘其身。螳螂執翳（ㄧˋ）而搏之，見得而忘其形；異鵲從而利之，見利而忘其真。莊周怵然曰：「噫！物固相累，二類相召也。」捐彈而反走，虞人逐而誶（ㄙㄨㄟˋ）之。莊周反入，三日不庭（ㄔㄥˇ）。藺且從而問之：「夫子何為頃間甚不庭乎？」莊周曰：「吾守形而忘身，觀於濁水而迷於清淵。且吾聞諸夫子曰：『入其俗，從其俗。』今吾遊於雕陵而忘吾身，異鵲感吾顙，遊於栗林而忘真。栗林虞人以吾為戮，吾所以不庭也。」

## 〈白話〉

莊子到雕陵的栗園裡遊玩，看見一隻怪鵲從南方飛來，翅膀張開有七尺，眼睛直徑有一寸，牠擦過莊子的額頭，停在栗林中。莊子說：「這是什麼鳥啊？翅膀大卻飛不遠，眼睛大卻看不清。」於是提起衣裳，快步走過去，手握彈弓守候在一旁。這時看到一隻蟬，剛剛找到舒服的樹蔭，忘了自己還有身體；一隻螳螂躲在隱蔽的樹葉中，準備捕捉蟬，見到利益就忘了自己還有形軀；怪鵲盯住螳螂正要下手，見到利益就忘了自己是隻大鳥。莊子心生警惕說：「啊！萬物就是這樣互相牽累，因利害而一個招惹一個啊。」他扔下彈弓，轉身離去，這時栗林的守園人在後面追趕責問。莊子回到家中，三天都不開心。弟子藺且於是問他說：「老師為什麼最近覺得不開心呢？」莊子說：「我留意外物的形軀而忘了自身的處境，看多了濁水反而對清水覺得迷惑。並且我曾聽老師說過：『到一個地方，就要順從那兒的習俗。』現在，我在雕陵遊玩而忘了自己還有身體，讓怪鵲擦過我的額頭；在栗林遊玩而忘了自己是誰，讓栗林守園人以為我是可恥的小偷，我就是這樣才不開心的啊！」

## 〈解讀〉

莊子到一個栗園附近遊玩，沒走進栗園，以免被人誤認為小偷，所以只在附近徘徊。這時一隻怪鵲飛來，翅膀、眼睛都很大，莊子於是提起衣裳，快步走進園中，手握彈弓守在一旁，想將怪鵲獵下。接著又看到一隻蟬，找到舒服的樹蔭，忘了自己還有身體；一隻螳螂躲在隱蔽的樹葉中，準備捕蟬，見到利益就忘了自己還有形軀，抓獵物時躬起背來，動作誇張，被空中的怪鵲發現了。怪鵲盯住螳螂正要下手，見到利益就忘了自己是隻大鳥，以致翅膀碰到一個獵人（莊子）的額頭都不自知。莊子於是心生警惕，原來萬物就是這樣互相牽累，因利害而一個招惹一個，他立即扔下彈弓，轉身離去，但已經來不及了。這時栗林的守園人在後面追趕責問莊子，剛才是不是跑進栗園偷東西。莊子會丟下彈弓，是因為雙手要騰空，表示自己沒有偷東西。莊子回到家中，三天都不開心，因為被人當成小偷實在丟臉。文中的弟子藺且，是整部《莊子》中，唯一一位出現名字的莊子學生。莊子身入栗園，就有遭到誤會的嫌疑，他與蟬、螳螂、異鵲不是相去不遠嗎？人間不正是一個大栗園嗎？誰又能免於被誤會呢？

莊子最後的回答，代表自己太注意外在的東西，忽略了回到根源。「忘其身、忘其形、忘其真」三個詞語，意思相近，都是見外而忘內（包括身體、形軀、自己）。「忘」本來是正面的意思，譬如「忘適之適」（忘記要舒適，因而達到舒適的狀態），然而，這裡的「忘」卻帶有負面的意思，忘了自己是一隻蟬、一隻螳螂、一隻怪鵲，一般常講「見利忘益」，此處則是「見利忘害」，看到利益就忘記危險，陷入困難，莊子也不例外。所以本段所要表達的不只螳螂捕蟬，異鵲在後，還警惕人應「見利思害」。

〈20・11〉

陽子之宋，宿於逆旅。逆旅人有妾二人，其一人美，其一人惡。惡者貴而美者賤。陽子問其故，逆旅小子對曰：「其美者自美，吾不知其美也；其惡者自惡，吾不知其惡也。」陽子曰：「弟子記之，行賢而去自賢之行，安往而不愛哉！」

〈白話〉

陽子到宋國去，住在一家旅店。旅店主人有兩個小妾，其中一人美麗，一人醜陋；醜陋的受主人寵愛，美麗的卻受到冷落。陽子詢問其中緣故，旅店主人回答說：「美麗的自以為美麗，我卻不覺得她美；醜陋的自以為醜陋，我卻不覺得她醜。」陽子說：「弟子們記住，行善而不要有自以為有善行，到哪裡會不受喜愛呢？」

〈解讀〉

旅店的主人寵愛醜陋的小妾，卻冷落美麗的，這種狀況違反一般人只看表面的常情，陽子於是詢問緣故。一個人自以為美麗，便會流露驕氣，以為自己很美。大家都說她美，她也覺得自己美，高人一等，自然與人產生距離。相反的，一個人覺得自己醜，就會比較溫柔，女孩子一溫柔，男生就難以招架，不知道該怎麼辦才好；然而，遇到一名長得漂亮卻驕傲的女子，男生就不太願意去理睬了，這是很自然的反應。所以一個人覺得自己醜，就會接受自己的現狀，老老實實和別人來往，不會有超出現實之外虛妄的念頭。

最後，陽子說：「弟子們記住，行善而不要自以為有善行，到哪裡會不受喜愛呢？」美醜不只是外表的評估，還牽涉到欣賞者主觀的感覺。美者容易有驕氣，反而不受歡迎，這是常見的事，好比常常做好事，就以為自己是善人，也會產生一種驕傲之氣。道家希望人回到「平常心是道」，因為平常才能永恆（「平常」的「常」就是永恆），希望人能接受平平常常，但是要設法修養內在的一種覺悟，否則，人總會希望有特別的成就。譬如，《老子》十三章：「寵辱若驚」，得寵與受辱都要好像受到驚嚇。只有無寵、無辱，才可長保平靜安詳。

**總結本篇要旨**

處世祕方在於判斷「材與不材」何者安全。然後「虛己以遊世」，不受萬物拖累。本篇一再談及孔子的受困，足以提醒世人如何自求多福。莊子自身亦有亂世求生的法則，如「見利思害」。篇中借孔子之口說「人與天一也」，是古代所謂「天人合一」的最早版本，而其所說的「天」是指自然界而言。從「道」看來，萬物合成一個整體。

# 田子方

第二十一

〈21・1〉

田子方侍坐於魏文侯，數稱谿工。文侯曰：「谿工，子之師邪？」子方曰：「非也，無擇之里人也。稱道數（ㄕㄨㄛˋ）當，故無擇稱之。」文侯曰：「然則子無師邪？」子方曰：「有。」曰：「子之師誰邪？」子方曰：「東郭順子。」文侯曰：「然則夫子何故未嘗稱之？」子方曰：「其為人也真。人貌而天，虛緣而葆真，清而容物。物無道，正容以悟之，使人之意也消。無擇何足以稱之！」子方出，文侯儻然，終日不言。召前立臣而語（ㄩˋ）之曰：「遠矣，全德之君子！始吾以聖知之言、仁義之行為至矣，吾聞子方之師，吾形解而不欲動，口鉗而不欲言。吾所學者，直土梗耳！夫魏真為我累耳！」

〈白話〉

田子方陪坐在魏文侯身旁，談話時多次稱讚谿工。文侯說：「谿工是你的老師嗎？」子方說：「不是的，是我的同鄉。他的言談議論都很有道理，所以我稱讚他。」文侯說：「那麼你沒有老師嗎？」子方說：

「有。」文侯說：「你的老師是誰呢？」子方說：「是東郭順子。」文侯說：「那麼你為什麼沒有稱讚過他？」子方說：「他為人真誠，外貌一如常人而內心與自然相合，順應世俗而能保持真實，潔身自處而能包容外物。對於無道的人，就用莊重態度來開導，使他打消邪念。我哪裡有資格稱讚他呢！」子方離去後，文侯若有所失，整天不說話，然後召來站在身邊的臣子，對他們說：「遙不可及啊，稟賦完全的君子！起初我以為聖智的言論、仁義的行為是最高明的，現在我聽到還有子方的老師這種人，我的身體好像散開了不想動，嘴巴好像封住了不想說。我過去所學的，簡直是土製的假人！魏國真是我的拖累啊！」

〈解讀〉

古人重視個人師承，出自何種門派。子方沒有在外人面前推崇自己的老師，原因是老師的境界太高。有時候，學生對老師也不宜公開的到處宣揚，別人會因為你個人的具體表現，推論老師不見得多高明，才會教出你這種學生，這就很對不起老師了。

「其為人也真。人貌而天，虛緣而葆真，清而容物。」就是外化而內不化。本文對東郭順子的描寫，顯示得道之人的風範。關鍵在於「真」，真誠而真實，就會與自然相洽。「全德之君子」的「全德」，是指完全保持自然稟賦。文侯說自己「身體好像散開了不想動，嘴巴好像封住了不想說。」意思是對於一個高明的人，不知道該怎麼稱讚。《論語・述而》也有類似的情形，葉公問子路有關孔子的為人，子路沒有回答。子路沒有回答，是因為以他的能力無法描述老師，但是他很勇敢，能夠不回答以保護老師，該怎麼做就怎麼做。倒是在《孟子・公孫丑上》記錄宰我、子貢、有若形容孔子，一致認為孔子賢於堯舜，「自生民以來，未有盛於孔子也」。山東孔廟還懸著一塊匾額，上面寫著「生民未有」。

與得道之人的風範相較之下，聖智與仁義是人為的，無異於「土梗」，土製的假人，亦即不真實之物。不真實就是虛偽，表示學了半天，都是人來人往，行禮如儀，大家客套一番，沒有見過一個真正的人。田子方本人已經這麼厲害，他的老師更是神龍見首不見尾。所以，人一旦接觸到真實，就覺得過去所學是如此虛偽又假情假意、一文不值，只是浪費生命而已。

最後，文侯感嘆魏國是他的拖累，但相信即使有人勸他離開，也很難做到。莎士比亞（William Shakespeare）說：「有錢人就像一頭驢子，背著沉重的金幣走完一生。」當然做人也不能什麼都不要了，如此未免太過偏激，而是不把擁有的當一回事，不要特別喜歡或特別得意，就可以了。

〈21．2〉

溫伯雪子適齊，舍於魯。魯人有請見之者，溫伯雪子曰：「不可。吾聞中國之君子，明乎禮義而陋於知人心。吾不欲見也。」至於齊，反舍於魯，是人也又請見。溫伯雪子曰：「往也蘄（ㄑㄧˊ）見我，今也又蘄見我，是必有以振我也。」出而見客，入而歎。明日見客，又入而歎。其僕曰：「每見之客也，必入而歎，何邪？」曰：「吾固告子矣：中國之民，明乎禮義而陋乎知人心。昔之見我者，進退一成規、一成矩，從容一若龍、一若虎；其諫我也似子，其道我也似父，是以歎也。」仲尼見之而不言。子路曰：「吾子欲見溫伯雪子久矣。見之而不言，何邪？」仲尼曰：「若夫人者，目擊而道存矣，亦不可以容聲矣！」

## 〈白話〉

溫伯雪子前往齊國，中途投宿於魯國。魯國有人請求見他，溫伯雪子說：「不行，我聽說魯國的君子，明白禮義的形式，卻拙於了解人心，我不想見他。」到了齊國之後，回程也投宿於魯國，這個人又來請求見面。溫伯雪子說：「上次要求見我，現在又要求見我，想必有什麼可以啟發我的事。」於是出去見了客人，回到房間就嘆氣。第二天再出去見了客人，回到房間又嘆氣。他的僕人說：「每次去見這位客人，回到房間一定嘆氣，為什麼呢？」溫伯雪子說：「我早就告訴你了：『魯國的人明白禮義的形式，卻拙於了解人心。』我所見過的這個人，進退有規有矩，舉止從容像龍與虎一般；勸告我的態度像兒子對待父親，開導我的態度像父親對待兒子，所以我要嘆氣啊。」孔子見到溫伯雪子時，沒說任何話。子路說：「老師早就想見溫伯雪子了，現在見了面卻不說話，為什麼呢？」孔子說：「像他這樣的人，視線相接就可以展現大道，也不容許多說什麼了。」

## 〈解讀〉

溫伯雪子前往齊國，中途投宿於魯國。中國是中原之國，在此指魯國。魯國在山東半島，齊國位置比較偏北。因為魯國是周公傳下來的，維持傳統的禮樂，接受良好的教育，知道表面行禮如儀，舉止從容像龍與虎一般。「雲從龍，風從虎」，龍虎是大型的動物，舉止從容，正如這位魯國的客人是見過世面的人，但是「勸告我的態度像兒子對待父親，開導我的態度像父親對待兒子」，表示沒有朋友對朋友的真情，未能了解人心，失去內在真誠的條件，這是當時對魯國的批評。人心，在此指人的真實生命。相對於人心，禮義就是人為的造作。人心以道為依歸，能夠悟道，就不必多談禮義之類的規勸。溫伯雪子嘆氣，是因為這位客人停留在禮義層次，未能體悟「知者不言，言者不知」的道理。

這也是為何最後要加說一段孔子的故事，進一步說明真正有修行的人，一見面就知道，說話是多餘的，不需要客套。孔子是儒家的創始者，畢竟不凡，知道與這種人見面還需要說什麼話、需要勸誰呢？由此可見莊子對孔子的尊敬。

## 〈21・3〉

顏淵問於仲尼曰：「夫子步亦步，夫子趨亦趨，夫子馳亦馳，夫子奔逸絕塵，而回瞠若乎後矣！」夫子曰：「回，何謂邪？」曰：「夫子步，亦步也；夫子言，亦言也；夫子趨，亦趨也；夫子辯，亦辯也；夫子馳，亦馳也；夫子言道，回亦言道也；及奔逸絕塵而回瞠若乎後者，夫子不言而信，不比而周，無器而民滔乎前，而不知所以然而已矣。」仲尼曰：「惡（ㄨ）！可不察與！夫哀莫大於心死，而人死亦次之。日出東方而入於西極，萬物莫不比方；有目有趾者，待是而後成功。是出則存，是入則亡。萬物亦然，有待也而死，有待也而生。吾一受其成形，而不化以待盡。效物而動，日夜無隙，而不知其所終。薰然其成形，知命不能規乎其前。丘以是日徂（ㄘㄨˊ）。吾終身與女（ㄖㄨˇ）交一臂而失之，可不哀與？女殆著（ㄓㄨˋ）乎吾所以著也。彼已盡矣，而女求之以為有，是求馬於唐肆也。吾服女也甚忘；女服吾也甚忘。雖然，女奚患焉！雖忘乎故吾，吾有不忘者存。」

〈白話〉

顏回請教孔子說：「老師慢行，我也慢行；老師快走，我也快走；老師奔跑，我也奔跑；但是老師奔走如飛，絕塵而去，我卻乾瞪著眼，落在後面了。」孔子說：「回，怎麼說呢？」顏回說：「老師慢行我也慢行，是指老師說話我也說話；老師快走我也快走，是指老師辯論我也辯論；老師奔跑我也奔跑，是指老師談論道我也談論道；等到老師奔走如飛絕塵而去，我卻乾瞪著眼落在後面，是指老師不說話卻能讓人信任，不親近卻能讓人融洽，沒有爵位卻能讓百姓聚集過來。我就是不知道這是什麼緣故啊。」孔子說：「噢！怎麼可以不明察呢！最悲哀的莫過於心死，而身死還在其次。太陽從東方升起，到西邊落下，萬物無不順著這個方向；有頭有腳的人，都要順著太陽的運行才能辦成事情，日出而作，日入而息。萬物也是如此，順著太陽而消逝，順著太陽而出現。我一旦承受形體而出生，就執著於此直到生命盡頭，順應外物而行動，日夜都不間斷，而不知道最後止於何處。自然而然地成就了形體，知道命運是不能預先測度的，所以我一天一天向前走。我長期與你相處在一起，你卻沒有了解這個道理，能不悲哀嗎？你大概是見到我所見到的現象了。它們已經逝去，而你以為它們存在，還在繼續尋找，這就好像在空的市場尋找馬一樣。我心目中的你，很快就消失了；你心目中的我，也很快就消失了。就算如此，你又擔心什麼！過去的我雖然消失了，還有那不消失的東西存在。」

## 〈解讀〉

本文描述生動且深刻，提到儒家的教育方法。顏淵請教老師，您慢走、我慢走，您快走、我快走，代表他在說話、辯論方面還能向老師學。但是後面「不說話，卻能讓別人信任，不親近，卻能讓人融洽，沒有爵位，卻能讓百姓聚集過來」，代表無跡可尋，老師好像沒有明確的說話或是行動，卻有這種效果，讓他無從學起，不知道那是什麼緣故。顏回的問題很誠實，而孔子也勸他不要「心死」，不要輕易放棄領悟大道的希望。心死比身死更可悲，表示人活著是有目的的。他要顏淵順著自然的規則及軌道去運作。

接著說到一般人的生命狀態，是很重要的一段。我們承受形體出生，就執著於身體這個臭皮囊，在乎外表，在意形象；本文則強調人有身體，會慢慢變老，所以順著外物行動，不要在乎最後止於何處，命運是不能預先測度的。有這樣的心態，就能不著行跡，不會強求，也不會堅持某種效果。所以，跟隨一個老師，掌握的是他的精神，老師是以一種內在的力量感動別人，而非外在的修辭與口才。譬如，〈德充符〉中說，莊子在去楚國的路上，看到一隻母豬死了，一大堆小豬在吃奶，吃著、吃著，忽然發現母豬已經不再是母豬了，就驚慌四散，因為使母豬成為母豬的內在力量消失不見了。

在此，孔子的人生態度是「不知而順應」，顏回則努力求知，試圖把握不斷變化之「迹」，而忘了還有「真」存在。「真」即是最後所說的「不忘者」，也就是回歸於整體之道。

真實的我不消失，外面的形象是可以變化的，正如莊子真正的修練是「形如槁木、心如死灰」，然後才出現精神，這才是真正的我要掌握的部分。

「女服吾也甚忘」的「服」，可以當作「思存」，心中所想，所保存的，這是古代比較特別的用法。「交一臂而失之」，即「失之交臂」。「唐肆」的「唐」為空，「肆」為馬廄，或是市場，在空的市場裡面選馬，意即不要執著於過去具體的作為，而要把握真正存在的精神。「不忘者」的「忘」為亡，可理解為不亡者。

〈21・4〉

孔子見老聃，老聃新沐，方將被（ㄆㄧ）髮而乾，慹（ㄓㄜˊ）然似非人。孔子便而待之，少焉見，曰：「丘也眩與？其信然與？向者先生形體掘若槁木，似遺物離人而立於獨也。」老聃曰：「吾遊於物之初。」孔子曰：「何謂邪？」曰：「心困焉而不能知，口辟焉而不能言。嘗為汝議乎其將：至陰肅肅，至陽赫赫。肅肅出乎天，赫赫發乎地；兩者交通成和而物生焉，或為之紀而莫見其形。消息滿虛，一晦一明，日改月化，日有所為，而莫見其功。生有所乎萌，死有所乎歸，始終相反乎無端，而莫知乎其所窮。非是也，且孰為之宗？」

## 〈白話〉

孔子去見老子，老子剛洗完頭，正披散著頭髮等它乾，站立不動的樣子好像不是活人。孔子退到門外去等待，稍後見面時，就說：「是我眼花了呢？還是真的如此？剛才先生的身體直立有如枯木，好像排除外物、脫離人間而獨立自存。」老子說：「我遨遊於萬物初始的境地。」孔子說：「這是什麼意思呢？」老子說：「我的心好像被困住了，不能分辨；我的口好像被合起來，不能說話；我就嘗試為你談個大概吧：至陰之氣寒冷無比，至陽之氣炎熱異常；寒冷之氣由天而下，炎熱之氣由地而上；這兩者互相交通融合就產生了萬物，也許有什麼力量在安排秩序，卻又看不見它的形體。萬物有消有長，時滿時虛，夜暗晝明，日遷月移，每天都有些作為，卻看不到任何功績。出生，有它的源頭；死亡，有它的歸宿；始與終相反而沒有開端，也不知將止於何處。如果不是這樣，又有誰是這一切的主宰呢？」

## 〈解讀〉

老子說他遨遊於萬物初始的境地，也就是「道」，因為道是萬物的開始。見到萬物卻不被當前的萬物所眩惑，要思考萬物的來源為何，進而在那個地方遨遊。但是，「我的心被困住，我的口被合起來」，代表道不能言傳，也不能用思想掌握，它超越概念之外。「物之初」是萬物初始，由陰陽二氣交感而化生一切。

「孰為之宗」，誰是主宰？答案應該是「道」。不過道的主宰方式無法想像，所以從人的角度來看，難以理解有誰在主宰一切。好比〈齊物論〉中談到人籟、地籟、天籟時，提到讓這一切鼓動起來，發出聲音的是誰？答案是我們無法理解的東西，所以道家不談具有位格的神，而強調宇宙有一個力量，這個力量稱為造物者或造化，也就是道。「終始」，源頭與歸宿，出生有它的源頭，死亡有它的歸宿，道就是萬物的來源與歸宿。

## 〈21．5〉

孔子曰：「請問遊是。」老聃曰：「夫得是，至美至樂也。得至美而遊乎至樂，謂之至人。」孔子曰：「願聞其方。」曰：「草食之獸不疾易藪（ㄙㄡˇ），水生之蟲不疾易水。行小變而不失其大常也，喜怒哀樂不入於胸次。夫天下也者，萬物之所一也。得其所一而同焉，則四支百體將為塵垢，而死生終始將為晝夜，而莫之能滑，而況得喪禍福之所介乎！棄隸者若棄泥塗，知身貴於隸也。貴在於我，而不失於變。且萬化而未始有極也，夫孰足以患心！已為道者解乎此。」孔子曰：「夫子德配天地，而猶假至言以修心，古之君子，孰能脫焉！」老聃曰：「不然。夫水之於汋（ㄓㄨㄛˊ）也，無為而才自然矣；至人之於德也，不修而物不能離焉。若天之自高，地之自厚，日月之自明，夫何修焉！」孔子出，以告顏回曰：「丘之於道也，其猶醯（ㄒㄧ）雞與（ㄩˊ）！微夫子之發吾覆也，吾不知天地之大全也。」

## 〈白話〉

孔子說：「請問遨遊於物之初是怎麼回事？」老子說：「處在那種境地，是最美妙，也最快樂的。享受最美妙的，遨遊於最快樂的，就可以稱為至人。」孔子說：「我想聽聽有什麼方法。」老子說：「吃草的動物不擔心改變草澤，水生的小蟲不擔心更換池沼，這是只作小的變化而沒有失去大的常規，所以喜怒哀樂不會進入心中。天下，是萬物所形成的一個整體。了解這是一個整體，就會把萬物視為相同，然後即使四肢百骸都要化為塵垢，死生終始都將像是晝夜，也不會使他受到擾亂，更何況是得失禍福這些小事呢？拋棄得失禍福這些累贅，就像拋棄泥土一樣，因為知道自身比這些累贅更可貴。可貴的是我自己，不會因為變化而失去。而且萬物變化從來就沒有止境，那麼還有什麼值得擔心的！已經得道的人就能了解這一點。」孔子說：「先生的德行已經與天地相合，卻還借助於至人之言來修養內心，古代的君子，誰能免於修養呢？」老子說：「不是的。水對於潤澤外物，是無所作為而本性自己如此。至人對於德行，是未曾修養而眾人不能離開他。像天本來就高，地本來就厚，日月本來就光明，哪裡需要修養呢？」孔子出去後，告訴顏回說：「我對於道的了解，就像酒甕中的小飛蟲，要不是先生揭開蓋子，我實在不知道天地的完整面貌。」

## 〈解讀〉

老子在遨遊於物之初時，是最美妙也最快樂的。有時候觀察萬物的變化，如果沒有道家修養，追溯到根源的時候，會覺得悵然，因為時間一去不再回來，所有的東西都靠不住。但如果回到根源，知道這一切只是道的某種變化，就沒什麼可以擔心難過的，因為道永遠不變。「夫天下也者，萬物之所一也。」只要明白萬物是一個整體，就不會受得失禍福所影響。但是，這並不表示要人抹殺自我，所以「貴在於我，而不失於變」一語，是了解莊子思想的重要關鍵。肯定合一，又不否定自我；能領悟這句話，才能欣賞道家。《孟子・告子上》也說，「人人有貴於己者，弗思耳矣。」每一個人身上都有可貴的部分，但是孟子說的可貴，是因為人性向善，只要願意就可以行善，這種內在的動力是尊嚴所在，所以不能忘記，可貴的就是心。人真誠的話，心就會產生力量，讓人去做該做的事，由此實現價值。而道家主張的可貴之處在於真實，也就是自己的真實，與道相通。萬物一直在變化之中，我們外在的表現也在變化之中，但內心若能悟道，就沒有什麼得失成敗的問題。

「至人之德」的「德」是德行，因為稍後談及「修」；但這個「德」字，與其說是側重道德義，不如說是側重行為表現義。孔子認為修養還是最重要的。但道家講的德，就是本性與稟賦。真實是只要保存本來的樣子，只要感受到自己像一棵沒被雕刻過的原木，像水本來就往下流，這樣的生命，還需要什麼修養。修養代表有什麼不足需要改善，對道家而言，所有從道而來的，都是圓滿的。人在整體裡面，沒有什麼缺乏，也沒有什麼好炫耀的，對人來說，只有一個問題：是否覺悟到整體？

孔子原來對道的了解，有點像井底之蛙，現在就像酒甕的蓋子揭開之後，小飛蟲飛出來，看見開闊的天地。過去在酒甕裡面，總認為一定要這樣、一定要那樣才能夠得到滿足，或實現人的本性，現在發現了整體，就沒有什麼得失成敗的問題了。

## 〈21・6〉

莊子見魯哀公。哀公曰：「魯多儒士，少為先生方者。」莊子曰：「魯少儒。」哀公曰：「舉魯國而儒服，何謂少乎？」莊子曰：「周聞之，儒者冠圜（ㄩㄢˊ）冠者，知天時；履句屨（ㄐㄩˋ）者，知地形；緩佩玦（ㄐㄩㄝˊ）者，事至而斷。君子有其道者，未必為其服也；為其服者，未必知其道也。公固以為不然，何不號於國中曰：『無此道而為此服者，其罪死！』」於是哀公號之五日，而魯國無敢儒服者。獨有一丈夫儒服而立乎公門。公即召而問以國事，千轉萬變而不窮。莊子曰：「以魯國而儒者一人耳，可謂多乎？」

## 〈白話〉

莊子晉見魯哀公。哀公說：「魯國的儒者很多，而學習先生這套方術的很少。」莊子說：「魯國的儒者很少。」哀公說：「全魯國的人都穿著儒服，怎麼能說少呢？」莊子說：「我聽說，儒者中戴圓帽的，懂得天時；穿方鞋的，明白地形；佩戴五色絲繩繫的玉玦的，遇事有決斷。君子有某種修養的，未必穿某種服裝；穿某種服裝的，未必了解某種修養。如果您認為我說的不對，何不下命令給國人說：『不具備儒者修養而穿儒服的，都要處以死罪。』於是哀公發出這項命令，五天之後魯國沒有人敢再穿儒服。只有一個男子穿著儒服站在哀公府的大門外。哀公召見他，徵詢他對國事的意見，問題千變萬化，他都從容應答。莊子說：「全魯國只有一位儒者，可以算多嗎？」

〈解讀〉

古代講究禮儀，服裝代表身分，因此虛有其表者眾。真有這個實力的話，根本不需要靠外表，外表的裝腔作勢，沒有實際的作用。莊子實事求是的態度，出於尊重真實。

依本文所述，精通的儒家學者，懂得天文、懂得地理，也懂得如何判斷，所以莊子對名副其實的儒者，也是肯定的。「君子有其道者」的「道」，指某種專業的知能及修養。

〈21·7〉

百里奚爵祿不入於心，故飯牛而牛肥，使秦穆公忘其賤，與之政也。有虞氏死生不入於心，故足以動人。宋元君將畫圖，眾史皆至，受揖而立，舐（ㄕˋ）筆和墨，在外者半。有一史後至者，儃（ㄉㄢˋ）儃然不趨，受揖不立，因之舍。公使人視之，則解衣般礴臝（ㄌㄨㄛˇ）。君曰：「可矣，是真畫者也。」

〈白話〉

百里奚不把爵位俸祿放在心上，所以養牛而牛肥，讓秦穆公忘記他地位卑賤，把國政交給他。舜不把生死放在心上，所以孝行可以感動世人。宋元君打算畫些圖樣，所有畫師都來了，行禮作揖之後站在一旁，調理筆墨，半數的人站到門外去了。有一位畫師稍晚才到，悠閒地走進來，行禮作揖之後也不站立恭候，就直接到畫室去了。宋元君派人去察看，他已經解開衣襟，袒露上身，盤腿端坐著。宋元君說：「行了，這才是真正的畫師。」

**〈解讀〉**

百里奚是虞國人，虞國被晉國滅了之後，他被賣到秦國為人養牛。秦穆公為春秋五霸之一，他任用百里奚，因為百里奚沒有把養牛放在心上，牛就很肥，也讓秦穆公忘記他地位卑賤。舜以孝順聞名，雖多次被父親、繼母與弟弟謀害，依然不改孝悌，不在乎自己的生死，所以大家覺得他不是一般的孝順。莊子認為他們都是「虛其心」的例證，重點在於不放在心上，活出真實的自我，不去顧忌這個會生、那個會死、這個會得意、那個會失意，而是順其自然的本性，表現出來。

宋元君的畫師也有類似修養。作畫時必須放開一切，專注於畫作上，太注意世俗的細節時，就會遷就別人的喜好，也就表現不出真正的才華。莊子對後代藝術的啟發不難想見，譬如，《世說新語》中，知名書法家王羲之成為郗鑒的「東床快婿」，就是受到莊子思想的影響。

**〈21・8〉**

文王觀於臧，見一丈夫釣，而其釣莫釣。非持其釣有釣者也，常釣也。文王欲舉而授之政，而恐大臣父兄之弗安也；欲終而釋之，而不忍百姓之無天也。於是旦而屬之大夫曰：「昔者寡人夢見良人，黑色而髯，乘駁馬而偏朱蹄，號曰：『寓而政於臧丈人，庶幾乎民有瘳（ㄔㄡ）乎！』」諸大夫蹴（ㄘㄨˋ）然曰：「先君王也。」文王曰：「然則卜之。」諸大夫曰：「先君之命，王其無它，又何卜焉。」遂迎臧丈人而授之政。典法無更，偏令無出。三年，文王觀於國，則列士壞植散群，長官者不成德，斔（ㄩˇ）斛（ㄏㄨˊ）不敢入於四竟。列士壞植散群，則尚同也；長官者不成德，則同務也；斔斛不敢入於四竟，則諸侯無二心也。文王於是焉以為大師，北面而問曰：「政可以及天下乎？」臧丈人昧然而不應，泛然而辭，朝令而夜遁，終身無聞。顏淵問於仲尼曰：「文王其猶未邪？又何以夢為乎？」仲尼曰：「默，汝無言。夫文王盡之也，而又何論刺焉！彼直以循斯須也。」

## 〈白話〉

文王在臧地巡視時，看見一個老人在垂釣，他的釣鉤上沒有釣餌，他不是拿著釣鉤在釣魚的，這是最高明的釣法。文王想要舉用他並且把政事託付給他，但又恐怕大臣父兄會猜忌不安；想要放棄他算了，又不忍見到百姓失去庇蔭。於是早朝時，他傳話給大夫說：「昨晚我夢見一位賢人，面色黝黑，留著鬍子，騎著斑駁的雜色馬，馬蹄的半邊是紅色的，他吩咐我說：『把你的政事託付給臧地老人，國家才有治好的機會！』」大夫們驚異地說：「是先君在命令您啊！」文王說：「那麼，占卜看看。」大夫們說：「先君下了命令，大王別無選擇，又何必再占卜呢。」於是去迎接臧地老人，把政事託付給他。典章法規全無更改，偏頗政令從不發布。過了三年，文王在國內巡視，看到士人不結朋黨，長官不施恩澤，外國的度量衡不敢進入境內。士人不結朋黨，那是同心協力；長官不施恩澤，那是分工合作；外國度量衡不敢進入境內，那是諸侯沒有異心。文王於是拜他為太師，行弟子之禮之後請教說：「政事可以推及天下嗎？」臧地老人悶聲不響沒有回應，又泛泛說些推辭的話，早上還在處理政事，晚上就逃逸無蹤，從此再也沒有消息了。顏回請教孔子說：「文王的威信大概還不夠吧？為什麼要假託做夢呢？」孔子說：「安靜些，你別說話。文王已經很完美了，你還有什麼好批評的！他只是順應當時的民情啊！」

## 〈解讀〉

臧地，靠近渭水；此處的老人，應是指姜太公（呂望）。無鉤而釣，是為最高明的釣法（常釣），願者上鉤。文王得此啟發，於是想請臧丈人依此法治國。文王轄下已經有不少諸侯，但他想要進而安定天下，臧地老人卻不願勉強自己參與此種重大的革命活動。道家認為少做事，就是最理想的情況，但是今天的政治人物少做事，就選不上了。

顏回請教孔子，文王為什麼要假託做夢，是否因為威信不夠？事實上很多時候，統治者不能全靠理性治國，譬如，盤庚遷殷，即是靠假託做夢告訴臣民。又譬如，若將台灣的首都遷到台中，民眾當然不肯。所以，要了解用什麼方法才能產生效果，不能一意孤行、自以為是，很多好的觀點或政令，都需要適切的方法才能生效。前面做編鐘的北公奢，可以讓人捐了錢卻不覺得了不起，沒捐錢也不以為自己小氣，最後就把事情做成了。

〈21・9〉

列御寇為伯昏無人射，引之盈貫，措杯水其肘上，發之，適矢復沓（ㄊㄚˋ），方矢復寓。當是時，猶象人也。伯昏無人曰：「是射之射，非不射之射也。嘗與汝登高山，履危石，臨百仞之淵，若能射乎？」於是無人遂登高山，履危石，臨百仞之淵，背逡巡，足二分垂在外，揖御寇而進之。御寇伏地，汗流至踵。伯昏無人曰：「夫至人者，上闚青天，下潛黃泉，揮斥八極，神氣不變。今汝怵然有恂目之志，爾於中也殆矣夫！」

〈白話〉

列御寇為伯昏無人表演射箭。他拉滿了弓弦，在臂彎上放一杯水，第一箭才射出，第二箭像是接連重疊般緊跟著出手，然後第三箭已經搭在弦上了。這個時候，他像個木頭人，一動也不動。伯昏無人說：「這是在乎射箭的射法，而不是不在乎射箭的射法。我想試著與你登上高山，腳踏危石，下臨百丈深淵，那樣你還能射嗎？」於是伯昏無人就登上高山，腳踏危石，下臨百丈深淵，再背轉身來向後退行，腳有一部分懸空在外，然後向列御寇作揖，請他上前表演。列御寇伏在地上，冷汗直流到腳跟。伯昏無人說：「至人啊！上能窺見青天，下能潛入黃泉，縱橫往來八方，神色絲毫不變。現在看你心中驚慌、眼目眩惑的樣子，你射中的可能性太少了！」

〈解讀〉

平地射箭，可以表現技巧；危地射箭，就要憑內在的定力了。「不射之射」，即無心之射。必先無心，才可化解外在環境的險惡，由技顯藝，再由藝進道。至人便是如此，得道之後，技藝再高何足論哉。在《論語・里仁》中孔子說：「君子無終食之間違仁，造次必於是，顛沛必於是。」在緊張、危險的時候，還照樣堅持行仁，這是儒家的想法，而道家則是在緊張危險的時候，照樣自在表演。

〈21・10〉

肩吾問於孫叔敖曰：「子三為令尹而不榮華，三去之而無憂色。吾始也疑子，今視子之鼻間栩（ㄒㄩˇ）栩然，子之用心獨奈何？」孫叔敖曰：「吾何以過人哉！吾以其來不可卻也，其去不可止也；吾以為得失之非我也，而無憂色而已矣。我何以過人哉！且不知其在彼乎？其在我乎？其在彼邪，亡乎我；在我邪，亡乎彼。方將躊躇，方將四顧，何暇至乎人貴人賤哉！」仲尼聞之曰：「古之真人，知（ㄓˋ）者不得說，美人不得濫，盜人不得劫，伏戲、黃帝不得友。死生亦大矣，而無變乎己，況爵祿乎！若然者，其神經乎大山而無介，入乎淵泉而不濡，處卑細而不憊，充滿天地，既以與人，己愈有。」

## 〈白話〉

肩吾問孫叔敖說：「你三次出仕令尹而不感覺榮耀，三次下台而沒有憂愁的臉色。我起初懷疑你是偽裝的，現在看你神情欣然自得，你的用心是怎麼樣的呢？」孫叔敖說：「我有什麼過人之處呢！我認為令尹的職位，來時不可推辭，去時不可阻止；我認為得與失都由不得我，所以就沒有憂愁的臉色了。我有什麼過人之處呢！再說，不知道可貴的是在令尹呢？還是在我呢？如果是在令尹，就與我無關；如果是在我，就與令尹無關。我正躊躇得意，正環顧四周，哪有空閒去管別人所謂的貴與賤呢！」孔子聽到這段對話，就說：「古代的真人，智者不能說服他，美女不能誘惑他，強盜不能搶奪他，伏羲、黃帝不能與他為友。死生這麼大的事，都無法改變他，何況是爵位俸祿呢！像這樣的人，他的精神穿越大山而沒有阻礙，潛入深水而不會沾溼，身處卑微而不會委靡，充滿於天地之間，給人的愈多，自己擁有的也愈多。」

## 〈解讀〉

令尹，是楚國的令尹，相當於宰相之位。孫叔敖為官，三上三下，從未因此隨之喜憂，可見他知道可貴的是自己。《莊子》中曾以「躊躇」、「四顧」來描寫的對象，尚有〈養生主〉中的庖丁。不過，兩者境界略有不同：庖丁由技而藝，在「解牛」一事上志得意滿；孫叔敖則已經體悟「道」的境界，也就是孔子口中的「真人」。

「既以與人己愈有」出自於《老子》八十一章，給人愈多，自己擁有愈多，所講的並非物質，而是精神的能量。愈是關心別人，會愈有這種愛心去關心別人。

## 〈21．11〉

**楚王與凡君坐，少焉，楚王左右曰凡亡者三。凡君曰：「凡之亡也，不足以喪吾存。夫『凡之亡不足以喪吾存』，則楚之存不足以存存。由是觀之，則凡未始亡而楚未始存也。」**

### 〈白話〉

楚王與凡國國君坐在一起，一會兒工夫，楚王的左右大臣就三次說到「凡國要滅亡了。」凡國國君說：「即使凡國滅亡了，也不能消除我的存在。既然『凡國滅亡不能消除我的存在』，那麼楚國存在也不能保障你的存在。這樣看來，可以說凡國不曾滅亡而楚國也不曾存在。」

### 〈解讀〉

從本文可知，凡君認為凡國與凡君不能劃上等號。個人處在群體之中，仍有真實的自我必須珍惜。若是忽略真實的自我，則群體只是空有名目。譬如，楚國即使長存，但楚王的壽命仍有限。最後，凡君跳開當時的政治形勢，將「凡亡楚存」，說成「凡存楚亡」，因為由道觀之，並沒有存亡的問題。

## 總結本篇要旨

本篇多為寓言與重言，其中有不少高明之士，如東郭順子、溫伯雪子、臧丈人、伯昏無人、孫叔敖、真儒士、真畫師等。顏淵師法孔子，但覺「夫子奔逸絕塵」；孔子往見老子，才知「天地之大全」；真是人外有人，天外有天。這些作品的用意，依然是要勉人領悟大道，以成就老子所謂「人亦大」的理想。

# 知北遊 第二十二

〈22・1〉

知北遊於玄水之上，登隱弅（ㄔㄚˋ）之丘，而適遭無為謂焉。知謂無為謂曰：「予欲有問乎若：何思何慮則知道？何處何服則安道？何從何道則得道？」三問而無為謂不答也，非不答，不知答也。知不得問，反於白水之南，登狐闋（ㄑㄩㄝˋ）之上，而睹狂屈焉。知以之言也問乎狂屈。狂屈曰：「唉！予知之，將語（ㄩˋ）若。」中欲言而忘其所欲言。知不得問，反於帝宮，見黃帝而問焉。黃帝曰：「無思無慮始知道，無處無服始安道，無從無道始得道。」知問黃帝曰：「我與若知之，彼與彼不知也，其孰是邪？」黃帝曰：「彼無為謂真是也，狂屈似之，我與汝終不近也。」夫知者不言，言者不知，故聖人行不言之教。道不可致，德不可至。仁可為也，義可虧也，禮相偽也。故曰：「失道而後德，失德而後仁，失仁而後義，失義而後禮。禮者，道之華而亂之首也。」故曰：「為道者日損，損之又損之，以至於無為。無為而無不為也。」今已為物也，欲復歸根，不亦難乎！其易也，其唯大人乎！

## 〈白話〉

知去北方遊歷，到了玄水北岸，登上隱弅山丘，恰好遇到了無為謂。知對無為謂說：「我想請教你幾個問題：怎樣思索、怎樣考慮才能懂得道？怎樣處事、怎樣行動才能安於道？由什麼途徑、用什麼方法才能獲得道？」問了三次，而無為謂都不回答，不是不回答，而是不知如何回答。知問不下去，就回到白水南岸，登上狐闋山丘，正好看見狂屈。知以同樣的問題請教狂屈，狂屈說：「喔！我知道答案，也打算告訴你。」但是他心中想說卻忘記了想說的話。知問不下去，就回到黃帝的宮中，看見黃帝又再向他請教。黃帝說：「沒有思索、沒有考慮才能懂得道；沒有處事、沒有行動才能安於道；沒有途徑、沒有方法才能獲得道。」知問黃帝說：「我與你都懂了，他們二人還不懂，到底誰對呢？」黃帝說：「那個無為謂是真正對的。狂屈像是對的，我與你畢竟隔了一層。」懂的人不說話，說話的人不懂，所以聖人要實行不說話的教誨。道不能靠人給與，德不能由外而來。仁可以靠有所作為來達成，義可以靠有所不為來實踐，禮只是互相虛偽往來。所以說：「失去道然後有德，失去德然後有仁，失去仁然後有義，失去義然後有禮。禮，是道的虛飾，亂的開端啊。」所以說：「修道的人每天減少一點作為，減少又減少，最後達到無所作為的境界，無所作為其實是沒有什麼不做成的。」現在已經處於萬物之中，想要回歸根源，實在太困難了！如果說容易，大概只有對得道的大人而言吧！

## 〈解讀〉

莊子善於寓言，〈知北遊〉是講述「知」（代表求知者）到北方遊覽。「無為謂」代表無為無謂的體道者，對知的問題他都不回答，不是不回答，而是不知如何回答。「狂屈」代表不拘形跡的近道者，此人非常狂妄，不會隨便委屈自己。對知的問題，他想說卻忘記了想說的話，最後還是沒講。「黃帝」則代表凡人的領袖。

知所提的三問，以及黃帝所給的三答，皆相當精采：「沒有思索、沒有考慮才能獲得道」，此話深具禪宗味道，對所要問的問題從根本上取消，想都不要想，反而可以獲得道、可以安於道，最後可以懂得道。但是，道家深知言語的限制，明白要想領悟道與德，需要另一番不同的工夫。其實人根本就沒有離開過道。你問在海水裡的魚什麼是海水，牠要等到離開海水之後才能告訴你，道也是一樣。德不能由外而來，因為德在道家的學說中，是每一個人生下來的本性與稟賦，不可能由外而來。接著，仁可以靠有所作為來達成，因為仁者愛人，可以持續不斷去幫助別人。義可以靠有所不為來實踐，因為義就是該不該做，有一半的事情都是不該做的，不做不該做的事，才有可能做該做的事。所以在思考義的問題時，要先用排除法，這是仁與義的簡單區分。

本文多處引用《老子》，譬如「知者不言」一段即出自五十六章與四十三章；「失道而後德」一段則出自三十八章，原文為「夫禮者，忠信之薄，而亂之首」。禮的出現，使忠信淪於澆薄，也是大亂的禍首。提到道、德、仁、義、禮的順序，到禮的話就糟了。人跟人如果只能靠禮儀、禮節、禮貌來維持，不免淪為虛偽。「為道者日損」一段則出自老子四十八章。

莊子以這整段話詮釋老子的本意，目的是要說明三大問題：怎麼思索，怎麼考慮，怎麼處事、行動，途徑和方法都是用否定的。因為道家認為，道根本沒有離開過人，道無所不在，只是人把它概念化，變成語言文字，它就不再是本來的樣子，反而變成抽象的思維。一變成抽象的思維，日常生命裡的道就只是一個概念而已。譬如，二十世紀的西方哲學家海德格（Martin Heidegger），他崇拜老子，反對西方哲學從具體的事物尋找「存有」，那樣只能找到具體事物的抽象性格，而沒有掌握到「存有」本身。他所謂的「存有」，就是老子的道，我們尋找道的時候，只記得問，這是道嗎？那是道嗎？找了半天，卻忘記了道是無所不在的。對得道的大人而言，處在萬物之中與回歸根源是同一回事，就像魚沒有離開過水一樣。所以大人不必與別人談什麼是道，他一直在道裡面，每天談道的人，都只是把道當成一個概念，每天說這個、說那個，說了半天只是在光影裡打轉，而沒有把握到真實的本身。

〈22．2〉

生也死之徒，死也生之始，孰知其紀！人之生，氣之聚也。聚則為生，散則為死。若死生為徒，吾又何患！故萬物一也。是其所美者為神奇，其所惡者為臭腐；臭腐復化為神奇，神奇復化為臭腐。故曰：「通天下一氣耳。」聖人故貴一。知謂黃帝曰：「吾問無為謂，無為謂不應我，非不我應，不知應我也；吾問狂屈，狂屈中欲告我而不我告，非不我告，中欲告而忘之也；今予問乎若，若知之，奚故不近？」黃帝曰：「彼其真是也，以其不知也；此其似之也，以其忘之也；予與若終不近也，以其知之也。」狂屈聞之，以黃帝為知言。

## 〈白話〉

生是死的同類，死是生的開始，誰知道其中的頭緒！人的出生，是氣的聚合；氣聚則生，氣散則死。如果死生是同類的，我又有什麼好擔心的呢！所以萬物是一體的。人們把欣賞的東西稱為神奇，把厭惡的東西稱為腐朽；腐朽可以再化為神奇，神奇可以再化為腐朽。所以說：「整個天下，是一氣通貫的。」聖人因此看重同一。知對黃帝說：「我問無為謂，無為謂不回答我，不是不回答我，而是不知如何回答我。我問狂屈，狂屈心中想告訴我卻沒有告訴我，不是不告訴我，而是心中想告訴我卻忘記了想說什麼；現在我請教你，你明明懂得，為什麼說隔了一層呢？」黃帝說：「無為謂是真正對的，因為他不知要說什麼；狂屈像是對的，因為他忘記要說什麼；我與你畢竟隔了一層，因為我們知道要說什麼。」狂屈聽到這件事，認為黃帝是懂得說話的人。

## 〈解讀〉

生與死是一件事情的兩面，就像不可能只有生沒有死，只有日沒有夜，只有光明沒有黑暗，所以說它們是同類，缺一不可。死是生的開始，不是講輪迴，而是說某一物的死亡，是另一物生命的開始，自然界有很多這種例子，所有生物的生存，都建立在別的生物的死亡上。

人的出生，是氣的聚合；氣聚則生，氣散則死。這段相當重要，莊子對現實世界的觀點是氣化一元論，氣是一個單位，宇宙都是氣，這就是哲學所要求的一以貫之，用一個概念或是一個東西來解釋所有的變化。氣聚則生，氣散則死，立場簡單，姑且不論對錯，至少這是以一個原理、一種方式來解釋萬物的變化。

知道要說什麼，就與真實隔了一層，因為說出來的概念，一定是我們可以理解，但絕對不是道真正的樣子。理解之後就像寫文章，譬如，我寫文章介紹張三，與你直接去認識張三，自然大不相同。文章寫得再好，你所看到的還是文章，等到你與張三親自接觸時，就發現很難用言語描述。

「聖人故貴一」的「一」指萬物來自「一氣」，根源則是「道」。「一氣」是描寫道；「陰陽二氣」是描寫變化的歷程，所以有聚散現象。道，既恆存不替又變化無窮，不替就是不會改變，其祕訣在此。為何在「氣」之後，要另立一個「道」？其答案涉及道家的最高智慧，也就是對萬物而言，道必須兼具超越性與內存性。所謂內存性，講道在哪裡的時候，用氣來描寫，因為氣無所不在。《易經．巽卦》的「巽」就是風，風就是空氣，空氣無所不入，這是傳統的觀點。因此談到氣時，要強調萬物都有氣，萬物內存於氣，氣內存於萬物。在「氣」之後另立一個「道」，也是因為道的超越性，不隨著萬物的變化而變化。比較複雜的重點在於，道不等於氣。道等於氣的話，道也會變成一個物質，那就不是道真正的樣子了。因為氣比較具體，我們呼吸時都是氣，所以道家用氣來描寫道的一種內在與萬物相通的狀況。但是接下來，還是要說明道和萬物截然不同，因為萬物充滿變化，有開始有結束，道則永遠沒有任何變化。

這是學道家最困難的地方，要將兩者一併理解，才能夠達到道家的目的。這個目的，是要面對人在世上可能產生的虛無主義。所謂虛無主義，就是人會慢慢變老，生命難免結束，人自然會對生命覺得恐慌、害怕，像我們的長輩過世了，接著就輪到我們。如果明白什麼是道，就可以安然面對一切。

〈22・3〉

天地有大美而不言，四時有明法而不議，萬物有成理而不說。聖人者，原天地之美而達萬物之理。是故至人無為，大聖不作，觀於天地之謂也。今彼神明至精，與彼百化。物已死生方圓，莫知其根也。扁然而萬物自古以固存。六合為巨，未離其內；秋毫為小，待之成體；天下莫不沉浮，終身不故；陰陽四時運行，各得其序；惛（ㄏㄨㄣ）然若亡而存；油然不形而神；萬物畜而不知。此之謂本根，可以觀於天矣。

〈白話〉

天地有全然的美妙，卻不發一言；四時有明顯的規律，卻不必商議；萬物有既定的道理，卻不加說明。聖人，就是要存想天地的美妙，而通達萬物的道理；所以至人無所作為，大聖不會妄動，正是觀察天地的緣故。配合天地的靈妙精純，隨著天地的千變萬化。萬物或死或生，或方或圓，無從得知這一切的根源。萬物蓬勃生長，自古以來就一直存在。上下四方雖然廣大，卻超不出它的範圍；秋天野獸的毫毛雖然細微，也要靠它才組成形體。天下萬物無不起起伏伏，不會始終如一；陰陽變化、四季運行，各自有其秩序；昏暗暗的樣了，好像不在卻又存在；自動自發的樣子，不見形跡卻有神妙作用；萬物受到養育而毫不知情。這就稱為本來的根源，可以由此觀察自然了。

〈解讀〉

本文從天地、四時、萬物，推到這一切背後的道，卻沒有談到一個「道」字，道的不可言說可以由此得到彰顯。活在世界上應該快樂，我們常常說與自然界要樂，因為天地有全然的美妙，有這麼美好的天地萬物，人又何必特別想做什麼事呢？人想做的，恐怕是刻意製造或改變，認為這樣才叫有所作為。有所作為其實也不見得是壞事，代表人有這方面的能力，只是作為之後所造成的發展方向，卻與道背道而馳。但人也不能無所事事，所以，在談到休閒時，積極的意義，像希臘哲學起源於閒暇，有些人有錢、有閒，並且特別喜歡思考，才提出對人生各種問題的解釋。莊子日子也過得閒散，才會寫文章。但有些人閒暇之後就會做壞事，正如《聖經》上提到，不要讓自己閒下來，閒暇與罪惡是朋友。

「根」與「本根」皆用來比喻道。明白此理，可為聖人與至人。「聖」有明白通達之意，「至」則指最高境界。兩者在體道上，是二而一的。「神」指神妙難測。至人，神人，聖人三個名稱，皆曾見於〈逍遙遊〉。

〈22．4〉

齧缺問道乎被（ㄆㄧ）衣，被衣曰：「若正汝形，一汝視，天和將至；攝汝知，一汝度，神將來舍。德將為汝美，道將為汝居，汝瞳焉如新生之犢而無求其故。」言未卒，齧缺睡寐。被衣大說，行歌而去之，曰：「形若槁骸，心若死灰，真其實知，不以故自持。

媒媒晦晦，無心而不可與謀。彼何人哉！」

## 〈白話〉

齧缺向被衣請教什麼是道。被衣說：「你端正形體，專一視聽，自然的和諧就會來到；收斂聰明，集中思緒，鬼神就會來停留。德將會成為你的完美，道將成為你的居所，你茫茫然像初生的小牛，不要去追問怎麼回事。」話還沒說完，齧缺就睡著了。被衣十分高興，唱著歌離開，說：「形體像枯槁的樹木，內心像熄滅的灰燼，所知若是真實，就不會執著於智巧。懵懵昧昧的樣子，沒有心思而不可與他謀事。這是什麼樣的人啊！」

## 〈解讀〉

「德」是自然稟賦，只要保存完整，就足以顯示一人之美。「道」是究竟真實，本來即是萬物的居所，只是人常常忘了歸根。

齧缺睡著了，表示他超越分辨之知，不再想探問道是什麼。聽人講了半天，對自己來說，還不如不要區分。人學習很多東西，最後還要返璞歸真，把學到的東西再化解，回到原始的狀態。所以，齧缺還沒有到區分的程度，就已經回到啟明，可以從整體來看。被衣的建議，就是一個修練的方法。

形若槁骸，不要有身體的本能、欲望、衝動。心若死灰，內心不要有各種意念，好比進入孩子般的狀態。端正形體，收斂聰明，集中思緒，讓自己專一。道家修練的方法，以老子來說，就是「虛」和「靜」，「虛」要理解為單純，讓自己的心思專一。所以在宗教的修行，甚至打坐也一樣，往往要人把意念集中在一個地方，或是一種聲音，或是眼觀鼻，鼻觀心，而不是說什麼都不要想，因為什麼都不要想，反而什麼都想起來了。

〈22・5〉

**舜問乎丞曰：「道可得而有乎？」曰：「汝身非汝有也，汝何得有夫道？」舜曰：「吾身非吾有也，孰有之哉？」曰：「是天地之委形也；生非汝有，是天地之委和也；性命非汝有，是天地之委順也；子孫非汝有，是天地之委蛻也。故行不知所往，處不知所持，食不知所味。天地之彊陽氣也，又胡可得而有邪？」**

〈白話〉

舜請教丞說：「道可以獲得而擁有嗎？」丞說：「你的身體都不是你所擁有的，你怎麼能擁有道呢？」舜說：「我的身體不是我所擁有的，那麼是誰擁有它呢？」丞說：「它是天地所賦與的形體；生存不是你所擁有的，是天地所賦與的中和之氣；性命不是你所擁有的，是天地所賦與的順應過程；子孫不是你所擁有的，是天地所賦與的蛻變結果。所以，行路不知去處，居住不知保養，飲食不知滋味。這一切都是天地間變動的氣，又怎麼可能擁有它呢？」

## 〈解讀〉

本文談到「身，生，性（本性）命（遭遇），子孫」，都是天地之間「氣」的變動，而沒有一個做為主體的自我存在，所以人要排除自我的執著，這段話比許多佛教經典都來得深刻。如果把「我有這些」，改成「我是這些」，就可以隨之起伏生滅而不執著。對人而言，領悟「有」與「是」之間的異同，是回歸真實的重要步驟。譬如，我有我的身體，改成我是我的身體，就大不相同了。我就是我的身體，所以我要保養自己的身體。不要一味貪戀美食，告訴自己身體不是我的，反正生命不是我的，這就糟糕了。我就是我的身體，是西方最新的一派哲學，存在主義以後興起知覺現象學，強調我就是我的感覺，我就是我的身體。如果我不是我的手，別人受傷的時候，變成我的手去扶他，不是我扶他。所以我是我的手，所以別人受傷了，我來幫他，是我用手幫他，不是只有手幫他。接著我就是我的生命，我就是我的遭遇，我就是我的子孫，依此思考，就不會變成子孫是我的。我就是子孫，我的生命在子孫身上開展。如此一來，看到自己的子女，就會比較容易欣賞他，他就是我生命的延長，他好，我高興，他不好，我難過，而不會問他怎麼變成這個樣子？這是誰生的？莊子的內容雖非連貫的論文，不過簡單的幾句話，就讓人覺得深刻。

## 〈22・6〉

**孔子問於老聃曰：「今日晏閒，敢問至道。」老聃曰：「汝齊戒，疏瀹（ㄩㄝ）而心，澡**

雪而精神，掊（ㄆㄡˇ）擊而知。夫道，窅（ㄧㄠˇ）然難言哉！將為汝言其崖略。夫昭昭生於冥冥，有倫生於無形，精神生於道，形本生於精，而萬物以形相生。故九竅者胎生，八竅者卵生。其來無迹，其往無崖，無門無房，四達之皇皇也。邀於此者，四肢彊，思慮恂達，耳目聰明。其用心不勞，其應物無方，天不得不高，地不得不廣，日月不得不行，萬物不得不昌，此其道與！且夫博之不必知，辯之不必慧，聖人以斷之矣！若夫益之而不加益，損之而不加損者，聖人之所保也。淵淵乎其若海，魏魏乎其若山，終則復始也。運量萬物而不匱。則君子之道，彼其外與！萬物皆往資焉而不匱。此其道與！」

〈白話〉

孔子請教老子說：「今天閒來無事，冒昧請問什麼是至高的道。」老子說：「你先齋戒，疏通你的心思，洗淨你的精神，去除你的智巧。道是深奧難言的啊！我來為你說個大概。明白彰顯的一切，來自黑暗隱晦的源頭，有形之物來自無形之物，精神來自道，形體來自精氣；然後萬物藉著形體代代相生，所以有九竅的動物是胎生的，有八竅的動物是卵生的。道，來無蹤跡，去無邊際，沒有門徑也沒有房間，四面通達，無所不包。領悟此道的人，四肢強壯，思慮暢達，耳聰目明，即使用心也不會勞累，順應萬物而不拘一格。天沒有它，不會高；地沒有它，不會廣；日月沒有它，不會運行；萬物沒有它，不會昌盛，這就是道吧！再說，『博學的不一定有知識，善辯的不一定有見解』，聖人早已棄絕這些了。只有那增加了卻看不出增加，減少了卻看不出減少的道，才是聖人所要保有的。淵深啊，它像海一樣；高大啊，它像山一樣；結束了又再開始，涵容萬物而沒有遺漏。所謂君子的道，只是它的外在表現！萬物從它獲得資源而不會變得匱乏的，那才是道啊！」

## 〈解讀〉

學莊子不必要也不可能強記全文，只要記得重點即可，譬如前一段的「吾身非吾有」；天地之委形（所賦與的形體）、委和（所賦與的中和之氣）、委順（所賦與的順應過程）、委蛻（所賦與的蛻變結果）；天地有大美而不言。此處「精神生於道」一語，表示在人的生命中，精神有展現的潛能；但是若不經由對道的領悟，它亦無從體現出來。換言之，世人若不與道接觸，則「沒有」精神可言。道是究竟真實，而精神生於道，所以精神才是人的真實成分。人若不體現其精神，無異於假人。

進一步來說，人有身、心與精神三個層次，經過修練之後，身體像槁木，心像死灰，精神才能出現。精神出現之後，需要兩個條件，第一，是修練到心齋，心像死灰，沒有任何念頭了；第二，要能悟道，精神生於道，精神明明是人的生命裡面應該有的，但是悟道之後，精神才會展現，也就是人一方面要自我修練，一方面需要等待最高的覺悟的契機，不能全靠自己。

許多人以為中國哲學強調自力救濟，自己就可以覺悟，但這是不可能的，因為自己再怎麼覺悟，還是一個有限的生命，所以要靠道。而道也不是和上帝一樣，那又太西化了。道是無所不在，但是人只有讓自己一般的概念與思考模式停下來，進入一種心齋、虛的狀態，道才能出現。道出現之後，精神生於道，精神也能出現而和它會合。換言之，身如槁木、心如死灰才能悟道，但這樣會不會什麼都沒有了？不要擔心，正當覺得什麼都沒有的時候，道正好出現，得道的過程，就像一場冒險。

這種精神上的冒險，東西方皆提過，譬如，齊克果為存在主義先驅，特別強調「存在」概念，認為存在就是「選擇成為自己的可能性」。但選擇有三個層次，第一個叫作感性層次，感性一定是當下，今朝有酒今朝醉。這個時候，你覺得只有當下，既沒有過去，也沒有未來，這個生命看起來殘缺不全，唯有往上跳躍，進入倫理的層次，把過去、現在、未來連結起來。過去答應的事，今天可以做到，今天答應的事，以後可以做到。為了說話算話，道德責任就出現了。所以，放棄感性進入倫理層次，往上跳躍是一個抉擇、一個冒險，因為不確定負責任之後，會不會失去以前的快樂。最後因為能負責任，發現比前一個階段更快樂，使自己更有自信與尊嚴。但是，人在道德上怎麼可能完全沒有瑕疵，社會上受苦受難的人，與每個人都有某些間接的關係，譬如，有時人的成功是建立在別人的失敗上。《聖經》提到：「上帝眼中沒有義人」，道德的要求是永無止境的。所以，接著再往上跳，到宗教的境界。

齊克果形容一個人站在懸崖上，漫天大霧，根本看不清有沒有對岸，一跳之下恐怕粉身碎骨，但已經無路可走了。所以，感性走到極端，下一步就是憂鬱，因為重複而乏味；這時候就要跳躍，跳到倫理的層次，這個層次仍是相對的，所以還要再跳躍，跳到一個絕對永恆的層次，去依靠宗教的境界。這是冒險，因為可能粉身碎骨，可能受騙，也可能真的有結果了。

莊子的建議是精神生於道，學習或修練都要有根本的信心，是否相信人的身心之外還有精神層次，就看自己了。譬如，各宗教都有修行很高的人，他們有一種快樂，一種真正的喜悅，讓人深受啟發。所以最難的是第一個人，他創立一個宗教，前面沒有人走過，恐怕就比較冒險。為什麼一個人活著的時候，不應該被別人崇拜，原因就在這裡。一旦自己走過，能跟大家說我已經悟道了，所以佛陀被稱為覺悟的人，耶穌是死而復活，各大宗教的領袖，一定要自己經過之後，別人才能相信他，然後修練自己，這是必要的程序。學道家也一樣，莊子寫了這麼多故事，就是想提供一個適合的道路。但是老莊不是為了幫助別人，而是自己得到某種覺悟之後，忍不住表達出來，〈齊物論〉也說過：「萬世之後，而一遇大聖知其解者，是旦暮遇之也。」莊子的文章顯示豐富的精神世界，處處是智慧的吉光片羽。有多少人看得懂，願意跟他學習、同他分享，他也不在乎，也不能在乎，一在乎就執著了。

「有形之物來自無形之物」，《老子》四十章：「反者道之動，弱者道之用，天下萬物生於有，有生於無。」有生於無代表無能夠生有，這是違背常識與理性的。所以我個人在理解老子時，從莊子這一段加上一個詞：「天下萬物生於有形，有形之物生於無形之物」，這樣就沒有問題了。

「道無所不包」，從老子開始就把道當作母親，所以老子的三寶，第一便是慈愛，慈愛是母親的特質之一，就是包容一切。悟道的人生命很自在，四肢強壯，思慮暢達，這是人自然的狀態。天地、日月、萬物，都需要有道，才能夠自己做自己，《老子》裡的「自然」，都是講「自己如此」，自然是自己如此的簡稱，出現過五次。道提供萬物所有的東西，本身不會匱乏，因為一切都在道裡面，讓萬物可以不斷變化。所以西方哲學家研究老子或莊子的道，特別崇拜中國古代就有這樣的觀念。

西方古代也有類似的思考，「logos」本來是說話的方式，人說話代表有理性，所以

「logos」就是合理，也可以說宇宙萬物的變化是均衡的。最早提出「logos」的學者是古希臘哲學家赫拉克利特，他說宇宙的起源是火，因為火燃燒多少，就產生多少熱量，總量是不變的。火看起來是變化，但是它不變化就死亡、熄滅了，以此比喻萬物，用以解釋萬物一直繼續產生或繼續消耗，這與道家所謂的道看法一致。換言之，宇宙萬物充滿變化，但是變化如果持續，就一定要有一個根源，使它的變化產生一種均衡的力量存在，那就是道。古人當然不懂熱力學第二定律，不知道任何能量變成熱量之後，不能完全回收，能量會趨於疲乏，只知道世界一直在變化，但是並沒有減少什麼，也沒有增加什麼，所以認為應該有一個做為基礎的道存在。

## 〈22．7〉

中國有人焉，非陰非陽，處於天地之間，直且為人，將反於宗。自本觀之，生者，喑（ㄧㄣ）醷（ㄧˋ）物也。雖有壽夭，相去幾何？須臾之說也，奚足以為堯、桀之是非！果蓏（ㄌㄨㄛˇ）有理，人倫雖難，所以相齒。聖人遭之而不違，過之而不守。調而應之，德也；偶而應之，道也。帝之所興，王之所起也。人生天地之間，若白駒之過郤（ㄒㄧˋ），忽然而已。注然勃然，莫不出焉；油然漻（ㄌㄡˊ）然，莫不入焉。已化而生，又化而死。生物哀之，人類悲之。解其天弢（ㄊㄠ），墮其天袠（ㄓˋ），紛乎宛乎，魂魄將往，乃身從之，乃大歸乎！不形之形，形之不形，是人之所同知也，非將至之所務也，此眾人之所同論也。彼至則不論，論則不至；明見無值，辯不若默；道不可聞，聞不若塞：此之謂大得。」

## 〈白話〉

以中國的人來說，都是由陰陽二氣所合成，生存於天地之間，只是暫且做為人，將來都會返本歸宗。從本源上來看，所謂生命，就是有氣息之物。雖有長壽短命之分，但是兩者相差多少呢？不過片刻而已，哪裡有工夫去分辨堯與桀的是非呢！瓜果有它生長的規律，人間關係雖然複雜，也有它的秩序，所以這兩者可以類比。聖人碰上這些事不會違逆，錯過這些事也不會執著。協調而能順應的，是德；遇上就能順應的，是道。這就是帝業興盛、王室崛起的理由。人活在天地之間，就像白馬飛馳掠過牆間的小孔，只是一剎那罷了。蓬蓬勃勃，一切都出生了；昏昏蒙蒙，一切都死去了。既由變化而出生，又由變化而死去，生物為此哀傷，人類為此悲痛。解下自然的弓袋，丟棄自然的劍囊，移轉變遷，魂魄要離開時，身體也跟著走了，這就是回歸大本啊！由無形到有形，又由有形歸於無形，這是人們都知道的，並不是探究至道的人所要追求的，這只不過是人們共同的說法啊。得道的人不談論，談論的人尚未得道，明顯看到的其實一無所見，辯論不如沉默。道是聽不見的，聽見還不如聽不見，這就叫做真正有所得。」

## 〈解讀〉

帝王的興起是因為順應自然，即把握了道與德。由此可見，莊子並不反對理想的帝王，雖然「小國寡民」比較原始，但在現實上已不可見。

天弢與天袠，指自然所賦與的外在形貌，譬如，人、馬、牛等。若能消解這些形貌，萬物本質上只是一氣而已。然而，通常人不但不能消解，還經常執著並加以猜測。朋友聚會稍微熟悉之後，常問對方的星座和生肖，他不相信他見到的人，卻相信他見不到的星座，不知道人就在面前，是可以溝通的。

以「白駒之過隙」描寫人生的短暫，雖然生動，但難免心驚。埋在墳墓裡的人再怎麼偉大，無不羨慕此刻能夠活著的人。活著勝過一切，問題是怎麼活才重要，怎麼把握今天，珍惜、體會、品嘗活著的每一剎那，才是不可替代的。每一個人要給自己找路走，外國人雖然難以理解東方的哲學，也知道一個人要過得快樂，第一個條件是讓每天的生活具有生產性，每天總要產生一點屬於自己的東西，讓自己不太一樣，也就是具有創新的特色。譬如，每天欣賞藝術，聽聽音樂、看看電影，或閱讀幾頁經典，讓自己多去思考，才能快樂。否則，外在的成就只是掌聲，很快就消失了。

〈22・8〉

東郭子問於莊子曰：「所謂道，惡（ㄨ）乎在？」莊子曰：「無所不在。」東郭子曰：「期而後可。」莊子曰：「在螻蟻。」曰：「何其下邪？」曰：「在稊（ㄊㄧˊ）稗（ㄅㄞˋ）。」曰：「何其愈下邪？」曰：「在瓦甓（ㄆㄧˋ）。」曰：「何其愈甚邪？」曰：「在屎溺（ㄋㄧㄠˋ）。」東郭子不應。莊子曰：「夫子之問也，固不及質。正獲之問於監市履狶（ㄒㄧ）也，每下愈況。汝唯莫必，無乎逃物。至道若是，大言亦然。周徧（ㄅㄧㄢˋ）

咸三者，異名同實，其指一也。嘗相與遊乎無何有之宮，同合而論，無所終窮乎！嘗相與無為乎！澹而靜乎！漠而清乎！調（ㄊㄠˊ）而閒乎！寥已吾志，無往焉而不知其所至，去而來而不知其所止，吾已往來焉而不知其所終，彷徨乎馮閎（ㄏㄨㄥˊ），大知入焉而不知其所窮。物物者與物無際，而物有際者，所謂物際者也。不際之際，際之不際者也。謂盈虛衰殺，彼為盈虛非盈虛，彼為衰殺非衰殺，彼為本末非本末，彼為積散非積散也。」

## 〈白話〉

東郭子請教莊子說：「所謂的道，在哪裡呢？」莊子說：「無所不在。」東郭子說：「一定要說個地方才可以。」莊子說：「在螻蟻中。」東郭子說：「為什麼如此卑微呢？」莊子說：「在雜草中。」東郭子說：「為什麼更加卑微呢？」莊子說：「在瓦塊中。」東郭子說：「為什麼愈說愈過分呢？」莊子說：「在屎尿中。」東郭子不出聲了。莊子說：「先生的問題，本來就沒有觸及實質。有個市場監督官，名叫獲的，他向屠夫詢問檢查大豬肥瘦的方法，就是用腳踩在愈往腿下的部分而有肉，這隻豬就愈肥。你不要執著在一個地方，萬物都是無法逃離的。至高的道是如此，偉大的言論也一樣。『周全、普遍、統統』這三個語詞，名稱相異而實際相同，所指的是同一種狀況。讓我們一起遨遊於無何有之鄉，混同萬物來談論，一切都是無窮無盡的啊！讓我們一起無所作為吧！恬淡又安靜啊！漠然又清幽啊！平和又悠閒啊！我的心思空虛寂寥，出去了不知到達何處，回來了不知停在哪裡；我來來往往啊，不知終點何在。翱翔於遼闊無邊的境界，運用最大的智力，也不知邊界何在。主宰萬物的道與萬物之間，沒有分際；物與物是有分際的，就是所謂萬物之間的分際；無分際的道寄託於有分際的物中，就像有分際的物寄託於無分際的道中。以盈虛衰殺來說，道使物有盈虛，而自身沒有盈虛；道使物有衰殺，而自身沒有衰殺；道使物有始終，而自身沒有始終；道使物有聚散，而自身沒有聚散。」

〈解讀〉

本文是莊子論道的精采之作。首先說明道「無所不在」，無從捉摸。若一定要問道在哪裡，表示沒有理解莊子所謂的道。道是究竟真實，凡是真實之物，皆有道在其中。此處要注意的是，說道無所不在，不等於說道「無所不是」，因為道不會隨著一物之變化而變化，一字之差，截然不同。換言之，說「是」，是肯定內存性，也就是道內存於萬物之中，說「在」，是肯定超越性，也就是道不受萬物所影響，以上兩點，至為緊要。

進一步來說明道的超越性，就是道跟萬物不一樣，萬物有變化，有增、有減、有多、有少，道完全不受影響。道在萬物裡，所以「道是既超越又內存的」，道家因為這句話，才能夠讓道的特色凸顯出來，讓人悟道之後，感覺生命得到安頓了。世界上充滿變化，不用害怕，不用擔心，不管今年幾歲，也不管身體如何，因為道永遠不變，人就不會被變化所干擾。我外在跟著萬物一起變化，而內心不化，外化而內不化，內心完全不受影響，與道同在，所有的變化都不算變化。精神生於道，只要能夠覺悟，生命便能隨時保持一種安定與詳和的狀態，此為道家非常重要的觀點。

莊子說道在「螻蟻、稊稗、瓦甓、屎溺」，從動物、植物、礦物，到廢物，目的即是破除一般人的價值觀，亦即「以道觀之，物無貴賤」。當然，道也在人們所謂的高貴事物中。

「每下愈況」是愈往下踩，愈知豬肥。現今的用法，已與莊子的原意不同。「每下」，每次用腳往下踩，「況」是描寫，譬如，如何自況，為如何自我描寫，豬的腿是上肥下瘦的，如果往下踩而有肉可以讓人去描寫的，表示豬很肥。用於描述「道」時，就是肯定任何卑微的地方，只要人踩得到（說得出名目），就有道存在其中。「周、徧、咸」這三個語詞，名稱相異而實際相同，所指的亦是同一種狀況。結論的「物物者」、「不際」、「彼」都是指「道」。

## 〈22・9〉

妸（ㄎㄜ）荷甘與神農學於老龍吉。神農隱几（ㄐㄧˇ）闔戶晝瞑。妸荷甘日中奓（ㄓㄚ）戶而入曰：「老龍死矣！」神農擁杖而起，嚗（ㄅㄛ）然放杖而笑，曰：「天知予僻陋謾訑（ㄧˊ），故棄予而死。已矣！夫子無所發予之狂言而死矣夫！」弇（ㄧㄢˇ）堈（ㄍㄤ）弔聞之，曰：「夫體道者，天下之君子所繫焉。今於道，秋毫之端萬分未得處一焉，而猶知藏其狂言而死，又況夫體道者乎！視之無形，聽之無聲，於人之論者，謂之冥冥，所以論道，而非道也。」

## 〈白話〉

妸荷甘與神農一起向老龍吉學道。神農靠著桌子，關起門來白天睡覺。妸荷甘中午推開門進來說：「老龍死了。」神農扶著枴杖站起來，又碰的一聲丟下枴杖，笑著說：「老師知道我鄙陋虛浮，所以捨棄我而死。完了！老師沒有留下啟發我的玄妙之言就死了啊！」弇堈弔聽說了這件事，就說：「悟道的人是天下君子所歸附的對象。現在老龍吉對於道，連一根秋天毫毛末端的萬分之一都沒有得到，他還懂得藏起他的玄妙之言而死，又何況是悟道的人呢！道，要看卻沒有形象，要聽卻沒有聲音，談論它的人說它是幽深黑暗；可以談論的道，並不是道啊！」

## 〈解讀〉

神農的「笑」，原意可能為「嘆」，因為接著所說的話並無笑意。弇堈弔以「秋毫之端萬分未得處一」，描述老龍吉尚未悟道，聽來誇張，然而在此強調的是悟道與否，像是一道門檻，只有門內門外之別，而沒有誰比較接近門檻的問題。凡是重視「智慧」（覺悟）的學說，常有類似主張。對於道而言，不說話至少知道言語無法表達，還知道藏拙。自己笨拙，就少說話，勉強說的話，反而不好。

## 〈22·10〉

於是泰清問乎無窮，曰：「子知道乎？」無窮曰：「吾不知。」又問乎無為，無為曰：「吾知道。」曰：「子之知道，亦有數乎？」曰：「有。」曰：「其數若何？」無為曰：「吾知道之可以貴，可以賤，可以約，可以散。此吾所以知道之數也。」泰清以之言也問乎無始曰：「若是，則無窮之弗知與無為之知，孰是而孰非乎？」無始曰：「不知深矣，知之淺矣；弗知內矣，知之外矣。」於是泰清仰而嘆曰：「弗知乃知乎，知乃不知乎！孰知不知之知？」無始曰：「道不可聞，聞而非也；道不可見，見而非也；道不可言，言而非也。知形形之不形乎！道不當名。」無始曰：「有問道而應之者，不知道也；雖問道者，亦未聞道。道無問，問無應。無問問之，是問窮也；無應應之，是無內也。以無內待問窮，若是者，外不觀乎宇宙，內不知乎大（ㄊㄞˋ）初。是以不過乎崑崙，不遊乎大虛。」

## 〈白話〉

於是，泰清請教無窮說：「你懂得道嗎？」無窮說：「我不懂。」又去請教無為，無為說：「我懂得道。」泰清說：「你所知的道，可以說明嗎？」無為說：「可以。」泰清說：「如何說明呢？」無為說：「我所知的道是可以高貴，可以卑賤，可以聚合，可以離散的。這是我所知的道的說明。」泰清拿這一番話來請教無始說：「這樣看來，無窮的不知與無為的知，究竟誰對誰錯呢？」無始說：「不知是深奧的，對照出知的淺薄；不知是內行的，對照出知的外行。」於是泰清仰起頭來嘆口氣說：「不知就是知啊，知就是不知啊！誰懂得不知就是知呢？」無始說：「道無法被聽見，可聽見的就不是道；道無法被看見，可看見的就不是道；道無法被述說，可述說的就不是道。誰懂得主宰一切形體的，是沒有形體的呢！道不應該有名稱。」無始說：「有人問道就回答的人，是不懂得道。即使是問道的人，也沒有聽說過道。道無法問，問了也無法答。無法問還要問，所問是空的；無法答還要答，所答也是空的。以空答去回應空問，像這樣的人，對外不能觀察宇宙萬象，對內不能了解最初本源，就是說他不能跨越崑崙高山，不能遨遊太虛境界。」

## 〈解讀〉

泰清、無窮、無為、無始皆是虛擬之名，也各自代表某種心境，其間高下有待深思。

「不知」的意思有二，第一，是幼稚無知；第二，是超越「能知與所知」的對立，面對道時根本無所面對，也就無所可知。莊子所說的顯然是後者。換言之，道不可能成為知的對象，所以無知遠勝於有知。對於無知的使用需要謹慎，好比說小孩子是無知的，他們的無知，是因為沒有辦法用概念去了解事物，所以不能區分知與不知；在此所說的無知，是知道概念而不使用概念來了解道。看來抽象，但是意思不難，重點還是「道無所不在」。

## 〈22·11〉

光曜問乎無有曰：「夫子有乎？其無有乎？」無有弗應也，光曜不得問，而孰視其狀貌，窅（ㄧㄠˇ）然空然，終日視之而不見，聽之而不聞，搏之而不得也。光曜曰：「至矣，其孰能至此乎！予能有無矣，而未能無無也；及為無有矣，何從至此哉！」

〈白話〉

光曜請教無有說：「先生是存在呢？還是不存在？」無有不回答，光曜問不下去，就仔細觀察他的容貌，他看起來空虛而恍惚，整天看他卻看不見，聽他卻聽不到，摸他卻摸不著。光曜說：「這是最高境界了，誰能抵達這種境界呢！我能做到『有無』，而不能做到『無無』；我就算做到了『無有』，如何能夠抵達這種境界呢？」

〈解讀〉

「光曜」代表有光可照的智者；「無有」則代表無形無象的道。「視之而不見」出自於《老子》十四章，原文是用以描述道的。

這一段的困難之處，在於如何理解「有無、無有、無無」三個詞的意義。修養有三個層次，按照次序為：有無，無有，無無。「有」代表我能夠掌握到的，「無」就是什麼都沒有。光曜可以做到「有無」（體認一切是無），所以在這一個階段，還是有「我」在體認那個無；就算他做到「無有」（體認到並無一切），也還做不到「無無」（連無也沒有了）。就好像要你忘記，最後連忘也要忘了，叫忘忘。譬如，康德有一個僕人長期照顧他的生活，後來僕人年紀大就退休了，康德常常想到他，為了提醒自己忘記他，就寫個條子貼在冰箱上，結果每次進廚房，就想到他，那還是執著。所以，「無無」根本排除了思慮與體認。因此，本文一開始所假託的「無有」之名，應該正名為「無無」，所以他根本不予回應。但是，面對無無，又該從何請教呢？

〈22・12〉

大馬之捶鉤者，年八十矣，而不失豪芒。大馬曰：「子巧與！有道與？」曰：「臣有守也。臣之年二十而好（ㄏㄠˋ）捶鉤，於物無視也，非鉤無察也。是用之者，假不用者也，以長得其用，而況乎無不用者乎？物孰不資焉！」

〈白話〉

大司馬家中有一個製作腰帶帶鉤的人，已經八十歲了，所做的帶鉤沒有絲毫差錯。大司馬問他：「你是有技巧呢？還是有道術？」他說：「我有持守的原則。我二十歲就喜歡做帶鉤，對別的東西根本不看，不是帶鉤就不仔細觀察。我用心於此，是因為我不用心於別的東西，才能專於此用，那麼何況是無所不用心的人呢？萬物怎能不助成他呢！」

〈解讀〉

技巧是一般的技巧，道術是特別奧妙的一種心得。只要心無旁鶩、專於一技，數十年下來，必有神奇效果。「無不用者」是指無所不用心，亦即無所用心，順其自然。好比「無不為」是來自「無為」，所以最後「物孰不資焉」，沒有刻意要做什麼事，結果什麼事情都做好了。如果刻意要做一件事，別的事可能都受到影響。

這一段談兩個層次，一個層次在談專業技巧，出神入化，必須有個專心的目標。從這邊轉到第二個層次，在道的領域，要順其自然，也就是不執著。所以要了解「無所不用心」，就是對什麼都用心，但是並沒有針對什麼特別去用心，如此才能順其自然。譬如，我今天出門，下雨就下雨，不下雨就不下雨，而不是一定不能下雨。人常有這類的主觀意念，明天要出遊，當然希望天氣好，但如果真的下雨，也不是人可以控制的，而真的下雨之後，說不定因此增加更多回憶，還能產生真正的趣味。所以有時候不預設立場，說不定有更多驚喜，讓人覺得生命充滿無限的變化。

〈22．13〉

冉求問於仲尼曰：「未有天地可知邪？」仲尼曰：「可，古猶今也。」冉求失問而退。明日復見，曰：「昔者吾問『未有天地可知乎？』夫子曰：『可，古猶今也。』昔日吾昭然，今日吾昧然，敢問何謂也？」仲尼曰：「昔之昭然也，神者先受之；今之昧然也，且又為不神者求邪！無古無今，無始無終。未有子孫而有子孫，可乎？」冉求未對。仲尼曰：「已矣，未應矣！不以生生死，不以死死生。死生有待邪？皆有所一體。有先天地生者物邪？物物者非物，物出不得先物也，猶其有物也。猶其有物也，無已，聖人之愛人也終無已者，亦乃取於是者也。」

## 〈白話〉

冉求請教孔子說：「沒有天地之前的情況，可以知道嗎？」孔子說：「可以，古代就與現在一樣。」冉求沒有再問，就退下去了。第二天又來見孔子，說：「昨天我問『沒有天地之前的情況，可以知道嗎？』老師說：『可以，古代就與現在一樣。』昨天我明白，今天我卻迷惑了，請問為什麼會這樣？」孔子說：「昨天明白，是你以心神直接領悟；今天迷惑，是你不用心神，想要探求形跡吧！沒有古代也沒有現在，沒有開始也沒有終結；沒有子孫以前就有了子孫，可以嗎？」冉求沒有回答。孔子說：「算了，不必回答了！死不用靠生來製造，生也不用靠死來結束。死與生有所等待嗎？它們各自是一個整體。有先於天地而生的物嗎？主宰萬物的不是物。物不能先於物而生，而是好像本來就有物存在一樣。好像本來就有物存在一樣，就沒有窮盡了，聖人在愛人時能夠沒有窮盡，也正是取法於此。」

## 〈解讀〉

真正的冉求，不會問沒有天地之前的情況，因為他個性務實，還曾向孔子表明，不是不喜歡老師的道，只是自己力量不夠。他對孔子講的道都不願意去做，怎麼會問這麼玄妙的問題？

「無古無今，無始無終」是說人不能找到一個定點，用來區分古今與始終，因為萬物從來就沒有「未有」之時，好比不可說「未有子孫而有子孫」。但是，這是否主張萬物永恆論（萬物都是永恆的，一直存在著）？事實則是萬物不斷生生死死，生死各有整體，兩者又合成一個整體，也就是所有過去死的，是一個整體，現在正在生的，也是一個整體，兩個合起來，又是一個整體。因此，永恆的不是物，而是「物物者」，也就是道。「物物而不物於物」（〈山木〉），人要去主宰物，而不要被物所主宰，好比要做財產的主人，而不要被財產所控制。也就是說，活在世界上，要感覺自己的生命是自我在主導，早上快樂起床，晚上睡覺前心裡平靜，因為沒有虧欠別人。對於自己的遭遇，不論成敗得失，都放在一邊，只是單純的一個生命；與人交往也把對方當成單純的生命，不去計較誰是誰非，才是長久之計。心情保持平靜，是讓自己心思單純的方法。

人所能肯定的，只是「好像本來就有物一樣」。萬物都在變化之中，只不過人也在變化之中，所以看萬物好像一直有萬物，其實不然。人今日所見的一切，過去沒有，將來幾百年、幾千年之後，一定也沒有，那現在活著做什麼呢？重點在於，掌握做為根源的道，亦即物物者。

## 〈22・14〉

顏淵問乎仲尼曰：「回嘗聞諸夫子曰：『無有所將，無有所迎。』回敢問其由。」仲尼曰：「古之人，外化而內不化，今之人，內化而外不化。與物化者，一不化者也。安化安不化，安與之相靡，必與之莫多。狶韋氏之囿（ㄧㄡˋ），黃帝之圃，有虞氏之宮，湯武之室。君子之人，若儒墨者師，故以是非相整（ㄐㄧ）也，而況今之人乎！聖人處物不傷物。不傷物者，物亦不能傷也。唯無所傷者，為能與人相將迎。山林與，皋（ㄍㄠ）壤與，使我欣欣然而樂與！樂未畢也，哀又繼之。哀樂之來，吾不能御，其去弗能止。

悲夫，世人直為物逆旅耳！夫知遇而不知所不遇，能能而不能所不能。無知無能者，固人之所不免也。夫務免乎人之所不免者，豈不亦悲哉！至言去言，至為去為。齊知之所知，則淺矣。」

〈白話〉

顏淵請教孔子說：「我曾聽老師說過：『不要送往，不要迎來。』請問其中的道理。」孔子說：「古代的人，隨外物變化而內心保持不變；現在的人，內心多變而不能隨外物變化。能隨外物變化的人，就是因為內心持守不變。他能安於變化，也能安於不變化。要能安然與變化相順應，就須合乎分寸。狶韋氏的苑囿，黃帝的園圃，舜的王宮，商湯、周武王的屋宇，都是他們各自遨遊的地方。君子之類的人，像儒家、墨家的老師們，還要用是非互相攻擊，何況是現在的一般人呢！聖人與萬物相處而不傷害萬物，不傷害萬物的人，萬物也不能傷害他。正因為無所傷害，才能與人相往來。山林啊，原野啊，都能使我欣欣然快樂啊！快樂還未結束，悲哀又接著出現。悲哀與快樂來臨時我不能抗拒，離去時我也不能阻止。可悲啊！世人只不過是外物寄居的旅舍罷了！知道自己所遭遇的，而不知道自己不曾遭遇的；能做自己所能做的，而不能做自己做不到的。有所不知、有所不能，本來就是人所不可避免的狀況。努力避免人所不可避免的狀況，豈不是很可悲嗎？最高明的言論，是沒有言論；最高明的作為，是沒有作為。平凡人所知道的一切，實在太淺陋了。」

## 〈解讀〉

「外化而內不化」是莊子的處世原則。前面各篇談到內外之分，皆以此為其樞紐。外面怎麼變我就跟著他一起變，但是我內心保持不變。一般講內心保持不變，有兩種理解，第一，外面的變化是指個人的遭遇、年紀、得失，造成自身的各種變化。而內心保持不變，則是喜怒哀樂不入於心，維持平常心。第二，內心保存不變是因為我心中跟道結合，沒有得失成敗。道代表整體，在整體裡面，去了，將來會再來；走了，將來會出現，那何必白費力氣？與道結合，才可能在內心保持不變，否則想方設法壓抑內心的情緒變化，都不是好辦法。就像孟子的不動心，是養浩然之氣，內在充實圓滿，對於外面的遭遇，就可以不動心了。

學習莊子，了解道等於是一個能源，同道結合，能量就源源不絕。外化而內不化的人能安於變化，也能安於不變化，能安然與變化相順應，就要合乎分寸。「無所傷」，看到別人跟自己有不一樣的想法、不一樣的做法，不要責怪，而要設法欣賞，因為當發現別人和自己不一樣時，就要察覺在別人眼中，自己是否也同樣怪里怪氣。

莊子強調，至人用心若鏡，就是最高境界的人，就像鏡子一樣，不要送往，不要迎來，順其自然。「為物逆旅」表示人受外物影響，而有哀與樂。所以要由文首的「無將迎」到文中的「相將迎」，才可以超越凡人之知。在此特別注意「知道自己所遭遇的，而不知道自己不曾遭遇的；能做自己所能做的，而不能做自己做不到的。」所以對於跟自己不一樣的人，盡量減少批評，一般人常因為不知別人的情形，就對別人有諸多批評與責怪，父母對子女如此，老師對學生也是一樣，都是相對的狀況。

**總結本篇要旨**

人之生死，有如氣之聚散，因此人須覺悟，身體、生存、性命、子孫皆非自己所有。然而人生又非徒然與枉然，因此要修行以求悟道。「精神生於道」一語是重要契機。精神一展現，則可體驗「道無所不在」，則可欣賞「天地有大美」。由此再轉換為處世的上策，則是「外化而內不化」，外在和光同塵，內心自有天地，與道結伴而遊。

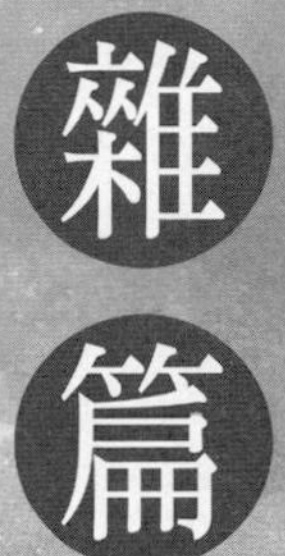

# 雜篇

# 庚桑楚 第二十三

〈23．1〉

老聃之役有庚桑楚者，偏得老聃之道，以北居畏壘之山，其臣之畫然知者去之，其妾之挈（ㄑㄝˋ）然仁者遠之；擁腫之與居，鞅掌之為使。居三年，畏壘大壤。畏壘之民相與言曰：「庚桑子之始來，吾洒然異之。今吾日計之而不足，歲計之而有餘。庶幾其聖人乎！子胡不相與尸而祝之，社而稷之乎？」庚桑子聞之，南面而不釋然。弟子異之。庚桑子曰：「弟子何異於予？夫春氣發而百草生，正得秋而萬寶成。夫春與秋，豈無得而然哉？天道已行矣。吾聞至人，尸居環堵之室，而百姓猖狂不知所如往。今以畏壘之細民，而竊竊焉欲俎（ㄗㄨˇ）豆予於賢人之間。我其杓（ㄉㄧˋ）之人邪？吾是以不釋於老聃之言。」

〈白話〉

老聃的弟子中，有一位叫做庚桑楚的，他學了一些老聃的道，就去北方住在畏壘山中。他的僕人中有炫耀智巧的，就被辭去，他的侍妾中有標榜愛心的，就被疏遠；只有無知的人與他同住，只有樸素的人供他差使。定居三年之後，畏壘一帶大為豐收。畏壘的百姓互相說道：「庚桑子剛來時，我們很驚訝，覺得他很特別。現在我們的收入，以日計算仍嫌不足，以年計算卻有剩餘。他大概是聖人吧！我們何不一起推他為主，敬奉他呢？」庚桑子聽到這件事，南面而坐，神情不悅，弟子們覺得奇怪。庚桑子說：「你們為什麼覺得我很奇怪？春天氣息勃發而百草生長，到了秋天所有果實都成熟了。春天與秋天，難道沒有憑藉就能如此嗎？這是自然之道運行的結果啊！我聽說，至人安靜地住在狹小斗室中，而百姓自由走動，不知該去哪裡。現在畏壘的小民竊竊私語，要把我列在賢人之間來敬奉。我難道是做表率的人嗎？想起老聃的話，我就於心不安。」

## 〈解讀〉

不賣弄智巧、不講求愛心，愈有智巧、愈有愛心，就愈容易相互比較，比較之後就複雜了。庚桑楚的作為是學習老子、排除儒家，在一般人看來確實特別。畏壘百姓以為這是造成豐收的理由，殊不知他的作為其實只是順其自然，知道不可製造差異，一旦製造差異，別人對你就有所期待與要求了。今日別人敬奉你，來日萬一收成沒有增加，說不定就要對付你了。所以不要製造明顯的差別，以免使別人陷於困擾。

不過，庚桑楚順其自然卻讓別人覺得他很特別，這表示他的修行尚未到家。文中提到的「老聃之言」，應該是指《老子》十七章：「功成事遂，百姓皆謂我自然。」然而，本文中的百姓並未認為是「自己如此」，而要歸功於庚桑楚，顯然有違老聃原旨。

## 〈23・2〉

弟子曰：「不然。夫尋常之溝，巨魚無所還其體，而鯢鰌（ㄧㄡˊ）為之制；步仞之丘陵，巨獸無所隱其軀，而孽狐為之祥。且夫尊賢授能，先善與利，自古堯、舜以然，而況畏壘之民乎！夫子亦聽矣！」庚桑子曰：「小子來！夫函車之獸，介而離山，則不免於罔罟之患；吞舟之魚，碭（ㄉㄤˋ）而失水，則蟻能苦之。故鳥獸不厭高，魚鱉不厭深。夫全其形生之人，藏其身也，不厭深眇（ㄇㄧㄠˇ）而已矣！且夫二子者，又何足以稱揚哉！是其於辯也，將妄鑿垣牆而殖蓬蒿也。簡髮而櫛，數米而炊，竊竊乎又何足以濟世哉！舉賢則民相軋，任知則民相盜。之數物者，不足以厚民。民之於利甚勤，子有殺父，臣有殺君，正晝為盜，日中穴阫（ㄅㄟ）。吾語汝，大亂之本，必生於堯、舜之間，其末存乎千世之後。千世之後，其必有人與人相食者也！」

### 〈白話〉

弟子說：「不是這樣的。平常的小水溝裡，大魚沒有轉身的空間，可是泥鰍卻自在優游；低矮的小丘陵上，巨獸沒有藏身的地方，可是狐狸卻來去自如。再說，尊重賢者，舉用能人，推崇善行，施與利益，從古時堯、舜以來就是如此，何況是畏壘的人民呢！老師就順從他們吧！」庚桑子說：「年輕人，你們過來！口能含車的巨獸，獨自離開山林，就無法避免羅網的禍患；口能吞船的大魚，飄流而脫離海水，就連螞蟻也能欺負牠。所以，鳥獸不嫌山高，魚鱉不嫌水深。要保全形體與本性的人，隱藏自己也不嫌深遠罷了。並且，堯、舜二人又怎麼值得稱讚呢！他們對賢者、能人、善行、利益的分辨，就像胡亂搗毀城牆，卻種植蓬草來做屏障一樣！挑著頭髮來梳理，數著米粒來下鍋，這樣斤斤計較又怎麼能夠救助世人呢！推舉賢者，人民就會互相傾軋；任用智者，人民就會互相詐騙。這些做法，都不足以使人民淳厚。人民追求利益十分迫切，於是子會弒父，臣會弒君，白天搶劫，正午挖牆。我告訴你們，大亂的根源，一定出現於堯、舜之時，而流弊影響到千年之後。千年以後，一定會有人吃人的事發生！」

## 〈解讀〉

弟子希望庚桑楚不做巨魚或巨獸，應該去遷就百姓的需求，但從庚桑楚的回答可以得知，他已認定自己是巨魚、巨獸，因為鳥獸不嫌山高，魚鱉不嫌水深，要保全形體與本性的人，隱藏自己也不嫌深遠罷了。「全其形生之人」，為了保全自己的心靈和本性，所以隱藏自己，不會為了別人的期許，而影響自己的修行，也不會老是遷就百姓的要求。換言之，人只要努力「全其形生」，就是不凡之物。

堯、舜的作為是「大亂之本」，本書已一再強調此一觀點。要維持一個社會的穩定，如果依照儒家的做法，拚命教大家實踐仁義，結果是費心費力，收效卻很小。「人與人相食」的預言讓人心驚。古代天下大亂時，真的發生過易子而食的慘事，但此處講的人吃人，是人與人互相詐騙的意思。

〈23・3〉

南榮趎（ㄔㄨˊ）蹴（ㄘㄨˋ）然正坐曰：「若趎之年者已長矣，將惡乎託業以及此言邪？」庚桑子曰：「全汝形，抱汝生，無使汝思慮營營。若此三年，則可以及此言矣。」南榮趎曰：「目之與形，吾不知其異也，而盲者不能自見；耳之與形，吾不知其異也，而聾者不能自聞；心之與形，吾不知其異也，而狂者不能自得。形之與形亦辟矣，而物或間之邪？欲相求而不能相得？今謂趎曰：『全汝形，抱汝生，無使汝思慮營營。』趎勉聞道達耳矣。」庚桑子曰：「辭盡矣，奔蜂不能化藿蠋（ㄉㄨˊ），越雞不能伏鵠（ㄏㄨˊ）卵，魯雞固能矣。雞之與雞，其德非不同也，有能與不能者，其才固有巨小也。今吾才小，不足以化子。子胡不南見老子？」南榮趎贏糧，七日七夜至老子之所。老子曰：「子自楚之所來乎？」南榮趎曰：「唯。」老子曰：「子何與人偕來之眾也？」南榮趎懼然顧其後。老子曰：「子不知吾所謂乎？」南榮趎俯而慚，仰而歎曰：「今者吾忘吾答，因失吾問。」老子曰：「何謂也？」南榮趎曰：「不知乎？人謂我朱愚。知乎？反愁我軀。不仁則害人，仁則反愁我身；不義則傷彼，義則反愁我己。我安逃此而可？此三言者，趎之所患也，願因楚而問之。」老子曰：「向吾見若眉睫之間，吾因以得汝矣，今汝又言而信之。若規規然若喪父母，揭竿而求諸海也。汝亡人哉，惘惘乎！汝欲反汝情性而無由入，可憐哉！」

## 〈白話〉

南榮趎聽了這番話，神色驚異，端坐著說：「像我的年紀已經很大了，要怎麼學習，才可以達到老師所說的境界呢？」庚桑子說：「保全你的形體，守住你的本性，不要讓你的思慮陷於困惑。像這樣三年下來，就可以達到我所說的境界了。」南榮趎說：「眼睛的形狀，我不知道彼此有什麼不同，可是瞎子卻看不見；耳朵的形狀，我不知道彼此有什麼不同，可是聾子卻聽不到；心的形狀，我不知道彼此有什麼不同，可是瘋子卻控制不住自己。身體的形狀彼此相近，大概是被外物阻塞了吧？我想要了解卻無法領悟。現在你對我說：『保全你的形體，守住你的本性，不要讓你的思慮陷於困惑。』我是太晚聽到這一番道理了。」庚桑子說：「我的話說完了。小土蜂不能培育大青蟲，小雞不能孵化天鵝蛋，大雞就可以了。雞與雞的天賦並沒有什麼不同，卻存在著能與不能的差異，這是因為牠們的才能本來就有大小之別。現在我的才能小，不足以教導你。你為何不去南方拜訪老子？」南榮趎擔著糧食，走了七天七夜，來到老子的住處。老子說：「你是從庚桑楚那裡來的嗎？」南榮趎說：「是的。」老子說：「你怎麼同這麼多人一起來呢？」南榮趎驚訝地回頭看後面。老子說：「你不知道我在說什麼嗎？」南榮趎慚愧地低下頭，接著仰起頭來嘆息說：「現在我忘記了我的回答，因而也忘記了我的問題。」老子說：「怎麼說呢？」南榮趎說：「沒有智巧嗎？人們說我愚蠢；有智巧嗎？反而使我自己愁苦。沒有仁心就會害人，有仁心反而使我自己愁苦；沒有義氣就會傷人，有義氣反而使我自己愁苦。我怎樣才能避免這些呢？這三個問題是我所擔心的，希望藉著庚桑楚的關係來請教您。」老子說：「剛才我看你眉目之間的神色，就知道你的心事了，現在又從你的話得到證實。你無所適從的樣子，好像失去了父母的照顧，又像拿著竹竿去探測海的深度。你是迷失的人啊，茫無所知啊！你想要恢復本來的性情卻找不到途徑，真是可憐啊！」

〈解讀〉

南榮趎年紀已經大了，認為自己太晚聽到庚桑楚的勸言，沒有辦法再熬三年。他的問題是：為什麼人們的眼、耳、心形狀相似，而各人發揮的功效大不相同？他承認自己資質有限，顯然需要更有力的指引，所以庚桑楚建議他去拜訪老子，就像寫一封推薦信，幫這位老學生找指導老師。庚桑楚認為自己是隻小雞，沒辦法孵化南榮趎這顆天鵝蛋，得靠老聃親自上場孵化出來，代表了他對這個學生的肯定。

老子接見南榮趎時的問話，有如當頭棒喝。南榮趎雖然一人前來，但心中想的仍是人與人之間的「知、仁、義」等問題。人生的問題歸結於，活在世上到底要不要有良心？有良心，別人罵我笨；沒良心，但要自己去害人，又不忍心，左右為難。所以老子一見他皺著眉頭，滿臉愁苦，就知道他對世俗牽涉太多，提不起也放不下。所以，老子這裡才會說他同許多人一起來了。由此看來，在老子眼中，很少人能免於「可憐哉！」的嘆息。

本文提到拿著竹竿探測海的深度，正是現在常用的成語「以管窺天」、「以蠡測海」。

〈23．4〉

**南榮趎請入就舍，召其所好，去其所惡，十日自愁，復見老子。老子曰：「汝自洒濯，孰**

哉鬱鬱乎！然而其中津津乎猶有惡也。夫外韄（ㄏㄨˋ）者不可繁而捉，將內揵（ㄑㄧㄢˊ）；內韄者不可繆（ㄇㄡˊ）而捉，將外揵。外內韄者，道德不能持，而況放道而行者乎！」南榮趎曰：「里人有病，里人問之，病者能言其病，病者猶未病也。若趎之聞大道，譬猶飲藥以加病也，趎願聞衛生之經而已矣。」老子曰：「衛生之經，能抱一乎？能勿失乎？能無卜筮而知吉凶乎？能止乎？能已乎？能舍諸人而求諸己乎？能翛（ㄒㄧㄠ）然乎？能侗（ㄊㄨㄥˊ）然乎？能兒子乎？兒子終日嗥（ㄏㄠˊ）而嗌（ㄧˋ）不嗄（ㄚˊ），和之至也；終日握而手不掜（ㄋㄧˋ），共其德也；終日視而目不瞚（ㄕㄨㄣˋ），偏不在外也。行不知所之，居不知所為，與物委蛇（ㄧˊ），而同其波，是衛生之經已。」南榮趎曰：「然則是至人之德已乎？」曰：「非也。是乃所謂冰解凍釋者能乎。夫至人者，相與交食乎地而交樂乎天，不以人物利害相攖，不相與為怪，不相與為謀，不相與為事，翛然而往，侗然而來，是謂衛生之經已。」曰：「然則是至乎？」曰：「未也。吾固告汝曰：『能兒子乎？』兒子動不知所為，行不知所之，身若槁木之枝而心若死灰。若是者，禍亦不至，福亦不來。禍福無有，惡有人災也！」

## 〈白話〉

南榮趎請求留在館舍受業，修練自己認為好的，革除自己認為壞的。十天下來平息了愁苦，再去請見老子。老子說：「你雖然洗心革面，努力修養有如蒸氣上騰啊！但是其中的動盪狀態顯示還有一些缺點。如果是耳目受到束縛，就沒有辦法在繁雜中把握自己，而應該關閉心思；如果是心思受到束縛，就沒有辦法在糾纏中控制自己，而應該關閉耳目。如果外在耳目與內在心思都受到束縛，那麼即使有道與德都治不好，何況是剛剛學道的人呢！」南榮趎說：「鄉里中的人生病，鄉里中的別人去探病時，病人能說出他的病情，那麼這個病人還不算是重病。像我這樣的人聽聞大道，卻好像吃了藥反而加重病情，我只想聽聽養護生命的道理就夠了。」老子說：「養護生命的道理，試問：能保住完整的生命嗎？能不失去本性嗎？能不靠占卜就知道吉凶嗎？能安分嗎？能知足嗎？能不學別人而反身自求嗎？能無拘無束嗎？能無知無識嗎？能像嬰兒嗎？嬰兒整天啼哭而喉嚨不會沙啞，這是因為氣息淳和到極點；整天握拳而雙掌不會彎曲，這是因為配合他的本性；整天睜眼而雙目不轉動，這是因為心思不受外物干擾。走路時不知要去哪裡，安居時不知要做什麼，順應萬物，隨波逐流。這就是養護生命的道理了。」南榮趎說：「那麼，這就是至人的行為表現了嗎？」老子說：「不是的。這只能讓冰凍融化而已。談到至人，他與大家一起在世間飲食，在自然中同樂，不因人物及利害而擾亂內心，不參與標新立異，不參與圖謀策劃，不參與具體事務。無拘無束地去，無知無識地來，這就叫做養護生命的道理了。」南榮趎說：「那麼，這是最高境界了嗎？」老子說：「還不算。我已經告訴過你：『能像嬰兒嗎？』嬰兒行動時不知要做什麼，走路時不知要去哪裡，身體像槁木枯枝，心思像已滅的灰燼。像這樣，禍也不會到，福也不會來。禍與福都沒有，怎麼還會有人為的災害呢！」

## 〈解讀〉

關於耳目和心思，一般來說，開放耳目，心思就容易受到干擾，因此重點在於如何訓練耳目或心思。此處老子所說的「外韄內揵，內韄外揵」，是切實可行的訓練辦法，值得參考。

南榮趎明白自己是「放道而行者」，只是剛剛才要學道的人，所以，他想再就具體的「衛生之經」來請教。

老子談論衛生之經時，提出一些養生的方法，連續九問、三段說法循環往復，重點則在復歸於「兒子」、也就是像嬰兒般的自然狀態，此狀態集「翛然侗然」與「槁木死灰」於一身，值得仔細參詳。「衛生之經」一詞現在仍在使用。一般人都希望求福免禍，這可能造成極大的誤解，因為如此一來，福都歸於你，那麼禍給誰呢？即使大家都得福，得久了之後，也不覺得那是福了。所以，人生有福有禍才能保持平衡狀態，到最後可以不受福禍影響，亦即有福不會高興，有禍也不難過，這是最高境界。否則因福得意，因禍失意，起起落落反而不好。

〈23・5〉

宇泰定者，發乎天光。發乎天光者，人見其人，物見其物。人有修者，乃今有恆；有恆者，人舍之，天助之。人之所舍，謂之天民；天之所助，謂之天子。學者，學其所不能學也；行者，行其所不能行也；辯者，辯其所不能辯也。知止乎其所不能知，至矣；若有不即是者，天鈞敗之。備物以將形，藏不虞以生心，敬中以達彼，若是而萬惡至者，皆天也，而非人也，不足以滑成，不可內於靈臺。靈臺者有持，而不知其所持，而不可持者也。不見其誠己而發，每發而不當，業入而不舍，每更為失。為不善乎顯明之中者，人得而誅之；為不善乎幽閒之中者，鬼得而誅之。明乎人，明乎鬼者，然後能獨行。券（ㄑㄩㄢˋ）內者，行乎無名；券外者，志乎期費。行乎無名者，唯庸有光；志乎期費者，唯賈（ㄍㄨˇ）人也，人見其跂（ㄑㄧˋ），猶之魁然。與物窮者，物入焉；與物且者，其身之不能容，焉能容人！不能容人者無親，無親者盡人。兵莫憯（ㄘㄢˇ）於志，鏌鋣（ㄧㄝˊ）為下，寇莫大於陰陽，無所逃於天地之間。非陰陽賊之，心則使之也。

〈白話〉

內心完全安定的人，會發出自然的光輝。發出自然光輝的人，會使人顯示人的本質，使物顯示物的本質。人能修養自己，才會恆久安定；恆久安定的人，人們會依附他，自然會幫助他。人們所依附的，稱為自然之民；自然所幫助的，稱為自然之子。學習的人，是在學習他學不會的東西；實踐的人，是在實踐他做不到的事情；辯論的人，是在辯論他講不通的道理。知道停止於自己所不能知道的領域，就是最高的境界了。如果有人不這麼做，自然的限制會讓他失敗。擁有物質是為了養護形體，隱藏於無念慮之中是為了保全心思，端正內在是為了通達外在；如果做到這些，仍然遭遇各種災難，那是自然的安排，而不是人為所致，因此不足以擾亂和諧的修養，也不能侵入內在的靈台。做為靈台的心，是有所持守的，但是它並不知道它所持守的其實是不能持守的。如果不是出自真誠而發為言行，就算發出也不會合宜；如果已經不發為言行而不能止息，一定會有更大的偏差。在光天化日之下做不對的事，人可以處罰他；在陰暗隱蔽之處做不對的事，鬼可以處罰他。對人光明磊落，對鬼也光明磊落，然後才能獨行而不懼。契合內在要求的人，行動不會顯露聲名；配合外在要求的人，志向在於努力發財。行動不會顯露聲名的人，他的作為自有光輝；志向在於努力發財的人，只是個商人罷了，別人看他情況危急，他還以為很平安呢。與萬物相通的人，萬物都來依附他；與萬物相隔的人，對自己都不能包容，怎麼可能包容別人！不能包容別人的人無法與人親近，無法與人親近的人就自絕於人了。最厲害的兵器是人的用心，連莫邪寶劍也比不上；最大的敵人是陰陽之氣，讓你在天地之間無處遁逃。傷害人的不是陰陽之氣，而是人的心意造成的啊。

## 〈解讀〉

宗教畫像中的聖人，頭上都會有光圈。人的頭會放光，光明代表智慧，能夠驅散黑暗，代表人覺悟了，領悟某種超越一般人的境界。學習者、實踐者、辯論者，都是因為有所不足，所以，知道停止於自己所不能知道的領域，就是最高的境界了。要停止在現在的年齡、經驗上，只能懂三分，就停止於三分，如果勉強，就是超過一分，也會變成很大的考驗。

在這個世界上賺取多少錢，得到多少好處，都只是為了養護形體，因為人的身體需要吃飯、需要居住，除了這些之外，都是多餘的。商人情況危急，是因為往而不返，追逐發財，永無止境，生命消耗在追逐的過程裡，在別人看來，覺得他很危險，他卻覺得自己沒有問題。

與萬物相隔的人，對自己都不能包容，更不可能包容別人。所以學道家的人，先要保存原有的本性與稟賦，由此喜歡自己、親近自己。否則，一旦對自己評價很低，覺得自己沒有出息、不夠長進，就會活得很累。

本文指稱「心」的語詞，有「心」、「宇」、「靈台」。「心」字側重其用，可譯為用心、心意，這樣的心，可善可惡。「宇」字強調其自成一個空間，代表上下四方，有如內在的屋宇或內在的世界，可譯為內心；這樣的心，可定可不定。「靈台」則以心為神靈之台，在此台上所持守的是神靈，但是在此又說那是不能持守的，這有兩種可能性：第一，心只能準備好，等待神靈來居；第二，心本身也有可能「展現」神靈的境界。這兩者並不矛盾，我的心可能變成一個靈台，代表神靈降臨的一個台座；我的心也可能展現神靈的境界，正如心變成心齋，心變成虛的狀態，而「唯道集虛」（〈人間世〉），道只有停留在虛的地方。虛室生白，空的房間才能顯得明亮，心齋之後變成空的，道就來了。接著又說精神生於道，是一樣的意思，也就是強調雙方面的準備。人不可能沒有修練就出現一個精神，修練之後才能出現精神，而出現精神的時候，代表那來自於道，此人對道就有所覺悟了，而不能說我要把握住道，道怎麼是人所能把握的呢？因為道無所不在，只能說我融化於道，這是莊子思想的特色。

本文中的「天」是自然，所以「天光，天民，天子，天鈞」皆不離自然之意。「自然」有如此不凡的作用，是因為它來自於道，未受人為的影響。

「明乎人，明乎鬼，然後能獨行」一語，不但強調「慎獨」的必要，更提醒人不可「為不善」。由此可知，莊子的逍遙並非狂妄放肆的言行。

## 〈23·6〉

道通，其分也成也，其成也毀也。所惡乎分者，其分也以備；所以惡乎備者，其有以備。故出而不反，見其鬼；出而得，是謂得死。滅而有實，鬼之一也。以有形者象無形者而定矣。出無本，入無竅。有所出而無竅者有實，有實而無乎處，有長而無乎本剽

（ㄆㄠˇ）。有實而無乎處者，宇也。有長而無本剽者，宙也。有乎生，有乎死，有乎出，有乎入，入出而無見其形，是謂天門。天門者，無有也，萬物出乎無有。有不能以有為有，必出乎無有，而無有一無有，聖人藏乎是。古之人，其知有所至矣。惡乎至？有以為未始有物者，至矣，盡矣，弗可以加矣。其次以為有物矣，將以生為喪也，以死為反也，是以分已。其次曰始無有，既而有生，生俄而死。以無有為首，以生為體，以死為尻（ㄎㄠ）；孰知有無死生之一守者，吾與之為友。是三者雖異，公族也，昭、景也，著（ㄓㄨˋ）戴也，申氏也，著封也，非一也？

## 〈白話〉

道遍在萬物，萬物卻是有區分才會形成，一旦形成就走向毀滅。之所以討厭區分，是因為區分之物已經完整了；之所以討厭完整，是因為完整之物還在追求完整。所以，向外尋找而不能回歸自身的人，就會離死期不遠，看到自己的鬼魂；向外尋找而有所收穫，就叫做步入死地。本性泯滅而徒具形體，與鬼魂是同一類的。以有形的生命效法無形的存在，就可以得到安定了。出來時沒有根源，消逝時沒有歸宿。有出來而沒有歸宿的，有實際存在；有實際存在而沒有處所，有延長存在而沒有本末。有實際存在而沒有處所的，就是宇；有延長存在而沒有本末的，就是宙。有生，有死，有出來，有逍逝；逍逝與出來都看不到形跡的，叫做自然之門。自然之門就是無有，萬物是從無有出來的。有不能靠有來生出有，一定要出於無有，而無有常是無有。聖人以此為藏身之所。古代的人，智力抵達某種境界。什麼境界呢？他們認為不曾有物存在，這是最高明的見解，已經完美了，沒有可能再超越了。其次，是認為有物存在，不過卻把出生當成喪失，把死亡當成回歸，這已經有所分別了。再其次，是認為起初是無有的，後來有了出生，出生不久就死亡；把無有當成頭，把出生當成身體，把死亡當成尾椎。誰能了解有、無、死亡、出生本來是一體的，我就與他做朋友。無有、出生、死亡這三種情況雖然不同，卻出自同一根源。譬如楚國公族中，昭氏、景氏代表祖先傳下的姓氏，而申氏則代表封邑所加的姓氏，他們不都是同一個楚國的公族嗎？

## 〈解讀〉

「道通」，道遍在萬物，也就是究竟真實遍在一切，萬物卻在分合生滅之中，人只有向無形的道學習，才可以得到安定。萬物區分後才會形成，萬物如果沒有區分，叫作混沌，混沌就是混成一片，什麼都沒有。一定要區分之後，分別什麼跟什麼不同，它才能各自成為某一樣東西。一旦形成就走向毀滅，好比人一天到晚向外面追逐成功，成功之後，改為追逐更大的成就，勞心勞力，永無止境，最後只會累死自己。有收穫是好事，但有時反而讓人步入死地，因為收穫之後，就執著於收穫、沉迷於收穫，在收穫中沉淪。沉迷在成就之中，最後反而被成就所害。一個沒有什麼成就的平凡人，要害他也不知道怎麼下手，因為他根本沒有憑藉。憑藉多了以後，就以為自己不能脫離這些了。

「宇」是上下四方；「宙」是往古來今；代表時間、空間。不過，本文的宇宙觀顯然超越了這種描述。換句話說，「自然」所代表的不只是「有」，還應該向著「無有」前進，所以會出現「天門」之說。無有、出生、死亡這三種情況雖然不同，卻出自同一根源，要看成一個整體，不要有所區分。不過，學過莊子的人，有可能太容易看透事情，因為莊子的話都是悟道之言，這是因為已經掌握到絕對的價值，於是其他相對的價值統統變得不堪一擊，這是學習道家時應該小心避免的。否則，看到別人的時候，好像沒看到人；世界上的快樂，不算是快樂；別人問你吃飽飯了嗎？吃飯也一樣，不吃飯也一樣。所以，最後還是要回到平常的狀態。

## 〈23．7〉

**有生，黬（ㄒㄢˇ）也，披然曰移是。嘗言移是，非所言也。雖然，不可知者也。臘者之有膍（ㄆㄧˊ）胲（ㄍㄞ），可散而不可散也；觀室者周於寢廟，又適其偃（ㄧㄢˇ）焉，為是舉移是。請嘗言移是。是以生為本，以知為師，因以乘是非；果有名實，因以己為質；使人以為己節，因以死償節。若然者，以用為知，以不用為愚，以徹為名，以窮為辱。移是，今之人也，是蜩與學鳩同於同也。**

### 〈白話〉

有生命的人，都有缺點；就是在紛紛擾擾中改變是非。嘗試解說什麼是改變是非，又沒有辦法說清楚；即使說清楚了，也沒有辦法理解。譬如，祭祀的牲品中有牛的四肢五臟，在祭祀後可以分散，而在祭祀時不可分散；又如，參觀宮室的人，繞行寢殿廟堂之後，還要使用廁所。這些都是改變是非的例子。現在再來嘗試解說改變是非。這是以生存為根本，以智力為老師，由此造成許多是非；果真有名與實的區分，就以自己為主；使人以為自己的是非判斷就是節操，因而以死來保全節操。像這樣的人，就會以用世為聰明，以不用世為愚蠢，以通達為榮耀，以窮困為恥辱。改變是非，現在的人正是如此，這就像蟬與斑鳩共同認可的那種知識啊。

## 〈解讀〉

「移是」指改變是非，亦即是非不定。時空條件不同，是非也會跟著調整。這種是非，以個人的或群體的當下需要來決定，有其實用性，但往往製造混淆與困擾。社會固然需要明辨是非，定出標準，然而，這種是非是絕對的嗎？好比死刑，有可能要廢除了，死刑一定對嗎？廢除一定對嗎？此一時也彼一時也，在這裡對，在別的地方不一定對。所以人間的許多問題，都會造成困擾。最後的「蜩與學鳩」，使人聯想起〈逍遙遊〉中的「之二蟲，又何知？」牠們與大鵬鳥之間的差距一直存在，因此牠們的見解只能說是一偏之見而已。

## 〈23．8〉

蹍（ㄓㄢˇ）市人之足，則辭以放驁（ㄠˊ），兄則以嫗（ㄩˋ），大親則已矣。故曰，至禮有不人，至義不物，至知不謀，至仁無親，至信辟金。徹志之勃，解心之謬（ㄋㄧㄡˋ），去德之累，達道之塞。貴富顯嚴名利六者，勃志也。容動色理氣意六者，謬心也。惡欲喜怒哀樂六者，累德也。去就取與知能六者，塞道也。此四六者不盪胸中則正，正則靜，靜則明，明則虛，虛則無為而無不為也。道者，德之欽也；生者，德之光也；性者，生之質也。性之動，謂之為；為之偽，謂之失。知者，接也；知者，謨也；知者之所不知，猶睨（ㄋㄧˋ）也。動以不得已之謂德，動無非我之謂治，名相反而實相順也。

## 〈白話〉

踩了路人的腳，就要道歉說自己失禮；若是兄弟的腳，就要憐惜撫慰；若是父母的腳，就可以算了。所以說，至禮沒有人我之分，至義沒有物我之分，至智不用謀略，至仁不分親疏，至信不需金玉為憑。疏導志向的迷惑，解開心思的束縛，拋棄天賦的拖累，打通大道的阻塞。尊貴、富有、顯赫、威嚴、名聲、利祿這六項，是迷惑志向的東西。容貌、舉止、面色、情理、血氣、意念這六項，是束縛心思的東西。厭惡、愛好、喜悅、憤怒、悲哀、歡樂這六項，是拖累天賦的東西。去職、就任、取得、給與、智巧、才幹這六項，是阻塞大道的東西。這四種各六項不在胸中激盪，就會心正，心正就會安靜，安靜就會澄明，澄明就會虛空，虛空就無所作為同時沒有什麼事做不成的。大道，是天賦興起的基礎；生命，是天賦顯示的光輝；本性，是生命的實質所在。本性的活動，稱為作為；作為的虛偽，稱為過失。智力，要接觸外物；智力，要用心謀劃；智者也有不知道的事，就像眼睛斜視，所見有限。行動出於不得已，叫做天賦；行動不背離自我，叫做治理；這兩者名義相反而實際是相順的。

## 〈解讀〉

先秦時，孔子對仁、義分開講述，孟子則講四善：仁、義、禮、智。所以，把仁、義、禮、智、信五種德行合在一起陳述，這裡應該是第一次，反而不是出現在先秦儒家的典籍中，這是很有趣的現象。本文談到「至禮、至義、至知、至仁、至信」，似乎特地針對儒家所謂的五常，也就是「仁、義、禮、智、信」。這五常之上，加個「至」字，就超越了相對性，形成道家的絕對理想。此絕對理想的根源，即在於道。

若在「志、心、德、道」四方面努力修養，就可以體悟「無為而無不為」的勝境。這四種各六項，共二十四項，看似複雜，但看清楚內容之後，其實就是講外表、成就、情緒，還有具體的作為，全要記起來其實不容易。訓練到最後，把這二十四項都化解了，只要記得最後兩句話：行動出於不得已，叫做天賦；行動不背離自我，叫做治理。德（天賦）與治（治理），一個出自於天，一個出自於人，兩者可以相順。要把自己的事情管好，就要任何行動都出於「不得已」，也就是當各種條件成熟，就順其自然。

〈23．9〉

羿工乎中微，而拙乎使人無己譽。聖人工乎天而拙乎人。夫工乎天而俍（ㄌㄤˊ）乎人者，唯全人能之。唯蟲能蟲，唯蟲能天。全人惡天，惡人之天；而況吾天乎人乎！一雀適羿，羿必得之，或也；以天下為之籠，則雀無所逃。是故湯以庖人籠伊尹，秦穆公以五羊之皮籠百里奚。是故非以其所好籠之而可得者，無有也。介者拸（ㄔˇ）畫，外非譽也；胥靡登高而不懼，遺死生也。夫復謵（ㄒㄧˊ）不饋，而忘人。忘人，因以為天人矣。故敬之而不喜，侮之而不怒者，唯同乎天和者為然。出怒不怒，則怒出於不怒矣；

出為無為，則為出於無為矣。欲靜則平氣，欲神則順心，有為也欲當，則緣於不得已，不得已之類，聖人之道。

## 〈白話〉

羿善於射中微小的對象，而拙於使別人不稱讚自己。聖人善於契合自然，而拙於配合人為。善於契合自然又長於配合人為的，只有全人才辦得到。只有動物能夠安於動物，只有動物能夠配合自然。全人沒有自然之見，沒有人為與自然之分；怎麼會像我一樣想著自然啊，人為啊！一隻麻雀飛過羿的面前，說羿一定會射中牠，那還有些變數；如果把天下當作鳥籠，麻雀就無處可逃了。所以商湯用廚師來籠絡伊尹，秦穆公用五張羊皮來籠絡百里奚。所以，不利用一個人的所好來籠絡他而可以成功，那是沒有的事。斷足者行事不守法度，因為不在乎毀譽了；受刑者登高也不害怕，因為超越了死生。別人再三恐嚇，我也不回應，根本忘記別人的存在，忘記別人，就可以成為自然之人了。所以，能做到受尊敬而不欣喜，受侮辱而不生氣的，只有那與自然的韻律完全配合的人了。發出怒氣而不是有心發怒，那麼怒氣是出於不怒了；有所作為而不是有心去做，那麼作為是出於無為了。要安靜，就要平定氣息；要體悟神妙境界，就要順應內心；有所作為若要恰到好處，就須順著不得已而行。出於不得已的做法，就是聖人之道。

## 〈解讀〉

文中提到聖人「工乎天而拙乎人」，全人「工乎天而俍乎人」，由此可見，全人的境界顯然高於聖人。全人能夠如此，是因為「惡（無）天，惡人之（與）天」。凡是有天、人之分的，就受到限制了。這實在太難了，所以接著所談的仍是聖人之道。

「無所逃於天地之間」一語經常在《莊子》中出現，人可以逃避一切，但不能逃避來自於自己的問題。所以人的性格常為自己造成困境，有些人會一再重犯同樣的過錯，因為他的過錯來自於他的性格，不用別人去害他，只要一有機會，他就會照同樣的模式犯錯。別人再三恐嚇也不回應，如此忘記別人的存在，就可以成為自然之人。人通常都會在乎某些人的意見，此處講「忘記」，就是要人完全放開。

這一段反覆強調，聖人之道要由「外非譽，遺死生，忘人」，再到「同乎天和」。這時的作為要順著「不得已」。所謂不得已，並非出於勉強或無奈，而是指外在的條件成熟之時，順勢而為的智慧。道家的無為，並非無所作為，而是無心而為，此為祕訣所在。配合人為，就是有心去做什麼事，然而我做我該做的事，不應該有心，一有心，就受到控制了。

**總結本篇要旨**

**本篇由學生請益的角度，讓老聃發揮他的觀點。若想在世間做到「知、仁、義」，則難以抉擇對誰有利。老子為此暢談「衛生之經」，提出九個問題要人自省。文中再度提及古之人的至高智慧是明白「未始有物」。然後行走於世間，則像聖人一般，全依「不得已」而定。**

# 徐無鬼

第二十四

〈24．1〉

徐無鬼因女商見魏武侯，武侯勞（ㄌㄠˋ）之曰：「先生病矣，苦於山林之勞，故乃肯見於寡人。」徐無鬼曰：「我則勞於君，君有何勞於我？君將盈耆（ㄕˋ）欲，長好惡，則性命之情病矣；君將黜耆欲，掔（ㄑㄢ）好惡，則耳目病矣。我將勞君，君有何勞於我？」武侯超然不對。少焉，徐無鬼曰：「嘗語君，吾相狗也。下之質執飽而止，是狸德也；中之質若視日；上之質若亡其一。吾相狗，又不若吾相馬也。吾相馬，直者中繩，曲者中鉤，方者中矩，圓者中規，是國馬也，而未若天下馬也。天下馬有成材，若卹若失，若喪其一。若是者，超軼絕塵，不知其所。」武侯大說而笑。

〈白話〉

徐無鬼由於女商的安排，前往拜見魏武侯，武侯慰問他說：「先生疲憊了，山林生活一定很勞苦，才肯見寡人。」徐無鬼說：「我是來慰問君侯的，君侯有什麼可以慰問我的呢？君侯若是想滿足嗜欲，放縱好惡之情，那麼性命的真實就會受損；君侯若是想斷絕嗜欲，去除好惡之情，那麼耳目的享受就會受損。我正要來慰問君侯，君侯有什麼可以慰問我的呢？」武侯悵然若失，沒有回答。過了一會兒，徐無鬼說：「我來告訴你，我的相狗術。下等資質的狗只求吃飽就好，表現像貓一樣的天賦；中等資質的狗好像看著太陽，神情專注；上等資質的狗好像忘了自己的存在。我的相狗術，又不如我的相馬術。我相馬所看的，直的要合乎繩墨，曲的要合乎彎鉤，方的要合乎矩尺，圓的要合乎圓規，這樣就是國馬了，但是還比不上天下馬。天下馬有天生的材質，在靜止或走動時，都像忘了自己的存在。這樣的馬，跑起來超逸絕塵，不知止於何處。」武侯非常高興，笑了起來。

## 〈解讀〉

擁有政治權力的世俗國君，最怕被自稱野人的清高之士，隨意批評。野人，也就是隱居的人，擁有一種精神生活的境界，絕對不會去奉承有權力的人，因為在他眼中，這些位高權重者自以為什麼都有，其實有的只是物質和權力，虛幻不實。這使得世上大權在握的人皆有一種隱憂，總覺得自己的權力不能統治所有的人，也因此，一旦像野人這樣的人前來歸順，他的價值勝過天天跪在面前高呼萬歲的人。

徐無鬼面對武侯時，做到了孟子所謂的「說大人，則藐之」，完全不把武侯的高貴顯耀放在眼裡，不過他憑藉的並非孟子所謂的浩然之氣，而是莊子所肯定的智慧。他先說明一個人的生命有兩方面的需要，一方面是自然生命有耳目，需要視、聽的享受；另一方面是性命的真實狀態，自覺不應該有這麼多享受。這是兩個極端，不管走向那一方面，都會失去另一方面。

徐無鬼會和國君談相狗、相馬，是因為這是古代的娛樂，之後還會談到怎麼訓練鬥雞。古代人的生活娛樂比現代無聊多了，但是現代人沉迷於電視、電腦，看似化解了無聊的生活，卻也忘記了自己生命的真正需要。

此處提及「上等資質的狗好像忘了自己的存在」，再一次強調在道家眼中，最高境界就是忘記。會忘記，是因為化解了差別心，自己與其他東西的差別都化解了，好像牠忘了自己是狗，這是最高境界。「呆若木雞」的道理，也與此相通。同樣的，相馬時，直的是指牙齒很直；曲的是指馬背上彎曲可以讓人乘坐的地方；方的是指頭；圓的是指目。這樣的馬可以代表國馬，但是還比不上天下馬，擁有天生的材質，在靜止或走動時，都像忘了自己的存在。「忘了」代表自己是超然的，不受任何限制，如果一直沒有忘記，總記得自己是一隻狗、一匹馬，狗就只能做狗的事，馬就只能做馬的事，終究會受到各種限制。忘了自己，才能不受限制，比賽時就不會在乎對手。

武侯聽到這些「言不及義」的話，大悅而笑，這是因為如果與他談國家大事，就有責任，就有壓力；而徐無鬼的出現，讓他有機會消遣，並轉移注意力。

希臘時代經常舉辦競賽，柏拉圖說競賽時有三種人，第一種是下場比賽的，這種人得失心重，贏的人得到桂冠，是城邦的榮耀，將來能住在英雄館裡面養老。第二種是專門賣東西的，只要人多，就有錢賺。第三種是觀眾，純粹觀賞。但是觀眾也有兩種，一種很投入，充滿得失心；真正的觀眾則漠不關心，不管誰贏誰輸，純粹欣賞技術表演，才能看到運動真正的奧妙。

若亡其「一」、若喪其「一」的「一」，代表整體，這是狗的整體、這是馬的整體，好像忘了自己的身體，所以翻譯就翻成「自己」。

〈24．2〉

徐無鬼出，女商曰：「先生獨何以說吾君乎？吾所以說吾君者，橫說之則以《詩》、《書》、《禮》、《樂》，從（ㄗㄨㄥ）說之則以《金版》、《六弢（ㄊㄠ）》，奉事而大有功者不可為數，而吾君未嘗啟齒。今先生何以說吾君，使吾君說若此乎？」徐無鬼曰：「吾直告之吾相狗馬耳。」女商曰：「若是乎？」曰：「子不聞夫越之流人乎？去國數日，見其所知而喜；去國旬月，見所嘗見於國中者喜；及期（ㄐㄧ）年也，見似人者而喜矣。不亦去人滋久，思人滋深乎？夫逃虛空者，藜藿柱乎鼪鼬之逕，踉（ㄌㄤˋ）位其空，聞人足音跫（ㄎㄨㄥˊ）然而喜矣，有況乎昆弟親戚之謦（ㄑㄧㄥˇ）欬（ㄎㄜˊ）其側者乎！久矣夫莫以真人之言謦欬吾君之側乎！」

〈白話〉

徐無鬼出來後，女商說：「先生究竟對君侯說了些什麼？我一向告訴君侯的，從遠處說，是談《詩》、《書》、《禮》、《樂》，從近處說，是談《金板》、《六弢》，見於行事而大有效驗的不計其數，而君侯從來沒有開口笑過。現在先生對君侯說了些什麼，讓君侯這麼高興呢？」徐無鬼說：「我只是告訴他，我怎麼相狗與相馬而已。」女商說：「就是這樣嗎？」徐無鬼說：「你沒有聽過越國有被流放的人嗎？離開國家幾天後，看見認識的人就很高興；離開國家一個月後，看到曾在國內見過的東西就很高興；等到離開國家一年以後，看到像是同鄉的人就很高興。這不是離開故人愈久，思念故人愈深嗎？至於逃難到空曠荒地的人，野草把黃鼠狼出沒的路徑都堵塞了，長久居住在曠野中，聽到人走路的腳步聲就高興起來，更何況是有兄弟親戚在身邊談笑呢！很久沒有人用真實的言語在君侯身邊談笑了啊！」

## 〈解讀〉

《金板》、《六弢》之中，記載姜太公的兵法與謀術。其中《六弢》談論「文、武、虎、豹、龍、犬」。文中徐無鬼以「越之流人」比擬武侯，是因為政治領袖與一般人之間，難免有很大的距離，大臣們每天講的話，都讓武侯覺得像是被獨自流放在荒野裡，看不到熟悉的東西，見不到親切的人，更不要說兄弟姊妹。然而，徐無鬼卻把武侯當成凡人看待，與他談相狗、相馬之事，讓他恢復兒時記憶。由此可知，大人物內心一定有一個角落，是非常天真的，同大人物談論有趣的事，就像讓他回到孩童時期，只有在那個時候，才會引發真心的歡樂，使武侯感覺自己重新回到人的世界。

這一段故事提醒我們，不要在世上功成名就之後，就脫離人的真實性情，每天只是虛應故事，大家客客氣氣、送往迎來，卻見不到一個真人，聽不到一句真話，如此怎麼可能得到真正的快樂？

〈24・3〉

徐無鬼見武侯，武侯曰：「先生居山林，食芧（ㄒㄩˋ）栗，厭蔥韭，以賓寡人，久矣夫！今老邪？其欲干酒肉之味邪？其寡人亦有社稷之福邪？」徐無鬼曰：「無鬼生於貧賤，未嘗敢飲食君之酒肉，將來勞君也。」君曰：「何哉，奚勞寡人？」曰：「勞君之神與形。」武侯曰：「何謂邪？」徐無鬼曰：「天地之養也一，登高不可以為長，居下不可以為短。君獨為萬乘之主，以苦一國之民，以養耳目鼻口，夫神者不自許也。夫神者，好和而惡姦；夫姦，病也，故勞之。唯君所病之，何也？」武侯曰：「欲見先生久矣。吾欲愛民而為義偃兵，其可乎？」徐無鬼曰：「不可。愛民，害民之始也；為義偃兵，造兵之本也。君自此為之，則殆不成。凡成美，惡器也；君雖為仁義，幾且偽哉！形固造形，成固有伐，變固外戰。君亦必無盛鶴列於麗譙（ㄑㄧㄠˊ）之間。無徒驥於錙壇之宮，無藏逆於得，無以巧勝人，無以謀勝人，無以戰勝人。夫殺人之士民，兼人之土地，以養吾私與吾神者，其戰不知孰善？勝之惡乎在？君若勿已矣，修胸中之誠，以應天地之情而勿攖。夫民死已脫矣，君將惡乎用夫偃兵哉！」

〈白話〉

徐無鬼拜見魏武侯，武侯說：「先生住在山林裡，吃橡樹子，飽食蔥菜韭菜，拋棄寡人已經很久了！現在老了嗎？想嚐嚐酒肉的味道嗎？還是寡人能得到你的幫助造福國家呢？」徐無鬼說：「我生長於貧賤之中，從來不敢享用君侯的酒肉，我是來慰問君侯的。」武侯說：「你說什麼？要如何慰問寡人呢？」徐無鬼說：「要慰問君侯的心神與身體。」武侯說：「這話是什麼意思呢？」徐無鬼說：「天地養育萬物是均等的，登上高位的不可認為自己尊貴，屈居下位的不可認為自己卑賤。君侯一人做為萬乘之主，勞苦一國人民，來滿足耳目口鼻的欲望，但是心神卻不允許自己這麼做。人的心神，喜歡和諧而厭惡偏私；偏私，就是有病，所以我前來慰問。只是君侯所生的病，該怎麼辦呢？」武侯說：「希望見到先生已經很久了。我想要愛護人民，為了道義而停止戰爭，這樣可以嗎？」徐無鬼說：「不可以。愛護人民，是殘害人民的開始；為了道義而停止戰爭，是起兵作戰的根源。君侯從這裡著手，一定不會成功。凡是大家公認的美好事物，都是作惡的工具。君侯雖然行仁義，恐怕也是虛偽的啊！有形象，一定會有偽造的形象；有成功，一定會有失敗的時候；有改變，一定帶來外在的爭鬥。君侯千萬不要在高樓之間陳列兵陣，不要在錙壇宮前集合兵騎，不要背理去貪求，不要用巧詐去勝過別人，不要用謀略去勝過別人，不要用戰爭去勝過別人。像殺害別國的百姓，兼併別國的土地，來滿足自己的私欲與心意，這種戰爭不知有什麼好處？勝利的人又在哪裡？君侯不如停下這一切，修養內心的真誠，來順應天地的實際情況，不要去擾亂它。那麼，人民就可以擺脫死亡的威脅，君侯又何必談什麼停止戰爭呢！」

## 〈解讀〉

這一段徐無鬼與武侯的對話，應該是另一次的場景。

國君面對來找他的人，總覺得必定有求於他。一般所謂的「寡人」，原本不覺得自己有所缺乏，一定要別人把真相點出來之後，才會感到悵然若失。其實，天地養育萬物是均等的，在高位只是功能上要做那些事，在享受各種榮華富貴的同時，心神會覺得哪裡不太對勁，因為人人平等，為什麼就我一個人有這麼多享受？在這個世界上，如果不平等是一個自然現象，也很難追究原因，但是如果自己明顯得到很多利益，也會覺得不好意思。

徐無鬼認為人有形與神，形如果放縱，神不會允許。武侯一聽就懂，因此想要「愛民、偃兵」，由此可見良師益友的重要。但是，任何有心的作為，在道家看來都不是完美的解決辦法，將來一定會留下後遺症。想對人民好，這個好也會有所偏差，正如《老子》第五章說：「聖人不仁，以百姓為芻狗。」愛護某些人民，就會有另外一些人民受害。道家反對一個人刻意有所作為，譬如，老子認為人的認知有三個層次，第一是區分，第二是避難，第三是啟明。如果只在區分上下功夫，區分會帶來欲望，欲望就會造成災難，因為區分好與不好，人就會刻意追求美好。《老子》三十章說：「大軍之後，必有凶年。」戰爭一定會帶來後果，會有報應。《老子》中很少提到報應，然而在講到戰爭時，卻明確指出之後「必有凶年」。

道家所謂的「修胸中之誠」，不是為了行仁義，而是為了「應天地之情」，所以重點在於智慧體悟，而不是著眼於小小的善行，這跟儒家有很大的不同。所以，要注意無心而為，徐無鬼的想法是，愛民跟偃兵在政治領袖來說是正常的，但有心而為，就會刻意，一定不會成功。

## 〈24・4〉

**黃帝將見大隗（ㄨㄟˇ）乎具茨（ㄘˊ）之山，方明為御，昌寓驂（ㄘㄢ）乘（ㄕㄥˋ），張**

若、謵（ㄒㄧˊ）朋前馬，昆閽（ㄏㄨㄣ）、滑（ㄍㄨˇ）稽後車；至於襄城之野，七聖皆迷，無所問塗。適遇牧馬童子，問塗焉，曰：「若知具茨之山乎？」曰：「然。」「若知大隗之所存乎？」曰：「然。」黃帝曰：「異哉小童！非徒知具茨之山，又知大隗之所存。請問為天下？」小童曰：「夫為天下者，亦若此而已矣，又奚事焉！予少而自遊於六合之內，予適有瞀（ㄇㄠˋ）病，有長者教予曰：『若乘日之車而遊於襄城之野。』今予病少痊，予又且復遊於六合之外。夫為天下，亦若此而已。予又奚事焉？」黃帝曰：「夫為天下者，則誠非吾子之事，雖然，請問為天下。」小童辭。黃帝又問。小童曰：「夫為天下者，亦奚以異乎牧馬者哉！亦去其害馬者而已矣。」黃帝再拜稽首，稱天師而退。

## 〈白話〉

黃帝要去具茨山拜見大隗，由方明駕車，昌寓陪乘，張若、謵朋在馬前引導，昆閽、滑稽在車後跟隨。來到襄城郊外，七位聖人都迷失了方向，沒有人可以問路。正好遇見牧馬的童子，就向他問路說：「你知道具茨山嗎？」童子說：「是的。」又問：「你知道大隗住在哪裡嗎？」童子說：「是的。」黃帝說：「這個童子真是特別啊！不但知道具茨山，還知道大隗的住所。我想請教怎麼治理天下。」童子說：「治理天下的人，也只是這樣罷了，哪裡有什麼事呢！我小時候自己在天地之內遨遊，我恰好患了目眩症，一位長輩教我說：『你可以乘坐太陽車，到襄城郊外去遨遊。』現在我的病稍微好些，我又要到天地之外去遨遊。治理天下也只是這樣罷了，我又有什麼事可做呢？」黃帝說：「治理天下，實在不是你的事。雖然如此，還是要請教怎麼治理天下。」童子推辭。黃帝又再請教。童子說：「治理天下的人，與牧馬的人又有什麼不同呢！也只是除去對馬有害的東西罷了。」黃帝一再叩首拜謝，稱他為天師，然後離去。

〈解讀〉

河南真有一座具茨山，考古學家也在該處發現了一些古代資料，但只有若干數字和遺跡，到現在為止，仍然沒有人可以解開遠古文化的謎團。

政治領袖或是企業領導，只要盡量把複雜的問題簡化，把握一、二個原則，就可以把事情做好。七聖皆迷，牧馬童子卻知道答案。「聖」指的是人間的領袖人物，各有才智，但是未必知道究竟真實。人間的各種知識，未必能讓人覺悟，愈具有專業的知識，愈可能執著，以為靠這個專業知識，可以找到一個根本的答案，其實不然。

童子的意思是：「天下本無事，庸人自擾之」。他小時候到處遨遊，若有阻礙（瞀病），就順著自然的變化（乘日之車），如此而已。前文有談到養生跟牧羊一樣，「視其後者而鞭之」，趕羊的時候哪一隻走得慢，就鞭策牠走快一點就好了。保持均衡，不要有哪方面特別落後，我們的身體也是一樣，身體從頭到腳，每一個部分都要保持均衡，自然就會健康。不夠均衡，身體就會出問題。治國、養生，其實是同一個道理。

「天師」是師法自然的人。然而，後代所謂的「天師」未必與自然有關。

〈24・5〉

知士無思慮之變則不樂，辯士無談說之序則不樂，察士無凌誶（ㄙㄨㄟˋ）之事則不樂，皆囿於物者也。招世之士興朝，中民之士榮官，筋力之士務難，勇敢之士奮患，兵革之士樂戰，枯槁之士宿名，法律之士廣治，禮教之士敬容，仁義之士貴際。農夫無草萊之事則不比，商賈無市井之事則不比。庶人有旦暮之業則勸，百工有器械之巧則壯。錢財不積則貪者憂，權勢不尤則夸者悲，勢物之徒樂變，遭時有所用，不能無為也。此皆順比於歲，不物於易者也。馳其形性，潛之萬物，終身不反，悲夫！

〈白話〉

智謀之士沒有思慮上的變化就不會快樂，善辯之士沒有在談論上分出高下就不會快樂，明察之士沒有可以凌辱責罵的事情就不會快樂，他們都是受到外物的束縛。舉才之士興於朝廷，得民之士榮享官位，強力之士冒險犯難，勇敢之士奮起除患，持戈之士樂於征戰，避世之士留下名聲，法律之士推廣治術，禮教之士整飾儀容，仁義之士重視交往。農夫沒有耕種就不自在，商人沒有買賣就不自在，百姓有日常的工作就會振奮，工匠有精巧的器械就會勤勉。錢財積得不多，貪婪的人就會煩惱；權勢擴展不快，好勝的人就會難過。仗勢圖利的人喜歡變亂，遭逢時機就大顯身手，不能無所作為啊。這些都是隨著情況起伏，無法擺脫外物束縛的人。他們放縱形體與本性，沉溺於萬物之中，終身不能回頭，真是可悲啊！

〈解讀〉

「士」在古代是指受過教育的人，包括文士與武士，地位比一般百姓高。文中列出的十二種士各有所長，也各有所偏。除此之外，還有農夫、商賈、庶人、百工。由此可以看出古代大致的社會結構。

有多少人可以擺脫外物的束縛？這正是我們要思考的問題。文中提到的這些人，其實範圍涵蓋所有的人了，因為「囿於物」或「不物於易」（應為「不易於物」），被外物所限，所以「不能無為」。但是無為又要如何謀生呢？莊子於此真正的意思，是要提醒人不應執著於一己之長，以致往而不返。

〈24．6〉

莊子曰：「射者非前期而中，謂之善射，天下皆羿也，可乎？」惠子曰：「可。」莊子曰：「天下非有公是也，而各是其所是，天下皆堯也，可乎？」惠子曰：「可。」莊子曰：「然則儒、墨、楊、秉四，與夫子為五，果孰是邪？或者若魯遽者邪？其弟子曰：『我得夫子之道矣，吾能冬爨鼎而夏造冰矣。』魯遽曰：『是直以陽召陽，以陰召陰，非吾所謂道也，吾示子乎吾道。』於是為之調瑟，廢一於堂，廢一於室，鼓宮宮動，鼓角（ㄐㄩㄝ）角動，音律同矣。夫或改調一弦，於五音無當也，鼓之，二十五弦皆動，未始異於聲，而音之君已形也。且若是者邪？」惠子曰：「今夫儒、墨、楊、秉，且方與我以辯，相拂以辭，相鎮以聲，而未始吾非也，則奚若矣？」莊子曰：「齊人蹢（ㄉㄧˊ）子於宋者，其命閽（ㄏㄨㄣ）也不以完，其求鈃（ㄒㄧㄥˊ）鐘也以束縛，其求唐子也而未始出域，有遺類矣夫！楚人寄而謫閽者，夜半於無人之時而與舟人鬥，未始離於岑，而足以造於怨也。」

## 〈白話〉

莊子說：「射箭的人不依預定目標而誤中，說他是善於射箭，那麼天下人都是羿了，可以這樣說嗎？」惠子說：「可以。」莊子說：「天下沒有公認的是非，如果每個人都自以為是，那麼天下人都是堯了，可以這樣說嗎？」惠子說：「可以。」莊子說：「那麼，儒者、墨者、楊朱、公孫龍四家，加上你為五家，究竟誰說的對呢？或者像魯遽那樣嗎？魯遽的弟子說：『我學了老師的道術，我能在冬天生火燒飯，夏天取水造冰。』魯遽說：『這只是用陽氣招引陽氣，用陰氣招引陰氣，並非我所謂的道術。我來讓你看看我的道術。』於是調整瑟弦，放一張瑟在堂上，放一張瑟在內室，彈出這一張瑟的宮音，另一張的宮音也響起來，彈出這一張瑟的角音，另一張的角音也響起來，這是音律相同的緣故。如果改動其中一弦的音調，讓它與五音不合，然後一彈就二十五弦跟著響起來，聲音並沒有什麼不同，只是隨著主音而改變。你們都是像這樣的嗎？」惠子說：「現在儒者、墨者、楊朱、公孫龍，將會與我辯論，彼此用言詞互相攻擊，用聲音互相壓制，卻沒有辦法說是我錯，那麼該如何呢？」莊子說：「齊國有人發現孩子犯罪，就把他流放到宋國，但是自己卻任用受刑的殘廢者做守門人；他得到一個鈃鐘酒器，就用繩子小心綁好，但是尋找走失的孩子，卻不肯走到門外，你們也是類似的情況吧！楚國有人寄居在別人家裡，還苛責守門人；這就像夜半無人的時候與船夫爭鬥，船還沒有靠岸就已經結下怨恨了。」

## 〈解讀〉

「秉」就是公孫龍，字子秉，「儒」在此指鄭緩，事蹟見〈列御寇〉，「墨」為墨翟之後。

莊子以魯遽為例，說明他的道術用在演奏上是「同聲相應」，與弟子所用的「同氣相召」，其實並沒有什麼不同之處。各家之間的爭論，在本質上也是半斤八兩，然而，惠子仍然認為自己勝人一籌。於是莊子隨後以齊人為喻，說明同樣是犯罪，對孩子無法原諒，對守門人卻無所謂。換句話說，守門人受刑，代表犯過罪，人們認為只要盡他的責任就好，但是對孩子卻是全面的要求，差別就在這裡。或許是愛之深，責之切，但很多人因此不能輕易原諒自己的小孩，反而輕易原諒別人，如此則是本末倒置了。甚至，愛惜酒器勝過愛護孩子，這也是太過執著了。

由楚人之喻更可以明白，大家有幸生在同一個時代，相親都唯恐不及了，何必急著結怨？守門人可以讓你進不了門，船夫可以讓你上不了岸，何苦如此？此處的問題在於，難道莊子完全不計較人間的善惡是非，只重視精神主體的自由逍遙嗎？其實也不是，莊子是道家，沒有道的話，精神主體怎麼自由、怎麼逍遙？在此兩個比喻，關於莊子的立場，我們可以再進一步思考。文中所講的各種言論，可能都有一些根據，沒有人全對，也沒有人全錯。莊子的特色就在於，讓每個人都有自己的想法，然後，莊子以更高的境界，從道的角度包容一切。

「廢一於堂，廢一於室」的「廢」是治，也就是置放；古代有些字相反，卻可以用同樣的意思來說。「未始離於岑」的「岑」就是岸；「離」是《易經》裡的離，就是附麗，依附的附，不是離開。所以說「未始離於岑」是指還沒有靠岸，而不是還沒有離開岸。

## 〈24·7〉

**莊子送葬，過惠子之墓，顧謂從者曰：「郢人堊（ㄜˋ）慢其鼻端若蠅翼，使匠石斲之。匠石運斤成風，聽而斲之，盡堊而鼻不傷，郢人立不失容。宋元君聞之，召匠石曰：『嘗試為寡人為之。』匠石曰：『臣則嘗能斲之。雖然，臣之質死久矣。』自夫子之死也，吾無以為質矣，吾無與言之矣！」**

## 〈白話〉

莊子送葬時，經過惠子的墳墓；他回頭對跟隨的人說：「郢地有個人把石灰抹在鼻尖上，薄得像蒼蠅翅膀，再請石匠替他削去。石匠運起斧來輪轉生風，順手砍下，把石灰完全削去，而鼻子毫無損傷。郢地這個人站在那裡面不改色。宋元君聽說這件事，就召石匠來說：『請你做給寡人看看。』石匠說：『我還是能用斧頭削去石灰。不過，我的對手已經死去很久了。』自從先生去世以後，我沒有對手了，我沒有可以談話的人了！」

〈解讀〉

莊子將自己比喻為技藝高超的匠石（匠人名石），但若無勇敢的郢人對他深具信心，就不可能完成這項驚人的表演。惠子死後還能得到莊子如此描述，九泉之下也值得安慰了。

惠子一死，莊子就沒有可以說話的人了，即使說話，也不會有人理解他的用心。有趣的是，孔子也曾經感嘆「莫我知也夫」（《論語．憲問》）。真正了解自己的人，往往覺得沒有人真正了解自己。由此可見，儒家與道家的主張，並非一般人可以從表面去認識的。所以學習在這方面就是關鍵，不要以為莊子很簡單，連惠子這樣的人才，在他看來都只是個道具。所以莊子多次提及，最高的境界是了解「未始有物」，亦即古人最高的智慧，是了解從來沒有東西存在過。

由本段可知，莊子和當時其他學者的差距有多遠。同一個時代的人，難免要交往做朋友，但千萬不要以為彼此程度差不多，說不定別人高明到難以想像的地步。如果每個人都認為自己很高明，那麼只要一看文字，就知道到底是誰比較高明了。

〈24．8〉

管仲有病，桓公問之，曰：「仲父之病病矣，不可諱，云至於大病，則寡人惡乎屬國而可？」管仲曰：「公誰欲與？」公曰：「鮑叔牙。」曰：「不可。其為人潔廉善士也。其於不己若者不比之，又一聞人之過，終身不忘。使之治國，上且鉤乎君，下且逆乎民。

其得罪於君也，將弗久矣。」公曰：「然則孰可？」對曰：「勿已，則隰（ㄒㄧˊ）朋可。其為人也，上忘而下畔，愧不若黃帝，而哀不己若者。以德分人謂之聖，以財分人謂之賢。以賢臨人，未有得人者也；以賢下人，未有不得人者也。其於國有不聞也，其於家有不見也。勿已，則隰朋可。」

## 〈白話〉

管仲生病了，桓公去探病，問他說：「您的病很重了，若不避諱地說，萬一大病不起，寡人要把國事託付給誰才好呢？」管仲說：「您想要交給誰？」桓公說：「鮑叔牙。」管仲說：「不可以。他是個廉潔的好人，對於不如自己的人就不來往，一聽說別人的過錯就終身不忘。如果讓他治國，對上會約束國君，對下會違逆百姓。過不了多久，他就會得罪國君了。」桓公說：「那麼誰可以呢？」管仲說：「不得已的話，隰朋可以。他的為人，能使居上位者忘記他的存在，居下位者願意與他為伴，他自愧不像黃帝那麼偉大，而同情不如自己的人。用德行幫助人，稱為聖人；用錢財幫助人，稱為賢人。以賢才來向人誇耀，沒有能得民心的；以賢才來謙虛待人，沒有不得民心的。他對國事不會一一干預，對家事不會一一苛察。不得已的話，隰朋可以。」

## 〈解讀〉

齊桓公尊稱管仲為「仲父」，是因為「仲」是管仲的字，意思就是尊之如父，「仲父」又有叔父的意思。管仲與鮑叔牙是至交，但是管仲並不以私害公。

相對於鮑叔牙性格之「清」，隰朋的性格是「和」。從政之人，還是以和為貴。管仲的想法來自於自己實際從政的經驗，其中的道理合乎道家觀點，也就是「和光同塵」。管仲推薦隰朋的理由是「他的為人，能使居上位者忘記他的存在，居下位者願意與他為伴」，全文重點，還是在於「忘記」。在上位的人用了隰朋之後，會忘記隰朋的存在，覺得這個人好像不存在一樣，因為他不會自作主張；居下位都願意跟他合作，因為他不給別人壓力，讓別人順其自然。這個人不會有所為而為，不會為了什麼目的而去行動，無為而治，接近道家的理想。

比較值得注意的是「上且鉤乎君」的「鉤」同「拘」，是約束、拘束之意。

## 〈24·9〉

吳王浮於江，登乎狙（ㄐㄩ）之山。眾狙見之，恂（ㄒㄩㄣˊ）然棄而走，逃於深蓁。有一狙焉，委蛇攫（ㄐㄩㄝˊ）搔，見巧乎王。王射之，敏給搏捷矢。王命相者趨（ㄘㄨˋ）射之，狙執死。王顧謂其友顏不疑曰：「之狙也，伐其巧、恃其便以敖予，以至此殛（ㄐㄧˊ）也。戒之哉！嗟乎，無以汝色驕人哉！」顏不疑歸而師董梧，以鋤其色，去樂辭顯，三年而國人稱之。

## 〈白話〉

吳王渡過長江，登上一座猴山。群猴看見人來，都驚慌地跑開，逃到荊棘叢林中。有一隻猴子，從容地攀著樹枝跳躍，在吳王前賣弄靈巧的身手。吳王射牠，牠敏捷地接住來箭。吳王命令左右助手迅速發箭，牠就中箭摔下而死。吳王回頭對他的朋友顏不疑說：「這隻猴子自以為靈巧，仗著身手敏捷來傲視我，才會落到這樣的下場。要引以為戒啊！唉，不要以驕傲的態度對待人啊！」顏不疑回去就拜董梧為師，去除驕傲的態度，摒棄享樂，謝絕榮華，三年之後，國人都稱讚他。

**〈解讀〉**

再怎麼靈巧的猴子，也抵擋不住萬箭齊發。猴子的智能沒有高到作這樣的判斷，但吳王就不同了，他體會整件事之後，還能轉告朋友顏不疑，朋友還因而受益，至於吳王自己是否有所改變，就不得而知了。

老子的三寶，一曰慈，二曰儉，三曰不敢為天下先。因為不敢為天下先，才能成器長，才能成為眾人的領袖。要當領袖，不要爭著表演才華，要當領袖一定要有本事，但是不要讓別人覺得壓力。不與人爭，天下人自然就不會跟他爭。大家和樂融融，就不會分黨派、不會互相猜疑。所以這一段的喻意算是比較簡單的。

**〈24．10〉**

南伯子綦（ㄑㄧˊ）隱几而坐，仰天而噓。顏成子游入見曰：「夫子，物之尤也，形固可使若槁骸，心固可使若死灰乎？」曰：「吾嘗居山穴之中矣。當是時也，田禾一覩我，而齊國之眾三賀之。我必先之，彼故知之；我必賣之，彼故鬻（ㄩˋ）之。若我而不有之，彼惡得而知之？若我而不賣之，彼惡得而鬻之？嗟乎！我悲人之自喪者，吾又悲夫悲人者，吾又悲夫悲人之悲者，其後而日遠矣。」

〈白話〉

南伯子綦靠著桌子坐著，仰起頭來緩緩吐出一口氣。顏成子游進來見了，就說：「老師，真是了不起啊。形體固然可以變成像枯骨一樣，心神真的可以變得像死灰一樣嗎？」南伯子綦說：「我曾經住在山林洞穴裡。那個時候，齊君田禾一來看望我，齊國百姓就再三向他祝賀。我一定是先有名聲，他才會知道的；我一定是賣弄名聲，他才會來收買的。如果我沒有名聲，他怎麼會知道呢？如果我不賣弄名聲，他怎麼會來收買呢？唉！我為迷失自我的人悲哀，我又為替別人悲哀的人悲哀，我又為替別人悲哀的人的悲哀而悲哀。然後我就一天天遠離這一切了。」

〈解讀〉

南伯子綦原是有名的隱者，名聲遠播所以受政治人物所利用。他覺悟這一點之後，開始逐步回歸真我。文中所說的三個連續的「悲」字，一層層後退，這是修練的過程，悲到最後才抵達了「心若死灰」的忘我之境，這時不再有任何悲不悲的問題，可以同化一切相對的境界了。

南伯子綦所說三個層次，替三種情況悲哀。我們只了解第一種，一個迷失自我的人，的確很值得悲哀。第二種，為替別人悲哀的人悲哀，為什麼？因為人必須自問有沒有免於這種困難，老是替別人悲哀，好像自己沒有問題似的，所以，這裡才提醒我們不用替別人感到悲哀。第三種，又為替別人悲哀的人的悲哀而悲哀。莊子很喜歡講這樣的話，譬如，忘掉有腳，代表鞋子舒適，忘掉有腰，代表腰帶舒適；最後還要連忘也要忘掉，叫忘忘，要把忘給忘記，不然會想要忘記腳，要忘記這個、要忘記那個，結果到最後這個忘沒有忘掉，還是執著。

〈24・11〉

仲尼之楚，楚王觴之，孫叔敖執爵而立，市南宜僚受酒而祭曰：「古之人乎！於此言已。」曰：「丘也聞不言之言矣，未之嘗言，於此乎言之。市南宜僚弄丸而兩家之難（ㄋㄢˋ）解。孫叔敖甘寢秉羽而郢人投兵。丘願有喙三尺。」彼之謂不道之道，此之謂不言之辯。故德總乎道之所一，而言休乎知之所不知，至矣。道之所一者，德不能同也；知之所不能者，辯不能舉也；名若儒、墨而凶矣。故海不辭東流，大之至也；聖人並包天地，澤及天下，而不知其誰氏。是故生無爵，死無謚（ㄕˋ），實不聚，名不立，此之謂大人。狗不以善吠為良，人不以善言為賢，而況為大乎！夫為大不足以為大，而況為德乎！夫大備矣，莫若天地；然奚求焉？而大備矣。知大備者，無求，無失，無棄，不以物易己也。反己而不窮，循古而不摩，大人之誠。

〈白話〉

孔子來到楚國，楚王宴請他，孫叔敖手捧酒器站著，市南宜僚接過酒來致祭，說：「古代的人啊！在這裡要說話了。」孔子說：「我曾聽說無言之言，沒有向人說過，在這裡要說一說。市南宜僚玩弄著彈丸而使自己避開兩個大夫之家的危難。孫叔敖手持羽扇安靜躺著而使楚國免於用兵。我真希望自己有三尺長的嘴巴，可以用說的來做到這些事。」這二人所做的，可以稱為不言之言；孔子所談的，可以稱為不言之辯。所以，稟賦要歸結於道的統一整體中，而言語要停止於智力所不知道的領域，這樣才是最高的境界。道的統一整體，稟賦是無法涵蓋的；智力所不及的領域，辯才是無法解說的。名稱分立像儒家、墨家那樣，就會招來災禍。所以，大海不排斥東流的水，這是大的極致。聖人包容天地，恩及天下，而人民不知他是誰。因此在世時沒有爵位，死後沒有諡號，不積聚財貨，不建立名聲，這就是所謂的大人。狗不因為牠喜歡叫，就算好狗；人不因為他會講話，就算傑出，更何況是偉大啊！連有心成就偉大都不足以變得偉大，更何況是要成就稟賦呢！說到大，沒有比得上天地的，但是天地追求什麼呢？它是最完備的。了解什麼是最完備的，這樣的人無所追求，無所喪失，無所捨棄，不因外物而改變自己。回歸自己就不會困窘，順應常法就不會磨滅，這才是大人的真實狀態。

〈解讀〉

孫叔敖與市南宜僚二人，分別是楚國的宰相與隱士，與孔子並非同一個時代的人，所以本文純屬寓言。

市南宜僚在楚國白公勝作亂時，白公威脅他，要他參加作亂，但是他弄丸如故，不願參與其事。他弄丸時，「丸八常在空，一在手」，手上有一個球，另外八個球在空中，這是特技表演，足以使人眼花撩亂，代表他自得其樂，不知道別人在談造反的事，就像一個小孩子般，完全沒有興趣似的。避開「二家之難」，則是指令尹子西、子期被白公所殺一事。

孫叔敖手持羽扇，安靜躺著，而使楚國免於用兵。身為一個重要的角色，在關鍵時刻，一個動作勝過千言萬語，因為這種動作表明了特定立場，表明立場就會化解很多紛爭。很多時候說了半天才讓紛爭平息，但是更多時候一個姿態，就可以讓紛爭平息。這就是不言之言，而孔子所談的，可以稱為不言之辯。就是我沒有說話，但是我已經作成很好的辯論了。言語要停止於智力所不知道的領域，這樣才是最高的境界。想都想不通的，就不必勉強去講，很多時候是盡在不言中。莊子強調，幾個好朋友相視而笑，莫逆於心，勝過千言萬語。道家有很多地方，就是一句關鍵話，有心就不好，因為有刻意的目的，想要製造什麼結果，就出現勉強了。

所以，一個人回歸自己就不會困窘，困窘是由比較而來的，因此何必讓自己陷入某種窘迫的困境，好像自己沒有立足之地？這些都不必產生，只要回到自己身上，與自己要安，知其不可奈何而安之若命，對任何發生在自己身上的事情，如果無可奈何，就安心接受做為自己的命運，認為本來就是應該如此。

最後，「循古而不摩」的「摩」是滅的意思，所以順應常法就不會磨滅，這才是大人的情。「情」就是實，真實的狀態。所謂「大」，有偉大、廣大之意。偉大，是難以企及；廣大，是無所不包。而關鍵在於安於稟賦，「不以物易己」，也就是不會因為萬物而改變自己，外化而內不化，不會因為外物而改變自己內在的平衡狀態。

〈24·12〉

子綦有八子，陳諸前，召九方歅（ㄧㄣ）曰：「為我相吾子，孰為祥？」九方歅曰：「梱也為祥。」子綦瞿（ㄐㄩˋ）然喜曰：「奚若？」曰：「梱也將與國君同食以終其身。」子綦索然出涕曰：「吾子何為以至於是極也？」九方歅曰：「夫與國君同食，澤及三族，而況於父母乎！今夫子聞之而泣，是禦福也。子則祥矣，父則不祥。」子綦曰：「歅，汝何足以識之，而梱祥邪？盡於酒肉，入於鼻口矣，而何足以知其所自來！吾未嘗為牧而牂（ㄗㄤ）生於奧，未嘗好田而鶉（ㄔㄨㄣˊ）生於宎（ㄧㄠˇ），若勿怪，何邪？吾所與吾子遊者，遊於天地。吾與之邀樂於天，吾與之邀食於地，吾不與之為事，不與之為謀，不與之為怪；吾與之乘天地之誠，而不以物與之相攖，吾與之一委蛇，而不與之為事所宜，今也然有世俗之償焉。凡有怪徵者，必有怪行，殆乎非我與吾子之罪，幾天與之也。吾是以泣也。」無幾何而使梱之於燕，盜得之於道，全而鬻之則難，不若刖（ㄩㄝˋ）之則易，於是刖而鬻之於齊，適當渠公之街，然身食肉而終。

〈白話〉

子綦有八個兒子，都站在他面前，他請來九方歅，對他說：「給我的兒子看看相，誰最有福氣？」九方歅說：「梱最有福氣。」子綦驚喜地說：「他會怎麼樣呢？」九方歅說：「梱終身都會與國君一起飲食。」子綦傷心流淚說：「我的兒子為什麼會陷入這種絕境呢？」九方歅說：「與國君一起飲食，恩澤會普及到三族，何況是父母呢！現在先生聽了反而哭泣，這是拒絕福份。看來兒子有福氣，父親卻沒有福氣。」子綦說：「歅，你怎麼能夠了解這個道理，梱真的有福氣嗎？只不過是酒肉送入口鼻而已，又怎麼知道酒肉是哪裡來的！我沒有畜牧而住屋西南角卻出現羊隻；沒有打獵而住屋東南角卻出現鵪鶉。你不覺得奇怪，為什麼呢？我教我的兒子遨遊，是要遨遊於天地之間。我教他們與自然同樂，我教他們與大地共食，我不教他們做成事業，不教他們運用謀略，不教他們標新立異；我教他們順從天地的實況，不因追逐外物而與此相違背，我教他們一切順其自然，而不教他們選擇什麼事該做，現在居然會得到世俗的報償。凡是有奇怪的徵兆，一定有奇怪的事情，這恐怕不是我與我兒子的過錯，而是上天給他的。我因此哭泣啊。」沒過多久，他派梱去燕國；在途中梱被強盜擄走，強盜認為四肢健全的人很難賣出去，不如把腳砍掉比較容易些，於是砍掉他的腳，把他賣到齊國，正好擔任齊康公的守門人，終身都有肉可吃。

## 〈解讀〉

一般人所說的「祥」，是指世俗的成就與享受。但是，這種祥是要付出代價的。尤其是天降之福，往往有天降之禍相伴。由文中可知，子綦教導兒子的作為，皆合乎道家的思想，但是他在得悉算命的結果後，依舊傷心痛哭，可見仍難免於親情的不捨。

算命的人想法很簡單，以為世間的享樂、富貴就是福氣，看到子綦哭泣，反而不解。子綦則是理解：不勞而獲一定有後患，以為是好命的，說不定是危險的開始。凡是有奇怪的徵兆，一定有奇怪的事情。可見子綦的境界比算命的更高。

渠公，為齊康公，亦即前面所說的國君。文中提到三族，是指父親、母親、妻子這三族。

〈24．13〉

齧缺遇許由，曰：「子將奚之？」曰：「將逃堯。」曰：「奚謂邪？」曰：「夫堯畜畜然仁，吾恐其為天下笑。後世其人與人相食與！夫民，不難聚也，愛之則親，利之則至，譽之則勸，致其所惡則散。愛利出乎仁義，捐仁義者寡，利仁義者眾。夫仁義之行，唯且無誠，且假夫禽貪者器。是以一人之斷制利天下，譬之猶一覕（ㄆㄝ）也。夫堯知賢人之利天下也，而不知其賊天下也，夫唯外乎賢者知之矣。」

〈白話〉

齧缺遇到許由，說：「你要去哪裡？」許由說：「要逃避堯。」齧缺說：「為什麼呢？」許由說：「堯孜孜不倦地行仁，我擔心他會被天下人嘲笑。後世大概會有人吃人的慘事啊！人民是不難聚集的，愛護他們就會親近，給他們利益就會前來，稱讚他們就會勤奮，讓他們厭惡就會離散。愛護與利益都是出於仁義，忘掉仁義的人很少，利用仁義的人很多。仁義如果推行開來，就會帶來虛偽，並且成為凶殘貪婪者的工具。這是只憑一個人的判斷來決定什麼對天下有利，就好像眼睛一瞥就想看盡一切。堯知道賢人對天下有利，卻不知道他們對天下也有害，只有不在乎賢人的人，才知道這個道理啊。」

〈解讀〉

仁義如果變成招牌，成為工具，人與人之間就會以「無誠」虛偽相待。虛偽的目的是利用別人，到了一個極致，不正是前述的「人與人相食」？

儒家最強調真誠，但偏偏道家批評儒家最大的罪狀，就是虛偽，這實在是一大反諷。儒家的人性向善，是說真誠帶來行善的力量，力量由內而發，叫作向。但儒家傳到後來的儒者，給莊子的印象卻是虛偽，最講真誠的反而變成虛偽，就因為他在真誠之後強調仁義，為了標榜仁義，就變成假仁假義、不仁不義，實在可惜，這在歷史上是一件很遺憾的事。所以在此要強調的是，不要特別推舉某些人做為傑出的代表，特定的價值觀一旦確立，會帶來更多困擾與麻煩，這是莊子所關心的。

〈24．14〉

有暖姝（ㄕㄨ）者，有濡需者，有卷（ㄑㄩㄢˊ）婁者，所謂暖姝者，學一先生之言，則暖暖姝姝而私自說也，自以為足矣，而未知未始有物也，是以謂暖姝者也。濡需者，豕（ㄕˇ）蝨是也，擇疏鬣（ㄌㄝˋ）自以為廣宮大囿，奎蹄曲隈（ㄨㄟ），乳間股腳，自以為安室利處。不知屠者之一旦鼓臂布草，操煙火，而己與豕俱焦也。此以域進，此以域退，此其所謂濡需者也。卷婁者，舜也。羊肉不慕蟻，蟻慕羊肉，羊肉羶也。舜有羶行，百姓悅之，故三徙成都，至鄧之虛而十有萬家。堯聞舜之賢，舉之童土之地，曰冀得其來之澤。舜舉乎童土之地，年齒長矣，聰明衰矣，而不得休歸，所謂卷婁者也。是以神人惡眾至，眾至則不比，不比則不利也。故無所甚親，無所甚疏，抱德煬（一九）和以順天下，此謂真人。於蟻棄知，於魚得計，於羊棄意。

## 〈白話〉

有沾沾自喜的人，有得過且過的人，有勞苦不堪的人。所謂沾沾自喜的人，就是只學到一位老師的言論，就心悅誠服而暗自得意，以為自己已經足夠了，卻不知道原本並無一物存在，所以說他是沾沾自喜的人。得過且過的人，像豬身上的蝨子，選擇豬鬃稀疏的地方，自以為是廣闊的宮廷園林，寄居在蹄邊胯下、乳旁股腳，自以為是安居便利的處所，卻不知道屠夫有一天舉起手臂，鋪下柴草生起煙火，自己就與豬一起燒焦了。像這樣隨著環境而生存，也隨著環境而毀滅，就是所謂得過且過的人。勞苦不堪的人，像舜一樣。羊肉不愛慕螞蟻，螞蟻卻愛慕羊肉，因為羊肉有羶腥的味道。舜表現了有羶腥味的作為，百姓都喜歡他，所以他三次遷徙就形成都城，抵達鄧地曠野時已經有十幾萬家百姓了。堯聽說舜的賢能，把他從荒野之地提拔出來，說希望他能帶給百姓恩澤。舜從荒野之地被選拔出來，到年歲大了，耳目衰退了，還不能退休回家，這就是所謂的勞苦不堪的人。因此，神人厭惡眾人來歸附，眾人來歸附就無法照顧周全，無法照顧周全則無法和睦相處。所以，他對人不特別親近也不特別疏遠，持守天賦、培養和氣來順應天下，這才稱為真人。這樣的真人，使螞蟻放棄分辨的能力，使魚在水中優游自得，使羊放棄羶腥的味道。

## 〈解讀〉

沾沾自喜的人（暖姝者）學會一家之言，但是不知道任何偉大的學說都需要面對「本來無一物」的挑戰。暖姝者一段強調的是知，要人以最高的智慧為目標，不要只跟著一個老師，以為他就是對的，因為世上還有別的老師。最高的智慧，是要了解原本並無一物存在，因此跟老師學習，到最後要把老師化解，自然不會沾沾自喜。莊子多次強調未始有物，所以任何老師所教的，都無法達到「未曾有物存在」這個境界，所以必須自己覺悟。

得過且過的人（濡需者）連學習都談不上，只是苟且偷生。濡需者不去求知，也不去實踐，夾在中間，得過且過。這種人與「知其不可奈何而安之若命」有什麼不同？第一，他根本就不知道「知其不可奈何」是什麼意思。第二，他也不見得「安之若命」，說不定只是跟著別人跑，瞎起鬨，一輩子糊里糊塗。所以莊子把第二種人寫成像豬身上的蝨子、跳蚤，處境如此難堪。

第三種勞苦不堪的人（卷婁者）是行動者，像舜拚命的行善，累得要命，太過勞苦，雖然自討苦吃，但至少還有心助人。

唯有把「有心」提升為「無心」，也就是「抱德煬和」，才是上策。

## 〈24·15〉

**以目視目，以耳聽耳，以心復心。若然者，其平也繩，其變也循。古之真人，以天待**

人，不以人入天，古之真人，得之也生，失之也死；得之也死，失之也生。藥也，其實堇也，桔梗也，雞癰（ㄩㄥ）也，豕零也，是時為帝者也，何可勝言！句踐也，以甲楯（ㄕㄨㄣˇ）三千棲於會（ㄍㄨㄟˋ）稽。唯種也能知亡之所以存，唯種也不知其身之所以愁。故曰，鴟（ㄔ）目有所適，鶴脛（ㄐㄧㄥˋ）有所節，解之也悲。故曰：風之過河也有損焉，日之過河也有損焉。請只風與日相與守河，而河以為未始其攖也，恃源而往者也。故水之守土也審，影之守人也審，物之守物也審。故目之於明也殆，耳之於聰也殆，心之於殉也殆，凡能其於府也殆，殆之成也不給改。禍之長也茲萃，其反也緣功，其果也待久。而人以為己寶，不亦悲乎！故有亡國戮民無已，不知問是也。

## 〈白話〉

用眼睛去看眼睛所能看見的，用耳朵去聽耳朵所能聽到的，用心智去觀照心智所能思考的。能做到如此，則平靜時如繩一樣直，變化時有如隨順萬物。古代的真人，用自然來對待人事，不用人事去干擾自然。古代的真人，以得為生，以失為死；以得為死，以失為生。譬如藥材，烏頭、桔梗、雞頭草、豬苓根這些藥草，在需要用它做主藥的時候，就珍貴了，像這樣的例子怎麼說得完呢！勾踐被夫差打敗時，率領三千士兵退守於會稽山，只有文種知道越國雖亡還可以圖生存，也只有文種不知道自己將有殺身的憂慮。所以說，貓頭鷹的眼睛只能適應夜晚，鶴的腳一定有那麼長，截短了牠就悲哀。所以說，風吹過會使河水有所減損，太陽照過也會使河水有所減損。讓風與太陽一起降在河水上，而河水卻完全沒有受損，那是靠著水源不斷注入啊。所以，水守著土才會安定，影子守著人才會安定，一物守住他物才會安定。所以，眼睛過於求明，會有危險；耳朵過於求聰，會有危險；心智過於求通，會有危險；凡是保存收藏才能的，都會有危險；危險一旦形成，就來不及改變了。禍患的滋長愈來愈多，要想去禍得福，須靠累積的努力，要想獲得成果，則需要長久的時日。而人們還把耳、目、心智當成寶貝，不是很可悲嗎！所以亡國殺人的事端不會停止，就是因為不知探討上述道理啊。

## 〈解讀〉

本文強調適可而止，隨順外物。時機到了就上場，時機一過就隱退，不要企圖改變自然的狀態。

所以有才華不是不要用，該用的時候不用，會造成兩個困難，第一，很多事情沒有辦法解決，因為你是這個團體裡最有才華的人，不出來服務，團體的困難就無法解決。第二，如果過度使用，或是認為只有我來才可以，那也不成。重點在於，讓天賦的本性自然發展，不要不用它，也不要過度用它。靜如處子，動若脫兔。能夠有所不為，才能有所為。能夠收斂自己，才能在運作的時候盡情表現自己。這裡牽涉到莊子所謂的「不得已」，當各種條件成熟的時候，就順其自然。所以要判斷條件是否成熟，為了有判斷的智慧，必須深刻了解人情世故。

河水不受風日的影響，是因為有「源」。守住源頭與根本，不要凸顯才幹與能力，如此方可安定。

〈24．16〉

故足之於地也踐，雖踐，恃其所不蹍（ㄓㄢˇ）而後善博也；人之於知也少，雖少，恃其所不知而後知天之所謂也。知大一，知大陰，知大目，知大均，知大方，知大信，知大定，至矣。大一通之，大陰解之，大目視之，大均緣之，大方體之，大信稽之，大定持之。盡有天，循有照，冥有樞，始有彼。則其解之也似不解之者；其知之也似不知之也，不知而後知之。其問之也，不可以有崖，而不可以無崖。頡（ㄒㄧㄝˊ）滑有實，古今不代，而不可以虧，則可不謂有大揚搉（ㄑㄩㄝˋ）乎！闔不亦問是已？奚惑然為？以不惑解惑，復於不惑，是尚大不惑。

〈白話〉

所以，腳踩到的地方很小，就是因為很小，得靠那沒有踩到的地方才能遠行；人所知道的東西很少，就是因為很少，得靠不知道的東西才能了解自然是怎麼回事。了解全然一體，了解全然安靜，了解全盤所見，了解全然均等，了解全部方位，了解全然信實，了解全然安定，這就是最高境界了。全然一體，就貫通一切；全然安靜，就消解一切；全盤所見，就看到一切；全然均等，就順應一切；全部方位，就包容一切；全然信實，就驗證一切；全然安定，就持守一切。窮盡就會展現自然，順應就會得到照明，在混冥中自有樞紐，在開始時就有增加。理解它的，好像不理解它的；知道它的，好像不知道它的，不知道然後才會知道。探問它時，不可以有邊際，也不可以沒有邊際。萬物紛雜錯亂而各有實質，古今也不可互相替換，而一切都不可以受到損傷，這樣還能不說是扼要的解釋嗎！為什麼不來探究其中的道理呢？還有什麼好疑惑的呢？以不惑之理來解釋疑惑，使自己回復到不惑的狀態，這樣才能抵達大不惑的境界。

## 〈解讀〉

惠施說莊子的話「大而無當」，都是沒什麼用的。莊子則解釋什麼是有用，什麼是無用。譬如，我們今天坐在這邊聊天、談話、上課，對我們有用的只有這塊地方，其他的對我們都無用，但若把對我們無用的地方，全部挖掘鏟掉，試問現在對我們有用的地方，還有用嗎？

本文談到的「七大」是「大一，大陰，大目，大均，大方，大信，大定」。「大」有超越而全面涵蓋之意，所以解釋為全然、全部或全盤。人在整體裡面，怎麼可能知道這一切？「知道有這一切」，與「知道這一切是怎麼回事」是兩回事。此觀點類似西方關於上帝的探討，我們只能知道「上帝存在」（that God is），但不可能知道「上帝是怎麼樣子」（what God is）。道家也說只能知道有道存在，不可能知道道是什麼樣子，「道，可道，非常道」，所以沒辦法講得清楚，這是類似的思考模式，東西方都一樣。

「始有彼」是說「有始則有加」，正如「道生一，一生二，二生三，三生萬物」（《老子》四十二章）。「不知而後知之」，先發覺自己無知，然後才可超越一般知見，體認真知。前述的「七大」，則有助於獲得真知。

孔子曾說自己「四十而不惑」（《論語．為政》），但是他的「不惑」，與此處所描寫的「不惑」，名同而實異。「以不惑之理來解釋疑惑，使自己回復到不惑的狀態，這樣才能抵達大不惑的境界。」我們都知道孔子強調四十而不惑，居然在《莊子》中得到解答，這是很奇怪也很特別的地方。孔子的不惑是下學而上達，透過學習，了解人間所有事情的來龍去脈。上達是要找到根源，所以孔子四十而不惑，接著五十而知天命，就是找到根源了。知道人間是怎麼一回事，自己應該扮演什麼樣的角色，盡一己之責。由此可知，儒家的不惑，是從人生命的角度去看，而道家的不惑，一定要從道來看，也就是「以道觀之，物無貴賤」（〈秋水〉）。所以本段念起來好似顛來倒去，很多詞反反覆覆，目的就要讓人從道來看，才能夠看到整體。所以老子對道的描述，在《老子》二十五章講完道之後，立刻講了一個字「大」。本文提到「大」的時候，亦有類似的涵意。

**總結本篇要旨**

古代政治由上而下，只要說服統治者，天下就太平無事。但這正是艱難的挑戰。今日情況不同，人人皆可自修自省，亦可以逍遙無待，但調節自己的觀念並非易事。首先要去除外在包裝，以真心與人相待，不必炫耀，不可偏執，不慕榮利。然後修養身心，體驗「未始有物」而成為真人。

# 則陽

第二十五

〈25．1〉

則陽遊於楚，夷節言之於王，王未之見，夷節歸。彭陽見王果曰：「夫子何不譚我於王？」王果曰：「我不若公閱休。」彭陽曰：「公閱休奚為者邪？」曰：「冬則擉（ㄔㄨˋ）鼈于江，夏則休乎山樊。有過而問者，曰：『此予宅也。』夫夷節已不能，而況我乎！吾又不若夷節。夫夷節之為人也，無德而有知，不自許，以之神其交。固顛冥乎富貴之地。非相助以德，相助消也。夫凍者假衣於春，暍（ㄏㄜˋ）者反冬乎冷風。夫楚王之為人也，形尊而嚴；其於罪也，無赦如虎。非夫佞人正德，其孰能橈（ㄋㄠˊ）焉！故聖人，其窮也使家人忘其貧，其達也使王公忘其爵祿而化卑。其於物也，與之為娛矣；其於人也，樂物之通而保己焉。故或不言而飲人以和，與人並立而使人化，父子之宜。彼其乎歸居，而一間其所施。其於人心者若是其遠也。故曰待公閱休。」

## 〈白話〉

彭則陽遊歷到了楚國，夷節向楚王推介，但楚王沒有接見他，夷節只好回去了。彭則陽去見王果，說：「先生為什麼不在楚王面前提到我？」王果說：「我不如公閱休。」彭則陽說：「公閱休是做什麼的？」王果說：「他冬天在江裡刺鱉，夏天到山邊休息。有過路的人問他話，他說：『這裡就是我的住處。』夷節都幫不上忙，何況是我呢！我又比不上夷節。夷節的為人，沒有德行而有智巧，不會自視過高，因此而交遊廣闊；他始終沉迷在富貴之中，對德行毫無助益，反而日漸損害。就像受凍的人盼望著春天的厚衣，中暑的人期待著冬天的冷風，都是不切實際的。楚王的為人，外表尊貴而威嚴；對於有罪的人，如同猛虎般毫不寬赦。若不是巧言善辯的人或德行端正的人，誰能說服他呢？所以，只有聖人，在受困時可以使家人忘記貧窮，在顯赫時能使王公貴族忘記身分地位，而變得謙卑。他對於外物，可以愉悅相處；他對於人群可以與眾同樂而又保存自我。所以即使不發一言，也能使人覺得和諧；與人並肩而立，就能使人自動感化。父子關係各得其宜。他安居家中，無所事事。他對人心的影響是如此深遠啊。所以說，要等公閱休才能辦成。」

## 〈解讀〉

彭則陽想見楚王，需要找人推薦他，夷節推薦沒成，他就找第二個人王果。王果建議他找公閱休。他就問公閱休是何許人？王果自認比不上公閱休，可見王果的謙虛。公閱休這個人冬天順著江在江裡刺鱉，夏天就在山邊休息，在任何地方都可以說「此予宅也」，可見此人隨遇而安、內心自在的快樂。不會自視過高，因此交遊廣闊，又能切合實際；雖然受困，但家人不覺得窮困，因為精神富足，知足常樂；顯赫的時候，也不會盛氣凌人；跟別人同樂，又不忘記保存自我；他不用講話，就像春風化雨。文中王果形容的楚王，使人覺得「伴君如伴虎」。而夷節是巧言善辯的「佞人」，公閱休是德行端正的「正德」，除了這二種人之外，誰能說服楚王？

## 〈25・2〉

聖人達綢繆（ㄇㄡˊ），周盡一體矣，而不知其然，性也。復命搖作，而以天為師，人則從而命之也。憂乎知，而所行恆無幾時，其有止也若之何！生而美者，人與之鑑，不告則不知其美於人也。若知之，若不知之，若聞之，若不聞之，其可喜也終無已，人之好之亦無已，性也。聖人之愛人也，人與之名，不告則不知其愛人也。若知之，若不知之，若聞之，若不聞之，其愛人也終無已，人之安之亦無已，性也。舊國舊都，望之暢然；雖使丘陵草木之緡（ㄇㄣˊ），入之者十九，猶之暢然。況見見聞聞者也？以十仞之臺縣眾間者也？

## 〈白話〉

聖人明白深奧的道理，把萬物看成一個整體了，但是不知道自己如此卓越，這是出於本性。回歸本來狀態，展現任何行動，都以自然為老師，人們因而跟隨他也信賴他，如果擔心智巧不足，又不斷地使用智巧，那麼這種擔心怎麼可能會停止呢！生來就美麗的人，別人給他鏡子，但不告訴他，他仍然不知道自己比別人美麗。他好像知道，又好像不知道，好像聽說，又好像沒聽說，他讓人喜愛的特質始終不會消失，人們對他的愛好也不會消失，這是出於本性。聖人愛護人們，別人給他名聲，但不告訴他，他仍然不知道自己愛護人們。他好像知道，又好像不知道，好像聽說，又好像沒聽說，他愛護人們的行為始終不會停止，人們安於接受他的愛護也不會停止，這是出於本性。自己的祖國與故鄉，看了就心裡舒暢；即使被丘陵草木掩蔽了十分之九，還是覺得心裡舒暢。何況是親自見識了本來的面目呢？就像十仞的高台聳立於眾人眼前，誰又能掩蔽它呢？

## 〈解讀〉

萬物是一個整體，道是一個整體。以自然為老師，就是不要刻意做任何事，只須順著情勢去發展。從本文可知，一個人長得漂亮，往往是別人起鬨造成的結果。大家都說美，那些被稱為美的人，久而久之就覺得自己真的很美，從此產生差別性，就很難以平常心跟別人來往，對她是最大的損失。所以，一個人美，別人只要不跟她講，她也不知道自己比別人美，行為舉止就會自然而不刻意。美女不以外貌為意，好像知道、好像不知道；聖人不以他的德行為意，也就是一個人有什麼優點，卻不以為那是優點，這就是最大的優點。本文共提到三次「性也」，便是強調出於本性的表現，未必要讓自己知道，因為一旦知道，很可能會陷入智巧的困境。

自己的祖國與故鄉（比喻本性），能看到十分之一已經很開心了，何況是看到完整的本性。人一定要活得自在，每個人的本性都和小孩子一樣。老子說復歸於嬰兒，回到人本來的樣子，就是沒有任何做作，也不考慮別人的觀感。一般人都過不了這一關，只要聽到別人判斷你做什麼是否像什麼，這一來就有壓力了，其實只要像個人就好了。人有一張面貌，不要在乎別人評價美不美、醜不醜，這和評價聖人有沒有德行、有沒有好的名聲，是一樣的意思。後天的比較造成的結果都化解了之後，才能回復本來的樣子。但是本來的樣子是什麼？只有自己去慢慢體會了。最後的結論，便是強調只要回歸本性，快樂將源源不絕。

## 〈25・3〉

冉相氏得其環中以隨成，與物無終無始，無幾無時。日與物化者，一不化者也，闔嘗舍之？夫師天而不得師天，與物皆殉，其以為事也若之何？夫聖人未始有天，未始有人，未始有始，未始有物，與世偕行而不替，所行之備而不洫，其合之也若之何？湯得其司御，門尹登恆為之傅之，從師而不囿，得其隨成，為之司其名；之名嬴法，得其兩見。仲尼之盡慮，為之傅之。容成氏曰：「除日無歲，無內無外。」

## 〈白話〉

冉相氏把握了圓環的核心，可以任由一切生成發展，與萬物相處沒有過去未來之分，也沒有現在當下的執著。每天隨著萬物變化，內心卻始終如一，何曾離開過自己？有心效法自然就得不到效法自然的結果，只是與萬物一樣向外追逐，那又怎麼做得到效法自然呢？聖人心中，不曾想到自然，不曾想到人事，不曾想到開始，不曾想到結束，與世俗同行而沒有偏廢，所做的事圓滿而沒有窒礙，他的冥合境界是怎麼做到的呢？商湯找到主事之官，就拜門尹登恒為師。他追隨老師又不局限於老師所教，領悟了隨物自成的道理，然後把名聲歸於老師，結果名聲與事跡都為眾人所知。孔子排除一切思慮，以此為自己的老師。容成氏說：「除去時日就沒有年歲，沒有內就沒有外。」

## 〈解讀〉

本文教人如何化解。不要有心，就無所謂執著，也就是肯定「無心」的重要。無心是指對外不執著，但是卻不能因而忘了自己，也就是所謂的「一不化者也」，內心始終如一。〈知北遊〉中關於「外化而內不化」的論述，於此得到補充說明。

不要刻意去想如何才能過得自然，現在已經習慣的，就照現在的方式，不必再刻意提問。譬如，于右任先生的鬍子很長，一個小女孩問他，睡覺的時候，鬍子是放在棉被裡面還是外面，這個問題害他失眠好幾天，鬍子放棉被裡面也不對，放外面也不對，但是沒聽到這個問題前，幾十年來它都不成問題。所以，很多事情一想就糟了，生活習慣常是由小累積而成，由內慢慢發展到外。

「環中」指的是圓環的核心，它本身是空的，但可以呼應圓環的每一個部分。「除日無歲，無內無外」，目的是混同時間與空間，而空間則包含了萬物，顯示〈齊物論〉中「天地與我並生，而萬物與我為一」的意境。

〈25・4〉

魏瑩與田侯牟約，田侯牟背之；魏瑩怒，將使人刺之。犀首公孫衍聞而恥之，曰：「君為萬乘之君也，而以匹夫從讎！衍請受甲二十萬，為君攻之，虜其人民，係其牛馬，使其君內熱發於背，然後拔其國。忌也出走，然後抶（ㄔˋ）其背，折其脊。」季子聞而恥之，曰：「築十仞之城，城者既七仞矣，則又壞之，此胥靡之所苦也。今兵不起七年矣，此王之基也。衍亂人，不可聽也。」華子聞而醜之，曰：「善言伐齊者，亂人也；善言勿伐者，亦亂人也；謂伐之與不伐亂人也者，又亂人也。」君曰：「然則若何？」曰：「君求其道而已矣！」惠子聞之，而見戴晉人。戴晉人曰：「有所謂蝸（ㄍㄨㄚ）者，君知之乎？」曰：「然。」「有國於蝸之左角者，曰觸氏；有國於蝸之右角者，曰蠻氏，時相與爭地而戰，伏尸數萬，逐北旬有五日而後反。」君曰：「噫！其虛言與？」曰：「臣請為君實之。君以意在四方上下，有窮乎？」君曰：「無窮。」曰：「知遊心於無窮，而反在通達之國，若存若亡乎？」君曰：「然。」曰：「通達之中有魏，於魏中有梁，於梁中有王。王與蠻氏，有辯乎？」君曰：「無辯。」客出而君惝（ㄊㄤˇ）然若有亡也。客出，惠子見。君曰：「客，大人也，聖人不足以當之。」惠子曰：「夫吹筦（ㄍㄨㄢˇ）也，猶有嗃（ㄏㄜˋ）也；吹劍首者，吷（ㄒㄩㄝˋ）而已矣。堯、舜，人之所譽也；道堯、舜於戴晉人之前，譬猶一吷也。」

## 〈白話〉

魏瑩與田侯牟訂立盟約，田侯牟違背了盟約；魏瑩大怒，打算派人行刺田侯牟。公孫衍將軍聽到後，認為可恥，說：「您是擁有萬乘兵車的國君，卻用一個平民的手段去報仇。我請求率領二十萬士兵，替您去攻打他，俘虜他的人民，掠取他的牛馬，使他這個君主內心焦急，背上生瘡，然後消滅他的國家。迫使田忌逃走，然後鞭打他的後背，折斷他的脊骨。」季子聽到這種說法後，認為可恥，就說：「要建築十仞的城牆，已經完成了七仞，卻又毀壞它，這是服勞役的人覺得痛心的事。現在沒有戰爭已經七年了，這是大王的基業啊。公孫衍是個搗亂的人，不可聽信他的話。」華子聽了這番話，認為可恥，就說：「極力主張攻打齊國的，是搗亂的人；極力主張不攻打的，也是搗亂的人；說主張攻打與不攻打是搗亂的人的，還是搗亂的人。」國君說：「那麼，怎麼辦呢？」華子說：「您只求依道而行罷了。」惠子聽說這件事，就為國君引見戴晉人。戴晉人說：「有一種叫做蝸牛的東西，您知道嗎？」國君說：「知道。」戴晉人說：「有一個國家在蝸牛的左角上，叫做觸氏；另一國家在蝸牛的右角上，叫做蠻氏。這兩個國家時常為了爭奪土地而打仗，戰死的有幾萬人，勝者追逐敗軍，要十五天才能回來。」國君說：「啊！這是虛構的故事吧？」戴晉人說：「我來為您證實這件事。依您推測，四方上下有窮盡嗎？」國君說：「沒有窮盡。」戴晉人說：「知道自己的心思可以遨遊於無窮盡的境界，再回過頭看看舟車通達的這塊土地，簡直是若有若無吧！」國君說：「是啊！」戴晉人說：「在舟車通達的土地中，有一個魏國，魏國中有一個大梁，大梁中有一個國君。國君您與蠻氏有什麼分別呢？」國君說：「沒有分別。」客人辭出後，國君悵然若有所失。客人走了，惠子晉見。國君說：「這位客人，真是了不起，聖人也不能與他相比。」惠子說：「吹竹管的，聲音還很大；吹劍頭小孔的，就只有絲絲聲了。堯、舜是人們所稱讚的；但是在戴晉人面前談起堯、舜，就好像此絲絲一聲啊。」

## 〈解讀〉

要了解這則寓言，先須說明故事中出現的人物關係，魏瑩是魏惠王，也就是梁惠王，田侯牟是齊威王，二人立約，代表魏國、齊國結盟。「犀首」是將軍的官號，在此指的是公孫衍。而田忌是齊國大將。公孫衍是主戰派，身為一位將軍，他認為只有戰爭才能建立功業，季子則是主和派。然而，華子認為只要有所計慮圖謀，就會製造禍亂，所以他批評主戰、主和二派，之後就連說出這種言論的自己，也一併批評了一番。他的結論是「求其道」，依道而行，有虛靜無為之意。

「蝸角之爭」的寓言值得欣賞與深思，少一個城，多一個城，在整個宇宙看起來太渺小了，何苦為了蝸牛上的一個小角就去打仗，由此適時提醒魏王不要太過計較。莊子的觀點，能讓人看得遠一點，看得遠之後，就可能化解眼前比較複雜的問題。魏王能夠悵然若失，表示領悟力尚佳。

## 〈25・5〉

**孔子之楚，舍於蟻丘之漿，其鄰有夫妻臣妾登極者。子路曰：「是稯（ㄗㄨㄥ）稯何為者**

邪？」仲尼曰：「是聖人僕也。是自埋於民，自藏於畔；其聲銷，其志無窮，其口雖言，其心未嘗言，方且與世違，而心不屑與之俱。是陸沉者也，是其市南宜僚邪？」子路請往召之。孔子曰：「已矣！彼知丘之著於己也，知丘之適楚也，以丘為必使楚王之召己也，彼且以丘為佞人也。夫若然者，其於佞人也羞聞其言，而況親見其身乎？而何以為存？」子路往視之，其室虛矣。

## 〈白話〉

孔子到楚國去，住在蟻丘一戶賣漿人的家裡，他的鄰居有夫妻及男的女的爬到屋頂上來觀看。子路說：「這麼多人聚在一起，是做什麼的？」孔子說：「是聖人的僕人。聖人混跡於民間，藏身於田園；他的聲名隱匿，志向無窮，口中雖有言語，心中始終默然，他的作為與世人相反，內心更不屑與世人同流合汙。這一位隱居世間的人，不就是市南宜僚嗎？」子路想去求見。孔子說：「算了吧！他知道我了解他，知道我要去楚國，以為我一定會說服楚王召見他，他還把我當成諂媚之徒吧。像這樣的人，羞於聽到諂媚之徒的言論，更何況是親身相見呢？你又怎麼問得到人呢？」子路前往探視，房舍果然空無一人。

## 〈解讀〉

戰國時代的一般男女，常自稱臣與妾。

文中的孔子認為別人會說他是佞人，是因為有一次被人如此批評：《論語・憲問》中，微生畝問孔子為什麼修飾威儀、張羅那麼多車馬，是要討好別人嗎？孔子回答說，他不敢想要討好別人，只是討厭固陋而不知道變通。

從文中可知，孔子對於隱者的了解確實相當深刻。不過儒家不會以「聖人」稱呼隱者，此觀點可以參考《論語．微子》。

〈25．6〉

長梧封人問子牢曰：「君為政焉勿鹵莽，治民焉勿滅裂。昔予為禾，耕而鹵莽之，則其實亦鹵莽而報予；芸而滅裂之，其實亦滅裂而報予。予來年變齊，深其耕而熟耰（ㄧㄡ）之，其禾繁以滋，予終年厭飧（ㄙㄨㄣ）。」莊子聞之曰：「今人之治其形，理其心，多有似封人之所謂，遁其天，離其性，滅其情，亡其神，以眾為。故鹵莽其性者，欲惡之孽，為性萑（ㄏㄨㄢˊ）葦蒹葭（ㄐㄧㄚ），始萌以扶吾形，尋擢吾性；並潰漏發，不擇所出，漂疽疥癰，內熱溲（ㄙㄡ）膏是也。」

〈白話〉

長梧的封疆官員對子牢說：「您處理政務不要魯莽，治理百姓不要草率。以前我種稻子，耕地時動作魯莽，稻穀也就以魯莽的收成來回報我；鋤草時動作草率，稻穀也就以草率的收成來回報我。第二年，我改變方法，深耕田地，仔細鋤草，稻穀就繁榮滋長，使我整年都吃不完。」莊子聽到這段對話後，說：「現在的人在調理身體、修養內心時，很多就像這位封疆官員所說的情形，就是逃避自然，脫離本性，消除真情，喪失心神，以此迎合眾人。所以，魯莽地對待本性，各種欲求與憎惡就萌芽了，像野草一樣遮蔽了本性，開始時滿足我的身體，不久就拔除我的本性；於是上潰下漏，到處出毛病，像瘡疥出膿，虛勞消渴都是。」

## 〈解讀〉

本文以「為禾」比喻「為政」，再談到一般人的生活態度，因為遺忘了「天、性、情、神」，以致後患無窮。

很多人問我注不注重養生，每天幾點起床慢跑，到公園運動？我想都不敢想。如果有什麼養生辦法，也只有一個，就是單純。我從來不會自尋煩惱，太陽下山，就忘記今天的煩惱，每天都是新的一天，就這麼簡單。跟別人來往沒什麼心思，也不想從別人那邊得到什麼意外的東西，也不會非要給別人什麼樣的印象。所以，盡量避免「遁其天，離其性，滅其情，亡其神」，只要能復歸於嬰兒，保持單純最重要。

談到修養，《老子》十六章「致虛極，守靜篤」，就是「虛、靜」兩個字。靜就是安靜，從安靜、平靜到寧靜，都是靜。至於「虛」，不是空虛，而是變成單純，單純就是在任何時候心中只有一個目標，不要有兩個；目標最好是比較自然的，而不是外在的。比較自然的就是內在可以掌握住的，否則心就亂了，目標太多，力量也分散了。

## 〈25・7〉

柏矩學於老聃，曰：「請之天下遊。」老聃曰：「已矣！天下猶是也。」又請之，老聃曰：「汝將何始？」曰：「始於齊。」至齊，見辜人焉，推而強之，解朝服而幕之，號天而哭之，曰：「子乎子乎！天下有大菑（ㄗㄞ），子獨先離之，曰莫為盜，莫為殺人！榮辱立，然後覩所病；貨財聚，然後覩所爭。今立人之所病，聚人之所爭，窮困人之身使無休時，欲無至此，得乎？古之君人者，以得為在民，以失為在己；以正為在民，以枉為在己。故一形有失其形者，退而自責。今則不然，匿為物而愚不識，大為難而罪不敢，重為任而罰不勝，遠其塗而誅不至。民知力竭，則以偽繼之；日出多偽，士民安取不偽？夫力不足則偽，知不足則欺，財不足則盜。盜竊之行，於誰責而可乎？」

## 〈白話〉

柏矩在老聃門下學習，他說：「請求准許到天下各地遊歷。」老聃說：「算了吧！天下各地都是一樣的。」柏矩再度提出請求，老聃說：「你要先去哪裡？」柏矩說：「先去齊國。」他到了齊國，看見一具受刑示眾的屍體，就推動屍體成仰臥狀，再脫下朝服將其覆蓋，然後喊著天痛哭，說：「嗚乎嗚乎！天下有大難，你偏偏先遭殃，人們都說不要做強盜，不要去殺人！一旦榮辱確立，就會出現弊病；一旦財貨聚集，就會出現爭端。現在確立了人們所詬病的，聚集了人們所爭奪的，讓人們置身於窮困之中無法擺脫，想要免於受害至死，有可能嗎？古代的君主，把成就歸於人民，把過失歸於自己；政治上軌道，是靠著人民，政治有偏差，則是自己的問題。所以，只要有一個人受苦受難，他就退而責備自己。現在卻不是這樣，隱藏事情的真相，然後指摘人民沒有見識；擴大困難的程度，然後怪罪人民缺少勇氣；加重任務的艱巨，然後懲罰人民不能勝任；延長路途的距離，然後譴責人民無法抵達。人民用盡了才智與力量，就以虛偽來應付；每天發出這麼多虛偽的政令，百姓怎麼會不虛偽呢？力量不足就做假，才智不足就欺騙，財貨不足就偷盜。盜竊的行為，該責怪誰才好呢？」

## 〈解讀〉

古時候跟老師學習，到一個階段便會想到外面走走看看，驗證所學的到底對不對，這時必須先向老師報告，讓老師判斷你是不是學好了，如果學得不夠好，一接觸不同的觀點，可能就無法與別人討論或辯論，最後恐怕改投別的學派了。儒家也有「陳相見許行而大悅，盡棄其學而學焉。」（《孟子．滕文公》）的故事。

在君權時代，人民的苦與樂幾乎全由君主決定。老子思想有三個重點，第一，背景是天下大亂。第二，聖人是悟道的統治者，文中「古之君人者」也是理想的典型，但太過理想化了，現實中的統治者，通常不是悟道的聖人，所以才會有「今則不然」之嘆。第三，要說明什麼是道。《老子》第三章也說「不貴難得之貨，使民不為盜」，在現今民主的時代，人民可以自求多福，至少要努力避開使自己「偽」的機會。

《易經》有個離卦，離可以指羅網的羅，再轉為罹難的罹，所以有本文中「子獨先離之」的說法。

## 〈25・8〉

**蘧伯玉行年六十而六十化，未嘗不始於是之，而卒詘（ㄔㄨ）之以非也；未知今之所謂是之非五十九非也。萬物有乎生，而莫見其根；有乎出，而莫見其門。人皆尊其知之所知，而莫知恃其知之所不知而後知，可不謂大疑乎？已乎！已乎！且無所逃，此則所謂然與？然乎？**

### 〈白話〉

蘧伯玉已經六十歲了，而六十年來都在與時變化，未嘗沒有在開始時認為對的事，後來反而以為是錯的；不知現在所謂對的，不是五十九歲時認為是錯的。萬物在生長之中，但沒有人見過它的根源；一切都有出處，但沒有人見過它的門徑。人們都重視自己智力所及的知識，卻不知道要靠自己智力所不及的知識才可得到真知識，這能不說是大迷惑嗎？算了吧！算了吧！沒有人可以免於這種迷惑，這就是對的說法嗎？真的如此嗎？

### 〈解讀〉

蘧伯玉到了六十歲，一直都在與時變化，這是因為人的經驗不斷開展，常會體認「今是而昨非」，若是不知變通，人生無異於已經結束。在學習的過程中，最怕一個人年輕的時候得到一種觀念，然後一輩子不改，那就太可惜了。如果觀念碰巧是對的，那還算好，至少可以堅持一個比較對的觀念，但是這個對的觀念，在理解上也應該隨著經驗而不斷調整，從前的理解只是字面上的，將來用更多的生活經驗加以對照之後，就應該從多方面去了解。但從另一個角度來看，智慧永遠在展現更開闊、更高深的領域，能有這樣的理解，也不失為一種收穫了。

## 〈25．9〉

仲尼問於太史大弢、伯常騫、狶韋曰：「夫衛靈公飲酒湛樂，不聽國家之政；田獵畢弋，不應諸侯之際；其所以為靈公者何邪？」大弢曰：「是因是也。」伯常騫曰：「夫靈公有妻三人，同濫而浴。史鰌奉御而進，所搏幣而扶翼。其慢若彼之甚也，見賢人若此其肅也，是其所以為靈公也。」狶韋曰：「夫靈公也死，卜葬於故墓不吉，卜葬於沙丘而吉。掘之數仞，得石槨焉，洗而視之，有銘焉，曰：『不馮（ㄆㄥˊ）其子，靈公奪而里之。』夫靈公之為靈也久矣，之二人何足以識之！」

## 〈白話〉

孔子請教大弢、伯常騫、狶韋這三位太史，說：「衛靈公飲酒作樂，不理會國家朝政；打獵捕獸，不參與諸侯盟會；他死後為什麼還被諡為靈公呢？」大弢說：「正是為了這個緣故。」伯常騫說：「靈公有妻子三人，同在一個浴盆裡洗澡。史鰌奉召進見時，靈公停止下棋並上前攙扶他。他的生活是那樣的散漫，他對待賢人又是這樣的尊敬。這就是他諡號為靈公的緣故。」狶韋說：「靈公死時，占卜顯示葬在祖先墓地不吉利，要葬在沙丘才吉利。於是掘地幾仞深，發現一具石槨，洗乾淨一看，上有銘文說：『不必依靠兒子，靈公取而居之。』靈公被諡為『靈』是早就注定的。他們二人怎能知道這一點呢！」

## 〈解讀〉

按照周公《諡法》，「亂而不損曰靈」，「德之精明曰靈」，靈公行徑雖亂，但還不至於損害大的原則；在私領域不受拘束，但是公領域看到賢人態度尊重，代表他也有一個分寸，待人處事靈活變化，懂得怎樣去抉擇，被稱為靈公自有他的道理。所以大弢與伯常騫各有依據，可以說出一番道理。

然而，從狶韋所作的結論，知道他認為一切早已注定，不必妄加猜測。靈公之子蒯聵當時已被放逐，由靈公之孫即位為出公，後來演變為父子爭國的亂局。

「濫而浴」的「濫」是指浴盆，用法比較特別。不「馮」其子，即是憑藉的憑。靈公奪而「里」之，即是里仁為美的里，也就是居之，住在那個地方。

## 〈25．10〉

**少知問於太公調曰：「何謂丘里之言？」太公調曰：「丘里者，合十姓百名而以為風俗也，合異以為同，散同以為異。今指馬之百體而不得馬，而馬係於前者，立其百體而謂之馬也。是故丘山積卑而為高，江河合水而為大，大人合并而為公。是以自外入者，有**

主而不執；由中出者，有正而不距。四時殊氣，天不賜，故歲成；五官殊職，君不私，故國治；文武殊能，大人不賜，故德備；萬物殊理，道不私，故無名。無名故無為，無為而無不為。時有終始，世有變化。禍福淳淳，至有所拂者而有所宜；自殉殊面，有所正者有所差。比於大澤，百材皆度；觀乎大山，木石同壇。此之謂丘里之言。」少知曰：「然則謂之道，足乎？」太公調曰：「不然。今計物之數，不止於萬，而期曰萬物者，以數之多者號而讀之也。是故天地者，形之大者也；陰陽者，氣之大者也；道者為之公。因其大以號而讀之則可也，已有之矣，乃將得比哉！則若以斯辯，譬猶狗馬，其不及遠矣。」

〈白話〉

少知請教太公調說：「什麼是丘里之言？」太公調說：「所謂丘里，就是把十家姓、百家人聚合在一起所形成的風俗。把相異的合在一起就成為相同，把相同的分散開來就成為相異。現在專指馬的各個部分來說，便不得稱為馬；但是馬是根據前者合異為同，總合各個部分才稱為馬的。因此，山丘累積小土堆才可成就其高，江河匯合小水流才可成就其大，大人容納各方才可大公無私。所以，從外界學來的，心中有主見而不固執；從內在發出的，心中有體會而不排斥。四時氣候不同，自然未加干預，所以成就歲月；五官職務不同，君主沒有偏私，所以國家得治；文武才幹不同，大人未加干預，所以稟賦完備；萬物條理不同，大道沒有偏私，所以化解名稱。化解名稱就無所作為，無所作為就沒有什麼做不成的。時間有終始，世事有變化。禍福流行反覆，雖有所乖違，也能有所適宜；各自追求不同的方面，有所得者也有所失。

譬如大澤中，各種木材都有用途；再看大山中，樹木岩石同在一處。這就稱為丘里之言。」少知說：「那麼，稱它為道，可以嗎？」太公調說：「不可以。現在計算物的種類，不止於一萬，而限稱為萬物，是以這個大的數目來稱呼它。所以，稱呼天地，是指形體中最大的；稱呼陰陽，是指氣體中最大的；道則是總括一切。因為它大而這樣稱呼是可以的。已經稱為丘里之言了，又怎能與道相提並論呢！如果要分辨這兩者，就像狗與馬，相差實在太遠了。」

## 〈解讀〉

一般人生活中的觀念與行為，都受丘里之言所影響，也就是受不知不覺之中形成的一種生活習慣所籠罩，包括稱呼人們什麼名稱、喜歡什麼樣的生活方式等。但是此種規範，並不代表全部真理，更不可說它是道。譬如，瞎子摸象的故事，摸到腿說跟柱子一樣，摸到肚子說跟牆壁一樣，摸到鼻子說跟繩子一樣，每一部分各自不同，但合起來才稱作象。道本來是無名、不可言說的，勉強為它取名，稱之為「道」，已經落於言說範圍。至於丘里之言，不是與道相隔更遠了嗎？〈齊物論〉也提過，道就是最平常的事，因為平常代表能夠適應大家的需要，才能夠一直維持下來，所以平常心就是道，不必刻意去做什麼事，刻意做的就很難持久。

所謂五官，是古人法「五行」置官，如春官、秋官等，各有專職。

〈25．11〉

少知曰：「四方之內，六合之裡，萬物之所生惡起？」太公調曰：「陰陽相照相蓋相治，四時相代相生相殺。欲惡去就於是橋起，雌雄片合於是庸有。安危相易，禍福相生，緩急相摩，聚散以成。此名實之可紀，精微之可志也。隨序之相理，橋運之相使，窮則反，終則始。此物之所有；言之所盡，知之所至，極物而已。覩道之人，不隨其所廢，不原其所起，此議之所止。」少知曰：「季真之莫為，接子之或使，二家之議，孰正於其情，孰偏於其理？」太公調曰：「雞鳴狗吠，是人之所知；雖有大知，不能以言讀其所自化，又不能以意測其所將為。斯而析之，精至於無倫，大至於不可圍。或之使，莫之為，未免於物而終以為過。或使則實，莫為則虛。有名有實，是物之居；無名無實，在物之虛。可言可意，言而愈疏。未生不可忌，已死不可阻。死生非遠也，理不可覩。或之使，莫之為，疑之所假。吾觀之本，其往無窮；吾求之末，其來無止。無窮無止，言之無也，與物同理；或使莫為，言之本也，與物終始。道不可有，有不可無。道之為名，所假而行。或使莫為，在物一曲，夫胡為於大方？言而足，則終日言而盡道；言而不足，則終日言而盡物。道、物之極，言、默不足以載；非言非默，議有所極。」

## 〈白話〉

少知說：「四方之內，六合之中，萬物是從哪裡產生的？」太公調說：「陰陽彼此感應，互相抵消、互相滋長；四時輪流出現，互相孕育、互相滅除。愛恨離合，由此紛紛運作，雌雄交配由此常有萬物。安危相互交換，禍福相互產生，壽夭相互衝突，聚散因而形成。這些是有名有實可以辨識，極精極微可以記載的。隨著四時運行的順序，產生陰陽活動的作用，物極則反，終而復始。這是萬物所具有的現象；言語所能窮盡的，知識所能達到的，只是限於萬物的範圍罷了。悟道的人，不追逐萬物的去向，不探求萬物的起源，一切議論到此為止。」少知說：「季真主張無為，接子主張有為，這二人的議論，誰符合實情，誰偏離正理呢？」太公調說：「雞鳴狗吠，這是人們所知道的；即使是有大智慧的人，都不能用言語來說明牠們這麼做的緣故，也不能用心意去推測牠們將會怎麼做。依此來分析萬物，有精細到無與倫比的，也有巨大到不可限量的。然後主張這一切是有所為或無所為，都不免是在萬物上立論，所以終究是一種偏差。有為之說，強調實際；無為之說，強調虛空。有名有實，代表物的存在；無名無實，看出物的虛空。可以言說也可以意會的，愈用言說就愈疏遠。未生的不可禁止它生，已死的不可阻攔它死。死與生相隔不遠，其中的道理卻無法看見。有所為與無所為，正是疑惑裡面最大的。我觀察萬物的開始，它的過去是無窮的；我探求萬物的結束，它的未來是無盡的。無窮無盡，說的是它的虛無，與萬物的條理相同；有為無為，說的是它的依據，與萬物一起開始及終結。道不可以是有，也不可以是無。道這個名稱，是借用而來的。有為與無為，各自局限於物的一邊，怎能用來理解大道呢？言語如果可以勝任，那麼整天談的無不是道；言語如果不可以勝任，那麼整天談的無不是物。道是窮盡萬物者，言語與沉默都不足以表達；既不是言語也不是沉默，議論就無處可去了。」

**〈解讀〉**

本文以「萬物是從哪裡產生的？」為開頭，是一個很好的問題，引發後續有關「萬物起源」的討論，並以陰陽與四時的變動來說明。

太公調首先回答：「陰陽彼此感應，互相抵消、互相滋長。」這個觀念跟《易經》一樣，一陰一陽謂之道，就是陰爻跟陽爻二個符號，一個代表受動的，一個代表主動的力量。這二股力量的衝擊與組合，就是變化。

接著說到若干相對的觀念如何相反相成，構成了整個變化的過程，亦即相互為用。表面看來，這是一種封閉而內在自足的宇宙觀，可以稱為「氣化一元論」。不過，太公調並未因而否定「道」的存在。他清楚指出：這是「言之所盡，知之所至」，但是另外還有「睹道之人」。悟道的人，不追逐萬物的去向，不探求萬物的起源，一切議論到此為止，也就是人一旦悟道，代表他不是不知道萬物的去向與起源，而是沒辦法說得清楚，所以不要去議論道。由此可知，萬物的起源是那不可名狀的「道」。在這樣的宇宙觀之外，特別提出一個「道」，是為了強調道的「超越性」，亦即宇宙並非封閉而內在自足的。

一個人主張「莫為」（無為），一個人主張「或使」（有為），誰是對的？基本上此處要問的是：做為萬物根源的「道」，在萬物中表現的是無為還是有為？換言之，萬物如此存在，有無特定目的？道這個名稱，是借用而來的。有為與無為，各自局限於物的一邊，怎能用來理解大道呢？所以，這裡的描述方式類似辯證法，也就是正面、反面的看法全都提出來，用辯證的方式來說明道，因為道代表唯一的、根本的真實，一旦用言語說出口，它就不是道了，這也就是《老子》第一章的「道，可道，非常道」。一說正方就要說出反方，然後設法超越上去，才不會執著於正方或反方。所以，太公調認為嘴上說是一回事，實際的狀況不是人可以去操縱的。這一類問題都是言語之爭，而言語確實沒有辦法說明「道」是怎麼回事。

**總結本篇要旨**

失去本性，代價太高。人的本性有如舊國舊都，「望之暢然」。不必追求外物，不必迎合眾人，若是入世從政，則須設法「得其環中以隨成」，與物同化但內心始終不化。本篇最後談到「萬物之所生」，但悟道之人對此不會太過費心。

# 外物

第二十六

〈26．1〉

外物不可必，故龍逢誅，比干戮，箕子狂，惡來死，桀、紂亡。人主莫不欲其臣之忠，而忠未必信，故伍員流於江，萇弘死於蜀，藏其血三年而化為碧。人親莫不欲其子之孝，而孝未必愛，故孝己憂而曾參悲。木與木相摩則然，金與火相守則流。陰陽錯行，則天地大絯（ㄏㄞˋ），於是乎有雷有霆，水中有火，乃焚大槐（ㄏㄨㄞˊ）。有甚憂兩陷而無所逃，螴（ㄔㄣˊ）蜳（ㄆㄨㄣˊ）不得成，心若縣（ㄒㄩㄢˊ）於天地之間，慰暋（ㄇㄣˊ）沉屯，利害相摩，生火甚多，眾人焚和，月固不勝火，於是乎有僓（ㄊㄨㄟˊ）然而道盡。

〈白話〉

外在的事物是沒有一定的，所以龍逢被誅殺，比干被剖心，箕子裝瘋狂，惡來不免一死，桀、紂終於滅亡。君主無不希望臣子忠心，但是忠心卻未必得到信任，所以伍員浮屍江上，萇弘在蜀地自殺，他的鮮血被人珍藏三年竟化為碧玉。父母無不希望子女孝順，但是孝順卻未必得到歡心。所以孝己愁苦而曾參悲傷。木與木相摩擦就會燃燒，金與火相聚合就會熔化。陰陽二氣運行錯亂，就會引起天地震動，於是雷霆大作，雨中夾著閃電，把大槐樹都燒起來。有人過度憂慮，陷入利害兩難而無法逃避，恐懼不安而一事無成；一顆心就像懸在天地之間，鬱悶苦惱不已，利害互相衝突，內心焦急萬分。人們攪亂了內在的平和，清明的本性禁不住欲望的焚燒，於是形神敗壞而生機喪盡。

## 〈解讀〉

文中提到許多歷史上的例子：龍逢為夏桀所殺；比干被剖心與箕子裝瘋，是商紂所造成的；惡來為商紂的諛臣，後為周武王所殺；伍員即伍子胥，為吳王夫差所殺；萇弘為周敬王大夫，受冤而死；孝己為殷高宗之子，事親至孝，但高宗受後妻之言所惑，將其流放至死；曾參事親至孝，但為其父所憎。前面講忠，後面講孝，都是儒家的道德要求。由這些例子可知，人世間的禍福沒有一定的規則，自然界的變化也會有意外出現，既然如此，何必過度憂心？

## 〈26・2〉

莊周家貧，故往貸粟於監河侯。監河侯曰：「諾，我將得邑金，將貸子三百金，可乎？」莊周忿然作色曰：「周昨來，有中道而呼者。周顧視，車轍中，有鮒魚焉。周問之曰：『鮒魚來！子何為者邪？』對曰：『我東海之波臣也。君豈有斗升之水而活我哉？』周曰：『諾，我且南遊吳、越之王，激西江之水而迎子，可乎？』鮒魚忿然作色曰：『吾失我常與，我無所處。吾得斗升之水然活耳，君乃言此，曾（ㄗㄥ）不如早索我於枯魚之肆！』」

〈白話〉

莊周家裡貧窮，因此去向監河侯借米。監河侯說：「好的。等我收到封地的賦稅以後，就借給你三百金，可以嗎？」莊周氣得臉色都變了，說：「我昨天來的時候，半路上有人喊我。我回頭一看，在車輪壓凹的地方有一尾鯽魚。我問牠說：『鯽魚呀！你在這裡做什麼？』牠回答說：『我是東海的水族之臣。你有沒有一升一斗的水可以救我呢？』我說：『好的。我將到南方遊說吳國、越國的君主，引進西江的水來迎接你，可以嗎？』鯽魚氣得臉色都變了，說：『我失去了日常需要的水，沒有容身之處。現在我只要有一升一斗的水就可以活命，而你竟然這樣說，那還不如早些去乾魚鋪找我算了！』」

〈解讀〉

本文一方面反映莊子的貧窮，另一方面也表現了他的智慧。但這是莊子的經驗之談，還是一篇寓言？如果只是單純的經驗之談，則意義不深，最多只是得知莊子交友不慎，在需要的時候，連個「救急不救窮」的朋友都沒有。如果是寓言，則可以從中得知：人要活命，所需不多，關鍵時刻的幫助才是最重要的，且精采之處，在於寓言之中又有寓言。

## 〈26・3〉

任公子為大鉤巨緇，五十犗（ㄐㄧㄝˋ）以為餌，蹲（ㄘㄨㄣˊ）乎會稽，投竿東海，旦旦而釣，期年不得魚。已而大魚食之，牽巨鉤錎（ㄒㄧㄢˋ）沒而下，騖揚而奮鬐（ㄑㄧˊ），白波若山，海水震蕩，聲侔鬼神，憚赫千里。任公子得若魚，離而腊（ㄒㄧˊ）之，自制河以東，蒼梧以北，莫不厭若魚者。已而後世輇才諷說之徒，皆驚而相告也。夫揭竿累，趨灌瀆，守鯢鮒，其於得大魚難矣，飾小說以干縣令，其於大達亦遠矣。是以未嘗聞任氏之風俗，其不可與經於世亦遠矣。

### 〈白話〉

任公子打造了大釣鉤與粗黑的長繩，用五十頭閹牛做釣餌，坐在會稽山上，把魚竿投入東海。他天天都去垂釣，一整年都沒有釣到魚；然後有一條大魚來吞餌，牽動大釣鉤沉入海中，又急速躍起擺動魚鰭，白浪湧起如山，海水震盪不已，聲如鬼哭神嚎，千里之外聽了都害怕。任公子釣到這條大魚，把牠剝開風乾，從浙江以東到蒼梧山以北，沒有人不飽吃這條魚的。這件事發生後，後世那些有小聰明又好談論的人，都大吃一驚，爭相走告。拿著小魚竿細釣繩，走到水溝旁邊，守候泥鰍鯽魚，這樣想要得到大魚是很困難的。以淺薄的學說做標榜，去追求高名美譽，這樣距離領悟大道是很遙遠的。所以，不曾聽過任公子釣魚事蹟的人，就沒有辦法治理天下，因為相距實在太遙遠了。

## 〈解讀〉

本文談及「大小之辨」，提醒人若要領悟大道或治理天下，要先有遠見與氣魄，對於「期年不得魚」，也就是一整年都沒有釣到魚，也可以毫不在乎。這其中的關鍵在於「大達」（領悟大道）。譬如，學《莊子》學了一整年都沒有覺悟，也不要太擔心，一旦覺悟，就是大徹大悟。因為人要悟道，不是今天學到東西就可以立刻運用，那只是一般的技巧，譬如學管理，或是學一些應用實際的知識或許可行，但是學哲學，就要有這樣的心理準備，它無法學了立刻應用或立刻改變情況，因為性質完全不同。

## 〈26・4〉

**儒以《詩》、《禮》發冢。大儒臚傳曰：「東方作矣，事之何若？」小儒曰：「未解裙襦，口中有珠。」「《詩》固有之曰：『青青之麥，生於陵陂（ㄆㄛ）。生不布施，死何含珠為？』」接其鬢（ㄅㄣ），壓其顪（ㄏㄨㄟ），而以金椎控其頤，徐別其頰，無傷口中珠！」**

## 〈白話〉

儒者盜墓時，也會用到《詩》與《禮》。大儒生傳話下來說：「太陽已經出來了，事情進行得如何？」小儒生說：「裙子與上衣尚未脫下，口裡還含著一顆珠子。」大儒生說：「《詩》上早就寫著：『青青的麥穗，生長在山坡上。生前不布施給人，死後又何必含珠！』抓著他的鬢髮，按著他的鬍鬚，你用鐵錘敲他的下巴，慢慢撥開他的兩頰，不要碰壞了口裡的珠子。」

## 〈解讀〉

本文是一篇諷刺儒者至為辛辣犀利之作。尤其小儒下到墓中，遵循大儒命令而取珠的行徑，不正是「有事弟子服其勞」，合乎禮的要求嗎？文中把儒者比擬為盜墓者，表示他們靠古人的遺物營生；一面進行勾當，一面還引用詩文，大儒小儒一唱一和，對話像是在唱詩，也確實引用了逸詩，但卻是在做盜墓這種勾當，可見其心智之偏頗。莊子的描述也許有幾分的事實根據，但顯然並非儒者應有的形象。

這裡使用「布施」一詞，在此顯然不是佛教用語，但莊子已經先使用了。

## 〈26．5〉

老萊子之弟子出薪，遇仲尼，反以告，曰：「有人於彼，修上而趨下，末僂而後耳，視若營四海，不知其誰氏之子。」老萊子曰：「是丘也，召而來。」仲尼至。曰：「丘！去汝躬矜與汝容知，斯為君子矣。」仲尼揖而退，蹙然改容而問曰：「業可得進乎？」老萊子曰：「夫不忍一世之傷而驚萬世之患，抑固窶（ㄐㄩˋ）邪，亡其略弗及邪？惠以歡為驁，終身之醜，中民之行進焉耳，相引以名，相結以隱。與其譽堯而非桀，不如兩忘而閉其所譽。反無非傷也，動無非邪也。聖人躊躇以興事，以每成功。奈何哉其載焉終矜爾！」

〈白話〉

老萊子的弟子出去撿柴，遇到孔子，回來後告訴老師說：「路上有個人，上身長而下身短，背脊彎曲而耳朵後貼，目光高遠好像遍及四海，不知他是什麼人。」老萊子說：「那是孔丘，去叫他來。」孔子來了，老萊子說：「孔丘，去除你矜持的行為與你機智的容貌，這樣就可以成為君子了。」孔子向他作揖，退後幾步，恭敬地改變神色說：「我的德業可以用世嗎？」老萊子說：「不忍心見到一世的傷痛，卻輕忽了萬世的禍患，這是天賦受限呢，還是智謀不及呢？喜歡做輕忽禍患的事，結果帶來終身的恥辱，那只能算是平庸之人的行徑，以聲名相招引，以私利相結合。與其稱讚堯而責怪桀，不如遺忘兩者，不說是非。違反本性，無不造成傷害；動搖本性，無不造成缺失。聖人小心謹慎從事作為，以此謀求成功。為什麼你總是驕矜自己的行為呢！」

〈解讀〉

老萊子是一位楚國隱者，文中他提醒孔子如何成為君子。至於孔子是否能成為聖人，他則認為尚無可能。儒家的作為也許可以幫助一世的人，卻給萬世帶來禍患，因為人們自此開始區別賢與不肖，以致於形成偽裝、派系、紛爭、動亂。但是，此處有一個因果關係的問題，亂世不是孔子造成的，孔子生在春秋時代末期已是亂世，他怎能坐視不顧、袖手旁觀？然而插手去管，道家又責怪他愈管愈亂，但是照道家的辦法，譬如老子的小國寡民，又不太可能，那該如何是好？所以基本上，儒家是以不忍心為出發點，設法改善這個世界。重點在於，改善世界不是為了自己的名和利。如果認為改善世界就應該得到適當的回報，如孔子所說的「富與貴是人之所欲也」，如此一來，到最後照樣會造成區分。很多人就是為了名利，而忘記真誠的初衷，結果就變成虛偽了。所以，這也是道家批評儒家的關鍵所在。

其實，儒家最強調真誠，主張人性向善，要真誠才會有力量由內而發，讓自己去做該做的事。但是儒家孔孟的淑世理想應用到後世，演變成人們只為了達到某個目的而不擇手段，反而忽略真誠而變得虛偽。儒家蒙受此等罪名，實在頗為冤枉。

## 〈26・6〉

宋元君夜半而夢人被（ㄆㄧ）髮闚阿門，曰：「予自宰路之淵，予為清江使河伯之所，漁者余且得予。」元君覺，使人占之，曰：「此神龜也。」君曰：「漁者有余且乎？」左右曰：「有。」君曰：「令余且會朝。」明日，余且朝。君曰：「漁何得？」對曰：「且之網得白龜焉，其圓五尺。」君曰：「獻若之龜。」龜至，君再欲殺之，再欲活之，心疑，卜之，曰：「殺龜以卜吉。」乃刳（ㄎㄨ）龜，七十二鑽而無遺筴（ㄘㄜˋ）。仲尼曰：「神龜能見夢於元君，而不能避余且之網；知能七十二鑽而無遺筴，不能避刳腸之患。如是，則知有所困，神有所不及也。雖有至知，萬人謀之。魚不畏網而畏鵜（ㄊㄧˊ）鶘（ㄏㄨˊ）；去小知而大知明，去善而自善矣。嬰兒生無石師而能言，與能言者處也。」

## 〈白話〉

宋元君半夜夢見有人披頭散髮，在側門邊窺視，並且說：「我來自名為宰路的深淵，我被清江之神派往河伯那裡去，漁夫余且捉住了我。」元君醒來，叫人占卜此夢，卜者說：「這是神龜啊。」國君說：「漁夫有叫余且的嗎？」左右的人說：「有。」國君說：「命令余且來朝見。」第二天，余且上朝。國君說：「你捕到什麼？」余且說：「我網住了一隻白龜，直徑有五尺長。」國君說：「把你的龜獻上來。」龜獻上之後，國君又想殺牠，又想養牠，心中猶豫不決，叫人來占卜，卜者說：「殺龜用來占卜，吉利。」於是挖去龜肉，用龜甲占卜，七十二次都沒有失誤。孔子說：「神龜能夠託夢給宋元君，卻不能避開余且的漁網；牠的智巧能夠占卜七十二次都沒有失誤，卻不能避開挖肉的禍患。這樣看來，智巧有窮盡之時，神妙有不及之處。即使有最高的智巧，也避不開萬人的謀害。魚不害怕漁網而害怕鵜鶘；摒棄小智巧，大智巧就顯露出來；摒棄善行，自己就走上善途了。嬰兒生下來，沒有高明的老師而可以學會說話，那是因為與會說話的人相處在一起。」

## 〈解讀〉

神龜的故事說明了「人算不如天算」的道理，也提醒我們：人的智巧再高、再神妙，都難免有得有失，因此最好像嬰兒一樣順其自然，照樣可以學會說話。

人類的生活，是靠山吃山，靠水吃水，表面上看起來要活下去並不難。所以人們活在世上，如果幾百年下來都是靠著祖傳的方式謀生，那只不過是食物鏈裡面的一環，如此一來，人生的意義何在呢？如果原始的生活方式沒有意義，每天念書又有意義嗎？這也很難說得清楚。所以人生怎麼過才適合，這是一個永遠存在的問題，沒有標準答案可以解決。

「魚不畏網而畏鵜鶘」，魚的智巧雖然可以分辨鵜鶘帶來的危險，但是真正使魚無處可逃的卻是漁網。此處的「魚」，顯然代表了小知。

## 〈26．7〉

**惠子謂莊子曰：「子言無用。」莊子曰：「知無用而始可與言用矣。夫地非不廣且大也，人之所用容足耳。然則廁足而墊之致黃泉，人尚有用乎？」惠子曰：「無用。」莊子曰：「然則無用之為用也亦明矣。」**

## 〈白話〉

惠子對莊子說：「你的言論都是無用的。」莊子說：「懂得無用的人，才可以與他談有用。譬如地，不能不說是既廣且大，人所用的只是立足之地而已。但是，如果把立足以外的地方都挖掘直到黃泉，那麼人的立足之地還有用處嗎？」惠子說：「無用。」莊子說：「那麼無用的用處也就很清楚了。」

## 〈解讀〉

一般人多以為眼前可以把握的事物才是有用的，卻不知這種有用，其實要靠無數無用的東西才可以得到肯定。且今日以為無用的，將來說不定變得有用了，如此一想，人又何必畫地自限？譬如，一個大學生眼前認為只有大學校園才是有用的，別的地方在他看來都是無用的，但若把其他地方都消除，又何須念大學？不就是將來要去到那個現在認為無用的地方，所以大學對現在的他而言才會有用？如果捨棄了其他地方，現在的有用也立即變成無用了。

〈26・8〉

**莊子曰：「人有能遊，且得不遊乎？人而不能遊，且得遊乎？夫流遁之志，決絕之行，噫其非至知厚德之任與！覆墜而不反，火馳而不顧。雖相與為君臣，時也，易世而無以相賤。故曰，至人不留行焉。夫尊古而卑今，學者之流也。且以狶韋氏之流觀今之世，夫孰能不波，唯至人乃能遊於世而不僻，順人而不失己。彼教不學，承意不彼。」**

〈白話〉

莊子說：「人如果能順從本性，哪裡有不順適的呢？人如果不能順從本性，哪裡有順適的呢？至於流蕩隱遁的志向，決絕棄世的行為，大概不是智慧高超、稟賦深厚的人會採用的！世人一陷溺就不再回來，一走錯就不再回頭。即使在世間有的做君、有的做臣，也只是時運而已，世代一變遷就沒有貴賤之分了，所以說，至人是不會執著的。尊崇古人而輕視今人，這是學者的過失。並且，由狶韋氏之類的古人來看當今之世，誰能夠沒有偏頗呢？只有至人能夠遨遊世間而沒有偏僻，隨順眾人而不失去自我。他們所教的，不必刻意去學；明白他們的觀念，但不必因而認同。」

## 〈解讀〉

本文談到「能遊，不能遊」實是指「能由，不能由」，所由的是人的本性，說明人若能順從本性，則到處皆可順適，不必採取「流遁之志、決絕之行」。唯有抵達這種境界，才會有至人般安於自然的不凡表現。

順從有二種，一種是順從內在的本性，一種是順從外在的環境。如果只知道順從外在的環境，而對自己內在的本性有所壓抑或扭曲，表面上跟別人在一起雖然可以很開心，其實內心並不快樂。問題是，如果要順從自己的本性，跟別人格格不入又該如何是好？其實每一個人都有個性、都有脾氣，在一起相處久了，都知道講什麼話之後，誰一定不高興。大家在一起說話就盡量客氣，不要碰觸這些別人不高興的話題。然而，為了避免大家不高興，全然順從整個環境而壓抑自己，最後氣氛一定不好。所以朋友們相處，每一個人都要以真性情互相對待，但如果性格相差太遠，在一起勢必會很辛苦，所謂「道不同，不相為謀」（《論語・衛靈公》），這時便要有智慧去判斷，找到能與自己性情相近的朋友。

文中還提到「尊古而卑今」是學者的過失，此一說法，在今日看來仍然有其道理。

## 〈26．9〉

目徹為明，耳徹為聰，鼻徹為顫（ㄒㄧㄢ），口徹為甘，心徹為知，知徹為德。凡道不欲壅，壅則哽（ㄍㄥˇ），哽而不止則跈（ㄋㄧㄢˇ），跈則眾害生。物之有知者恃息，其不殷，非天之罪。天之穿之，日夜無降，人則顧塞其竇。胞有重閬（ㄌㄤˋ），心有天遊。室無空虛，則婦姑勃谿；心無天遊，則六鑿相攘。大林丘山之善於人也，亦神者不勝。德溢乎名，名溢乎暴，謀稽乎誸（ㄒㄧㄢˊ），知出乎爭，柴生乎守官，事果乎眾宜。春雨日時，草木怒生，銚（ㄧㄠˊ）鎒（ㄋㄡˋ）於是乎始修，草木之到植者過半，而不知其然。

### 〈白話〉

眼睛通達就是明白，耳朵通達就是聰敏，鼻子通達就是能嗅，嘴巴通達就是品嚐，心思通達就是智巧，智巧通達就是自得。道，是不喜歡擁擠的，擁擠就會阻塞，一直阻塞就會自相衝突，自相衝突就會產生許多禍患。萬物之中有知覺的都是依賴氣息，氣息若不暢通，那不是自然的過錯。自然的氣息貫穿各處，日夜都不消減，而人自己堵塞了通道。廚房要有比較空曠的地方，內心要有遨遊自然的空間。廚房沒有比較空曠的地方，婆媳就會吵架；內心沒有遨遊自然的空間，六種情緒就會互相干擾。人們喜歡山林原野，也是因為心神擋不住情緒的干擾。德行由名聲所造就，名聲由表現所促成，謀略因急促而停滯，智巧因競爭而產生，守住官能才可防衛自己，一切配合才可辦成事情。春雨及時降下時，草木蓬勃生長，於是拿了鋤具來修整田地，但是草木又再生出一大半來，人們卻不知是怎麼回事。

## 〈解讀〉

「凡道不欲壅」一語類似〈人間世〉所說的「夫道不欲雜」，在此不妨把「道」聯想為一般的路。文中提到道是不喜歡擁擠的，也就是要單純。老子修練的方法第一個是虛，虛就是單純。一直阻塞就會自相衝突，自相衝突自然會產生許多禍患。「六鑿」是指六情，也就是喜、怒、哀、樂、愛、惡，內心沒有遨遊自然的空間，六種情緒就會互相干擾。

本文結尾提及人們「不知其然」，也就是不明白「德溢乎名」這六句話，只好無可奈何了。其實很多事情都是有原因的，若是沒有注意到原因，後面的結果就更沒有辦法去掌握了。

## 〈26．10〉

靜默可以補病，眥（ㄗˋ）摵（ㄇㄧㄝˋ）可以休老，寧可以止遽。雖然，若是，勞者之務也，非佚者之所嘗過而問焉。聖人之所以駴（ㄒㄧㄝˋ）天下，神人未嘗過而問焉；賢人所以駴世，聖人未嘗過而問焉；君子所以駴國，賢人未嘗過而問焉；小人所以合時，君子未嘗過而問焉。演門有親死者，以善毀爵為官師，其黨人毀而死者半。堯與許由天下，許由逃之；湯與務光，務光怒之，紀他聞之，帥弟子而踆（ㄘㄨㄣ）於窾水，諸侯弔之；三年，申徒狄因以踣（ㄅㄛˊ）河。荃者所以在魚，得魚而忘荃；蹄者所以在兔，得兔而忘蹄；言者所以在意，得意而忘言。吾安得夫忘言之人而與之言哉！

## 〈白話〉

靜默可以調理疾病，按摩可以防止衰老，安寧可以平息急躁。雖然如此，這些仍是勞碌的人採用的方法，而不是閒逸的人會去過問的。聖人如何改變天下，神人從來不去過問；賢人如何改變世間，聖人從來不去過問；君子如何改變國家，賢人從來不去過問；小人如何迎合時機，君子從來不去過問。演門有個雙親過世的人，因為悲傷過度、形容枯槁而被封為官師；鄉人學他哀悽守孝，結果死了一大半人。堯要把天下讓給許由，許由逃走了；湯要把天下讓給務光，務光大發脾氣；紀他聽說此事，帶著弟子去窾水邊隱居，諸侯知道了都去安慰他；三年之後，申徒狄仰慕他的作風，投河自盡死了。魚簍是用來捕魚的，得了魚就忘了魚簍；兔網是用來捉兔的，得了兔就忘了兔網；言語是用來表達意義的，得了意義就忘了言語。我去哪裡找到忘了言語的人，來與他說話呢！

## 〈解讀〉

本文列出不同層次的人，由高而低是「神人、聖人、賢人、君子、小人」。高層次的不會過問低層次的，那麼，我們又是哪一個層次的呢？「堯與許由天下」這段正好反映了上述的「未曾過而問焉」，因為境界實在相去太遠了。

最後一段更指出目的優於工具，得到目的之後，就不必在乎工具。找到忘言的人跟他說話，他不會在意你這話說得對不對，照樣理解你的意思。真正傳達意思之後，言語只是一種方法而已。

莊子於前述講到好朋友相視而笑，莫逆於心，根本不用講話，但是心意相通，這是最高境界，大家的體驗層次是一樣的。正如閱讀《莊子》時如果能夠領悟「道」，就不必斤斤計較一些文字上的細節。這個字讀不來，那個字看不懂，都沒有關係，把握真正的精神就可以了。

**總結本篇要旨**

有關善惡的報應，實在沒有一定標準；甚至連分辨善惡都不太可能。莊子才華卓越，但窮得向人借米；孔子有心救世，卻總是受人教訓；儒者口誦詩書，做的竟是盜墓；白龜可以託夢，難以避開厄運；我們要學習的是：順人而不失己。一切以悟道為先，得魚而忘筌，得意而忘言。

# 寓言

## 第二十七

〈27・1〉

寓言十九，重（ㄓㄨㄥˋ）言十七，卮（ㄓ）言日出，和以天倪。寓言十九，藉外論之。親父不為其子媒；親父譽之，不若非其父者也；非吾罪也，人之罪也。與己同則應，不與己同則反；同於己為是之，異於己為非之。重言十七，所以已言也，是為耆（ㄑㄧˊ）艾。年先矣，而無經緯本末以期來者，是非先也。人而無以先人，無人道也；人而無人道，是之謂陳人。卮言日出，和以天倪，因以曼衍，所以窮年。不言則齊，齊與言不齊，言與齊不齊也。故曰無言。言無言，終身言，未嘗言；終身不言，未嘗不言。有自也而可，有自也而不可；有自也而然，有自也而不然。惡乎然？然於然；惡乎不然？不然於不然。惡乎可？可於可；惡乎不可？不可於不可。物固有所然，物固有所可，無物不然，無物不可。非卮言日出，和以天倪，孰得其久！萬物皆種也，以不同形相禪，始卒若環，莫得其倫，是謂天均。天均者，天倪也。

## 〈白話〉

寓言占了全書的十分之九；其中借重古人的話又占了十分之七；隨機應變的話時時出現，再以自然的分際來調和。寓言占了十分之九，是要假託外人來論說。父親不替自己的兒子作媒；父親稱讚兒子，不如別人稱讚來得可靠；這不是我的過錯，而是一般人的過錯。與自己看法相同的就附和，不與自己看法相同的就反對；跟自己相同的就肯定它，跟自己相異的就否定它。借重古人的話占了十分之七，是為了中止爭論，因為這些是出自前輩的見解。年紀雖長，如果沒有立身處世之道留給後人參考，也就算不上長者。做人如果沒有優於別人之處，就是沒有走上人的路；做人如果沒有走上人的路，就稱之為老朽。隨機應變的話時時出現，再以自然的分際來調和，順應無窮的變化，由此可以安享天年。不用言論，則一切平等；平等的狀態加入言論，就無法平等了；用言論來說明平等的狀態，就會變得無法平等了。所以說，不要發表言論。在說話時，沒有發表言論，那麼即使終身都在說話，也未嘗說過話；即使終身都不說話，也未嘗是不說話。說可以，自有它的理由；說不可以，也自有它的理由。說對，自有它的理由；說不對，也自有它的理由。為什麼是對？對有對的道理。為什麼是不對？不對有不對的道理。為什麼是可以？可以有可以的道理。為什麼是不可以？不可以有不可以的道理。萬物本來就有它對的道理，萬物本來就有它可以的道理，沒有一物是不對的，沒有一物是不可以的。如果不是隨機應變的話時時出現，再以自然的分際來調和，又怎能維持長久！萬物各有種類，以不同型態相互傳接，開始與結果像是循環，無法找到它的端倪，這就稱為自然的均齊。自然的均齊，也就是自然的分際。

## 〈解讀〉

本書的內容，包含很大比例的寓言與重言，輔以隨機應變、時時出現的卮言。所謂寓言，就是藉由假託人物的故事以說明事理；重言，是借重古代人物的言論以說明事理，而寓言裡面也有重言。卮言則隨靈感而發，無法拘限，時時出現，再以自然的分際加以調和。

一個人發表的言論，代表他有特定的立場，所以在說話時如果沒有發表言論，那麼即使終身都在說話，也像是未曾說過話，譬如，現在要選總統，我同別人聊了很多候選人，但沒有表態一定要支持誰，對方就沒有辦法得知我的立場。而本文三度提及「卮言日出，和以天倪」，表示任何言語的使用，都是不得已的，所以不必執著於字面的意思，而應該去體會自然的分際，也就能欣賞自然的均齊，理解宇宙萬物都是值得欣賞的道理。

可、不可、然、不然，這段話翻來覆去，重點在於不要執著，〈齊物論〉也有類似言論。

## 〈27・2〉

莊子謂惠子曰：「孔子行年六十而六十化。始時所是，卒而非之，未知今之所謂是之非五十九非也。」惠子曰：「孔子勤志服知也。」莊子曰：「孔子謝之矣，而其未之嘗言？孔子云：『夫受才乎大本，復靈以生，鳴而當律，言而當法，利義陳乎前而好惡是非，直服人之口而已矣。使人乃以心服而不敢蘁（ㄨˋ），立定天下之定。』已乎，已乎！吾且不得及彼乎！」

## 〈白話〉

莊子對惠子說：「孔子到了六十歲時，六十年來都在與時變化。有些事開始時認為是對的，後來認為是錯的。不知現在所謂對的，不是五十九歲時認為是錯的。」惠子說：「孔子是勤於立志、善用智巧的人吧？」莊子說：「孔子已經放棄這些了，他不是說過了嗎？孔子說：『人從自然稟受本性，含藏靈氣降生於世，即使發聲合乎韻律，說話合乎法度，面對利與義時可以分辨好惡是非，也只能讓人口服而已。要讓眾人心服而不能違逆，才可以立刻使天下自然安定。』算了吧，算了吧！我還比不上他呢！」

## 〈解讀〉

這段話表面上是莊子對孔子的稱讚與肯定，其實仍不離寓言與重言。難得看到莊子承認自己比不上孔子的說法，但孔子說話一向樸實，不去談怪力亂神的複雜東西，也當然沒有說過「含藏靈氣降生於世」這類神祕的話，所以這一段只是莊子與惠子對話時，藉孔子之口說出莊子自己的想法。

孔子確實不斷在進步，譬如，《論語．為政》：「吾十有五而志於學，三十而立，四十而不惑……」，但是未必有今是而昨非之感。也就是說，孔子只是在立定志向之後，靠修養提升自身的境界。反觀莊子，則強調智慧上的覺悟，喜歡以二分法來說明，譬如，如何使人「口服」與「心服」，意在強調境界上的不同。

至於如何使人「心服」？答案還是「無為」二字。說來簡單，但實踐起來談何容易。

〈27·3〉

曾子再仕而心再化，曰：「吾及親仕，三釜而心樂；後仕，三千鍾不洎（ㄐㄧˋ），吾心悲。」弟子問於仲尼曰：「若參者，可謂無所縣其罪乎？」曰：「既已縣矣。夫無所縣者，可以有哀乎！彼視三釜、三千鍾，如觀雀蚊虻相過乎前也。」

〈白話〉

曾子第二次做官時，心境又起了變化。他說：「我先前做官時可以奉養雙親，只有三釜的俸祿而心裡很快樂；後來做官時，有三千鍾的俸祿而不及奉養雙親，我心裡很難過。」弟子請教孔子說：「像曾參這樣，可以說心中沒有牽掛著利祿吧？」孔子說：「已經有所牽掛了。如果是無所牽掛的人，哪裡會有哀傷呢！他看待三釜、三千鍾，有如看到鳥雀、蚊虻從眼前飛過去一樣。」

〈解讀〉

本文同樣是一則寓言，因為孔子過世時，曾參才二十七歲，孔子怎麼可能來得及評論這位弟子的作為？由此可知，莊子喜歡強調今是而昨非的道理，也就是人在慢慢提升修養的過程中，累積人生的經驗之後，很容易發現以前堅持一定要如何，現在才知道沒有什麼是一定的。

釜，六斗四升；鍾，六斛四斗，可見曾參的待遇前後相差高達一萬倍。但是真正孝順父母的人，是不受俸祿多寡所影響的。曾參後來賺了很多錢，但心裡很難過，因為父母不在了，這代表曾參心裡還是有所執著。所以孔子的回答很有道理，如果侍奉父母取決於錢多錢少，那麼窮人怎麼辦？窮人都不能孝順了嗎？所以在這一點上，儒、道二家有其共識。

〈27・4〉

**顏成子游謂東郭子綦曰：「自吾聞子之言，一年而野，二年而從，三年而通，四年而物，五年而來，六年而鬼入，七年而天成，八年而不知死不知生，九年而大妙。」生有為，死也勸。公以其死也，有自也；而生陽也，無自也。而果然乎？惡乎其所適？惡乎其所不適？天有歷數，地有人據，吾惡乎求之？莫知其所終，若之何其無命也？莫知其所始，若之何其有命也？有以相應也，若之何其無鬼邪？無以相應也，若之何其有鬼邪？**

〈白話〉

顏成子游對東郭子綦說：「從我聽了先生的講述之後，一年而返回樸實，二年而順從世俗，三年而豁然貫通，四年而與物混同，五年而眾人來歸，六年而鬼神來聚，七年而合於自然，八年而不知死生變化，九年而抵達至為玄妙的境界。」活著有所作為，死了可以休息。眾人認為死是有由來的；而生是出於陽氣，是沒有由來的。真是如此嗎？生與死，哪一樣是適宜的？哪一樣是不適宜的？天有晦明寒暖，地有高下險易，我還要貪求什麼？不知道生命的終結，怎能說沒有命運呢？不知道生命的起始，怎能說有命運呢？

萬物彼此有相呼應的，怎能說沒有鬼神呢？萬物彼此沒有相呼應的，怎能說有鬼神呢？

## 〈解讀〉

顏成子游談到的九個步驟：「野，從，通，物，來，鬼入，天成，不知死不知生，大妙」。〈大宗師〉中，女偊亦談到七個步驟：「外天下，外物，外生，朝徹，見獨，無古今，不死不生。」這兩段內容可以對照參閱。

後半段談及「命」與「鬼」，目的皆在以「兩可」之詞，來化解一般人的執著，也就是不能說有命運，也不能說沒有命運；不能說有鬼神，也不能說沒有鬼神。在修練的過程中不難發現，很多事情到最後就是要超越。但從整體來看，有沒有鬼神，有沒有命運，又有什麼差別？在整體裡面，所有的變化皆從氣而來，最後又回歸於氣。我們變成一個人，這不是我們的選擇，我們也有可能變成一隻豬，人跟豬的基因組合只差百分之一。這不是我們選的，豬想不想做豬，牠也沒得選擇，但是問題在於，只要我存在，一定是以某種東西、某種形式而存在，不能說我存在，但我不要做這個。我不做這個，或不做那個，怎麼存在呢？一旦以某種方式存在，就一定有它的遭遇，這就是道家的思想。萬物都有它特定的條件而形成，沒有那一個是比較高或比較低的。

## 〈27．5〉

**眾罔兩問於景曰：「若向也俯而今也仰，向也括而今也被髮，向也坐而今也起，向也行**

而今也止，何也？」景曰：「搜搜也，奚稍問也？予有而不知其所以。予，蜩甲也，蛇蛻（ㄕㄨㄟˋ）也，似之而非也。火與日，吾屯也；陰與夜，吾代也。彼吾所以有待邪？而況乎以無有待者乎？彼來則我與之來，彼往則我與之往，彼強陽則我與之強陽。強陽者，又何以有問乎？」

## 〈白話〉

影子旁邊的那些陰影，請教影子說：「你剛才低頭，現在抬頭；剛才束髮，現在披髮；剛才走動，現在停止；為什麼呢？」影子說：「區區小事，何必問呢？我就是這樣，但不知道是什麼緣故。我，就如蟬脫下的殼，蛇蛻下的皮，很像蟬殼與蛇皮卻又不是。遇上火光與陽光，我就出現；遇到陰暗與黑夜，我就消失。形體真是我所要等待的嗎？或者我竟是無所等待的呢？它來，我便隨著它來；它去，我便隨著它去；它活動，我便隨著它活動。只是活動而已，又有什麼可問的呢？」

## 〈解讀〉

〈齊物論〉「罔兩問景」該文，可與此處對照參考。影子所等待的，除了形體之外，還有「火與日」。因為有光明出現，就有影子出現，莊子以此方式來比喻很多人其實就跟影子、還有影子旁邊的陰影一樣，茫茫然不知怎麼回事。影子回答，它所等待之物太多，最後只好順其自然，無所等待了。譬如，很多人就跟影子一樣，隨著整個社會的風潮在活動，問他為什麼穿這樣的衣服，他也不知道，只因為別人都穿；母親節到了，一定要採購，不採購、不送禮，怎麼會感覺母親節到了？今天流行這個，那我也送這個。你問他為什麼送？他也不知道。

莊子談到「天籟」時說過，不能問是什麼聲音或誰發出聲音，接受所有現成的東西，就是天籟。換句話說，天籟已經不是聽的問題，所以莊子也提到不要用耳朵聽，要用心去聽，不要用心去聽，要用氣去聽，氣怎麼聽呢？用氣聽，代表氣是一個整體，就不要聽或不聽了。有聲音就是沒聲音，沒聲音就是有聲音，有聲音出來時不要問是什麼聲音，而要明白聲音既然出來，自有它出來的理由，如此就不會產生喜歡、不喜歡的問題。譬如，我學了莊子以後，在路上聽到剎車聲也不會難過，因為一定有其他條件存在，才會有這種聲音。這時候如果沒有剎車的聲音，就會有別的聲音，反正總是有聲音，又何必挑剔？所以「天籟」之說，是主張對聲音不再有任何主觀的情緒，也不再有理不理解的問題。這是道家非常精采的觀點。

## 〈27・6〉

陽子居南之沛，老聃西遊於秦；邀於郊，至於梁而遇老子。老子中道仰天而嘆曰：「始以汝為可教，今不可也。」陽子居不答。至舍，進盥漱巾櫛，脫屨戶外，膝行而前曰：「向者弟子欲請夫子，夫子行不閒，是以不敢。今閒矣，請問其過。」老子曰：「而睢（ㄐㄩ）睢盱（ㄒㄩ）盱，而誰與居？大白若辱，盛德若不足。」陽子居蹴然變容曰：「敬聞命矣。」其往也，舍者迎將，其家公執席，妻執巾櫛，舍者避席，煬（ㄧㄤˊ）者避竈。其反也，舍者與之爭席矣。

## 〈白話〉

陽子居前往南方的沛地，正好老子要去西方的秦國遊歷；他約了在郊外見面，到了梁地才遇到老子。老子在途中仰天而嘆說：「起初我以為你可以受教，現在才知道不行。」陽子居沒有回應。到了旅舍後，侍奉老子梳洗乾淨，把鞋脫在門外，跪行向前說：「剛才弟子想請教先生，先生在路上沒有空閒，所以不敢開口。現在空閒了，請指出我的過錯。」老子說：「你態度傲慢，誰要與你相處？真正潔白的人，要好像含垢受辱；德行充實的人，要好像有所不足。」陽子居慚愧地變了臉色說：「敬聽先生的教訓了。」陽子居剛到的時候，旅舍的客人都來迎接，旅舍主人安排坐席，女主人替他拿毛巾梳子，先坐的人讓出位子，取暖的人讓出火爐。等他接受老子教訓回來以後，旅舍的客人就同他搶位子坐了。

## 〈解讀〉

本文內容令人聯想到《老子》四十一章：「大白若辱，廣德若不足。」完全容不下一點汙垢，那不叫真的白，真的白是汙垢進來，可以將它消化。德行高的人，並非認為自己德行好得不得了，而是常常覺得德行有所不足，老子的思想中有四個字是關鍵，「敝而新成」，敝就是舊的，只有讓自己變成舊的，才會不斷推陳出新；如果認為自己是新的，就不可能再往前進。所以人要讓自己覺得有所不足，才會不斷發展、不斷進步。否則，認為自己已經夠了、很圓滿了，就會停下來，生命也等於結束了，活著只不過是重複而乏味。這是很重要的觀點，記住這個觀點，就能活在當下，覺得自己有所不足，生命隨時都能保持一種動力。這也是為何老子思想對於步入中年之後的人，影響特別深刻。

陽子居因為在人世間有各種成就，所以別人覺得他是大人物，對他很尊敬，老闆娘還親自送來毛巾、梳子。但是他見了老子，改變傲慢的態度之後，別人看到他來了就跟他搶位子，因為他消解了自我的執著，看起來跟平凡人一樣，大家也就不拘形跡，有如「相忘於江湖」了。這反而是好事，與別人都相同了，大家一起回到道裡面，成為一個整體。

道家肯定每個人都是一樣的，差別只是外表的不同，本質上人人都是平等的，而且不只跟人平等，跟萬物也都平等。我們跟一隻貓、一隻狗，有什麼差別？製造差別，反而徒增困擾，讓人回不了原來的本性，只是在外表襯托出來的花樣裡打轉，離自己的真實情況更遠了。所以很多人學習道家之後，雖然得到一些外在的成就，還是保持一顆樸實的心。老子也說「復歸於嬰兒」，這都是學習道家時要理解的。

## 總結本篇要旨

本篇談莊子的寫作方法，有「寓言、重言、卮言」，重要性自不待言，他所表達的是萬物「始卒若環，莫得其倫」，因此言說有其限制，不可拘泥。難得的是莊子對孔子的肯定，他說：「吾且不得及彼乎！」在修行方法上，則有顏成子游說的九步驟，從「野」到「大妙」，可供參考。最後，陽子居聽從老聃教誨，放下身段，以平常心與人相處。

# 讓王

第二十八

〈28・1〉

堯以天下讓許由，許由不受。又讓於子州支父，子州支父曰：「以我為天子，猶之可也。雖然，我適有幽憂之病，方且治之，未暇治天下也。」夫天下至重也，而不以害其生，又況他物乎！唯無以天下為者，可以託天下也。舜讓天下於子州支伯。子州支伯曰：「予適有幽憂之病，方且治之，未暇治天下也。」故天下大器也，而不以易生，此有道者之所以異乎俗者也。舜以天下讓善卷，善卷曰：「余立於宇宙之中，冬日衣皮毛，夏日衣葛絺（ㄔ）；春耕種，形足以勞動；秋收斂，身足以休食；日出而作，日入而息，逍遙於天地之間而心意自得。吾何以天下為哉？悲夫，子之不知余也！」遂不受。於是去而入深山，莫知其處。舜以天下讓其友石戶之農，石戶之農曰：「捲捲乎，后之為人，葆力之士也。」以舜之德為未至也，於是夫負妻戴，攜子以入於海，終身不反也。

〈白話〉

堯把天下讓給許由，許由不肯接受。又把天下讓給子州支父，子州支父說：「讓我做天子，也還可以。不過，我剛好患了重病，正準備要醫治，沒有時間去治理天下。」天下是最貴重的東西，但也不能用來妨害自己的生命，更何況是其他事物呢！只有不把天下當一回事的人，才可以把天下託付給他。舜把天下讓給子州支伯，子州支伯說：「我剛好患了重病，正準備要醫治，沒有時間去治理天下。」所以說，天下是最大的東西，但也不能用來交換生命，這是有道的人與俗人不同的地方。舜把天下讓給善卷，善卷說：「我處身於宇宙中，冬天穿皮毛，夏天穿細麻；春天耕種，形體得以勞動；秋天收割，身體得以安養。日出而作，日入而息，在天地之間逍遙，心滿意足，自得其樂。我要天下有什麼用呢？可悲啊！你太不了解我了！」他不肯接受，然後離開住所到深山裡去，不知去處。舜把天下讓給他的朋友石戶之農，石戶之農說：「國君的為人勤奮努力，真是個勞碌的人啊！」他認為舜的德行還不夠完美，於是夫妻二人背起家當，帶著孩子隱居海邊，一輩子都沒有回來。

〈解讀〉

本文雖然是則寓言，卻能夾敘夾議。

所敘的部分，先談到堯讓天下於許由與子州支父，最後讓給了舜；舜讓天下於子州支伯、善卷與石戶之農（石戶地區的一名農夫），但結果都沒能成功。堯跟舜挑這些人來讓王位，代表這些人有好的名聲。問題就出在這裡，為什麼讓別人知道你有好的名聲？所以後面的反應更為激烈了，不但讓王不成，反而使這些推辭的人不是稱病就是逃走，搬家隱居去了。所議的部分則有三，一，有道之人不會為了天下，而影響自己的養生；二，只要自得其樂，又何必另有奢求？三，發現做君主的德「未至」時，還是遠走他鄉以保全自身。

這一段話中「日出而作，日落而息，逍遙於天地之間而心意自得」，就是道家嚮往的境界。特別要注意的是「攜子以入於海」，不是跳海，而是隱居於海邊。

## 〈28．2〉

大王亶（ㄉㄢˇ）父居邠（ㄅㄧㄣ），狄人攻之。事之以皮帛而不受，事之以犬馬而不受，事之以珠玉而不受，狄人之所求者土地也。大王亶父曰：「與人之兄居而殺其弟，與人之父居而殺其子，吾不忍也。子皆勉居矣！為吾臣與為狄人臣奚以異！且吾聞之，不以所用養害所養。」因杖筴而去之。民相連而從之，遂成國於岐山之下。夫大王亶父，可謂能尊生矣。能尊生者，雖貴富不以養傷身，雖貧賤不以利累形。今世之人居高官尊爵者，皆重失之，見利輕亡其身，豈不惑哉！

## 〈白話〉

大王亶父住在邠地，狄人來攻打他。他送上獸皮財帛，狄人不接受；送上犬馬畜牲，狄人不接受；送上珍珠寶玉，狄人不接受；狄人想要得到的是土地。大王亶父說：「與人民的兄長居住在一起，而讓弟弟去犧牲；與人民的父親居住在一起，而讓兒子去犧牲，我不忍心啊。你們努力在此安居吧！做我的臣民與做狄人的臣民，又有什麼差別呢！並且我聽說過，不要為了養生的土地而傷害到所養的人民。」於是拄著枴杖離開了，人民扶老攜幼跟隨著他，到了岐山下又成立了一個國家。大王亶父可以說是能夠尊重生命了。能夠尊重生命的人，即使富貴也不會因為享受而傷身，即使貧賤也不會因為求利而受困。現在世間位居高官要職的人，都唯恐失去官職，見到利益就輕易忘記了身體的處境，這不是迷惑嗎！

## 〈解讀〉

大王亶父為王季之父，周文王之祖。狄則是北方的外族，古代有「東夷、西戎、南蠻、北狄」的說法。

「不以所用養害所養」，可謂至理名言。處於富貴、處於貧賤都可以保持一種均衡的狀態，絕非易事。世間為了爭奪土地而發動的戰爭，結果都是死傷慘重，而土地卻原封不動地在那兒。大王亶父認為，人民比土地重要，為了土地而犧牲人命，可謂本末倒置；但是，一味退讓的行徑，對現代這個人口眾多的世間而言，似乎又不可行。

## 〈28・3〉

**越人三世弒其君，王子搜患之，逃乎丹穴。而越國無君，求王子搜不得，從之丹穴。王子搜不肯出，越人薰之以艾，乘以王輿。王子搜援綏登車，仰天而呼曰：「君乎！君**

乎！獨不可以舍我乎！」王子搜非惡為君也，惡為君之患也。若王子搜者，可謂不以國傷生矣，此固越人之所欲得為君也。

〈白話〉

越國人已經殺害了連續三代的國君，王子搜很擔心，就逃到山洞裡去。越國人沒有國君，找不到王子搜，最後跟蹤到了山洞。王子搜不肯出來，越國人就用艾草去薰他，並讓他坐上國君的座車。王子搜拉著扶繩上車，仰天呼喊說：「國君啊！國君啊！難道不可以放過我嗎？」王子搜不是厭惡做國君，而是厭惡做國君所帶來的禍患。像王子搜這樣的人，可以說是不肯為了國家而傷害生命。這也正是越國人要他做國君的原因。

〈解讀〉

王子搜不是厭惡做國君，而是厭惡做國君所帶來的禍患，他所呼喊的「君乎君乎！」可以指國君之位，也可以指主宰人間的力量，也就是古代所謂的「人窮則呼天」。接著，從他所說的「獨不可以舍我乎！」看來，意思就比較接近「天」了。雖然王子搜具有王族的血統，但逼他即位實在太過勉強。當上國君之後，怎麼可能只有利益而沒有後患。前面已有三個親人被弒，若無法擺平底下的利益，最後他也只能落入臣子「弒其君」的命運。

〈28・4〉

韓、魏相與爭侵地。子華子見昭僖侯，昭僖侯有憂色。子華子曰：「今使天下書銘於君之前，書之言曰：『左手攫（ㄐㄩㄝˊ）之則右手廢，右手攫之則左手廢，然而攫之者必有天下。』君能攫之乎？」昭僖侯曰：「寡人不攫也。」子華子曰：「甚善！自是觀之，兩臂重於天下也，身亦重於兩臂。韓之輕於天下亦遠矣，今之所爭者，其輕於韓又遠。君固愁身傷生以憂戚不得也！」僖侯曰：「善哉！教寡人者眾矣，未嘗得聞此言也。」子華子可謂知輕重矣。

〈白話〉

韓國與魏國正在爭奪邊境土地。子華子前去拜見昭僖侯。昭僖侯面帶愁容。子華子說：「現在讓天下人到你面前寫下盟約，盟約上說：『左手取得盟約，則砍去右手；右手取得盟約，則砍去左手；然而取得盟約的人必定擁有天下。』您願意去奪取嗎？」昭僖侯說：「我不去奪取。」子華子說：「很好！這樣看來，兩隻手臂比天下重要，身體又比兩臂重要；韓國遠比天下為輕，現在所爭奪的土地又遠比韓國為輕，您又何必愁壞身體、危害生命，去擔心得不到這塊土地呢！」昭僖侯說：「說得好！勸我的人很多，但從來沒有聽過這樣的話。」子華子可以說是懂得輕重了。

〈解讀〉

子華子是魏國的賢人，而昭僖侯是韓國國君。從子華子勸昭僖侯的言論可知，為了外在利益而損傷生命，是不值得的。不過，人往往在禍害出現之後，才會覺醒。就好比人們一生都在盤算如何趨吉避凶，殊不知吉凶本是攜手並行。很多人的煩惱，都是在忽然想通了之後，才發現自己很幼稚。能得到天下，但損失一隻手都不願意了，何況是為了得到一塊小小的土地，每天愁眉苦臉，累得整個身體都變壞了，這又是何苦呢？

〈28．5〉

魯君聞顏闔得道之人也，使人以幣先焉。顏闔守陋閭，苴（ㄐㄩ）布之衣而自飯牛。魯君之使者至，顏闔自對之。使者曰：「此顏闔之家與？」顏闔對曰：「此闔之家也。」使者致幣，顏闔對曰：「恐聽謬而遺使者罪，不若審之。」使者還反審之，復來求之，則不得已。故若顏闔者，真惡富貴也。故曰：「道之真以治身，其緒餘以為國家，其土苴以治天下。」由此觀之，帝王之功，聖人之餘事也，非所以完身養生也。今世俗之君子，多危身棄生以殉物，豈不悲哉！凡聖人之動作也，必察其所以之與其所以為。今且有人於此，以隨侯之珠彈千仞之雀，世必笑之。是何也？則其所用者重而所要者輕也。夫生者，豈特隨侯之重哉！

## 〈白話〉

魯君聽說顏闔是一位得道的人，就派人送些錢財去致意。顏闔住在陋巷中，穿著粗布衣服，正在自己餵牛。魯君的使者來時，顏闔親自接待。使者說：「這是顏闔的家嗎？」顏闔回答說：「這是顏闔的家。」使者送上錢財，顏闔說：「恐怕你聽錯了話，將來讓你受到責備，不如問個明白。」使者回去查問清楚，再來找他，卻已經不知去向了。像顏闔這樣的人，真正是厭惡富貴了。所以說：「道的真實本體是用來調理生命的，它的剩餘部分是用來治理國家的，它的殘渣部分則用來治理天下。」這樣看來，帝王的功業是聖人剩餘的事，不能用來修身養性。現在世俗的君子，多半為了追逐外物而危害身體放棄生命，豈不是很可悲！當聖人有所動作時，一定要看清楚他設定的目標與採取的方法。如果有人在此，用隨侯的寶珠去射高飛的麻雀，世人一定會取笑他。為什麼呢？因為他所用的東西貴重，而所要的東西輕賤。談到生命，難道不比隨侯的寶珠更貴重嗎？

## 〈解讀〉

「道之真」（道的真實本體）以外，還有道之「緒餘、土苴」（剩餘部分、殘渣部分）。這是從人的觀點所作的區分，有些人只學到了緒餘與土苴，就以為可以用來治國與治天下。唯有學到真實本體的人，才會用來安頓自己，避開不必要的麻煩。

「以隨侯之珠彈千仞之雀」，雖然遭人嘲笑，但世人卻未必有所自覺。結果則是大家輪流陷於被嘲笑的困境。真正懂得道的人，首先能夠養生，讓自己的生命處於一種平平安安的狀態。人的生命太可貴了，比任何寶物都可貴。所以要用生命得到什麼目標，那個目標一定要比生命更貴重，也就是只有道了。莊子一再強調形如槁木、心如死灰，就是希望人透過修練，讓身體變成槁木，心智變成死灰，然後精神才能展現出來，因為精神生於道。身跟心不再有作用，精神才可出現，這時覺悟到道，也才是生命真正安頓的時刻。否則，用生命去追求有形的外在事物，就算賺了很多錢，無異於用一顆隨侯的寶珠去打麻雀，不知輕重。有些學者批評這幾章的內容過於強調具體的生命價值，其實不見得如此，莊子終究是希望人能夠悟道的。

## 〈28・6〉

子列子窮，容貌有飢色。客有言之於鄭子陽者曰：「列御寇，蓋有道之士也，居君之國而窮，君無乃為不好士乎？」鄭子陽即令官遺之粟。子列子見使者，再拜而辭。使者去，子列子入，其妻望之而拊心曰：「妾聞為有道者之妻子，皆得佚樂，今有飢色。君過而遺先生食，先生不受，豈不命邪？」子列子笑謂之曰：「君非自知我也，以人之言而遺我粟，至其罪我也，又且以人之言。此吾所以不受也。」其卒，民果作難而殺子陽。

## 〈白話〉

子列子生活窮困，面帶飢色。有人告訴鄭子陽說：「列御寇是一位有道之士，住在你的國內卻生活窮困，你難道是不喜歡賢士的人嗎？」鄭子陽立刻派官員送糧食給他。子列子接見使者，再三辭謝而不接受。使者離開後，子列子進入屋內，他的妻子責怪他，撫著胸口說：「我聽說有道之士的妻子與孩子，都能夠過著安樂的生活，現在我們卻面有飢色。相國一聽說你就派人送來糧食，你卻不接受，難道這不是命嗎？」子列子笑著對她說：「相國並不是自己了解我，他是聽了別人的話才送我糧食，將來他也可能會因為聽了別人的話而加罪於我。這就是我不能接受的原因。」後來，百姓果然作亂，殺了子陽。

### 〈解讀〉

鄭子陽是鄭國的宰相，為人嚴酷，才會在亂事中被殺。子列子不收受他的贈米，頗有「敬而遠之」的意涵。他明白一旦得到宰相的好處，待宰相被殺時就可能被連累的道理，所以不願為了幾袋米，到最後一世英名都沒了，還陷自身於危境之中。很多時候拒絕與他人有什麼瓜葛，反而是一種聰明的作為，子列子能有這樣的遠見，真不愧為「有道之士」。

## 〈28・7〉

楚昭王失國，屠羊說走而從於昭王。昭王反國，將賞從者，及屠羊說。屠羊說曰：「大王失國，說失屠羊；大王反國，說亦反屠羊。臣之爵祿已復矣，又何賞之有！」王曰：「強之。」屠羊說曰：「大王失國，非臣之罪，故不敢伏其誅；大王反國，非臣之功，故不敢當其賞。」王曰：「見之。」屠羊說曰：「楚國之法，必有重賞大功而後得見。今臣之知不足以存國，而勇不足以死寇。吳軍入郢，說畏難而避寇，非故隨大王也。今大王欲廢法毀約而見說，此非臣之所以聞於天下也。」王謂司馬子綦曰：「屠羊說居處卑賤而陳義甚高，子其為我延之以三旌（ㄐㄥ）之位。」屠羊說曰：「夫三旌之位，吾知其貴於屠羊之肆也；萬鍾之祿，吾知其富於屠羊之利也；然豈可以貪爵祿而使吾君有妄施之名乎！說不敢當，願復反吾屠羊之肆。」遂不受也。

## 〈白話〉

楚昭王棄國逃亡時，有一個名叫說的屠羊人跟隨昭王出走。昭王回國復位後，要獎賞跟隨他逃亡的人，找到了屠羊說。屠羊說說：「大王喪失國土，我失去屠羊的工作；大王回國復位，我也回來繼續屠羊。我的爵位利祿已經收回來了，還有什麼可獎賞的！」昭王說：「勉強他接受。」屠羊說說：「大王失去國土，不是我的過錯，所以我不敢承受懲罰；大王回國復位，不是我的功勞，所以我不敢接受獎賞。」昭王說：「叫他來見我。」屠羊說說：「楚國的法令規定，一定要受重賞、立大功的人，才能見大王。現在我的智力不足以保存國家，勇敢又不足以消滅敵人。吳軍攻入郢都時，我害怕危險而逃避敵人，並不是有心追隨大王。現在大王要破壞法令約定來接見我，這不是我願意傳聞於天下的事。」昭王對司馬子綦說：「屠羊說身分卑賤而陳述的道理很高明，你替我延攬他來擔任三公的職位。」屠羊說說：「三公的職位，我知道它比屠羊的鋪子尊貴得多；萬鍾的俸祿，我知道它比屠羊的收入豐富得多；但是我怎麼可以貪圖爵位利祿而讓國君蒙上隨便封賞的惡名呢！我不敢接受，只希望回到我屠羊的鋪子。」最後還是沒有接受。

〈解讀〉

楚昭王在位時，吳人伐楚，昭王於是棄國逃亡。「三旌之位」是三卿皆執圭，又稱三圭，也就是公、侯、伯。

屠羊說有自知之明，安於自己的工作，也省去了許多麻煩。他推辭封賞的理由，前後共有四種，重點在於「安分」二字，不是該得的，想都不要想，因為得到之後必定會付出代價，所以一開始不去得就沒事了。

〈28・8〉

原憲居魯，環堵之室。茨以生草，蓬戶不完，桑以為樞；而甕（ㄨㄥˋ）牖（ㄧㄡˇ）二室，褐以為塞；上漏下濕，匡坐而弦。子貢乘大馬，中紺（ㄍㄢˋ）而表素，軒車不容巷，往見原憲。原憲華冠縰（ㄒㄧˇ）履，杖藜而應門。子貢曰：「嘻！先生何病？」原憲應之曰：「憲聞之，無財謂之貧，學而不能行謂之病。今憲，貧也，非病也。」子貢逡巡而有愧色。原憲笑曰：「夫希世而行，比周而友，學以為人，教以為己，仁義之慝（ㄊㄜˋ），輿馬之飾，憲不忍為也。」

〈白話〉

原憲住在魯國，居處只有方丈大小。生草蓋成的屋子，蓬蒿編成的門戶也不完整，桑條做成門樞；用破甕做窗戶，以粗布衣隔開兩個房間；屋頂漏雨，地上潮溼，他卻端坐其中彈琴唱歌。子貢騎著大馬，穿著素白的大衣，襯著天青色的內裡，巷子容不下高大的馬車，他就走進去見原憲。原憲戴著樺樹皮做的帽子，穿著沒跟的鞋子，扶著黎杖來應門。子貢說：「呀！先生患了什麼病呢？」原憲說：「我聽說：『沒有錢財，叫做貧窮；讀書而不能實踐，叫做患病。』現在的我，是貧窮而不是患病。」子貢進退不得而面有愧色。原憲笑著說：「行為迎合世俗，交友親熱周旋，求學是為了讓人讚賞，教授是為了顯揚自己，假託仁義去為惡，裝飾車馬去炫耀，這些是我不忍心做的事。」

## 〈解讀〉

原憲與子貢都是孔子的學生，兩個人一貧一富，形成鮮明對比。原憲認為自己是「貧」，窮並不是病，病是有學問而不能實踐，所以子貢生活在富貴的世界，有沒有真的用學問來幫助別人呢？在他看來，子貢才是真正「病」了。從這裡可以看得出來，孔子所教的學生頗有可取。

《論語・憲問》的「憲」字，就是指原憲。他請教孔子什麼是恥。子曰：「邦有道，貧且賤焉，恥也；邦無道，富且貴焉，恥也。」國家上軌道，你卻很貧賤，沒能表現代表你沒有能力，所以可恥。反之，國家不上軌道，你卻得到富貴，也是可恥。所以，可恥與否要看情況。

## 〈28・9〉

**曾子居衛，縕袍無表，顏色腫噲（ㄎㄨㄞˋ），手足胼（ㄆㄢˊ）胝（ㄓ）。三日不舉火，十年不製衣。正冠而纓絕，捉衿而肘見，納屨而踵決。曳縰而歌《商頌》，聲滿天地，若出金石。天子不得臣，諸侯不得友。故養志者忘形，養形者忘利，致道者忘心矣。**

### 〈白話〉

曾子住在衛國，身穿破爛絮袍，臉色浮腫有病，手腳磨出厚繭。三天沒有生火煮飯，十年沒有添製衣裳。扶正帽子，帽帶就斷掉；拉住衣襟，手肘就露出；穿上鞋子，後跟就著地。他腳上拖著破鞋，口中吟唱《商頌》，聲音充滿天地，好像出自金石樂器。天子不能以他為臣，諸侯不能與他為友。所以說，修養心志的人會忘記形體，修養形體的人會忘記利益，追求大道的人會忘記心機。

### 〈解讀〉

依文中曾子貧困的處境與無憂的表現，能做到「天子不能臣，諸侯不能友」，可說是不虛此生。如同《論語・雍也》中，孔子所描述的顏淵：「人不堪其憂，回也不改其樂。」從這種角度去認識真正的儒家，才能體會孔子的生命精神。

## 〈28．10〉

孔子謂顏回曰：「回，來，家貧居卑，胡不仕乎？」顏回對曰：「不願仕。回有郭外之田五十畝，足以給飦（ㄍㄢ）粥；郭內之田十畝，足以為絲麻；鼓琴足以自娛，所學夫子之道者足以自樂也。回不願仕。」孔子愀（ㄑㄠˇ）然變容，曰：「善哉，回之意！丘聞之，『知足者，不以利自累也；審自得者，失之而不懼；行修於內者，無位而不怍。』丘誦之久矣，今於回而後見之，是丘之得也。」

## 〈白話〉

孔子對顏回說：「顏回，你過來這兒，你家境貧窮、住處簡陋，為什麼不去做官呢？」顏回回答說：「不願做官。我在城外有五十畝田，足夠供應我要吃的稀飯。在城內有十畝田，足夠生產我要穿的絲麻；彈琴足夠我自己消遣，所學老師的道足夠我自得其樂。我不願做官。」孔子臉色一變，說：「你的心思很好啊！我聽說過：『知足的人不會為了利益而勞苦自己，自在的人遇到損失不會恐懼，修養內心的人沒有爵位也不會羞愧。』我講述這些話已經很久了，如今在你身上才見到，這是我的收穫啊。」

## 〈解讀〉

顏回雖然家貧，仍有六十畝田，可以勉強溫飽。處於亂世而不出仕為官，他的選擇是可以理解的。

《論語．學而》中，子貢請教老師：「貧而無諂，富而無驕，何如？」子曰：「可也；未若貧而樂道，富而好禮者也。」很多版本少一個「道」字，只說「貧而樂，富而好禮」。此處當然有「道」字，本文顏回說，老師的道足夠讓我自得其樂，就是證據。孔子肯定顏回的同時，還不忘表示佩服之意，正是「弟子不必不如師，師不必賢於弟子」的最佳例證。

〈28．11〉

**中山公子牟謂瞻子曰：「身在江海之上，心居乎魏闕之下，奈何？」瞻子曰：「重生。重生則利輕。」中山公子牟曰：「雖知之，未能自勝也。」瞻子曰：「不能自勝則從，神無惡乎！不能自勝而強不從者，此之謂重傷。重傷之人，無壽類矣。」魏牟，萬乘之公子也，其隱巖穴也，難為於布衣之士；雖未至乎道，可謂有其意矣。**

## 〈白話〉

中山公子牟對瞻子說：「身體處在江海之上，內心想著王室的榮華，怎麼辦呢？」瞻子說：「看重生命。看重生命就會輕視利祿。」中山公子牟說：「雖然知道這一點，但還不能克制自己。」瞻子說：「不能克制自己就順應，心神不會有厭惡啊！不能克制自己又勉強不肯順應，就叫做雙重傷害。受到雙重傷害的人，沒有能活得下去的。」魏牟是萬乘大國的公子，他隱居在山林岩洞裡，要比平民困難得多；雖然還沒有悟道，也可以說是有志向了。

## 〈解讀〉

魏牟是魏國公子，名牟，受封於中山。瞻子是一位賢人。

「身在江海之上，心居乎魏闕之下」是很有名的一句話。魏牟是萬乘大國的公子，他隱居在山林岩洞裡，要比平民困難得多；雖然還沒有悟道，也可以說是有志向了。因為一般老百姓隱不隱居，生活都差不多，本來就沒有什麼好損失的。譬如，釋迦牟尼佛，他放棄印度王室的榮華富貴出家，這跟一般家貧的人出家是大不相同的。所以本文強調「不能自勝則從」，意指不必勉強，否則心力交瘁而一事無成，最後造成雙重傷害，沒有能活下去的。

## 〈28・12〉

孔子窮於陳、蔡之間，七日不火食，藜羹不糝（ㄙㄢˇ），顏色甚憊，而弦歌於室。顏回擇菜，子路、子貢相與言曰：「夫子再逐於魯，削迹於衛，伐樹於宋，窮於商、周，圍於陳、蔡。殺夫子者無罪，藉夫子者無禁。弦歌鼓琴，未嘗絕音，君子之無恥也若此乎？」顏回無以應，入告孔子。孔子推琴，喟（ㄎㄨㄟˋ）然而嘆曰：「由與賜，細人也。召而來，吾語之。」子路、子貢入。子路曰：「如此者，可謂窮矣！」孔子曰：「是何言也！君子通於道之謂通，窮於道之謂窮。今丘抱仁義之道以遭亂世之患，其何窮之為！故內省而不窮於道，臨難而不失其德，天寒既至，霜雪既降，吾是以知松柏之茂也。陳、蔡之隘（ㄜˋ），於丘其幸乎！」孔子削（ㄒㄩㄝˋ）然反琴而弦歌，子路扢（ㄒㄧˋ）然執干而舞。

子貢曰：「吾不知天之高也，地之下也。」古之得道者，窮亦樂，通亦樂，所樂非窮通也，道德於此，則窮通為寒暑風雨之序矣。故許由娛於潁陽，而共伯得乎共首。

〈白話〉

孔子被圍困在陳國、蔡國之間，七天沒有生火煮飯，喝的野菜湯裡沒有米粒，神情十分疲憊，但是還在屋內彈琴唱歌。顏回在屋外揀菜，子路與子貢互相談論說：「老師兩次被逐出魯國，在衛國的行跡被人抹殺，在宋國的樹下講學，連樹都被砍掉，在商朝、周朝的境內不得志，在陳國、蔡國之間又受到圍困。要殺害老師的人沒有被治罪，要侮辱老師的人沒有被制止。老師還在彈琴唱歌，沒有停止過，君子有像他這樣無恥的嗎？」顏回沒有話回答，就進屋去報告孔子。孔子推開琴，長嘆一聲說：「子路與子貢都是淺見的小人啊。叫他們進來，我來告訴他們。」子路與子貢進到屋中，子路說：「像老師這樣，可以說是窮困了吧！」孔子說：「這是什麼話！君子領悟大道的，就稱為通達；隔絕大道的，就稱為窮困。現在我懷抱仁義的理想，卻遭逢亂世的禍患，有什麼窮困的呢！所以，內心反省而沒有隔絕大道，面臨危難而沒有失去操守。在天寒地凍、霜雪降下時，我才知道松柏的茂盛。在陳國、蔡國所遭受的困阨，對我來說其實是幸運啊！」孔子平靜地又彈起琴唱著歌，子路奮勇地拿起盾牌起舞。子貢說：「我不知道天有多高，地有多厚啊。」古代得道的人，窮困時快樂，通達時也快樂。不是因為窮困與通達而快樂，而是因為他領悟了道，所以窮困與通達只是寒暑風雨的循環罷了。所以，許由能在潁陽愉快度日，共伯可以在共首山下自得其樂。

〈解讀〉

孔子蒙難的故事，可參〈天運〉、〈山木〉。由孔子的陳述可以看出，其中兼具儒家與道家的雙面立場，因此文中所說的「仁義之道」的「道」是指理想，「不失其德」的「德」則指操守。另外，單說「道」字，仍以解釋為「大道」較為妥適。若不依此理解，則最後許由與共伯的事蹟不易說明。共伯是周厲王時期的諸侯，後來歸隱於共首山。

〈28・13〉

**舜以天下讓其友北人無擇，北人無擇曰：「異哉，后之為人也！居於畎（ㄑㄩㄢˇ）畝之中，而遊堯之門，不若是而已，又欲以其辱行漫我，吾羞見之。」因自投清泠（ㄌㄧㄥˊ）之淵。**

〈白話〉

舜把天下讓給他的朋友北人無擇，北人無擇說：「奇怪呀，國君的為人！出身於農耕之家，卻遊走於堯的朝廷，不僅如此，還想用他的醜行汙辱我，我羞於見到他。」於是自己投入清泠之淵死了。

〈解讀〉

舜的好意害死了朋友。北人無擇寧願自盡也不願做天子，實在讓人費解。與其如此，當初就不應該讓舜發現他的偉大，或者根本不要與舜結識而成為朋友。

〈28·14〉

湯將伐桀，因卞隨而謀，卞隨曰：「非吾事也。」湯曰：「孰可？」曰：「吾不知也。」湯又因務光而謀，務光曰：「非吾事也。」湯曰：「孰可？」曰：「吾不知也。」湯曰：「伊尹何如？」曰：「強力忍垢，吾不知其他也。」湯遂與伊尹謀伐桀，剋之，以讓卞隨。卞隨辭曰：「后之伐桀也謀乎我，必以我為賊也；勝桀而讓我，必以我為貪也。吾生乎亂世，而無道之人再來漫我以其辱行，吾不忍數聞也。」乃自投椆（ㄉㄠˋ）水而死。湯又讓務光，曰：「知者謀之，武者遂之，仁者君之，古之道也。吾子胡不立乎？」務光辭曰：「廢上，非義也；殺民，非仁也；人犯其難，我享其利，非廉也。吾聞之曰，『非其義者，不受其祿，無道之世，不踐其土。』況尊我乎！吾不忍久見也。」乃負石而自沉於廬水。

〈白話〉

商湯準備討伐夏桀，找卞隨來商議，卞隨說：「這不是我的事。」湯說：「可以找誰呢？」卞隨說：「我不知道。」湯又找務光來商議，務光說：「這不是我的事。」湯說：「伊尹怎麼樣？」務光說：「他有毅力，可以忍受恥辱，其他的我就不知道了。」湯於是與伊尹商議如何討伐桀，並且戰勝了，然後他要把天下讓給卞隨。卞隨推辭說：「國君討伐桀時，曾找我商議，一定認為我是個偏邪的人；他戰勝桀後，要把天下讓給我，一定認為我是個貪婪的人。我生在亂世中，又讓無道的人用他的醜行汙辱我，我不能忍受一再的打擾。」於是投入椆水自溺而死。湯又要讓位給務光，說：「明智的人謀劃，勇武的人成事，仁慈的人治理，這是自古以來的道理。你為什麼不肯即位呢？」務光說：「廢除君上，這是不義；殺害人民，這是不仁；別人冒險犯難，我來坐享其利，這是不廉。我聽說過，『對不義的人，不要接受他的俸祿；對無道的國家，不要踏在他的土地上。』何況是要尊我為君呢！我不忍心長期看到這樣的事。」於是背著石塊自溺於廬水。

**〈解讀〉**

務光回答商湯，說伊尹「強力忍垢」，是因為起兵需要強力，弒君需要忍垢，所以伊尹可以共商大計。卞隨、務光先後投水自盡，死意堅決，是因為居然被湯誤會自己會考慮接受帝王之位。

**〈28・15〉**

昔周之興，有士二人處於孤竹，曰伯夷、叔齊。二人相謂曰：「吾聞西方有人，似有道者，試往觀焉。」至於岐陽，武王聞之，使叔旦往見之，與之盟曰：「加富二等，就官一列。」血牲而埋之。二人相視而笑，曰：「嘻，異哉！此非吾所謂道也。昔者神農之有天下也，時祀盡敬而不祈喜；其於人也，忠信盡治而無求焉。樂與政為政，樂與治為治，不以人之壞自成也，不以人之卑自高也，不以遭時自利也。今周見殷之亂而遽為政，上謀而行貨，阻兵而保威，割牲而盟以為信，揚行以說眾，殺伐以要利，是推亂以易暴也。吾聞古之士，遭治世不避其任，遇亂世不為苟存。今天下闇，周德衰，其並乎周以塗吾身也，不如避之，以潔吾行。」二子北至於首陽之山，遂餓而死焉。若伯夷、叔齊者，其於富貴也，苟可得已，則必不賴。高節戾行，獨樂其志，不事於世，此二士之節也。

〈白話〉

從前周朝興起時，有兩位賢士住在孤竹國，名叫伯夷、叔齊。這兩人商量說：「聽說西方有個人，好像是個有道者，我們去看看吧。」到了岐陽，武王聽說他們來了，就派叔旦去相見，並與他們盟誓說：「加祿二級，授官一等。」盟約塗上牲血，埋在地下。這二人相視而笑，說：「嘻，奇怪呀！這不是我們所謂的道啊。從前神農氏治理天下時，按季節祭祀十分虔誠，但並不祈求福祐；他對待百姓，忠誠信實用心治理，但並不要求什麼。喜歡參政的就讓他參政，喜歡治理的就讓他治理。不藉別人的失敗來凸顯自己的成功，不藉別人的卑賤來顯示自己的高貴，不因遭逢時機而圖謀自己的利益。現在周朝看見商朝動亂，就急著想取得政權，崇尚謀略而廣施財貨，仗恃武力而保全聲威，殺牲結盟以宣示誠信，傳播善行以取悅百姓，殺戮征伐以奪取利益，這是製造亂世來代替暴政啊。我們聽說古代的賢士，遇到治世不逃避責任，遭逢亂世不苟且偷生。現在天下黑暗，周朝德行衰敗，要是與周朝同處而汙辱自己，不如避開以保持乾淨。」二人往北走到首陽山，最後在那兒餓死了。像伯夷、叔齊這樣的人，對於富貴，即使可以得到，也一定不會獲取。表現高尚的節操與不凡的行為，只以滿足自己的志向為樂，不去迎合世間的俗務，這是二位賢士的風骨。

## 〈解讀〉

本文所謂的「周之興」，是指直至周文王時；到了周武王準備伐紂時，就是「周德衰」了。前後變化似乎只在武王的一念之間。叔旦就是後來的周公，他本名姬旦，因為周朝姓姬，又因為他是周武王的弟弟，所以稱叔旦。

伯夷、叔齊所說的話雖是莊子杜撰，但清高的事蹟並非虛構，由此使得〈讓王〉中的故事所要彰顯的觀念，包括重生與輕生，都值得讀者細加反省思索。

### 總結本篇要旨

誰願意把王位讓給別人？問題更在於：讓了別人還不要，不但不要，甚至認為自己受到侮辱。這是相當極端的觀點，但是從道家「全身保真」與儒家「安貧樂道」的角度來看，卻顯得並不突兀。「日出而作，日入而息」，亦可自得其樂。何必為了射一隻麻雀而浪費「隨侯之珠」？孔子與幾位弟子在此受到表揚，並不使人意外。

# 盜跖

第二十九

〈29．1〉

孔子與柳下季為友，柳下季之弟，名曰盜跖（ㄓˊ）。盜跖從卒九千人，橫行天下，侵暴諸侯，穴室樞戶，驅人牛馬，取人婦女，貪得忘親，不顧父母兄弟，不祭先祖。所過之邑，大國守城，小國入保，萬民苦之。孔子謂柳下季曰：「夫為人父者，必能詔其子；為人兄者，必能教其弟。若父不能詔其子，兄不能教其弟，則無貴父子兄弟之親矣。今先生，世之才士也，弟為盜跖，為天下害，而弗能教也，丘竊為先生羞之。丘請為先生往說之。」柳下季曰：「先生言為人父者必能詔其子，為人兄者必能教其弟，若子不聽父之詔，弟不受兄之教，雖今先生之辯，將奈之何哉！且跖之為人也，心如涌泉，意如飄風，強足以距敵，辯足以飾非，順其心則喜，逆其心則怒，易辱人以言。先生必無往。」孔子不聽，顏回為馭，子貢為右，往見盜跖。盜跖乃方休卒徒太山之陽，膾（ㄎㄨㄞˋ）人肝而餔（ㄅㄨ）之。

## 〈白話〉

孔子與柳下季是朋友，柳下季有個弟弟，名叫盜跖。盜跖帶著九千名部屬，橫行天下，侵犯諸侯，打家劫舍，搶人牛馬，擄人婦女，貪財忘親，不顧念父母兄弟，也不祭祀祖先。所到之處，大國嚴守城池，小國避入城堡，百姓苦不堪言。孔子對柳下季說：「為人父親的，一定能勸誡兒子；做人哥哥的，一定能教導弟弟。如果父親不能勸誡兒子，哥哥不能教導弟弟，那麼父子兄弟的親情就沒有什麼可貴了。現在先生是當代的才士，弟弟卻是盜跖，成為天下的禍害，而不能把他教好，我私下為先生覺得羞愧。我想代替你去勸說他。」柳下季說：「先生談到，為人父親的一定能勸誡兒子，做人哥哥的一定能教導弟弟；如果兒子不聽從父親的勸誡，弟弟不接受哥哥的教導，即使像先生這麼會說話，又能對他怎麼辦！而且，盜跖這個人，心思像湧泉一樣，意念像飄風一樣，強悍足以抗拒敵人，辯才足以掩飾過錯，順從他的心意他就高興，違逆他的心意他就發怒，隨易就用言語侮辱人。先生千萬不要去。」孔子不聽，讓顏回駕車，子貢在右側守護，前去拜訪盜跖。盜跖正帶著部屬在泰山南邊休息，切人肝當作晚餐吃。

## 〈解讀〉

本文是一則寓言，因為孔子、柳下季、盜跖三人的生平，並不屬於同一個時代。柳下季，姓展名獲，也就是賢人柳下惠。天下沒有父母會為孩子取名「盜」，是因為此人後來以當強盜出名，世人就加個「盜」字，往後一聽到名字，就知道盜跖這人是個大盜了。

孔子的理論的確有其道理，但是兄弟之間也可能有「道不同，不相為謀」（《論語・衛靈公》）的情況存在。柳下季有盜跖這樣的弟弟，也是無可奈何。

孔子不聽勸告，執意前去面見盜跖，顯示了儒家「知其不可而為之」（《論語・憲問》）的性格。盜跖「心如湧泉，意如飄風」，這八個字一看，就好像武俠小說裡的高手來了，加上強悍與辯才，盜跖還帶著部屬在泰山南邊休息，切人肝當作晚餐吃。這樣的開場，讓人不知道後面該如何善了。

〈29・2〉

孔子下車而前，見謁者曰：「魯人孔丘，聞將軍高義，敬再拜謁者。」謁者入通，盜跖聞之大怒，目如明星，髮上指冠，曰：「此夫魯國之巧偽人孔丘非邪？為我告之：『爾作言造語，妄稱文、武，冠枝木之冠，帶死牛之脅，多辭謬說，不耕而食，不織而衣，搖脣鼓舌，擅生是非，以迷天下之主，使天下學士不反其本，妄作孝弟，而僥（ㄐㄧㄠˇ）倖於封侯富貴者也。子之罪大極重，疾走歸！不然，我將以子肝益晝餔之膳。』」孔子復通曰：「丘得幸於季，願望履幕下。」謁者復通，盜跖曰：「使來前！」孔子趨而進，避席反走，再拜盜跖。盜跖大怒，兩展其足，案劍瞋（ㄔㄣ）目，聲如乳虎，曰：「丘，來前！若所言，順吾意則生，逆吾心則死。」孔子曰：「丘聞之，凡天下有三德：生而長大，美好無雙，少長貴賤見而皆說之，此上德也；知維天地，能辯諸物，此中德也；勇悍果敢，聚眾率兵，此下德也。凡人有此一德者，足以南面稱孤矣。今將軍兼此三者，身長八尺二寸，面目有光，脣如激丹，齒如齊貝，音中黃鐘，而名曰盜跖，丘竊為將軍恥不取焉。將軍有意聽臣，臣請南使吳、越，北使齊、魯，東使宋、衛，西使晉、楚，使為將軍造大城數百里，立數十萬戶之邑，尊將軍為諸侯，與天下更始，罷兵休卒，收養昆弟，共祭先祖。此聖人才士之行，而天下之願也。」

## 〈白話〉

孔子下車，走到前面，對接待的人說：「魯國人孔丘，聽說將軍義行過人，特地前來拜見。」接待的人入內通報，盜跖一聽大怒，雙目生輝，怒髮衝冠，說：「這不就是魯國那個巧詐虛偽的孔丘嗎？你替我告訴他：『你隨便製造言論，任意標榜文王、武王，戴著華麗的帽子，繫著死牛的皮帶，滿口胡言亂語，不耕田就有飯吃，不織布就有衣穿，鼓動唇舌，搬弄是非，以此迷惑天下君主，讓天下讀書人不肯回歸本分，妄想藉著孝悌的行為，僥倖得到封侯及富貴。你罪大惡極，趕快回去吧！不然，我就拿你的肝當作午餐加菜了。』」孔子再度請求通報說：「我有幸認識柳下季，希望能到帳幕中拜見。」接待的人再度通報，盜跖說：「讓他進來！」孔子快步走進帳幕，又避開坐席退後幾步，向盜跖行禮拜見。盜跖大怒，伸開雙腳，手按寶劍，怒目而視，聲如小虎之吼，說：「丘，上前來！你說的話，順我的心意才可活命，逆我的心意就要處死。」孔子說：「我聽說過，天下有三種稟賦，身材長得高大，面貌美好無雙，老少貴賤看到了都喜歡的，這是上等稟賦；智力包羅天地，才幹可以處理一切事務，這是中等稟賦；勇敢強悍而果決，能夠聚集群眾、率領士兵，這是下等稟賦。普通人具備其中一種稟賦，就足以南面稱王了。現在將軍兼具這三種稟賦，身高八尺二寸，面目神采煥然，嘴唇紅潤有光，牙齒整齊如貝，聲音合乎黃鐘，但是名字卻叫盜跖，我私下為將軍感到羞愧，認為不應如此。將軍有意聽從我的建議，我願意往南出使吳國、越國，往北出使齊國、魯國，往東出使宋國、衛國，往西出使晉國、楚國，讓他們為將軍建造方圓數百里的大城，成立數十萬戶的封邑，尊奉將軍為諸侯，與天下人重新開始來往，停戰休兵，收養弟兄，一起祭祀祖先。這是聖人才士的作為，也是天下人的願望啊。」

## 〈解讀〉

盜跖對孔子的印象是「巧偽人」，在《莊子》中已經見過不少類似評論。然而，孔子真正希望的是盜跖可以「與天下更始」。由此可見，兩人的觀念實在差距太大了。

孔子的勸導其實極為奉承，為盜跖淪為大盜感到惋惜，並勸他只要當上諸侯，就不用打仗了，所以最好還是走上正路，儒家的好心在此一覽無遺。但孔子以為盜跖聽了會樂於協商，顯然他低估了對手，詳見下文。

## 〈29．3〉

盜跖大怒，曰：「丘，來前！夫可規以利，而可諫以言者，皆愚陋恆民之謂耳。今長大美好，人見而說之者，此吾父母之遺德也。丘雖不吾譽，吾獨不自知邪？且吾聞之，好面譽人者，亦好背而毀之。今丘告我以大城眾民，是欲規我以利，而恆民畜我也，安可久長也！城之大者，莫大乎天下矣。堯、舜有天下，子孫無置錐之地；湯、武立為天子，而後世絕滅；非以其利大故邪？且吾聞之，古者禽獸多而人民少，於是民皆巢居以避之，晝拾橡栗，暮栖木上，故命之曰有巢氏之民。古者民不知衣服，夏多積薪，冬則煬之，故命之曰知生之民。神農之世，臥則居居，起則于于，民知其母，不知其父，與麋鹿共處，耕而食，織而衣，無有相害之心，此至德之隆也。然而，黃帝不能致德，與蚩尤戰於涿鹿之野，流血百里。堯、舜作，立群臣；湯放其主，武王殺紂。自是之後，以強陵弱，以眾暴寡。湯、武以來，皆亂人之徒也。」

〈白話〉

盜跖大怒，說：「丘，上前來！可以用利益勸導，並且可以用言語進諫的，都是愚笨淺陋的平常百姓。現在我身材高大，面貌美好，人們看了就喜歡，這是我父母留下的稟賦。就算你不稱讚我，我自己難道不知道嗎？並且我聽說，喜歡當面稱讚人的，也喜歡在背後毀謗人。現在你告訴我建大城、聚眾民的事，是想用利益來勸導我，而把我當作平常百姓來收買，這怎麼能維持長久呢！談到大城，沒有比天下更大的了。堯、舜擁有天下，子孫卻沒有立足之地；商湯、周武王成為天子，而後代遭到滅絕。這不是因為他們利益太大的緣故嗎？並且我聽說，古代禽獸多而人口少，人們都在樹上築巢居住以躲避禽獸，白天撿拾橡栗子，晚上就睡在樹上，因此叫做有巢氏的人民。古代的人不知什麼是衣服，夏天多積存木柴，冬天就燒來取暖，因此叫做知道生存的人民。神農氏的時代，睡臥時安安穩穩，起身時悠悠閒閒，人們認識自己的母親，不認識自己的父親，與麋鹿生活在一起，耕田就有飯吃，織布就有衣穿，沒有互相傷害的念頭，這是保存稟賦的最高表現。然而，黃帝不能實現這種稟賦，與蚩尤大戰於涿鹿的曠野，造成血流百里。

堯、舜興起，設置百官，商湯放逐了他的君主，周武王殺了商紂。從此以後，強大欺凌弱小，多數殘害少數。自商湯、周武王以來，都是禍害百姓的人啊。」

**〈解讀〉**

「盜跖大怒」到目前為止出現三次，顯見此人情緒智商不佳。不過，他說的話也自成一理。盜跖在此所說的話，簡直就是莊子前面說過的話，等同把儒家認為堯舜與湯偉大的地方，都從負面的角度切入評論，對百姓而說，反而製造了很多禍害。

堯沒有將帝位傳給兒子丹朱，舜也沒有將帝位傳給兒子商均，所以才說子孫沒有立足之地。商湯、周武王則是子孫相繼為帝，最後照樣難免於滅絕。

## 〈29・4〉

「今子修文、武之道，掌天下之辯，以教後世；縫衣淺帶，矯言偽行，以迷惑天下之主而欲求富貴焉，盜莫大於子。天下何故不謂子為盜丘，而乃謂我為盜跖？子以甘辭說子路而使從之，使子路去其危冠，解其長劍，而受教於子，天下皆曰孔丘能止暴禁非。其卒之也，子路欲殺衛君而事不成，身菹（ㄐㄩ）於衛東門之上，是子教之不至也。子自謂才士聖人邪？則再逐於魯，削跡於衛，窮於齊，圍於陳、蔡，不容身於天下。子教子路菹此患。上無以為身，下無以為人，子之道豈足貴邪？世之所高，莫若黃帝，黃帝尚不能全德，而戰涿鹿之野，流血百里。堯不慈，舜不孝，禹偏枯，湯放其主，武王伐紂，文王拘羑（ㄧㄡˇ）里。此六子者，世之所高也，孰論之，皆以利惑其真而強反其情性，其行乃甚可羞也。」

〈白話〉

「現在你修習文王、武王之道，掌握天下言論，以此教育後代百姓；穿著寬衣淺帶的儒服，言行虛偽造作，以此迷惑天下君主而求取富貴，沒有比你更大的盜賊了。天下人為什麼不叫你盜丘，而要叫我盜跖呢？你用動聽的話說服子路，讓他跟隨你，為此他脫去高冠、解下長劍，接受你的教導，天下人都說孔丘能夠消除暴行、阻止禍害。到了最後，子路想殺衛君而沒有成功，在衛國東門之上被剁成肉醬，這是你教育失敗。你自認為是才士聖人嗎？可是兩次被逐出魯國，在衛國的事蹟被抹殺，在齊國走投無路，在陳國、蔡國之間被圍困，弄得天下沒有容身之處。你教導子路，結果害他被剁成肉醬。老師在上無處容身，弟子在下無法活命，你的學說哪裡值得重視呢？世人所尊崇者，沒有超過黃帝的，而黃帝還不能保持完美的稟賦，在涿鹿的曠野大戰一場，造成血流百里。堯不慈愛，舜不孝順，禹半身不遂，湯放逐君主，武王討伐紂王，文王被囚禁在羑里。這六人都是世人所尊崇的，詳細討論起來，也都是被利益迷惑了真正自我而極度違逆了真實本性，他們的行為是十分可恥的。」

〈解讀〉

文中盜跖批評孔子的言論極為犀利，譬如，「天下人為什麼不叫你盜丘，而要叫我盜跖呢？」批評孔子沽名釣譽，也算是一種強盜；又說子路弒君不成而慘死，是孔子教育失敗；再提到孔子多次蒙難之事，這在《莊子》中，似乎已成了孔子的商標了。

子路擔任衛國大夫孔悝的家臣時，適逢蒯聵與他的兒子衛出公爭位的內亂。子路本來打算弒殺的衛君正是蒯聵（衛靈公之子）。這段話提及子路已經死了，但從《論語》可以得知，顏淵跟子路死亡相距約一、二年之內，且顏淵先於子路。所以這裡的故事設定孔子出門只帶顏淵跟子貢，沒有子路，代表莊子自己也知道內容違背史實，亂編故事。

「此六子者」分別是黃帝、堯、舜、禹、湯、文王（常與武王並稱為一）。堯沒把帝位傳給兒子丹朱，反而殺了他，舜放逐父親瞽叟，禹治水勞累而偏估，湯放逐君主，武王討伐紂王，文王被囚禁在羑里。盜跖只看行為的結果，而不問為什麼要這樣做，不說他們弔民伐罪，亦即征討有罪的人是為了照顧百姓，而只取某一個側面來看。

〈29・5〉

世之所謂賢士，伯夷、叔齊。伯夷、叔齊辭孤竹之君，而餓死於首陽之山，骨肉不葬。鮑焦飾行非世，抱木而死。申徒狄諫而不聽，負石自投於河，為魚鼈所食。介子推至忠也，自割其股以食文公，文公後背之，子推怒而去，抱木而燔（ㄈㄢˊ）死。尾生與女子期於梁下，女子不來，水至不去，抱梁柱而死。此六子者，無異於磔（ㄓㄜˊ）犬流豕操瓢而乞者，皆離名輕死，不念本養壽命者也。世之所謂忠臣者，莫若王子比干、伍子胥。子胥沉江，比干剖心，此二子者，世謂忠臣也，然卒為天下笑。自上觀之，至於子胥、比干，皆不足貴也。丘之所以說我者，若告我以鬼事，則我不能知也；若告我以人事者，不過此矣，皆吾所聞知也。今吾告子以人之情，目欲視色，耳欲聽聲，口欲察味，志氣欲盈。人上壽百歲，中壽八十，下壽六十，除病瘦死喪憂患，其中開口而笑者，一月之中不過四五日而已矣。天與地無窮，人死者有時，操有時之具，而託於無窮之間，忽然無異騏驥之馳過隙也。不能說其志意、養其壽命者，皆非通道者也。丘之所言，皆吾之所棄也，亟去走歸，無復言之！子之道，狂狂汲汲，詐巧虛偽事也，非可以全真也，奚足論哉！」

〈白話〉

世人所謂的賢士，要推伯夷、叔齊。伯夷、叔齊辭讓孤竹國的君位，餓死在首陽山上，屍體不得埋葬。鮑焦自命清高，非議世俗，抱樹枯立而死。申徒狄進諫不被採納，就背著石塊跳河，被魚鱉吞食。介子推最忠心，割下自己的腿肉給晉文公吃，後來文公背棄了他，他一怒而去，抱著大樹被燒死。尾生與一名女子相約在橋下見面，女子沒來，大水湧至他也不離開，抱著橋柱淹死了。這六人無異於被屠的狗、沉河的豬、持瓢的乞丐，都是重視名聲而輕率赴死，不顧念自身應有的壽命的人。世人所謂的忠臣，要推王子比干、伍子胥。子胥沉屍江中，比干被人剖心，這二人是世人所謂的忠臣，然而終究被天下人嘲笑。由上面所說的看來，直到子胥、比干，都不值得推崇。你用來勸說我的，如果是鬼界的事，那麼我無法知道真假；如果是人間的事，也不過如此罷了，這些都是我聽過的。現在我來告訴你人的實況，眼睛想看到色彩，耳朵想聽到聲音，嘴巴想嚐到味道，志氣想得到滿足。人生在世，上壽一百歲，中壽八十歲，下壽六十歲，除了病痛、死喪、憂患之外，其中開口歡笑的時刻，一個月裡面也不過四、五天而已。天地的存在無窮無盡，人的生死卻有時限；以有時限的身體，寄託於無窮盡的天地之間，匆促的情況無異於快馬閃過空隙一樣。凡是不能讓自己的心思與情意覺得暢快，好好保養自己壽命的人，都不是通曉大道的人。你所說的那些，都是我要拋棄的，趕快回去，不要再說了！你的道理胡說一通、急功近利，全是巧詐虛偽的東西，不能用來保全真實本性，還值得談論嗎！」

## 〈解讀〉

盜跖不就「惡有惡報」而論，卻專就「善有惡報」而論，所以他所列舉的例子，其中每一個人都是因為堅持某種道德理想，到最後卻連命也保不住。他想表達並說明的是：人不必妄分善惡，平安度日才是上策。

不過盜跖倒是有個可取的原則，「開口而笑」一詞，提醒人生在世，就要設法讓自己過得快樂。所謂快樂，不見得要像盜跖一樣殺人放火吃人肝，但有時儒家設定很多人間的標準，確實讓人覺得是一種束縛。不過，問題也在於，如果沒有外在的規矩，社會就會瓦解。然而有了規矩之後，如何在規矩裡遊走，又是門學問了。所以有個方法，就是先在外面守規矩，接著把規矩內化，變成從心所欲而不逾矩。孔子到最後也做到了，他愛怎麼做就怎麼做，但沒有違背規矩，亦即規矩已經內化，在內不在外。譬如，看到紅燈自然停下腳步，我內心知道闖紅燈不對，自然就不做了，如此一來，愛怎麼做就怎麼做，都不會違背規矩，內心的要求跟外在規矩的要求合而為一。這是很高的修養，所以孔子才會說自己要到七十歲時，才能做到。

〈29．6〉

孔子再拜趨走，出門上車，執轡三失，目芒然無見，色若死灰，據軾低頭，不能出氣。歸到魯東門外，適遇柳下季。柳下季曰：「今者闕然，數日不見，車馬有行色，得微往見跖邪？」孔子仰天而歎曰：「然。」柳下季曰：「跖得無逆汝意若前乎？」孔子曰：「然。丘所謂無病而自灸也，疾走料虎頭，編虎須，幾不免虎口哉。」

〈白話〉

孔子再拜行禮，快步離開，走出帳幕上了車後，手中韁繩不覺掉落三次，目光茫然失焦，臉色有如死灰，靠著車前橫木，低垂著頭，氣息微弱。回到魯國東門外，剛好遇到柳下季。柳下季說：「最近不巧，幾天沒見，你的車馬好像有過遠行，該不會是去拜訪跖吧？」孔子仰天嘆了一口氣說：「是的。」柳下季說：「跖是不是像我以前說的，違背你的想法吧？」孔子說：「是的。我正是所謂的沒病自己找艾草來燒，急急忙忙跑去撩虎頭，捋虎鬚，差一點被吞入虎口。」

〈解讀〉

文中以虎穴來比喻盜跖的帳幕，實在恰到好處。孔子這一次真的是與虎謀皮了。

這就是盜跖跟孔子有名的一場辯論，最後孔子無言以對，可以看出各人標準不一，看待世事的想法也截然不同。我們雖然知道盜跖講的是歪理，但在世界上確實可以找到不少好人倒楣的事情。

〈29．7〉

子張問於滿苟得曰：「盍不為行？無行則不信，不信則不任，不任則不利。故觀之名，計之利，而義真是也。若棄名利，反之於心，則夫士之為行，不可一日不為乎！」滿苟得曰：「無恥者富，多信者顯。夫名利之大者，幾在無恥而信。故觀之名，計之利，而信真是也。若棄名利，反之於心，則夫士之為行，抱其天乎！」子張曰：「昔者桀、紂貴為天子，富有天下。今謂臧聚曰，『汝行如桀、紂。』則有怍色，有不服之心者，小人所賤也。仲尼、墨翟，窮為匹夫，今謂宰相曰，『子行如仲尼、墨翟。』則變容易色，稱不足者，士誠貴也。故勢為天子，未必貴也；窮為匹夫，未必賤也；貴賤之分，在行之美惡。」滿苟得曰：「小盜者拘，大盜者為諸侯，諸侯之門，義士存焉。昔者桓公小白殺兄入嫂，而管仲為臣，田成子常殺君竊國，而孔子受幣。論則賤之，行則下之，則是言行之情悖戰於胸中也，不亦拂（ㄈㄨˊ）乎！故書曰：『孰惡孰美？成者為首，不成者為尾。』」

## 〈白話〉

子張問滿苟得說：「為何不修養德行？沒有德行就不被信賴，不被信賴就不受任用，不受任用就沒有利祿。所以，從名來考慮，由利來計算，行仁義都是對的。如果撇開名利，回到內心來說，那麼讀書人的行為，也不可以一天不行仁義啊！」滿苟得說：「無恥的人富有，自誇的人顯達。獲得名利最多的人，幾乎全是靠著無恥與自誇。所以從名來考慮，由利來計算，自誇都是對的。如果撇開名利，回到內心來說，那麼讀書人的行為，應該守著自然本性啊！」子張說：「以前夏桀、商紂貴為天子，富有天下，但是現在對僕役說：『你的行為與夏桀、商紂一樣。』他就會面露愧色而心中不服，因為他們的行為連小人也看不起。孔子、墨翟是窮困的平民，但是現在對宰相說：『你的行為與孔子、墨翟一樣。』他就改變臉色，謙稱自己不夠資格，因為他們的行為是讀書人所推崇的。所以說，權勢大到天子之位，未必高貴；窮困有如一介平民，未必低賤。貴賤的區別，在於行為的好壞。」滿苟得說：「小強盜被拘捕，大強盜變成諸侯，諸侯的門下，就有仁義之士了。從前齊桓公小白殺兄娶嫂，而管仲卻做他的臣子；田成子常殺了君主竊據國家，而孔子卻接受他的賞賜。評論時輕視他，行動時卻對他表示謙下，這是言行衝突在胸中交戰，不是很矛盾嗎！所以古書上說：『誰壞誰好？成功者就是首領，不成功者只能敬陪末座了。』」

## 〈解讀〉

子張勸滿苟得從名來考慮，由利來計算，可以證明行仁義都是對的。雖然儒家行仁義是發自真誠，由內而發，但子張這麼說，恐怕是一種教學方法，帶有刻意的成分，要從外面的效益來勸人行仁義。因為若勸告一個人做人要真誠，恐怕他聽不進去，但若說行仁義會有外在的好處，他可能比較容易接受。所以子張就以這種方式開頭，接著才回到內心來說。然而滿苟得卻認為，無恥的人富有，自誇的人顯達。也就是一個人有錢，他一定無恥，畢竟無奸不商，雖然這種敘述有點過分，也不一定富有的人都是如此奸巧，但賺錢是將本求利，一旦追求利益就有計較的心，也是頗為無奈；而自誇的人，則靠著吹噓自己而顯達。由文中的對話可見，子張是孔子學生，他的立場代表儒家；滿苟得的想法，則與盜跖相似。

田成子（陳恆）弒君竊國，也就是「陳恆弒其君」，這則故事亦見於《論語・憲問》。其中記載：「陳成子弒簡公，孔子沐浴而朝，告於哀公曰：陳恆弒其君，請討之。」孔子當時出任魯國顧問，年屆七十的他還特別齋戒沐浴上朝，請求魯國的國君，號召天下軍隊去討伐田成子。然而，本文卻說「孔子受幣」，接受田成子的賞賜，顯然與事實矛盾，是則虛構的故事，加上孔子已年邁，根本不必希求別人送給他任何好處。

〈29・8〉

子張曰：「子不為行，即將疏戚無倫，貴賤無義，長幼無序；五紀六位，將何以為別乎？」滿苟得曰：「堯殺長子，舜流母弟，疏戚有倫乎？湯放桀，武王殺紂，貴賤有義乎？王季為適（ㄉㄧˊ），周公殺兄，長幼有序乎？儒者偽辭，墨者兼愛，五紀六位，將有別乎？且子正為名，我正為利。名利之實，不順於理，不監於道。吾日與子訟於無約，曰：『小人殉財，君子殉名。其所以變其情，易其性，則異矣；乃至於棄其所為而殉其所不為，則一也。』故曰，無為小人，反殉而天；無為君子，從天之理。若枉若直，相而天極；面觀四方，與時消息。若是若非，執而圓機；獨成而意，與道徘徊。無轉而行，無成而義，將失而所為。無赴而富，無殉而成，將棄而天。比干剖心，子胥抉眼，忠之禍也；直躬證父，尾生溺死，信之患也；鮑子立乾，申子不自理，廉之害也；孔子不見母，匡子不見父，義之失也。此上世之所傳，下世之所語，以為士者正其言，必其行，故服其殃，離其患也。」

## 〈白話〉

子張說：「你不修養德行，將使親疏之間沒有倫理，貴賤之間沒有規矩，長幼之間沒有次序；五倫六紀又要怎麼區別呢？」滿苟得說：「堯殺害長子，舜放逐胞弟，親疏之間有倫理嗎？商湯流放夏桀，武王殺了紂王，貴賤之間有規矩嗎？王季立為長子，周公殺了哥哥，長幼之間有次序嗎？儒者言詞虛偽，墨者主張兼愛，五倫六紀有區別嗎？並且，你正在求名，我正在求利。名利的實質，是不合乎條理，不見於大道的。我曾與你在無約面前爭論，說：『小人為財犧牲，君子為名犧牲，他們用以改變真實、交換本性的東西不同；但是他們離棄自我而追逐外物，卻是一樣的。』所以說：不要做小人，要反過來追求你的自然；不要做君子，要依循自然的條理。或曲或直，要隨順你的自然原則；眼觀四方，要跟著時序一起變化。或是或非，掌握住圓環的樞紐；獨自修養你的意念，與大道一起進退。不要執著德行，不要成就仁義，那將會失去你的自我。不要追逐財富，不要企求成功，那將會失去你的自然。比干被剖心，子胥被挖眼，這是盡忠的災難。直躬指證父親偷羊，尾生赴約抱柱溺死，這是守信的禍患。鮑子抱樹而枯死，申子不辯解而自縊，這是廉潔的害處。孔子未能替母親送終，匡子未能與父親見面，這是行義的過錯。這些都是前世所流傳，後世所談論的資料，認為讀書人因為言語正直、行為果決，以致受到災殃、遭到禍患啊。」

## 〈解讀〉

滿苟得最後所說的話中，多次提及「天」（自然）的概念，合乎莊子的基本立場。「小人殉財，君子殉名」的觀念，亦見於〈駢拇〉。

「直躬證父」的故事出於《論語・子路》：「葉公語孔子曰：吾黨有直躬者，其父攘羊而子證之。」「申子不自理」，是指晉獻公因麗姬設計而誤會太子申生，申生不但不為自己辯護，反而自縊而死。「孔子不見母」，並非事實。根據司馬遷記載，孔子的母親在孔子十七歲時過世，他辦了喪事，並沒有不見母親，反倒是孔子太太過世的時候，他六十七歲，正在周遊列國，中原戰亂，他趕不回去。所以滿苟得舉的例子，有些地方跟史實不符，雖然說理時可以運用寓言、重言，但是牽涉到古代史實，就要有憑有據了。這也正是為什麼這幾篇會受到批判的原因，因為不少內容跟史實不符，學者便認為這些文章的價值降低了。

「匡子不見父」，是因為匡章進諫父親，結果被逐，而終身不再見面。「匡子不見父」的故事出於《孟子》。匡子就是匡章，是齊國的將軍，他父親因故殺了他母親，屍首被草草埋在馬廄底下，不為她安葬。他就勸爸爸說：「好歹給媽媽一個安葬。」爸爸卻把他趕走，說：「你走吧！我不要你這個兒子。」所以匡章就離開了。他雖有自己的家庭，但因為爸爸不要他、他也不能奉養爸爸，就請自己的太太跟小孩離開，因為不能奉養自己的爸爸，他也不要自己的太太、孩子服侍他，以為這樣才能心安。所以儘管天下人都說匡章不孝，但是孟子照樣跟他做朋友。本文寫到這一段，顯然出於後代學者之手，因為莊子與孟子是同一個時代的人，此事載於《孟子》中，但在《莊子》裡卻成了歷史上早已發生的事情，時序顯然有所矛盾。

## 〈29・9〉

無足問於知和曰：「人卒未有不興名就利者。彼富則人歸之，歸則下之，下則貴之。夫見下貴者，所以長生安體樂意之道也，今子獨無意焉，知不足邪，意知而力不能行邪，故推正不忘邪？」知和曰：「今夫此人，以為與己同時而生，同鄉而處者，以為夫絕俗過世之士焉；是專無主正，所以覽古今之時，是非之分也，與俗化世。去至重，棄至尊，以為其所為也；此其所以論長生安體樂意之道，不亦遠乎！慘怛（ㄉㄚˊ）之疾，恬愉之安，不監於體；怵（ㄔㄨˋ）惕之恐，欣懽（ㄏㄨㄢ）之喜，不監於心；知為為而不知所以為，是以貴為天子，富有天下，而不免於患也。」無足曰：「夫富之於人，無所不利，窮美究勢，至人之所不得逮，賢人之所不能及，俠人之勇力而以為威強，秉人之知謀以為明察，因人之德以為賢良，非享國而嚴若君父。且夫聲色滋味權勢之於人，心不待學而樂之，體不待象而安之。夫欲惡避就，固不待師，此人之性也。天下雖非我，孰能辭之！」

〈白話〉

無足請教知和說：「人們沒有不喜歡名聲及趨向利益的。一個人有了財富，別人就會依附他，依附他就會抬舉他，抬舉他就會推崇他。受人抬舉推崇，是獲得長壽、平安、快樂的途徑，現在你竟然沒有這種想法，是認知不足呢，還是知道而能力辦不到，還是為了追求正途無暇他顧呢？」知和說：「現在有一個這樣的人，看到與自己活在同一時代、住在同一鄉里的，就認為他是不合世俗的人；其實這樣的人心中並無主見與正途，所以在觀察古今的時代、是非的分辨方面，只能與世俗同化。放開最重要的，拋棄最尊貴的，去追求他所想要的；這樣來談論長壽、平安、快樂的途徑，不是相距太遙遠了嗎！悲傷的痛苦、愉悅的安適，不由形體顯現出來；驚慌的恐懼、歡欣的喜悅，不由內心顯現出來。知道自己在做什麼而不知道為什麼這樣做，所以即使貴為天子，富有天下，也不能免於禍患。」無足說：「擁有財富的人，是無往不利的，可以享盡人間美好，取得一切威勢；至人無法達到，賢人不能企及。他可以靠別人的勇力來表現威強，用別人的智謀來明察是非，藉別人的德行來顯示賢良，即使沒有國土也像國君一樣威嚴。並且，人們對於聲色、美味、權勢，內心不用學習就覺得喜歡，身體不用模仿就覺得安適。愛好、厭惡、避開、趨就，本來不必教導就會，這些是人的本性。天下人雖然批評我，但是誰能去掉這些呢？」

〈解讀〉

無足代表一般人的看法，強調財富的重要，亦即有錢就有了一切。知和則認為，就連天子都有「不免於患」的時候，所以人們還是應該設法「知所以為」。這段話提醒我們，到底人生應該選擇什麼，按照世俗的標準去生活，一般人都可以接受，但是這麼做可能會違背自己的本性；但照自己的本性去做，又覺得跟世間格格不入，不知道自己的做法，能維持多久。

文中講「人之性」，已不見得是道家的觀點，反而偏向荀子了，這是自然之性，生下來的本能就是性。〈外篇〉的思想之所以受到後代學者批判，正是因為內容駁雜。

## 〈29．10〉

知和曰：「知者之為，故動以百姓，不違其度，是以足而不爭，無以為故不求。不足故求之，爭四處而不自以為貪；有餘故辭之，棄天下而不自以為廉。廉貪之實，非以迫外也，反監之度。勢為天子，而不以貴驕人，富有天下，而不以財戲人。計其患，慮其反，以為害於性，故辭而不受也，非以要名譽也。堯、舜為帝而雍，非仁天下也，不以美害生也；善卷、許由得帝而不受，非虛辭讓也，不以事害己。此皆就其利，辭其害，而天下稱賢焉，則可以有之，彼非以興名譽也。」無足曰：「必持其名，苦體絕甘，約養以持生，則亦久病長阨而不死者也。」知和曰：「平為福，有餘為害者，物莫不然，而財其甚者也。今富人，耳營鐘鼓筦（ㄍㄨㄢˇ）籥（ㄩㄝˋ）之聲，口嗛（ㄑㄧㄢ）於芻豢醪（ㄌㄠˊ）醴之味，以感其意，遺忘其業，可謂亂矣；侅（ㄍㄞ）溺於馮氣，若負重行而上也，可謂苦矣；貪財而取慰，貪權而取竭，靜居則溺，體澤則馮，可謂疾矣；為欲富就利，故滿若堵耳而不知避，且馮而不舍，可謂辱矣。財積而無用，服膺而不舍，滿心戚醮（ㄐㄠˋ），求益而不止，可謂憂矣；內則疑劫請之賊，外則畏寇盜之害，內周樓疏，外不敢獨行，可謂畏矣。此六者，天下之至害也，皆遺忘而不知察，及其患至，求盡性竭財，單以反一日之無故而不可得也。故觀之名則不見，求之利則不得，繚意絕體而爭此，不亦惑乎？」

## 〈白話〉

知和說：「智者的作為，本來就是為了百姓才行動的，不會違背他們的原則，因此滿足而不爭奪，沒有目的就無所求。不滿足就會追求，四處爭奪而不自認為貪婪；有多餘就會推辭，放棄天下而不自認為清廉。清廉及貪婪的實質，不是由於外物的影響，而須反觀內在的衡量方式。有天子的權勢，卻不以尊貴來輕視別人；有天下的財富，卻不以錢財來戲弄別人。衡量這種情況的禍患，考慮這種情況的反面，認為會傷害本性，所以推辭而不接受，並不是為了要博取名聲。堯、舜做了帝王要讓位，不是對天下仁愛，而是不想因為榮耀而傷害生命；善卷、許由得到堯、舜的讓位而不接受，不是假意要辭讓，而是不想因為政事而傷害自己。這些都是趨利避害的作為，而天下人稱讚他們賢明；固然可以說是賢明，但他們並不是為了追求名譽啊。」無足說：「如果一定要保持名聲，就勞苦形體，棄絕美食，儉約度日以維持生命，那也就無異於久病常貧而不死的人了。」知和說：「平均就是福，多餘就有害，萬物莫不如此，而錢財更是這樣。現在的富人，耳聽鐘鼓管簫的聲音，口嚐牛羊美酒的滋味，暢快他的心意，遺忘他的正業，可以說是迷亂了。沉溺於盛氣中，好像負重走上山坡，可以說是勞苦了。貪財而弄到生病，貪權而筋疲力竭，靜居則沉溺其中，體壯則盛氣凌人，可以說是疾病了。為了求富爭利，財貨堆積得像牆一樣高，也不知收斂，還要貪得無厭，可以說是恥辱了。錢財聚積而不用，專意營求而不捨，滿心煩惱，還在貪求不止，可以說是憂慮了。在家就擔心小偷打劫，出外就害怕強盜傷害，在家嚴密防守，出外不敢獨行，可以說是恐懼了。這六種情況，是天下最大的災害，大家都遺忘而不知詳察，等到禍患來臨時，想要挖空心思、用盡錢財，只求過一天平安的日子也不可得。所以，從名聲上說看不到，從利益上說得不著，還要委屈身心去爭取這些情況，豈不是迷惑嗎？」

## 〈解讀〉

無足談到「久病長阨而不死者」，可見已經領悟了財富帶來的禍害。而知和論述的「此六者」，也就是「亂，苦，疾，辱，憂，畏」，足以提醒人們知足常樂的道理。近代西方哲人斯賓諾沙是名猶太人，因為思想跟宗教教義不合，被開除教籍，猶太人本來就是少數民族，又被開除教籍，他因此幾乎過著無人聞問的生活。但他繼續研究，後來出書，成為哲學界的大師。德國海德堡大學邀請他授課，但他覺得目前靠磨鏡片維生，自給自足，生活平靜，為什麼要改變呢？所以婉拒了。這件事讓西方人難以想像，但在道家來看，天下都可以不要了，一個教授的職位算什麼？所以西方人讀到道家的思想會心生佩服，甚至不得不崇拜，因為他們沒有這樣超然的想法。

隨遇而安也包括有錢的時候，現在有錢，就過有錢的日子，只要不沉溺其中就好。人最怕執著，所以要活得自然些，把錢當作替自己服務的東西，只要是正當手段賺到的，有錢並不是壞事。莎士比亞說，有錢人活得好累，就像一條驢子揹著沉重的金幣走完一生。一般人背上沒幾個金幣，所以走得輕鬆。等將來哪一天碰到災難時，即使說錢財都不要了，只要讓我多活一天，也不可能。

孟子說人生的第一種快樂是「父母俱存，兄弟無故」，「無故」就是沒有發生任何事故。有時候常常覺得這個週末好無聊，沒什麼事，殊不知無事就是最大的幸福。所以相較之下，應該常常思索無事時的快樂，雖然平平靜靜，卻別忘了多加珍惜。

**總結本篇要旨**

本篇是《莊子》全書最偏激者，對孔子所代表的儒家思想，提出了犀利的批判。重點有三：一是善惡並無適當報應；二是人生在世苦多樂少；三是人性本身大有問題。這三點雖有過激之處，但也能使人覺悟，再設法尋求一完整而根本的理解。任何學說皆有破有立，本篇所言亦未必可以抹殺。

# 說劍

第三十

〈30・1〉

昔趙文王喜劍，劍士夾門而客三千餘人，日夜相擊於前，死傷者歲百餘人，好之不厭。如是三年，國衰，諸侯謀之。太子悝（ㄎㄨㄟˇ）患之，募左右曰：「孰能說王之意止劍士者，賜之千金。」左右曰：「莊子當能。」太子乃使人以千金奉莊子。莊子弗受，與使者俱往見太子，曰：「太子何以教周，賜周千金？」太子曰：「聞夫子明聖，謹奉千金以幣從者。夫子弗受，悝尚何敢言！」莊子曰：「聞太子所欲用周者，欲絕王之喜好也。使臣上說大王而逆王意，下不當太子，則身刑而死，周尚安所事金乎？使臣上說大王，下當太子，趙國何求而不得也！」太子曰：「然。吾王所見，唯劍士也。」莊子曰：「諾。周善為劍。」太子曰：「然吾王所見劍士，皆蓬頭突鬢（ㄅㄣˋ）垂冠，曼胡之纓，短後之衣，瞋（ㄔㄣ）目而語難，王乃說之。今夫子必儒服而見王，事必大逆。」莊子曰：「請治劍服。」治劍服三日，乃見太子。太子乃與見王，王脫白刃待之。莊子入殿門不趨，見王不拜。王曰：「子欲何以教寡人，使太子先？」曰：「臣聞大王喜劍，故以劍見王。」王曰：「子之劍何能禁制？」曰：「臣之劍，十步一人，千里不留行。」王大說之，曰：「天下無敵矣！」莊子曰：「夫為劍者，示之以虛，開之以利，後之以發，先之以至。願得試之。」王曰：「夫子休，就舍。待命令設戲請夫子。」

## 〈白話〉

從前趙文王喜好劍術，劍士聚集在門下當食客的有三千多人。他們日夜在大王面前比武，每年死傷的有一百多人，而大王仍然喜好不倦。像這樣過了三年，國勢衰落，諸侯都準備奪取趙國。太子悝很擔心，召集左右的人說：「誰能改變大王的心意，不再讓劍士比武的，就賞給他千金。」左右的人說：「莊子應該可以做到。」太子於是派人奉上千金給莊子，莊子不接受，與使者一起去見太子說：「太子對我有什麼指教，要賞賜我千金呢？」太子說：「聽說先生明智通達，我特地奉上千金，犒賞你的隨從。先生不接受，我怎麼敢說呢？」莊子說：「聽說太子要叫我做的，是斷絕大王的喜好。假使我向上勸說大王而違逆了他的心意，下又不合太子的期望，那麼我將受刑罰而死，還要這千金做什麼？假使我上能說服大王，下能滿足太子的期望，那麼我在趙國還有什麼得不到的呢？」太子說：「確實如此。不過我們大王眼中所見的，只有劍士。」莊子說：「很好。我擅長劍術。」太子說：「不過我們大王眼中所見的劍士，都是頭髮蓬散，鬢毛突起，帽子下垂，帽纓粗亂，上衣後襟很短，怒目瞪人，出口相互責難。這樣大王才會高興。現在先生如果穿著儒服去見大王，事情一定大為不順。」莊子說：「那麼我就準備劍士的服裝。」花了三天準備劍士的服裝，然後去見太子。太子與他一起去拜見大王，大王抽出劍來等候他。莊子進了殿門沒有加快腳步，見了大王也不下拜。大王說：「你對寡人有什麼指教，還讓太子先來介紹呢？」莊子說：「臣聽說大王喜好劍術，所以帶著劍來請見大王。」大王說：「你的劍有什麼克制對手的本領？」莊子說：「臣的劍，十步之內殺一個人，千里之遠沒有阻礙。」大王高興極了，說：「真是天下無敵了！」莊子說：「用劍之道，要故意露出破綻，給予可乘之機，後於敵人發動，先於敵人擊中。我希望有機會試試。」大王說：「先生先到館舍休息，等我安排好擊劍比賽，再去請先生。」

## 〈解讀〉

本文背景描述一位大王喜歡鬥劍，「上有好者，下必有甚焉者」（《孟子・滕文公上》），知道上位者喜歡鬥劍，各國劍客都跑來了。太子擔心王位不保，便獎賞千金，希望有人能想出好辦法，讓父王不再沉迷於鬥劍比武。

有人推薦莊子，莊子面見太子後，首先表示：他的任務非常艱難，並且千金實在不算什麼。他不是為了金錢才出馬，而是為了展現過人的見解。然後，莊子原本穿著儒服，現在特地換上劍服，避免不必要的干擾。不過，文中說莊子原本穿著儒服，實在自相矛盾，不免讓人覺得錯亂，詳見〈田子方〉關於莊子與魯哀公的儒服之爭。莊子進了殿門沒有加快腳步，見了趙王也不下拜。神情態度並不恭順，說法口氣十分狂妄，像是一位超級劍士。以他的智巧，要應付有欲望的政治人物，實在太容易了。「戲」指擊劍比賽。

## 〈30・2〉

**王乃校劍士七日，死傷者六十餘人，得五六人，使奉劍於殿下，乃召莊子。王曰：「今**

日試使士敦劍。」莊子曰：「望之久矣！」王曰：「夫子所御杖，長短何如？」曰：「臣之所奉皆可。然臣有三劍，唯王所用，請先言而後試。」王曰：「願聞三劍。」曰：「有天子劍，有諸侯劍，有庶人劍。」王曰：「天子之劍何如？」曰：「天子之劍，以燕谿、石城為鋒，齊、岱為鍔，晉、衛為脊，周、宋為鐔，韓、魏為鋏；包以四夷，裹以四時；繞以渤海，帶以常山；制以五行，論以刑德；開以陰陽，持以春夏，行以秋冬。此劍，直之無前，舉之無上，案之無下，運之無旁，上決浮雲，下絕地紀。此劍一用，匡諸侯，天下服矣。此天子之劍也。」文王芒然自失，曰：「諸侯之劍何如？」曰：「諸侯之劍，以知勇士為鋒，以清廉士為鍔，以賢良士為脊，以忠聖士為鐔，以豪傑士為鋏。此劍，直之亦無前，舉之亦無上，案之亦無下，運之亦無旁；上法圓天以順三光，下法方地以順四時，中和民意以安四鄉。此劍一用，如雷霆之震也，四封之內，無不賓服而聽從君命者矣。此諸侯之劍也。」王曰：「庶人之劍何如？」曰：「庶人之劍，蓬頭突鬢垂冠，曼胡之纓，短後之衣，瞋目而語難。相擊於前，上斬頸領，下決肝肺。此庶人之劍，無異於鬥雞，一旦命已絕矣，無所用於國事。今大王有天子之位而好庶人之劍，臣竊為大王薄之。」王乃牽而上殿。宰人上食，王三環之。莊子曰：「大王安坐定氣，劍事已畢奏矣。」於是文王不出宮三月，劍士皆服斃其處也。

## 〈白話〉

於是大王讓劍士比賽了七天，死傷的有六十多人，最後選拔出五、六個人，讓他們捧著劍侍立在殿下，再命人請莊子來。大王說：「今天請和劍士比劍。」莊子說：「盼望很久了！」大王說：「先生所用的劍，長短怎麼樣？」莊子說：「臣所用的劍，長短都可以。不過，臣有三把劍，任憑大王選用。請讓我先說明，然後再比試。」大王說：「希望聽聽是哪三把劍。」莊子說：「有天子的劍，有諸侯的劍，有平民的劍。」大王說：「天子的劍是什麼樣子呢？」莊子說：「天子的劍，用燕谿、石城作劍尖，用齊國、泰山作劍刃，用晉國、衛國作劍背，用周朝、宋國作劍首，用韓國、魏國作劍柄；用邊疆四夷來包紮，用一年四季來圍裹；以渤海來纏繞，用恆山作繫帶；用五行來控制，用刑德來論斷；用陰陽來開合，用春夏來扶持，用秋冬來行使。這把劍，直刺時，無物可在前；舉起時，無物可在上；按低時，無物可在下；揮動時，無物可在旁，往上可阻絕浮雲，往下可切斷地脈。這把劍一旦使用，就可以匡正諸侯，天下順服了。這是天子的劍。」文王聽完，茫然失神，說：「諸侯的劍是什麼樣子呢？」莊子說：「諸侯的劍，用智勇之士作劍尖，用清廉之士作劍刃，用賢良之士作劍背，用忠誠之士作劍首，用豪傑之士作劍柄。這把劍，直刺時，也是無物可在前；舉起時，也是無物可在上；按低時，也是無物可在下；揮動時，也是無物可在旁；從上取法於圓天，來順應日月星三光；往下取法於方地，來順應春夏秋冬四季；在中間則調和民意，來安定四方。這把劍一旦使用，有如雷霆震動，四海之內無不降服而聽從國君的命令了。這是諸侯的劍。」大王說：「平民的劍是什麼樣子？」莊子說：「平民的劍，頭髮蓬散，鬢毛突起，帽子下垂，帽纓粗亂，上衣後襟很短，怒目瞪人，出口相互責難。他們在眾人面前比劍，上斬頭頸，下刺肝肺。這是平民的劍，與鬥雞沒有什麼不同，一旦喪命，對國家毫無用處。現在大王擁有天子之位，卻喜歡平民的劍，臣私下替大王感到不值得。」大王於是牽著莊子上殿，膳食官送上食物，大王繞席走了三圈。莊子說：「大王安靜坐下，平定氣息，關於劍術的事我已經啟奏完了。」於是文王三個月不出宮門，劍士都在住所自殺而死。

〈解讀〉

「天子之劍、諸侯之劍」，是很好的比喻，談的是治理天下與治國的道理。趙文王深受感動，但日後是否起而效尤，則是另一回事。

莊子口中天子的劍，把整個國家的地理形勢，配合天時、四季全部合在一起，氣魄宏大。文王身為諸侯，聽到一定耳界大開，羨慕得很。其次，諸侯的劍揮動時，完全能夠自由發展，使人無不降服。相較之下，平民的劍就與鬥雞沒有什麼不同，落於形跡而不值得多談了。文王聽到這裡，還可能叫劍士鬥劍嗎？莊子的說法誇張，重點在於要讓文王明白，他身為一個諸侯，所作所為卻沒有能力稱霸，只能讓平民鬥劍，結果互相殘殺，死了不少人，實在浪費力氣。

**總結本篇要旨**

本篇似一短篇小說，義理較淺。莊子在此裝扮為武士，也可算是不計形象了。他分析了「天子劍、諸侯劍、庶人劍」，其格局、氣魄、眼光與口才，皆值得欣賞。趙文王或任何世間帝王皆應有所感悟。最後，一批劍士因為得不到大王賞識而自殺，亦可見某種對生命的態度，讓人覺得遺憾。

# 漁父

第三十一

〈31．1〉

孔子遊乎緇（ㄗ）帷（ㄨㄟˊ）之林，休坐乎杏壇之上。弟子讀書，孔子弦歌鼓琴，奏曲未半。有漁父者，下船而來，須眉交白，被髮揄（ㄩˊ）袂，行原以上，距陸而止，左手據膝，右手持頤以聽。曲終，而招子貢、子路二人俱對。客指孔子曰：「彼何為者也？」子路對曰：「魯之君子也。」客問其族。子路對曰：「族孔氏。」客曰：「孔氏者何治也？」子路未應，子貢對曰：「孔氏者，性服忠信，身行仁義，飾禮樂，選人倫，上以忠於世主，下以化於齊民，將以利天下。此孔氏之所治也。」又問曰：「有土之君與？」子貢曰：「非也。」「侯王之佐與？」子貢曰：「非也。」客乃笑而還，行言曰：「仁則仁矣，恐不免其身；苦心勞形以危其真。嗚呼遠哉，其分於道也！」子貢還，報孔子。孔子推琴而起曰：「其聖人與！」乃下求之，至於澤畔，方將杖拏（ㄋㄚˊ）而引其船，顧見孔子，還鄉而立。孔子反走，再拜而進。客曰：「子將何求？」孔子曰：「曩者先生有緒言而去，丘不肖，未知所謂，竊待於下風，幸聞咳唾之音，以卒相丘也！」

客曰：「嘻！甚矣，子之好學也！」孔子再拜而起，曰：「丘少而修學，以至於今，六十九歲矣，無所得聞至教，敢不虛心？」

## 〈白話〉

孔子到緇帷的樹林中遊玩，坐在杏壇上休息。弟子們讀書，孔子彈琴唱歌，一首曲子還彈不到一半。有一位漁父下船過來，鬍鬚眉毛皆已皎白，披著頭髮、捲著衣袖，他沿河岸走上來，到陸地時停下腳步，左手抵著膝蓋，右手托著下巴，靜靜聆聽。樂曲結束後，他向子貢、子路招手，二人就一起過去。漁父指著孔子說：「他是做什麼的？」子路回答說：「魯國的君子。」漁父問起姓氏。子路回答說：「是孔氏。」漁父說：「這位孔氏有什麼專長？」子路沒有回應。子貢回答說：「這位孔氏，生來持守忠信，努力實踐仁義，修飾禮樂制度，制定人倫規範，對上效忠國君，對下教化平民，想要以此造福天下。這就是孔氏的專長。」漁父又問：「他是擁有土地的君主嗎？」子貢說：「不是。」再問：「他是王侯的輔佐之臣嗎？」子貢說：「不是。」漁父笑著往回走，邊走邊說：「說仁，可以算是仁了，恐怕自身不能免於禍患；費盡心思，累壞身體，危害到自己的本性。唉！他離開道太遠了啊！」子貢回去，告訴孔子。孔子推開琴站起來說：「這是聖人啊！」於是走下杏壇去見他，到了河岸，漁父正拿著篙準備把船撐開，回頭看見孔子，就轉身面對孔子站著，孔子退後幾步，再度行禮上前。漁父說：「你有什麼事要找我嗎？」孔子說：「剛才先生的話沒說完就走了，我不夠聰明，未能了解其中的意思，特地在這裡求教，希望聽到您隨意說幾句，以對我有所幫助。」漁父說：「唉！你真是太好學了！」孔子再度行禮起身，說：「我從小就開始學習，到今天已經六十九歲了，還沒有機會聽到聖人的教誨，怎麼敢不虛心呢？」

## 〈解讀〉

漁父說孔子不在其位，既不是國君，也不是什麼大臣，就不必謀其政。重點在於，天下的大事，有它的趨勢。儒家常說有道無道，事實上，有道無道是指趨勢，不能用二分法，分別是指趨向於太平或趨向於混亂。所以儒家努力的方向在於，當社會趨向於好的時候，就努力去做，趨向於不好的時候，至少能保存一些理想。但道家卻認為如果沒有具體的身分與位置，這麼辛苦是傷害了自己的生命，為此才說孔子不懂得道。

孔子聽到漁父的批評，立刻意識到這是「至教」，如此謙虛好學確實值得效法。

## 〈31・2〉

客曰：「同類相從，同聲相應，固天之理也。吾請釋吾之所有，而經子之所以。子之所以者，人事也。天子、諸侯、大夫、庶人，此四者自正，治之美也；四者離位而亂莫大焉。官治其職，人憂其事，乃無所陵。故田荒室露，衣食不足，徵賦不屬，妻妾不和，長少無序，庶人之憂也。能不勝任，官事不治，行不清白，群下荒怠，功美不有，爵祿不持，大夫之憂也。廷無忠臣，國家昏亂，工技不巧，貢職不美，春秋後倫，不順天子，諸侯之憂也。陰陽不和，寒暑不時，以傷庶物；諸侯暴亂，擅相攘伐，以殘民人；禮樂不節，財用窮匱，人倫不飭，百姓淫亂；天子有司之憂也。今子既上無君侯有司之勢，而下無大臣職事之官，而擅飾禮樂，選人倫，以化齊民，不泰多事乎！且人有八疵，事有四患，不可不察也。非其事而事之，謂之摠（ㄗㄨㄥˇ）；莫之顧而進之，謂之佞；希意道言，謂之諂；不擇是非而言，謂之諛；好言人之惡，謂之讒；析交離親，謂之賊；稱譽詐偽以敗惡人，謂之慝；不擇善否，兩容顏適，偷拔其所欲，謂之險。此八疵者，外以亂人，內以傷身，君子不友，明君不臣。所謂四患者：好經大事，變更易常，以挂功名，謂之叨（ㄊㄠ）；專知擅事，侵人自用，謂之貪；見過不更，聞諫愈甚，謂之很；人同於己則可，不同於己，雖善不善，謂之矜。此四患也。能去八疵，無行四患，而始可教已。」

〈白話〉

漁父說：「同類就互相聚集，同聲就互相呼應，這原本是自然的道理。我願意就我所知的，來剖析你所做的。你所做的，都是人事。天子、諸侯、大夫、平民，這四種人各自謹守本分，天下就大治了；這四種人都不安其位，天下就大亂了。官吏善盡職守，人民勤奮工作，就不會造成混亂。所以，田園荒蕪，房屋破敗，衣食不夠用，賦稅交不出，妻妾不和睦，長幼沒次序，這些是平民的煩惱。才幹無法勝任，官事辦理不好，行動不夠清白，屬下怠忽職守，功名不足稱讚，爵祿無法維持，這些是大夫的煩惱。朝廷沒有忠臣，國家陷於昏亂，百工技藝不精，貢品不夠完美，朝覲落於人後，不順天子心意，這些是諸侯的煩惱。陰陽不調和，寒暑不順時，傷害農作物；諸侯暴亂，擅自攻伐，殘害人民；禮樂沒有節度，財用窮困匱乏，人倫不上軌道，百姓淪於淫亂；這些是天子執政者的煩惱。現在你上沒有君侯執政的權勢，下沒有大臣主事的官職，卻擅自修飾禮樂制度，制定人倫規範，以此教化平民，不是太多事了嗎！並且，人有八種毛病，事有四種禍患，不可以不明察。不是自己的事卻要去管，叫做包攬；沒有人理會卻還要進言，叫做逞舌；揣摩別人的心意來說話，叫做諂媚；不分辨是非就說話，叫做阿諛；喜歡說別人的壞話，叫做讒言；挑撥朋友，離間親人，叫做賊害；稱讚出於狡詐虛偽，藉此詆毀別人，叫做邪惡；不分辨善惡，兩邊都討好，暗中獲取自己的利益，叫做陰險。這八種毛病，對外會擾亂別人，對內會傷害自己，君子不與這樣的人做朋友，明君不用這樣的人做臣子。所謂的四種禍患是：喜歡辦理大事，改變常理常情，以此謀求功名，叫做放肆；仗恃聰明而擅自行事，侵害別人而師心自用，叫做貪婪；有了過錯卻不肯改正，聽人勸諫則變本加厲，叫做固執；別人與自己意見相同就認可，與自己意見不同就算是對的也說他錯，叫做傲慢。這是四種禍患。能夠除去八種毛病，不做四種禍患的事，然後才可以受教。」

## 〈解讀〉

「同類就互相聚集，同聲就互相呼應，這原本是自然的道理。」與《易經・乾卦・文言傳》中講的「同聲相應，同氣相求；水流濕，火就燥，雲從龍，風從虎」一樣。

漁父提到「庶人、大夫、諸侯、天子」各有其憂，如能各自處理好自己的事，天下自然太平。若這四種人都不安其位，天下就要大亂了。然而孔子不在其位，卻心憂天下，難怪漁父會說他離道太遠了。

「八疵四患」之說，對人間的複雜困境可以說是觀察入微。推究根源，就是一個「惑」字，造成求樂反苦的後果。學習《莊子》的困難之處在此表露無遺，這八疵、四患，即使一字一句全背下來也沒有用，只能一一自行檢討。好比功過格，如何從過多功少，逐漸朝向功多過少去努力。

「謂之很」的「很」，與「心狠手辣」的「狠」相通。

〈31．3〉

孔子愀（ㄑㄠˇ）然而歎，再拜而起，曰：「丘再逐於魯，削迹於衛，伐樹於宋，圍於陳、蔡。丘不知所失，而離此四謗者何也？」客淒然變容曰：「甚矣，子之難悟也！人有畏影惡迹而去之走者，舉足愈數而迹愈多，走愈疾而影不離身，自以為尚遲，疾走不休，絕力而死。不知處陰以休影，處靜以息迹，愚亦甚矣！子審仁義之間，察同異之際，觀動靜之變，適受與之度，理好惡之情，和喜怒之節，而幾於不免矣。謹修而身，慎守其真，還以物與人，則無所累矣。今不修之身而求之人，不亦外乎！」孔子愀然曰：「請問何謂真？」客曰：「真者，精誠之至也。不精不誠，不能動人。故強哭者雖悲不哀，強怒者雖嚴不威，強親者雖笑不和。真悲無聲而哀，真怒未發而威，真親未笑而和。真在內者，神動於外，是所以貴真也。其用於人理也，事親則慈孝，事君則忠貞，飲酒則歡樂，處喪則悲哀。忠貞以功為主，飲酒以樂為主，處喪以哀為主，事親以適為主。功成之美，無一其迹矣；事親以適，不論所以矣；飲酒以樂，不選其具矣；處喪以哀，無問其禮矣。禮者，世俗之所為也；真者，所以受於天也，自然不可易也。故聖人法天貴真，不拘於俗。愚者反此，不能法天而恤於人，不知貴真，祿祿而受變於俗，故不足。

惜哉，子之蚤湛（ㄔㄣ）於人偽而晚聞大道也。」

## 〈白話〉

孔子神情慚愧地嘆了一口氣，再度行禮起身，說：「我兩次被逐出魯國，在衛國的行跡被抹殺，在宋國被砍掉蔽蔭的大樹，在陳國、蔡國之間被圍困。我不知道自己犯了什麼過失，竟然遭遇這四種恥辱。」漁父悲悽地變了臉色說：「你真是太難覺悟了！有人害怕影子、厭惡足跡，想要擺脫而逃跑的，跑得愈多足跡也愈多，跑得愈快而影子卻不離身，他自以為速度太慢，因此快跑不停，力竭而死。他不知道處於陰暗就可以讓影子消失，處於靜止就可以讓足跡不見，實在太愚笨了！你探討仁義的關係，考察同異的分別，觀測動靜的變化，掌握取捨的分寸，疏導好惡的情感，調和喜怒的節度，結果仍然不能免於禍患。你要嚴格修身，謹慎保守你的真實，讓物與人回到原狀，那麼就不會有拖累了。現在你不修身卻去要求別人，不是搞錯了嗎？」孔子神情慚愧地說：「請問什麼是真實？」漁父說：「真實，是專一而誠懇的極致狀態。不專一不誠懇，就不能感動人。所以，勉強哭泣的人雖悲痛卻不哀傷，勉強發怒的人雖嚴厲卻不威猛，勉強親切的人雖微笑卻不和悅。真正的悲痛是沒有聲音而哀傷，真正的憤怒是沒有發作而威猛，真正的親切是沒有微笑而和悅。有真實在裡面的，神色才顯露出來，所以要重視真實。把它用在人倫關係上，侍奉雙親則孝順，侍奉君主則忠貞，飲酒則歡樂，居喪則悲哀。忠貞以功績為主，飲酒以歡樂為主，居喪以悲哀為主，事親以安適為主。功績在於完美，不拘泥什麼事蹟；事親在於安適，不考慮什麼方式；飲酒在於歡樂，不講究什麼器皿；居喪在於哀傷，不計較什麼禮儀。禮儀，是世俗所設計成的；真實，是稟受於自然的，是自己如此而不可改變的。所以，聖人效法自然，重視真實，不受世俗的拘束。愚人與此相反，不能效法自然，而去憂心人事；不知重視真實，卻沉沉浮浮隨俗而變。所以差得太遠了。可惜啊，你太早沉溺於世俗的虛偽中，而太晚聽聞大道了。」

## 〈解讀〉

本文對「真」的描述，值得細讀深思。精誠之至，是指專一而誠懇的極致狀態。我們所謂的「精誠所至，金石為開」，人只需要專一而誠懇，就能貫通內外，使一切表現皆有基礎，也就不再有任何虛偽的言行了，如此自然能感動別人。儒家講真誠，道家講真實，但道家的真實落在人的身上，就是真誠。學道家之後，對於儒家原來所說的真誠，可以有新的理解。人的真誠與真實，這兩者之間的「如一」狀態，是理解人性的重要線索。

「法天貴真」的「天」代表自然，對孔子來說是難以做到的，對我們又何嘗不是如此？不過，孔子不可能沉溺於世俗的虛偽中，因為孔子主要的收入來源，是替別人辦喪事，學生們記載孔子：「子食於有喪者之側，未嘗飽也。」（《論語・述而》），老師在家裡辦喪事的人旁邊吃飯，從來不曾吃飽過，這表示他以真誠的態度替別人主持喪禮，可能一個星期不能回家，要在別人家裡用餐，他看到喪家每天哭泣，自己也會傷心，所以從來沒有吃飽過。由此可知，寫《莊子》的人沒有研究過《論語》，只是單從道家的角度看孔子，把後代儒家學者的表現投射在孔子身上，對他加以批評。

〈31·4〉

孔子又再拜而起曰：「今者丘得遇也，若天幸然。先生不羞而比之服役，而身教之。敢問舍所在，請因受業而卒學大道。」客曰：「吾聞之，可與往者，與之至於妙道；不可與往者，不知其道，慎勿與之，身乃無咎。子勉之！吾去子矣，吾去子矣！」乃刺船而去，延緣葦間。顏淵還車，子路授綏，孔子不顧，待水波定，不聞拏音而後敢乘。子路旁車而問曰：「由得為役久矣，未嘗見夫子遇人如此其威也。萬乘之主，千乘之君見夫子，未嘗不分庭伉禮，夫子猶有倨傲之容。今漁父杖拏逆立，而夫子曲要磬（ㄑㄧㄥˋ）折，再拜而應，得無太甚乎？門人皆怪夫子矣，漁父何以得此乎？」孔子伏軾而歎曰：「甚矣，由之難化也！湛於禮義有間矣，而樸鄙之心至今未去。進，吾語汝：夫遇長不敬，失禮也；見賢不尊，不仁也。彼非至人，不能下人。下人不精，不得其真，故長傷身。惜哉！不仁之於人也，禍莫大焉，而由獨擅之。且道者，萬物之所由也，庶物失之者死，得之者生，為事逆之則敗，順之則成。故道之所在，聖人尊之。今漁父之於道，可謂有矣，吾敢不敬乎？」

〈白話〉

孔子又再度行禮起身，說：「今天我能遇見先生，像是天賜的幸運。先生不嫌棄而把我當成門人，親自教誨我；冒昧請問你的住處，希望能受業於門下，最後可以學會大道。」漁父說：「我聽說，可以結伴同行的人，就與他一起前去體驗奧妙的道；不可以結伴同行的人，他連自己的道都不清楚，就小心不要與他同行，才不會給自己帶來災禍。你好好努力吧，我要離你而去了，我要離你而去了！」於是撐船離開，划進蘆葦叢中去了。顏淵掉轉馬車，子路遞上車繩，孔子頭也不回，等到水波平靜，聽不見搖船聲，然後才敢上車。子路在車旁問說：「我在老師門下很久了，不曾見過老師對人這麼尊敬。萬乘國君、千乘王侯見到老師，沒有不平起平坐的，老師還會露出高傲的神色。現在這位漁父拿著船篙站在對面，老師卻彎腰鞠躬，再三行禮才答話，這不是太過分了嗎？弟子們都覺得老師舉止異常了，漁父憑什麼值得如此禮遇呢？」孔子靠在車前扶手上，嘆了一口氣說：「子路真是難以教化啊！你在禮義中沉潛也有一段時間了，可是粗鄙的心態至今尚未消除。來，我告訴你：遇到長者不恭敬，這是失禮；見到賢人不尊重，這是不仁。如果不是至人，就不能謙下待人，謙下待人不夠專一，就不能保住他的真實，因此常會傷害自己。可惜啊！對人來說，沒有比不仁更大的禍害了，而子路偏偏就是如此。再說，道是萬物產生的根源。萬物失去它就死亡，得到它就生存；做事違逆它就失敗，順應它就成功。所以，道所在的地方，聖人都會尊重。現在漁父對於道，可以說體悟了，我敢不尊敬他嗎？」

## 〈解讀〉

孔子四度行禮起身，好學精神在此表現無遺。事實上，漁父前面所說的已經相當完備了。接下來需要的，是修行與體驗的工夫。

孔子對國君倨傲，對漁父恭敬，正好代表兩個世界之間的橋樑，可以連繫入世與出世。沒有孔子與儒家，人生的途徑難免分而不合。

子路護衛孔子，總覺得自己的老師太委屈了，但孔子卻嘆道，別人之所以認為孔子難以教化，就是因為教到子路這種學生。然而，此處孔子的感嘆顯然是代表了道家的思想，而非儒家。孔子教誨子路時，談到「不仁之於人也，禍莫大焉」，這是因為「仁」有真誠之意，是人回歸真實的必經之路。

「分庭伉禮」的「伉」，與「抗」相通。

**總結本篇要旨**

本篇也像是短篇小説，但漁父並非盜跖，他給孔子的建議顯然較為正面。孔子不改其一貫的好學心態，樂於傾聽智者的言論。漁父為孔子分析「八疵四患」，勸他不必過度憂心，以免庸人自擾。文中論及「真者，精誠之至也」，以及「聖人法天貴真」，皆為莊子之意。在這段寓言中，孔子此時已六十九歲，依然好學至此，可見儒家亦有不凡之處。

# 列御寇

## 第三十二

〈32・1〉

列御寇之齊，中道而反，遇伯昏瞀（ㄇㄠˋ）人。伯昏瞀人曰：「奚方而反？」曰：「吾驚焉。」曰：「惡乎驚？」曰：「吾嘗食於十漿，而五漿先饋。」伯昏瞀人曰：「若是，則汝何為驚已？」曰：「夫內誠不解，形諜成光，以外鎮人心，使人輕乎貴老，而䪡（ㄐㄧ）其所患。夫漿人特為食羹之貨，無多餘之贏，其為利也薄，其為權也輕，而猶若是，而況於萬乘之主乎？身勞於國，而知盡於事，彼將任我以事，而效我以功，吾是以驚。」伯昏瞀人曰：「善哉觀乎！汝處已，人將保汝矣！」無幾何而往，則戶外之屨滿矣。伯昏瞀人北面而立，敦杖蹙之乎頤，立有間，不言而出。賓者以告列子，列子提屨，跣（ㄒㄧㄢˇ）而走，暨乎門，曰：「先生既來，曾不發藥乎？」曰：「已矣，吾固告汝曰『人將保汝』，果保汝矣。非汝能使人保汝，而汝不能使人無保汝也，而焉用之感豫出異也！必且有感，搖而本才，又無謂也。與汝遊者又莫汝告也，彼所小言，盡人毒也。莫覺莫悟，何相孰也！巧者勞而知者憂，無能者無所求，飽食而遨遊，汎若不繫之舟，虛而遨遊者也。」

## 〈白話〉

列御寇前往齊國，走到半路就折返，遇到伯昏瞀人。伯昏瞀人說：「你為什麼回來呢？」列御寇說：「我受到驚嚇。」伯昏瞀人說：「什麼事使你驚嚇？」列御寇說：「我曾在十家賣漿店飲食，其中有五家優先招呼我。」伯昏瞀人說：「就算這樣，你何必覺得驚嚇呢？」列御寇說：「內在的巧智未能化解，身形就流露威儀光芒，用外顯的力量懾服人心，使別人怠慢顯貴及老者，這樣就會帶來禍患。賣漿人只是做些飲食買賣，沒有多少盈餘，所得的利益很少，所有的權力輕微，都還這樣對待我，何況是萬乘的君主呢！形體為國家操勞，智力為政事耗盡，他會把國事委託給我，要求我達成功績，我因此覺得驚嚇。」伯昏瞀人說：「你的觀察很對啊！你回去吧，人們會歸附你的！」沒過多久，再去看列御寇，發現門外擺滿了鞋子。伯昏瞀人面向北方站著，拄著枴杖抵著下巴，站了一會兒，沒有說話就走了。接待的人告訴列子，列子拎起鞋子，光著腳跑出來，到了門口說：「先生既然來了，難道不指點我嗎？」伯昏瞀人說：「算了吧！我本來就對你說過『人們會歸附你的』，現在果然歸附你了。不是你能讓人歸附你，而是你不能讓人不來歸附你，你為什麼要讓人感覺你與眾不同呢！必定是你有所感覺，才會動搖你的本性，這也是無可奈何的事。與你來往的人又不告誡你這些，他們的淺薄言語全都是毒害人的。既不覺醒也不領悟，怎麼能互相幫助呢！巧者勞累而智者憂慮，只有無能者全無所求，吃飽之後到處遨遊，飄飄然就像解纜的船，空盪盪地到處逍遙。」

〈解讀〉

列御寇雖「驚」，但尚未到達「醒」的程度（「莫覺莫悟」），因為他「不能使人無保汝也」，不能讓人不來歸附他。此處依舊強調人只有回歸平常，隱於平凡，活得平淡，才可能達到「虛而遨遊」的境界。

「汎若不繫之舟」，一個人好像搭上渡河的小船，沒有綁上繩子，飄飄然就像解纜的船，此語文字境界之美，值得仔細品味。韋應物〈滁州西澗〉中「野渡無人舟自橫」，野外的渡船碼頭上，在這個時候已經沒有人來往了，只有一隻渡船孤單地橫靠在岸邊，境界與此相通。人活在世界上，所有的一切都是外來的，我們的認知，以及本身吸引別人的知識或光環，都是外在的，禁不起比較。每一個人都有不同的焦點，我們只是各種有才能的人之一，如果為了這些才能，以為自己的生命就在這裡，那是大錯特錯。人的生命以道做為根本，從來就沒有得失的問題，如此才能真正過得自在逍遙。所以人活在世界上，就像沒有綁住纜繩的一條小船，何必把自己困住？困住之後，還以此炫耀，讓別人以為你有什麼專長而希望你去發揮，最後便脫離真實的生命了。

〈32・2〉

鄭人緩也，呻吟裘氏之地。祇三年而緩為儒，河潤九里，澤及三族，使其弟墨。儒墨相與辯，其父助翟。十年而緩自殺。其父夢之曰：「使而子為墨者，予也。闔胡嘗視其良，既為秋柏之實矣？」夫造物者之報人也，不報其人而報其人之天。彼固使彼。夫人以己為有以異於人，以賤其親，齊人之井飲者相捽（ㄗㄨˊ）也。故曰：今之世皆緩也，自是，有德者以不知也，而況有道者乎！古者謂之遁天之刑。聖人安其所安，不安其所不安；眾人安其所不安，不安其所安。

## 〈白話〉

鄭國有個人，名叫緩，在裘氏的地方讀書。過了三年緩就成了儒者，他像河水一樣，滋潤著方圓九里之內的人，恩澤推及父、母、妻三族，並且讓他的弟弟成為墨者。儒者與墨者辯論時，他的父親幫助墨者這邊。十年後，緩自殺了。他的父親夢見他說：「讓你的兒子成為墨者的，是我。為什麼不去看看我的墳墓，上面種的秋柏已經結果子了。」造物者所賦與人的，不是賦與人為的成就，而是賦與自然的本性。有哪方面的本性，就會往哪方面發展。緩這個人自以為與眾不同，而輕視自己的父親，就像齊國人掘井的以為自己有功，與前來飲水的人互相扭打。所以說，今天世間都是像緩一樣的人，自以為是，這在有德的人看來是不明智的，何況是有道的人呢！古人稱此為：逃避自然所帶來的懲罰。聖人對安定的就讓它安定，對不安定的就讓它不安定；眾人對不安定的要讓它安定，對安定的要讓它不安定。

## 〈解讀〉

「彼固使彼」說明一切後天的人為成就，都有自然的本性做為依據。每一個人都有各自的專長，但是專長並不代表個人的成就，而是道所給的，皆來自於道。每一個人生下來，所喜歡的都不同，這叫做不同的專長。所以人在發展自己的專長時，不要以為自己有什麼特別之處，能做到這樣就夠了。學道家就要強調這一點，一個人再有本事，都是天生的本性磨練之後得到的一種專長，不必以此自豪，如此一來，人人就能以平等心互相來往。如果以為自己了不起，心裡難免會認為不公平。所以鄭緩對於弟弟成為墨者一事，實在不必居功；再者，他說「使而子」，用「而」指稱自己的父親，即是「賤其親」，實在不配稱為儒者。

用「齊人掘井」的故事，來比喻人們不知井水其實來自於天然，還以為是自己的功勞。世間所有的成就，沒有一個不是集合眾多因緣而成的，所以，文中強調首先要化解的是「自是」。

由文末可知，聖人順從自然，眾人違逆自然；兩者的作為正好相反。

## 〈32．3〉

莊子曰：「知道易，勿言難。知而不言，所以之天也；知而言之，所以之人也；古之人，天而不人。」朱泙（ㄆㄥˊ）漫學屠龍於支離益，單千金之家，三年技成而無所用其巧。聖人以必不必，故無兵；眾人以不必必之，故多兵；順於兵，故行有求。兵，恃之則亡。小夫之知，不離苞苴（ㄐㄩ）竿牘，敝精神乎蹇（ㄐㄧㄢˇ）淺，而欲兼濟道物，太一形虛。若是者，迷惑於宇宙，形累不知太初。彼至人者，歸精神乎無始，而甘冥乎無何有之鄉。水流乎無形，發泄乎太清。悲哉乎！汝為知在毫毛，而不知大寧。

## 〈白話〉

莊子說：「理解道很容易，不說它很困難。理解而不說，是為了合乎自然；理解而說出，是為了合乎人事；古代的人，要的是自然而不是人事。」朱泙漫向支離益學習屠龍術，耗盡千金家財，三年後學成了，但是沒有機會施展他的技巧。聖人對於必然如此的事也認為不必然，所以沒有紛爭；眾人對於不必然如此的事也認為必然，所以紛爭很多。順著紛爭下去，一舉一動都有所要求。紛爭，事事靠它就會喪亡。俗人的智巧，離不開交際應酬，消耗精神於淺陋之事，卻還想同時領悟大道與萬物，將形體與空虛化而為一。像這樣的人，已經被宇宙萬象所迷惑，被形體所拖累而不知有太初的妙境。像那至人，就會讓精神回歸於一切尚未開始的境界，安然睡臥於空虛無物的地方。流水沒有固定形狀，從最清虛的源頭展現出來。可悲啊！你的智巧拘泥於瑣碎的小事，而未能理解至為寧靜的大道。

## 〈解讀〉

對於道，應該「知而不言」，因為一旦開口，言語必落於形跡。莊子的話如此難解，正是為了努力不落形跡。本文出現的「太初」、「大清」、「大寧」、「無何有之鄉」，都是明顯的例子。理解了道之後卻不說，是因為很多話對象不對、時機不對、場合不對，說再多都是浪費。

自然界有自然界的規則，所以春夏秋冬的順序是固定的，自然的就是必然的，必然的代表有規則。如果有意外的狀況，該下雨不下雨，也是有原因的，不是自然界失常了，只是你沒有發現其他的干擾因素。所以，以人間的事而言，聖人認為必然如此的事，也認為不必然。譬如，暴政必亡，真是如此嗎？人間沒有什麼是必然的。

儒家相較之下比較天真，孟子說「仁者無敵」，然而，古代推行仁政的小國，很快都被消滅了。別人不行仁政，全力發展軍備，反觀那些沒有軍備、沒有武力而行仁政的國家，如何在亂世中求生存？所以孟子的話，就普遍的人性來說，由於人性向善，「仁者無敵」是可以成立的，但前提是：必須是在正常的情況下。孔子說「德不孤必有鄰」，這話也有待商榷。很多有德行的人都很孤單，所以有些人雖欲走上正路，卻很難堅持到底，常常覺得自己「前不見古人，後不見來者，念天地之悠悠，獨愴然而涕下」，同一個時代的人，彼此沒辦法互相了解，反而去古代找、去未來尋。所以堅持沒有紛爭，代表沒有堅持一定要怎麼樣。如果心存今天我一定要怎麼樣，誰一定要對我怎麼樣，就很勞心勞力了。因為每一個人都有自己的事情，你心裡想對方應該對我如何，這「應該」二字，就會造成心理很大的負擔。

所以，每一個人都要面對自己的生命，去衡量別人的關係為何，往往付出和回饋是相對的，付出多，回饋自然多。看到別的家庭父慈子孝，必須理解他們背後付出多少代價，如果自己沒有特別花心思在家庭上，卻希望父慈子孝，那是很不容易的。所以，人需要念書，書裡面所寫的世界，跟這個世界有一點距離，這個距離就會使你發現，人生有不同的可能性，人要設法找到與自己不同的可能性，而不是隨波逐流。

朱泙漫耗盡家財學屠龍術，本來是一個專長的培養，學會了之後，卻沒有龍可以屠，證明所學的是無用之學，是對外的東西。要征服一個國家，等練成了武功，才發現沒有國家可以征服，還不如向內修養自己、征服自己。

〈32．4〉

宋人有曹商者，為宋王使秦。其往也，得車數乘；王說之，益車百乘。反於宋，見莊子曰：「夫處窮閭阨巷，困窘織屨，槁項黃馘（ㄍㄨㄛˊ）者，商之所短也；一悟萬乘之主而從車百乘者，商之所長也。」莊子曰：「秦王有病召醫，破癰（ㄩㄥ）潰痤（ㄘㄨㄛˊ）者得車一乘，舐（ㄕˋ）痔（ㄓˋ）者得車五乘，所治愈下，得車愈多。子豈治其痔邪，何得車之多也？子行矣！」

〈白話〉

宋國有個人，名叫曹商，代表宋王出使秦國。他出發的時候，獲贈幾輛馬車，秦王欣賞他，又賜給他一百輛馬車。他回到宋國後，去見莊子說：「住在窮街陋巷，困窘地織鞋為生，餓得面黃肌瘦，那是我趕不上的；一旦見到萬乘之君，就有百輛馬車跟從於後，那才是我的過人之處。」莊子說：「秦王有病，召請醫生，使膿瘡潰散的，可以獲得一輛車；舔好痔瘡的，可以獲得五輛車。所治療的部位愈卑下，所獲得的車輛就愈多，你難道是治好了他的痔瘡嗎？不然怎麼得到這麼多車輛呢！你快走開吧！」

## 〈解讀〉

莊子的比喻雖然刻薄，卻也不無道理。今日雖然已經不是專制的時代，但是有心追求富貴的人，必須說盡好話，討別人歡心，得意後就驕傲，到處向人炫耀。然而，這樣的行徑在莊子看來，無異於無恥之徒，最後難免壓低自己的尊嚴，付出高昂的代價，得不償失。「吮癰舐痔」的成語典故即來自於此。

由文中可見，莊子雖然生活貧困，卻窮得有骨氣，堅守個人的原則，不為了某些利益委屈自己、逢迎拍馬。這項原則，其實儒家也可以堅守，所以《莊子》中提到一些儒家窮困的學生時，皆予以肯定。

## 〈32・5〉

魯哀公問乎顏闔曰：「吾以仲尼為貞幹，國其有瘳（ㄔㄡ）乎？」曰：「殆哉圾（ㄐㄧˊ）乎仲尼！方且飾羽而畫，從事華辭，以支為旨，忍性以視民，而不知不信；受乎心，宰乎神，夫何足以上民！彼宜女與？予頤與？誤而可矣！今使民離實學偽，非所以視民也，為後世慮，不若休之。難治也。」施於人而不忘，非天布也。商賈不齒，雖以事齒之，神者弗齒。為外刑者，金與木也；為內刑者，動與過也。宵人之離外刑者，金木訊之；離內刑者，陰陽食之。夫免乎外內之刑者，唯真人能之。

## 〈白話〉

魯哀公請教顏闔說：「我把孔子當作棟梁，國家就有救了嗎？」顏闔說：「恐怕很危險啊！孔子將會雕琢粉飾，講求華麗辭藻，以枝節為主旨，扭曲本性以教化人民，而不知道自己沒有誠信；心裡這樣接受，精神受它主宰，如何可以治理人民！孔子適合你嗎？我會喜歡你這樣做嗎？只怕是一大錯誤！現在讓人民背離樸實而學習虛偽，這不是教化人民的途徑，要是為後世著想，不如放棄吧。很難用他治理國家啊。」施恩於人而念念不忘，這不是自然的布施。商人不會把自己的行業比擬於自然的布施，即使在某些事上如此比擬，內心也不以為然。施加外在刑罰的，是刀斧與桎梏；施加內在刑罰的，是困惑與過失。小人遭受外在刑罰的，是用刀斧桎梏來拷問；遭受內在刑罰的，是被陰陽失調所侵蝕。能夠避免內外刑罰的，只有真人可以做到。

## 〈解讀〉

文中對儒家的批評，主要是「使民離實學偽」。但問題在於，如果沒有儒家，百姓就不會背離樸實、學習虛偽嗎？由「難治也」可以得知，當時的人認為儒家是虛偽的，比較偏向儒家中荀子的立場。因為荀子講人性時，認為人性自私自利，有各種欲望，所以人性不好，也就是「性惡論」。荀子主張「化性起偽」，要改變人的本性，必須設法去做一些善事。「偽」即「人為」，代表善是人為，刻意做出來的。荀子比孟子、莊子晚五、六十年，但是類似的思想在本文已經出現了。

「天布」即自然的布施，一切的善行都可以推源於此。「遭受內在刑罰的，是被陰陽失調所侵蝕」，此後果源自於人的欲望多於自己的能力。笛卡兒說：「要讓我的欲望，不要超過能力範圍。」人這一生的欲望如果都在能力範圍之內，想要什麼都可以做到；反之，如果欲望超過能力範圍，難免自討苦吃。

## 〈32．6〉

孔子曰：「凡人心險於山川，難於知天。天猶有春秋冬夏旦暮之期，人者厚貌深情。故有貌愿而益，有長若不肖，有順懁（ㄒㄩㄢ）而達，有堅而縵，有緩而釬（ㄏㄢˋ）。故其就義若渴者，其去義若熱。故君子遠使之而觀其忠，近使之而觀其敬，煩使之而觀其能，卒（ㄘㄨˋ）然問焉而觀其知，急與之期而觀其信，委之以財而觀其仁，告之以危而觀其節，醉之以酒而觀其則，雜之以處而觀其色。九徵至，不肖人得矣。」正考父一命而傴（ㄩˇ），再命而僂（ㄌㄡˊ），三命而俯，循牆而走，孰敢不軌！如而夫者，一命而呂鉅，再命而於車上儛，三命而名諸父，孰協唐、許！

## 〈白話〉

孔子說：「人心比山川更險惡，比自然更難了解。自然還有春夏秋冬、日夜的規律，人卻是外表厚實、情感深藏。所以，有人外表恭謹而內心驕傲，有人貌似長者而心術不正，有人舉止拘謹而內心輕佻，有人表面堅強而內心軟弱，有人表面溫和而內心急躁。所以，追求道義有如口渴找水的人，拋棄道義也像逃避灼熱的人。所以對於君子，派遣他去遠方，觀察他是否忠心；安排他在近處，觀察他是否恭敬；交代他繁重事務，觀察他是否能幹；突然質問他，觀察他是否機智；給他急迫的期限，觀察他是否守信；委託他錢財，觀察他是否行仁；告訴他處境危險，觀察他是否有節操；讓他喝醉酒，觀察他是否守法度；讓他男女雜處，觀察他是否端正。經過這九種考驗，就可以看出賢者與不肖之人了。」正考父第一次被任命為士時，逢人就曲著背；第二次被任命為大夫時，逢人就彎著腰；第三次被任命為卿時，逢人就俯著身，沿著牆邊走路，這樣誰還敢不守規矩呢！如果是凡夫俗子，第一次被任命為士時，就狂妄自大，第二次被任命的大夫時，就在車上輕狂起來，第三次被任命為卿時，就直呼長輩的名字了，這樣誰還會效法唐堯、許由的謙讓之風呢！

## 〈解讀〉

山川險惡，一下高一下低，但人心更是險於山川，難以預測，孔子於是舉出五種「厚貌深情」的例子。我們若想認識人心，最好先由認識自己開始。

「其就義若渴者，其去義若熱」，道義是由內而發，不要太急切地向外追求，向外追求的話，將來放棄的也快，外來的東西向來是抓不住的。所以理想主義者的一念之轉，就可能淪為虛無主義者。

「九徵」是觀人的九種方法：「忠、敬、能、知、信、仁、節、則、色」，由這九種對人性的考驗可知，莊子對人的了解，不可謂不深刻。這一段講得很有道理，不要把人看得太單純，以為人性本善，因為只要是人，都有各自的脆弱與困難，需要修練。

正考父是宋國大夫，孔子的第七代祖先，地位愈高，他就愈謙虛，別人看了他的表現，自然都守規矩，即所謂的「上行下效」。

## 〈32・7〉

賊莫大乎德有心而心有睫，及其有睫也而內視，內視而敗矣。凶德有五，中德為首。何謂中德？中德也者，有以自好也，而吡（ㄆㄧˇ）其所不為者也。窮有八極，達有三必，形有六府。美、髯、長、大、壯、麗、勇、敢，八者俱過人也，因以是窮。緣循，偃佒（一ㄤ），困畏，三者不若人，俱通達。知、慧外通，勇、動多怨，仁、義多責，六者所以相形也。達生之情者傀（ㄎㄨㄟˇ），達於知者肖；達大命者隨，達小命者遭。

## 〈白話〉

最大的禍害是稟賦中出現用心，並且心中有眼，到了心中有眼時，就會以私心來看事情，以私心來看事情就敗壞了。惡劣的稟賦有五種，為首的是心的稟賦。什麼叫做心的稟賦？心的稟賦就是：自以為是而詆毀自己認為不對的。窮困有八種極端，通達有三種必然，刑罰有六種內容。貌美、鬚長、身高、魁梧、強壯、華麗、勇猛、果敢，這八項都超過一般人，就會受到役使而窮困。依賴外物、卑屈從人、懦弱畏懼，有這三項不如別人，就會遇事通達。智巧與捷悟則會追逐外物，勇猛與浮動則會多招怨恨，行仁與尚義則會多受責備，這六者將會給人帶來刑罰。明白生命之真實的人，心胸寬大；明白智巧的人，氣量狹小；明白大命運的人，隨順一切；明白小命運的人，忍受一切。

## 〈解讀〉

「德」指人的天性稟賦，此種稟賦也「可能」發展出壞的結果，所以有「凶德」之說。「凶德有五」，是指「眼耳鼻舌心」，也就是官能與欲望的來源。「中德」是指居於人體之中的「心」。一個人有所用心，亦即有刻意的想法，就容易出問題。心中有眼，稱之為「心眼」，說一個人心眼太多，是指他的心思太過複雜。心中有眼，難免以私心看待事情，一旦以私心看待事情，就容易敗壞。每個人都有願望，但若讓每個人都心想事成，天下就大亂了，因為他心想事成，恐怕會與別人的願望互相干擾或衝突。

惡劣的五種稟賦，為首的是心的稟賦，也就是：自以為是而詆毀自己認為不對的。柏拉圖的著作《對話錄》，「對話」代表有正、有反，意見不同，才可能看到自己沒看到的地方，正、反、合之後，才能再往上走，向上提升。把我們所沒見到的，和我們不一樣的觀點包容進來之後，心胸才會愈來愈開闊。《老子》中一再提到「明」，能夠從別人的角度來看，才能說是得到啟明的覺悟。所以平常人在談話時，最怕有意見，但也最怕沒有意見。只要別人有意見的話，便要花時間溝通合作，即使合作得來，心裡也難免有所保留；但也最怕完全沒意見，因為對於沒有主見的人，很難從不同的角度給予適度的提醒。

「八極，三必，六府」的說法，足以警惕人們不要只從外在條件來判斷吉凶。「大命」，指人的自然之命；「小命」，指人的世間遭遇。老莊思想之所以傑出，是因為在時間上，不是只看短暫的結果，而是看見永恆；在空間上，不是只看此地，而是看到無限。時間上看到永恆，空間上看到無限，眼光長遠開闊之後，就可以驗證最後天下是屬於看來老老實實的人。

## 〈32・8〉

**人有見宋王者，錫車十乘。以其十乘驕穉（ㄓˋ）莊子。莊子曰：「河上有家貧恃緯蕭而食者，其子沒於淵，得千金之珠。其父謂其子曰：『取石來鍛之！夫千金之珠，必在九重之淵而驪龍頷（ㄏㄢˋ）下，子能得珠者，必遭其睡也。使驪龍而寤，子尚奚微之有哉！』今宋國之深，非直九重之淵也；宋王之猛，非直驪龍也；子能得車者，必遭其睡也。使宋王而寤，子為整粉夫！」**

## 〈白話〉

有人去拜見宋王，獲賜十輛馬車，他就以這十輛馬車向莊子誇耀。莊子說：「河邊有一家窮人，靠編織蘆葦為生，做兒子的潛入深淵，得到價值千金的寶珠。做父親的對他說：『拿石頭來敲碎它！千金寶珠一定藏在九重深淵黑龍的頷下，你能取得寶珠，一定是碰到牠正在睡覺。如果黑龍是醒的，你還能保住小命嗎？』現在宋國的形勢，更勝過九重深淵；宋王的凶猛，更勝過黑龍；你能得到馬車，一定是碰到他正在睡覺。如果宋王是醒的，你就要粉身碎骨了！」

〈解讀〉

凡事有利必有弊，僥倖得到的，並不值得誇耀。為了小利而身陷險境，當然是一大迷惑。父親要兒子敲碎寶珠，就是期望他棄絕貪念，否則兒子可能再次深入龍潭冒險，並因此丟了性命而不自知。

〈32・9〉

**或聘於莊子。莊子應其使曰：「子見夫犧牛乎？衣以文繡，食以芻菽，及其牽而入於大廟，雖欲為孤犢，其可得乎！」**

〈白話〉

有人想請莊子做官，莊子答覆使者說：「你見過用來祭祀的牛嗎？披的是紋彩刺繡，吃的是青草大豆，等牠被牽到太廟待宰的時候，即使想做一頭孤單的小牛，辦得到嗎？」

〈解讀〉

牛很難有先見之明，但身而為人，卻應該有此遠見，否則人生將充滿後悔。我們不要以為得到天下的好處，不需要付出代價。儒家講見利思義，看到利益就要想該不該得，合不合於道義；道家則不同，講見利思害，看到利益，就要想到會有什麼害處。譬如，政治人物今天得勢上台，得到了好處，將來有一天一定還是會下台，只是時間問題。上台靠運氣，下台靠智慧，若做得不好，到時下台的難堪，不是上台的那一刻想得到的。

〈32．10〉

**莊子將死，弟子欲厚葬之。莊子曰：「吾以天地為棺槨，以日月為連璧，星辰為珠璣，萬物為齎（ㄐㄧ）送。吾葬具豈不備邪？何以加此！」弟子曰：「吾恐烏鳶之食夫子也。」莊子曰：「在上為烏鳶食，在下為螻蟻食，奪彼與此，何其偏也！」**

〈白話〉

莊子臨終的時候，弟子們想要厚葬他。莊子說：「我把天地當作棺槨，把日月當作雙璧，把星辰當作珠璣，把萬物當作殉葬，我陪葬的物品難道還不齊備嗎？有什麼比這樣更好的！」弟子說：「我們擔心烏鴉與老鷹會把先生吃掉。」莊子說：「在地上會被烏鴉與老鷹吃掉，在地下會被螻蟻吃掉，從那邊搶過來，送給這邊吃掉，真是偏心啊！」

〈解讀〉

這很可能是一則真實的故事。「棺槨、連璧、珠璣、齎送」都是古代葬禮的必備品。由本文可見莊子面對死亡的泰然，自己這身臭皮囊，塵歸塵、土歸土，一百年以後，誰還記得那一塊泥土下葬的是誰?他認為自己一應俱全,頗有以死亡為「弱喪知歸」的圓滿結局。在此也可以看到道家眼光的長遠。

## 〈32・11〉

**以不平平,其平也不平;以不徵徵,其徵也不徵。明者唯為之使,神者徵之。夫明之不勝神也久矣,而愚者恃其所見入於人,其功外也,不亦悲乎!**

## 〈白話〉

以不公平的偏見去追求公平,這種公平不是真公平;以不感應的私心去追求感應,這種感應不是真感應。明智者有所作為,總是被人役使;神全者可以感應一切。明智比不上神全,由來已久了!而愚昧者還依恃他的偏見,陷溺於人間,所成就的都是不相干的事,不是很可悲嗎?

## 〈解讀〉

富貴功名都是身外之物,一個人外在的成就高低,與過得快不快樂是兩回事。有時在社會上頗具知名度,或某一方面有傑出表現的人,在與他們接觸之後,就會發現他們的生活其實同樣平凡,也無法逃離老死的命運。所以,莊子感嘆的即是一般人沒有掌握到此一觀點,以致於活在世界上,可惜了一個人的生命。

從〈逍遙遊〉到老子說的「道大、天大、地大、人亦大」，都在詮釋人亦大的觀念。人因為可以向上提升，飛得高、飛得遠，到最後見到萬物無一不美。既然可以飛到這麼高、這麼遠，對於細微末節、人間各種渺小的爭鬥與成功，也就很容易化解，讓人的大和天地一樣，才是走上正路。在《莊子》全書接近尾聲的這一段話，不免看出總結與感嘆的意味，而以「不亦悲乎」一告終。莊子不忍獨自逍遙，藉由本書說了無數「寓言、重言、卮言」。我們陪著一同學習至此，應可感受他的深情厚意，如此一來，他的思想也不見得是曲高和寡了。

**總結本篇要旨**

世間價值觀極為紛亂。儒墨相爭可以使家人無法共存，渴求富貴則必須行卑賤之事、冒生命危險。人心難測，要如何判斷及測試之？上策是培養覺悟的智慧，化解自我的執著，嚮往那「汎若不繫之舟，虛而遨遊者也」的境界。本篇有關「莊子將死」的一段，道盡其逍遙自得之生命情調。

# 天下

第三十三

〈33．1〉

天下之治方術者多矣，皆以其有為不可加矣。古之所謂道術者，果惡乎在？曰：「無乎不在。」曰：「神何由降？明何由出？」「聖有所生，王有所成，皆原於一。」不離於宗，謂之天人。不離於精，謂之神人。不離於真，謂之至人。以天為宗，以德為本，以道為門，兆於變化，謂之聖人。以仁為恩，以義為理，以禮為行，以樂為和，薰然慈仁，謂之君子。以法為分，以名為表，以參為驗，以稽為決，其數一二三四是也，百官以此相齒。以事為常，以衣食為主，蕃息蓄藏，老弱孤寡為意，皆有以養，民之理也。

〈白話〉

天下研究學術的人很多，都認為自己的學問好得無以復加了。古代所說的道術，究竟在什麼地方？答案是：「無所不在。」再問：「神妙的能力從何處降臨？明智的能力從何處出現？」答案是：「聖人有他誕生的理由，帝王有他成功的原因，都是來自整體的一。」不離開根源的，稱為天人。不離開精純的，稱為神人。不離開真實的，稱為至人。以自然為根源，以稟賦為依據，以大道為門徑，能夠順應一切變化的，稱為聖人。以仁來施行恩惠，以義來建立條理，以禮來規範行為，以樂來調和情緒，表現仁愛慈善的溫和氣息的，稱為君子。以法度做為分守，以名號做為標準，以比較做為驗證，以考核做為決斷，可以排出一二三四的等級，百官依此列出順序。以工作為日常活動，以衣食為生活中心，增加物產積蓄財貨，關心老弱孤寡，使他們都能得到安養，這是人民生存的道理。

〈解讀〉

古代的「道術」與「整體的一」，是不可分的。因為整個宇宙來自於道，道是整體，根源是一樣的，所以萬物可以構成一個整體。莊子認為「道」無所不在，代表萬物的來源；「術」代表道的應用與表現。所以「道術」合在一起，可以解釋為：道與它的表現是無處不在的。「神與聖」，配合「明與王」，亦即構成稍後所說的「內聖外王」，這並非憑空出現，而是靠著傑出的人，譬如天人、神人、至人、聖人來體現的。《莊子》一書的主要目的，即在闡明每一個凡人都有可能展現類似的境界。

關於天人、神人、至人、聖人：「天人」的「天」是指自然，天人是沒有脫離自然的基礎。「神人」在《莊子》前半部經常出現，神代表神妙無比，因為不離開精純，所以表現出來的效果神妙無比。「至人」的「至」是指最高的，至人是不離開真實的。莊子筆下的聖人有兩種，第一種是儒家的聖人，講仁義道德，經常受到莊子批評；第二種是道家的聖人，也就是本文所指稱的，以自然為根源，以稟賦為依據，以大道為門徑，能夠順應一切變化，這才是道家理想的聖人形象。

從「君子」談到「民之理」，所呈現的是古代社會的正常結構。以此為出發點，才有後續各家各派的不同主張。在此我們要理解，古代的書是寫給統治者看的，希望統治階級看了之後，能懂得怎麼去治理百姓；一般老百姓沒有受教育的機會，讀不到這些著作，所以此處的語氣才會是希望上位者明白，一般老百姓需要的東西很簡單，統治者依自然的方式來照顧百姓，便能保持自然的狀態。

〈33．2〉

古之人其備乎！配神明，醇天地，育萬物，和天下，澤及百姓，明於本數，係於末度，六通四辟，小大精粗，其運無乎不在。其明而在數度者，舊法世傳之史尚多有之。其在於《詩》、《書》、《禮》、《樂》者，鄒、魯之士、搢紳先生多能明之。《詩》以道志，《書》以道事，《禮》以道行，《樂》以道和，《易》以道陰陽，《春秋》以道名分。其數散於天下而設於中國者，百家之學時或稱而道之。天下大亂，賢聖不明，道德不一，天下多得一察焉以自好。譬如耳目鼻口，皆有所明，不能相通。猶百家眾技也，皆有所長，時有所用。雖然，不該不徧，一曲之士也。判天地之美，析萬物之理，察古人之全，寡能備於天地之美，稱神明之容。是故內聖外王之道，闇而不明，鬱而不發，天下之人各為其所欲焉以自為方。悲夫，百家往而不反，必不合矣！後世之學者，不幸不見

**天地之純，古人之大體，道術將為天下裂。**

**〈白話〉**

古代的人真是完備啊！他們配合神明，取法天地，撫育萬物，調和天下，恩澤推及百姓，明白治國的根本原則，也不疏忽法度的末節。不論時間空間上的任何領域，事情上的小大精粗，他們的功用都無所不在。這種功用明顯表現在典章制度方面，像舊時的法規、世代相傳的史籍多半還有記載。存在於《詩》、《書》、《禮》、《樂》中的，像儒家學者、官吏士紳多半能夠通曉。《詩》是用來表達心意；《書》是用來記述政事；《禮》是用來規範行為；《樂》是用來調和情緒；《易》是用來通達陰陽；《春秋》是用來界定名分。這些典章散布於天下，施行於各國，百家的學說時常加以稱頌與講述。後來天下大亂，賢聖之行不顯明，道德標準不統一，天下的人大都各執一端而自以為是。譬如耳、目、鼻、口，都有各自的作用，但是，不能互相替代。就像百家的各種技藝，都有它的優點，在適當的時候也用得上。然而，如此既不周全也不普遍，就只能算是偏於一端的人。他們區別天地的大美，分析萬物的條理，解散古人的全德，但是卻很少能整合起天地的大美，相稱於神明的靈妙。因此，內聖外王之道，昏暗不明，阻塞不通，天下的人各自認為自己所喜好的就是學術。可悲啊，百家往前走而不再回頭，必然不合於道術了。後代的學者很不幸，無法見到天地的全貌與古人的廣大境界，道術就如此被天下人所分裂了。

**〈解讀〉**

「六通四辟」的說法已見於〈天道〉，意指六合（上下四方）通達，四時（春夏秋冬）開展，兼含時間與空間的因素。

「內聖外王」的典故源自於此，然而後代卻以此描寫儒家的理想，這與莊子原本的見解並不相同。在此，莊子所說的「聖」代表通達與智慧，因為內在聰明，外在才能表現出一個人的統治能力。《詩》、《書》、《禮》、《樂》、《易》、《春秋》，也就是六經，是儒家的經典。由此得知，這六部承先啟後的經典，讓儒家在傳統上具有優先地位，然而這種承先啟後的立場，卻也很不幸的，讓後代學者無法見到天地的全貌與古人的廣大境界，道術就如此被天下人所分裂了。「道術將為天下裂」，以下文所述，共有六派，再加上前面談過的儒家，則有七派。

## 〈33・3〉

不侈於後世，不靡於萬物，不暉（ㄏㄨㄟ）於數度，以繩墨自矯，而備世之急。古之道術有在於是者，墨翟、禽滑釐聞其風而說之，為之太過，已之太循。作為《非樂》，命之曰《節用》；生不歌，死無服。墨子泛愛兼利而非鬥，其道不怒；又好學而博，不異，不與先王同，毀古之禮樂。黃帝有《咸池》，堯有《大章》，舜有《大韶》，禹有《大夏》，湯有《大濩（ㄏㄨㄛ）》，文王有《辟雍》之樂，武王、周公作《武》。古之喪禮，貴賤有儀，上下有等，天子棺槨七重，諸侯五重，大夫三重，士再重。今墨子獨生不歌，死無服，桐棺三寸而無槨，以為法式。以此教人，恐不愛人；以此自行，固不愛己。未敗墨子道，雖然，歌而非歌，哭而非哭，樂而非樂，是果類乎？其生也勤，其死

**也薄，其道大觳（ㄏㄨˊ）；使人憂，使人悲，其行難為也，恐其不可以為聖人之道，反天下之心，天下不堪。墨子雖獨能任，奈天下何！離於天下，其去王也遠矣。**

〈白話〉

不教後世奢侈，不對萬物浪費，不受禮法眩惑，以規矩來砥礪自己，而救助世人的急需。古代的道術有著重這方面的，墨翟、禽滑釐聽説這種風氣就愛好。有些事實踐得太過分，有些事節制得太謹慎。他們提倡《非樂》，講求《節用》，生時不唱歌，死時不厚葬。墨子泛愛眾人，兼利天下而反對戰爭，他的學説主張不發脾氣；他又好學而博聞，不強調人群差異，不與先王認同，毀棄古代禮樂。黃帝有《咸池》，堯有《大章》，舜有《大韶》，禹有《大夏》，湯有《大濩》，文王有「辟雍」的樂章；武王、周公製作《武》。古代的喪禮，貴賤有不同的儀式，上下有不同的等級，天子的棺槨有七層，諸侯的有五層，大夫的有三層，士的有兩層。現在墨子偏偏主張生時不唱歌，死時不厚葬，只用三寸的桐木棺材而沒有外槨，訂下這個標準。以此來教導別人，恐怕是不愛別人；以此來要求自己，實在是不愛自己。這並不是要推翻墨子的學説。不過，該唱歌時不許唱歌，該哭泣時不許哭泣，該奏樂時不許奏樂，這樣真的合乎人情嗎？生時要勤勞，死後要薄葬，他的學説太苛刻了；讓人憂愁，讓人悲傷，這種行為很難付諸實現，恐怕不能稱為聖人之道，它違反了天下人的心意，天下人是無法忍受的。墨子自己雖然做得到，對天下人能怎麼樣呢！與天下人脱節了，距離王道就遙遠了。

## 〈解讀〉

墨子主張兼愛，不強調人群差異（不異），也就是不願區分人與人的差別，所以反對先王的禮樂。「辟雍」則是古代帝王所建之大學。

「是果類乎？」一語，批判墨子的學說不近人情，即使理想崇高，也無法普遍推行。少數人可以達到崇高的理想，一般人可以理解這類人特別有決心，但卻很難做到他們的要求。由此可見，〈天下〉強調要以「人心平常的狀態」為標準，人類社會的規範是要讓一般人過得下去，讓人心覺得合適，而不要製造太過複雜的問題。

## 〈33・4〉

墨子稱道曰：「昔者禹之湮（ㄧㄣ）洪水，決江河，而通四夷九州也，名川三百，支川三千，小者無數。禹親自操橐（ㄊㄨㄛˊ）耜（ㄙˋ）而九雜天下之川；腓無胈，脛無毛，沐甚雨，櫛疾風，置萬國。禹大聖也，而形勞天下也如此。」使後世之墨者，多以裘褐為衣，以跂（ㄑㄧˊ）蹻（ㄑㄧㄠ）為服，日夜不休，以自苦為極，曰：「不能如此，非禹之道也，不足為墨。」相里勤之弟子五侯之徒，南方之墨者苦獲、己齒、鄧陵子之屬，俱誦《墨經》，而倍譎不同，相謂別墨；以堅白同異之辯相訾（ㄗˇ），以觭（ㄐㄧ）偶不仵之辭相應；以巨子為聖人，皆願為之尸，冀得為其後世，至今不決。墨翟、禽滑釐之意則是，其行則非也。將使後世之墨者，必自苦以腓無胈、脛無毛相進而已矣。亂之上也，治之下也。雖然，墨子真天下之好也，將求之不得也，雖枯槁不舍也，才士也夫！

## 〈白話〉

墨子談到他的學說時，說：「從前禹為了堵塞洪水，就疏導長江、黃河，使其通達四境九州，當時大河有三百，支流有三千，小溪有無數。禹親自拿著畚箕鋤頭，匯合天下的河川；他大腿無肉，小腿無毛，淋著大雨，頂著狂風，安頓了萬國。禹是大聖人，尚且為天下人這麼勞苦。」因此，後來的墨者，大都穿粗布衣服，配木屐草鞋，日夜不停地工作，以勞苦自己為最高目標，並且說：「不能這樣做，就不是禹的道，就不配稱為墨者。」相里勤的弟子五侯等人，南方的墨者苦獲、己齒、鄧陵子這些人，都誦讀《墨經》，但是立場背離怪異，各自不同，互相指責對方是墨子的別派。他們用「堅白」、「同異」的辯論來互相詆毀，用奇數偶數不合的言詞來互相對立；以巨子為聖人，都願意奉他為宗主，希望能成為他的傳人，到現在還爭論不休。墨翟、禽滑釐的用心是對的，他們的做法卻不對。這樣會使後代的墨者，必定要勞苦自己到大腿無肉、小腿無毛，以此互相競爭罷了。這是擾亂天下的罪多，治理天下的功少。雖然如此，墨子真是愛好天下的人，他所追求的目標不能實現，即使累得形容枯槁也不放棄，可以說是才能之士了！

## 〈解讀〉

由本文可知，墨翟之後，墨家分為相里氏、相夫氏、鄧陵氏三派，每一派都認為別派不是正統，因而去爭正統，用「堅白」、「同異」的辯論來互相詆毀，以巨子為聖人，希望能成為他的傳人。「堅白」、「同異」本來是名家學說，因為墨家也講邏輯辯論，所以談這些。巨子又名鉅子，是墨家學派裡的宗主，享有極高權威，類似今日黑道片裡的教父，因為巨子可以決定部下的生死，叫下面的人去什麼地方做事就得去做，明知九死一生，也不能說第二句話。

墨子的思想強調「天志」，也就是天的志向，堅持古代傳統對天的信仰，是天生出萬民，所以天的意志是要我同等愛護萬民，不能只愛自己的家人。所以古代的學派中，一般認為墨家最為保守。然而，這一段雖然講到墨家的表現，卻沒有說明墨子追求的目標與最後的信念為何。但從前段文章可知，因為墨家思想違背人之常情，即使勞苦自己、理想崇高，它的信念也不能夠實現。

〈33．5〉

不累於俗，不飾於物，不苟於人，不忮（ㄓˋ）於眾，願天下之安寧以活民命，人我之養畢足而止，以此白心。古之道術有在於是者，宋鈃（ㄐㄢ）、尹文聞其風而說之，作為華山之冠以自表，接萬物以別宥為始；語心之容，命之曰心之行，以聏（ㄦˊ）合驩（ㄏㄨㄢ），以調海內，請欲置之以為主。見侮不辱，救民之鬥，禁攻寢兵，救世之戰。以此周行天下，上說下教，雖天下不取，強聒（ㄍㄨㄚ）而不舍者也，故曰：上下見厭而強見也。雖然，其為人太多，其自為太少；曰：「請欲固置五升之飯足矣，先生恐不得飽，弟子雖飢，不忘天下。」日夜不休，曰：「我必得活哉！」圖傲乎救世之士哉！曰：「君子不為苛察，不以身假物。」以為無益於天下者，明之不如已也。以禁攻寢兵為外，以情欲寡淺為內。其小大精粗，其行適至是而止。

〈白話〉

不被世俗所牽累，不藉外物來矯飾，不苛求別人，不違逆眾意，希望天下安寧，百姓得以活命，別人與我的生活都是夠用就好，以這種觀點來表白心願。古代的道術有著重這方面的，宋鈃、尹文聽說這種風氣就愛好。他們製作一種上下均齊的華山帽，用以表現自己的想法，應接外物從去除成見開始；討論心所包容的範圍，稱之為心所推行的範圍，以親暱態度與人相洽，而調和四海之內的人，請求大家以此做為行為的主導。受欺侮不以為恥辱，拯救人民免於爭鬥，禁止攻伐平息用兵，拯救世間免於戰禍。用這種學說周遊天下，對上勸說君主，對下教育百姓，即使天下人不接受，還是勉強陳詞不肯放棄，所以說：上上下下都厭煩，還要勉強發表意見。然而，他們為別人考慮太多，為自己打算太少，說：「請給我們五升飯就夠了，老師恐怕還吃不飽，弟子們即使飢餓，也不會忘記天下人。」他們日夜不停忙碌，說：「我們一定活得下去！」真是意圖高尚的救世之士啊！他們說：「君子不苛求挑剔，不受制於外物。」認為對天下無益的事，與其去說明不如停止算了。他們對外主張禁止攻伐平息用兵，對內主張降低減少情欲。這種學說雖然也有小大精粗之分，而所作所為只不過是如此而已。

〈解讀〉

此派立場在於將「心之容」推及於「心之行」，亦即我的心能夠容納多少，就要實踐多少，來為天下人謀求最大的福祉。另外，「先生恐不得飽」一語，有謂此派以「天下」或「黔首」（百姓）為「先生」，而自稱為「弟子」。此派與墨家的差異，主要是前者「以自苦為極」，並且學說較為完備，如師法禹等。然而兩派都意圖救世，值得佩服。不過此派的禁攻寢兵，反對戰爭，情欲寡淺，減少欲望，真的不容易做到，所以也無法流傳後世。

〈33・6〉

公而不黨，易而無私，決然無主，趣物而不兩，不顧於慮，不謀於知，於物無擇，與之俱往。古之道術有在於是者，彭蒙、田駢、慎到聞其風而說之。齊萬物以為首，曰：「天能覆之而不能載之，地能載之而不能覆之，大道能包之而不能辯之。」知萬物皆有所可，有所不可，故曰：「選則不徧，教則不至，道則無遺者矣。」是故慎到棄知去己，而緣不得已，泠汰於物以為道理。曰：「知不知，將薄知而後鄰傷之者也。」謑（ㄒㄧˇ）髁（ㄎㄜ）無任，而笑天下之尚賢也；縱脫無行，而非天下之大聖。椎拍輐（ㄨㄢˇ）斷，與物宛轉；舍是與非，苟可以免；不師知慮，不知前後，魏然而已矣。推而後行，曳而後往，若飄風之還，若羽之旋，若磨石之隧，全而無非，動靜無過，未嘗有罪。是何故？夫無知之物，無建己之患，無用知之累，動靜不離於理，是以終身無譽。故曰：「至於若無知之物而已，無用賢聖，夫塊不失道。」豪傑相與笑之曰：「慎到之道，非生人之行，而至死人之理，適得怪焉。」田駢亦然，學於彭蒙，得不教焉。彭蒙之師曰：「古之道人，至於莫之是、莫之非而已矣。其風窢（ㄒㄩˋ）然，惡可而言？」常反人，不見觀，而不免於魭（ㄨㄢˊ）斷。其所謂道非道，而所言之韙（ㄨㄟˇ）不免於非。彭蒙、田駢、慎到不知道。雖然，概乎皆嘗有聞者也。

〈白話〉

公正而不結黨，和善而不偏私，判斷事理不存己見，隨順外物不分彼此，不多作思慮，不謀求智巧，對一切沒有好惡，跟著它一起前進。古代的道術有著重這一方面的，彭蒙、田駢、慎到聽說這種風氣就愛好。他們把齊同萬物作為首要觀念，說：「天能覆蓋萬物而不能承載萬物，地能承載萬物而不能覆蓋萬物，大道能包容萬物而不能分辨萬物。」知道萬物都有所能，有所不能，所以說：「有所選擇就不普遍，有所教導就不周全，順著大道就無所遺漏了。」因此，慎到摒棄智巧、泯除自我，順著不得已的原則去做，聽任外物的變化，以此為學說的要旨。他說：「有所知就是有所不知，這樣就會看輕知識然後損毀它了。」隨順物情無所專任，而譏笑天下重用賢人；放縱解脫不拘形跡，而責怪天下推崇大聖。施用刑法，隨事而定；不計是非，只求苟免；不用智巧謀慮，不知前後之別，只是獨立於世罷了。推了才前進，拉了才跟上，好像飄風迴旋，好像羽毛飛舞，好像磨石轉動，安全而不受責難，動靜都沒有過錯，不曾招致任何罪刑。這是什麼緣故呢？就如無知覺的東西，沒有執著自我的憂慮，沒有使用智巧的牽累，動靜都不會偏離條理，所以終身沒有毀譽。所以說：「做到像無知覺的東西就可以了，不需要聖人與賢人。連土塊都不會失去大道。」豪傑們談起他來，都嘲笑說：「慎到的學說，講的不是活人的行為，而是死人的道理，真是讓人覺得怪異。」田駢也是一樣，他向彭蒙學習，懂得了不言之教。彭蒙的老師說：「古代得道的人，只是抵達不說是、不說非的境界罷了。他們的教誨像風一樣迅速吹過，怎麼可以用言語表達呢？」他們時常違背民意，不受別人歡迎，甚至不免遭受刑罰。他們所說的道並不是道，而且所說的對不免被認為錯。彭蒙、田駢、慎到不明白大道。不過，他們大概都曾聽說過大道吧。

**〈解讀〉**

慎到是法家的重要人物，年代稍後的申不害與韓非子與之齊名。

此派與莊子思想看來類似，不結黨、不偏私、不存己見、不分彼此。他們把齊同萬物做為首要觀念，知道萬物都有所能，有所不能，因此慎到摒棄智巧、泯除自我，順著不得已的原則去做，聽任外物的變化，以此為學說的要旨。然而，在此應留意慎到的不得已，是另一種不得已。莊子批評他們的學說居然去羨慕「無知之物」（無知覺的東西），講的不是活人的行為，反而是「死人之理」了。由此看來，這才是真正的「植物人主義」，以為什麼都不要計較了，反正最後統統看開了，殊不知這樣只學到莊子的一個側面，沒有看到全貌，他們所說的道並不是道。道家雖然也有安靜的一面，強調什麼都不要計較，但也有活潑的一面，讓人可以各自展現生命的特色。

## 〈33・7〉

**以本為精，以物為粗，以有積為不足，澹然獨與神明居。古之道術有在於是者，關尹、老聃聞其風而說之。建之以常無有，主之以太一，以濡（ㄖㄨˊ）弱謙下為表，以空虛不**

毀萬物為實。關尹曰：「在己無居，形物自著。其動若水，其靜若鏡，其應若響。芴乎若亡，寂乎若清，同焉者和，得焉者失。未嘗先人而常隨人。」老聃曰：「知其雄，守其雌，為天下谿；知其白，守其辱，為天下谷。」人皆取先，己獨取後，曰受天下之垢。人皆取實，己獨取虛，無藏也故有餘，巋（ㄎㄨㄟ）然而有餘。其行身也，徐而不費，無為也而笑巧；人皆求福，己獨曲全，曰苟免於咎。以深為根，以約為紀，曰堅則毀矣，銳則挫矣。常寬容於物，不削於人，可謂至極。關尹、老聃乎，古之博大真人哉！

〈白話〉

認為本源是精微的，認為物體是粗疏的，認為有所積存是不足的，安然獨自與神明共處。古代的道術有著重這一方面的，關尹、老聃聽說這種風氣就愛好。用「常、無、有」建立起學說，以「太一」為主導原則，表面上要做到柔弱謙下，實質上要保持空虛狀態，不去傷害萬物。關尹說：「自己沒有成見，事物自行彰顯，動時如同流水，靜時如同鏡子，應答如同回聲。恍惚如同無物，寂靜如同清虛。混同可以和諧，獲得即是失去。不曾與人爭先，卻常走在人後。」老聃說：「知道如何爭強，卻持守著柔弱，寧願作為天下的河床；知道如何顯揚，卻持守著恥辱，寧願作為天下的山谷。」別人都要爭先，他卻獨自居後，說「寧願承受天下的詬辱」。別人都求實際，他卻獨取虛無，沒有斂藏所以會有餘，獨立世間而綽綽有餘。他立身行事，徐緩而不費力，無所作為而嘲笑智巧；別人都謀取福祉，他獨自曲折不全，說「但求避免禍害」。以深藏為根本，以儉約為守則，說「堅硬的會被毀壞，銳利的會受挫折」。常寬待萬物，不責難別人。這可以說是最高境界，像關尹、老聃這樣的人，是古代博大的真人啊！

## 〈解讀〉

老聃的思想以「常、無、有」為架構。「常」是永恆，能用以超越變化的現象世界，也能用來描述「道」的存在樣貌。「無」則是針對萬物之「有」而言，要化解對萬物的執著，必須向上提升於悟道的層次。「太一」指一個究竟整體，亦即「道」。

關尹在此的表現是：「自己沒有成見，事物自行彰顯，動時如同流水，靜時如同鏡子，應答如同回聲。」簡單幾句話就超過前面數派，因為他主張有動、有靜，前面幾派只能靜，不能動。只看到變化帶來危險，沒看到變化也可以隨順著時空條件，「混同可以和諧，獲得即是失去。不曾與人爭先，卻常走在人後。」別人都要爭先，老聃卻獨自居後，還說「寧願承受天下的詬辱」。本文結尾的「可謂至極」一語，亦有作「雖未至極」者。但由隨後便以「博大真人」讚美關尹、老聃來看，「可謂至極」一語並不顯得突兀，此結論可見莊子對於老子的推崇。

本文可以參考《老子》之處，依序包括二十八章、六十七章、七十八章、二十二章、七十六章、九章等。

## 〈33・8〉

**芴漠無形，變化無常，死與生與？天地並與？神明往與？芒乎何之？忽乎何適？萬物**

畢羅，莫足以歸。古之道術有在於是者，莊周聞其風而悅之。以謬悠之說，荒唐之言，無端崖之辭，時恣（ㄗˋ）縱而不儻（ㄊㄤˇ），不以觭（ㄐㄧ）見之也。以天下為沉濁，不可與莊語。以卮言為曼衍，以重言為真，以寓言為廣。獨與天地精神往來，而不敖倪於萬物。不譴是非，以與世俗處。其書雖瓌（ㄍㄨㄟ）瑋，而連犿（ㄈㄢ）無傷也。其辭雖參差，而諔（ㄔㄨ）詭可觀。彼其充實不可以已。上與造物者遊，而下與外死生無終始者為友。其於本也，弘大而辟，深閎而肆；其於宗也，可謂調適而上遂矣。雖然，其應於化而解於物也，其理不竭，其來不蛻（ㄖㄨㄟˋ），芒乎昧乎，未之盡者。

〈白話〉

恍惚芒昧而沒有形跡，隨物變化而沒有常性，這是死還是生呢？與天地一起存在嗎？與神明一起前進嗎？茫茫然不知去哪裡？飄飄然不知往何處？萬物都包羅在內，卻不能當成歸宿。古代的道術有著重這一方面的，莊周聽說這種風氣就愛好。他用悠遠無稽的說法、廣大虛幻的言談、漫無邊際的語詞來表達，時常任意放縱而不黨同伐異，也不會執持偏於一端的見解。他認為天下人沉迷混濁，沒辦法同他們講正經的道理。他以隨機應變的話來任意引申，以借重別人的話來證明可信，以寓言來推廣想法。獨自與天地精神往來，而不輕視萬物，不質問別人的是非，而能與世俗相處。他的著作雖然宏偉奇特，但是行文婉轉不妨害事理。他的言詞雖然變化多端，但是玄妙幻怪而頗有可觀。他的思想充實而難以窮究，在上與造物者同遊，在下與超脫生死、忘懷始終的人做朋友。他談到本源，說得弘廣而通達，深遠而博大；他談到根基，可以說是和諧適宜，抵達最高境界了。雖然如此，他還是順應變化而解消物累，他的道理無從竭盡，他的説法無跡可尋，茫茫然昧昧然，真是深不可測。

## 〈解讀〉

「天地精神」，就是使天地成為天地的力量，亦即天地與人的精神相對應的部分，猶如萬物之有「造物者」一般。此二詞皆指道而言。獨自與道來往，但是不會輕視萬物，不質問別人的是非，能與世俗相處，代表外化而內不化。

本文描述的莊子，可以在本書中得到印證。本書之難解，由此可知一二。但本文不大可能是莊子自己所寫，因為此處把自己描寫得神妙無比，太過誇張。不過讀完《莊子》一書，也會發現此文的描述確實有其道理，並非全然無據。

## 〈33・9〉

惠施多方，其書五車，其道舛駁，其言也不中。歷物之意，曰：「至大無外，謂之大一；至小無內，謂之小一。無厚，不可積也，其大千里。天與地卑，山與澤平。日方中方睨（ㄋㄧˋ），物方生方死。大同而與小同異，此之謂小同異；萬物畢同畢異，此之謂大同異。南方無窮而有窮。今日適越而昔來。連環可解也。我知天下之中央，燕之北、越之南是也。氾愛萬物，天地一體也。」惠施以此為大，觀於天下而曉辯者，天下之辯者相與樂之。「卵有毛；雞三足；郢有天下；犬可以為羊；馬有卵；丁子有尾；火不熱；

山出口；輪不輾地；目不見；指不至，至不絕；龜長於蛇；矩不方；規不可以為圓；鑿不圍枘（ㄖㄨㄟˋ）；飛鳥之景未嘗動也；鏃（ㄘㄨˋ）矢之疾而有不行不止之時；狗非犬；黃馬驪牛三；白狗黑；孤駒未嘗有母；一尺之捶，日取其半，萬世不竭。」辯者以此與惠施相應，終身無窮。

〈白話〉

惠施研究多種學問，他的著作多達五車，他的學說駁雜，言論偏頗不當。他遍述事物的意義，說：「大到極點而沒有外圍的，叫做大一；小到極點而沒有內裡的，叫做小一。沒有厚度的，不可累積，但可擴展到千里之廣。天與地一樣齊，山與澤一樣平。日正當中就開始偏斜，一物剛生就開始死亡。大同與小同的差異，稱為小同異；萬物完全相同也完全相異，稱為大同異。南方這個方向是無窮的，實際則是有窮。今天才去越國，卻說昨天心意已經來了。連環可以解開。我知道天下的中央，燕國的北方、越國的南方都是。普遍愛護萬物，因為天地是一個整體。」惠施以為這些是高明的道理，就到處講述，告訴好辯的人。天下好辯的人，也都喜歡這些說法。他們討論的包括：「蛋裡面有毛；雞有三隻腳；郢都包含了天下；犬可以是羊；馬有卵；蝦蟆有尾巴；火是不熱的；山有口；車輪沒有蹍地；眼睛看不見東西；名稱不能達到物體，即使達到也不能窮盡；龜比蛇更長；矩尺不等於方；圓規不可以被視為圓；鑿孔不會完全圍住孔內之木；飛鳥的影子不曾移動；箭矢雖快卻有不前進不停止的一刻；狗不是犬；黃馬加驪牛是三個；白狗是黑的；孤駒不曾有過母馬；一尺長的木杖，每天截取一半，萬世都不會用完。」好辯的人用這些話題與惠施對答，一輩子也說不完。

## 〈解讀〉

「其書五車」，是指竹簡編成之書，五車裝的竹簡量可能也不過只有五本書，並不算多。

惠施是名家代表，研究邏輯與辯論。他的理論游走於不同界說、不同觀點、不同判準之間，表面看來使人迷惑，分析之後其實並不難解。他談到「大到極點而沒有外圍的，叫做大一；小到極點而沒有內裡的，叫做小一」，這是有道理的，至大無外，至小無內。天與地一樣齊，是因為從月亮上看地球的話，天跟地有什麼差別？山與澤一樣平，若從遠處放眼望去，山雖高，澤雖低，遠看時根本沒有差別。「今天才去越國，卻說昨天心意已經來了」，雖然今天才去越國，昨天心裡就想去，所以可以說我昨天就來過了。「連環可以解開」，連環不能解開，怎麼做成連環的呢？「我知道天下的中央，燕國的北方、越國的南方都是」，因為任何地方都是天下的中央。「普遍愛護萬物，因為天地是一個整體」，惠施也看到天地是一個整體，所以要愛護萬物。

惠施以為這些是高明的道理，就到處講述，告訴好辯的人。天下好辯的人，也都喜歡這些說法。他們討論的包括：「蛋裡面有毛」，不然孵出來的小雞，為什麼會有毛？「雞有三隻腳」，一隻雞死的話，兩隻腳不會走路，然而，一隻活著的雞，兩隻腳可以走路，代表活的雞還有第三隻「神足」，也就是精神上的腳。「郢都包含了天下」，一個人如果每天住在郢都，這郢都對他而言，就像天下那麼大了。譬如，一個人從來沒有離開過台灣，台灣就是天下了。「犬可以是羊」，只是名稱的不同，現在開始換一個名稱，講狗就是羊，羊就是狗，有何不可？「馬有卵」，名家認為東西都是從卵裡面生出來的。「蝦蟆有尾巴」，因為牠在蝌蚪的階段時，是有尾巴的。「火是不熱的」，因為寫出「火」這個字，並不會熱。「山有口」，到山裡大喊一聲，就會有回聲，所以說山一定有口。「車輪沒有踩地」，車輪踩地的話，車還能走嗎？跟地黏在一起了，所以車輪可以走，代表它沒有踩地。「眼睛看不見東西」，為什麼？因為瞎子也有眼睛，但他的眼睛看不見，代表看見東西的不是眼睛，而是別的東西。「名稱不能達到物體」，名稱跟物體是分開的，接著又說「即使達到也不能窮盡」，也就是名稱不能代表物體。「龜比蛇更長」，大龜說不定長過小蛇。「矩尺不等於方」，矩尺是量器，畫成方的靠矩尺，但它本身不等於方。「圓規不可以被視為圓」，圓規本身不是圓的。「鑿孔不會完全圍住孔內之木」，完全圍住，木頭怎麼釘得進去，又怎麼拉得出來？所以一定有縫隙。「飛鳥的影子不曾移動」，飛鳥的影子在每一剎那，都占有一個空間。「箭矢雖快卻有不前進不停止的一刻」，箭也是一樣，在每一剎那，都占有一個位置。如果只看一個剎那，這支箭是沒有移動的，西方也有類似的辯論。「狗不是犬」，名稱不一樣，狗跟犬發音也不一樣。「黃馬加驪牛是三個」，黃色的馬，就是二個，加上驪牛變三個。「白狗是黑的」，白狗的眼睛是黑的。「孤駒不曾有過母馬」，既然被稱為孤駒，又怎麼知道牠有母親？「一尺長的木杖，每天截取一半，萬世都不會用完」，一尺長的木杖，每天截取一半，其實一個月之後就找不到東西了；但若從數學的觀點來看，每天截一半，截到四分之一、八分之一、十六分之一，最後永遠不會等於零。

好辯的人用這些話題與惠施對答，一輩子也說不完。其實釐清這些謎題之後，往往只是增加了心智遊戲與趣味問答的材料而已。有興趣的人可以再去慢慢思考這些問題。

〈33．10〉

桓團、公孫龍辯者之徒，飾人之心，易人之意，能勝人之口，不能服人之心，辯者之囿也。惠施日以其知與人之辯，特與天下之辯者為怪，此其柢也。然惠施之口談，自以為最賢，曰：「天地其壯乎！」施存雄而無術。南方有倚（ㄐㄧ）人焉，曰黃繚，問天地所以不墜不陷，風雨雷霆之故。惠施不辭而應，不慮而對，徧為萬物說，說而不休，多而無已，猶以為寡，益之以怪。以反人為實，而欲以勝人為名，是以與眾不適也。弱於德，強於物，其涂隩（ㄩ）矣。由天地之道觀惠施之能，其猶一蚉一虻之勞者也。其於物也何庸！夫充一尚可，曰愈貴道，幾矣！惠施不能以此自寧，散於萬物而不厭，卒以善辯為名。惜乎！惠施之才，駘（ㄊㄞ）蕩而不得，逐萬物而不反，是窮響以聲，形與影競走也，悲夫！

〈白話〉

桓團、公孫龍都是辯者一類的人，他們困惑別人的心思，改變別人的看法，能勝過別人的口，卻不能折服別人的心，這是辯者的局限。惠施每天用他的智巧與人辯論，專門與天下的辯者製造一些怪論，以上就是大致的例子。然而，惠施還是認為自己的辯才最高明，說：「天地豈有什麼偉大！」惠施只想雄辯而不懂真正的學問。南方有個奇人，名叫黃繚，他問天地為什麼不墜落不坍陷，風雨雷霆形成的原因是什麼；惠施不加推辭就回應，不經考慮就對答，遍談萬物的道理，一說就不停，多得不得了，他還嫌不夠，再加些怪論。他把違反人情的事說得像真的，想要博取勝過別人的名聲，所以與眾人無法相處。德行修養不夠，物質欲望太強，他的路是走不通的。從天地之道來看惠施的才幹，他就像一隻蚊子、一隻牛虻那樣勞碌，但對於萬物有什麼作用呢！他發揮一技之長還算可以；如果進而重視大道，那就差不多了！惠施不能以此安頓自己，反而為萬物分散心思而不厭倦，最後得到了善辯的名聲。可惜啊！惠施的才能放蕩散亂而無所得，追逐萬物而不回頭，這是用發聲來止住回音，身體與影子在競走，可悲啊！

## 〈解讀〉

惠施以「天地其壯乎」一語，表示自己的辯才猶有過之，本文將之比為「一蚊一虻」，除此之外，還有「逐萬物而不反」的心態，皆值得我們警惕。《莊子》全書以「悲夫！」結束，看似悲觀，實為期勉：啟迪智慧，領悟大道，是每個人的自我期許。

〈天下〉所述的七大學派，莊子自己也列在其中。談到儒家時，莊子只說儒家有六部經典，並在做官時怎麼照顧百姓，他沒有注意到人性的問題。因為人性向善，所以要擇善固執，並且善是建立在我跟別人之間適當關係的實現上，讓孔子的志向「老者安之，朋友信之，少者懷之」，可以連貫起來成為系統。儒家只注意到人間，道家則說人間太狹隘，要從萬物來看，以道來做為根據，這確實是道家心胸比儒家更開闊的緣故。

前面提到儒家能照顧百姓，頗有理想；而後面提到墨家刻苦自己來照顧百姓，表現得更好。以情操來論，墨家比儒家更加崇高，因為儒家的愛是有差等的，「老吾老以及人之老，幼吾幼以及人之幼」，這合乎人之常情。但墨家認為人之常情還不夠好，要犧牲自己替別人服務才行，這話聽來高尚，但是不合常情，結果便是無法普遍推廣，不能長久維持。所以墨家最後在歷史上消失，頂多成為俠士、刺客之流。

後面的兩派，彭蒙、田駢、慎到，讓一個人無知無覺，對所有變化都不要有任何反應，被說成不是活人的道理。講到老聃跟關尹時，推崇他們是古代的博大真人，因為能掌握道，找到萬物的本源。

所以各派哲學家，看到變化的世界，可以有各種不同的認識，但重要的是，要問根源何在？道家的可貴，在於它以道做為根源，代表萬物的變化不是虛幻的，有來源也有歸宿。所以，看到萬物的變化時，不要以為自己所見就是一切，一方面要幫助人認識真相，另一方面要讓人不執著、不沉迷，明白變化充滿人間，有人富貴通達，就有人窮困潦倒，要隨遇而安，這是老莊思想的特色。

老子所處時代比莊子早，才能與世間紛擾保持距離，以策安全，做為古代博大真人；然而到了莊子所處的戰國時代中期，他即使體驗到道，卻又發現各種人間的限制，於是不能再逃避了。萬物這麼複雜，不斷在變化之中，所以他要與萬物一起變化，外化而內不化，內心不受干擾。

〈天下〉講到莊子該段，就可以掌握前面三十二篇的核心思想，包括上與造物者遊，而下與外死生、無始終者為友，自己一個人與天地精神往來，但是不要去看輕萬物；不要去問是是非非，跟大家好好相處，外化而內不化，內心與天地精神同遊而自在愉悅。說明人活在世間，只有一個目的，就是要悟道。只要悟了道，生命隨時充滿喜悅，喜悅的是萬物無一不在道中，萬物無一不美。

所以學習道家思想，還是我們在一開始說的四個觀點：與自己要「安」，與別人要「化」，與自然要「樂」，最後與道同「遊」，由此可以總結道家的思想。

**總結本篇要旨**

本篇總結古代思想，分七派而論之，是研究哲學史的重要資料。首先，描述古人如何具有完備的智慧，亦即，「內聖外王之道」。接著介紹儒家的演變，可謂客觀而有見地，再及於墨家等學派，皆得古人之一偏。至老聃、關尹方可稱為「古之博大真人」，而對莊子的評述，則可謂登峰造極，讓人神往。最後，再以惠子為例，提醒人們不可惑於小智，往而不返。

國家圖書館出版品預行編目資料

逍遙之樂：傳佩榮談《莊子》/ 傳佩榮著.
-- 第一版. -- 臺北市：遠見天下文化, 2012.12
面； 公分. --（文化文創；CC006）

ISBN 978-986-320-076-5（精裝）

1. 莊子　2. 注釋

121.331　　　　101022597

文化文創 006

# 逍遙之樂

## 傅佩榮談《莊子》

作　　者／傅佩榮
總編輯／吳佩穎
責任編輯／陳孟君
封面暨內頁設計／黃淑雅（特約）

出版者／遠見天下文化出版股份有限公司
創辦人／高希均・王力行
遠見・天下文化 事業群榮譽董事長／高希均
遠見・天下文化 事業群董事長／王力行
天下文化社長／林天來
國際事務開發部兼版權中心總監／潘欣
法律顧問／理律法律事務所陳長文律師　　著作權律師／魏啓翔律師
社　址／台北市104松江路93巷1號2樓
讀者服務專線／（02）2662-0012
傳真／（02）2662-0007；（02）2662-0009
電子信箱／ cwpc@cwgv.com.tw
直接郵撥帳號1326703-6號　　遠見天下文化出版股份有限公司

電腦排版／立全電腦印前排版有限公司
製版廠／東豪印刷事業有限公司
印刷廠／祥峰印刷事業有限公司
裝訂廠／精益裝訂股份有限公司
登記證／局版台業字第2517號
總經銷／大和書報圖書股份有限公司　電話（02）8990-2588
出版日期／ 2012年12月12日第一版第1次印行
　　　　　2023年7月20日第一版第11次印行

定　　價／ 600元
ISBN: 978-986-320-076-5
書號：CC006

天下文化官網 — bookzone.cwgv.com.tw